gli Adelphi
85

Elaborata fra il 1764 e il 1781 – ma probabilmente redatta soltanto negli ultimi mesi di questo lungo periodo –, la *Critica della ragione pura* di Kant (1724-1804) apparve a Riga, presso Hartknoch, nel 1781 e fu poi ripubblicata sei anni più tardi dallo stesso editore in una stesura profondamente modificata rispetto alla *princeps.* Di questo complesso e per molti versi enigmatico iter elaborativo la fondamentale versione di Giorgio Colli dà conto presentando sinotticamente tutti i passi di cui si abbia una duplice redazione e segnalando le varianti degne di menzione, mentre un ricco apparato di note illumina il lettore sulle difficoltà e sui problemi che si pongono nell'interpretazione testuale.

IMMANUEL KANT

Critica della ragione pura

ESTETICA
LOGICA (ANALITICA)
DIALETTICA

INTRODUZIONE, TRADUZIONE E NOTE
DI GIORGIO COLLI

ADELPHI EDIZIONI

I edizione *gli Adelphi*: ottobre 1995

ISBN 88-459-1163-2

NOTA INTRODUTTIVA

I

La prima edizione della *Critica della ragione pura* fu pubblicata a Riga, presso l'editore Hartknoch, nell'anno 1781. La formazione di quest'opera capitale, i suoi rapporti con i precedenti scritti kantiani, ed in genere con la filosofia del secolo XVIII, sono stati oggetto di ricerche così vaste e così numerose, che in questa sede non è neppure il caso di tentare un'esposizione del problema. Ci accontentiamo di richiamare alcuni dati cronologici. La *Critica* si è venuta formando fra il 1764 e il 1781, ma soltanto gli ultimi mesi di questo lungo periodo sono stati dedicati alla redazione vera e propria dell'opera. Questo fatto spiega il contrasto fra la salda elaborazione dei concetti direttivi della *Critica* e la loro insoddisfacente esposizione. La spiegazione precisa di questo disarmonico sviluppo non è stata però sinora fornita dagli studiosi. Rimane il dubbio se negli ultimi quattro o cinque mesi Kant abbia realmente scritto, quasi per intero, la sua opera, fondandosi unicamente sulla memoria delle precedenti meditazioni e su pochi appunti fuggevoli, oppure se nell'ultimo breve periodo egli abbia messo assieme un materiale frammentario preesistente, limitandosi a collegare scritti di varie epoche e a dare una forma architettonica complessiva. Nel primo caso si trova una spiegazione più agevole per le numerose oscurità e per la trascuratezza formale dell'opera; nel secondo caso è invece più facile giustificare le contraddizioni, che risultano copiose da un confronto tra le varie parti della *Critica*.[1]

Nell'aprile del 1786 l'editore, a causa dell'esaurimento della prima edizione, sollecitò Kant perché ne preparasse una seconda. Questa fu la causa esterna, per cui nel 1787, sempre a Riga, presso l'editore Hartknoch, vide la luce la seconda edizione della *Critica della ragione pura*, profondamente modificata rispetto alla prima. Le ragioni più intime sono numerose e complesse, ed anche qui ci accontentiamo di segnalare il problema, senza affrontarlo. La divergenza delle due edizioni si connette in modo vitale addirittura con lo sviluppo della filosofia post-kantiana: insistendo sui motivi centrali di tale divergenza, alcuni hanno considerato il passaggio dalla prima alla seconda edizione come un progresso speculativo, altri come un regresso. Il « vero » Kant – suscettibile di essere ripreso e sviluppato da altri pensatori – è stato così circoscritto in forme contrastanti dalle due tendenze. Da una parte Schopenhauer, Rosenkranz e Kehrbach hanno vantato la superiorità della prima edizione; dall'altra Hartenstein, Kirchmann, Adickes e Erdmann hanno considerato la seconda come un vero punto di arrivo.[2] Noi non prendiamo posizione rispetto a questo problema, tuttora aperto; ci limitiamo a tradurre parallelamente le due edizioni (ogni volta che si abbia una duplice redazione), e a segnalare ogni variante degna di nota.

Durante la vita di Kant furono ancora pubblicate tre edizioni della *Critica*. La terza (1790) non porta nulla di nuovo, anzi aggiunge alcuni errori tipografici ai numerosissimi contenuti nelle edizioni precedenti. La quarta (1794), pur essendo sostanzialmente una ristampa della terza, corregge parecchie sviste tipografiche. La quinta

1. Per avere un primo orientamento sulla questione, si può vedere: *Reflexionen Kants zur Kritik der reinen Vernunft*, Leipzig 1884 (pp. 3-16, e l'introduzione di Erdmann; Erdmann nell'edizione dell'Accademia (IV, 569-87); Adickes nell'introduzione alla sua edizione della *Critica*; Vaihinger, I, 3 sgg., 47 sgg., ecc.

2. Cfr. Erdmann, *Kants Kriticismus in der ersten und in der zweiten Auflage der Kritik der reinen Vernunft*, Leipzig 1878; Erdmann nell'edizione dell'Accademia (III, 555-58).

(1799) migliora in alcuni punti il testo, raccogliendo i suggerimenti di Grillo.

I problemi connessi al testo della *Critica* hanno suscitato una vera e propria letteratura filologica. Essendo andato perduto il manoscritto originale dell'opera, gli studiosi si sono trovati di fronte ad un problema assai complesso. Gli errori tipografici di cui si è detto, aggiunti alle frequenti negligenze formali di Kant, hanno dato l'avvio ad una serie interminabile di emendazioni del testo, talvolta utilissime e talvolta invece superflue. Le correzioni più antiche – e in gran parte accettabili – sono di Mellin (1794) e di Grillo (1795). Molti anni dopo la morte di Kant vennero poi le edizioni di Rosenkranz (1838) e di Hartenstein (1838, 1853, 1867, 1868), entrambe di notevole pregio. Un passo ulteriore fu compiuto da Kirchmann (1868), che continuò poi a migliorare il suo testo, ripreso infine da Valentiner. In epoca più recente vennero alla luce nuovi documenti, atti ad illuminare l'intenzione originale di Kant, quali le annotazioni autografe del filosofo su una copia della prima edizione della *Critica*. Negli ultimi decenni del secolo XIX gli studi filologici sulla questione si intensificarono ulteriormente. Fra le numerose edizioni, ricordiamo come più significative quelle di Adickes (1889) e di Erdmann: quest'ultimo, oltre a parecchi studi di grande importanza, pubblicò a più riprese la *Critica*, sino alla capitale edizione dell'Accademia (1903-1904). Oltre che nelle edizioni, la critica del testo trovò incremento in un gran numero di monografie e di articoli (Vaihinger, Wille, Riehl, ecc.). Dopo l'edizione dell'Accademia, invece, si può notare una certa flessione nell'interesse per il testo della *Critica*. Una vera edizione è soltanto quella di Görland (1913), e neppure questa si può dire costituisca un vero passo in avanti rispetto all'edizione di Erdmann. Un'opera molto utile, anche se non originale, è infine l'edizione della *Critica* ad opera di Schmidt (1926). Questo studioso ha infatti raccolto, con la massima completezza possibile, tutto quanto il materiale riguardante la critica del testo, permettendoci così di passare in rassegna, su ogni punto controverso, non solo tutte le varianti delle edizioni originali e tutto il materiale autografo di Kant, ma altresì tutti i tentativi di emendazione dei vari studiosi.

II

Tradurre la *Critica* è un compito di una certa difficoltà. Nonostante la celebre asprezza di questo testo, le difficoltà di contenuto non sono certo le maggiori. Uno studio attento e prolungato può portare abbastanza agevolmente a superarle. L'interpretazione immediata del testo, nel passo singolo, costituisce quasi sempre un problema risolubile, e raramente rimane un dubbio circa l'intenzione nascosta dell'autore. Altri pensatori, nella storia della filosofia, sono assai più ambigui nell'esprimere il loro pensiero. Le difficoltà serie cominciano quando si vuole indagare il sistema della *Critica* nelle sue linee direttive, cioè quando si confrontano fra loro i vari passi, sulle tracce di determinati problemi. Di qui sorge non solo gran parte della sterminata letteratura storica e interpretativa riguardante la *Critica*, ma altresì il tentativo di giudicare quest'opera, ed eventualmente superarla, tentativo operante in quasi tutta la filosofia posteriore a Kant.

Ma i problemi interpretativi che dobbiamo qui affrontare non sono questi, e le difficoltà che incontreremo sono assai più modeste. Il nostro compito consiste unicamente nell'intendere il testo di quest'opera kantiana. Anche in questo senso, non mancano le difficoltà, ma si tratta più che altro della forma dell'esposizione. Lo stile di Kant deve pur sempre considerarsi classico, ma la redazione affrettata di quest'opera, lo sforzo dell'autore per esprimere sinteticamente un contenuto vastissimo e complesso, ed infine una certa sua trascuratezza nella grammatica e nella sintassi, rendono assai difficile la lettura della *Critica* e impongono al traduttore un lavoro non facile.

Il periodare kantiano è intricato e faticoso, condensato anche nella prolissità, e spesso indeterminato nei riferimenti grammaticali. La grande abbondanza di pronomi relativi e dimostrativi, il cui riferimento non è sufficientemente precisato da Kant, richiede una determinazione che spesso non può essere stabilita con sicurezza. Un traduttore che voglia essere al tempo stesso chiaro e fedele dovrà da un lato spezzare e articolare l'involuto periodo kantiano, e d'altro lato chiarire esplicitamente le suddette ambiguità della espressione.

In questa situazione, consultare i traduttori precedenti può essere altrettanto utile quanto studiare i commentari tedeschi. Molte sono state le traduzioni della *Critica*, e il loro valore è naturalmente vario. Abbiamo rivolto il nostro esame alle traduzioni più significative, e soprattutto a quelle inglesi. Di notevole pregio, fra quelle francesi, rimane ancora oggi la traduzione di Barni (1869). Pur senza penetrare in profondità nel testo kantiano, questa traduzione risulta chiara e fluente, ed in molti casi è di valido aiuto per districare periodi involuti. Più precisa e scientifica è la nuova traduzione di Tremesaygues e Pacaud (1905). A quest'ultima si può tuttavia rimproverare di aver seguito troppo spesso le tracce di Barni. Entrambe le traduzioni raggiungono comunque un livello già notevole di serietà.

Più importanti però, senza alcun dubbio, sono le traduzioni inglesi. La più antica, di Meiklejohn (1855), è naturalmente la più debole, ma il fatto che ancora oggi essa continui a venire stampata non manca certo di giustificazione. Rispetto a moltissimi passi, Meiklejohn è stato il primo a fornire un'interpretazione precisa e convincente, guidato com'era da un'acuta aderenza al testo. Questa traduzione pecca però di una certa incostanza. Meiklejohn si prende talvolta una eccessiva libertà, e quel che è peggio, cade spesso in disattenzioni ed in omissioni piuttosto gravi. La traduzione successiva di Max Müller (1881) costituisce forse, fuori della Germania, il contributo più rilevante per la comprensione del testo kantiano. Si tratta di un lavoro accuratissimo ed amorevole a un tempo, lungamente meditato ed elaborato nei dettagli e nel complesso. Max Müller è un profondo conoscitore della lingua tedesca, e la sua fedeltà alla parola originale è pressoché assoluta. La sua traduzione ci è stata costantemente di guida e ci ha permesso di risolvere un gran numero di difficoltà. Si potrà forse dire che la preparazione filosofica di Max Müller lascia talvolta a desiderare. In ogni caso, però, si dovrà sempre apprezzare la sua precisione scrupolosa, utile anche oggi a chi voglia approfondire il testo della *Critica*. La più recente traduzione inglese, di Kemp Smith (1929), si è servita con molta intelligenza e serietà dei precedenti lavori di Meiklejohn e di Max Müller, aggiungendo inoltre un proprio contributo importante. Assai più di Max Müller, Kemp Smith si è preoccupato di studiare la letteratura filologica tedesca sul testo della *Critica*, e in molti passi ha così potuto valersi delle lezioni migliori e delle emendazioni del testo kantiano. Oltre a essere scientificamente più agguerrito, Kamp Smith mette in mostra una conoscenza più profonda del sistema kantiano, e in genere dei problemi della filosofia moderna. Oggi perciò la sua traduzione deve considerarsi come la migliore.

Più semplice, e non molto fortunata, è la storia delle traduzioni della *Critica* in Italia. La più antica traduzione completa fu pubblicata a Pavia fra il 1820 e 1822.[1] I gravi difetti di questa traduzione sono stati più volte messi in rilievo. Non occorre qui insistere sull'argomento, e si può dire che oggi tale traduzione non ha più alcuna utilità. La traduzione integrale di Gentile e Lombardo-Radice, pubblicata nel 1909 e ristampata più volte, costituisce sino ad oggi quanto di meglio si è fatto in Italia per diffondere la conoscenza di questa fondamentale opera kantiana. L'impegno di questi due traduttori è stato senza dubbio notevole, ed è doveroso riconoscere il loro sforzo coscienzioso per restituire fedelmente l'originale. Ma i difetti di questa traduzione sono purtroppo

1. *Critica della ragion pura* di Manuel Kant, traduzione dal tedesco, Pavia. Manca il nome del traduttore per i primi tre volumi. I volumi IV-VIII sono tradotti da V. Mantovani.

numerosi, e tali comunque da consigliare un nuovo tentativo. Una conoscenza non sufficiente della lingua tedesca fa cadere troppo spesso Gentile e Lombardo-Radice in errori di interpretazione letterale, talvolta anche madornali. Inoltre, la preoccupazione costante della fedeltà va il più delle volte a scapito della chiarezza. Manca infine una conoscenza adeguata della letteratura filologica sull'argomento e delle precedenti traduzioni. Nelle nostre note, forniremo qualche saggio di questi errori interpretativi. Nessun'altra traduzione completa è stata sinora pubblicata in Italia, e le poche traduzioni parziali non sono di grande valore.[1]

Da quanto precede, si può comprendere quali saranno i criteri direttivi della nostra traduzione. Cercheremo cioè di mantenerci scrupolosamente aderenti – persino nelle sfumature – al testo kantiano, pur senza venir meno al dovere essenziale di chi si propone di tradurre un'opera di questa natura, ossia all'obbligo di facilitare quanto più è possibile la comprensione di un testo così involuto. A questo scopo, non soltanto ci sforzeremo, come già hanno fatto i traduttori inglesi e francesi, di ordinare e di chiarire, nella costruzione e nella punteggiatura, l'oscura esposizione kantiana, ma tenteremo inoltre di rendere del tutto esplicito ogni ambiguo riferimento grammaticale. Quest'ultima cosa non è stata fatta – fuorché in misura piuttosto ridotta – neppure da Max Müller e da Kemp Smith. Cercheremo in tal modo di fornire un testo che sia chiaro da sé, senza bisogno di ulteriori spiegazioni. Le nostre note dunque, che non pretendono affatto di affrontare problemi interpretativi di contenuto, si limiteranno a informare lo studioso sulle difficoltà e sui problemi che si presentano nell'interpretazione testuale. A questo scopo, forniremo un'ampia scelta di varianti (nelle edizioni originali dell'opera), e di correzioni dovute a diversi stu-

1. Tra le più recenti ricordiamo: Kant, *Critica della ragion pura*, nuova versione di estratti, con introduzione e note di M.L. Cervini, Torino 1925; Kant, *Critica della ragion pura*, estratti tradotti da G. dell'Olio, Napoli 1934; Kant, *Critica della ragion pura, Teologia razionale*, a cura di C. Buda, Roma 1954.

diosi di questo testo kantiano. La nostra traduzione sarà condotta di regola sul testo dell'edizione dell'Accademia (di cui indicheremo in margine la numerazione delle pagine e delle righe); segnaleremo in nota ogni divergenza da questo testo. Oltre a ciò, le nostre note riprodurranno le traduzioni precedenti, in alcuni casi di interpretazione controversa, e come già si è detto, daranno notizia di alcuni errori delle traduzioni precedenti, soprattutto di quella italiana di Gentile e Lombardo-Radice. Sempre nelle note, si farà infine qualche cenno sulla traduzione di taluni termini kantiani. Per l'indice delle materie, ci sono stati utili soprattutto il lessico di Ratke, e gli indici di Mellin e di Kemp Smith.

PREMESSA ALLA TERZA EDIZIONE

Nel ripresentare questa traduzione, che è stata pubblicata nel marzo 1957, e ristampata nel novembre 1965, è utile accennare a quanto è accaduto nel frattempo in Italia, riguardo a traduzioni della Critica della ragione pura.

Nel 1959 è stata ripubblicata la traduzione di Gentile e Lombardo-Radice, dopo una revisione di Vittorio Mathieu: in fondo all'opera Mathieu fornisce i criteri di questa revisione e una ventina di pagine di note. Tale edizione è stata ristampata nei « Classici della filosofia moderna », di Laterza, e poi più volte nella « Universale Laterza », a partire dal 1966.

Inoltre Pietro Chiodi ha pubblicato, nel 1967, una nuova traduzione, che si raccomanda per chiarezza e accuratezza.[1]

L'opera di revisione di Mathieu merita un commento. Mathieu stesso la minimizza, ricordando da un lato che la traduzione di Gentile e Lombardo-Radice è « ormai classica » ed « eccellente », e d'altro lato che i suoi interventi di revisore, « anche se piuttosto frequenti », sono stati « quasi tutti di minima entità ». Non dice di aver tenuto conto, come invece ha fatto, di circa 120 errori e imprecisioni di tale traduzione « ormai classica », che la nostra edizione aveva segnalato. Abbiamo perciò deciso

1. I. Kant, *Critica della ragion pura*, a cura di P. Chiodi, UTET, Torino 1967.

di lasciare immutate le nostre note con tali segnalazioni, a uso dei lettori che amino documentarsi sulla questione, anche se ormai gli errori indicati non si ritrovano più nell'edizione Laterza. Mathieu non dice però neppure di averle trovate tutte da sé, le « inesattezze » della traduzione di Gentile e Lombardo-Radice: un grande aiuto gli è stato dato dagli ' elenchi ' inviati da Zeko Torbov di Sofia. Questo studioso ha inviato, a noi, anziché elenchi di nostri errori, un articolo in cui si legge questo giudizio sulla nostra traduzione: ... « Besonders bemerkenswert ist die italienische Übersetzung von Colli. Auch er will mit dieser Übersetzungsmethode das Verständnis des verwickelten und komplizierten Textes der Kritik *erleichtern. Zu diesem Zwecke ordnet und erklärt er, wie die anderen, die in ihrer Konstruktion und Interpunktion dunkle Darstellung, wobei er auch die letzten Nuancen des Textes wiedergibt. Er hat sich aber auch ausserdem mit Erfolg vorgenommen, jede zweideutige grammatische Relation aufzuhellen, was seiner Übersetzung einen ganz besonderen Wert verleiht ».*[1]

Mathieu respinge le risoluzioni terminologiche della nostra edizione: i suoi argomenti, per dirla brevemente, consistono nell'affermare che sono preferibili i termini usati da Gentile e Lombardo-Radice. Così, anche dopo la revisione, rivediamo confermato che Gemüth *significa « spirito »! Forse perché in Italia Kant dev'essere compreso attraverso Hegel? In ogni caso questa mediazione è operante, quando si respinge con orrore la nostra traduzione di* Erscheinung *con « apparenza ».*

1. Cfr. Z. Torbov, *Probleme der Übersetzung der Kritik der reinen Vernunft in fremde Sprachen*, in « Kant-Studien », Bonn 1970, Heft 1, p. 85. Cfr. anche Z. Torbov, trad. bulgara della *Critica della ragione pura*, Sofia 1967, p. 16.

« Particolarmente notevole è la traduzione italiana di Colli. Anch'egli, col suo metodo di traduzione, vuole agevolare la comprensione dell'intricato e complesso testo della *Critica*. A questo fine egli ordina e chiarisce, come gli altri, l'esposizione kantiana, oscura nella sua costruzione e nell'interpunzione, riuscendo così a riprodurre anche le minime *nuances* del testo. Ma Colli si è inoltre proposto, con successo, di illuminare tutte le relazioni grammaticali ambigue, e ciò conferisce alla sua traduzione un valore del tutto particolare ».

Un punto trascurato sia da Mathieu sia da Chiodi è la critica testuale dell'opera kantiana. Molte difficoltà di dettaglio, molte oscurità nei riferimenti grammaticali richiedono questa ricerca. Citiamo ancora Torbov: « Die hervorragenden Übersetzungen von Kemp Smith und Colli haben ausserdem an einigen Stellen den Sinn und die Bedeutung von Varianten ».[1] *Questo per la traduzione; inoltre una cinquantina di emendazioni e varianti rispetto all'edizione dell'Accademia sono segnalate nelle nostre note (tra cui errori che non sono ancora stati corretti nella veste economica, pubblicata nel 1968-1970, dell'edizione dell'Accademia).*

Per quanto riguarda la disposizione tipografica, e in particolare la presentazione sinottica che noi diamo delle redazioni diverse, nella prima e nella seconda edizione della Critica della ragione pura, *non soltanto riteniamo più agevole e immediata la nostra restituzione, rispetto a un confinamento in appendice dei passi della prima edizione, come avviene in Mathieu e in Chiodi, ma soprattutto pensiamo che la nostra risoluzione renda giustizia alla grandezza della prima edizione kantiana, rivendicata da Schopenhauer.*

Milano, luglio 1976

G. C.

1. Cfr. Z. Torbov, *Probleme*, ecc., cit., p. 83.
« Le traduzioni che eccellono, di Kemp Smith e di Colli, hanno inoltre, in alcuni passi, il significato e l'importanza di varianti ».

CONTENUTO
DELLA
«CRITICA DELLA RAGIONE PURA»

[Questo indice del contenuto di A^2 compare in A^{4-5} (senza il riferimento « Prefazione »), dove è inserito fra la « Prefazione alla seconda edizione » e l'« Introduzione ». In A^1 compare — fra la « Prefazione » e l'« Introduzione » — il breve indice:]

CRITICA
DELLA RAGIONE PURA

DI

IMMANUEL KANT

Professore a Königsberg
Membro della Reale Accademia delle Scienze di Berlino

Seconda edizione, riveduta e migliorata

1787 III 1

[In luogo di: III 1, 7-9, leggiamo in A[1]:]

1781

Instauratio magna. Praefatio.

De nobis ipsis silemus: De re autem, quae agitur, petimus: ut homines eam non opinionem, sed opus esse cogitent; ac pro certo habeant, non sectae nos alicuius, aut placiti, sed utilitatis et amplitudinis humanae fundamenta moliri. Deinde ut suis commodis aequi — in commune consulant — et ipsi in partem veniant. Praeterea ut bene sperent, neque instaurationem nostram ut quiddam infinitum et ultra mortale fingant, et animo concipiant: cum revera sit infiniti erroris finis et terminus legitimus.

[Il motto manca in **A**[1]]

A SUA ECCELLENZA
IL REALE MINISTRO DI STATO
BARONE VON ZEDLITZ

ILLUSTRE SIGNORE,

promuovere, per quanto sta in noi, l'accrescimento delle scienze, significa adoprarsi nell'interesse vero di *Vostra Eccellenza*. Tale interesse è difatti intrinsecamente legato alle scienze, non soltanto per la Vostra posizione eminente di protettore, ma per la Vostra relazione assai piú intima con esse, di amatore e di giudice illuminato. Per tale ragione, io mi servo dell'unico mezzo, che sia in certo modo in mio potere, al fine di manifestare la mia gratitudine per la benevola fiducia, di cui *Vostra Eccellenza* mi onora, quasi io possa dare un qualche contributo a questo Vostro scopo.

Alla medesima benigna attenzione, di cui *Vostra Eccellenza* ha degnato la prima edizione di questa

---

[In luogo di: III 5, 10-2, (*Alla medesima... offro*), leggiamo in A^1:]

Per chiunque trovi diletto in una vita speculativa, IV ed abbia desideri moderati, l'approvazione di un giudice illuminato e competente costituisce un potente incentivo a sforzi, la cui utilità è grande — sebbene remota — e perciò non viene affatto riconosciuta da occhi volgari.

A un tale giudice ed alla sua benigna attenzione io dedico ora questo scritto, e pongo sotto la Sua protezione

opera, io dedico ora anche questa seconda edizione, e al tempo stesso offro tutto ciò che interesserà ulteriormente la mia missione letteraria; e sono, con il piú profondo rispetto

l'umilissimo e devotissimo
servitore
di Vostra Eccellenza

Königsberg,
23 aprile 1787.

IMMANUEL KANT.

[In luogo di: III 5, 15-7, leggiamo in A[1]:]

Königsberg, 29 marzo 1781.

In un genere delle sue conoscenze, la ragione umana ha il particolare destino di venir assediata da questioni, che essa non può respingere, poiché le sono assegnate dalla natura della ragione stessa, ma alle quali essa non può neppure dare risposta, poiché oltrepassano ogni potere della ragione umana.

Essa incorre in questo imbarazzo senza sua colpa. Muove da proposizioni fondamentali, il cui uso è inevitabile nel corso dell'esperienza ed insieme è da questa sufficientemente convalidato. Con tali proposizioni essa sale sempre piú in alto (come in verità richiede la sua natura), a condizioni piú remote. Ma poiché si accorge, che a questo modo la sua attività deve rimanere ognora senza compimento, poiché le questioni non cessano mai di ripresentarsi, essa si vede allora costretta a rifugiarsi in proposizioni fondamentali, che oltrepassano ogni possibile uso di esperienza e nondimeno sembrano tanto superiori ad ogni sospetto, che anche la comune ragione umana si trova d'accordo su di esse. Cosí facendo tuttavia essa cade in oscurità e contraddizioni, dalle quali a dire il vero può inferire, che alla base debbono sussistere da qualche parte errori nascosti; essa non può tuttavia scoprirli, poiché le proposizioni fondamentali, di cui si serve, non riconoscono piú alcuna pietra di paragone nell'esperienza, dal momento che oltrepassano il confine di ogni esperienza. Ebbene, il campo di battaglia di questi contrasti senza fine si chiama *metafisica*.

Vi fu un tempo, in cui essa era chiamata la regina di tutte le scienze, e se si considerano le intenzioni come fatti, essa meritava certo questo nome onorifico a causa dell'importanza preminente del suo oggetto. Ora la moda
8 dell'epoca è incline a dimostrarle un totale disprezzo, e la matrona si lamenta, scacciata ed abbandonata, come Ecuba: *modo maxima rerum, tot generis natisque potens — nunc trahor exul, inops (*Ovid. *Metam.).*

Da principio, sotto il governo dei dogmatici, il suo dominio era dispotico. Tuttavia, poiché la legislazione conservava in sé la traccia dell'antica barbarie, essa degenerò man mano attraverso guerre intestine sino ad una totale anarchia, e gli scettici, una specie di nomadi, che aborriscono da ogni durevole colonizzazione della terra, scompaginarono di tempo in tempo la consociazione civile. Dato però che costoro non erano per fortuna se non pochi, essi non poterono impedire, che quegli altri tentassero ogni volta di ricostituirla di nuovo, per quanto senza un piano su cui fossero concordi. In tempi piú recenti, a dire il vero, parve una volta, che tutti questi contrasti dovessero finire mediante una certa fisiologia dell'intelletto umano (per opera del famoso **Locke**), e che la legittimità di quelle pretese dovesse venir giudicata definitivamente; peraltro, sebbene la nascita di quella presunta regina venisse derivata dall'origine plebea dell'esperienza comune, e nonostante che in tal modo la sua presunzione dovesse a buon diritto diventare sospetta, risultò tuttavia che essa manteneva ancor sempre le sue pretese, dato che questa genealogia in realtà le era stata attribuita falsamente. Cosí tutto ricadde un'altra volta nell'antiquato, tarlato dogmatismo, e di qui nel discredito, onde si era voluto trar fuori la scienza. Ora, dopo che sono state tentate invano tutte le vie (come si è persuasi), regnano la svogliatezza ed un totale indifferentismo: il che è madre del caos e della notte nelle scienze, ma è insieme l'origine, per lo meno il preludio, di un vicino mutamento radicale e di un rischiaramento delle medesime, se è vero che esse sono divenute oscure, confuse ed inservibili, per una diligenza male applicata.

È difatti vano, il voler fingere indifferenza al riguardo di quelle indagini, il cui oggetto non può essere indifferente alla natura umana. Anche quei pretesi indifferenti, per quanto sperino di rendersi irriconoscibili mutando il linguaggio di scuola in un tono popolare, cadono irrimediabilmente, ogni volta che essi pensano qualcosa, in affermazioni metafisiche, contro le quali pure avevano messo in mostra tanto disprezzo. Tuttavia questa indifferenza — che si presenta in mezzo alla fioritura di tutte le scienze e colpisce proprio quella alle cui conoscenze, se si potessero possedere, si rinunzierebbe meno che a tutte le altre — pure è un fenomeno, che merita attenzione e riflessione. Essa è evidentemente l'effetto non della leggerezza, bensí della maturata capacità di giudizio[1] dell'epoca, la quale non si fa trattenere piú a lungo da un sapere apparente; essa è inoltre un incitamento alla ragione, perché assuma di nuovo la piú gravosa di tutte le sue incombenze, ossia quella della conoscenza di sé, e perché istituisca un

[1] Di quando in quando si odono delle lamentele sulla superficialità del modo di pensare del nostro tempo e sulla decadenza della scienza approfondita. Tuttavia io non vedo come le scienze, il cui fondamento è bene stabilito, ad esempio la matematica, la fisica, ecc., meritino minimamente questo rimprovero; esse mantengono piuttosto l'antica fama di profondità, e nel caso della fisica anzi la superano addirittura. Ebbene, proprio il medesimo spirito potrebbe mostrarsi efficace anche in altre specie di conoscenza, se soltanto ci si fosse preoccupati, prima di ogni altra cosa, di rettificare i loro principî. In mancanza di ciò, indifferenza e dubbio, ed infine una critica rigorosa, sono piuttosto dimostrazioni di un modo approfondito di pensare. La nostra epoca è la vera e propria epoca della critica, cui tutto deve sottomettersi. La religione mediante la sua santità e la legislazione mediante la sua maestà vogliono di solito sottrarsi alla critica. Ma in tal caso esse suscitano contro di sé un giusto sospetto e non possono pretendere un rispetto senza finzione, che la ragione concede soltanto a ciò che ha potuto superare il suo esame libero e pubblico. 9

tribunale, che la garantisca nelle sue giuste pretese, ma possa per contro sbrigarsi di tutte le pretensioni senza fondamento non mediante sentenze d'autorità, bensí in base alle sue eterne ed immutabili leggi. E questo tribunale non è altro se non proprio la critica della ragione pura.

Con ciò peraltro io non intendo una critica dei libri e dei sistemi, bensí la critica della facoltà di ragione in generale, riguardo a tutte le conoscenze, cui la ragione può aspirare indipendentemente da ogni esperienza; intendo quindi la decisione della possibilità o impossibilità di una metafisica in generale, e la determinazione tanto delle fonti, quanto dell'ampiezza e dei limiti di essa, il tutto però stabilito sulla base di principî.

Ho preso ora questa via, l'unica lasciata aperta, e mi lusingo di aver trovato su di essa il modo di eliminare tutti gli errori, che avevano sinora inimicato con se stessa la ragione, nel suo uso indipendente dall'esperienza. Ai suoi problemi io non mi sono sottratto, magari scusandomi con l'impotenza della ragione umana; li ho piuttosto compiutamente specificati secondo principî e, dopo di aver scoperto con precisione l'equivoco della ragione con se stessa, li ho risolti, soddisfacendo pienamente ai loro interrogativi. A dire il vero, la risposta a quelle domande non ha preso certo la forma, che poteva attendersi un desiderio dogmaticamente esaltato di sapere. Tale desiderio non potrebbe infatti venir soddisfatto che mediante arti magiche: ma io non m'intendo di ciò. Tuttavia, anche la destinazione naturale della nostra ragione non aveva davvero di mira una tale risposta, ed il dovere della filosofia consisteva nell'eliminare la costruzione apparente, che sorgeva da un equivoco, quand'anche dovesse andare distrutta con ciò un'illusione tanto lodata e tanto cara. In questo lavoro, ho mirato soprattutto ad un'ampiezza circostanziata, ed oso dire, che non deve sussistere un solo problema metafisico, che qui non sia stato risolto, o alla cui soluzione per lo meno non sia stata fornita la chiave. In realtà, la ragione pura è inoltre un'unità tanto perfetta, che nel caso in cui il suo principio fosse insufficiente rispetto anche ad una sola di tutte le questioni, che le sono proposte dalla sua propria natura, non si potrebbe far altro, ogni volta, che rigettarlo, poiché esso non sarebbe allora in grado di risolvere con piena sicurezza neppure una qualsiasi delle rimanenti questioni.

Mentre dico ciò, credo di scorgere sul volto del lettore un risentimento, misto a disprezzo, per delle pretese apparentemente così vanagloriose ed immodeste; eppure esse sono senza paragone più moderate di quelle, che un qualsiasi autore del più comune tra i programmi avanza, pretendendo eventualmente di dimostrare in tale occasione la natura semplice dell'a n i m a, oppure la necessità di un primo c o m i n c i a m e n t o d e l m o n d o. Costui infatti s'impegna ad ampliare la conoscenza umana al di là di tutti i limiti di un'esperienza possibile: al riguardo io confesso umilmente, che ciò supera del tutto il mio potere. In luogo di questo, io ho a che fare semplicemente con la ragione stessa e con il suo pensiero puro: per conoscere in modo circostanziato queste cose io non debbo estendere lontano la ricerca intorno a me, poiché le incontro in me stesso. Di ciò anche la logica comune mi fornisce già un esempio, mostrando che tutti gli atti semplici della ragione si possono enumerare compiutamente e sistematicamente. Senonché nella presente ricerca viene sollevata la questione, in quale misura io possa sperare eventualmente di costruire con la ragione, quando mi siano sottratti ogni materia ed ogni appoggio dell'esperienza.

Questo basti sulla c o m p i u t e z z a nel raggiungimento di c i a s c u n o dei nostri fini e sull'a m p i e z z a c i r c o s t a n z i a t a nel raggiungimento di t u t t i gli scopi assieme. Tali scopi non ci sono prescritti da un proponimento arbitrario, ma dalla natura della conoscenza stessa, in quanto materia della nostra indagine critica.

Certezza e chiarezza, due elementi che
II riguardano la forma di tale indagine, sono ancora da considerarsi come requisiti essenziali, che si possono esigere a buon diritto dall'autore che si arrischia ad un'impresa tanto spinosa.

Orbene, per quanto riguarda la certezza, ho pronunziato per me stesso il seguente giudizio: in questa specie di considerazioni non è permesso in alcun modo di opinare, e tutto ciò che in proposito risulta vagamente simile ad un'ipotesi è merce proibita, che non si può mettere in vendita neppure al piú basso dei prezzi, ma dev'essere confiscata, non appena scoperta. In effetti ogni conoscenza, che debba essere fissata *a priori*, proclama essa stessa di voler venir considerata come assolutamente necessaria, e ciò vale ancora di piú per una determinazione di tutte le conoscenze pure *a priori*, la quale dev'essere la misura, e perciò anche l'esempio di ogni certezza apodittica (filosofica). Ora, se io abbia mantenuto su questo punto ciò di cui prendo l'impegno, va rimesso totalmente al giudizio del lettore, poiché all'autore spetta soltanto di esporre le ragioni, non già di valutare l'effetto di queste presso i suoi giudici. Perché tuttavia qualcosa non causi innocentemente un indebolimento di tali ragioni, può certo essere permesso all'autore, di mettere spontaneamente in rilievo quei passi che potrebbero fornire lo spunto ad una certa diffidenza, quand'anche essi riguardino soltanto un fine collaterale, in modo da prevenire in tempo l'influsso, che un dubbio al riguardo, anche minimo, del lettore potrebbe esercitare sul suo giudizio rispetto al fine principale.

Per l'approfondimento della facoltà, che noi chiamiamo intelletto, ed al tempo stesso per la determinazione delle regole e dei limiti del suo uso, io non conosco delle ricerche che siano piú importanti di quelle che ho condotto nel secondo capitolo dell'Analitica trascendentale, sotto il titolo di Deduzione dei concetti puri dell'in-

telletto. Del resto, esse mi sono costate la piú grande delle fatiche, ma, come spero, una fatica non priva di compenso. Questa trattazione, indirizzata alquanto in profondità, ha peraltro due aspetti. Uno di essi si riferisce agli oggetti dell'intelletto puro, e deve mostrare e rendere comprensibile la validità oggettiva dei suoi concetti *a priori*; proprio per questo esso è altresí pertinente essenzialmente ai miei scopi. L'altro aspetto tende a considerare l'intelletto puro come tale, secondo la sua possibilità e le capacità conoscitive su cui esso stesso si fonda, a considerarlo quindi in una relazione soggettiva. E sebbene questa indagine sia di grande importanza nei riguardi del mio scopo principale, essa tuttavia non vi appartiene essenzialmente, poiché la questione capitale rimane sempre: che cosa ed in che misura possono conoscere intelletto e ragione, indi- 12
pendentemente da ogni esperienza? — e non: come è possibile la *facoltà di pensare* in quanto tale? Dato che quest'ultimo problema costituisce per cosí dire una ricerca della causa per un dato effetto, e come tale ha in sé qualcosa di simile ad un'ipotesi (sebbene le cose non stiano in realtà a questo modo, come mostrerò in un'altra occasione), sembra allora che si presenti qui il caso, in cui io mi permetto di *opinare*, ed in cui il lettore dev'essere quindi libero, dal canto suo, di *opinare* diversamente. Riguardo a ciò, devo prevenire il rimprovero del lettore, ricordandogli che se la mia deduzione soggettiva non avesse operato in lui la convinzione totale che io mi attendo, tuttavia la deduzione oggettiva, di cui mi occupo qui in modo preminente, conserverebbe tutta quanta la sua forza. Al riguardo può essere di per sé sufficiente, in ogni caso, ciò che viene detto nelle pagine 92-93.

Per quanto riguarda infine la *chiarezza*, il lettore ha certo il diritto di pretendere anzitutto la *chiarezza discorsiva* (logica) **mediante concetti**, ed in secondo luogo poi anche una *chiarezza intui-*

tiva (estetica) mediante intuizioni, cioè esempi od altri chiarimenti *in concreto*. Riguardo alla prima ho provveduto a sufficienza. Ciò era richiesto essenzialmente dal mio proposito, ma è stato anche la causa contingente, per cui non ho potuto soddisfare al secondo requisito, in verità non altrettanto rigoroso, però ragionevole. Quasi di continuo, nel procedere del mio lavoro, sono rimasto indeciso, come dovessi comportarmi al riguardo. Esempi e chiarimenti mi sono sempre sembrati necessari e quindi, nel primo abbozzo del lavoro, si inserivano realmente nei loro luoghi, in modo opportuno. Ben tosto però io scorsi la grandezza del mio compito, e la gran quantità di oggetti, con cui avrei avuto a che fare. E poiché mi resi conto, che tali oggetti da sé soli, in un'esposizione secca, semplicemente *scolastica*, avrebbero già dato una notevole estensione all'opera, trovai allora sconsigliabile di ampliare ancor piú la mole di questa con esempi e chiarimenti, che sono necessari soltanto da un punto di vista *popolare*, tanto piú che questo mio lavoro non potrebbe essere in alcun modo conveniente per un impiego popolare, e che i veri conoscitori della scienza non hanno poi tanto bisogno di questa facilitazione. Per quanto sia sempre piacevole, essa però poteva qui portare con sé qualche conseguenza inopportuna. L'abate *Terrasson* dice infatti: se si misura la vastità di un libro non dal numero delle pagine, ma dal tempo necessario per comprenderlo, si può allora dire di parecchi libri, *che sarebbero molto piú brevi, se non fossero tanto brevi*. D'altro lato però, se si ha di
13 mira la comprensibilità di un sistema complessivo di conoscenza speculativa, che sia vasto ma tenuto assieme da un solo principio, si potrebbe dire altrettanto a buon diritto: *parecchi libri sarebbero stati molto piú chiari, se non avessero voluto essere cosí tanto chiari*. In effetti, i mezzi che favoriscono la chiarezza aiutano certo *rispetto alle*

parti, ma spesso distraggono riguardo alla totalità, perché non permettono che il lettore riesca abbastanza velocemente a dominare con lo sguardo il tutto; tali mezzi inoltre, con tutti i loro splendenti colori, invischiano nondimeno e rendono irriconoscibile l'articolazione o la struttura del sistema, mentre è proprio questa struttura ciò che piú importa, per poter giudicare l'unità e la solidità del sistema.

Come a me sembra, per il lettore può servire di non piccolo allettamento a riunire il suo sforzo con quello dell'autore il fatto che quest'ultimo abbia la prospettiva di condurre a termine compiutamente e anche durevolmente una grande ed importante opera, secondo il piano prestabilito. La metafisica, orbene, secondo i concetti che in questa nostra indagine daremo di essa, è l'unica tra tutte le scienze, che si possa ripromettere una tale compiutezza, e ciò in breve tempo e soltanto con uno sforzo piccolo, ma concentrato; cosicché non rimane alla posterità null'altro, se non accomodare tutto quanto, secondo le sue intenzioni, in maniera didattica, senza per questo poterne accrescere minimamente il contenuto. Si tratta infatti di null'altro che dell'inventario, ordinato sistematicamente, di tutto ciò che noi possiamo possedere mediante la ragione pura. A questo proposito nulla può sfuggirci, poiché ciò che la ragione trae completamente da se stessa non può nascondersi, ed è piuttosto messo alla luce proprio dalla ragione, non appena si è scoperto il principio comune di tutto ciò. La perfetta unità di questa specie di conoscenze, e precisamente l'unità che sorge soltanto da concetti puri — senza che su di essi, nell'ampliarli e nell'accrescerli, possa avere un certo influsso un qualsiasi elemento di esperienza, o anche soltanto un'intuizione particolare, che dovesse condurre ad un'esperienza determinata — rende questa compiutezza incondizionata non soltanto realizzabile, ma anche necessaria. *Tecum habita et noris, quam sit tibi curta supellex* (Persius).

Spero io stesso di fornire un tale sistema della ragione pura (speculativa), sotto il titolo: metafisica della natura. Con neppure la metà di estensione, esso deve avere tuttavia un contenuto di gran lunga piú ricco di quello che ha qui la critica; questa era costretta anzitutto a mostrare le fonti e le condizioni della sua possibilità,
14 ed aveva bisogno di purificare e di appianare un terreno del tutto incolto. Mi aspetto qui, da parte del mio lettore, la pazienza e l'imparzialità di un giudice, per quell'altra impresa, invece, la benevolenza e l'appoggio di un collaboratore. In effetti, per quanto compiutamente siano esposti nella critica tutti i principî che stanno alla base del sistema, tuttavia all'ampiezza circostanziata del sistema stesso appartiene ancora il fatto, che esso non manchi neppure di alcun concetto derivato. Tali concetti non si possono enumerare inizialmente *a priori*, ma debbono venir ricercati gradualmente. Del pari, mentre nella critica è stata esaurita completamente la sintesi dei concetti, oltre a ciò si richiede ora, che per l'appunto la stessa cosa avvenga altresí riguardo all'analisi: tutto ciò sarà facile e piú un divertimento che un lavoro.

Non mi rimane che fare qualche osservazione rispetto alla stampa. Poiché l'inizio di questa fu alquanto ritardato, mi è soltanto riuscito di vedere la metà circa delle bozze, dove ritrovo a dire il vero alcuni errori di stampa, tali però da non turbare il senso, all'infuori di quello che compare a pag. 379, riga 4 dal fondo, dove dev'essere letto specifico, anziché scettico. L'antinomia della ragione pura, da pag. 425 a pag. 461, è disposta in forma di una tabella, in modo tale che tutto ciò che appartiene alla tesi compare sempre sulla pagina a sinistra, mentre ciò che appartiene all'antitesi compare sulla pagina a destra. Ho ordinato ciò a questo modo, perché tanto piú facilmente una proposizione e la sua contraria si potessero confrontare tra di loro.

PREFAZIONE ALLA SECONDA EDIZIONE III 7

Se l'elaborazione delle conoscenze, di cui si occupa la ragione, segua oppure no la via sicura di una scienza, è cosa che si può giudicare senz'altro dal risultato. Quando essa, dopo ripetuti preparativi ed apprestamenti, s'incaglia non appena giunge vicino allo scopo, o per raggiungere questo, deve spesso ritornare di nuovo indietro e prendere un'altra strada, e del pari, quando non è possibile rendere concordi i diversi collaboratori sul modo in cui dev'essere perseguito l'intento comune, si può sempre essere convinti allora, che un tale studio è ancora ben lontano dall'aver preso la via sicura di una scienza, costituendo piuttosto un semplice procedere a tastoni. E nei confronti della ragione è già un merito lo scoprire, se è possibile, questa via, anche se in tal caso dovessero venire abbandonate come inutili molte cose, che erano comprese nel disegno in precedenza concepito senza riflessione.

Che la logica abbia seguito questa strada sicura sin dai tempi piú antichi, si può scorgere dal fatto, che da A r i s t o t e l e in poi essa non ha dovuto fare alcun passo indietro, a meno che non si voglia eventualmente attribuirle, come perfezionamenti, l'eliminazione di alcune sottigliezze superflue o la determinazione piú chiara della materia esposta; ciò peraltro è pertinente piú all'eleganza, che alla sicurezza della scienza. Nella logica è ancora degno di nota il fatto, che sino ad oggi essa non ha neppure potuto fare alcun passo in avanti e quindi, secondo ogni

apparenza, sembra essere chiusa e compiuta. In effetti, se è vero che alcuni moderni hanno pensato di ampliarla,
8 inserendovi sia dei capitoli psicologici sulle differenti capacità conoscitive (la capacità d'immaginazione, l'arguzia), sia dei capitoli metafisici sull'origine della conoscenza oppure sulle differenti specie di certezza secondo la differenza degli oggetti (idealismo, scetticismo, ecc.), sia dei capitoli antropologici sui pregiudizi (sulle cause ed i rimedi di questi), ebbene, tutto ciò proviene dalla loro ignoranza della vera e propria natura di questa scienza. Quando qualcuno fa sí che i confini delle scienze si confondano, queste non risultano accresciute, bensí deformate. Il confine della logica, per contro, è segnato con perfetta precisione dal fatto che essa è una scienza, la quale espone in modo circostanziato e dimostra rigorosamente null'altro che le regole formali di ogni pensiero (sia esso *a priori* oppure empirico, abbia esso una qualsivoglia origine o un qualsivoglia oggetto, incontri esso nel nostro animo impedimenti contingenti oppure naturali).

Che la logica sia cosí ben riuscita, è un vantaggio di cui essa è debitrice semplicemente alla sua limitatezza. Mediante questa la logica è autorizzata, anzi obbligata, ad astrarre da tutti gli oggetti della conoscenza e dalle loro differenze. In essa quindi l'intelletto non ha a che fare con null'altro, se non con se stesso e con la propria forma. Naturalmente per la ragione doveva essere assai piú difficile il prendere la strada sicura della scienza, poiché essa non ha da occuparsi semplicemente di se stessa, bensí anche di oggetti. La logica quindi, in quanto propedeutica, costituisce per cosí dire null'altro che il vestibolo delle scienze, e se si vuol parlare di conoscenze, si presuppone certo una logica per giudicarle, ma la loro acquisizione dev'essere ricercata nelle scienze che si dicono tali propriamente ed oggettivamente.

Orbene, se nelle scienze deve intervenire la ragione, è

allora necessario che in esse qualcosa sia conosciuto *a priori*, e la conoscenza della ragione può essere riferita in un duplice modo al suo oggetto, o semplicemente per determinare questo e il suo concetto (che dev'essere dato in altra maniera), oppure per renderlo anche reale. La prima è conoscenza teoretica della ragione, l'altra pratica. La parte pura di entrambe — non importa quanto grande o quanto piccolo sia il suo contenuto — cioè la parte in cui la ragione determina il suo oggetto completamente *a priori*, deve venire esposta in precedenza da sola, e non dev'esservi mescolato ciò che proviene da altre fonti. Si dà infatti una cattiva amministrazione, se si spendono ciecamente gli introiti, senza poter distinguere in seguito — quando quell'amministrazione non può continuare — quale parte dell'entrata possa pagare le spese, ed in che misura le medesime debbano essere tagliate.

Matematica e fisica sono le due conoscenze teoretiche della ragione, che debbono determinare *a priori* i loro oggetti; la prima deve fare ciò in modo del tutto puro, la seconda deve farlo per lo meno in parte in modo puro, ma tenendo conto poi anche di fonti conoscitive differenti da quella della ragione.

Fin dai tempi piú remoti, cui giunge la storia della ragione umana, la matematica ha percorso la strada sicura di una scienza, presso il mirabile popolo greco. Non si deve tuttavia pensare che il trovare quella via regale, o piuttosto l'aprirla a se stessa, sia stato per la matematica altrettanto facile che per la logica, dove la ragione deve occuparsi soltanto di sé. Io penso piuttosto, che per lungo tempo la matematica ha continuato a brancolare (soprattutto presso gli egiziani), e che questo mutamento radicale sia da attribuirsi ad una rivoluzione, messa in opera dalla felice idea di un unico uomo, con un'impresa, dopo di cui non fu piú possibile sbagliarsi sulla strada che si doveva prendere, e fu imboccata e tracciata la via sicura di una scienza, per tutti i tempi e per una distanza infinita. A noi non è conservata la storia di questa rivoluzione nel modo di pensare — la quale fu molto piú importante che la scoperta del passaggio al di là del famoso Capo di Buona Speranza — né del fortunato che la produsse. Però la leggenda tramandata a noi da Diogene Laerzio, il quale nomina il presunto scopritore dei minimi elementi delle dimostrazioni geometriche — elementi inoltre che secondo il giudizio comune non hanno certo neppur bisogno di una dimostrazione — mostra che la memoria del mutamento, operato dalla prima traccia della scoperta di questa nuova via, dev'essere sembrato estremamente importante ai matematici ed è perciò risultato indimenticabile. Al primo uomo, che dimostrò le proprietà del triangolo isoscele (non importa che si sia chiamato Talete o in qualsivoglia altro modo), si presentò una luce; egli trovò infatti, che non doveva seguir le tracce di ciò che vedeva nella figura, o anche del semplice concetto di questa, apprendendo per cosí dire da ciò le sue proprietà, ma doveva trar fuori (mediante costruzione) ciò che egli stesso, secondo concetti, aveva approfondito e presentato *a priori*. Egli scoprí che per sapere sicuramente qualcosa *a priori*, non doveva attribuire alla cosa alcunché, all'infuori di quanto seguiva necessariamente da ciò che egli stesso, conformemente al suo concetto, aveva posto in essa.

Quanto alla scienza naturale, le cose procedettero assai piú lentamente, sino a che essa trovò la via maestra della scienza; è infatti trascorso soltanto un secolo e mezzo, pressapoco, da quando le proposte dell'ingegnoso Bacone di Verulamio in parte hanno provocato questa scoperta ed in parte l'hanno rinvigorita maggiormente, dato che già si era sulle sue tracce. Questa scoperta, proprio allo stesso modo dell'altra, può essere spiegata soltanto con una rivoluzione del modo di pensare, prodottasi rapidamente. Voglio qui prendere in considerazione soltanto la scienza naturale, in quanto è fondata su principî empirici.

Quando Galilei fece rotolare giú da un piano inclinato le sue sfere, il cui peso era stato da lui stesso stabilito, o quando Torricelli sottopose l'aria ad un peso, che in precedenza egli aveva calcolato come eguale ad una colonna d'acqua a lui nota, e in un tempo ancora posteriore, quando Stahl trasformò dei metalli in calce e quest'ultima di nuovo in metallo, sottraendo e restituendo qualcosa a tali corpi[1], in questi casi tutti gli indagatori della natura furono colpiti da una luce. Essi compresero, che la ragione scorge soltanto ciò che essa stessa produce secondo il suo disegno, e capirono che essa deve procedere innanzi con i principî dei suoi giudizi basati su stabili leggi e deve costringere la natura a rispondere alle sue domande, senza lasciarsi guidare da essa sola, per cosí dire con le dande. In caso contrario difatti le osservazioni casuali, fatte senza alcun piano tracciato in precedenza, non sono affatto tenute assieme da una sola legge necessaria, mentre proprio questo è ciò che la ragione cerca e di cui ha bisogno. Tenendo in una mano i suoi principî, sulla cui sola base delle apparenze concordanti possono valere come leggi, e con l'altra mano l'esperimento, che essa ha escogitato seguendo tali principî, la ragione deve accostarsi alla natura, certo per venire ammaestrata da questa, non però nella qualità di uno scolaro, che si fa suggerire tutto ciò che vuole il maestro, bensí nella qualità di un giudice investito della sua carica, il quale costringe i testimoni a rispondere alle domande che egli propone loro. E cosí, anche la fisica è debitrice della rivoluzione tanto vantaggiosa del suo modo di pensare semplicemente all'idea, che la ragione, conformemente a

[1] Non seguo qui nel suo svolgimento preciso la storia del metodo sperimentale, i cui primi inizi non sono del resto ben conosciuti.

ciò che essa stessa introduce nella natura, deve cercare in quest'ultima (non già attribuirle in modo fittizio) ciò che essa deve imparare dalla natura, e di cui per se stessa non saprebbe nulla. In tal modo la scienza naturale è stata portata per la prima volta sulla strada sicura di una scienza, mentre per tanti secoli essa non era stata altro che un semplice procedere a tastoni.

11 La m e t a f i s i c a è una conoscenza speculativa della ragione, del tutto isolata, che si innalza totalmente al di sopra dell'ammaestramento dell'esperienza e fa ciò, a dire il vero, mediante semplici concetti (non già, come la matematica, mediante l'applicazione di questi all'intuizione): in essa dunque la ragione stessa dev'essere la scolara di se medesima. La metafisica non ha avuto sinora un destino tanto favorevole, da permetterle di prendere la via sicura di una scienza; eppure essa è piú antica di tutte le altre scienze e sussisterebbe ancora, quand'anche le altre tutte assieme dovessero venire completamente inghiottite nell'abisso di una barbarie che sterminasse ogni cosa. In essa, difatti, la ragione si arena continuamente, persino quando vuole scorgere *a priori* (tale è la sua pretesa) quelle leggi, che sono confermate dalla piú comune esperienza. Nella metafisica si deve ripercorrere indietro la strada infinite volte, poiché si scopre che il cammino non conduce nella direzione voluta. E per quanto riguarda la concordia nelle affermazioni dei suoi seguaci, essa è ancora cosí lontana dall'averla raggiunta, che risulta piuttosto un campo di battaglia: quest'ultimo sembra essere propriamente destinato ad esercitare le forze dei partecipanti in un combattimento fittizio, in cui sinora nessun combattente è mai riuscito a conquistarsi neppure il piú piccolo vantaggio territoriale e a fondare sulla sua vittoria un possesso durevole. Non vi è dunque alcun dubbio che il modo di procedere della metafisica sia stato sinora un semplice brancolare, e quel che è peggio, un camminare a tastoni tra semplici concetti.

Orbene, da cosa dipende il fatto, che in questo campo non abbia ancora potuto essere trovata alcuna via sicura che porti alla scienza? È forse impossibile trovare tale cammino? Perché allora la natura ha afflitto la nostra ragione con l'incessante aspirazione a seguir le tracce di tale cammino, come si trattasse di uno dei suoi piú importanti interessi? Di piú, noi abbiamo davvero scarso motivo di riporre fiducia nella nostra ragione, se in questo campo, che è uno dei piú importanti per il nostro desiderio di sapere, essa non soltanto ci abbandona, ma ci tiene a bada con miraggi ed alla fine c'inganna! Oppure, se sinora abbiamo soltanto sbagliato strada, di quali segni possiamo servirci, per sperare, rinnovando le ricerche, che saremo piú fortunati di quanto altri siano stati prima di noi?

Dovrei pensare che gli esempi della matematica e della scienza naturale — le quali sono divenute ciò che sono ora con una rivoluzione prodottasi d'un tratto — siano abbastanza notevoli, per farci riflettere sulle linee essenziali della radicale trasformazione nel modo di pensare, che è stata tanto vantaggiosa per quelle, e per far sí che noi le imitiamo in questo campo, per lo meno a scopo di tentativo, in quanto ciò è permesso dall'analogia di esse, come conoscenze della ragione, con la metafisica. Si è ritenuto sinora, che ogni nostra conoscenza debba regolarsi secondo gli oggetti: tutti i tentativi di stabilire 12
su di essi, attraverso concetti, qualcosa *a priori*, mediante cui fosse allargata la nostra conoscenza, caddero tuttavia, dato tale presupposto, nel nulla. Per una volta si tenti dunque, se nei problemi della metafisica possiamo procedere meglio, ritenendo che gli oggetti debbano conformarsi alla nostra conoscenza. Già cosí, tutto si accorda meglio con la desiderata possibilità di una conoscenza *a priori* degli oggetti, la quale voglia stabilire qualcosa su di essi, prima che ci vengano dati. La situazione al riguardo è la stessa che si è presentata con i primi pensieri

di *Copernico*: costui, poiché la spiegazione dei movimenti celesti non procedeva in modo soddisfacente, sino a che egli sosteneva che tutto quanto l'ordinamento delle stelle ruotasse attorno allo spettatore, cercò se la cosa non potesse riuscire meglio, quando egli facesse ruotare lo spettatore e facesse per contro star ferme le stelle. Nella metafisica, orbene, si può fare un analogo tentativo, per quanto riguarda l'*intuizione* degli oggetti. Se l'intuizione dovesse conformarsi alla struttura degli oggetti, io non riesco allora a vedere, come di essa si potrebbe sapere qualcosa *a priori*; ma se l'oggetto (in quanto oggetto dei sensi) si conforma alla struttura della nostra facoltà di intuizione, io posso allora rappresentarmi benissimo questa possibilità. Poiché tuttavia non posso arrestarmi a queste intuizioni, se si vuole che esse diventino conoscenze, ma debbo riferirle in quanto rappresentazioni ad un qualcosa come oggetto, e devo determinare questo mediante quelle, io posso allora, o ritenere che i *concetti*, attraverso i quali opero questa determinazione, si conformino del pari all'oggetto — ed in tal caso cado ancora una volta nel medesimo imbarazzo, riguardo al modo in cui io possa sapere in proposito qualcosa *a priori* — oppure penso che gli oggetti o, ciò che è lo stesso, l'*esperienza* (nella quale soltanto, in quanto oggetti dati, essi vengono conosciuti) si regolino secondo questi concetti. In tal caso io scorgo senz'altro una piú semplice prospettiva, poiché l'esperienza stessa è una specie di conoscenza, che rende necessario l'intelletto: la regola di questo debbo presupporla in me, prima ancora che mi siano dati degli oggetti, quindi *a priori*, e tale regola viene espressa in concetti *a priori*, ai quali dunque si conformano necessariamente tutti gli oggetti dell'esperienza, e con i quali essi debbono accordarsi. Riguardo agli oggetti, in quanto sono soltanto pensati, e invero necessariamente, dalla ragione, ma non possono affatto essere dati nella esperienza (almeno cosí come li pensa la ragione), certo

i tentativi di pensarli (poiché debbono pure lasciarsi pensare) forniranno poi un prezioso banco di prova per ciò che noi adottiamo come una trasformazione nel metodo 13
di pensare, ossia per il fatto che delle cose conosciamo *a priori* soltanto ciò che noi stessi poniamo in esse[1].

Questo tentativo ha la riuscita che si può desiderare, e promette alla metafisica — nella sua prima parte, dove essa si occupa cioè dei concetti *a priori*, ai quali possono essere dati nell'esperienza gli oggetti corrispondenti, adatti ad essi — il corso sicuro di una scienza. In base a questa trasformazione nel modo di pensare, in effetti, si può spiegare benissimo la possibilità di una conoscenza *a priori*, e in piú si possono fornire dimostrazioni soddisfacenti delle leggi, che stanno *a priori* a fondamento della natura, intesa come l'insieme degli oggetti dell'esperienza. Secondo il modo di procedere seguito sinora, era impossibile ottenere queste due cose. Questa deduzione della nostra facoltà di conoscere *a priori* porta tuttavia, nella prima parte della metafisica, ad un risultato sorprendente, e all'apparenza assai dannoso all'intero proposito della metafisica, del quale si occupa la seconda parte: cioè, che con

[1] Tale metodo, che imita quello dell'indagatore della natura, consiste 13
dunque nel ricercare gli elementi della ragione pura in ciò, che può essere confermato o confutato mediante un esperimento. Orbene, per esaminare le proposizioni della ragione pura, specialmente quando esse si avventurano al di là di ogni limite di una esperienza possibile, non si può fare alcun esperimento con i loro oggetti (come invece avviene nella scienza naturale). Un esperimento sarà dunque realizzabile soltanto con concetti e proposizioni fondamentali, che noi assumiamo *a priori*, quando cioè li si costituisca in modo tale, che i medesimi oggetti possano venir considerati da un lato come oggetti del senso e dell'intelletto, per l'esperienza, e d'altro lato invece come oggetti che sono semplicemente pensati, tutt'al piú per la ragione isolata, che tende ad oltrepassare il limite dell'esperienza: in modo tale, quindi, che possano venir considerati da due lati differenti. Se risulta ordunque, che quando si considerano le cose da quel duplice punto di vista, si verifica un accordo con il principio della ragione pura, e che quando le si considerano da un solo punto di vista, sorge invece un irrimediabile contrasto della ragione con se stessa, l'esperimento decide allora in favore della correttezza di quella distinzione.

tale facoltà non possiamo mai oltrepassare il limite di un'esperienza possibile, mentre proprio questo è ciò che interessa nel modo piú essenziale tale scienza. Proprio qui, peraltro, la verità del risultato di quel primo apprezzamento della nostra conoscenza *a priori* della ragione viene sperimentata mediante una controprova, consistente cioè nel fatto che la conoscenza della ragione si rivolge soltanto ad apparenze, lasciando per contro che la cosa in sé certo sussista come per sé reale, ma sia da noi sconosciuta. Ciò che ci spinge necessariamente a oltrepassare il limite dell'esperienza e di tutte le apparenze
14 è infatti l'incondizionato, che rispetto ad ogni oggetto condizionato la ragione esige, necessariamente e a buon diritto, nelle cose in se stesse, pretendendo in tal modo la compiutezza della serie delle condizioni. Orbene, se quando si ritiene che la nostra conoscenza di esperienza si conformi agli oggetti in quanto cose in se stesse, risulta che l'incondizionato non può affatto venir pensato senza contraddizione, e per contro, se quando si ritiene che la nostra rappresentazione delle cose, come ci sono date, non si conformi a queste in quanto cose in se stesse, ma che questi oggetti piuttosto, in quanto apparenze, si conformino al nostro modo di rappresentazione, risulta invece che la contraddizione cade, e che di conseguenza l'incondizionato non deve ritrovarsi nelle cose, in quanto noi le conosciamo (cioè in quanto esse ci sono date), bensí deve ritrovarsi in esse, in quanto noi non le conosciamo, come cose in se stesse, in tal caso appare chiara la fondatezza di ciò che da principio abbiamo assunto unicamente a scopo di tentativo[1]. Ora, dopo che è stato precluso alla ragione

14 26 [1] Questo esperimento della ragione pura è molto simile a quello che i chimici talvolta denominano la prova di riduzione, ma in generale chiamano il procedimento sintetico. L'analisi del metafisico ha separato la conoscenza pura *a priori* in due elementi assai eterogenei, cioè nella conoscenza delle cose come apparenze e poi

speculativa ogni progresso in questo campo del soprasensibile, ci rimane ancor sempre da tentare, se nella sua conoscenza pratica non si trovino dei dati, per determinare quel concetto razionale trascendente dell'incondizionato, e per giungere in tal modo, conformemente al desiderio della metafisica, al di là del limite di ogni esperienza possibile con la nostra conoscenza *a priori*, la quale però è possibile soltanto secondo un'intenzione pratica. Con un tale modo di procedere, la ragione speculativa, per lo meno, ci ha pur sempre procurato dello spazio per questo ampliamento, anche se essa ha dovuto lasciarlo vuoto, e ci è quindi ancora lecito — anzi a ciò noi siamo addirittura esortati da essa — di riempirlo con dei dati pratici della ragione, se lo possiamo[1].

L'assunto di questa critica della ragione pura speculativa, ordunque, consiste nel suddetto tentativo di trasformare quello che è stato sinora il modo di procedere della metafisica, e di far ciò operando su di questa una completa rivoluzione, secondo l'esempio dei geometri e degli indagatori della natura. Tale critica è un trattato del metodo, non un sistema della scienza stessa, ma nondimeno essa

nella conoscenza delle cose in se stesse. La dialettica collega di nuovo i due elementi, in armonia con la necessaria idea razionale dello incondizionato, e trova che questa armonia non si produce mai altrimenti, se non attraverso quella distinzione, che è quindi la vera.

[1] A questo modo, le leggi centrali dei movimenti dei corpi celesti procurarono un'indiscutibile certezza a ciò che Copernico aveva da 34 14
principio assunto come semplice ipotesi, e dimostrarono al tempo stesso la forza invisibile (dell'attrazione newtoniana), che tiene unita la struttura del mondo: quest'ultima sarebbe per sempre rimasta nascosta, se Copernico non avesse osato — in un modo contrastante ai sensi, eppure vero — di cercare i movimenti osservati non già negli oggetti del cielo, 31 15
bensí nel loro spettatore. La trasformazione nel modo di pensare, che è esposta nella Critica ed è analoga a quell'ipotesi, io la prospetto del pari, in questa prefazione, come semplice ipotesi — per quanto essa, nel corso della trattazione, venga dimostrata non già ipoteticamente, bensí apoditticamente, in base alla natura delle nostre rappresentazioni di spazio e tempo, e in base ai concetti elementari dell'intelletto — soltanto per mettere in rilievo i primi tentativi di una tale trasformazione, che sono sempre ipotetici.

traccia un disegno compiuto della scienza, sia riguardo ai suoi limiti, sia anche riguardo a tutta quanta la sua articolazione interna. La ragione pura speculativa ha difatti in sé la peculiarità, di poter e dover misurare la sua propria capacità a seconda dei differenti modi, in cui essa sceglie gli oggetti del suo pensiero, ed inoltre di poter e dover essa stessa enumerare compiutamente i vari modi di proporsi dei compiti, tracciando cosí l'intero abbozzo di un sistema della metafisica. In effetti, per quanto riguarda la prima cosa, nella conoscenza *a priori* non può essere attribuito agli oggetti null'altro, se non ciò che il soggetto pensante trae da se stesso, e per quanto riguarda la seconda cosa, la ragione pura speculativa, rispetto ai principî conoscitivi, è un'unità del tutto separata, sussistente per sé, nella quale ogni membro, come in un corpo organizzato, esiste per tutti gli altri e tutti i membri esistono per ciascuno di essi; e nessun principio può essere assunto con sicurezza in una sola relazione, senza che al tempo stesso sia stato indagato nella generalità delle relazioni con l'intero uso puro della ragione. In compenso però la metafisica ha anche la rara fortuna — che non può toccare a nessun'altra scienza della ragione, la quale abbia a che fare con oggetti (la logica infatti si occupa soltanto della forma del pensiero in generale) — di poter abbracciare pienamente l'intero campo delle conoscenze che le appartengono, quando essa è stata portata da questa critica sul sicuro cammino di una scienza, e di poter compiere quindi la sua opera, concedendola in uso alla posterità, come un fondamento che non potrà mai essere accresciuto: la metafisica infatti si occupa soltanto dei principî e dei limiti del loro uso, che sono determinati da quei principî stessi. A questa compiutezza quindi essa, in quanto scienza fondamentale, è anche
16 obbligata, e di essa deve potersi dire: *nil actum reputans, si quid superesset agendum.*

Tuttavia, si domanderà, che tesoro è mai quello, che

pensiamo di lasciare alla posterità e che consiste in una tale metafisica, purificata mediante la critica, ma in tal modo portata anche in una situazione statica? Con un fuggevole sguardo dato a quest'opera, si crederà di osservare che la sua è un'utilità soltanto negativa, nell'impedire cioè che noi ci avventuriamo mai con la ragione speculativa al di là del limite dell'esperienza: del resto, tale è in realtà il suo primo beneficio. Questa utilità diventa però ben presto positiva, quando ci si accorge che le proposizioni fondamentali, con le quali la ragione speculativa si avventura al di là del suo confine, in realtà non producono un ampliamento nell'uso della nostra ragione, ma quando le si considera piú da vicino, hanno come inevitabile conseguenza una restrizione di tale uso, poiché esse minacciano di estendere davvero a tutto quanto i limiti della sensibilità, alla quale propriamente appartengono, e di sopprimere cosí del tutto l'uso puro (pratico) della ragione. Una critica quindi, che restringe la ragione pura speculativa, certo è in quanto tale negativa, ma poiché in tal modo elimina al tempo stesso un ostacolo, che restringe l'uso pratico, o addirittura minaccia di annullarlo, essa di fatto ha un'utilità positiva e assai rilevante, non appena ci si convinca che sussiste un uso pratico, assolutamente necessario, della ragione pura (l'uso morale), nel quale essa si estende inevitabilmente al di là dei limiti della sensibilità. Certo essa, in questo uso pratico, non ha bisogno di alcun appoggio da parte della ragione speculativa, ma nondimeno dev'essere messa al sicuro di fronte all'azione contraria di quest'ultima, per non incorrere in contraddizione con se stessa. Il contestare un'utilità positiva a questo servizio della critica sarebbe equivalente a dire, che la polizia non procura alcun vantaggio positivo, poiché la sua principale incombenza consiste soltanto nel mettere il catenaccio alla violenza, che i cittadini hanno da temere da parte dei cittadini, affinché ciascuno possa

occuparsi, tranquillo e sicuro, dei suoi affari. Nella parte analitica della critica viene dimostrato, che spazio e tempo sono soltanto forme dell'intuizione sensibile, e quindi soltanto condizioni dell'esistenza delle cose in quanto apparenze; che inoltre noi non abbiamo alcun concetto dell'intelletto, e perciò neppure un qualsiasi elemento per la conoscenza delle cose, se non in quanto possa venir data un'intuizione corrispondente a questi concetti; di conseguenza, che noi non possiamo aver conoscenza di alcun oggetto in quanto cosa in se stessa, ma solo in quanto esso è oggetto dell'intuizione sensibile, cioè in quanto apparenza. Di qui segue allora certamente, che ogni
17 possibile conoscenza speculativa della ragione è ristretta ai semplici oggetti dell'*esperienza*. Nondimeno viene pur sempre fatta al riguardo una riserva, che occorre tener bene a mente: proprio quei medesimi oggetti, noi dobbiamo almeno avere la possibilità di *pensarli* anche come cose in se stesse, per quanto non possiamo *conoscerli* come tali[1]. Altrimenti infatti deriverebbe da ciò la proposizione assurda, che sussiste un'apparenza senza un qualcosa che in essa appaia. Supponiamo ora, che non fosse stabilita per nulla la distinzione, resa necessaria dalla nostra critica, tra le cose come oggetti dell'esperienza e le medesime come cose in se stesse: in tal caso la proposizione fondamentale della causalità e quindi il meccanismo naturale nella determinazione della causalità dovrebbero

17 [1] Per *conoscere* un oggetto, si richiede che io possa dimostrare la sua possibilità (sia partendo dalla sua realtà, secondo la testimonianza dell'esperienza, sia *a priori*, mediante la ragione). Io posso però *pensare* ciò che voglio, purché non contraddica me stesso, ossia purché il mio concetto sia un pensiero possibile. Tuttavia io non posso certo garantire, che nell'insieme di tutte le possibilità a questo concetto corrisponda anche, oppure non corrisponda, un oggetto. Ma per attribuire a tale concetto una validità oggettiva (cioè una possibilità reale, poiché quella prima possibilità era semplicemente logica), si richiede qualcosa di piú. Questo qualcosa di piú, tuttavia, non ha proprio bisogno di venir ricercato nelle fonti conoscitive teoretiche: esso può anche trovarsi in quelle pratiche.

valere pienamente rispetto a tutte le cose in generale, in quanto cause efficienti. E cosí, riguardo ad un medesimo ente, ad esempio l'anima umana, io non potrei dire che la sua volontà sia libera e che tale volontà sia al tempo stesso sottomessa alla necessità naturale, cioè non sia libera, senza incorrere in una contraddizione manifesta, poiché in entrambe le proposizioni ho inteso l'anima *proprio nel medesimo significato*, cioè come cosa in generale (come cosa in se stessa), né potevo intenderla in modo diverso senza una precedente critica. Ma se la critica non è caduta in errore, nell'insegnarci ad intendere l'oggetto in un *duplice significato*, cioè come apparenza oppure come cosa in se stessa; se la deduzione dei suoi concetti dell'intelletto è giusta, e quindi la proposizione fondamentale della causalità si applica inoltre soltanto alle cose intese nel primo significato, in quanto cioè esse sono oggetti dell'esperienza, mentre le medesime cose, nel secondo significato, non sono sottomesse a tale principio: in tal caso, una medesima volontà viene pensata nell'apparenza (negli atti visibili) come necessariamente conforme alla legge naturale e pertanto come *non libera*, e d'altro canto invece, in quanto appartenente ad una cosa in se stessa, è pensata come non sottomessa a quella legge, e quindi come *libera*, senza che con ciò si produca una contraddizione. È bensí vero che io non posso in alcun modo *conoscere* con la ragione speculativa (ancor meno con l'os- 13
servazione empirica) la mia anima, considerata da questo secondo lato, e quindi neppure la libertà come proprietà di un ente, cui assegno degli effetti nel mondo dei sensi, per il fatto che io dovrei conoscere un tale ente come determinato nella sua esistenza e tuttavia come non determinato nel tempo (il che è impossibile, poiché non posso far poggiare il mio concetto su alcuna intuizione). Eppure per conto mio posso *pensare* la libertà, ossia, la rappresentazione di ciò per lo meno non contiene in sé alcuna

contraddizione, se si applica la nostra distinzione critica dei due modi di rappresentazione (il sensibile e l'intellettuale), e se si opera la limitazione, che ne deriva, dei concetti puri dell'intelletto, e quindi anche delle proposizioni fondamentali che da essi discendono. Orbene, ammettendo che la morale presupponga necessariamente la libertà (nel senso piú stretto) come proprietà del nostro volere, poiché la morale introduce delle proposizioni fondamentali pratiche, che si ritrovano nella nostra ragione e sono originarie, come d a t i *a priori* della ragione, i quali sarebbero assolutamente impossibili senza il presupposto della libertà, ed ammettendo per contro che la ragione speculativa abbia dimostrato, che la libertà non può affatto essere pensata, in tal caso il primo presupposto, cioè quello morale, deve necessariamente cedere a quel presupposto, il cui contrario contiene una contraddizione manifesta, e di conseguenza la l i b e r t à , e con essa la morale (dato che il contrario di quest'ultima non contiene alcuna contraddizione, se non è già presupposta la libertà), debbono lasciare il posto al m e c c a n i s m o d e l l a n a t u r a . Ma quando nei rispetti della morale io non ho bisogno di null'altro, se non che la libertà non contraddica se stessa e possa quindi venire almeno pensata — senza che occorra comprenderla ulteriormente — di null'altro dunque se non che essa non ponga alcun ostacolo sul cammino del meccanismo naturale del medesimo atto (inteso secondo un altro riferimento), in tal caso la dottrina della morale conserva il suo posto, e del pari la dottrina della natura conserva il suo: ciò peraltro non si sarebbe verificato, se in precedenza la critica non ci avesse ammaestrati sulla nostra inevitabile ignoranza nei riguardi delle cose in se stesse, e non avesse ristretto a semplici apparenze tutto ciò che noi possiamo c o n o s c e r e teoreticamente. Questa stessa discussione sull'utilità positiva delle proposizioni critiche fondamentali della ragione pura si può applicare riguardo al concetto di D i o

e della *natura semplice* della nostra *anima*: a
scopo di brevità tuttavia la tralascio. Io non posso dunque
neppure *ammettere* — in vista dell'uso pratico neces-
sario della mia ragione — *Dio, libertà e immor-
talità*, se insieme non *contesto* alla ragione specu-
lativa la sua pretesa di arrogarsi conoscenze esageratamente
profonde: essa infatti, per giungere a queste conoscenze, deve
servirsi di proposizioni fondamentali siffatte che, pur esten- 19
dendosi in realtà semplicemente a oggetti di un'esperienza
possibile, se nondimeno vengono applicate a ciò che non
può essere un oggetto dell'esperienza, ogni volta lo trasfor-
mano davvero in apparenza, e dichiarano quindi come im-
possibile ogni *ampliamento pratico* della ragione
pura. Ho dovuto dunque eliminare il *sapere*, per far
posto alla *fede*. E il dogmatismo della metafisica, cioè
il pregiudizio di poter progredire in essa senza una critica
della ragione pura, è la vera fonte di ogni incredulità —
in contrasto con la moralità — che è sempre spiccata-
mente dogmatica. — Se dunque con una metafisica sistema-
tica, composta seguendo la critica della ragione pura, può
essere per l'appunto non difficile il lasciare un legato alla
posterità, certo però non si tratta affatto di un dono
spregevole, sia che si consideri semplicemente l'incivili-
mento della ragione, attraverso il sicuro cammino di una
scienza in generale, in confronto al suo brancolare senza
fondamento ed al suo volubile girovagare, quando manchi
la critica, sia anche che si badi al migliore impiego del
tempo da parte di una gioventú avida di sapere, la quale
riceve dal consueto dogmatismo, cosí per tempo e in cosí
grande misura, un incoraggiamento a sottilizzare senza
fatica su cose, di cui essa non comprende nulla, ed in cui
né essa né alcun altro al mondo riuscirà del resto mai a
scorgere qualcosa, o addirittura un allettamento a ten-
tare la scoperta di nuovi pensieri e di nuove opinioni,
trascurando cosí l'apprendimento di scienze profonde. Il
valore di tale dono risulterà tuttavia massimamente,

quando si metta in conto l'inestimabile vantaggio, di porre un termine per ogni tempo avvenire a tutte le obiezioni contro la moralità e la religione, e ciò in modo *socratico*, ossia mediante la piú chiara dimostrazione dell'ignoranza degli avversari. In effetti, una qualche metafisica è sempre esistita nel mondo, e certo vi si ritroverà anche in avvenire; con essa tuttavia si ritroverà pure una dialettica della ragione pura, poiché le è connaturata. La prima e piú importante incombenza della filosofia consiste dunque nell'eliminare una volta per tutte ogni influsso dannoso della metafisica, con l'estinguere le fonti degli errori.

Pur tenendo conto di questo importante mutamento nel campo delle scienze, e della *perdita* che la ragione speculativa deve subire in ciò che sinora si era immaginato di possedere, tuttavia, per quanto riguarda il generale interesse umano e l'utilità che il mondo ha tratto sino a questo momento dalle dottrine della ragione pura, tutto rimane nella medesima situazione vantaggiosa che si è sempre data, e la perdita colpisce soltanto il *monopolio delle scuole*, per nulla invece l'*interesse degli uomini*. Io domando al piú ostinato dei dogmatici, se la dimostrazione del perdurare della nostra anima dopo la morte, in base alla semplicità della sostanza, se la dimostrazione della libertà del volere di fronte al meccanismo universale, mediante le distinzioni sottili, per quanto deboli, di una necessità pratica soggettiva e oggettiva, o se la prova dell'esistenza di Dio in base al concetto del piú reale degli enti (in base alla contingenza del mutevole e alla necessità di un motore primo), se tutte queste dimostrazioni insomma, dopo di essere uscite dalle scuole, siano mai potute giungere sino al pubblico ed abbiano mai potuto esercitare un minimo influsso sulle sue convinzioni. Orbene, ciò non è accaduto, né del resto potremo mai attenderci che accada, per l'inattitudine del comune intelletto umano ad una speculazione cosí sottile. Piuttosto, per quanto riguarda il primo punto, la tendenza della natura umana — percepibile da ogni uomo — a non potersi mai appagare di ciò che è temporale (poiché questo è insufficiente per i disegni della sua intera destinazione) ha dovuto da sé sola suscitare la speranza di una vita futura; riguardo al secondo punto, una semplice esposizione chiara dei doveri, in contrasto con tutte le pretese degli istinti, ha dovuto da sé sola suscitare la coscienza della libertà; infine, per quanto riguarda il terzo punto, l'ordine mirabile, la bellezza e la previdenza che traspariscono ovunque nella natura, hanno dovuto da soli suscitare la fede in un saggio e grande autore del mondo, una convinzione che si diffonde nel pubblico, in quanto è basata su fondamenti razionali. Se cosí è, tali acquisizioni allora non soltanto non risultano turbate, ma guadagnano piuttosto un ulteriore prestigio per il fatto che le scuole vengano ormai ammaestrate a non arrogarsi in alcun modo, su di un argomento che riguarda il generale interesse umano, una conoscenza piú alta e piú estesa di quella cui può giungere altresí, con altrettanta facilità, la grande massa degli uomini (per noi degnissima di considerazione), ed a limitarsi quindi soltanto al perfezionamento di queste ragioni dimostrative, universalmente comprensibili e sufficienti dal punto di vista morale. Il mutamento riguarda dunque semplicemente le pretese arroganti delle scuole, le quali in questo campo (come del resto fanno a buon diritto su molti altri argomenti) vorrebbero farsi concedere la prerogativa di conoscere e conservare tali verità, trasmettendone al pubblico soltanto l'uso, e conservandone invece per sé la chiave (*quod mecum nescit, solus vult scire videri*). Eppure noi ci prendiamo cura altresí delle pretese del filosofo speculativo, che siano piú ragionevoli. Costui rimane sempre il depositario esclusivo di una scienza, la quale è utile al pubblico senza che esso lo sappia, ossia della critica della ragione. Essa invero non potrà mai divenir popolare, ma non ha neppure bisogno di esserlo. In effetti, 21 allo stesso modo che il popolo non riesce a considerare come verità utili gli argomenti elaborati con sottigliezze, cosí pure non gli vengono mai in mente le altrettanto sottili obiezioni in contrario. Per altro verso, poiché la scuola, cosí come ogni uomo che si elevi alla speculazione, s'imbatte inevitabilmente in tali argomenti e obiezioni, la critica è allora tenuta a prevenire una volta per tutte, con un'indagine approfondita dei diritti della ragione speculativa, lo scandalo che presto o tardi deve giungere sino al popolo, ed è provocato dalle contese, in cui sono inevitabilmente implicati i metafisici privi della critica (e in quanto tali, infine, certo anche degli ecclesiastici), e che anche in un tempo ulteriore falsano le loro dottrine. Orbene, solo mediante la critica è possibile rescindere proprio alla radice il *materialismo*, il *fatalismo*, l'*ateismo*, l'*incredulità* dei liberi pensatori, la *stravaganza* e la *superstizione*, che possono essere universalmente dannose, ed infine anche l'*idealismo* e lo *scetticismo*, che sono piú pericolosi per le scuole e che difficilmente possono estendersi al pubblico. Se i governi trovano conveniente di occuparsi delle faccende degli eruditi, in tal caso alla loro saggia sollecitudine tanto per le scienze quanto per gli uomini sarebbe assai piú appropriato il favorire la libertà di una tale critica — ossia del solo mezzo con cui le trattazioni razionali possono venir condotte su di una base solida — che l'appoggiare il ridicolo dispotismo delle scuole, le quali levano alte grida come per un pericolo pubblico, quando vengono strappate le loro ragnatele, di cui pur tuttavia il pubblico non ha mai avuto notizia e la cui perdita quindi non potrà neppure avvertire mai.

La critica è contrapposta non già al *procedimento dogmatico* della ragione nella sua cono-

scenza pura, in quanto scienza (poiché tale conoscenza dev'essere sempre dogmatica, cioè deve dimostrare rigorosamente in base a sicuri principî *a priori*), bensí al dogmatismo, cioè alla pretesa di procedere unicamente con una conoscenza pura basata su concetti (quelli filosofici), secondo principî quali la ragione usa da lungo tempo, e senza indagare in che modo e con quale diritto essa sia giunta a ciò. Dogmatismo è dunque il procedimento dogmatico che la ragione pura segue, senza una precedente critica della sua propria capacità. Questa contrapposizione non è quindi destinata a sostenere le parti di una loquace superficialità, che si presenta sotto il nome usurpato di popolarità, o addirittura dello scetticismo, che fa un processo sommario di tutta quanta la metafisica. La critica, piuttosto, è la necessaria organizzazione preliminare per promuovere una approfondita metafisica come scienza, che dev'essere sviluppata dogmaticamente, per necessità, e sistematicamente, secondo le piú rigorose esigenze, quindi 22
scolasticamente (non popolarmente). In effetti, non si può rinunziare a questa pretesa nei suoi confronti, poiché essa prende l'impegno di eseguire del tutto *a priori* il suo compito, e quindi con piena soddisfazione della ragione speculativa. Nell'esecuzione del piano tracciato dalla critica, cioè nel futuro sistema della metafisica, noi dovremo dunque un giorno seguire il metodo rigoroso del celebre Wolff, il piú grande fra tutti i filosofi dogmatici. Costui diede per la prima volta l'esempio (e mediante questo esempio divenne in Germania il promotore di quello spirito di penetrazione, che sino a questo momento non si è ancora spento), del modo in cui si deve prendere il cammino sicuro di una scienza, stabilendo dei principî con valore di leggi, determinando chiaramente i concetti, cercando il rigore delle dimostrazioni, evitando i salti arditi nelle illazioni. Proprio per questo, egli era anche precipuamente atto a porre in tale situazione una scienza, quale è la metafisica, se gli

fosse venuto in mente di prepararsi in anticipo il terreno, mediante la critica dell'organo, cioè della stessa ragione pura: una mancanza, la sua, che è da attribuirsi non tanto a lui quanto piuttosto al modo di pensare dogmatico della sua epoca, e a proposito della quale i filosofi, sia dei suoi tempi sia di tutti i tempi anteriori, non hanno nulla da rimproverarsi l'un l'altro. Coloro che rigettano il suo metodo d'insegnamento, ed al tempo stesso il modo di procedere della critica della ragione pura, non possono avere in mente null'altro, se non di gettar via del tutto le catene della *scienza*, e di trasformare il lavoro in gioco, la certezza in opinione e la filosofia in filodossia.

Per quanto riguarda questa seconda edizione, io non ho voluto, com'è giusto, lasciar trascorrere l'occasione di porre per quanto è possibile un rimedio alle difficoltà e all'oscurità, onde possono essere sorte parecchie interpretazioni errate, cui nel giudicare questo libro sono giunte persone acute, forse non senza mia colpa. Nelle proposizioni stesse e nelle loro ragioni dimostrative, ed inoltre, nella forma come nella compiutezza del piano, io non ho trovato nulla da cambiare. Ciò è da attribuirsi in parte al lungo esame, cui ho sottoposto tutto ciò, prima di esporlo al pubblico, e in parte alla costituzione dell'oggetto stesso, cioè alla natura di una ragione pura speculativa: quest'ultima possiede una vera struttura articolata, in cui tutto è organico, ossia il tutto sussiste per ciascuna parte ed ogni singola parte per tutte; in cui perciò una qualunque incrinatura, per quanto piccola, si tratti poi di un'imperfezione (errore) o di una mancanza, deve tradirsi inevitabilmente nel-
23 l'uso. Questo sistema manterrà anche in seguito, come spero, tale immutabilità. Ciò che mi autorizza a tale fiducia non è una presunzione, ma soltanto l'evidenza prodotta dall'esperimento di un eguale risultato, sia nel passare dai piú piccoli elementi alla totalità della ragione

pura, sia nel ritornare dal tutto (poiché anche questa totalità è data per sé, mediante lo scopo finale della ragione pura nella sfera pratica) ad ogni parte, quando invece il tentativo di modificare sia pure la piú piccola parte provoca senz'altro delle contraddizioni, non soltanto nel sistema, ma nella ragione umana in generale. Unicamente nell' e s p o s i z i o n e resta ancora molto da fare, e al riguardo, in questa edizione, ho tentato delle emendazioni, che sono destinate a porre un rimedio sia al fraintendimento dell'estetica, specialmente per quanto si riferisce al concetto del tempo, sia all'oscurità nella deduzione dei concetti dell'intelletto, sia alla presunta mancanza, nelle prove delle proposizioni fondamentali dell'intelletto puro, di una sufficiente evidenza, sia infine all'interpretazione errata dei paralogismi, che abbiamo rimproverati alla psicologia razionale. Le mie modificazioni nella forma dell'esposizione si estendono sino a questo punto (cioè soltanto sino alla fine del primo capitolo della dialettica trascendentale), e non oltre[1], poiché il

[1] Potrei chiamare vera e propria aggiunta — limitatamente però alla maniera di dimostrare — soltanto quella che ho fatto a p. 275, con una nuova confutazione dell' i d e a l i s m o psicologico ed una dimostrazione rigorosa (a quanto penso, altresí l'unica possibile) della realtà oggettiva dell'intuizione esterna. Riguardo agli scopi essenziali della metafisica, l'idealismo sia considerato quanto si voglia innocente (il che in realtà non è), ma rimane pur sempre uno scandalo della filosofia e della ragione umana in generale il dover ammettere l'esistenza delle cose fuori di noi (dalle quali pure ricaviamo tutto quanto il materiale delle conoscenze anche per il nostro senso interno) semplicemente sulla base della f e d e, e il non poter contrapporre alcuna dimostrazione soddisfacente, se a qualcuno viene in mente di mettere in dubbio tale esistenza. Dato che nelle espressioni contenenti questa dimostrazione si ritrova, dalla terza alla sesta riga, una certa oscurità, prego di modificare tale periodo come segue: « Q u e s t o p e r m a n e n t e n o n p u ò t u t t a v i a e s s e r e u n ' i n t u i z i o n e i n m e . I n e f f e t t i , t u t t e l e r a g i o n i d e l l a d e t e r m i n a z i o n e d e l l a m i a e s i s t e n z a , c h e p o s s o n o r i t r o v a r s i i n m e , s o n o r a p p r e s e n t a z i o n i , e c o m e t a l i h a n n o p e r l ' a p p u n t o b i s o g n o d i u n q u a l c o s a d i p e r m a n e n t e , d i s t i n t o d a e s s e , i n r e l a z i o n e a l q u a l e p o s s a v e n i r d e t e r m i n a t o i l m u t a m e n t o d e l l e

tempo di cui disponevo era troppo breve, e poiché riguardo
24. al seguito della trattazione non mi sono trovato di fronte a nessun fraintendimento da parte di esaminatori competenti ed imparziali: questi ultimi, anche senza che io
25 abbia bisogno di menzionarli con la lode che loro spetta, ritroveranno da sé, nei passi che li riguardano, una traccia della considerazione in cui ho tenuto i loro avvertimenti. A queste emendazioni si connette tuttavia una piccola perdita per il lettore: non la si poteva evitare, senza rendere troppo voluminoso il libro. Si tratta di questo: parecchie cose, che non appartengono essenzialmente, è vero, alla compiutezza dell'insieme, ma di cui molti lettori po-

rappresentazioni, e *quindi la mia esistenza nel tempo in cui esse mutano*». Presumibilmente si obietterà a questa dimostrazione, che pur tuttavia io sono immediatamente cosciente soltanto di ciò che è in me, cioè della mia *rappresentazione* di
24 cose esterne, e che di conseguenza resta ancora da stabilire se sussista o meno, al di fuori di me, un qualcosa di corrispondente a tale rappresentazione. Senonché, io sono cosciente *della mia esistenza nel tempo* (e quindi anche della determinabilità di questa esistenza nel tempo) attraverso un'*esperienza* interna: ciò è qualcosa di piú dell'essere semplicemente cosciente della mia rappresentazione, ed è invece la stessa cosa della *coscienza empirica del mio esistere*, il quale è determinabile soltanto mediante un riferimento a qualcosa, che *al di fuori di me* è legato con la mia esistenza. Questa coscienza della mia esistenza nel tempo è quindi identicamente legata con la coscienza di una relazione a qualcosa fuori di me, e ciò che connette inscindibilmente l'esterno con il mio senso interno è dunque esperienza e non finzione, senso e non capacità di immaginazione. Il senso esterno, infatti, già in sé è riferimento dell'intuizione a qualcosa di reale fuori di me, e la realtà del senso esterno, a differenza dall'immaginazione, si fonda soltanto sul fatto che esso è inscindibilmente legato con la stessa esperienza interna, in quanto condizione della possibilità di quest'ultima: il che si verifica nel caso in questione. Se alla *coscienza intellettuale* della mia esistenza nella rappresentazione: *io sono*, che accompagna tutti i miei giudizi e gli atti dell'intelletto, io potessi collegare al tempo stesso una determinazione della mia esistenza mediante un'*intuizione intellettuale*, la coscienza di un rapporto con qualcosa fuori di me non apparterrebbe allora necessariamente a tale intuizione. Senonché, quella coscienza intellettuale è bensí precedente, ma l'intuizione interna, la sola in cui la mia esistenza può essere determinata, è sensibile e legata alla condizione del tempo: tale determinazione peraltro, e quindi la stessa esperienza interna, dipende da alcunché di permanente, che non è in me e

trebbero sentire la mancanza (avendo esse del resto la possibilità di venir utilizzate secondo un altro punto di vista), si sono dovute omettere o presentare in forma abbreviata, per far luogo alla mia esposizione ora piú comprensibile, come spero. Tale esposizione non cambia assolutamente nulla, riguardo alle proposizioni e persino alle loro ragioni dimostrative, ma nel metodo del presentare si discosta qua e là dall'esposizione precedente ad un punto tale, da non potersi realizzare con dei brani parentetici. Questa piccola perdita, cui del resto ciascuno può a piacimento porre un rimedio, confrontando la prima edizione, è abbondantemente compensata, come spero, dalla maggiore comprensibilità. In diversi scritti da me pubblicati (sia in occasionali recensioni di parecchi libri, sia in dissertazioni particolari), ho notato con grata sod-

di conseguenza può essere soltanto in qualcosa fuori di me, con cui io debbo considerarmi in relazione. La realtà del senso esterno è dunque legata necessariamente, per la possibilità di un'esperienza in generale, con la realtà del senso interno: ossia io sono tanto sicuramente cosciente, che fuori di me sussistano cose riferentisi al mio senso, quanto sono cosciente che io stesso esisto, determinato nel tempo. Peraltro, a quali intuizioni date corrispondano realmente degli oggetti fuori di me (intuizioni quindi che appartengono al *senso* esterno, cioè sono da attribuirsi a questo e non alla capacità di immaginazione), dev'essere stabilito in ogni caso particolare secondo le regole, in base alle quali l'esperienza in generale (anche interna) viene distinta dall'immaginazione: a fondamento di tutto ciò sta sempre la proposizione, che un'esperienza esterna sussiste realmente. In proposito si può aggiungere ancora l'osservazione seguente: la rappresentazione di un qualcosa di *permanente* nell'esistenza non ha lo stesso significato della *rappresentazione permanente*. Quest'ultima infatti può essere assai instabile e mutevole — come tutte le nostre rappresentazioni, persino quelle della materia — e si riferisce nondimeno ad alcunché di permanente, che dev'essere dunque una cosa diversa da tutte le mie rappresentazioni, ed esterna: l'esistenza di questa cosa è necessariamente compresa nella *determinazione* della mia propria esistenza, ed assieme a tale determinazione non costituisce che un'unica esperienza, la quale non si verificherebbe neppure internamente, se non fosse al tempo stesso esterna (in parte). Come ciò avvenga, è una questione ulteriore che qui può essere spiegata altrettanto poco, quanto il problema del come in generale noi possiamo pensare un oggetto, che **25**
persista nel tempo e la cui simultaneità con ciò che varia produca il concetto del mutamento.

disfazione, che in Germania lo spirito di penetrazione non è morto, ma è stato soltanto messo a tacere per qualche tempo dalla moda di una geniale libertà di pensiero, e che gli spinosi sentieri della critica — i quali conducono ad una scienza della ragione pura, che è scolastica, ma solo in quanto tale è durevole e quindi supremamente necessaria — non hanno impedito a cervelli arditi e lucidi di impadronirsi di tale scienza. Questi uomini benemeriti, che alla profondità della comprensione uniscono pure, cosí felicemente, il talento di un'esposizione luminosa (ciò che per l'appunto mi è mancato, per quanto io sappia), sono coloro cui lascio l'incarico di compiere la mia opera, qua e là elaborata forse ancora in modo difettoso, per quanto riguarda l'esposizione. In questo caso, difatti, il pericolo non sta affatto nell'essere confutati, ma piuttosto nel non essere compresi. Dal canto mio, non posso impegnarmi d'ora innanzi in controversie; nondimeno terrò conto accuratamente di tutti i suggerimenti, sia di amici sia di avversari, per utilizzarli nella futura esecuzione del sistema, conformemente a questa propedeutica. Dato che attraverso questi lavori sono giunto ormai ad un'età piuttosto avanzata (in questo mese entro nel sessantaquattresimo anno), sono allora costretto — se voglio realizzare il
26 progetto di fornire la metafisica tanto della natura quanto dei costumi, come conferma all'esattezza della critica sia della ragione speculativa sia della ragione pratica — a disporre con parsimonia del mio tempo, attendendomi tanto la chiarificazione delle oscurità, che in quest'opera erano da principio difficilmente evitabili, quanto la difesa dell'insieme, da parte di quegli uomini benemeriti, che hanno fatto propria questa totalità. In singoli punti, ogni esposizione filosofica può essere attaccabile (essa non ha infatti la possibilità di presentarsi altrettanto corazzata, quanto l'esposizione matematica); con tutto ciò, la struttura del sistema, considerata come unità, non corre il minimo pericolo per questi attacchi: pochi soltanto pos-

seggono la scioltezza di mente, che è necessaria per abbracciare con lo sguardo un sistema, quando è nuovo, e ancora in minor numero poi sono quelli che hanno voglia di farlo, poiché ogni novità appare di solito inopportuna. Sottilizzando, in ogni scritto che proceda principalmente sotto forma di discorso libero si possono trovare anche delle apparenti contraddizioni, se si confrontano tra loro singoli passi, avulsi dal loro contesto: tali contraddizioni gettano una luce sfavorevole su questo scritto, agli occhi di chi s'affida al giudizio altrui, ma sono assai facilmente risolubili, per chi si è impadronito dell'idea complessiva. Tuttavia, se una teoria ha in sé della stabilità, l'azione e la reazione, che da principio la minacciavano di un grande pericolo, col tempo servono soltanto ad appianare le sue asperità, ed a procurarle di lí a poco anche l'occorrente eleganza, quando di ciò si occupino uomini dotati di imparzialità, di penetrazione e di vera popolarità.

Königsberg, aprile 1787.

I.

Della distinzione tra conoscenza pura ed empirica

Che ogni nostra conoscenza incominci con l'esperienza, non vi è certo alcun dubbio. In effetti, con quale mezzo la facoltà di conoscenza potrebbe altrimenti venir stimolata ad esercitarsi, se ciò non accadesse mediante oggetti, che impressionano i nostri sensi ed in parte producono da sé delle rappresentazioni, in parte mettono in movimento l'attività del nostro intelletto, consistente nel confrontare tali rappresentazioni, nel connetterle o nel separarle, e nell'elaborare cosí la materia greggia delle impressioni sensibili, traendone una conoscenza degli oggetti, che si chiama esperienza? *Rispetto al tempo*, quindi, nessuna conoscenza che si trovi in noi precede l'esperienza, e con questa incomincia ogni conoscenza.

Ma per quanto ogni nostra conoscenza incominci **con**

[In luogo di: III **27**, 3 - **30**, 19, leggiamo in $\mathbf{A}^1$:]

IDEA DELLA FILOSOFIA TRASCENDENTALE 3 IV 17

Senza dubbio, l'esperienza è il primo prodotto, che il nostro intelletto costituisce, mentre elabora la materia greggia delle impressioni sensibili. Appunto perciò, la esperienza è la prima istruzione, e nel suo progresso è

l'esperienza, non per questo proprio tutte le conoscenze debbono sorgere **dall'**esperienza. Potrebbe infatti benissimo accadere, che anche la nostra conoscenza empirica sia un composto di ciò che noi riceviamo mediante impressioni e di ciò che la nostra propria facoltà di conoscenza (prendendo semplicemente lo spunto da impressioni sensibili) fornisce da se stessa: questa aggiunta noi non la distinguiamo da quella materia fondamentale, sino a che un lungo esercizio non abbia attratto la nostra attenzione su di ciò e non ci abbia resi capaci di separare i due elementi.

28 Vi è dunque una questione, che ha ancora bisogno per lo meno di essere esaminata piú da vicino, e di cui non ci si può sbrigare senz'altro a prima vista, cioè se sussista una siffatta conoscenza, indipendente dall'esperienza ed anche da tutte le impressioni dei sensi. Tali *conoscenze* sono chiamate *a priori*, e vengono distinte dalle conoscenze *empiriche*, le quali hanno le loro fonti *a posteriori*, ossia nell'esperienza.

L'espressione *a priori*, tuttavia, non è ancora abbastanza determinata per caratterizzare convenientemente l'intero significato della questione esposta. In effetti, riguardo a parecchie conoscenze derivate da fonti empiriche, si suole proprio dire, che noi siamo capaci o partecipi di esse *a priori*, dato che le deriviamo non già immediatamente dall'esperienza, bensí da una regola generale, che nondimeno è stata tratta essa stessa dall'esperienza. Di qualcuno, che ha scalzato le fondamenta della sua

---

cosí inesauribilmente ricca di nuovi ammaestramenti, che alla vita concatenata di tutte le future generazioni non verranno mai a mancare le nuove conoscenze, che possono essere raccolte su questo terreno. Ciò nonostante, essa è ben lungi dal costituire l'unico campo, entro cui risulti ristretto il nostro intelletto. L'esperienza, è vero, ci dice che cosa esiste, ma non ci dice che questo qual-

casa, si dice cosí, che egli poteva sapere *a priori* che la casa sarebbe caduta, cioè che egli non aveva bisogno di attendere l'esperienza della sua caduta reale. Senonché, egli non poteva d'altronde sapere ciò del tutto *a priori*. Che i corpi siano pesanti e quindi cadano, se ad essi viene tolto l'appoggio, doveva infatti essere noto a costui già prima, mediante l'esperienza.

Nel seguito, per conoscenze *a priori* intenderemo quindi non già conoscenze tali che si verifichino indipendentemente da questa o da quella esperienza, bensí le conoscenze che sono assolutamente indipendenti da ogni esperienza. Ad esse sono contrapposte le conoscenze empiriche, ossia tali da essere possibili soltanto *a posteriori*, cioè mediante l'esperienza. Tra le esperienze *a priori*, peraltro, si chiamano pure quelle che non sono mescolate proprio con nulla di empirico. Cosí, ad esempio, la proposizione: ogni mutamento ha la sua causa, è una proposizione *a priori*; essa tuttavia non è pura, poiché mutamento è un concetto, che può essere tratto soltanto dall'esperienza.

II.

Noi siamo in possesso di certe conoscenze a priori, *e persino l'intelletto comune non è mai privo di esse*

Ciò che importa qui è un criterio, con cui ci sia possibile distinguere sicuramente una conoscenza pura da una

---

cosa debba essere necessariamente cosí, e non altrimenti. Appunto perciò, essa non ci dà neppure una vera universalità, e serve piú a stimolare che non a soddisfare la ragione, la quale è tanto avida di questa specie di conoscenze. Tali conoscenze universali, orbene, che possiedono al tempo stesso il carattere della necessità interna, devono essere chiare e certe per se stesse, indipendente-

empirica. L'esperienza c'insegna, è vero, che un qualcosa è costituito in questo o quel modo, non però che esso non può essere altrimenti. **In primo luogo**, quindi, se si trova una proposizione, che viene pensata assieme alla sua necessità, tale proposizione è allora un giudizio *a priori*; quando essa inoltre non deriva da nessuna
29 proposizione, se non da una tale che a sua volta sia essa stessa valida come una proposizione necessaria, è allora assolutamente *a priori*. **In secondo luogo**, l'esperienza non fornisce mai ai suoi giudizi un'universalità vera o rigorosa, ma a essi dà soltanto un'universalità assunta e comparativa (mediante induzione), cosicché propriamente si dovrà dire: per quello che abbiamo osservato sin qui, non risulta alcuna eccezione a questa o a quella regola. Se un giudizio è quindi pensato con universalità rigorosa, cioè in modo tale che non sia ammessa come possibile proprio nessuna eccezione, esso è allora non già derivato dall'esperienza, ma valido assolutamente *a priori*. L'universalità empirica è dunque soltanto un potenziamento arbitrario della validità — da quella che si applica alla maggior parte dei casi a quella che si applica a tutti i casi — come ad esempio nella proposizione: tutti i corpi sono pesanti. Per contro, quando un'universalità rigorosa appartiene essenzialmente ad un giudizio, essa accenna allora ad una particolare fonte conoscitiva di tale giudizio, cioè ad una facoltà di conoscenza *a priori*. Necessità e rigorosa universalità sono quindi i sicuri segni

---

mente dall'esperienza. Esse sono perciò chiamate conoscenze *a priori*, mentre ciò che è unicamente preso a prestito dall'esperienza, al contrario, viene conosciuto — come ci si esprime abitualmente — soltanto *a posteriori*, o empiricamente.

Ora risulta — e ciò è oltremodo degno di nota — che persino entro le nostre esperienze si mescolano cono-

caratteristici di una conoscenza *a priori*, e si connettono inoltre l'una all'altra inscindibilmente. Tuttavia, dato che nell'uso di tali criteri certe volte è piú facile mostrare la limitatezza empirica che non la contingenza dei giudizi, o anche è talvolta piú chiara la prova dell'universalità illimitata, da noi attribuita ad un giudizio, che non quella della necessità del medesimo giudizio, è allora consigliabile servirsi separatamente dei due criteri menzionati, ciascuno dei quali è per sé infallibile.

Orbene, che nella conoscenza umana sussistano realmente siffatti giudizi necessari, e universali nel senso piú rigoroso, giudizi quindi puri *a priori*, è facile mostrarlo. Se si vuole un esempio tratto dalle scienze, non si ha che da considerare tutte le proposizioni della matematica; se si vuole un esempio tratto dal piú comune uso dell'intelletto, può allora servire al riguardo la proposizione, che ogni mutamento deve avere una causa: in quest'ultimo esempio, anzi, il concetto stesso di una causa contiene tanto manifestamente il concetto della necessità del collegamento con un effetto, e il concetto dell'universalità rigorosa della regola, che tale concetto di causa andrebbe del tutto perduto, se lo si volesse dedurre, come fece H u m e, da una ripetuta associazione di ciò che avviene con ciò che precede, e dall'abitudine che ne deriva (perciò dalla necessità semplicemente soggettiva) di connettere delle rappresentazioni. Inoltre, senza aver bisogno di siffatti esempi per la dimostrazione della realtà di fondamentali

---

scenze, che debbono avere la loro origine *a priori*, e che forse servono soltanto a fornire un collegamento alle nostre rappresentazioni dei sensi. In effetti, se dalle nostre esperienze si elimina tutto ciò che appartiene ai sensi, rimangono tuttavia certi concetti originari e certi giudizi prodotti da essi, i quali devono essere sorti del tutto *a priori*, indipendentemente dall'esperienza, poiché fanno 18

proposizioni pure *a priori* nella nostra conoscenza, si potrebbe provare che esse sono indispensabili per la possibilità dell'esperienza stessa, e fornire quindi una prova *a priori*. L'esperienza stessa, in effetti, donde mai trarrebbe la sua certezza, se tutte le regole, secondo le quali essa procede, fossero ogni volta empiriche, e quindi contingenti (cosicché è difficile credere che si possano far valere come prime proposizioni fondamentali)? Tuttavia, possiamo qui accontentarci di aver esposto come un fatto l'uso puro della nostra facoltà di conoscenza, assieme ai segni distintivi di questo. Non soltanto nei giudizi, peraltro, ma anche nei concetti, si rivela un'origine *a priori* di alcuni di essi. Eliminate man mano dal vostro concetto, fornito dall'esperienza, di un c o r p o tutto ciò che vi è di empirico — il colore, la durezza o la morbidezza, il peso, persino l'impenetrabilità — e in tal caso rimane tuttavia ancora lo s p a z i o occupato dal corpo (il quale si è ora del tutto dissolto), spazio che non potete eliminare. Allo stesso modo, se dal vostro concetto empirico di un qualsiasi oggetto corporeo o non corporeo eliminate tutte le proprietà, che l'esperienza v'insegna, non potete tuttavia togliere all'oggetto quella, mediante cui lo pensate come s o s t a n z a o come i n e r e n t e ad una sostanza (sebbene questo concetto contenga una maggior determinazione che non quello di un oggetto in generale). Convinti dalla necessità, con cui questo concetto vi si impone, dovete dunque ammettere, che esso ha la sua sede nella vostra facoltà di conoscenza *a priori*.

---

sí che degli oggetti che appaiono ai sensi si possa dire — o almeno si creda di poter dire — piú di quanto potrebbe insegnare la mera esperienza, e fanno in modo che le asserzioni contengano una vera universalità e una rigorosa necessità, quali non possono essere fornite dalla conoscenza semplicemente empirica.

III.

La filosofia ha bisogno di una scienza, la quale determini la possibilità, i principî e l'ambito di tutte le conoscenze a priori

Ciò che ha un'importanza assai maggiore ancora di tutto quanto precede, è questo: certe conoscenze abbandonano addirittura il campo di tutte le esperienze possibili, ed hanno l'apparenza di estendere l'ambito dei nostri giudizi al di là di tutti i limiti dell'esperienza mediante concetti, cui da nessuna parte si può fornire nell'esperienza un oggetto corrispondente.

E proprio su queste ultime conoscenze — che oltrepassano il mondo dei sensi, e dove l'esperienza non può assolutamente fornire alcuna guida, né alcuna correzione — vertono le indagini della nostra ragione, le quali sono da noi considerate, per importanza, come assai piú eminenti, **31**
e la cui intenzione finale è da noi ritenuta molto piú elevata, di tutto quanto può apprendere l'intelletto nel campo delle apparenze. A questo proposito noi, anche a costo di sbagliare, rischiamo tutto piuttosto di dover abbandonare delle ricerche cosí importanti per una qualsiasi ragione di difficoltà, oppure per disprezzo e indifferenza. Questi problemi inevitabili della ragione pura come tale sono Dio, libertà e immortalità. La scienza, che con tutto il suo apparato volge propriamente la sua mira soltanto alla risoluzione di tali problemi, si chiama peraltro metafisica: il suo modo di procedere è da principio dogmatico, ossia, senza un'indagine preliminare della capacità o dell'incapacità della ragione a compiere un'impresa cosí grande, essa ne assume fiduciosamente l'esecuzione.

Ora, sembra certo naturale che non sia possibile, appena si è abbandonato il terreno dell'esperienza, costruire senz'altro un edificio — con le conoscenze che si possiedono, senza sapere donde si sono prese, e sul credito delle

proposizioni fondamentali, la cui origine non si conosce — quando non ci si sia in precedenza assicurati, mediante indagini diligenti, del fondamento di tale edificio; sembra naturale, che quindi sia stata proposta molto tempo prima piuttosto la questione, di come l'intelletto possa mai giungere a tutte queste conoscenze *a priori*, e quale ambito, quale validità, quale pregio esse possano avere. In realtà, nulla è d'altronde piú naturale, se con la parola *naturale* s'intende ciò che equamente e ragionevolmente dovrebbe accadere. Ma se con tale parola s'intende ciò che accade di solito, nulla al contrario è allora piú naturale e piú comprensibile del fatto che questa indagine abbia dovuto essere per lungo tempo tralasciata. Una parte di queste conoscenze, in effetti, come le matematiche, è da lungo tempo in possesso di un sicuro credito, e fornisce in tal modo una presunzione favorevole anche per altre conoscenze, sebbene queste possano essere di natura del tutto differente. Oltre a ciò, quando si è al di fuori della cerchia dell'esperienza, si è allora sicuri di non essere confutati dall'esperienza. Lo stimolo ad estendere le proprie conoscenze è tanto grande, che si può essere trattenuti nel proprio cammino solo da una chiara contraddizione, in cui ci si imbatta. Questa contraddizione può tuttavia essere
32 evitata, purché si costruiscano con cautela le proprie finzioni (senza che per questo esse risultino in minor misura finzioni). La matematica ci offre un esempio luminoso, di quanto lontano noi possiamo giungere nella conoscenza *a priori*, indipendentemente dall'esperienza. Orbene, è vero che la matematica si occupa di oggetti e di conoscenze, solo in quanto ciò si possa rappresentare nell'intuizione, ma questa circostanza è facilmente trascurata, poiché tale intuizione può essa stessa venir data *a priori*, ed è quindi difficile distinguerla da un semplice concetto puro. Infatuato da una tale dimostrazione della potenza della ragione, l'impulso ad estendere le conoscenze non vede piú alcun limite. La lieve colomba, mentre nel suo facile volo fende l'aria,

di cui sente la resistenza, potrebbe rappresentarsi di riuscire a ciò molto meglio ancora nello spazio privo di aria. Allo stesso modo, Platone abbandonò il mondo dei sensi, poiché questo pone delle barriere tanto ristrette all'intelletto, e si avventurò al di là di esso, sulle ali delle idee, nello spazio vuoto dell'intelletto puro. Egli non osservò, che mediante i suoi sforzi non acquistava affatto terreno, poiché non trovava alcuna resistenza che gli servisse per cosí dire di fondamento, su cui potesse appoggiarsi e a cui potesse applicare le sue forze, per mettere in moto l'intelletto. Nella speculazione, peraltro, è un destino consueto della ragione umana, il condurre a termine quanto prima è possibile il suo edificio, e l'indagare soltanto in seguito se anche il fondamento di questo è stabilito bene. Allora però andiamo a ricercare ogni sorta di scuse, per rassicurarci della solidità dell'edificio, o anche per eludere addirittura un tale esame tardivo e pericoloso. D'altronde, ciò che durante la costruzione ci mantiene liberi da ogni preoccupazione e da ogni sospetto, e ci illude con un'apparente solidità, è quanto segue. L'occupazione della nostra ragione consiste per una gran parte, e forse per la massima parte, nelle analisi dei concetti, che già abbiamo riguardo agli oggetti. Ciò ci fornisce una gran quantità di conoscenze, le quali, sebbene non siano altro che chiarimenti e spiegazioni di quello che è già stato pensato nei nostri concetti (per quanto ancora in modo confuso), pure sono considerate, almeno per la forma, come nuove conoscenze, quantunque esse non arricchiscano, per ciò che riguarda la materia o contenuto, i **33**
concetti che noi abbiamo, ma li analizzino soltanto. Orbene, poiché questo modo di procedere fornisce una reale conoscenza *a priori*, che prende un incremento sicuro e utile, la ragione allora, senza avvedersene, riesce sotto questo pretesto a fare sue delle affermazioni di natura del tutto differente, aggiungendo ai concetti dati altri concetti affatto estranei, e precisamente *a priori*, senza che si

sappia come essa giunga a ciò, e senza che essa si faccia neppure venir in mente una tale questione. Proprio da principio, quindi, tratterò della differenza tra queste due specie di conoscenza.

IV.

Della distinzione tra giudizi analitici e sintetici

In tutti i giudizi, in cui viene pensato il rapporto di un soggetto con il predicato (considero soltanto i giudizi affermativi, poiché l'applicazione a quelli negativi è in seguito facile), questo rapporto è possibile in due modi. O il predicato *B* appartiene al soggetto *A* come qualcosa che è contenuto (nascostamente) in questo concetto *A*; oppure *B* si trova completamente al di fuori del concetto *A*, sebbene sia in connessione con questo. Nel primo caso, chiamo il giudizio *analitico*, nell'altro caso, *sintetico*. Giudizi analitici (gli affermativi) sono dunque quelli, in cui la connessione del predicato con il soggetto viene pensata mediante un'identità, mentre quei giudizi, in cui tale connessione è pensata senza identità, devono chiamarsi giudizi sintetici. Si potrebbe anche chiamare i primi *giudizi di spiegazione*, e gli altri *giudizi di estensione*. In effetti, quelli non aggiungono nulla, mediante il predicato, al concetto del soggetto, ma soltanto dividono questo concetto, mediante un'analisi, nei suoi concetti parziali, che in esso già erano pensati (per quanto confusamente), mentre questi ultimi giudizi, al contrario, aggiungono al concetto del soggetto un predicato, che in quello non era affatto pensato, e che
34 non avrebbe potuto esserne estratto, attraverso nessuna analisi di quel concetto. Ad esempio, se io dico: tutti i corpi sono estesi, questo è un giudizio analitico. Io non ho infatti bisogno di uscir fuori dal concetto, che congiungo

con la parola corpo, per trovare l'estensione, in quanto connessa con tale concetto. Mi basta piuttosto analizzare quel concetto, cioè ho bisogno soltanto di divenir cosciente del molteplice, che io penso sempre entro di esso, per ritrovarvi questo predicato; si tratta dunque di un giudizio analitico. Per contro, quando io dico: tutti i corpi sono pesanti, il predicato è allora qualcosa di completamente diverso da ciò che io penso nel semplice concetto di un corpo in generale. L'aggiunta di un tale predicato fornisce quindi un giudizio sintetico.

I giudizi di esperienza, come tali, sono tutti quanti sintetici. Sarebbe infatti assurdo fondare un giudizio analitico sull'esperienza, dato che, per formulare il giudizio, non ho affatto bisogno di uscir fuori dal mio concetto, e non mi occorre quindi al riguardo alcuna testimonianza dell'esperienza. Che un corpo sia esteso, è una proposizione che è certa *a priori*, e non è per nulla un giudizio di esperienza. In effetti, prima di accostarmi all'esperienza, io ho già nel concetto di corpo tutte le condizioni per il mio giudizio. Da tale concetto non ho che da estrarre il predicato, sulla base del principio di contraddizione, ed in tal modo posso

---

[Il passo: III **34**, 12-21, tratto dai *Prolegomena*, sostituisce il secondo capoverso, e l'inizio del terzo, della sezione corrispondente di **A**[1], ossia il passo:]

Ora, da ciò risulta chiaro: 1) che mediante giudizi 34 IV **19**
analitici la nostra conoscenza non viene affatto ampliata: mediante essi, piuttosto, il concetto che io già possiedo viene dilucidato e reso comprensibile a me stesso; 2) che nei giudizi sintetici io devo avere, oltre al concetto del soggetto, ancora qualcos'altro (x), su cui possa appoggiarsi l'intelletto, per conoscere un predicato — che non è contenuto in quel concetto — come appartenente tuttavia ad esso.

Riguardo ai giudizi empirici, o di esperienza, non si

acquistare al tempo stesso la coscienza della necessità — che l'esperienza non potrebbe mai insegnarmi — del giudizio. Per contro, sebbene nel concetto di un corpo in generale io non includa affatto il predicato del peso, quel concetto tuttavia indica un oggetto dell'esperienza mediante una parte di essa: a questa parte posso dunque aggiungere ancora delle parti della medesima esperienza, differenti da quelle che appartenevano al primo concetto.
35 Io posso dapprima conoscere analiticamente il concetto di corpo, mediante i caratteri dell'estensione, dell'impenetrabilità, della figura, ecc., che sono tutti quanti pensati in questo concetto. In seguito estendo però la mia conoscenza, e guardando indietro all'esperienza, onde avevo tratto questo concetto di corpo, trovo allora, sempre connesso ai suddetti caratteri, anche il peso, e l'aggiungo quindi sinteticamente, come predicato, a quel concetto. Ciò su cui si fonda la possibilità della sintesi tra il predicato del peso e il concetto del corpo, è dunque l'esperienza, poiché i due concetti, sebbene l'uno non sia contenuto nell'altro, tuttavia appartengono l'uno all'altro — per quanto solo accidentalmente — come parti di un tutto, cioè dell'esperienza, che è essa stessa una connessione sintetica delle intuizioni.

A proposito dei giudizi sintetici *a priori*, tuttavia, questo

---

presenta su questo punto alcuna difficoltà. Questo *x*, in effetti, è l'esperienza completa dell'oggetto che io penso mediante un concetto *A*: tale concetto costituisce soltanto una parte di questa esperienza.

[Il passo: III **35**, 7-13 (*e l'aggiungo quindi... delle intuizioni*) sostituisce il periodo finale del terzo capoverso in questa sezione di **A**[1], cioè il passo:]

21 18 L'esperienza è dunque quell'*x*, che si trova fuori del concetto *A*, e su cui si fonda la possibilità della sintesi del predicato del peso (*B*) con il concetto (*A*).

aiuto manca completamente. Se io voglio uscir fuori dal concetto *A*, per riconoscere un altro concetto *B* come congiunto ad esso, ciò su cui mi appoggio, e mediante cui risulta possibile la sintesi, che cos'è mai, dato che in tal caso non ho il vantaggio di procurarmi tutto questo nel campo dell'esperienza? Si prenda la proposizione: tutto ciò che accade ha la sua causa. Nel concetto di un qualcosa che accade, è vero, io penso un'esistenza che è preceduta da un tempo ecc., e di qui si possono dedurre dei giudizi analitici. Ma il concetto di una causa sta completamente al di fuori di quel concetto, ed indica qualcosa di differente da ciò che accade: in quest'ultima rappresentazione, dunque, non è affatto contenuto il concetto di causa. Ed allora, di ciò che in generale accade, come giungo io a dire qualcosa che ne è del tutto differente? E il concetto di causa, per quanto non sia contenuto in quell'altro concetto, come riesco tuttavia a conoscerlo come appartenente a quello, e addirittura necessariamente? Qual è in questo caso l'incognita *x*, su cui si appoggia l'intelletto, quando crede di ritrovare fuori del concetto di *A* un predicato *B*, ad esso estraneo, ritenendo tuttavia che questo 36
predicato sia congiunto a quel concetto? Non può trattarsi dell'esperienza, poiché la proposizione fondamentale citata ha aggiunto questa seconda rappresentazione alla prima non solo con una generalità maggiore di quella che può fornire l'esperienza, ma anche con il segno della necessità, quindi del tutto *a priori* e in base a semplici concetti. Orbene, lo scopo finale della nostra conoscenza speculativa *a priori* si basa per intero su siffatte fondamentali proposizioni sintetiche, cioè di estensione; le analitiche, infatti, sono bensí supremamente importanti ed indispensabili, ma soltanto per giungere a quella chiarezza dei concetti, che si richiede per una sintesi sicura e vasta, intesa come acquisizione realmente nuova.

V.

In tutte le scienze teoretiche della ragione sono contenuti, come principî, giudizi sintetici a priori

1. I giudizi matematici sono tutti quanti sintetici. Questa proposizione, sebbene sia incontestabilmente certa e assai importante per noi nel seguito, sembra essere sfuggita sinora alle osservazioni di coloro che hanno analizzato la ragione umana, anzi, sembra essere addirittura contrapposta a tutte le loro congetture. In effetti, poiché si trovò che le deduzioni dei matematici procedono tutte quante secondo il principio di contraddizione (il che è richiesto dalla natura di ogni certezza apodittica), ci si convinse allora che anche le

---

[Le sezioni V e VI (V, 1, è tratto con poche varianti dai *Prolegomena*) corrispondono al quinto capoverso della sezione di **A**[1]: « Della distinzione tra giudizi analitici e sintetici », cioè al passo:]

IV **22** Di conseguenza, si trova qui celato un certo mistero[1], che è indispensabile rischiarare, se si vuole rendere sicuro ed autentico il progresso nel campo sconfinato della conoscenza pura dell'intelletto. Si tratta cioè di scoprire, con appropriata universalità, il fondamento della possibilità di giudizi sintetici *a priori*, e di scorgere le condizioni, che rendono possibile ogni specie di siffatti giudizi: si tratta non già di designare con uno schizzo fuggevole, bensí di determinare compiutamente — ed in modo sufficiente per ogni uso — tutta questa conoscenza (che costituisce un genere separato) in un sistema costruito secondo le fonti originarie di tale conoscenza, in conformità delle sue divisioni, del suo ambito e dei suoi limiti. Questo basti per il momento, riguardo al carattere peculiare dei giudizi sintetici.

[1] Se fosse venuto in mente a uno degli antichi anche soltanto di proporre questo problema, esso solo avrebbe allora contrastato potentemente, sino ai nostri tempi, tutti i sistemi della ragione pura, e avrebbe così risparmiato tanti tentativi vani, che sono stati intrapresi alla cieca, senza sapere con che cosa propriamente si avesse a che fare.

proposizioni fondamentali fossero conosciute sulla base del principio di contraddizione. In ciò costoro si sbagliarono: difatti, una proposizione sintetica può certamente essere compresa sulla base del principio di contraddizione, ma solo in modo tale, che venga presupposta un'altra proposizione sintetica, onde la prima può essere dedotta. Per contro, una proposizione sintetica non potrà mai, in se stessa, essere compresa sulla base del principio di contraddizione.

Si deve anzitutto osservare, che le proposizioni matematiche vere e proprie sono sempre giudizi *a priori* e non empirici, poiché esse portano con sé una necessità che 27
non può essere desunta dall'esperienza. Se peraltro non si vuol ammettere questo, ebbene, io limito allora la mia proposizione alla m a t e m a t i c a p u r a , il cui concetto implica già che essa non contenga una conoscenza empirica, bensí semplicemente una conoscenza pura *a priori*.

A dire il vero, si potrebbe da principio pensare che la proposizione: $7 + 5 = 12$, sia una proposizione semplicemente analitica, che consegua, sulla base del principio di contraddizione, dal concetto di una somma di sette e cinque. Senonché, quando si considera la cosa piú da vicino, si trova allora che il concetto della somma di 7 e 5 non contiene null'altro, se non l'unione dei due numeri in uno solo: mediante ciò non viene affatto pensato, quale sia quest'unico numero, che riunisce gli altri due. Il concetto di 12 non è per nulla già pensato, per il fatto che io pensi semplicemente quell'unione di 7 e 5, ed io posso analizzare sinché voglio il mio concetto di una tale somma possibile, ma non ritroverò in esso il 12. Si deve uscir fuori da questi concetti, prendendo in aiuto l'intuizione che corrisponde ad uno dei due — ad esempio, le proprie cinque dita, oppure, come fa S e g n e r nella sua aritmetica, 5 punti — ed aggiungendo cosí successivamente le unità del 5, dato nell'intuizione, al concetto del 7. In effetti, io assumo dapprima il numero 7, e prendendo in aiuto come intuizione, in luogo del concetto del 5, le dita della mia mano, aggiungo allora successivamente, mediante quella mia immagine, le unità — che in precedenza avevo raccolte assieme per costituire il numero 5 — al numero 7, e vedo cosí sorgere il numero 12. Nel concetto di una somma 7 + 5, io ho pensato, è vero, che 5 si *dovesse* aggiungere a 7, ma non ho pensato che questa somma sia eguale al numero 12. La proposizione aritmetica è quindi sempre sintetica: ciò è riconosciuto con tanto maggiore evidenza, quando si assumano numeri alquanto piú grandi, poiché risulta allora chiaro che noi, pur girando e rigirando quanto vogliamo i nostri concetti, senza prendere in aiuto l'intuizione non potremmo mai trovare la somma, mediante la semplice analisi dei nostri concetti.

38 Altrettanto poco è analitica una qualsiasi proposizione fondamentale della geometria pura. Che la retta sia la linea piú breve tra due punti, è una proposizione sintetica. Il mio concetto del *retto*, difatti, non contiene nulla che riguardi la quantità, ma contiene soltanto una qualità. Il concetto del piú breve, quindi, viene interamente aggiunto, e non può esser tratto dal concetto della linea retta, mediante una qualsiasi analisi. In questo caso si deve dunque cercar l'aiuto dell'intuizione, mediante cui soltanto è possibile la sintesi.

Alcune poche proposizioni fondamentali, presupposte dai geometri, è vero che sono realmente analitiche e si fondano sul principio di contraddizione, ma servono d'altronde, come le proposizioni identiche, a null'altro che alla concatenazione del metodo, senza valere in quanto principî. Tali sono, ad esempio, le proposizioni: $a = a$, il tutto è uguale a se stesso; oppure: $(a + b) > a$, cioè il tutto è piú grande della sua parte. Eppure, anche queste proposizioni stesse, sebbene siano valide sulla base di semplici concetti, sono ammesse in matematica solo per il fatto che possono venir presentate nell'intuizione. Ciò che a questo riguardo ci fa comunemente credere, che il predicato di tali giudizi apodittici sia già situato nel nostro concetto e che il giudizio sia quindi analitico, è semplicemente l'ambiguità dell'espressione. Noi dobbiamo infatti pensare un certo predicato come aggiunto a un dato concetto, e questa necessità inerisce già ai concetti. Ma la questione non verte su che cosa noi dobbiamo pensare in aggiunta al concetto dato, bensí su che cosa pensiamo realmente, sebbene solo in modo oscuro, in esso: risulta allora che il predicato inerisce necessariamente, è vero, a quei concetti, ma non in quanto è pensato nel concetto stesso, bensí per mezzo di un'intuizione che deve aggiungersi al concetto.

2. La scienza naturale (*Physica*) contiene in sé, come principî, giudizi sintetici *a priori*. Citerò soltanto un paio di proposizioni come esempi: tali sono la proposizione, che in tutti i mutamenti del mondo corporeo la quantità della materia rimane immutata, e la proposizione, che in ogni comunicazione di movimento azione e reazione devono essere sempre eguali tra loro. Per entrambe le proposizioni, non soltanto è chiara la necessità, e quindi la loro origine *a priori*, ma è evidente altresí, che esse sono proposizioni sintetiche. In effetti, nel concetto della materia io non penso la permanenza, ma semplicemente la sua presenza **39**
nello spazio, in quanto essa lo riempie. In tal modo, esco realmente fuori dal concetto della materia, per pensare qualcosa come aggiunto *a priori* ad esso, un qualcosa che non pensavo in esso. La proposizione non è quindi analitica, ma sintetica, e tuttavia è pensata *a priori*; cosí avviene anche nelle rimanenti proposizioni della parte pura della scienza naturale.

3. Nella metafisica — anche se la si considera soltanto come una scienza procedente sinora per semplici tentativi, che è tuttavia indispensabile a causa della natura della ragione umana — devono essere con-

tenute conoscenze sintetiche *a priori*. Essa non si preoccupa affatto di scomporre semplicemente i concetti, che ci costruiamo *a priori* riguardo alle cose, e di spiegarli in tal modo analiticamente. Noi vogliamo piuttosto estendere la nostra conoscenza *a priori*: a questo scopo dobbiamo servirci di proposizioni fondamentali siffatte, che aggiungano al concetto dato qualcosa che non era contenuto in esso, e mediante giudizi sintetici *a priori* procediamo anche cosí lontano, che l'esperienza stessa non può seguirci tanto oltre. Ciò avviene, ad esempio, nella proposizione: il mondo deve avere un primo cominciamento, e in altre occasioni ancora. E in tal modo la metafisica, almeno secondo la sua intenzione, consiste semplicemente di proposizioni sintetiche *a priori*.

VI.

Problema generale della ragione pura

Si progredisce già moltissimo, quando una grande quantità di ricerche può essere ridotta alla formula di un unico problema. In tal modo, difatti, non soltanto si facilita il proprio lavoro, in quanto lo si determina con precisione, ma si aiuta altresí chiunque altro voglia esaminarlo, a giudicare se il nostro proposito è stato realizzato sufficientemente o no. Il problema vero e proprio della ragione pura, orbene, è contenuto nella domanda: **Come sono possibili giudizi sintetici a priori?**

Che la metafisica sia rimasta sinora in una situazione cosí vacillante di incertezza e di contraddizioni, è semplicemente da attribuirsi al fatto, che questo problema, e forse persino la distinzione tra giudizi analitici e sintetici, non sono stati presi in considerazione prima. Orbene, la risoluzione di questo problema, oppure una dimostrazione soddisfacente che in realtà non si verifica affatto la possibilità che esso esige di saper spiegata, 40 è questione di vita o di morte per la metafisica. David Hume, che pure si accostò piú di ogni altro filosofo a questo problema, ma fu ben lungi dal pensarlo in modo sufficientemente determinato e nella sua universalità, arrestandosi piuttosto semplicemente alla proposizione sintetica della connessione dell'effetto con le sue cause (*Principium causalitatis*), credette di dedurre che una tale proposizione *a priori* è del tutto impossibile. Secondo le sue conclusioni, tutto ciò che noi chiamiamo metafisica si ridurrebbe ad una semplice illusione di comprendere razionalmente, a quanto pretendiamo, quello che in realtà è soltanto preso a prestito dall'esperienza, e attraverso l'abitudine ha assunto l'apparenza della necessità. Se egli avesse tenuto presente il nostro problema nella sua universalità, non sarebbe mai caduto in una tale asserzione, che distrugge ogni filosofia pura, poiché avrebbe allora compreso, che secondo il suo argomento non potrebbe neppure sussistere una matematica pura, dal momento che questa contiene certamente delle proposizioni sintetiche *a priori*: in tal caso, il suo buon senso l'avrebbe senza dubbio trattenuto da quest'ultima asserzione.

La risoluzione del suddetto problema porta al tempo stesso con sé la possibilità dell'uso puro della ragione, nel fondare e nel condurre a compimento tutte le scienze che contengono una conoscenza teoretica *a priori* di oggetti, ossia porta con sé la risposta alle domande:

Come è possibile la matematica pura?

Come è possibile la scienza naturale pura?

Orbene, poiché queste scienze sono realmente date, si addice certo il domandare riguardo ad esse, come siano possibili; che debbano essere possibili, difatti, è dimostrato dalla loro realtà[1]. Per quanto concerne invece la

[1] Alcuni potrebbero ancora mettere in dubbio quest'ultima cosa, riguardo alla scienza naturale pura. Tuttavia, non si ha che da considerare 40 le diverse proposizioni, che si presentano all'inizio della fisica propriamente

metafisica, il suo misero procedere sino a questo momento, e il fatto che di neppur una delle metafisiche sin qui esposte si possa dire che essa sussiste realmente, per ciò che riguarda il suo scopo essenziale, devono far giustamente dubitare chiunque della sua possibilità.

41 Tuttavia questa specie di conoscenza, in un certo senso, deve anche considerarsi come data, e la metafisica, anche se non è reale come scienza, lo è però come disposizione naturale (*metaphysica naturalis*). La ragione umana infatti, senza esser mossa a ciò dalla semplice vanità di un vasto sapere, avanza irresistibilmente, spinta da un proprio bisogno, sino a delle questioni tali, che non possono in alcun modo trovar risposta attraverso un uso di esperienza della ragione, e mediante i principî di qui ricavati. E cosí, una qualche metafisica è realmente esistita sempre in tutti gli uomini, non appena la ragione si è estesa in essi sino alla speculazione, ed una qualche metafisica esisterà sempre negli uomini. Ed ora, anche riguardo ad essa si presenta la domanda: **Come è possibile la metafisica, in quanto disposizione naturale?** Ossia, come sorgono dalla natura della ragione umana universale le questioni, che la ragione pura propone a se stessa, e rispetto alle quali essa è spinta dal suo proprio bisogno a dare una risposta, soddisfacente quanto le è possibile?

Peraltro, dato che si sono ritrovate sempre delle contraddizioni inevitabili, in tutti i precedenti tentativi di fornire una risposta a queste domande naturali — per esempio, alla questione se il mondo abbia un cominciamento, oppure sussista sin dall'eternità, ecc. — non ci si può accontentare allora della semplice disposizione naturale verso la metafisica, cioè della pura facoltà di

detta (empirica), come la proposizione riguardante la permanenza della medesima quantità di materia, quella riguardante l'inerzia, quella riguardante l'eguaglianza di azione e reazione, ecc., e tosto ci si convincerà, che esse costituiscono una *physica pura* (o *rationalis*), la quale merita certo di essere impostata separatamente come scienza speciale, in tutta la sua estensione, ristretta o ampia che sia.

ragione come tale, onde sorge pur sempre una certa metafisica (qualsivoglia possa essere), ma occorre poter giungere con tale disposizione ad una certezza, o nel conoscere o non conoscere gli oggetti — cioè nel decidere sugli oggetti di questi problemi — oppure nel dare un qualche giudizio sulla capacità e incapacità della ragione riguardo a tali oggetti, e quindi dev'essere possibile, o estendere con sicurezza la nostra ragione pura, o porle delle barriere determinate e salde. Quest'ultima domanda, che discende dal suddetto problema generale, sarebbe a buon diritto la seguente: **Come è possibile la metafisica in quanto scienza?**

Alla fine, dunque, la critica della ragione conduce necessariamente alla scienza, mentre l'uso dogmatico della ragione, senza critica, porta ad asserzioni infondate — cui si possono contrapporre altre asserzioni, suggerite allo stesso modo dall'apparenza — e quindi allo scetticismo.

D'altronde, questa scienza non può avere una grande ampiezza, tale da scoraggiare, poiché essa non ha a che fare con oggetti della ragione, la cui molteplicità è infinita; qui, piuttosto, la ragione si occupa semplicemente di se stessa, cioè di problemi che sgorgano totalmente dal suo interno e non le sono presentati dalla natura delle cose, le quali sono differenti da essa, bensí dalla sua propria natura. In tal caso, se la ragione ha imparato dapprima 42
a conoscere compiutamente la sua propria capacità riguardo agli oggetti, che possono presentarsi ad essa nell'esperienza, deve risultare facile la determinazione completa e sicura dell'ambito e dei limiti del suo uso, tentato al di là di tutti i confini dell'esperienza.

Tutti i tentativi fatti sinora, per realizzare dogmaticamente una metafisica, possono e devono dunque considerarsi come non avvenuti. In effetti, ciò che nell'una o nell'altra metafisica vi è di analitico, ossia si riduce ad una semplice scomposizione dei concetti che risiedono *a priori* nella nostra ragione, non giunge ancora a costituire in alcun modo lo scopo, ma è soltanto una preparazione alla metafisica vera e propria, cioè all'estensione sintetica della sua conoscenza *a priori*; tale scomposizione è incapace di compiere tutto ciò, poiché essa mostra semplicemente quanto è contenuto in questi concetti, non già il modo in cui noi perveniamo *a priori* a tali concetti, il che peraltro è necessario, affinché su questa base possa esser determinata altresí la validità del loro uso riguardo agli oggetti di ogni conoscenza in generale. Per abbandonare tutte queste pretese, d'altronde, non è necessario altro che un po' di abnegazione, dal momento che le contraddizioni della ragione con se stessa, innegabili e nel modo di procedere dogmatico altresí inevitabili, hanno privato già da lungo tempo della sua reputazione ogni precedente metafisica. Una maggior fermezza sarà richiesta, per non lasciarsi distogliere, attraverso difficoltà interne e resistenze esterne, dal tentativo di far progredire una buona volta — mediante un altro trattamento, opposto a quello sin qui seguito — una scienza indispensabile alla ragione umana (tutti i rami spuntati da questa scienza possono certo venir mozzati, ma la sua radice non può essere estirpata), sino ad un prospero e fecondo stadio di sviluppo.

VII.

Idea e partizione di una scienza speciale, denominata Critica della ragione pura

Da tutto questo risulta ora l'idea di una scienza speciale, che si può chiamare Critica della ragione

---

[Anziché: « *che si può chiamare... Ragione, in effetti,* » (III **42**, 30) leggiamo in **A**^{1}:]

IV **22** che può servire come critica della ragione pura. Pura, peraltro, si dice ogni conoscenza, che non si mescola

pura. Ragione, in effetti, è la facoltà che fornisce i 43
principî della conoscenza *a priori*. Ragione pura è perciò quella che contiene i principî per conoscere assolutamente *a priori* un qualcosa. Un *organon* della ragione pura dovrebbe essere un insieme di quei principî, sulla base dei quali possono essere acquistate e realmente costituite tutte le conoscenze pure *a priori*. L'applicazione dettagliata di un tale *organon* produrrebbe un sistema della ragione pura. Tuttavia, dato che questa è una pretesa assai forte, e che è ancora incerto, se anche qui, e in quali casi, sia possibile in generale un'estensione della nostra conoscenza, noi possiamo allora considerare una scienza della semplice valutazione della ragione pura, delle sue fonti e dei suoi limiti, come la propedeutica al sistema della ragione pura. Una tale propedeutica dovrebbe chiamarsi non già dottrina della ragione pura, ma soltanto critica della ragione pura, e riguardo alla speculazione avrebbe l'utilità certo solo negativa, di servire non all'estensione, bensí semplicemente alla purificazione della nostra ragione, e di liberare quest'ultima da errori, il che costituirebbe già un guadagno assai notevole. Chiamo trascendentale ogni conoscenza che in generale si occupa non tanto di oggetti, quanto invece del nostro modo di conoscere gli oggetti, nel senso che tale modo di conoscenza dev'essere possibile *a priori*. Un sistema di siffatti concetti potrebbe chiamarsi filosofia trascendentale. Per un inizio, tuttavia, questa filosofia è a sua volta già troppo. In effetti, dato che una tale scienza dovrebbe contenere compiuta-

---

con nulla di estraneo. In particolare, poi, assolutamente pura è chiamata una conoscenza, nella quale non interviene affatto un'esperienza o una sensazione, e la quale è dunque possibile pienamente *a priori*. Ragione, orbene,

mente tanto la conoscenza analitica, quanto quella sintetica *a priori*, essa ha allora un'ampiezza troppo vasta per quel che riguarda le nostre intenzioni, poiché noi non abbiamo bisogno che di spingere innanzi l'analisi, nella misura in cui essa è necessaria e indispensabile per comprendere in tutta la loro estensione i principî della sintesi *a priori*, cioè l'unico argomento che ci interessi. Questa indagine — che possiamo chiamare propriamente non già dottrina, bensí soltanto critica trascendentale, dato che essa non tende ad ampliare le conoscenze stesse, ma semplicemente a rettificarle, e dato
44 che essa deve fornire la pietra di paragone per il valore o non valore di tutte le conoscenze *a priori* — è ciò di cui ora ci occupiamo. Una tale critica è quindi una preparazione ad un *organon*, se ciò è possibile, e se questo non dovesse riuscire, essa è preparazione quanto meno a un canone della ragione, sulla base del quale potrebbe forse venir presentato un giorno, tanto analiticamente quanto sinteticamente, il sistema completo della filosofia della ragione pura, non importa poi che esso consista in un'estensione oppure in una semplice limitazione della conoscenza della ragione. In effetti, che ciò sia possibile, anzi, che un tale sistema non abbia bisogno di possedere un'ampiezza cosí grande, da togliere la speranza di portarlo completamente a termine, si può giudicare già in precedenza dal fatto, che in questo caso l'oggetto è costituito non dalla natura delle cose, la quale è inesauribile, ma dall'intelletto, che fornisce giudizi sulla natura delle cose, e da questo intelletto, poi ancora, solo riguardo alla sua conoscenza *a priori*. La provvista posseduta dall'intelletto, poiché non abbiamo davvero bisogno di cercarla all'esterno, non può rimanerci nascosta, e a quanto si può supporre è abbastanza piccola, per essere compiutamente dominata, giudicata secondo il suo valore o non valore, e sottoposta ad un esatto apprezzamento. Ancor meno ci si deve attendere qui una critica dei libri

e dei sistemi della ragione pura; ciò che dobbiamo aspettarci, piuttosto, è la critica della facoltà pura, come tale, della ragione. Soltanto se ci si fonda su questa critica, si può possedere una sicura pietra di paragone, per valutare il contenuto filosofico di opere antiche e recenti in questo ramo. In caso contrario, storici e giudici incompetenti valutano le asserzioni infondate di altri attraverso le loro proprie asserzioni, che sono altrettanto prive di fondamento.

La filosofia trascendentale è l'idea di una scienza, per la quale la critica della ragione pura deve tracciare l'intero piano architettonicamente, cioè partendo da principî, con piena garanzia della compiutezza e della sicurezza di tutti gli elementi che costituiscono questo edificio. Tale critica è il sistema di tutti i principî della ragione pura. Che questa critica non si chiami già essa stessa filosofia trascendentale, si fonda unicamente sul fatto che essa, per essere un sistema compiuto, dovrebbe contenere altresí un'analisi dettagliata di tutta quanta la conoscenza umana *a priori*. Ora, è vero che la nostra critica deve certo metterci dinanzi agli occhi altresí un'enumerazione completa di tutti i concetti radicali, che costituiscono la suddetta conoscenza pura: la critica, tuttavia, **45**
si astiene giustamente dall'analisi dettagliata di questi concetti stessi — come pure dalla rassegna completa dei concetti derivati da questi — sia perché questa scomposizione non sarebbe opportuna, non presentando essa le difficoltà che si ritrovano a proposito della sintesi (in vista della quale sussiste propriamente tutta quanta la critica), sia perché sarebbe contrario all'unità del piano, l'addossarsi la responsabilità della compiutezza rispetto ad una tale analisi e ad una tale derivazione, dalle quali tuttavia potremmo essere dispensati, considerando le nostre intenzioni. Questa completezza tanto nell'analisi, quanto nella derivazione dai concetti *a priori* che dovremo fornire in seguito, è però una lacuna facilmente colmabile, purché quei concetti

sussistano anzitutto come dettagliati principî della sintesi, e non manchi nulla riguardo a questo scopo essenziale.

Alla critica della ragione pura appartiene dunque tutto ciò che costituisce la filosofia trascendentale, e tale critica è l'idea compiuta della filosofia trascendentale, ma non è ancora questa scienza stessa, poiché la critica procede nell'analisi soltanto sinché venga richiesto per una valutazione completa della conoscenza sintetica *a priori*.

Ciò che soprattutto va tenuto presente nella partizione di una tale scienza, è che non debbono affatto entrare in essa concetti che contengano in sé qualcosa di empirico, ossia è che la conoscenza *a priori* dev'essere del tutto pura. Di conseguenza, sebbene le supreme proposizioni fondamentali della moralità e i concetti fondamentali di essa siano conoscenze *a priori*, essi però non appartengono alla filosofia trascendentale, poiché è vero che non pongono proprio alla base dei loro precetti i concetti del piacere e del dolore, dei desideri e delle tendenze, ecc., che sono tutti quanti di origine empirica, ma nella composizione del sistema della moralità pura debbono tuttavia introdurre necessariamente questi ultimi concetti — come un impedimento che dev'essere superato, o come uno stimolo che non dev'essere trasformato in motivo — nel concetto del dovere. La filosofia trascendentale è perciò un sapere filosofico della ragione pura semplicemente speculativa. In effetti, tutto ciò che è pratico, in quanto contiene dei motivi, si riferisce a sentimenti, i quali appartengono a fonti empiriche di conoscenza.

46 Orbene, se si vuole davvero stabilire la divisione di questa scienza partendo dal punto di vista generale di un sistema, tale scienza, che ora esponiamo, deve contenere in primo luogo una dottrina degli elementi, e in secondo luogo una dottrina del metodo, della ragione pura. Ciascuna di queste parti principali avrà le sue suddivisioni: qui, tuttavia, le ragioni di queste non si possono ancora esporre. Come introduzione o come avvertenza, sembra necessario dire soltanto, che vi sono due ceppi della conoscenza umana — i quali derivano forse da una radice comune, ma a noi sconosciuta — cioè sensibilità e intelletto: attraverso la prima gli oggetti ci sono dati, mentre attraverso il secondo essi vengono pensati. Ora, in quanto la sensibilità è destinata a contenere rappresentazioni *a priori* — le quali costituiscono la condizione sotto cui gli oggetti ci sono dati — essa appartiene alla filosofia trascendentale. La dottrina trascendentale del senso dovrebbe toccare alla prima parte della scienza degli elementi, dato che le uniche condizioni, sotto le quali gli oggetti della conoscenza umana siano dati, precedono le condizioni, sotto le quali i medesimi oggetti vengono pensati.

I.

DOTTRINA TRASCENDENTALE DEGLI ELEMENTI

PARTE PRIMA 49

ESTETICA TRASCENDENTALE

§ 1.

In qualsiasi modo e con qualsiasi mezzo una conoscenza possa mai riferirsi a oggetti, certo il modo con cui essa si riferisce immediatamente agli oggetti, e cui ogni pensiero, come mezzo, tende, è *l'intuizione*. Questa tuttavia si verifica solo in quanto l'oggetto ci venga dato; ma ciò a sua volta è possibile, almeno per noi uomini, soltanto per il fatto che l'oggetto modifichi in certo modo l'animo. La capacità di ricevere rappresentazioni (recettività), attraverso il modo con cui noi siamo modificati dagli oggetti, si chiama **sensibilità**. Mediante la sensibilità, quindi, gli oggetti ci sono *dati*, ed essa sola ci fornisce *intuizioni*; attraverso l'intelletto, invece, gli oggetti vengono *pensati*, e da esso sorgono *i concetti*. Ogni pensiero, tuttavia, mediante certi contrassegni deve riferirsi in ultimo — sia direttamente (*directe*), sia indirettamente (*indirecte*) — a intuizioni, e quindi, in noi, alla sensibilità, dato che in altro modo non può esserci dato alcun oggetto.

L'effetto sulla capacità di rappresentazione, prodotto 50
da un oggetto, in quanto noi siamo modificati da quest'ultimo, è *sensazione*. Quell'intuizione, che si riferisce all'oggetto mediante una sensazione, si dice *empirica*. L'oggetto indeterminato di un'intuizione empirica si chiama *apparenza*.

In un'apparenza, ciò che corrisponde alla sensazione, io lo chiamo la *materia* di tale apparenza; ciò che, invece, fa sí che il molteplice dell'apparenza possa venir ordinato in certi rapporti, io lo chiamo la forma dell'apparenza. Dato che l'unica sede, in cui possono ordinarsi e venir poste in una certa forma le sensazioni, non può essere a sua volta una sensazione, in tal caso, la materia di ogni apparenza ci viene data, è vero, soltanto *a posteriori*, ma la forma di tali apparenze deve trovarsi pronta per tutte quante nell'animo, *a priori*, e deve quindi potersi considerare separata da ogni sensazione.

Chiamo pure (in senso trascendentale) tutte le rappresentazioni, nelle quali non viene ritrovato nulla di ciò che appartiene alla sensazione. Per conseguenza, la forma pura delle intuizioni sensibili in generale — nella quale tutto il molteplice delle apparenze viene intuito in certi rapporti — si ritroverà *a priori* nell'animo. Questa forma pura della sensibilità si chiamerà inoltre essa stessa intuizione pura. In tal modo, quando io separo dalla rappresentazione di un corpo ciò che l'intelletto pensa in proposito, come sostanza, forza, divisibilità, ecc., e similmente, ciò che al riguardo appartiene alla sensazione, come impenetrabilità, durezza, colore, ecc., in tal caso mi rimane ancora qualcosa di questa intuizione empirica, cioè estensione e figura. Queste appartengono alla intuizione pura, che si verifica *a priori* nell'animo come una semplice forma della sensibilità, anche senza un oggetto reale dei sensi o della sensazione.

Una scienza di tutti i principî *a priori* della sensibilità, io la chiamo l'estetica trascendentale[1].

50 [1] I tedeschi sono i soli, che si servano ora della parola estetica, per designare con essa ciò che gli altri chiamano critica del gusto. Questa denominazione si fonda sulla falsa speranza, concepita dall'eccellente pensatore analitico Baumgarten, di sottoporre la valutazione critica del bello a principî di ragione, e di innalzare a scienza le regole di tale valutazione. Questo sforzo tuttavia è vano. Difatti le regole o i criteri suddetti, riguardo alle loro fonti principali, sono semplicemente empirici
51 22 e non potranno quindi mai servire come determinate leggi *a priori*, secondo le quali dovrebbe regolarsi il nostro giudizio di gusto; quest'ultimo, piuttosto, costituisce la vera e propria pietra di paragone per l'esattezza delle

Deve quindi sussistere una scienza tale, da costituire la 51
prima parte della dottrina trascendentale degli elementi, in contrapposizione a quella che contiene i principî del pensiero puro, e viene chiamata logica trascendentale.

Nell'estetica trascendentale, quindi, noi i s o l e r e m o in primo luogo la sensibilità, col separare tutto ciò che l'intelletto pensa in proposito mediante i suoi concetti, cosicché non rimanga null'altro se non l'intuizione empirica. In secondo luogo, noi separeremo ancora da questa tutto ciò che appartiene alla sensazione, perché non resti null'altro se non l'intuizione pura e la semplice forma delle apparenze: ciò è l'unica cosa, che la sensibilità può fornire *a priori*. Nel corso di questa indagine si troverà che sussistono, come principî della conoscenza *a priori*, due forme pure dell'intuizione sensibile, cioè spazio e tempo: ci occuperemo ora di esaminarli.

Sezione prima

DELLO SPAZIO

§ 2.

Esposizione metafisica di questo concetto

Mediante il senso esterno (una proprietà del nostro animo), noi ci rappresentiamo gli oggetti come fuori di noi e tutti quanti nello spazio. In esso sono determinati, 52
o determinabili, la loro figura, la loro grandezza e i loro rapporti reciproci. Il senso interno, mediante cui l'animo

prime. Per questa ragione, è consigliabile lasciar di nuovo cadere questa denominazione e tenerla in serbo per quella dottrina che sia vera scienza (in tal modo ci si accosterebbe anche piú da vicino al linguaggio e al significato degli antichi, presso i quali la partizione della conoscenza in αἰσθητα και νοητα era assai famosa), oppure spartire tale denominazione con la filosofia speculativa, e intendere l'estetica ora in senso trascendentale, ora in significato psicologico.

intuisce se stesso o il proprio stato interno, non fornisce, è vero, alcuna intuizione dell'anima stessa, come di un oggetto, ma si tratta tuttavia di una forma determinata, l'unica in base alla quale sia possibile l'intuizione dello stato interno dell'anima, cosicché tutto ciò che appartiene alle determinazioni interne viene rappresentato in rapporti di tempo. Il tempo non può essere intuito esternamente, allo stesso modo in cui lo spazio non può essere intuito come qualcosa che sta in noi. Che cosa sono ordunque tempo e spazio? Si tratta di enti reali? Forse che si tratta soltanto di determinazioni, è vero, o anche di rapporti delle cose, tali però da toccare altresí alle cose in sé, quand'anche esse non fossero intuite? Oppure si tratta di determinazioni o di rapporti tali, da inerire unicamente alla forma dell'intuizione, e quindi alla costituzione soggettiva del nostro animo, senza la quale tali predicati non potrebbero assolutamente venir attribuiti ad alcuna cosa? Per istruirci al riguardo, vogliamo anzitutto esporre il concetto dello spazio. Con esposizione (*expositio*), peraltro, intendo la rappresentazione chiara (anche se non dettagliata) di ciò che appartiene ad un concetto; l'esposizione poi è metafisica, quando contiene ciò che mostra il concetto come dato *a priori*.

1) Lo spazio non è affatto un concetto empirico, che sia stato tratto da esperienze esterne. In effetti, perché certe sensazioni siano riferite a qualcosa fuori di me (cioè a qualcosa in un luogo dello spazio, che sia diverso da quello in cui io mi ritrovo), e similmente, perché io possa rappresentare tali sensazioni come l'una fuori dell'altra e l'una accanto all'altra, quindi non soltanto come differenti, ma come situate in luoghi differenti, per tutto questo, ci si deve già fondare sulla rappresentazione dello spazio. Per conseguenza, la rappresentazione dello spazio non si può prendere a prestito, mediante l'esperienza, dai rapporti dell'apparenza esterna; questa esperienza esterna,

piuttosto, è essa stessa possibile solo mediante la suddetta rappresentazione.

2) Lo spazio è una necessaria rappresentazione *a priori*, che sta alla base di tutte le intuizioni esterne. Del fatto che non sussista per nulla uno spazio, non si potrà mai costruire una rappresentazione, per quanto si possa benissimo pensare, che non si ritrovi nello spazio alcun oggetto. Lo spazio è dunque considerato come la condi- 53
zione della possibilità delle apparenze, e non già come una determinazione dipendente da queste: esso è una rappresentazione *a priori*, che sta, in modo necessario, a fondamento delle apparenze esterne.

3) Lo spazio non è affatto un concetto discorsivo, o, come si dice, generale, dei rapporti delle cose in genere: esso è piuttosto un'intuizione pura. In primo luogo, difatti, ci si può rappresentare soltanto uno spazio unico, e quando si parla di molti spazi, intendiamo con ciò solo delle parti di un unico e medesimo spazio. Queste parti non possono neppure precedere lo spazio unico e totalmente comprensivo, quasi si trattasse delle sue parti costitutive (onde fosse possibile comporlo assieme); al contrario, le parti sono pensate soltanto e n t r o d i e s s o. Lo spazio è essenzialmente unico: il molteplice che si trova in esso, e quindi anche il concetto generale di spazi

---

[III **53**, 4: in **A**[1] segue, come 3) — gli argomenti ulteriori sono numerati in **A**[1] come 4) e 5) — il passo seguente:]

3) La certezza apodittica di tutte le proposizioni IV 32
fondamentali geometriche, e la possibilità delle loro costruzioni *a priori*, si fondano su questa necessità *a priori*. In effetti, se questa rappresentazione dello spazio fosse un concetto acquisito *a posteriori*, ed attinto dalla generale esperienza esterna, in tal caso le prime proposizioni fondamentali della determinazione matematica non sarebbero null'altro se non percezioni. Esse avrebbero dunque

in genere, si fondano semplicemente su limitazioni. Di qui segue, che riguardo allo spazio un'intuizione *a priori* (che non è empirica) sta a fondamento di tutti i concetti di esso. In tal modo, altresí tutte le proposizioni fondamentali geometriche — ad esempio, che in un triangolo la somma di due lati è maggiore del terzo lato — non saranno mai dedotte dai concetti generali di linea e di triangolo, ma sono derivate dall'intuizione, e precisamente *a priori*, con certezza apodittica.

4) Lo spazio è rappresentato come un'infinita grandezza d a t a. Orbene, è vero che si deve pensare ogni concetto come una rappresentazione, la quale è contenuta in un numero infinito di differenti rappresentazioni possibili (come la loro caratteristica comune), e quindi comprende s o t t o d i s é tali rappresentazioni, ma nessun concetto, in quanto tale, può essere pensato, come se contenesse i n s é un numero infinito di rappresentazioni. Eppure lo spazio viene pensato a questo modo

---

ogni contingenza della percezione, ed il fatto che tra due punti vi sia una sola linea retta non sarebbe davvero necessario, ma risulterebbe ogni volta insegnato dall'esperienza. D'altro canto, ciò che è tratto dall'esperienza ha una universalità soltanto relativa, ottenuta cioè mediante l'induzione. Di conseguenza, si potrebbe dire soltanto: per quanto si è osservato sino a questo momento, non si è ancora trovato uno spazio, che possieda piú di tre dimensioni.

[In luogo del passo: **III 53**, 21-9, leggiamo in **A^1**:]

33 5) Lo spazio è rappresentato come una infinita grandezza d a t a. Un concetto universale dello spazio (che è comune tanto alla misura di un piede quanto a quella di un braccio) non può determinare nulla riguardo

(poiché tutte le parti dello spazio, sino ad un numero infinito, sussistono simultaneamente). La rappresentazione originaria dello spazio è dunque intuizione *a priori*, e non concetto.

§ 3. 54

Esposizione trascendentale del concetto di spazio

Per esposizione trascendentale, intendo il chiarire un concetto come un principio, onde si possa comprendere la possibilità di altre conoscenze sintetiche *a priori*. A questo scopo si richiede: 1) che siffatte conoscenze derivino realmente dal concetto dato; 2) che queste conoscenze siano possibili soltanto sotto il presupposto di un dato modo di spiegare tale concetto.

La geometria è una scienza, che determina le proprietà dello spazio sinteticamente, e tuttavia *a priori*. Che cosa dovrà essere allora la rappresentazione dello spazio, perché sia possibile una tale conoscenza di esso? Lo spazio dev'essere originariamente un'intuizione. In effetti, da un semplice concetto non si possono affatto trarre proposizioni che oltrepassino il concetto, come accade invece nella geometria (*Introduzione*, V). Questa intuizione deve tuttavia ritrovarsi in noi *a priori*, cioè prima di qualsiasi percezione di un oggetto, e quindi dev'essere un'intuizione pura, non empirica. Le proposizioni geometriche sono infatti tutte quante apodittiche, cioè connesse con la coscienza della loro necessità: tale, ad esempio, è la proposizione, che lo spazio ha soltanto tre dimensioni. Ma

---

alla grandezza. Se nella progressione dell'intuizione non vi fosse illimitatezza, nessun concetto di relazioni implicherebbe un principio della loro infinità.

tali proposizioni non possono essere giudizi empirici o di esperienza, né venir dedotte da questi giudizi (*Introduzione*, II).

Ora, come può dimorare nell'animo un'intuizione esterna, che precede gli oggetti stessi, e in cui il concetto di questi ultimi può essere determinato *a priori*? In nessun altro modo, evidentemente, se non in quanto essa ha la sua sede solo nel soggetto, costituendo la disposizione formale del soggetto a venir modificato da oggetti e a ricevere cosí una *rappresentazione immediata*, cioè un'*intuizione*, di questi, costituendo quindi soltanto la forma del *senso* esterno in generale.

Solo la nostra spiegazione rende dunque comprensibile la *possibilità della geometria* come conoscenza sintetica *a priori*. Qualsiasi modo di spiegare, che non fornisca questa comprensione, può in base a tali contrassegni essere distinto con la piú grande sicurezza dalla nostra spiegazione, quand'anche sembrasse avere una qualche somiglianza con essa.

55 *Deduzioni dai concetti precedenti*

a) Lo spazio non rappresenta in alcun modo una proprietà di certe cose in sé, né rappresenta queste nei loro rapporti reciproci; ossia lo spazio non è affatto una loro determinazione che inerisca agli oggetti stessi, e che rimanga, anche quando si faccia astrazione da tutte le condizioni soggettive dell'intuizione. In effetti, né le determinazioni assolute né quelle relative possono essere intuite anteriormente all'esistenza delle cose, alle quali esse spettano, e tali determinazioni quindi non possono essere intuite *a priori*.

b) Lo spazio è null'altro se non la forma di tutte le apparenze dei sensi esterni, cioè la condizione soggettiva

— l'unica sotto la quale ci sia possibile un'intuizione esterna — della sensibilità. Orbene, dato che la recettività del soggetto — la sua capacità di venir modificato da oggetti — precede necessariamente tutte le intuizioni di questi oggetti, si può allora comprendere, come la forma di tutte le apparenze possa essere data anteriormente a tutte le percezioni reali, quindi *a priori* nell'animo, e come essa, in quanto intuizione pura, in cui tutti gli oggetti debbono essere determinati, possa contenere, anteriormente ad ogni esperienza, i principî dei rapporti degli oggetti.

È solo dal punto di vista umano, quindi, che noi possiamo parlare dello spazio, di enti estesi, ecc. Se ci allontaniamo dalla condizione soggettiva, l'unica sotto la quale ci sia possibile ricevere un'intuizione esterna — in quanto cioè possiamo venir modificati dagli oggetti — la rappresentazione dello spazio non significa allora assolutamente nulla. Questo predicato è attribuito alle cose solo in quanto esse ci appaiono, cioè sono oggetti della sensibilità. La forma costante di questa recettività, che noi chiamiamo sensibilità, è una condizione necessaria di tutti i rapporti, in cui gli oggetti sono intuiti come fuori di noi; e se si astrae da questi oggetti, essa è un'intuizione pura, che porta il nome di spazio. Dato che non ci è possibile considerare le condizioni particolari della sensibilità come condizioni della possibilità delle cose, bensí soltanto come condizioni della possibilità delle loro apparenze, noi possiamo allora ben dire, che lo spazio abbraccia tutte le cose che possono apparirci esternamente, ma non già che esso comprenda tutte le cose in se stesse, possano poi queste essere intuite oppure no, o anche essere intuite da un qualsivoglia soggetto. Rispetto alle intuizioni di altri esseri pensanti, difatti, noi non possiamo assolutamente
giudicare, se esse siano legate alle medesime condizioni, 56
che limitano la nostra intuizione e sono per noi universalmente valide. Se al concetto del soggetto noi aggiungiamo

la limitazione di un giudizio, il giudizio vale allora incondizionatamente. La proposizione: tutte le cose sono l'una accanto all'altra nello spazio, è valida, con la limitazione che queste cose vengano assunte come oggetti della nostra intuizione sensibile. Se in questo caso aggiungo al concetto la condizione, e dico: tutte le cose, come apparenze esterne, sono l'una accanto all'altra nello spazio, questa regola vale allora universalmente e senza limitazione. Le nostre esposizioni insegnano quindi la realtà (cioè la validità oggettiva) dello spazio riguardo a tutto ciò, che ci si può presentare esternamente come oggetto, ma insegnano al tempo stesso l'idealità dello spazio riguardo alle cose, quando esse sono considerate in se stesse dalla ragione, cioè senza che si tenga conto della costituzione della nostra sensibilità. Noi asseriamo dunque la realtà empirica dello spazio (rispetto ad ogni possibile esperienza esterna), e nondimeno la idealità trascendentale dello spazio, cioè asseriamo che esso è nulla, non appena noi tralasciamo la condizione della possibilità di ogni esperienza, e lo assumiamo come un qualcosa che sta a fondamento delle cose in se stesse.

Oltre allo spazio, non sussiste del resto nessun'altra rappresentazione soggettiva e riferita a qualcosa di esterno, che possa *a priori* chiamarsi oggettiva. Da nessuna di queste rappresentazioni, difatti, si possono dedurre proposizioni sintetiche *a priori*, com'è invece possibile partendo dalla intuizione nello spazio (§ 3). A tali rappresentazioni quindi,

---

[In luogo del passo: III **56**, 22-9 (*Da nessuna... conoscere* a priori), leggiamo in A^1:]

IV **34** 34 Questa condizione soggettiva di tutte le apparenze esterne non può quindi essere confrontata con nessun'altra. Il sapore di un vino non appartiene alle determinazioni oggettive del vino, cioè di un oggetto — anche se considerato come apparenza — ma appartiene alla costituzione

per parlare con precisione, non tocca affatto alcuna idealità, sebbene esse si accordino con la rappresentazione dello spazio nel fatto di appartenere semplicemente alla disposizione soggettiva della natura del senso, ad esempio della vista, dell'udito, del tatto, attraverso le sensazioni dei colori, dei suoni e del calore. Queste rappresentazioni tuttavia, dato che sono semplicemente sensazioni e non intuizioni, non fanno conoscere in se stesse alcun oggetto, e meno che mai lo fanno conoscere *a priori.*

Questa osservazione si propone soltanto di impedire, che a qualcuno venga in mente di spiegare l'asserita idea-

---

particolare del senso nel soggetto che lo gusta. I colori non sono qualità dei corpi, alla cui intuizione essi ineriscono, ma soltanto modificazioni del senso della vista, che viene in certo modo affetta dalla luce. Per contro lo spazio, in quanto condizione degli oggetti esterni, appartiene necessariamente alla loro apparenza, o intuizione. Sapore e colori non sono affatto le sole condizioni necessarie, sotto cui gli oggetti possano diventare per noi oggetti dei sensi. Essi sono connessi con l'apparenza soltanto come effetti — aggiuntisi accidentalmente — di una particolare organizzazione. Perciò essi non sono affatto rappresentazioni *a priori*, ma risultano fondati sulla sensazione, e nel caso del sapore, anzi, sul sentimento (di piacere e dolore), inteso come effetto della sensazione. Nessuno, d'altronde, può avere *a priori* né una rappresentazione di un colore, né una rappresentazione di un qualsiasi sapore: lo spazio invece riguarda soltanto la forma pura dell'intuizione, e non implica quindi alcuna sensazione (cioè nulla di empirico). Tutte le specie e le determinazioni dello spazio possono — anzi debbono poter — essere rappresentate *a priori*, se si vuole che sorgano i concetti delle figure e dei loro rapporti. Solo attraverso lo spazio è possibile che le cose siano per noi oggetti esterni.

lità dello spazio con esempi oltremodo insufficienti, dato cioè che ad esempio i colori, il gusto, ecc., sono considerati a ragione non già come qualità delle cose, bensí sempli-
57 cemente come mutamenti del nostro soggetto, che possono anzi essere differenti in uomini differenti. In questo caso, difatti, ciò che originariamente è esso stesso soltanto un'apparenza, ad esempio una rosa, viene inteso da un'intelligenza empirica come una cosa in se stessa, la quale tuttavia, riguardo al colore, può apparire diversamente ad ogni occhio. Al contrario, il concetto trascendentale delle apparenze nello spazio è un'avvertimento critico, che in generale nulla di ciò che viene intuito nello spazio è una cosa in sé, e che lo spazio non è una forma delle cose, la quale sia in qualche modo propria delle cose in se stesse, ma che piuttosto gli oggetti in se stessi non ci sono assolutamente noti, e che tutto quanto noi chiamiamo oggetti esterni si riduce a null'altro se non a semplici rappresentazioni della nostra sensibilità. La forma di queste è lo spazio, ma il loro vero termine di correlazione, cioè la cosa in se stessa, non è con ciò affatto conosciuto, né può esserlo: nell'esperienza, d'altronde, non ci si cura mai di cercare tale termine di riferimento.

Sezione seconda

DEL TEMPO

§ 4.

Esposizione metafisica del concetto di tempo

1) Il tempo non è affatto un concetto empirico, che sia stato tratto da una qualche esperienza. In effetti, la simultaneità o la successione non si presenterebbe neppure alla percezione, se come fondamento non si trovasse *a priori* la rappresentazione del tempo. Soltanto sotto questo

presupposto, ci si può rappresentare, che un qualcosa sussista in un solo e medesimo tempo (simultaneamente), oppure in tempi diversi (successivamente).

2) Il tempo è una rappresentazione necessaria, che sta a fondamento di tutte le intuizioni. Riguardo alle apparenze in generale, non si può sopprimere il tempo come tale, sebbene si possano benissimo eliminare le apparenze dal tempo. Il tempo è dunque dato *a priori*. Soltanto in esso è possibile una qualsiasi realtà delle apparenze. Que- 53
ste possono cadere tutte, ma il tempo stesso (in quanto condizione universale della loro possibilità) non può essere abolito.

3) Su questa necessità *a priori* si basa anche la possibilità di proposizioni fondamentali apodittiche dei rapporti di tempo, ossia la possibilità di assiomi del tempo in generale. Esso ha una sola dimensione: tempi differenti non sono simultanei, ma successivi (cosí come spazi differenti non sono successivi, bensí simultanei). Tali proposizioni fondamentali non possono essere tratte dall'esperienza, poiché questa non fornirebbe né un'universalità rigorosa, né una certezza apodittica. Noi potremmo soltanto dire: cosí insegna la percezione comune; e non già: cosí deve essere. Queste proposizioni fondamentali sono valide come regole, in base alle quali siano in generale possibili delle esperienze, e ci istruiscono anteriormente a tali esperienze, non attraverso di esse.

4) Il tempo non è affatto un concetto discorsivo, o, come si dice, generale, bensí una forma pura dell'intuizione sensibile. Tempi differenti sono semplicemente parti di un solo e medesimo tempo. Ma la rappresentazione, che può essere data soltanto da un unico oggetto, è intuizione. La proposizione, che tempi differenti non possono essere simultanei, inoltre, non si potrebbe dedurre da un concetto generale. Tale proposizione è sintetica, e non può derivare soltanto da concetti. Essa è quindi contenuta immediatamente nell'intuizione e rappresentazione del tempo.

5) L'infinità del tempo non significa null'altro, se non che ogni grandezza determinata di tempo è possibile soltanto attraverso limitazioni di un unico tempo che sta alla base. L'originaria rappresentazione di tempo deve quindi essere data come illimitata. Peraltro, quando le parti stesse e ogni grandezza di un oggetto si possono rappresentare soltanto come determinate mediante una limitazione, l'intera rappresentazione non deve allora essere data attraverso concetti (poiché questi contengono solo rappresentazioni parziali), ma un'intuizione immediata deve stare a fondamento delle parti.

59 § 5.

Esposizione trascendentale del concetto di tempo

Posso in proposito richiamare il § 3, dove, per brevità, ho posto ciò che propriamente è trascendentale nel paragrafo dell'esposizione metafisica. Qui aggiungo ancora, che il concetto del mutamento, e con esso il concetto del movimento (come mutamento di luogo), è possibile soltanto attraverso la rappresentazione di tempo, e in essa. Inoltre aggiungo che, se questa rappresentazione non fosse intuizione (interna) *a priori*, nessun concetto, qualunque esso sia, potrebbe rendere comprensibile la possibilità di un mutamento, cioè di una connessione in un solo e medesimo oggetto di predicati contrapposti contraddittoriamente (ad esempio, l'essere in un luogo e il non essere della medesima cosa nel medesimo luogo). Due determinazioni contrapposte contraddittoriamente possono ritrovarsi in un medesimo oggetto unicamente entro il tempo, cioè l'una dopo l'altra. Il nostro concetto di tempo spiega dunque la possibilità di tanta conoscenza sintetica *a priori*, quanta viene esposta dalla teoria generale del movimento, la quale è non poco feconda.

§ 6.

Deduzioni da questi concetti

a) Il tempo non è qualcosa, che sussista per se stesso, o inerisca alle cose come una determinazione oggettiva, e quindi rimanga, quando si astrae da tutte le condizioni soggettive dell'intuizione di tali cose. Nel primo caso, difatti, esso sarebbe un qualcosa che, senza un oggetto reale, sarebbe tuttavia reale. Per quel che riguarda poi il secondo caso, il tempo, in quanto determinazione o ordine inerente alle cose stesse, non potrebbe precedere gli oggetti come loro condizione, né potrebbe essere conosciuto e intuito *a priori* mediante proposizioni sintetiche. Tutto ciò per contro ha perfettamente luogo, se il tempo non è altro che la condizione soggettiva, sotto la quale tutte le intuizioni possono verificarsi in noi. In tal caso, infatti, questa forma dell'intuizione interna può essere rappresentata anteriormente agli oggetti, e quindi *a priori.*

b) Il tempo è null'altro se non la forma del senso interno, cioè dell'intuizione di noi stessi e del nostro stato interno. In effetti, il tempo non può essere per nulla una determinazione di apparenze esterne: esso non si riferisce a una figura, a una posizione, ecc. Il tempo, al contrario, determina il rapporto delle rappresentazioni nel nostro stato interno. E appunto perché questa intuizione interna non fornisce alcuna figura, noi cerchiamo allora di supplire a questa mancanza con analogie: rappresentiamo la successione temporale con una linea procedente all'infinito, nella quale il molteplice costituisce una serie di una dimensione soltanto, e dalle proprietà di questa linea deduciamo tutte le proprietà del tempo, all'infuori di quella, secondo cui le parti della linea sono simultanee, mentre le parti del tempo sono sempre successive. Di qui risulta anche chiaro, che la rappresentazione del tempo è essa stessa un'intuizione, dato che tutti i suoi rapporti si possono esprimere mediante un'intuizione esterna.

c) Il tempo è la condizione formale, *a priori*, di tutte le apparenze in generale. Lo spazio, in quanto forma pura di ogni intuizione esterna, è limitato, come condizione *a priori*, semplicemente ad apparenze esterne. Per contro, dato che tutte le rappresentazioni — non importa che abbiano o no come oggetto cose esterne — appartengono comunque in se stesse, come determinazioni dell'animo, allo stato interno, mentre questo stato interno cade poi sotto la condizione formale dell'intuizione interna, e quindi del tempo, il tempo allora è una condizione *a priori* di ogni apparenza in generale, e precisamente la condizione immediata delle apparenze interne (delle nostre anime) e proprio per questo, mediatamente, anche delle apparenze esterne. Se io posso dire *a priori*: tutte le apparenze esterne sono determinate *a priori* nello spazio e secondo i rapporti dello spazio, posso allora dire in modo del tutto universale, fondandomi sul principio del senso interno: tutte le apparenze in generale, cioè tutti gli oggetti dei sensi, sono nel tempo e stanno necessariamente in rapporti di tempo.

Se facciamo astrazione dal nostro modo di intuire noi stessi internamente, e di abbracciare nella facoltà rappresentativa, mediante questa intuizione, altresí tutte le intuizioni esterne, e se assumiamo quindi gli oggetti, cosí come possono essere in se stessi, il tempo è allora nulla. Esso ha una validità oggettiva soltanto riguardo alle apparenze, poiché queste sono già cose, che noi assumiamo come oggetti dei nostri sensi. Il tempo tuttavia non è piú oggettivo, se si astrae dalla sensibilità della nostra intuizione, e perciò da quel modo di rappresentazione che ci è peculiare, e se si parla di cose in generale. Il tempo è quindi unicamente una condizione soggettiva della nostra (umana) intuizione (la quale
61 è sempre sensibile, in quanto cioè noi siamo modificati da oggetti), e in sé, fuori del soggetto, è nulla. Nondimeno,

riguardo a tutte le apparenze, e perciò anche a tutte le cose che ci si possono presentare nell'esperienza, il tempo è necessariamente oggettivo. Non possiamo dire: tutte le cose sono nel tempo, poiché nel concetto di cose in generale, si astrae da ogni modo di intuizione delle medesime, mentre questa è invece la vera e propria condizione, sotto la quale il tempo entra nella rappresentazione degli oggetti. Se ora al concetto viene aggiunta la condizione, e si dice: tutte le cose, in quanto apparenze (oggetti dell'intuizione sensibile), sono nel tempo, la proposizione fondamentale ottiene allora la sua valida esattezza oggettiva e la sua universalità *a priori*.

Le nostre asserzioni insegnano quindi la *realtà empirica* del tempo, cioè la sua validità oggettiva riguardo a tutti gli oggetti che possano mai essere dati ai nostri sensi. E dal momento che la nostra intuizione è sempre sensibile, non ci potrà allora venir mai dato nell'esperienza un oggetto, che non cada sotto la condizione del tempo. Noi contestiamo per contro al tempo ogni pretesa a una realtà assoluta, nel qual caso cioè, anche senza prendere in considerazione la forma della nostra intuizione sensibile, esso inerirebbe assolutamente alle cose, come condizione o proprietà. Tali proprietà, che toccano alle cose in se stesse, non possono d'altronde venir mai date a noi attraverso i sensi. In ciò consiste dunque l'*idealità trascendentale* del tempo, secondo la quale il tempo, se si astrae dalle condizioni soggettive dell'intuizione sensibile, è assolutamente nulla e non può essere annoverato tra le cose in se stesse (prescindendo dal loro rapporto con la nostra intuizione), né come sussistente né come inerente. Tuttavia questa idealità, allo stesso modo di quella dello spazio, non dev'esser posta a raffronto con l'opera surrettizia delle sensazioni, dato che in quest'ultimo caso si presuppone a proposito dell'apparenza stessa, cui ineriscono questi predicati, che essa abbia una realtà oggettiva, mentre nel caso del tempo tale realtà cade totalmente, se non in quanto si tratti di una realtà semplicemente empirica, cioè si consideri l'oggetto stesso semplicemente come apparenza. Al riguardo, si deve rivedere la precedente osservazione della sezione prima.

§ 7.

Chiarimento

Contro questa teoria — che concede al tempo una realtà empirica, ma contesta ad esso una realtà assoluta e trascendentale — ho inteso levarsi, da parte di uo-
62 mini intelligenti, un'obiezione così unanime, da farmi dedurre che questa debba presentarsi naturalmente ad ogni lettore, cui queste considerazioni non siano familiari. Essa suona così: i mutamenti sono reali (ciò è dimostrato dal variare delle nostre proprie rappresentazioni, quand'anche si volesse negare tutte le apparenze esterne, insieme ai loro mutamenti). Ora, i mutamenti sono possibili soltanto nel tempo, e di conseguenza, il tempo è qualcosa di reale. Il rispondere a ciò non presenta alcuna difficoltà. Io concedo l'intera argomentazione. Il tempo è certamente qualcosa di reale, cioè la forma reale dell'intuizione interna. Esso ha quindi una realtà soggettiva riguardo all'esperienza interna; ossia, io ho realmente la rappresentazione del tempo e delle mie determinazioni in esso. Il tempo dev'essere dunque realmente considerato, non già come oggetto, bensì come il modo di rappresentazione di me stesso come oggetto. Se tuttavia io stesso potessi intuirmi senza questa condizione della sensibilità, o se un altro ente potesse intuirmi così, in tal caso proprio le stesse determinazioni, che ci rappresentiamo ora come mutamenti, fornirebbero una conoscenza, in cui la rappresentazione del tempo, e quindi anche del movimento, non entrerebbe affatto. Rimane dunque la realtà empirica del

tempo, come condizione di tutte le nostre esperienze. È soltanto la realtà assoluta, che non può essergli concessa, secondo quanto abbiamo detto sopra. Il tempo non è altro che la forma della nostra intuizione interna[1]. Se da esso si elimina la condizione particolare della nostra sensibilità, anche il concetto di tempo svanisce: il tempo non inerisce agli oggetti stessi, ma semplicemente al soggetto che li intuisce.

La causa, tuttavia, per cui questa obiezione viene sollevata con tanta unanimità, e precisamente da parte di coloro che pure non hanno nulla di plausibile da obiettare contro la dottrina dell'idealità dello spazio, è la seguente. Costoro non potrebbero avere la speranza di riuscire a dimostrare apoditticamente la realtà assoluta dello spazio, poiché ad essi si contrappone l'idealismo, secondo il quale la realtà degli oggetti esterni non è suscettibile di alcuna dimostrazione rigorosa; per contro, la realtà dell'oggetto dei nostri sensi interni (la realtà di me stesso e del mio stato) è immediatamente chiara attraverso la coscienza. Gli oggetti esterni potrebbero essere una semplice illusione, mentre quest'ultimo oggetto è innegabilmente qualcosa di reale, secondo la loro opinione. Essi non hanno considerato, peraltro, che entrambe le specie di oggetti — senza che
si abbia bisogno di contestare la loro realtà come rappre- 63
sentazioni — appartengono nondimeno unicamente all'apparenza. Quest'ultima ha sempre due aspetti: il primo si presenta quando l'oggetto viene considerato in se stesso (a prescindere dal modo in cui esso è intuito, pur rimanendo sempre problematica, proprio per questo, la sua natura), e il secondo, quando si guarda alla forma dell'intuizione di questo oggetto. Tale forma dev'essere cercata

[1] Io posso certo dire: le mie rappresentazioni si susseguono, ma ciò 34 62
significa soltanto, che noi siamo coscienti di tali rappresentazioni come in una successione temporale, cioè secondo la forma del senso interno. Il tempo, perciò, non è un qualcosa in sé, e neppure una determinazione inerente oggettivamente alle cose.

non già nell'oggetto in se stesso, bensí nel soggetto cui tale oggetto appare, sebbene essa spetti però realmente e necessariamente all'apparenza di questo oggetto.

Tempo e spazio sono per conseguenza due fonti conoscitive, onde possono venir attinte *a priori* diverse conoscenze sintetiche. Soprattutto la matematica pura fornisce un esempio luminoso di ciò, riguardo alle conoscenze dello spazio e dei suoi rapporti. Tempo e spazio, riuniti assieme, sono infatti forme pure di ogni intuizione sensibile, e rendono possibili, in tal modo, proposizioni sintetiche *a priori*. Ma queste fonti conoscitive *a priori* determinano i propri confini per il fatto appunto che esse sono semplicemente condizioni della sensibilità, cioè per il fatto che si rivolgono ad oggetti, solo in quanto questi vengano considerati come apparenze, ma che non mostrano cose in se stesse. Il campo della loro validità è costituito soltanto dalle apparenze: se si esce di qui, non si ritrova piú nessun uso oggettivo di tali fonti conoscitive. Questa realtà dello spazio e del tempo lascia del resto intatta la sicurezza della conoscenza di esperienza: di questa conoscenza, infatti, noi siamo certi nello stesso modo, sia che tali forme ineriscano necessariamente alle cose in sé, sia che esse ineriscano necessariamente soltanto alla nostra intuizione di queste cose. Per contro, coloro che asseriscono la realtà assoluta dello spazio e del tempo — possano poi assumerla come sussistente, oppure soltanto come inerente — debbono venire in conflitto con i principî dell'esperienza stessa. In effetti, se si decidono per una realtà sussistente (questo è comunemente il partito degli indagatori matematici della natura), essi debbono allora assumere due non enti eterni e infiniti, sussistenti per sé (spazio e tempo), che esistono (pur senza essere qualcosa di reale) soltanto per abbracciare in sé tutto ciò che è reale. Se essi prendono il secondo partito (in cui rientrano alcuni teorici metafisici della natura), e se spazio e tempo sono da essi considerati come rapporti (di coesistenza o di successione) tra le apparenze, astratti

dall'esperienza e nondimeno rappresentati confusamente in tale astrazione, costoro debbono allora contestare la loro validità, o almeno la loro certezza apodittica, alle dottrine matematiche *a priori* riguardanti cose reali (ad esempio nello spazio). In effetti, la certezza apodittica non si presenta affatto *a posteriori*, e i concetti *a priori* di spazio e tempo, basati su questa opinione, non sono altro che 64
creature della facoltà di immaginazione, la cui fonte deve realmente essere cercata nell'esperienza. Dai rapporti dell'esperienza, ottenuti per astrazione, l'immaginazione ha costruito qualcosa, che contiene bensí il carattere generale di questi, ma che non può presentarsi senza le restrizioni, che la natura ha congiunto a tali rapporti. I primi di costoro raggiungono un vantaggio tanto grande, che possono liberare il campo delle apparenze per le loro asserzioni matematiche. Attraverso queste stesse condizioni, per contro, essi giungono ad una grande confusione, quando l'intelletto vuole oltrepassare questo campo. I secondi, è vero, si avvantaggiano riguardo a quest'ultimo punto, per il fatto cioè che le rappresentazioni di spazio e tempo non sono loro d'impaccio, quando essi vogliono giudicare gli oggetti, non già come apparenze, ma semplicemente in relazione all'intelletto; essi tuttavia non possono rendere conto delle possibilità di conoscenze matematiche *a priori* (poiché manca loro un'intuizione *a priori* vera e oggettivamente valida), né possono stabilire un accordo necessario tra le proposizioni di esperienza e quelle asserzioni. Nella nostra teoria sulla vera natura di queste due forme originarie della sensibilità, viene fornito un rimedio a queste due difficoltà.

Infine, che l'estetica trascendentale non possa contenere piú di questi due elementi, cioè spazio e tempo, risulta chiaro dal fatto che tutti gli altri concetti appartenenti alla sensibilità — e persino il concetto del movimento, che riunisce questi due elementi — presuppongono qualcosa di empirico. In effetti, il movimento presuppone la percezione di un qualcosa che si muove. Entro lo spazio, considerato in se stesso, non vi è tuttavia nulla che si muova: ciò che si muove deve quindi essere qualcosa, *che* viene trovato *nello spazio* solo *mediante l'esperienza*, ossia dev'essere un dato empirico. Allo stesso modo, l'estetica trascendentale non può enumerare tra i suoi dati *a priori* il concetto del mutamento: il tempo come tale infatti non muta, e ciò che muta è piuttosto un qualcosa che è nel tempo. Al riguardo si richiede dunque la percezione di una qualche esistenza e della successione delle sue determinazioni: si richiede quindi l'esperienza.

65 § 8.

Osservazioni generali sull'estetica trascendentale

I. Sarà necessario, in primo luogo, spiegare quanto piú chiaramente è possibile, quale sia la nostra opinione riguardo alla natura fondamentale della conoscenza sensibile in generale, al fine di evitare ogni fraintendimento in proposito.

Noi abbiamo dunque voluto dire, che tutta la nostra intuizione non è altro se non la rappresentazione di un'apparenza; che le cose da noi intuite non sono in se stesse cosí come le intuiamo, e che i loro rapporti non sono costituiti in sé cosí come appaiono a noi; che se noi sopprimiamo il nostro soggetto, o anche soltanto la costituzione soggettiva dei sensi in generale, in tal caso tutta quanta la costituzione e tutti i rapporti degli oggetti nello spazio e nel tempo, anzi persino lo spazio ed il tempo, sono destinati a svanire. Tutte queste cose, in quanto apparenze, non possono esistere in se stesse, ma esistono soltanto in noi. Di che cosa mai possa trattarsi, riguardo agli oggetti in se stessi, separati da tutta questa recettività

della nostra sensibilità, ci rimane perfettamente ignoto. Noi non conosciamo null'altro se non il nostro modo di percepire gli oggetti: questo modo ci è peculiare, e precisamente non tocca per necessità ad ogni ente, sebbene debba spettare ad ogni uomo. Noi abbiamo unicamente a che fare con questo modo di percepire gli oggetti. Spazio e tempo sono le forme pure di esso, e la sensazione in generale, la materia. La forma, noi possiamo conoscerla soltanto *a priori*, cioè prima di ogni percezione reale, ed essa si chiama quindi intuizione pura; la materia, invece, è nella nostra conoscenza ciò che fa sí che si parli di conoscenza *a posteriori*, cioè intuizione empirica. Spazio e tempo ineriscono in modo assolutamente necessario alla nostra sensibilità, di qualsiasi specie possano essere le nostre sensazioni; queste ultime possono essere assai differenti. Anche se noi potessimo portare questa nostra intuizione ad un supremo grado di chiarezza, non giungeremmo in tal modo piú vicino alla natura degli oggetti in se stessi. In ogni caso, difatti, noi conosceremmo compiutamente solo il nostro modo di intuizione, cioè la nostra sensibilità, e conosceremmo ciò pur sempre sotto le condizioni, inerenti originariamente al soggetto, di
spazio e tempo. Che cosa possano essere gli oggetti in se 66
stessi, non ci risulterà mai noto, neppure attraverso la piú chiara conoscenza dell'apparenza — soltanto essa ci è data — di tali oggetti.

Il sostenere che tutta quanta la nostra sensibilità non è altro se non la rappresentazione confusa delle cose — la quale contiene unicamente ciò che tocca ad esse in se stesse, nascosto però da un conglomerato di segni e di rappresentazioni parziali, che noi non riusciamo a districare coscientemente — è quindi una falsificazione del concetto di sensibilità e di apparenza, falsificazione che rende inutile e vacua l'intera dottrina di queste. La distinzione di una rappresentazione oscura dalla rappresentazione chiara è semplicemente logica, e non riguarda il contenuto. Senza dubbio, il concetto di *diritto* — di cui si serve il buonsenso — ha un contenuto per l'appunto identico a quello che la piú sottile speculazione può trarre fuori da tale concetto, con la riserva che nell'uso comune e pratico non si ha coscienza di queste molteplici rappresentazioni contenute in tale pensiero. Non per questo si potrà dire, che il concetto comune sia sensibile e contenga una semplice apparenza, dato che il diritto non può affatto apparire: il suo concetto, piuttosto, si trova nell'intelletto e rappresenta una natura (morale) delle azioni, che appartiene ad esse in se stesse. Al contrario, la rappresentazione di un *corpo* non contiene assolutamente nulla, nell'intuizione, che possa toccare a un oggetto in se stesso, ma semplicemente l'apparenza di un qualcosa, e il modo in cui noi siamo modificati da esso. Questa recettività della nostra capacità di conoscenza si chiama sensibilità: essa, anche se si potesse penetrare con lo sguardo sino al fondo dell'apparenza, rimarrebbe pur sempre radicalmente distinta dalla conoscenza dell'oggetto in se stesso.

La filosofia di Leibniz e di Wolff ha quindi indicato una prospettiva totalmente errata a tutte le indagini sulla natura e l'origine delle nostre conoscenze, col considerare la distinzione tra il sensibile e l'intellettuale semplicemente come logica, mentre essa è evidentemente trascendentale e non riguarda soltanto la forma, come chiarezza o oscurità, bensí l'origine e il contenuto delle conoscenze. Di conseguenza, mediante la sensibilità noi non conosciamo solo confusamente la natura delle cose in se stesse, ma non la conosciamo affatto, e non appena eliminiamo la nostra costituzione soggettiva, non si ritrova, né può ritrovarsi, da nessuna parte l'oggetto rappresentato, con le proprietà che gli attribuiva l'intuizione sensibile: in
67 effetti, è proprio questa costituzione soggettiva che determina la forma di tale oggetto in quanto apparenza.

Del resto, noi distinguiamo certo, tra le apparenze,

ciò che inerisce essenzialmente all'intuizione delle medesime e vale per ogni senso umano in generale, da quello che appartiene solo accidentalmente all'intuizione, risultando valido non già in rapporto alla sensibilità in generale, ma soltanto per una particolare posizione e organizzazione di questo o di quel senso. E la prima conoscenza si dice allora tale da rappresentare l'oggetto in se stesso; la seconda, invece, tale da rappresentare soltanto l'apparenza di esso. Questa distinzione, tuttavia, è solo empirica. Se ci si arresta a questo punto (come avviene per solito), e non si considera ulteriormente (come dovrebbe avvenire) quell'intuizione empirica come semplice apparenza — cosicché non si possa ritrovare in essa assolutamente nulla che appartenga ad una qualche cosa in se stessa — la nostra distinzione trascendentale va allora perduta, e noi crediamo in tal caso di conoscere delle cose in sé, sebbene ovunque (nel mondo sensibile), anche spingendoci sino alla piú profonda indagine degli oggetti di questo mondo, non abbiamo a che fare con null'altro se non con apparenze. Certo, noi diremo cosí che l'arcobaleno è una semplice apparenza, quando piove pur splendendo il sole, e che questa pioggia è invece la cosa in se stessa. Ciò è anche giusto, in quanto intendiamo quest'ultimo concetto solo fisicamente, come qualcosa che nella generale esperienza, secondo tutte le diverse situazioni rispetto ai sensi, è tuttavia determinato in un certo modo nell'intuizione, e non altrimenti. Ma se noi assumiamo questo concetto empirico in generale, e senza badare al suo accordo con ogni senso dell'uomo, domandiamo se esso rappresenti altresí un oggetto in se stesso (non intendiamo le gocce di pioggia, poiché esse, in quanto apparenze, sono già oggetti empirici), in tal caso la questione del rapporto tra la rappresentazione e l'oggetto è trascendentale, e non soltanto queste gocce sono semplici apparenze, ma persino la loro forma rotonda, anzi lo spazio in cui esse cadono, non sono nulla in se stessi, ma semplici modificazioni o fondamenti della nostra intuizione sensibile, mentre l'oggetto trascendentale ci rimane invece ignoto.

La seconda mira importante della nostra estetica tra-
scendentale è che essa non soltanto incontri un certo
favore come ipotesi plausibile, ma risulti tanto sicura e
indubitata, quanto mai si possa richiedere da una teoria
che deve servire come *organon*. Per rendere del tutto evi-
dente tale certezza, sceglieremo in qualche modo un caso,
in base al quale la validità di questo *organon* possa risultare
68 palpabile; esso potrà servire inoltre per un maggior chia-
rimento di ciò che è stato detto nel paragrafo 3.

Assumete dunque, che spazio e tempo siano in se stessi oggettivi, e condizioni della possibilità delle cose in se stesse. Risulta allora in primo luogo, che da entrambi provengono *a priori* delle proposizioni apodittiche e sintetiche in gran numero, soprattutto dallo spazio, che per tale motivo indagheremo qui di preferenza, a scopo esemplificativo. Dal momento che le proposizioni della geometria sono conosciute sinteticamente *a priori* e con certezza apodittica, io domando allora: onde assumete siffatte proposizioni, e su che cosa si appoggia il nostro intelletto, per giungere a tali verità assolutamente necessarie e universalmente valide? Non vi è alcun'altra via, se non attraverso concetti o attraverso intuizioni; concetti e intuizioni, tuttavia, risultano tali, da essere dati o *a priori* o *a posteriori*. Nel secondo caso, quando si abbiano cioè concetti empirici e del pari ciò su cui si fondano, ossia l'intuizione empirica, tutto questo non può fornire alcuna proposizione sintetica, se non una proposizione tale, che sia anche semplicemente empirica, cioè una proposizione di esperienza, e che quindi non possa mai contenere quella necessità e quell'universalità assoluta, che pure sono la caratteristica di tutte le proposizioni della geometria. Per quanto riguarda invece il primo e l'unico mezzo per giungere a siffatte conoscenze — cioè attraverso semplici concetti o attraverso intuizioni *a priori* — è in tal caso

chiaro, che partendo da semplici concetti non si può assolutamente raggiungere alcuna conoscenza sintetica, ma si può arrivare unicamente ad una conoscenza analitica. Basta assumere la proposizione, che mediante due linee rette non si può assolutamente racchiudere alcuno spazio, e non è quindi possibile costruire alcuna figura: tentate poi di dedurre questa proposizione dal concetto di linee rette e di numero due. O anche, assumete la proposizione, che da tre linee rette è possibile costruire una figura, e tentate la stessa cosa partendo semplicemente da questi concetti. Tutto il vostro sforzo è vano e vi vedrete costretti a rifugiarvi nell'intuizione, come del resto ha sempre fatto la geometria. Fornirete dunque a voi stessi un oggetto nella intuizione: ma di che specie è questa intuizione? si tratta di un'intuizione pura *a priori* oppure di un'intuizione empirica? Se si verifica il secondo caso, non potrà allora mai risultare da ciò una proposizione universalmente valida, e ancora meno una proposizione apodittica: in effetti, l'esperienza non può mai fornire siffatte proposizioni. Voi dovete quindi dare *a priori* il vostro oggetto nell'intuizione, e fondare su tale oggetto la vostra proposizione sintetica. Orbene, se in voi non si trovasse una facoltà di intuire *a priori*, se questa condizione soggettiva, secondo la forma, 69
non fosse al tempo stesso la condizione universale *a priori*, sotto cui soltanto è possibile l'oggetto di questa intuizione stessa (esterna), se l'oggetto (il triangolo) fosse qualcosa in se stesso, senza rapporto col vostro soggetto, in tal caso, come potreste dire, che ciò che sta necessariamente nelle vostre condizioni soggettive per costruire un triangolo debba toccare necessariamente altresí al triangolo in se stesso? Voi non potreste infatti aggiungere ai vostri concetti (delle tre linee) alcunché di nuovo (la figura), che dovesse perciò ritrovarsi necessariamente nell'oggetto, dal momento che questo è dato anteriormente alla vostra conoscenza, e non già attraverso di essa. Se quindi lo spazio (e cosí pure il tempo) non fosse una semplice forma della

vostra intuizione, che contiene le condizioni *a priori* — le uniche sotto le quali le cose possono essere per voi oggetti esterni, che senza queste condizioni soggettive non sono nulla in se stessi — voi non potreste allora decidere, *a priori* e sinteticamente, assolutamente nulla riguardo agli oggetti esterni. È dunque indubitatamente certo, e non soltanto possibile oppure verosimile, che spazio e tempo, in quanto costituiscono le condizioni necessarie di ogni esperienza (esterna e interna), sono condizioni semplicemente soggettive di ogni nostra intuizione: in rapporto ad esse, quindi, tutti gli oggetti sono semplici apparenze e non cose date per sé in un determinato modo. Per tale ragione, si può anche dire *a priori* molto sulle apparenze, per quanto riguarda la loro forma, ma non è mai possibile pronunciarsi minimamente sulla cosa in se stessa, che può trovarsi a fondamento di queste apparenze.

II. Per confermare questa teoria dell'idealità tanto del senso esterno quanto del senso interno, e quindi di tutti gli oggetti dei sensi, considerati come semplici apparenze, può servire egregiamente l'osservazione che segue. Tutto ciò che nella nostra conoscenza appartiene all'intuizione (eccettuati quindi il sentimento del piacere e del dolore, ed inoltre la volontà, che non sono affatto conoscenze) non contiene altro se non semplici rapporti: luoghi in un'intuizione (estensione), mutamento di luoghi (movimento), e leggi secondo cui questo mutamento viene determinato (forze motrici). In tal modo tuttavia non viene dato ciò che è presente nel luogo, oppure ciò che opera nelle cose stesse, al di fuori del cambiamento di luogo. Ordunque, una cosa in se stessa non viene certo conosciuta mediante semplici rapporti: bisogna quindi giudicare che, non essendoci dato attraverso il senso
70 esterno null'altro se non delle semplici rappresentazioni di rapporti, tale senso esterno può contenere appunto, nella sua rappresentazione, soltanto il rapporto di un

oggetto con il soggetto, e non già l'elemento interno, che spetta all'oggetto in sé. Riguardo all'intuizione interna le cose stanno allo stesso modo. Non soltanto si può dire, che le rappresentazioni dei *sensi esterni* costituiscono nell'intuizione interna la vera e propria materia, con cui noi riempiamo il nostro animo, ma il tempo — nel quale poniamo queste rappresentazioni, e che precede persino la coscienza di esse nell'esperienza, stando come condizione formale a fondamento del modo in cui noi poniamo le rappresentazioni nell'animo — contiene già rapporti di successione, di simultaneità e di ciò che è simultaneo alla successione (il permanente). Ora, ciò che come rappresentazione può precedere ogni atto di pensare un qualcosa è l'intuizione, e se questa non contiene null'altro se non rapporti, è allora la forma dell'intuizione: tale forma, dato che non rappresenta nulla, se non in quanto un qualcosa viene posto nell'animo, non può essere allora altro che il modo in cui l'animo viene modificato dalla propria attività — cioè da questo porre la sua rappresentazione, e quindi da se stesso — ossia non può essere null'altro se non un senso interno rispetto alla forma di questo. Tutto ciò che viene rappresentato da un senso, è come tale sempre apparenza; o un senso interno, quindi, non dovrà essere ammesso affatto, oppure il soggetto, che è l'oggetto di tale senso interno, potrà essere rappresentato da quest'ultimo soltanto come apparenza, e non già come esso giudicherebbe di se stesso, se la sua intuizione fosse una semplice attività spontanea, cioè fosse intellettuale. Ogni difficoltà al riguardo si fonda soltanto sul modo in cui un soggetto possa intuire internamente se stesso; questa difficoltà è tuttavia comune ad ogni teoria. La coscienza di se stesso (appercezione) è la rappresentazione semplice dell'io, e se tutto il molteplice nel soggetto fosse dato *spontaneamente* solo da ciò, l'intuizione interna sarebbe allora intellettuale. Nell'uomo, questa coscienza richiede una percezione interna

del molteplice, che è dato in precedenza nel soggetto, e il modo in cui questo molteplice viene dato senza spontaneità nell'animo deve chiamarsi, in base a questa differenza, sensibilità. Se la facoltà di acquistar coscienza di sé deve ricercare (apprendere) ciò che sta nell'animo, tale facoltà deve allora modificare l'animo, e soltanto a questo modo può produrre un'intuizione di se stessa. La forma di questa intuizione — forma che si trova in precedenza come fondamento nell'animo — determina tuttavia, nella rappresentazione del tempo, il modo in cui il molteplice coesiste nell'animo. In effetti, tale facoltà intuisce allora se stessa, non già come si rappresenterebbe immediata-
71 mente e spontaneamente, bensí nel modo in cui viene modificata dall'interno: di conseguenza, essa intuisce se stessa cosí come appare a sé, non come essa è.

III. Se io dico: nel tempo e nello spazio tanto l'intuizione degli oggetti esterni quanto anche l'intuizione di sé, rivolta all'animo, rappresentano gli oggetti esterni e l'animo cosí come essi modificano i nostri sensi, cioè cosí come essi *appaiono*, in tal caso, ciò non vuol dire che questi oggetti siano una semplice *illusione*. Nell'apparenza infatti gli oggetti, anzi persino le proprietà che attribuiamo ad essi, sono sempre considerati come qualcosa di realmente dato; senonché, in quanto questa costituzione dipende soltanto dal modo di intuizione del soggetto nella relazione che ha con esso l'oggetto dato, questo oggetto come *apparenza* viene distinto dal medesimo come oggetto *in sé*. Cosí, se io asserisco che la qualità dello spazio e del tempo — io pongo entrambi conformemente ad essa, intesa come condizione della loro esistenza — risiede nel mio modo di intuizione e non in questi oggetti in sé, io non dico però che i corpi *sembrano* soltanto essere fuori di me, oppure che la mia anima *sembra* soltanto essere data nella mia autocoscienza. Sarebbe colpa mia, se io trasformassi in semplice illusione ciò che dovrei invece attribuire alla

apparenza[1]. Ciò tuttavia non può accadere in base al nostro principio dell'idealità di tutte le nostre intuizioni sensibili; piuttosto, se a quelle forme di rappresentazione si attribuisce una realtà oggettiva, non si può allora evitare che tutto quanto venga in tal modo trasformato in semplice illusione. In effetti, se si considera lo spazio e il tempo come proprietà, che per essere possibili dovrebbero venir ritrovate nelle cose in sé, e se si riflette alle assurdità in cui ci si trova allora impigliati — poiché due cose infinite, che non sono sostanze e neppure qualcosa di realmente inerente alle sostanze, ma che debbono pur 72
essere qualcosa di esistente, anzi la condizione necessaria dell'esistenza di tutte le cose, rimangono ancora, quand'anche vengano eliminate tutte le cose esistenti — in tal caso, non si può certo biasimare il buon Berkeley per aver degradato i corpi ad una semplice illusione. Anzi, persino la nostra propria esistenza, che in tal modo sarebbe resa dipendente dalla realtà, sussistente per sé, di un non ente come il tempo, dovrebbe venir trasformata assieme a questo in una pura illusione: un'assurdità, questa, di cui sinora nessuno ha voluto rendersi colpevole.

IV. Nella teologia naturale — dove si pensa un oggetto, che non soltanto non può essere affatto per noi

[1] I predicati dell'apparenza possono essere attribuiti all'oggetto stesso in rapporto col nostro senso. Alla rosa, ad esempio, può essere attribuito 71
il colore rosso oppure il profumo. L'illusione invece non può mai essere attribuita come predicato all'oggetto, appunto per il fatto che essa attribuisce all'oggetto per sé ciò che a questo spetta soltanto in rapporto con i sensi, o in generale con il soggetto: tale è il caso, ad esempio, per i due anelli che in origine si attribuivano a Saturno. Ciò che non si può affatto ritrovare nell'oggetto in se stesso, presentandosi invece sempre nel rapporto dell'oggetto con il soggetto, e che è inseparabile dalla rappresentazione di quest'ultimo, è apparenza: in tal modo, i predicati dello spazio e del tempo vengono attribuiti con ragione agli oggetti dei sensi come tali, ed in ciò non vi è alcuna illusione. Per contro, se io attribuisco alla rosa in sé il colore rosso, a Saturno gli anelli, oppure a tutti gli oggetti esterni in sé l'estensione — senza guardare a un determinato rapporto di questi oggetti con il soggetto e senza limitare il mio giudizio a ciò — allora soltanto sorge l'illusione.

un oggetto dell'intuizione, ma che nemmeno a se stesso può essere in alcun modo un oggetto dell'intuizione sensibile — ci si è preoccupati con cura di eliminare da ogni intuizione dell'oggetto (poiché ogni sua conoscenza deve essere intuitiva e non può consistere in un pensiero, che manifesta sempre dei limiti) le condizioni del tempo e dello spazio. Non si comprende tuttavia con quale diritto si possa fare ciò, se tempo e spazio sono stati considerati in precedenza come forme delle cose in se stesse, e precisamente come forme tali, che in quanto condizioni della esistenza delle cose, *a priori*, rimangono quand'anche fossero eliminate le cose stesse: come condizioni di ogni esistenza in generale, difatti, essi dovrebbero essere altresí condizioni dell'esistenza di Dio. Non rimane null'altro — se non si vuole farne le forme oggettive di tutte le cose — che considerarli come forme soggettive del nostro modo di intuizione, tanto esterno quanto interno, il quale si chiama sensibile per il fatto che non è originario (tale cioè che attraverso di esso venga data altresí l'esistenza dell'oggetto dell'intuizione, e tale da poter toccare, per quanto riusciamo a comprendere, soltanto all'ente supremo), ma dipende dall'esistenza dell'oggetto, ed è quindi possibile solo per il fatto che la capacità di rappresentazione del soggetto venga modificata dall'oggetto.

Non è neppure necessario, che noi limitiamo il modo di intuizione nello spazio e nel tempo alla sensibilità dell'uomo; può essere che ogni ente pensante finito debba necessariamente accordarsi in ciò con l'uomo (sebbene noi non possiamo decidere questo punto). Tale modo di intuizione, tuttavia, non per questa validità universale cessa di essere sensibilità, appunto per il fatto che esso è derivato (*intuitus derivativus*), non già originario (*intuitus originarius*), e quindi non è un'intuizione intellettuale. Quest'ultima, proprio per la ragione ricordata, sembra appartenere soltanto all'ente supremo, e mai invece ad un ente che è dipendente, sia riguardo alla sua esistenza, sia riguardo alla sua intuizione (la quale determina l'esistenza di esso in relazione a oggetti dati). Quest'ultima osservazione deve però rientrare nella nostra teoria estetica soltanto come un chiarimento, non come una ragione dimostrativa.

Conclusione dell'estetica trascendentale

Con ciò, possediamo ora uno degli elementi richiesti per la risoluzione del problema generale della filosofia trascendentale — come sono possibili proposizioni sintetiche *a priori*? — cioè le intuizioni pure *a priori*, spazio e tempo. Se nel giudizio *a priori* vogliamo uscir fuori dal concetto dato, ritroviamo allora nello spazio e nel tempo quello che può essere scoperto *a priori* non già nel concetto, sibbene nell'intuizione che ad esso corrisponde, e che può essere connesso sinteticamente con tale concetto. Per questa ragione, tuttavia, tali giudizi non possono mai estendersi al di là degli oggetti dei sensi, e possono essere validi soltanto per oggetti di un'esperienza possibile.

74

PARTE SECONDA

LOGICA TRASCENDENTALE

Introduzione

IDEA DI UNA LOGICA TRASCENDENTALE

I.

Della logica in generale

La nostra conoscenza emana da due fonti basilari dell'animo: la prima di queste consiste nel ricevere le rappresentazioni (recettività delle impressioni), e la seconda è la facoltà di conoscere un oggetto mediante queste rappresentazioni (spontaneità dei concetti). Attraverso la prima di queste fonti, un oggetto ci è dato; attraverso la seconda, tale oggetto è pensato in rapporto a quella rappresentazione (come semplice determinazione dell'animo). Intuizione e concetti costituiscono quindi gli elementi di ogni nostra conoscenza, cosicché una conoscenza non può essere fornita né da concetti privi di una intuizione in qualche modo corrispondente ad essi, né da un'intuizione priva di concetti. Entrambi questi elementi sono o puri o empirici. Sono empirici, quando in essi è contenuta una sensazione (la quale presuppone la presenza reale dell'oggetto); sono invece puri, quando nessuna sensazione è mescolata alla rappresentazione. La sensazione si può chiamare la materia della
75 conoscenza sensibile. L'intuizione pura contiene perciò unicamente la forma, sotto cui un qualcosa viene intuito, e il concetto puro contiene soltanto la forma del pensiero

di un oggetto in generale. Solo intuizioni pure o concetti puri sono possibili *a priori*; intuizioni empiriche e concetti empirici sono possibili unicamente *a posteriori*.

Se la *recettività* del nostro animo — ossia la sua capacità di ricevere rappresentazioni, in quanto esso viene modificato in qualche maniera — è da noi chiamata *sensibilità*, per contro, la facoltà di produrre in modo autonomo rappresentazioni, ossia la *spontaneità* della conoscenza, è l'intelletto. La nostra natura è costituita in modo tale, che l'*intuizione* non può mai essere altrimenti che *sensibile*, ossia contiene soltanto il modo in cui noi siamo modificati da oggetti. La facoltà di pensare l'oggetto dell'intuizione sensibile, per contro, è l'*intelletto*. Nessuna di queste due facoltà dev'essere anteposta all'altra. Senza sensibilità nessun oggetto ci sarebbe dato, e senza intelletto nessun oggetto sarebbe pensato. I pensieri senza contenuto sono vuoti, le intuizioni senza concetti sono cieche. È perciò altrettanto necessario il rendere sensibili i propri concetti (cioè aggiungere ad essi l'oggetto nell'intuizione), quanto il rendersi intelligibili le proprie intuizioni (cioè sottoporle a concetti). Entrambe queste facoltà o capacità non possono inoltre scambiare le loro funzioni. L'intelletto non può intuire nulla, e i sensi non possono pensare nulla. La conoscenza può sorgere soltanto dalla loro riunione. Ma non perciò vi è motivo di mescolare il contributo dei due elementi: sussiste una ragione rilevante, piuttosto, per separarli accuratamente e distinguerli l'uno dall'altro. Di conseguenza, noi distinguiamo la scienza delle regole della sensibilità in generale, cioè l'estetica, dalla scienza delle regole dell'intelletto in generale, cioè dalla logica.

La logica, a sua volta, può essere presa in considerazione secondo un duplice punto di vista: o come logica dell'uso generale dell'intelletto, o come logica dell'uso particolare dell'intelletto. La prima contiene le regole assolutamente necessarie del pensiero, senza le quali non

ha assolutamente luogo alcun uso dell'intelletto. Essa riguarda quindi l'intelletto, prescindendo dalla diversità degli oggetti, cui l'intelletto può essere indirizzato. La logica dell'uso particolare dell'intelletto contiene le regole per pensare rettamente riguardo ad una certa specie di oggetti. La prima si può chiamare la logica elementare, la seconda invece l'*organon* di questa o di quella scienza. Quest'ultima per lo piú è fatta precedere nelle scuole, come propedeutica delle scienze, sebbene essa, rispetto al cammino della ragione umana, costituisca l'ultimo stadio,
76 cui la ragione arriva solo quando la scienza già da lungo tempo è compiuta e non ha bisogno che dell'ultima mano, per essere rettificata e condotta alla perfezione. Occorre infatti conoscere in misura piuttosto notevole gli oggetti, se si vuol fornire le regole sul modo in cui si possa costituire una scienza di tali oggetti.

La logica generale, orbene, è logica pura o logica applicata. Nella prima, noi facciamo astrazione da tutte le condizioni empiriche, sotto le quali il nostro intelletto viene esercitato, ad esempio dall'influsso dei sensi, dal gioco dell'immaginazione, dalle leggi della memoria, dalla forza dell'abitudine, dall'inclinazione, ecc., e quindi anche dalle fonti dei pregiudizi, anzi in generale da tutte le cause, onde sorgono certe nostre conoscenze, o alle quali possono essere attribuite certe conoscenze: tutto ciò, in effetti, riguarda semplicemente l'intelletto sotto certe circostanze della sua applicazione, e per conoscere tali circostanze si richiede l'esperienza. Una *logica generale*, ma *pura*, si occupa quindi soltanto di principî *a priori*, ed è un *canone dell'intelletto* e della ragione, solo però riguardo al carattere formale del loro uso, qualsivoglia possa poi essere il contenuto (empirico oppure trascendentale). Una *logica generale* si chiama invece *applicata*, nel caso in cui si rivolga alle regole dell'uso dell'intelletto, sotto le condizioni empiriche soggettive che la psicologia ci insegna. Tale logica

a logica generale pura si occupa della semplice forma del pensiero indipendente — da principi empirici

ha quindi principî empirici, sebbene sia generale, in quanto essa si riferisce all'uso dell'intelletto senza distinzione di oggetti. Per tale ragione essa non è d'altronde né un canone dell'intelletto in generale, né un *organon* di scienze particolari, ma unicamente uno strumento purificatore dell'intelletto comune.

Nella logica generale, la parte che è destinata a costituire la dottrina pura della ragione deve quindi essere totalmente separata da quella che costituisce la logica applicata (sebbene ancor sempre generale). Soltanto la prima è propriamente scienza, benché breve e arida, e nella forma richiesta dalla esposizione scolastica di una dottrina elementare dell'intelletto. In questa dottrina, dunque, i logici debbono sempre tener presenti due regole.

1) In quanto logica generale, essa astrae da ogni contenuto della conoscenza dell'intelletto e dalla diversità dei suoi oggetti, e non si occupa di null'altro se non della semplice forma del pensiero.

2) In quanto logica pura, essa non ha affatto principî empirici, e quindi non attinge nulla dalla psicologia (come invece si è talvolta creduto): quest'ultima quindi non ha assolutamente alcuna influenza sul canone dell'intelletto. La scienza in questione è una dottrina dimo- 77
strata, e in essa tutto dev'essere certo, interamente *a priori*.

Ciò che io chiamo la logica applicata (contro il significato comune di questa parola, secondo il quale essa deve contenere certi esercizi, la cui regola è fornita dalla logica pura), è una rappresentazione dell'intelletto e delle regole del suo necessario uso *in concreto*, cioè sotto le condizioni accidentali del soggetto, che possono impedire o favorire quest'uso, e che vengono date tutte quante solo empiricamente. Essa tratta dell'attenzione, degli impedimenti e delle conseguenze di questa, dell'origine dell'errore, dello stato di dubbio, di scrupolo, di convinzione, ecc. La logica generale e pura sta rispetto alla logica applicata nello stesso rapporto in cui la morale pura — la quale contiene semplicemente le leggi morali necessarie di una volontà libera in generale — sta rispetto alla vera e propria dottrina della virtú, la quale considera queste leggi come sottoposte agli ostacoli dei sentimenti, delle inclinazioni e delle passioni, cui gli uomini sono piú o meno sottomessi, e la quale non può mai fornire una scienza vera e dimostrata, poiché ha bisogno, proprio come quella logica applicata, di principî empirici e psicologici.

II.

Della logica trascendentale

La logica generale, come abbiamo mostrato, astrae da ogni contenuto della conoscenza, cioè da ogni relazione di questa con l'oggetto, e considera soltanto la forma logica nel rapporto reciproco delle conoscenze, cioè la forma del pensiero in generale. Ora, dal momento che sussistono peraltro tanto intuizioni pure quanto intuizioni empiriche (come mostra l'estetica trascendentale), potrebbe certo ritrovarsi anche una distinzione tra pensiero puro e pensiero empirico degli oggetti. In questo caso sussisterebbe una logica, in cui non si astrarrebbe da ogni contenuto della conoscenza; quella logica, in effetti, che contenesse semplicemente le regole del pensiero puro di un oggetto, escluderebbe tutte le conoscenze di contenuto empirico. Essa si riferirebbe altresí all'origine delle nostre conoscenze di oggetti — in quanto tale origine non può essere attribuita agli oggetti — mentre la logica generale non ha invece nulla a che fare con questa origine della conoscenza, e piuttosto considera le rappresentazioni (non importa che sussistano *a priori* in noi stessi sin da principio,
78 oppure che siano date solo empiricamente) solo secondo le leggi, in base alle quali l'intelletto, quando pensa, adopera tali rappresentazioni nei loro rapporti reciproci. La logica

generale quindi tratta soltanto della forma dell'intelletto, che può essere fornita alle rappresentazioni, qualunque possa poi essere d'altronde l'origine di queste.

E qui faccio un'osservazione, che estende la sua influenza su tutte le considerazioni seguenti, e che dev'essere tenuta ben presente: occorre cioè chiamare trascendentale non già ogni conoscenza *a priori*, ma soltanto quella mediante cui noi riconosciamo, che e come certe rappresentazioni (intuizioni o concetti) vengono applicate o sono possibili unicamente *a priori* (trascendentale deve chiamarsi cioè la possibilità della conoscenza o l'uso di questa, *a priori*). Di conseguenza, né lo spazio né una qualsiasi determinazione geometrica *a priori* di esso sono rappresentazioni trascendentali; trascendentali, piuttosto, possono chiamarsi soltanto la conoscenza, secondo cui queste rappresentazioni non sono affatto di origine empirica, e la possibilità, per cui esse possono nondimeno riferirsi *a priori* ad oggetti dell'esperienza. Del pari, l'uso dello spazio riguardo ad oggetti in generale sarebbe altresí trascendentale: se tale uso è invece ristretto unicamente a oggetti dei sensi, esso si chiama allora empirico. La distinzione fra trascendentale ed empirico appartiene dunque alla critica delle conoscenze, e non riguarda la relazione di queste con il loro oggetto.

Nell'attesa, quindi, che sussistano forse concetti, i quali possano riferirsi *a priori* ad oggetti — non già come intuizioni pure o sensibili, ma semplicemente come atti del pensiero puro, che sono dunque concetti, di origine però né empirica né estetica — noi cosí ci formiamo in anticipo l'idea di una scienza riguardante la conoscenza pura dell'intelletto e della ragione, cioè la conoscenza attraverso cui noi pensiamo interamente *a priori* certi oggetti. Una scienza siffatta, che determinasse l'origine, la estensione e la validità oggettiva di tali conoscenze, dovrebbe chiamarsi logica trascendentale: in effetti, essa ha soltanto a che fare con le leggi dell'intelletto e della ragione, ma unicamente in quanto tali leggi sono riferite *a priori* ad oggetti, e non riguardano invece indifferentemente, come avviene per la logica generale, tanto le conoscenze empiriche della ragione quanto quelle pure.

79

III.

Sulla divisione della logica generale in **Analitica** *e* **Dialettica**

L'antica e famosa domanda, con la quale si credeva di mettere i logici alle strette, e si tentava di portarli al punto, in cui essi dovessero o farsi cogliere in un futile circolo, oppure confessare la loro ignoranza, e quindi la vanità di tutta quanta la loro arte, è la seguente: che cos'è la verità? La definizione nominale della verità, secondo cui cioè essa risulta l'accordo della conoscenza con il suo oggetto, è qui concessa e presupposta; si desidera tuttavia sapere, quale sia il criterio generale e sicuro della verità di una qualsiasi conoscenza.

Il sapere che cosa si debba ragionevolmente domandare, è già una grande e necessaria prova di saggezza e di sagacia. Difatti, se la domanda è in sé assurda e richiede risposte superflue, essa allora, oltre ad umiliare chi la propone, ha talvolta anche lo svantaggio di indurre l'ascoltatore incauto a risposte assurde, e di offrire il ridicolo spettacolo (come dicevano gli antichi) di una persona che munge il becco, mentre un'altra tiene lo staccio.

Se la verità consiste nell'accordo di una conoscenza con il suo oggetto, questo oggetto deve in tal modo venir distinto da altri oggetti; una conoscenza è falsa, difatti, se non si accorda con l'oggetto cui viene riferita, pur contenendo qualcosa che potrebbe certo valere rispetto ad altri oggetti. Un criterio generale della verità, orbene, sarebbe quello che fosse valido rispetto a tutte le conoscenze, senza distinzione dei loro oggetti. Dal momento tuttavia che con tale criterio si astrae da ogni contenuto della conoscenza (relazione con il suo oggetto), e che la verità riguarda invece proprio questo contenuto, risulta allora chiaro, che è del tutto impossibile ed assurdo ricercare un contrassegno della verità di questo contenuto delle conoscenze, e che quindi non può assolutamente essere fornita una caratteristica sufficiente, e tuttavia al tempo stesso generale, della verità. Dato che il contenuto di una conoscenza è stato già in precedenza da noi chiamato la materia di essa, si dovrà allora dire: non si può richiedere alcuna caratteristica generale della verità della conoscenza, rispetto alla materia, poiché tale determinazione è in se stessa contraddittoria.

Tuttavia, per quanto riguarda la conoscenza sempli- **30**
cemente secondo la forma (lasciando da parte ogni contenuto), è altrettanto chiaro che una logica, in quanto espone le regole universali e necessarie dell'intelletto, deve appunto in tali regole fornire i criteri della verità. In effetti, ciò che contraddice a questi è falso, dato che in tal caso l'intelletto si trova in contrasto con le sue regole universali del pensiero, e quindi con se stesso. Questi criteri riguardano però soltanto la forma della verità, cioè del pensiero in generale, e come tali sono perfettamente giusti, ma non sufficienti. Difatti, sebbene una conoscenza possa essere pienamente in accordo con la forma logica, sebbene cioè essa non contraddica se stessa, tale conoscenza però può ancor sempre essere in contraddizione con l'oggetto. In tal modo, il criterio semplicemente logico della verità, cioè l'accordo di una conoscenza con le leggi universali e formali dell'intelletto e della ragione, è bensí la *conditio sine qua non*, e quindi la condizione negativa di ogni verità, ma la logica non può procedere oltre, e non possiede alcuna pietra di paragone per scoprire l'errore, che riguarda non già la forma, bensí il contenuto.

La logica generale, orbene, risolve tutta quanta l'attività formale dell'intelletto e della ragione nei suoi elementi, ed espone tali elementi come principî di ogni valutazione logica della nostra conoscenza. Questa parte della logica può quindi chiamarsi Analitica, e proprio per questo costituisce almeno una negativa pietra di paragone della verità, dato che occorre anzitutto esaminare e valutare in base a queste regole ogni conoscenza nella sua forma, prima di indagare questa conoscenza stessa rispetto al suo contenuto, per scoprire se essa contenga una verità positiva riguardo all'oggetto. Tuttavia, dato che la semplice forma della conoscenza — per quanto notevole possa essere la sua concordanza con le leggi logiche — è ben lungi dall'essere perciò sufficiente a procurare una verità materiale (oggettiva) alla conoscenza, nessuno può allora avventurarsi, con il semplice aiuto della logica, a formulare giudizi su oggetti e ad asserire alcunché, senza avere raccolto in precedenza, al di fuori della logica, una fondata informazione intorno agli oggetti, per tentare in seguito semplicemente l'utilizzazione e la connessione dei medesimi in un tutto coerente secondo leggi logiche, o ancor meglio, unicamente per esaminare gli oggetti sulla base di queste leggi. Eppure, nel possesso di un'arte tanto speciosa, che dà la forma dell'intelletto a tutte le nostre conoscenze — per quanto vacue e povere possano essere riguardo al contenuto — si trova un qualcosa di cosí allettante, che quella logica generale, la quale è semplicemente un *canone* per la valutazione, è stata adoperata, per cosí dire, come un *organon* in vista di una reale,
81 o almeno illusoria, produzione di asserzioni oggettive, ed in realtà è stata quindi male impiegata. Ora la logica generale, in quanto presunto *organon*, si chiama *Dialettica*.

Per quanto vario possa essere il significato, in cui gli antichi si sono serviti di questa denominazione di una scienza o arte, si può tuttavia dedurre sicuramente dall'uso reale di tale termine, che la dialettica non era per loro null'altro se non la logica dell'illusione. Si tratta di un'arte sofistica, che cerca di fornire il colorito della verità alla propria ignoranza, anzi persino alle proprie intenzionali costruzioni illusorie, coll'imitare il metodo della indagine approfondita, prescritto dalla logica in generale, e coll'utilizzare la sua topica per abbellire ogni vuoto procedimento. Ora si può fare osservare, come avvertimento sicuro e utile, che la logica generale, considerata in quanto *organon*, è sempre una logica dell'illusione, ossia è sempre dialettica. In effetti, dato che essa non c'insegna assolutamente nulla sul contenuto della conoscenza, ma ci apprende unicamente le condizioni formali dell'accordo con l'intelletto, le quali del resto sono del tutto indifferenti riguardo agli oggetti, in tal caso la pretesa di servirsi di essa come di uno strumento (*organon*) per ampliare ed estendere, almeno per finzione, le proprie conoscenze, dovrà portare a null'altro che ad un'intemperanza verbale, consistente nell'asserire con una certa verosimiglianza tutto ciò che si vuole, o anche nel contestarlo a piacere.

Un tale ammaestramento non è in alcun modo conforme alla dignità della filosofia. Per tale ragione, questa denominazione di Dialettica è stata di preferenza attribuita entro la sfera della logica, accennando a una critica dell'illusione dialettica: anche qui, noi vogliamo che il termine sia inteso a questo modo.

IV.

Sulla divisione della logica trascendentale in Analitica trascendentale e Dialettica trascendentale

In una logica trascendentale, noi isoliamo l'intelletto (cosí come sopra, nell'Estetica trascendentale, abbiamo

fatto per la sensibilità), e dentro la sfera della nostra conoscenza poniamo in rilievo soltanto la parte del pensiero, che ha la sua origine unicamente nell'intelletto. L'uso di questa conoscenza pura si fonda peraltro sul fatto — come
82 sua condizione — che gli oggetti ci siano dati nell'intuizione, alla quale la conoscenza pura potrà essere applicata. Senza intuizione, difatti, tutta la nostra conoscenza manca di oggetti, ed essa rimane allora del tutto vuota. La parte della logica trascendentale, quindi, che espone gli elementi della conoscenza pura dell'intelletto e i principî senza i quali un oggetto non può essere in alcun modo pensato, è l'analitica trascendentale, e al tempo stesso una logica della verità. A quest'ultima, difatti, nessuna conoscenza può contraddire, senza perdere al tempo stesso ogni contenuto, cioè ogni riferimento ad un qualsiasi oggetto, e quindi ogni verità. Dato che è assai allettante e seducente, tuttavia, il servirsi soltanto di queste conoscenze pure dell'intelletto e delle sue fondamentali proposizioni pure, e ciò anche al di là dei limiti dell'esperienza — la quale invece, unica e sola, può metterci a disposizione la materia (oggetti), cui possano venir applicati quei concetti puri dell'intelletto — l'intelletto corre allora il pericolo di fare (mediante vuoti sofismi) un uso materiale dei semplici principî formali dell'intelletto puro, e di formulare giudizi indiscriminati su oggetti, che tuttavia non ci sono dati, anzi non possono forse esserci dati in alcun modo. Quindi, poiché la logica trascendentale dovrebbe propriamente essere solo un canone per la valutazione dell'uso empirico, essa risulta male adoperata, quando la si fa valere come l'*organon* di un uso generale e illimitato, e ci si avventura, con il solo intelletto puro, a formulare sinteticamente giudizi, asserzioni, decisioni, su oggetti in generale. In tal caso, l'uso dell'intelletto puro risulterebbe dunque dialettico. La seconda parte della logica trascendentale deve quindi essere una critica di questa illusione dialettica, e si chiama dialettica trascendentale, non già in quanto

arte di suscitare dogmaticamente una siffatta illusione (un'arte, purtroppo assai in voga, di molteplici imposture metafisiche), bensí in quanto critica dell'intelletto e della ragione riguardo al loro uso iperfisico, perché si possa scoprire la falsa illusorietà delle pretensioni infondate della logica trascendentale, e si possa ridurre le sue pretese — le quali si rivolgono a scoperte e ad estensioni conoscitive, che essa pensa di raggiungere solo mediante fondamentali proposizioni trascendentali — alla semplice valutazione dell'intelletto puro e alla protezione di questo contro le illusioni sofistiche.

83

Parte prima

ANALITICA TRASCENDENTALE

Questa analitica è la scomposizione di tutta quanta la nostra conoscenza *a priori* negli elementi della conoscenza pura dell'intelletto. Sono importanti in proposito i seguenti punti: 1) Che i concetti siano puri, e non empirici. 2) Che essi appartengano non già all'intuizione e alla sensibilità, bensí al pensiero e all'intelletto. 3) Che essi siano concetti elementari, e vengano bene distinti dai concetti derivati o da quelli composti di concetti. 4) Che la loro tavola sia completa, e che essi riempiano interamente tutto il campo dell'intelletto puro. Orbene, questa compiutezza di una scienza non può essere accettata fiduciosamente sulla base del calcolo approssimativo di un aggregato, messo assieme semplicemente attraverso tentativi. Di conseguenza, è possibile raggiungere questa compiutezza solo mediante un'idea della totalità della conoscenza *a priori* dell'intelletto, e attraverso la divisione — determinata in base a questa idea — dei concetti che costituiscono tale conoscenza: quindi, solo attraverso la concatenazione di questi concetti in un unico sistema. L'intelletto puro si distingue totalmente, non solo da tutto ciò che è empirico, ma persino da ogni sensibilità. Esso è dunque un'unità sussistente per se stessa, autosufficiente, la quale non può accrescersi attraverso alcuna aggiunta che sopravvenga dall'esterno. L'insieme della conoscenza dell'intelletto puro, quindi, costituirà un sistema, che dev'essere compreso e determinato sotto una unica idea: la compiutezza e l'articolazione di tale sistema possono fornire al tempo stesso una pietra di paragone per la correttezza e la genuinità di tutti gli elementi conoscitivi che vi rientrano. Tutta questa parte della logica trascendentale, peraltro, consiste di due libri: uno di essi contiene i concetti dell'intelletto puro, l'altro le proposizioni fondamentali di esso.

LIBRO PRIMO 30

ANALITICA DEI CONCETTI

Per analitica dei concetti, io intendo non già l'analisi dei medesimi, oppure il procedimento abituale nelle indagini filosofiche, di scomporre i concetti che si offrono, 34
conformemente al loro contenuto, e di fornire ad essi chiarezza, bensí la scomposizione — sinora poco tentata — della facoltà stessa dell'intelletto: con ciò si tende ad investigare la possibilità dei concetti *a priori*, mediante la ricerca di tali concetti, circoscritta all'intelletto — inteso come loro luogo di origine — e mediante l'analisi dell'uso puro, in generale, dell'intelletto. Questo infatti è il compito peculiare di una filosofia trascendentale; il resto è trattazione logica dei concetti nella filosofia in generale. Noi seguiremo dunque i concetti puri, risalendo ai loro primi germi e alle loro prime tracce nell'intelletto umano: qui essi risiedono già preparati, sino a che vengono sviluppati infine in occasione dell'esperienza e sono presentati proprio dal medesimo intelletto nella loro purezza, liberati dalle condizioni empiriche ad essi inerenti.

CAPITOLO PRIMO

DELLA GUIDA PER SCÓPRIRE TUTTI I CONCETTI PURI DELL'INTELLETTO

Quando si mette in azione una facoltà di conoscenza, secondo le varie occasioni compaiono diversi concetti, i quali rendono nota tale facoltà, e si possono raccogliere in un agglomerato piú o meno completo, a seconda che l'osservazione di essi sia stata condotta per un tempo piú o meno lungo, o con una perspicacia piú o meno grande. A che punto questa indagine debba risultare compiuta, non si potrà mai determinare con sicurezza, quando si segua tale procedimento, per cosí dire, meccanico. D'altronde i concetti, che sono ritrovati solo cosí, occasionalmente, si rivelano del tutto privi di un ordine e di una unità sistematica: alla fine, piuttosto, essi vengono accoppiati solo in base a somiglianze, e sono disposti — secondo la grandezza del loro contenuto — in serie che risalgono dai concetti semplici ai piú complessi. Queste serie sono tutt'altro che sistematiche, sebbene in certo modo siano costruite metodicamente.

La filosofia trascendentale ha il vantaggio, ma anche l'obbligo, di ricercare i suoi concetti in base a un principio: difatti, tali concetti scaturiscono puri e non mescolati dall'intelletto — in quanto unità assoluta — e devono perciò collegarsi tra loro in base a un solo concetto, o
85 idea. Una tale concatenazione, peraltro, fornisce una regola, secondo la quale per ogni concetto puro dell'intelletto può essere determinato *a priori* il suo posto, e per tutti quanti assieme può essere determinata *a priori* la loro compiutezza: tutto questo dipenderebbe altrimenti dall'arbitrio o dal caso.

Sezione prima

SULL'USO LOGICO – IN GENERALE – DELL'INTELLETTO

L'intelletto è stato sopra definito solo negativamente, come una facoltà non sensibile di conoscenza. Indipendentemente dalla sensibilità, d'altronde, noi non possiamo divenir partecipi di alcuna intuizione. L'intelletto non è quindi per nulla una facoltà dell'intuizione. Al di fuori dell'intuizione, tuttavia, non sussiste alcun altro modo di conoscere, se non attraverso concetti. La conoscenza di ogni intelletto — o almeno dell'intelletto umano — è dunque una conoscenza mediante concetti, non intuitiva, bensí discorsiva. Tutte le intuizioni, in quanto sensibili, si basano su affezioni; i concetti, quindi, si basano su funzioni. Con funzione, peraltro, io intendo l'unità dell'atto di ordinare diverse rappresentazioni sotto una rappresentazione comune. I concetti si fondano dunque sulla spontaneità del pensiero, cosí come le intuizioni sensibili si fondano sulla recettività delle impressioni. Orbene, l'intelletto non può fare alcun altro uso di questi concetti, se non col giudicare mediante essi. Dato che nessuna rappresentazione, eccetto l'intuizione, si riporta immediatamente all'oggetto, un concetto allora non sarà mai riferito immediatamente ad un oggetto, bensí verrà riferito ad una qualche altra rappresentazione del medesimo (la quale può essere un'intuizione, o già essa stessa un concetto). Di conseguenza, il giudizio è la conoscenza mediata di un oggetto, e perciò la rappresentazione di una rappresentazione del medesimo. In ogni giudizio si trova un concetto, che vale per una pluralità di rappresentazioni, e dentro questa pluralità comprende anche una rappresentazione data, la quale ultima viene riferita immediatamente all'oggetto. Cosí, ad esempio, nel giudizio: tutti i corpi sono divisibili, il concetto di divisibile si riferisce a vari altri concetti; tra questi, tuttavia, esso viene qui riferito in par- **86** ticolare al concetto di corpo. Quest'ultimo d'altronde si riporta a certe apparenze che si presentano a noi. Tali oggetti sono dunque rappresentati mediatamente dal concetto di divisibilità. Tutti i giudizi sono perciò funzioni dell'unità tra le nostre rappresentazioni, dato cioè che per la conoscenza dell'oggetto viene adoperata, in luogo di una rappresentazione immediata, una rappresentazione piú alta — la quale comprende sotto di sé la rappresentazione immediata e parecchie altre — e che molte conoscenze possibili vengono in tal modo raccolte in una sola. Ma noi possiamo ricondurre tutti gli atti dell'intelletto a giudizi, cosicché l'intelletto può essere rappresentato, in generale, come la facoltà di giudicare. Secondo ciò che si è detto sopra, infatti, esso è la facoltà di pensare. Pensare è la conoscenza mediante concetti. I concetti d'altronde si riferiscono, come predicati di giudizi possibili, ad una qualche rappresentazione di un oggetto ancora indeterminato. Il concetto di corpo accenna cosí ad un qualcosa, ad esempio metallo, che può essere conosciuto mediante tale concetto. Il concetto di corpo è dunque concetto solo per il fatto che entro di esso sono contenute altre rappresentazioni, mediante le quali esso può riferirsi ad oggetti. Esso è quindi il predicato di un giudizio possibile, ad esempio: ogni metallo è un corpo. Le funzioni dell'intelletto possono perciò essere trovate tutte quante, nel caso in cui sia possibile presentare compiutamente le funzioni dell'unità nei giudizi. D'altronde, che ciò si possa benissimo realizzare, sarà messo in chiaro dalla sezione seguente.

Sezione seconda

§ 9.

Sulla funzione logica dell'intelletto nei giudizi

Se noi facciamo astrazione da ogni contenuto di un giudizio in generale, e se in esso poniamo mente soltanto alla semplice forma dell'intelletto, troviamo allora che la funzione del pensiero nel giudizio può essere ricondotta a quattro caratteri, ciascuno dei quali contiene in sé tre momenti. Ciò può venir convenientemente rappresentato nella tavola che segue.

1. 87

Quantità dei giudizi.
Universali
Particolari
Singolari.

2.

Qualità.
Affermativi
Negativi
Infiniti.

3.

Relazione.
Categorici
Ipotetici
Disgiuntivi.

4.

Modalità.
Problematici
Assertorî
Apodittici.

Dal momento che questa classificazione sembra discostarsi in alcuni punti — che non sono tuttavia essenziali — dall'usuale tecnica dei logici, le seguenti riserve contro pericolosi fraintendimenti non saranno allora inutili.

1. I logici dicono con ragione che, nell'uso dei giudizi nei sillogismi, si può trattare i giudizi singolari alla stessa stregua dei giudizi universali. In realtà, proprio per il fatto che i giudizi singolari non hanno assolutamente alcuna estensione, il loro predicato non può venire riferito semplicemente ad una parte di ciò che è contenuto entro il concetto del soggetto, ed essere invece escluso dal resto. Il predicato si applica quindi a tale concetto senza ecce-

zione, come se quest'ultimo fosse un concetto universale, avente un'estensione, al cui intero significato si applicasse il predicato. Per contro, se paragoniamo semplicemente come conoscenza, secondo la quantità, un giudizio singolare con uno universale, la conoscenza del primo caso sta rispetto a quella del secondo nello stesso rapporto dell'unità rispetto all'infinità, ed è perciò in se stessa essenzialmente diversa dalla conoscenza del secondo caso. Di conseguenza, se io valuto un giudizio singolare (*judicium singulare*) non già semplicemente secondo la sua validità interna, ma altresí come conoscenza in generale, secondo la quantità, che tale giudizio possiede in paragone con altre conoscenze, esso risulta allora certamente diverso dai giudizi universali (*judicia communia*), e merita un posto particolare in una tavola completa dei momenti del pensiero
88 in generale (sebbene non lo meriti certo in una logica limitata semplicemente all'uso dei giudizi nei loro rapporti reciproci).

2. Allo stesso modo, in una logica trascendentale debbono altresí venir distinti i *giudizi infiniti* da quelli *affermativi*, sebbene nella logica generale i primi siano con ragione annoverati tra i secondi, e non costituiscano affatto un elemento particolare della classificazione. La logica generale, infatti, astrae da ogni contenuto del predicato (quand'anche quest'ultimo sia negativo), e si interessa soltanto di vedere, se il predicato venga attribuito al soggetto, oppure sia ad esso rifiutato. La logica trascendentale, invece, considera il giudizio anche secondo il valore o contenuto di questa affermazione logica, costituita mediante un predicato puramente negativo, ed esamina quale guadagno essa procuri riguardo alla conoscenza complessiva. Se io avessi detto dell'anima, che essa non è mortale, avrei almeno evitato un errore, con un giudizio negativo. Ora, con la proposizione: l'anima è non mortale, io ho realmente affermato qualcosa — è vero — secondo la forma logica, poiché ho posto l'anima entro

l'estensione illimitata degli enti non mortali. Ma dato che il mortale forma una parte dell'intera estensione degli enti possibili, mentre il non mortale forma la parte restante, con la mia proposizione non si dice allora null'altro, se non che l'anima è una delle cose — numericamente infinite — che rimangono, quando io abbia eliminato interamente il mortale. Con ciò, peraltro, la sfera infinita di tutto ciò che è possibile viene limitata soltanto nel senso che il mortale ne è staccato, e che l'anima è posta nello spazio rimanente dell'estensione di tale sfera. Questo spazio, tuttavia, anche con tale eliminazione rimane sempre infinito, e si possono sottrarre ancora parecchie sue parti, senza che per questo il concetto dell'anima si arricchisca minimamente, o venga determinato in modo affermativo. Questi giudizi, dunque, pur essendo infiniti rispetto all'estensione logica, realmente sono soltanto limitativi riguardo al contenuto della conoscenza in generale, e in quanto tali non debbono essere tralasciati in una tavola trascendentale di tutti i momenti del pensiero nei giudizi: in effetti, la funzione dell'intelletto esercitata a questo proposito può forse essere importante nel campo della conoscenza pura *a priori* dell'intelletto.

3. Ecco tutte le relazioni del pensiero nei giudizi: a) del predicato con il soggetto; b) della ragione con la conseguenza; c) della conoscenza divisa, e dei membri riuniti della divisione tra loro. Nella prima specie di giudizi sono considerati soltanto due concetti, nella seconda due giudizi, nella terza parecchi giudizi in relazione tra
loro. La proposizione ipotetica: se sussiste una perfetta 89
giustizia, allora chi persiste nel male è punito, contiene propriamente il rapporto delle due proposizioni: sussiste una perfetta giustizia, e: chi persiste nel male è punito. Rimane qui indeciso, se entrambe queste proposizioni siano in sé vere. Ciò che viene pensato mediante questo giudizio, è soltanto un rapporto consequenziale. Infine, il giudizio disgiuntivo contiene una relazione di due o piú

proposizioni tra loro, un rapporto però non di derivazione, bensí di contrapposizione logica, in quanto la sfera dell'una esclude quella dell'altra. Al tempo stesso, tuttavia, il giudizio disgiuntivo contiene una relazione di comunanza — in quanto le proposizioni tutte assieme riempiono la sfera dell'effettiva conoscenza — e quindi una relazione tra le parti della sfera di una conoscenza, poiché la sfera di ogni parte è un elemento che completa la sfera delle altre, contribuendo a costituire tutto l'insieme della conoscenza divisa. Per esempio, il mondo sussiste o per un cieco caso o per necessità interna, o per una causa esterna. Ciascuna di queste proposizioni occupa una parte della sfera della conoscenza possibile riguardante l'esistenza di un mondo in generale, e tutte quante assieme occupano l'intera sfera. Escludere la conoscenza da una di queste sfere, significa porla in una delle rimanenti, e per contro, porla in una sfera significa escluderla dalle rimanenti. In un giudizio disgiuntivo vi è dunque una certa comunanza delle conoscenze, la quale consiste nel fatto che queste si escludono tra loro a vicenda, ma determinano cosí *nella* loro *totalità* la vera conoscenza, dal momento che, prese assieme, esse costituiscono l'intero contenuto di un'unica conoscenza data. E questa è la sola osservazione, che io ritengo necessario fare al riguardo, in vista di quanto seguirà.

4. La modalità dei giudizi è una loro funzione del tutto particolare, la quale ha in sé la caratteristica, di non contribuire per nulla al contenuto del giudizio (dato che, al di fuori di quantità, qualità e relazione, non vi è null'altro che costituisca il contenuto di un giudizio), ma di riguardare soltanto il valore della copula in rapporto con il pensiero in generale. Giudizi *problematici* sono quelli, in cui si assume l'affermare o il negare come semplicemente *possibile* (arbitrario); giudizi *assertorî* sono quelli, in cui l'affermare o il negare viene considerato come *reale* (vero); giudizi *apodittici*

sono quelli, in cui si considera l'affermare o il negare come necessario [1]. Cosí i due giudizi, la cui relazione costituisce il giudizio ipotetico (*antecedens* e *consequens*), 90 e la cui azione reciproca inoltre costituisce il giudizio disgiuntivo (membri della divisione), sono entrambi soltanto problematici. Nell'esempio fornito sopra, la proposizione: sussiste una perfetta giustizia, non è detta in modo assertorio, ma è pensata soltanto come un giudizio arbitrario, al cui riguardo è possibile che qualcuno lo accetti; unicamente il rapporto consequenziale è assertorio. Tali giudizi possono quindi anche essere manifestamente falsi, e tuttavia, se assunti problematicamente, essere condizioni della conoscenza della verità. Cosí, il giudizio: il mondo esiste per cieco caso, ha nel giudizio disgiuntivo soltanto un senso problematico. Esso significa cioè che qualcuno potrà forse ammettere tale proposizione per un istante, e serve tuttavia — come l'indicazione della strada falsa nel numero di tutte quelle che si possono prendere — per trovare la strada vera. La proposizione problematica è perciò quella che esprime soltanto una possibilità logica (che non è oggettiva), cioè una libera scelta di far valere tale proposizione, un'ammissione semplicemente arbitraria della medesima nell'intelletto. La proposizione assertoria accenna alla realtà logica, o verità — come ad esempio, in un sillogismo ipotetico, l'*antecedens* si presenta nella premessa maggiore in modo problematico e nella premessa minore in modo assertorio — e mostra che la proposizione è già collegata all'intelletto, conformemente alle leggi di questo. La proposizione apodittica pensa quella assertoria come determinata proprio da queste leggi dell'intelletto — quindi come asserente *a priori* — ed esprime in tal modo una necessità logica. Orbene, dato che

[1] Proprio come se il pensare fosse nel primo caso una funzione dell'intelletto, nel secondo caso della capacità di giudizio, nel terzo caso della ragione. Un'osservazione, questa, che soltanto nel seguito troverà il suo chiarimento. 89

qui tutto quanto si incorpora gradualmente nell'intelletto — cosicché dapprima si giudica un qualcosa problematicamente, in seguito lo si ammette come vero altresí in modo assertorio, ed infine lo si asserisce come inscindibilmente collegato coll'intelletto, cioè come necessario e apodittico — in tal caso queste tre funzioni della modalità si possono anche chiamare altrettanti momenti del pensiero in generale.

Sezione terza

§ 10.

Sui concetti puri dell'intelletto, o categorie

La logica generale, come già è stato detto piú volte, fa astrazione da ogni contenuto della conoscenza, e attende
91 che da un altro lato qualsiasi le siano date rappresentazioni, al fine di trasformare anzitutto tali rappresentazioni in concetti: ciò avviene analiticamente. Per contro, la logica trascendentale ha dinanzi a sé il molteplice della sensibilità *a priori* che le è fornito dall'estetica trascendentale. Quest'ultima fa ciò per dare ai concetti puri dell'intelletto una materia, senza la quale essi risulterebbero privi di ogni contenuto, e quindi del tutto vuoti. Spazio e tempo, orbene, contengono un molteplice dell'intuizione pura *a priori*, ma costituiscono nondimeno le uniche condizioni della recettività del nostro animo, sotto le quali esso può accogliere rappresentazioni di oggetti: esse quindi debbono pure modificare sempre i concetti di tali oggetti. La spontaneità del nostro pensiero, tuttavia, esige che questo molteplice sia dapprima in certo modo dominato, raccolto e collegato, perché si possa trarne una conoscenza. Questo atto, io lo chiamo sintesi.

Per s i n t e s i poi, nel senso piú generale, io intendo l'atto di aggiungere l'una all'altra diverse rappresentazioni, e di comprendere la loro molteplicità in una sola conoscenza. Una tale sintesi è pura, se il molteplice è dato non empiricamente, bensí *a priori* (come il molteplice nello spazio e nel tempo). Anteriormente ad ogni analisi delle nostre rappresentazioni, queste debbono essere già date, e nessun concetto, riguardo al suo contenuto, può sorgere analiticamente. Peraltro, la sintesi di un molteplice (dato empiricamente o *a priori*) produce anzitutto una conoscenza, che a dire il vero può essere da principio ancora rozza e confusa, ed ha bisogno quindi dell'analisi. La sintesi è nondimeno ciò che propriamente raccoglie gli elementi per costituire conoscenze, e li riunisce in un certo contenuto. Essa è dunque la prima cosa cui dobbiamo prestare attenzione, se vogliamo formulare un giudizio sull'origine prima della nostra conoscenza.

La sintesi in generale, come vedremo in seguito, è il semplice effetto della capacità di immaginazione, di una cieca, ma indispensabile funzione dell'anima, senza la quale non avremmo assolutamente mai una conoscenza, ma della quale siamo coscienti solo di rado. Il riportare questa sintesi a concetti, tuttavia, è una funzione la quale tocca l'intelletto, e mediante la quale esso ci procura per la prima volta la conoscenza in senso proprio.

La sintesi pura, orbene, rappresentata in modo generale, ci dà il concetto puro dell'intelletto. Per sintesi pura, peraltro, io intendo quella che si basa su un fondamento dell'unità sintetica *a priori*. Cosí, il nostro atto del numerare (ciò si può osservare soprat- 92
tutto per i numeri piuttosto alti), è una sintesi secondo concetti, dato che questa si verifica conformemente a un fondamento comune dell'unità (per esempio, secondo la decade). L'unità nella sintesi del molteplice risulta quindi necessaria in base a questo concetto.

Mediante l'analisi, differenti rappresentazioni vengono riportate sotto un solo concetto (un compito, questo, di cui si occupa la logica generale). Ma il riportare a concetti non già le rappresentazioni, bensí la sintesi pura delle rappresentazioni, è ciò che insegna la logica trascendentale. Il primo strumento, che ci deve essere dato per la conoscenza *a priori* di tutti gli oggetti, è il molteplice dell'intuizione pura; la sintesi di questo molteplice attraverso la capacità di immaginazione costituisce il secondo strumento, ma non fornisce ancora alcuna conoscenza. I concetti, che dànno unità a questa sintesi pura, e che consistono unicamente nella rappresentazione di questa unità sintetica necessaria, sono il terzo strumento per la conoscenza di un oggetto che si presenti, e si fondano sull'intelletto.

La medesima funzione, che fornisce unità — in un solo giudizio — alle differenti rappresentazioni, fornisce altresí unità — in una sola intuizione — alla semplice sintesi di diverse rappresentazioni: tale unità, con espressione generale, si chiama il concetto puro dell'intelletto. Perciò il medesimo intelletto — e proprio attraverso i medesimi atti con cui esso, mediante l'unità analitica, ha realizzato nei concetti la forma logica di un giudizio — introduce altresí un contenuto trascendentale nelle sue rappresentazioni, mediante l'unità sintetica del molteplice nell'intuizione in generale. Per questa ragione, tali rappresentazioni si chiamano concetti puri dell'intelletto, i quali si riferiscono *a priori* ad oggetti: ciò non può essere fornito dalla logica generale.

In tal modo, sorgono proprio altrettanti concetti puri dell'intelletto — i quali si rivolgono *a priori* a oggetti dell'intuizione, in generale — quante erano, nella nostra precedente tavola, le funzioni logiche in tutti i giudizi possibili. In effetti, le suddette funzioni esauriscono pienamente l'intelletto, e misurano totalmente la sua capacità. Chiameremo quindi questi concetti — seguendo Aristotele — categorie. A dire il vero, la nostra intenzione è inizialmente proprio quella di Aristotele, sebbene nell'esecuzione essa si allontani assai da quella aristotelica.

Tavola delle categorie. 93

1.

Della quantità:

Unità
Pluralità
Totalità.

2.

Della qualità:

Realtà
Negazione
Limitazione.

3.

Della relazione:

dell'Inerenza e sussistenza (*substantia et accidens*)
della Causalità e dipendenza (causa ed effetto)
della Comunanza (azione reciproca tra l'agente ed il paziente).

4.

Della modalità:

Possibilità — — impossibilità
Esistenza — — non essere
Necessità — — contingenza.

Questo è dunque l'elenco di tutti i concetti puri originari della sintesi: l'intelletto li contiene in sé *a priori*, e soltanto in vista di questi esso è inoltre un intelletto

puro, dato che solo mediante questi esso può intendere qualcosa nel molteplice dell'intuizione, ossia può pensare un oggetto della medesima. Questa classificazione è ricavata sistematicamente da un principio comune, cioè dalla facoltà di giudicare (che equivale alla facoltà di pensare). Essa non è sorta rapsodicamente da una ricerca — condotta a caso — di concetti puri, riguardo alla cui compiutezza numerica non si può mai essere certi, dato che la si raggiunge solo mediante induzione, senza badare che in quest'ultimo modo non si riesce mai a comprendere, perché proprio questi concetti, e non altri, risiedano nell'intelletto puro. La ricerca di questi concetti fondamentali fu un disegno di Aristotele: progetto degno di un pensatore acuto. Tuttavia, dato che non possedeva alcun principio, egli raccolse allora questi concetti, cosí come gli si presentavano, e anzitutto ne mise assieme dieci,
94 che chiamò categorie (predicamenti). In seguito, egli credette di averne ritrovati ancora cinque, che aggiunse sotto il nome di post-predicamenti. Senonché, la sua tavola rimaneva ancor sempre difettosa. Oltre a ciò, in essa si ritrovano pure alcuni *modi* della sensibilità pura (*quando*, *ubi*, *situs*, e inoltre *prius*, *simul*), e persino uno empirico (*motus*): tutti quanti non rientrano affatto in questo registro genealogico dell'intelletto. Nella sua tavola vi sono anche concetti derivati, enumerati tra i concetti originari (*actio*, *passio*), mentre alcuni di questi ultimi mancano totalmente.

Riguardo ai concetti originari, bisogna quindi osservare ancora, che le categorie, in quanto veri concetti radicali dell'intelletto puro, hanno altresí i loro concetti derivati, altrettanto puri; questi non possono affatto venir tralasciati in un sistema compiuto della filosofia trascendentale: in un saggio semplicemente critico, tuttavia, io posso accontentarmi di farne soltanto menzione.

Mi sia permesso di chiamare questi concetti dell'intelletto — puri ma derivati — i *predicabili* dell'intelletto puro (in contrapposizione ai predicamenti). Quando si possiede i concetti originari e primitivi, si possono allora aggiungere facilmente quelli derivati e subalterni, e si può descrivere perfettamente l'albero genealogico dell'intelletto puro. Poiché qui devo occuparmi non già della compiutezza del sistema, bensí soltanto dei principî di un sistema, riservo allora questa integrazione per un altro lavoro. Si può tuttavia raggiungere passabilmente questo scopo, quando si consulti i manuali ontologici, e per esempio, si subordini alla categoria della causalità i predicabili di forza, azione, passione; alla categoria della comunanza i predicabili di presenza, resistenza; ai predicamenti della modalità i predicabili del nascere, perire, del mutamento, ecc. Le categorie — connesse con i *modi* della sensibilità pura, o anche collegate tra loro — forniscono un gran numero di concetti *a priori* derivati: il rilevare questi ultimi ed elencarli, se è possibile, in modo completo, costituirebbe una fatica utile e non spiacevole, di cui però si può fare a meno nel nostro caso.

In questo trattato ometto deliberatamente le definizioni di tali categorie, sebbene io possa esserne in possesso. Nel seguito, analizzerò questi concetti sino alla misura che è sufficiente in relazione alla dottrina del metodo da me elaborata. In un sistema della ragione pura si potrebbe, a buon diritto, esigere da me tali definizioni. Qui tuttavia esse farebbero semplicemente perdere di vista il punto principale della indagine, poiché susciterebbero dubbi e obie- 95
zioni, che si possono rimandare benissimo ad un altro lavoro, senza sottrarre alcunché al nostro scopo essenziale. Dal poco che ho ricordato in proposito, cionondimeno, risulta chiaramente, che un dizionario completo, con tutte le spiegazioni richieste al riguardo, non soltanto è possibile, ma è altresí facilmente realizzabile. Gli scomparti esistono già: non si ha che da riempirli, ed una topica sistematica, come quella di cui si tratta, difficilmente può sbagliarsi

sul posto, in cui rientra in modo peculiare ogni concetto, e al tempo stesso può notare facilmente il posto che è ancora vuoto.

§ 11.

Su questa tavola delle categorie è possibile fare interessanti considerazioni, che potrebbero forse produrre importanti conseguenze riguardo alla forma scientifica di tutte le conoscenze della ragione. In effetti, è chiaro che questa tavola è straordinariamente utile, anzi indispensabile, nella parte teoretica della filosofia, per tracciare compiutamente il piano della totalità di una scienza — in quanto essa si fonda su concetti *a priori* — e per dividerla sistematicamente secondo determinati principî. Tutto ciò risulta spontaneamente chiaro già dal fatto, che la suddetta tavola contiene tutti i concetti elementari dell'intelletto con compiutezza, anzi persino la forma di un sistema di questi nell'intelletto umano, e di conseguenza indica tutti i momenti di una scienza che voglia essere speculativa, anzi addirittura il loro ordine: di ciò ho anche dato una prova altrove[1]. Ecco ora alcune di queste osservazioni.

La prima è la seguente: questa tavola, che contiene quattro classi di concetti dell'intelletto, si può anzitutto dividere in due parti. Di queste, la prima è rivolta ad oggetti dell'intuizione (tanto dell'intuizione pura quanto di quella empirica), la seconda invece all'esistenza di questi oggetti (o in relazione tra loro, o in relazione con l'intelletto).

La prima parte, voglio chiamarla classe delle categorie matematiche, e la seconda, classe delle categorie dinamiche. Come si vede, la prima classe

95 [1] Primi fondamenti metafisici della scienza naturale.

non ha alcun termine di correlazione: soltanto nella seconda classe si ritrovano termini correlativi. Questa distinzione deve tuttavia avere un fondamento nella natura 96
dell'intelletto.

Seconda osservazione. In ogni classe, il numero delle categorie è sempre uguale, ossia tre. Ciò spinge nello stesso modo alla riflessione, poiché di solito ogni divisione *a priori* mediante concetti dev'essere una dicotomia. A ciò si aggiunge poi ancora il fatto che la terza categoria sorge sempre dal collegamento della seconda con la prima della sua classe.

Cosí, la totalità non è altro che la pluralità, considerata come unità; la limitazione non è altro che la realtà, collegata con la negazione; la comunanza è la causalità di una sostanza nella determinazione — che è reciproca — di un'altra sostanza; infine, la necessità non è altro che l'esistenza, la quale è data dalla possibilità stessa. Non si pensi tuttavia, che per tale ragione la terza categoria sia un concetto semplicemente derivato, e non già un concetto radicale dell'intelletto puro. In effetti, il collegamento della prima e della seconda categoria, per produrre il terzo concetto, richiede un particolare atto dell'intelletto, che non si identifica con quello esercitato nel primo e nel secondo concetto. Cosí il concetto di un numero (quest'ultimo appartiene alla categoria della totalità) non sempre è possibile là dove si presentano i concetti della molteplicità e della unità (per esempio, nella rappresentazione dell'infinito). Oppure, dal fatto che io congiungo assieme il concetto di una causa e quello di una sostanza, non si riesce già senz'altro a intendere l'influsso, cioè a comprendere come una sostanza possa diventare causa di qualcosa in un'altra sostanza. Onde risulta chiaro, che a questo scopo si richiede un particolare atto dell'intelletto; e cosí si dica per gli altri casi.

Terza osservazione. Riguardo ad una sola

categoria — quella cioè della *comunanza*, che si trova nella terza classe — la concordanza con la forma (ad essa corrispondente nella tavola delle funzioni logiche) di un giudizio disgiuntivo non salta agli occhi, come avviene invece per le altre categorie.

Per accertarsi di questa concordanza, occorre osservare quanto segue. In tutti i giudizi disgiuntivi, la sfera (cioè la massa di tutto ciò che è contenuto nel giudizio) viene rappresentata come un tutto diviso in parti (i concetti subordinati), e poiché ciascuna di queste parti non può essere contenuta nelle altre, esse sono pensate come *coordinate* le une alle altre, non già come *subordinate* tra loro: in tal modo, esse si determinano tra loro, non già *unilateralmente* come in una *serie*, ma *reciprocamente*, come in un *aggregato*
97 (se un membro della divisione è posto, tutti gli altri vengono esclusi, e viceversa).

Ora, una simile connessione è pensata in un *insieme di cose*, dove una cosa non viene *subordinata*, come effetto, all'altra, in quanto causa della sua esistenza, ma al tempo stesso e reciprocamente, è *coordinata* alle altre cose, come causa rispetto alla loro determinazione (per esempio, in un corpo, le cui parti si attraggono ed inoltre si respingono reciprocamente tra loro). Quest'ultima è una specie di connessione del tutto differente da quella che si ritrova nella semplice relazione della causa coll'effetto (della ragione con la conseguenza), in cui la conseguenza non determina a sua volta reciprocamente la ragione, e perciò (come per il creatore del mondo e il mondo) non costituisce con questa un tutto. Il procedimento osservato dall'intelletto, quando esso si rappresenta la sfera di un concetto diviso, è il medesimo che esso osserva inoltre, quando pensa una cosa come divisibile; e come i membri della divisione, nel concetto, si escludono tra loro, eppure sono congiunti in un'unica sfera, cosí l'intelletto si rappresenta le parti della cosa in modo tale, che l'esistenza di esse (in quanto sostanze) tocchi ad ogni parte con esclusione delle rimanenti, e tuttavia le rappresenta come congiunte in un tutto.

§ 12.

Nella filosofia trascendentale degli antichi, peraltro, si ritrova ancora un capitolo, contenente concetti puri dell'intelletto, i quali, pur non essendo annoverati tra le categorie, dovevano nondimeno valere, secondo questi antichi, come concetti *a priori* degli oggetti. In tal caso, questi concetti accrescerebbero il numero delle categorie, il che non può essere. Essi sono presentati nella proposizione, cosí famosa presso gli Scolastici: *quodlibet ens est* **unum, verum, bonum**. Ora, sebbene l'uso di questo principio, se si guarda alle deduzioni (che non fornirono altro se non proposizioni tautologiche), abbia avuto un risultato assai meschino — al punto che nell'epoca moderna si suole menzionare tale principio nella metafisica quasi soltanto per deferenza — tuttavia un pensiero che si è conservato cosí a lungo merita pur sempre, per quanto vuoto possa sembrare, una ricerca della sua origine, e autorizza a supporre che esso abbia il suo fondamento in una qualche regola dell'intelletto, e che tale fondamento, come spesso accade, sia stato soltanto male interpretato. Questi presunti predicati trascendentali delle cose non sono altro che esigenze e criteri logici di ogni conoscenza delle cose in generale, e pongono a 98
fondamento di tale conoscenza le categorie della quantità, cioè dell'unità, pluralità e totalità: senonché tali categorie, che propriamente dovrebbero essere assunte in senso materiale, come pertinenti alla possibilità delle cose stesse, costoro in realtà le usarono solo in senso formale, come pertinenti all'esigenza logica nei riguardi di ogni conoscenza, trattando nondimeno incautamente

questi criteri del pensiero come proprietà delle cose in se stesse. In ogni conoscenza di un oggetto, vi è infatti *unità* del concetto: essa si può chiamare *unità qualitativa*, in quanto con ciò viene pensata soltanto l'unità della raccolta del molteplice delle conoscenze, come per esempio l'unità del tema in un'opera teatrale, in un discorso, in una favola. In secondo luogo, vi è *verità*, rispetto alle conseguenze. Quanto piú numerose sono le conseguenze vere di un dato concetto, tanto piú numerosi sono i segni distintivi della sua realtà oggettiva. Ciò si potrebbe chiamare la *pluralità qualitativa* dei caratteri, che spettano ad un concetto come ad un fondamento comune (e non sono pensati in esso come quantità). In terzo luogo, infine, nella conoscenza di un oggetto vi è *perfezione*: essa consiste nel fatto, che in senso inverso questa pluralità nel suo insieme riconduce all'unità del concetto, e si accorda pienamente con tale concetto e con nessun altro, il che si può chiamare la *compiutezza qualitativa* (totalità). Onde risulta chiaro, che questi criteri logici della possibilità della conoscenza in generale trasformano qui le tre categorie della quantità — nelle quali l'unità deve sempre essere assunta omogeneamente nella produzione del *quantum* — con l'unico scopo di collegare in una sola coscienza altresí elementi conoscitivi *eterogenei*, mediante la qualità di una conoscenza intesa come principio. Il criterio della possibilità di un concetto (non del suo oggetto) è cosí la definizione, in cui l'*unità* del concetto, la *verità* di tutto ciò che da esso può venir dedotto immediatamente, ed infine la *compiutezza* di ciò che da esso è stato tratto, forniscono tutto ciò che è necessario per costituire l'intero concetto. Allo stesso modo, anche il *criterio di un'ipotesi* consiste nella comprensibilità del *fondamento* che è stato assunto per la *spiegazione*, ossia dell'*unità* di tale fondamento (senza ipotesi sussidiaria), nella *verità*

delle conseguenze che derivano da ciò (accordo tra loro stesse, e con l'esperienza), ed infine nella compiutezza del fondamento per la spiegazione di queste conseguenze, le quali rimandano a ciò che non è né piú né meno di quanto sia stato assunto nell'ipotesi, e forniscono di nuovo analiticamente *a posteriori* — accordandosi al riguardo — ciò che era stato pensato sinteticamente *a priori*. — Mediante 99
i concetti di unità, verità e perfezione, quindi, la tavola trascendentale delle categorie non viene affatto integrata, quasi fosse difettosa; piuttosto, quando si trascuri del tutto la relazione di questi concetti con oggetti, l'uso delle categorie, mediante tali concetti, viene semplicemente posto sotto universali regole logiche per l'accordo della conoscenza con se stessa.

CAPITOLO SECONDO

SULLA DEDUZIONE DEI CONCETTI PURI DELL'INTELLETTO

Sezione prima

§ 13.

Sui principî di una deduzione trascendentale in generale

Quando parlano di facoltà e usurpazioni, i giuristi distinguono, in una controversia giuridica, la questione su ciò che è di diritto (*quid iuris*) da quella che riguarda la fattispecie (*quid facti*), ed esigendo la dimostrazione di entrambi i punti, chiamano allora la prima prova — che deve mostrare la facoltà o anche la pretesa giuridica — la deduzione. Noi usiamo un gran numero di concetti empirici, senza opposizione da parte di alcuno, e ci consideriamo autorizzati ad attribuire loro un senso ed un immaginario significato, anche senza deduzione, poiché abbiamo sempre a disposizione l'esperienza, per dimostrare la loro realtà oggettiva. Vi sono tuttavia anche concetti usurpati, come ad esempio fortuna, destino, che circolano, è vero, tra l'indulgenza quasi generale, ma sono talvolta messi in stato di accusa, mediante la domanda: *quid iuris?* In effetti, si cade allora in un imbarazzo non trascurabile rispetto alla loro deduzione, non potendosi addurre, né in base all'esperienza né in base alla ragione, nessun fondamento chiaro di diritto, per cui risulti evidente l'autorizzazione del loro uso.

Peraltro, tra gli svariati concetti, che costituiscono l'assai commisto tessuto della conoscenza umana, se ne dànno alcuni, che sono destinati altresí all'uso puro *a priori* (prescindendo pienamente da ogni esperienza): questa
100 loro facoltà richiede sempre una deduzione. In effetti, a dimostrare la legittimità di un tale uso non sono sufficienti le prove tratte dall'esperienza: per fare ciò, occorre piuttosto sapere, come questi concetti possano riferirsi ad oggetti, che essi peraltro non ricavano affatto dall'esperienza. La spiegazione del modo in cui tali concetti possono riferirsi *a priori* ad oggetti, io la chiamo dunque la deduzione trascendentale dei medesimi concetti, e la distinguo dalla deduzione empirica, che indica il modo in cui un concetto è stato acquistato mediante l'esperienza e la riflessione sull'esperienza, e che riguarda quindi non già la legittimità, bensí il *factum*, attraverso il quale è sorto il possesso.

Adesso abbiamo già due specie (la cui natura è del tutto differente) di concetti: queste due classi si accordano tuttavia tra loro, per il fatto che i concetti in entrambi i casi si riferiscono del tutto *a priori* ad oggetti. Si tratta dei concetti di spazio e di tempo, in quanto forme della sensibilità, e delle categorie, in quanto concetti dell'intelletto. Voler tentare una deduzione empirica di tali concetti sarebbe una fatica del tutto inutile, dato che la caratteristica della loro natura consiste appunto nel fatto, che essi si riferiscono ai loro oggetti, senza aver tratto alcunché dall'esperienza per la rappresentazione di tali oggetti. Perciò, se una deduzione di questi concetti è necessaria, essa dovrà sempre essere trascendentale.

Riguardo a questi concetti, come riguardo ad ogni conoscenza, si può ricercare nell'esperienza, tuttavia, se non il principio della loro possibilità, almeno le cause occasionali della loro produzione. In tal caso, le impressioni dei sensi forniscono qui il primo impulso, per far schiudere l'intera capacità di conoscenza riguardo a tali concetti, e per costituire l'esperienza. Quest'ultima contiene due elementi assai eterogenei, cioè una *materia* — derivata dai sensi — della conoscenza, ed una certa *forma* — per ordinare la materia — derivata dalla fonte interna dell'intuire puro e del pensare puro, i quali in occasione della materia sono per la prima volta portati ad esercitarsi, e producono concetti. Il seguire a questo modo le tracce delle prime tendenze della nostra capacità di conoscenza, per risalire dalle singole percezioni sino ai concetti generali, ha senza dubbio una sua grande utilità: si deve essere grati al celebre *Locke*, di avere per la prima volta aperto la strada in questa direzione. Con ciò tuttavia non si realizza in nessun caso una *deduzione* dei concetti puri *a priori*, poiché essa non si trova assolutamente su questa via. Tali concetti, difatti, riguardo al loro uso futuro, che è destinato ad essere del tutto indipendente dall'esperienza, debbono avere da esibire un certificato di nascita completamente diverso da quello che attesta una discendenza da esperienze. Questa tentata derivazione fisiolo- 101
gica, che propriamente non può chiamarsi deduzione, poiché riguarda una *quaestio facti*, io la chiamerò quindi la spiegazione del *possesso* di una conoscenza pura. È quindi chiaro, che di tali concetti si può dare soltanto una deduzione trascendentale, non già una empirica, e che la de-

duzione empirica nei riguardi dei concetti puri *a priori* non è altro che un vano tentativo, cui può dedicarsi soltanto colui che non ha compreso la natura del tutto particolare di queste conoscenze.

Sebbene sia ormai ammesso l'unico modo di una deduzione possibile della conoscenza pura *a priori*, cioè quello per una via trascendentale, da ciò tuttavia non risulta ancora, che tale deduzione sia inevitabilmente necessaria. Sopra abbiamo seguito sino alle loro fonti, mediante una deduzione trascendentale, i concetti di spazio e di tempo, ed abbiamo spiegato e determinato la loro validità oggettiva *a priori*. Eppure la geometria percorre il suo sicuro cammino attraverso mere conoscenze *a priori*, senza che abbia bisogno di richiedere alla filosofia un'attestazione riguardante la discendenza pura e legittima del proprio concetto fondamentale di spazio. Senonché, l'uso del concetto si riferisce d'altronde, in questa scienza, soltanto al mondo esterno dei sensi: lo spazio è la forma pura dell'intuizione di questo mondo, dove quindi ogni conoscenza geometrica ha un'evidenza immediata, poiché si fonda su di un'intuizione *a priori*, e dove gli oggetti sono dati *a priori* (secondo la forma) nell'intuizione, dalla conoscenza stessa. Con i c o n c e t t i p u r i d e l l ' i n t e l l e t t o, per contro, si presenta inevitabilmente il bisogno di cercare la deduzione trascendentale, non soltanto riguardo ad essi stessi, ma anche riguardo allo spazio: infatti, dato che tali concetti parlano degli oggetti, non già mediante predicati dell'intuizione e della sensibilità, ma attraverso predicati del pensiero puro *a priori*, essi si riferiscono allora universalmente ad oggetti, prescindendo da ogni condizione della sensibilità. Inoltre, poiché non sono fondati sull'esperienza, essi non possono neppure additare nell'intuizione *a priori* alcun oggetto, su cui basare la loro sintesi anteriormente ad ogni esperienza, e di conseguenza non solo suscitano sospetti riguardo alla validità oggettiva e ai limiti del loro uso, ma rendono

equivoco altresí quel concetto dello spazio, per il fatto che essi sono propensi ad usarlo al di fuori delle condizioni dell'intuizione sensibile: proprio per tale 102
ragione fu necessario fornire sopra una deduzione trascendentale del concetto di spazio. Il lettore deve cosí risultare convinto dell'inevitabile necessità di una tale deduzione trascendentale, prima di aver fatto un solo passo nel campo della ragione pura, poiché altrimenti egli procederà come un cieco, e dopo di aver vagabondato in molti modi, dovrà ritornare indietro all'ignoranza da cui era partito. Peraltro, egli deve anche rendersi chiaramente conto, in anticipo, delle inevitabili difficoltà, perché non abbia a lamentarsi dell'oscurità in cui la questione stessa è profondamente avvolta, o non debba troppo presto stancarsi di rimuovere gli ostacoli: in effetti, si tratta o di abbandonare del tutto ogni pretesa di raggiungere le conoscenze della ragione pura — la sfera piú ambita, quella cioè che oltrepassa i limiti di ogni esperienza possibile — oppure di portare a compimento questa indagine critica.

Sopra abbiamo potuto far comprendere con lieve fatica, riguardo ai concetti di spazio e di tempo, come questi, pur essendo conoscenze *a priori*, debbano nondimeno riferirsi necessariamente ad oggetti, e rendano possibile una conoscenza sintetica di questi indipendentemente da ogni esperienza. In effetti, poiché è solo mediante tali forme pure della sensibilità che un oggetto può apparirci, cioè essere un oggetto dell'intuizione empirica, tempo e spazio sono allora intuizioni pure — che contengono *a priori* la condizione della possibilità degli oggetti come apparenze — e la sintesi in essi ha una validità oggettiva.

Le categorie dell'intelletto, per contro, non ci rappresentano affatto le condizioni, sotto cui possono esserci dati degli oggetti nell'intuizione; di conseguenza, possono certo apparirci degli oggetti, senza che questi debbano necessariamente riferirsi a funzioni dell'intelletto, e senza che l'intelletto contenga quindi le condizioni *a priori* di essi.

Per tale ragione, si rivela qui una difficoltà, che non abbiamo incontrato nel campo della sensibilità: si domanda cioè, come le *condizioni soggettive del pensiero* siano destinate ad avere una *validità oggettiva*, ossia, come esse possano costituire le condizioni della possibilità di ogni conoscenza degli oggetti. In effetti, senza funzioni dell'intelletto possono certo essere date delle apparenze nell'intuizione. Io prendo, ad esempio, il concetto di causa, il quale significa una particolare specie di sintesi, in cui, secondo una regola, si fonda su alcunché, *A*, un qualcosa di totalmente diverso, *B*. *A priori* non è chiaro, perché certe apparenze debbano contenere un qualcosa di siffatto (non si possono infatti
103 addurre esperienze come prova, poiché la validità oggettiva di questo concetto deve poter essere mostrata *a priori*); ed è quindi *a priori* incerto, se un tale concetto non sia forse del tutto vuoto e non ritrovi da nessuna parte un oggetto tra le apparenze. In effetti, che oggetti dell'intuizione sensibile debbano essere conformi alle condizioni formali della sensibilità che si trovano *a priori* nell'animo, è chiaro per la ragione che essi non risulterebbero altrimenti oggetti per noi; tuttavia, la conclusione che tali oggetti debbono oltre a ciò essere conformi alle condizioni, di cui l'intelletto ha bisogno per l'unità sintetica del pensiero, non è raggiungibile con altrettanta facilità. In effetti, le apparenze potrebbero forse essere costituite in modo tale, che l'intelletto non le trovasse affatto conformi alle condizioni della sua unità. In questo caso, tutto potrebbe confondersi a tal punto, che, per esempio, nella serie successiva delle apparenze non si offrisse nulla, che ci desse una regola della sintesi e corrispondesse quindi al concetto di causa ed effetto. In tal modo, questo concetto risulterebbe dunque del tutto vuoto, nullo e senza significato. Le apparenze offrirebbero ciò nondimeno oggetti alla nostra intuizione, poiché l'intuizione non ha in alcun modo bisogno delle funzioni del pensiero.

Uno potrebbe pensare di sbarazzarsi della fatica di queste indagini, col dire: l'esperienza offre incessantemente esempi di una tale regolarità delle apparenze, i quali forniscono un'occasione sufficiente, per astrarre da ciò il concetto di causa e confermare cosí al tempo stesso la validità oggettiva di un siffatto concetto. Ma in tal caso non si osserverebbe, che a questo modo il concetto di causa non può affatto sorgere, e che, piuttosto, o esso deve venir fondato pienamente *a priori* nell'intelletto, oppure dev'essere del tutto abbandonato, come una semplice chimera. Difatti, questo concetto esige in modo assoluto, che un qualcosa, *A*, abbia una natura tale, che qualcos'altro, *B*, ne segua necessariamente e secondo una regola assolutamente universale. Le apparenze, è vero, offrono casi, onde è possibile trarre una regola, secondo cui un qualcosa accade abitualmente, ma non è mai possibile ricavare la regola, che il risultato sia necessario. Per conseguenza, alla sintesi di causa ed effetto inerisce altresí una dignità, che non si può affatto esprimere empiricamente: per tale dignità, cioè, l'effetto non solo si aggiunge alla causa, ma è posto dalla causa e segue da questa. La rigorosa universalità della regola, d'altronde, non è affatto una proprietà delle regole empiriche, le quali non possono ricevere attraverso l'induzione alcun'altra universalità se non quella comparativa, cioè una diffusa applicabilità. L'uso dei concetti puri dell'intelletto, peraltro, risulterebbe del tutto mutato, 124
se li si volesse trattare soltanto come prodotti empirici.

§ 14.

Passaggio alla deduzione trascendentale delle categorie

Si hanno soltanto due casi, in cui la rappresentazione sintetica ed i suoi oggetti possono accordarsi, riferirsi necessariamente tra loro, e per cosí dire, incontrarsi. O è l'oggetto soltanto che rende possibile la rappresentazione, oppure è la rappresentazione soltanto che rende possibile l'oggetto. Se si ha il primo caso, questo riferimento è soltanto empirico, e la rappresentazione non è mai possibile *a priori*. E ciò si applica alle apparenze, nei riguardi di quello che in esse appartiene alla sensazione. Se si ha invece il secondo caso, sebbene la rappresentazione in se stessa (non trattandosi qui affatto della sua causalità mediante il volere) non produca il suo oggetto secondo l'esistenza, nondimeno la rappresentazione è allora determinante *a priori* nei riguardi dell'oggetto, se è vero che solo mediante essa è possibile conoscere qualcosa come oggetto. Peraltro, la conoscenza di un oggetto è possibile soltanto sotto due condizioni: anzitutto l'intuizione, mediante cui l'oggetto è dato, soltanto però come apparenza, e in secondo luogo il concetto, mediante cui viene pensato un oggetto, che corrisponde a questa intuizione. Da quanto sopra risulta però chiaro, che la prima condizione — cioè la sola sotto cui possano venire intuiti degli oggetti — in realtà si trova *a priori* nell'animo, a fondamento degli oggetti, secondo la forma. Con questa condizione formale della sensibilità si accordano quindi necessariamente tutte le apparenze, poiché solo attraverso la medesima esse possono apparire, cioè venir intuite e date. Si domanda ora, se non siano antecedenti altresí i concetti *a priori*, come condizioni, sotto cui soltanto, anche se non intuito, un qualcosa venga tuttavia pensato come oggetto in generale. In tal caso, difatti, ogni conoscenza empirica degli oggetti sarà necessariamente conforme a tali concetti, dato che senza presupporli nulla sarà possibile come oggetto dell'esperienza. Del resto ogni esperienza, oltre all'intuizione dei sensi, con cui qualcosa è dato, contiene ancora un concetto dell'oggetto che è dato, o appare, nell'intuizione: perciò i concetti di oggetti in generale staranno, come condizioni *a priori*, a fondamento di ogni conoscenza di esperienza. La validità oggettiva delle categorie come concetti *a priori* si fonderà per conseguenza sul fatto che l'esperienza (secondo la forma del pensiero) è possibile soltanto attraverso di esse. In effetti, le categorie si riferiranno allora necessariamente e *a priori* ad oggetti dell'esperienza, poiché solo mediante esse può essere pensato, in generale, un qualsiasi oggetto dell'esperienza. 105

La deduzione trascendentale di tutti i concetti *a priori* ha perciò un principio, cui deve essere indirizzata tutta quanta l'indagine, cioè questo: essi devono venir conosciuti come condizioni *a priori* della possibilità dell'esperienza (sia dell'intuizione che si ritrova in essa, sia del pensiero). I concetti, che forniscono il fondamento oggettivo della possibilità dell'esperienza, sono appunto per questo necessari. Peraltro, lo svolgimento dell'esperienza, nella quale essi vengono ritrovati, non costituisce la loro deduzione (ma piuttosto la loro illustrazione): in effetti, colà essi non sarebbero null'altro che contingenti. Senza questo riferimento originario ad un'esperienza possibile, in cui si presentano tutti gli oggetti della conoscenza, il riferimento di tali concetti ad un oggetto qualsiasi non potrebbe assolutamente venir compreso.

Il celebre **Locke** — per mancanza di queste considerazioni, e per il fatto di avere incontrato nell'esperienza i concetti puri dell'intelletto — aveva derivato anche tali concetti dall'esperienza; tuttavia si comportò con tanta *inconseguenza*, che si avventurò con essi, tentando di giungere a conoscenze che oltrepassano di molto ogni

---

[In luogo di: **III 105**, 18 - **130**, 2, leggiamo in A¹:]

Peraltro, vi sono tre fonti originarie (capacità o facoltà dell'anima), che contengono le condizioni della possibilità di ogni esperienza, e che non possono esse stesse venir derivate da alcun'altra facoltà dell'animo, cioè: *senso*, 18 IV 74

limite dell'esperienza. **David Hume** riconobbe che, per poter fare quest'ultima cosa, è necessario che tali concetti debbano avere la loro origine *a priori*. Tuttavia, poiché non sapeva affatto spiegarsi, come sia possibile che l'intelletto debba pensare concetti — che in sé non sono connessi nell'intelletto — come necessariamente connessi nell'oggetto, e poiché non gli venne in mente, che l'intelletto possa forse essere esso stesso, mediante questi concetti, l'autore dell'esperienza, nella quale si ritrovano i suoi oggetti, egli allora, spinto da necessità, derivò tali concetti dall'esperienza (cioè da una necessità soggettiva — sorta mediante una frequente associazione nell'esperienza — la quale viene alla fine falsamente considerata come oggettiva, ossia dall' abitudine), ma si comportò poi in modo assai conseguente, nel senso che dichiarò l'impossibilità di oltrepassare i limiti dell'esperienza con questi concetti e con i principî fondamentali che sorgono da essi.
106 Peraltro, la derivazione empirica, che venne in mente ad entrambi, non può accordarsi con la realtà delle conoscenze scientifiche *a priori* che noi abbiamo, cioè della matematica pura e della scienza generale della natura, e viene perciò contraddetta dai fatti.

Di questi due uomini rinomati, il primo spalancò le porte alla stravaganza della fantasia, poiché la ragione, una volta che abbia dei diritti dalla sua parte, non si lascia piú tenere imprigionata da vaghe raccomandazioni di moderatezza; il secondo si arrese totalmente allo scetticismo, credendo di aver una buona volta scoperto un'illusione cosí generale — che era stata conside-

---

capacità di immaginazione e appercezione. Su di esse si fondano: 1) la sinossi, mediante il senso, del molteplice *a priori*; 2) la sintesi, mediante la capacità di immaginazione, di questo molteplice; 3) l'unità, mediante l'appercezione originaria, di

rata come ragione — della nostra facoltà di conoscenza. — Abbiamo ora l'intenzione di tentare, se non si possa guidare felicemente la ragione umana in mezzo a questi due scogli, se non si possa assegnarle determinati limiti, e tuttavia tenere aperto per essa l'intero campo dell'attività che è confacente al suo scopo.

Prima mi limiterò soltanto a premettere la spiegazione di che cosa intendo per categorie. Esse sono concetti di un oggetto in generale, mediante i quali l'intuizione di tale oggetto viene considerata come determinata riguardo a una delle funzioni logiche nei giudizi. Cosí, la funzione del giudizio categorico, come abbiamo detto, è quella della relazione del soggetto con il predicato; per esempio: tutti i corpi sono divisibili. Riguardo all'uso semplicemente logico dell'intelletto, tuttavia, rimane indeterminato, a quale dei due concetti si voglia dare la funzione di soggetto, e a quale la funzione di predicato. In effetti, si può anche dire: qualche divisibile è un corpo. Ma se io porto il concetto di un corpo sotto la categoria di sostanza, mediante questa categoria si determina, che l'intuizione empirica di un corpo dev'essere sempre considerata, nell'esperienza, soltanto come soggetto, e mai come semplice predicato. Cosí si dica per tutte le altre categorie.

---

questa sintesi. Oltre all'uso empirico, tutte queste facoltà hanno anche un uso trascendentale, che si riferisce unicamente alla forma, ed è possibile *a priori*. Riguardo ai sensi, abbiamo già trattato di questo uso trascendentale nella prima parte; ora cercheremo di comprendere la natura delle altre due facoltà.

107 3 Sezione seconda

DEDUZIONE TRASCENDENTALE DEI CONCETTI PURI DELL'INTELLETTO

§ 15.

Sulla possibilità di una congiunzione in generale

Il molteplice delle rappresentazioni può venir dato in un'intuizione, che è semplicemente sensibile, cioè null'altro che recettività, e la forma di questa intuizione può trovarsi *a priori* nella nostra facoltà di rappresentazione, senza tuttavia essere null'altro che il modo in cui il soggetto viene modificato. Tuttavia, la c o n g i u n z i o n e (*conjunctio*) di un molteplice in generale non può mai entrare in noi attraverso i sensi, e quindi non può neppure essere già contenuta nella forma pura dell'intuizione sensibile.

---

32 Sezione seconda

SUI FONDAMENTI «A PRIORI» PER LA POSSIBILITÀ DELL'ESPERIENZA

Che un concetto debba essere prodotto completamente *a priori*, e debba inoltre riferirsi ad un oggetto — pur non appartenendo esso stesso al concetto di un'esperienza
75 possibile, né constando di elementi di un'esperienza possibile — è qualcosa di totalmente contraddittorio ed impossibile. In tal caso, difatti, il concetto non avrebbe alcun contenuto, poiché ad esso non corrisponderebbe nessuna intuizione: le intuizioni in generale, onde ci possono essere dati gli oggetti, costituiscono infatti il campo — ossia l'intero oggetto — dell'esperienza possibile. Un concetto *a priori*, che non si riferisca all'esperienza, sarebbe soltanto la forma logica di un concetto, ma non già il concetto stesso, mediante cui un qualcosa viene pensato.

In effetti, tale congiunzione è un atto della spontaneità della capacità di rappresentazione, e poiché tale spontaneità, per distinguerla dalla sensibilità, occorre chiamarla intelletto, allora ogni congiunzione — sia che possiamo divenirne coscienti sia che non lo possiamo, sia che possa risultare una congiunzione del molteplice dell'intuizione sia che possa essere una congiunzione di vari concetti, ed infine, sia che possa risultare una congiunzione del molteplice dell'intuizione sensibile sia che possa esserlo dell'intuizione non sensibile — è un atto dell'intelletto, che designeremo con la denominazione generale di *sintesi*, per fare cosí osservare, in pari tempo, che noi non possiamo rappresentarci alcunché come congiunto nell'oggetto, senza averlo noi stessi congiunto in precedenza, e che la *congiunzione*, fra tutte le rappresentazioni, è l'unica che non può essere data da oggetti, ma può essere costituita soltanto dal soggetto stesso, poiché essa è un atto della spontaneità del soggetto. Ci si accorge qui facil-

---

Perciò, se esistono concetti puri *a priori*, senza dubbio essi non possono contenere nulla di empirico, ma devono essere tuttavia mere condizioni *a priori* per un'esperienza possibile, poiché è soltanto su questa che può fondarsi la loro realtà oggettiva.

Se quindi si vuol sapere, come siano possibili i concetti puri dell'intelletto, bisogna allora indagare, quali siano le condizioni *a priori*, da cui dipende la possibilità dell'esperienza, e che rimangono a fondamento di essa, quand'anche si faccia astrazione da tutto ciò che è empirico nelle apparenze. Un concetto, che esprima in modo universale e sufficiente questa condizione formale ed oggettiva dell'esperienza, potrebbe chiamarsi concetto puro dell'intelletto. Peraltro, una volta che io possieda concetti puri dell'intelletto, potrò anche escogitare oggetti, che forse sono impossibili, o forse sono bensí possibili in sé, ma non possono

mente, che questo atto dev'essere originariamente unico ed equivalente per ogni congiunzione, e che la dissoluzione — analisi — che sembra essere il suo contrario, lo presuppone tuttavia sempre. In effetti, là dove l'intelletto non ha congiunto nulla in precedenza, esso non può neppure dissolvere nulla, poiché è solo mediante l'intelletto che un qualcosa, in quanto connesso, ha potuto essere dato alla capacità di rappresentazione.

108 Ma il concetto della congiunzione porta con sé, oltre che il concetto del molteplice e della sintesi del molteplice, altresí il concetto dell'unità del molteplice. Congiunzione è rappresentazione dell'unità sintetica del molteplice[1]. La rappresentazione di questa unità non può quindi sorgere dalla congiunzione: piuttosto, la rappresen-

108 31 [1] Non si prende qui in considerazione, se le rappresentazioni stesse siano identiche, e perciò se l'una possa venir pensata analiticamente mediante l'altra. La coscienza dell'una, in quanto si parla del molteplice, dev'essere pur sempre distinta dalla coscienza dell'altra; qui si tratta soltanto della sintesi di questa (possibile) coscienza.

---

essere dati in un'esperienza: nella connessione di quei concetti, posso infatti aver tralasciato qualcosa, che pur appartiene necessariamente alle condizioni di un'esperienza possibile (concetto di uno spirito), o eventualmente posso aver esteso i concetti puri dell'intelletto al di là di quanto può essere abbracciato dall'esperienza (concetto di Dio). In verità, gli elementi di tutte le conoscenze *a priori*, persino delle invenzioni arbitrarie ed assurde, non possono certo essere ricavati dall'esperienza (poiché altrimenti non si tratterebbe piú di conoscenze *a priori*), ma devono sempre contenere le condizioni pure *a priori* di un'esperienza possibile e di un oggetto di essa, poiché altrimenti non solo tali elementi non servirebbero a pensare alcunché, ma essendo privi di *data*, non potrebbero neppure sorgere essi stessi nel pensiero.

tazione di tale unità, per il fatto di aggiungersi alla rappresentazione del molteplice, rende possibile per la prima volta il concetto della congiunzione. Questa unità, che precede *a priori* tutti i concetti di congiunzione, non è, se mai, quella citata categoria dell'unità (§ 10). In effetti, tutte le categorie si fondano su funzioni logiche nei giudizi: in queste peraltro è già pensata la congiunzione, e quindi l'unità di concetti dati. La categoria dunque presuppone già la congiunzione. Noi dobbiamo perciò cercare quest'unità piú in alto (come qualitativa, § 12), ossia in ciò che per l'appunto contiene il fondamento dell'unità di diversi concetti nei giudizi, e quindi il fondamento della possibilità dell'intelletto, persino nel suo uso logico.

* radice, origine fondamento di unità × tutte le categorie e fa sistema unitario

§ 16.

Sull'unità originariamente sintetica dell'appercezione

L'io penso deve poter accompagnare tutte le mie rappresentazioni, poiché altrimenti in me verrebbe

---

Questi concetti, orbene, che contengono *a priori* il pensiero puro, presente in ogni esperienza, noi li troviamo nelle categorie. E avremo già una sufficiente deduzione di essi, e una giustificazione della loro validità oggettiva, se potremo dimostrare che soltanto per mezzo loro può essere pensato un oggetto. Ma poiché per costituire un tale pensiero non basta l'opera della sola facoltà di pensare, cioè dell'intelletto, e poiché l'intelletto stesso, in quanto facoltà conoscitiva destinata a riferirsi ad oggetti, richiede a sua volta una spiegazione riguardo alla possibilità di questo riferimento, in tal caso dobbiamo considerare anzitutto le fonti soggettive — che costituiscono il fondamento *a priori* per la possibilità dell'esperienza — non già nella loro natura empirica, bensí in quella trascendentale. 76

rappresentato un qualcosa, che non potrebbe affatto venir pensato; o con espressione equivalente: poiché altrimenti o la rappresentazione risulterebbe impossibile, oppure, almeno per me, essa non sarebbe niente. Quella rappresentazione, che può essere data prima di ogni pensiero, si chiama intuizione. Ogni molteplice dell'intuizione ha perciò una relazione necessaria con l'io penso, nello stesso soggetto in cui viene ritrovato questo molteplice. La rappresentazione: io penso, tuttavia, è un atto della spontaneità; essa non può cioè venir considerata come pertinente alla sensibilità. Io la chiamo l'appercezione pura — per distinguerla da quella empirica — o anche l'appercezione originaria, poiché essa è quell'autocoscienza che, col produrre la rappresentazione: io penso — la
109 quale deve poter accompagnare tutte le altre, ed è una ed identica in ogni coscienza — non può piú essere accom-

---

Se ogni singola rappresentazione fosse del tutto estranea alle altre, e risultasse, per cosí dire, isolata e separata dalle rimanenti, non sorgerebbe certo mai nulla di simile alla conoscenza. In effetti, la conoscenza è un tutto di rappresentazioni confrontate e connesse. Di conseguenza, se io attribuisco al senso una sinossi, poiché esso contiene nella propria intuizione una molteplicità, a tale sinossi corrisponderà sempre una sintesi: e la recettività potrà rendere possibili delle conoscenze, soltanto se congiunta con la spontaneità. Tale spontaneità, orbene, è il fondamento di una triplice sintesi, la quale si presenta necessariamente in ogni conoscenza. Si ha cioè la sintesi dell'apprensione delle rappresentazioni, intese come modificazioni dell'animo nell'intuizione; la sintesi della riproduzione di tali rappresentazioni nell'immaginazione; la sintesi della loro ricognizione nel concetto. Queste sintesi ci riportano poi alle

pagnata da nessun'altra rappresentazione. L'unità di tale rappresentazione, io la chiamo anche l'unità trascendentale dell'autocoscienza, per designare la possibilità della conoscenza *a priori* fondata su di essa. In effetti, le molteplici rappresentazioni, che sono date in una certa intuizione, non sarebbero tutte quante mie rappresentazioni, se non appartenessero tutte quante ad una sola autocoscienza; ossia, in quanto mie rappresentazioni (sebbene io non sia cosciente di esse come tali), esse debbono comunque essere necessariamente conformi all'unica condizione sotto cui possono coesistere in una autocoscienza universale, poiché altrimenti non apparterrebbero tutte quante a me. Molto può essere dedotto da questa congiunzione originaria.

In altre parole, questa ininterrotta identità dell'appercezione di un molteplice dato nell'intuizione contiene una sintesi delle rappresentazioni, ed è possibile soltanto

---

tre fonti soggettive della conoscenza, che rendono possibili l'intelletto stesso e, attraverso esso, tutta l'esperienza, intesa come un prodotto empirico dell'intelletto.

Avvertenza preliminare

La deduzione delle categorie è legata a cosí tante difficoltà, e ci costringe a penetrare cosí intimamente nei fondamenti primi della possibilità della nostra conoscenza in generale, che io ho trovato piú consigliabile — per evitare la prolissità di una teoria completa, senza tuttavia omettere nulla in un'indagine tanto necessaria — di destinare i quattro paragrafi seguenti piú alla preparazione che alla istruzione del lettore, e di presentare sistematicamente la discussione di questi elementi dell'intelletto soltanto nella prossima sezione, la terza. Sino allora, il lettore non dovrà dunque lasciarsi spaventare dall'oscu-

mediante la coscienza di questa sintesi. Infatti la coscienza empirica, che accompagna diverse rappresentazioni, è in sé disunita e priva di riferimento all'identità del soggetto. Questo riferimento, quindi, ha luogo non già per il fatto che io accompagni con la coscienza ogni rappresentazione, bensí per il fatto che io *aggiunga* una rappresentazione all'altra e sia cosciente della loro sintesi. Di conseguenza, solo per il fatto che io posso congiungere *in una sola coscienza* un molteplice di rappresentazioni date, mi è possibile rappresentarmi l'*identità della coscienza in queste rappresentazioni*: ossia, l'unità *analitica* dell'appercezione è possibile soltanto sotto il presupposto di una qualche unità *sintetica* dell'appercezione[1]. Il pen-

109 26 [1] L'unità analitica della coscienza inerisce a tutti i concetti generali, come tali. Per esempio, se io penso il *rosso* in generale, mi rappresento in tal modo una proprietà, la quale (come segno distintivo) può essere ritrovata in qualcosa, o può essere congiunta con altre rappresentazioni:

---

rità, che da principio è inevitabile — quando si segua una strada mai battuta — ma che nella menzionata sezione si rischiarerà, io spero, cedendo il passo ad una comprensione completa.

77

1.

Sulla sintesi dell'apprensione nell'intuizione

Qualunque possa essere l'origine delle nostre rappresentazioni (non importa cioè che esse siano dovute all'influsso di cose esterne o a cause interne, come pure, non importa che esse siano sorte *a priori* o empiricamente come apparenze), esse tuttavia, in quanto modificazioni dell'animo, appartengono al senso interno, e perciò tutte le nostre conoscenze sono in conclusione sottomesse alla

siero: queste rappresentazioni date nell'intuizione appartengono tutte quante a *me*, ha perciò lo stesso significato del pensiero: io le riunisco in una sola autocoscienza, o almeno posso riunirle in essa. E sebbene il primo pensiero non sia ancora la coscienza della *sintesi* delle rappresentazioni, esso tuttavia presuppone la possibilità di quest'ultima; ossia, solo per il fatto che posso comprendere in una sola coscienza il molteplice delle rappresentazioni, io le chiamo tutte quante le *mie* rappresentazioni: in caso contrario, difatti, io avrei tante variopinte e differenti personalità, quante sono le rappresentazioni, di cui ho coscienza. L'unità sintetica del molteplice delle intuizioni, in quanto data *a priori*, è perciò il fondamento dell'identità di quell'appercezione stessa, che precede *a priori* ogni **110**

quindi, solo in base ad una possibile unità sintetica, pensata prima, io posso rappresentarmi quella analitica. Una rappresentazione, che debba venir pensata come comune a *differenti* rappresentazioni, è considerata come appartenente a rappresentazioni tali che possiedano in sé, oltre ad essa, anche qualcosa di *differente*; di conseguenza, essa deve venir pensata anteriormente in unità sintetica con altre rappresentazioni (sebbene solo possibili), prima che io possa pensare riguardo ad essa l'unità analitica della coscienza, che fa di essa un *conceptus communis*. E cosí, l'unità sintetica dell'appercezione è il punto supremo, cui si deve riattaccare ogni uso dell'intelletto, persino l'intera logica, e dopo di questa la filosofia trascendentale: questa facoltà, anzi, è l'intelletto stesso.

---

condizione formale del senso interno, cioè al tempo, dove tutte quante devono essere ordinate, connesse e poste in relazione. Questa è una osservazione generale, che dovrà sempre essere presupposta in ciò che segue.

Ogni intuizione contiene in sé un molteplice, che non potrebbe tuttavia venir rappresentato come tale, se l'animo non distinguesse il tempo nel susseguirsi delle impressioni. *In quanto contenuta in un solo istante*, difatti, ogni rappresentazione non potrà mai essere altro se non un'unità assoluta. Ora, perché da questo molteplice possa sorgere l'unità dell'intuizione (come ad

mio pensiero determinato. La congiunzione, peraltro, non si trova negli oggetti, e non può essere tratta da questi, eventualmente mediante la percezione, e venir cosí assunta solo allora nell'intelletto: essa, piuttosto, è unicamente una operazione dell'intelletto. Quest'ultimo, a sua volta, non è altro che la facoltà di congiungere *a priori* e di portare il molteplice di rappresentazioni date sotto l'unità dell'appercezione, il che costituisce la suprema proposizione fondamentale di tutta quanta la conoscenza umana.

Orbene, questa proposizione fondamentale dell'unità necessaria dell'appercezione, a dire il vero, è essa stessa identica, ed è quindi una proposizione analitica, ma rivela tuttavia come necessaria una sintesi del molteplice dato in un'intuizione: senza tale sintesi non può venir pensata quell'ininterrotta identità dell'autocoscienza. In effetti, mediante l'io, in quanto rappresentazione semplice, non viene dato alcun molteplice; nell'intuizione, che è diffe-

---

esempio nella rappresentazione dello spazio), è anzitutto necessario percorrere la molteplicità, ed in seguito bisogna raccoglierla assieme: tale atto, lo chiamo la sintesi dell'apprensione, poiché esso si rivolge direttamente all'intuizione, la quale offre bensí un molteplice, ma senza l'intervento di una sintesi non potrà mai costituirlo come tale, e precisamente, come contenuto in una sola rappresentazione.

Questa sintesi dell'apprensione, orbene, deve altresí esercitarsi *a priori*, cioè a riguardo delle rappresentazioni che non sono empiriche. Senza tale sintesi, difatti, noi non potremmo avere *a priori* né la rappresentazione dello spazio né quella del tempo, poiché tali rappresentazioni possono essere prodotte soltanto dalla sintesi del molteplice, che è offerto dalla recettività originaria della sensibilità. Noi possediamo perciò una sintesi pura dell'apprensione.

rente dall'io, il molteplice può essere soltanto dato, e attraverso la congiunzione in una sola coscienza esso può venir pensato. Un intelletto, in cui tutto il molteplice fosse dato simultaneamente dall'autocoscienza, intuirebbe; il nostro intelletto può soltanto pensare, e deve cercare l'intuizione nei sensi. Io sono dunque cosciente di un identico me stesso nei riguardi del molteplice delle rappresentazioni a me date nell'intuizione, poiché chiamo mie tutte queste rappresentazioni assieme, che ne costituiscono una sola. Peraltro, ciò equivale a dire, che io sono cosciente di una loro necessaria sintesi *a priori*, che si chiama l'unità sintetica originaria dell'appercezione: tutte le rappresentazioni a me date devono sottostare a questa unità, ma sotto di essa devono d'altronde venir condotte mediante una sintesi.

§ 17. 111

La proposizione fondamentale dell'unità sintetica dell'appercezione è il principio supremo di ogni uso dell'intelletto

La suprema proposizione fondamentale della possibilità di ogni intuizione, in rapporto alla sensibilità, era, secondo l'estetica trascendentale: tutto il molteplice del-

---

2.

Sulla sintesi della riproduzione nell'immaginazione

È senza dubbio una legge semplicemente empirica, quella secondo cui le rappresentazioni spesso susseguentisi o concomitanti finiscono per associarsi tra loro, e per connettersi cosí in modo tale, che una di queste rappresentazioni — anche senza la presenza dell'oggetto — pro- 78

l'intuizione è soggetto alle condizioni formali dello spazio e del tempo. La suprema proposizione fondamentale della medesima possibilità in relazione all'intelletto è: tutto il molteplice dell'intuizione è soggetto alle condizioni dell'unità originariamente sintetica dell'appercezione [1]. Tutte le molteplici rappresentazioni dell'intuizione, in quanto ci sono d a t e, sono soggette alla prima proposizione fondamentale, e in quanto debbono poter venir c o n g i u n t e in una sola coscienza, sono soggette alla

111 [1] Lo spazio, il tempo e tutte le loro parti sono i n t u i z i o n i, e quindi singole rappresentazioni, con il molteplice che contengono in sé (vedi l'Estetica trascendentale). Non si tratta dunque di semplici concetti, mediante i quali si ritrovi la medesima coscienza come contenuta in molte rappresentazioni; mediante spazio e tempo, piuttosto, molte rappresentazioni si trovano come contenute in una sola e nella coscienza di questa, e quindi come collegate assieme. Di conseguenza, attraverso essi l'unità della coscienza viene ritrovata come s i n t e t i c a, eppure come originaria. Questa loro s i n g o l a r i t à è importante nella applicazione (vedi § 25).

---

duca, secondo una regola costante, un passaggio dell'animo all'altra rappresentazione. Questa legge della riproduzione presuppone tuttavia, che le apparenze stesse siano realmente sottomesse ad una regola, e che nel molteplice delle loro rappresentazioni abbia luogo una concomitanza, o una successione, conforme a certe regole: in caso contrario, difatti, la nostra capacità empirica di immaginazione non riuscirebbe mai a fare nulla conformemente a quanto è in grado di fare, e rimarrebbe perciò nascosta entro il nostro animo, come una facoltà morta e sconosciuta a noi stessi. Se il cinabro fosse ora rosso e ora nero, ora leggero e ora pesante; se un uomo potesse trasformarsi ora in questa figura animale, ora in quella; se i campi, nel giorno piú lungo dell'anno, ora fossero coperti di frutti, ora di ghiaccio e di neve: in tal caso, la mia capacità empirica di immaginazione non potrebbe mai avere l'occasione, a proposito della rappresentazione del colore

seconda; senza di ciò, difatti, nulla può essere pensato o conosciuto, dal momento che le rappresentazioni date non avrebbero in comune l'atto dell'appercezione: *io penso*, e non potrebbero perciò venir raccolte in una sola autocoscienza.

Intelletto, per parlare in generale, è la facoltà delle *conoscenze*. Queste consistono nel determinato riferimento di rappresentazioni date a un oggetto. *Oggetto*, peraltro, è ciò nel cui concetto è *riunito* il molteplice di un'intuizione data. Ogni riunione delle rappresentazioni, tuttavia, esige l'unità della coscienza nella sintesi delle medesime. Perciò l'unità della coscienza è il solo elemento che costituisca il riferimento delle rappresentazioni ad un oggetto, e quindi la loro validità oggettiva; di conseguenza, il solo a far sí che esse divengano conoscenze. Tale unità è dunque ciò su cui si fonda la possibilità stessa dell'intelletto.

La prima conoscenza pura dell'intelletto — sulla quale si basa tutto il rimanente uso di esso, e la quale al tempo stesso è inoltre del tutto indipendente da ogni condizione

---

rosso, di farsi venire in mente il pesante cinabro. Del pari, se una certa parola fosse attribuita ora a questa cosa, ora a quella, oppure se la medesima cosa fosse chiamata ora in un modo, ora in un altro — senza che ciò fosse dominato da una certa regola, cui le apparenze risultassero spontaneamente sottomesse — non potrebbe allora aver luogo alcuna sintesi empirica della riproduzione.

Deve perciò esservi qualcosa, che, per il fatto di essere il fondamento *a priori* di un'unità sintetica necessaria delle apparenze, a sua volta renda possibile questa riproduzione di esse. A comprendere ciò, peraltro, si giunge ben presto, se si riflette, che le apparenze non sono cose in se stesse, bensí un semplice giuoco delle nostre rappresentazioni, le

dell'intuizione sensibile — è dunque la proposizione fondamentale dell'unità *sintetica* originaria dell'appercezione. Cosí, la semplice forma dell'intuizione sensibile esterna — lo spazio — non basta affatto a costituire
112 conoscenza. Lo spazio si limita a fornire, per una conoscenza possibile, il molteplice dell'intuizione *a priori*. Ma per conoscere un qualcosa nello spazio, per esempio una linea, io devo *tracciarla*, e costituire cosí sinteticamente una determinata congiunzione del molteplice dato, cosicché l'unità di questo atto è al tempo stesso l'unità della coscienza (nel concetto di una linea), e in tal modo viene conosciuto per la prima volta un oggetto (uno spazio determinato). L'unità sintetica della coscienza è perciò una condizione oggettiva di ogni conoscenza: non si tratta di una condizione necessaria soltanto per me, al fine di conoscere un oggetto, ma della condizione cui ogni intuizione deve sottostare, *per diventare oggetto per me*, poiché in altro modo e senza questa sintesi il molteplice non si riunirebbe in una sola coscienza.

Quest'ultima proposizione, come si è detto, è essa stessa

---

quali si riducono in definitiva a determinazioni del senso interno. Ora, se noi possiamo provare, che anche le nostre piú pure intuizioni *a priori* non ci forniscono alcuna conoscenza, se non in quanto contengano una congiunzione del molteplice, la quale sia cosiffatta da rendere possibile una sintesi completa della riproduzione, in tal caso questa sintesi della capacità di immaginazione sarà del pari fondata, anteriormente ad ogni esperienza, su principî *a priori*, e si dovrà assumere una sintesi trascendentale pura della capacità di immaginazione, sintesi che stia essa stessa alla base della possibilità di ogni esperienza (l'esperienza in quanto tale presuppone infatti necessariamente la riproducibilità delle apparenze). Ora, se col pensiero io traccio una linea, o se voglio pensare il tempo che intercorre fra un

analitica, sebbene faccia dell'unità sintetica la condizione di ogni pensiero; in effetti, essa non dice null'altro, se non che tutte le *mie* rappresentazioni in una qualsiasi intuizione data debbono essere soggette alla condizione, che è l'unica sotto cui io possa attribuirle, in quanto *mie* rappresentazioni, all'identico me stesso, e possa quindi raccoglierle, come congiunte sinteticamente in un'appercezione, mediante l'espressione universale: *io penso*.

Questa proposizione fondamentale è tuttavia un principio, non già per ogni possibile intelletto in generale, 20
bensí solo per quello, attraverso la cui appercezione pura — nella rappresentazione: *io sono* — non viene tuttavia dato nulla di molteplice. Quell'intelletto, mediante la cui autocoscienza venisse al tempo stesso dato il molteplice dell'intuizione — un intelletto, attraverso la cui rappresentazione esistessero al tempo stesso gli oggetti di questa rappresentazione — non avrebbe bisogno, per l'unità della coscienza, di un particolare atto di sintesi del molteplice, mentre l'intelletto umano, che pensa soltanto ma non intuisce, ha bisogno di tale sintesi. Per l'intelletto umano,

---

mezzogiorno e l'altro, oppure se voglio semplicemente rappresentarmi un certo numero, è evidente che anzitutto io devo necessariamente afferrare nel pensiero queste molteplici rappresentazioni una dopo l'altra. Se invece il mio pensiero perdesse sempre le rappresentazioni precedenti (le prime parti della linea, le parti precedenti del tempo, oppure le 79
unità rappresentate successivamente), e se io non le riproducessi mentre procedo verso le rappresentazioni seguenti, in tal caso non potrebbe mai sorgere una rappresentazione completa, né alcuno dei pensieri sopra menzionati, anzi, neppure potrebbero costituirsi le prime e massimamente pure rappresentazioni fondamentali dello spazio e del tempo.

La sintesi dell'apprensione è dunque inscindibilmente

piuttosto, la prima proposizione fondamentale è inevitabile, per modo che esso non può formarsi minimamente il concetto di un altro intelletto possibile, né tale che intuisca esso stesso, né tale che abbia bensí a disposizione un'intuizione sensibile, ma di natura diversa da quella che si ritrova alla base nello spazio e nel tempo.

113

§ 18.

Che cosa sia l'unità oggettiva dell'autocoscienza

L'unità trascendentale dell'appercezione è quella che riunisce in un concetto dell'oggetto tutto il molteplice dato in un'intuizione. Essa si chiama perciò oggettiva, e dev'essere distinta da quell'unità soggettiva della coscienza, che è una determi-

---

congiunta con la sintesi della riproduzione. E poiché la prima costituisce il fondamento trascendentale della possibilità di tutte le conoscenze in generale (non semplicemente di quelle empiriche, ma altresí di quelle pure *a priori*), la sintesi riproduttiva della capacità di immaginazione apparterrà agli atti trascendentali dell'animo. Tale facoltà, in considerazione di quest'ultima sintesi, noi la chiameremo facoltà trascendentale della capacità di immaginazione.

3.

Sulla sintesi della ricognizione nel concetto

Senza la coscienza che ciò che pensiamo è precisamente lo stesso di ciò che pensavamo un istante prima, ogni riproduzione nella serie delle rappresentazioni risulterebbe vana. Nello stato presente vi sarebbe infatti una nuova

nazione del senso interno, dal quale quel molteplice dell'intuizione è dato empiricamente per una tale congiunzione. Che io possa essere empiricamente cosciente del molteplice come simultaneo, oppure come successivo, dipende dalle circostanze o da condizioni empiriche; perciò l'unità empirica della coscienza, mediante l'associazione delle rappresentazioni, riguarda essa stessa un'apparenza ed è del tutto contingente. Per contro, la forma pura dell'intuizione nel tempo — semplicemente come intuizione in generale, che contiene una molteplicità data — è soggetta all'unità originaria della coscienza solo attraverso la relazione necessaria del molteplice dell'intuizione all'unico: io penso; quindi, attraverso la sintesi pura dell'intelletto, che sta *a priori* a fondamento di quella empirica. Soltanto quella unità è oggettivamente valida; l'unità empirica dell'appercezione, che qui non consideriamo, e che del resto è solo derivata dalla prima, sotto condizioni date *in concreto*, ha unicamente una validità soggettiva. Una persona congiunge la rappresentazione di una certa parola con una

---

rappresentazione, che non apparterrebbe in alcun modo all'atto, mediante cui essa avrebbe dovuto essere gradualmente prodotta, ed il molteplice di essa non costituirebbe mai un tutto, poiché mancherebbe dell'unità, che soltanto la coscienza può procurargli. Se nel contare io dimentico, che le unità ora presenti ai miei sensi sono state da me aggiunte gradualmente l'una all'altra, non potrò conoscere la produzione di una pluralità attraverso questa successiva addizione di un'unità all'altra, e quindi non potrò neppure conoscere il numero: tale concetto, difatti, consiste unicamente nella coscienza di questa unità della sintesi.

Già la stessa parola concetto potrebbe suggerirci tale osservazione. È infatti questa coscienza una, ciò che

cosa, un'altra persona invece la congiunge con un'altra cosa; e in ciò che è empirico, l'unità della coscienza riguardo a quello che è dato non risulta necessaria né universalmente valida.

§ 19.

La forma logica di tutti i giudizi consiste nell'unità oggettiva dell'appercezione dei concetti in essi contenuti

La definizione di un giudizio in generale, data dai logici, non è mai riuscita a soddisfarmi. Come essi dicono, il giudizio è la rappresentazione di un rapporto tra due concetti. Ora, sul fatto che questa definizione è difettosa, poiché tutt'al piú si adatta soltanto a giudizi categorici, non già a giudizi ipotetici e disgiuntivi (in quanto tali, questi ultimi non contengono un rapporto di con-

---

riunisce in una rappresentazione il molteplice, che è stato gradualmente intuito, ed in seguito anche riprodotto. Questa coscienza può spesso essere assai debole, cosicché noi la connettiamo soltanto nell'effetto — e non già nell'atto stesso, cioè immediatamente — con la produzione della rappresentazione. Ma nonostante queste differenze, dovrà pur sempre ritrovarsi una coscienza — quand'anche le manchi una chiarezza precisa — e senza tale coscienza
80 i concetti, e con essi la conoscenza degli oggetti, risulteranno del tutto impossibili.

E qui è necessario farsi un'idea chiara di che cosa si intenda con l'espressione: un oggetto delle rappresentazioni. Abbiamo detto sopra, che le apparenze non sono esse stesse altro se non rappresentazioni sensibili, le quali come tali ed in se stesse, non debbono venir considerate in quanto oggetti (fuori della capacità di rappresentazione). Ed allora che cosa si intende, quando si parla di un oggetto

cetti, bensí un rapporto dei giudizi stessi), io non voglio qui disputare con loro — nonostante che da questo errore dei logici siano derivate parecchie conseguenze fastidiose[1] 114
— e faccio osservare soltanto, che con tale definizione non viene determinato in che cosa consista questo rapporto.

Peraltro, se io indago con maggiore precisione, in ogni giudizio, la relazione delle conoscenze date, e distinguo questa relazione, come appartenente all'intelletto, dal rap-

[1] La prolissa dottrina delle quattro figure sillogistiche riguarda sol- 114
tanto i sillogismi categorici. Essa non è altro se non l'arte di ottenere con un sotterfugio — nascondendo cioè delle inferenze immediate (*consequentiæ immediatæ*) tra le premesse di un sillogismo puro — che i modi di concludere sembrino piú numerosi di quelli della prima figura: ciò non sarebbe tuttavia bastato a procurarle una particolare fortuna, se ad essa non fosse riuscito di innalzare ad autorità esclusiva i giudizi categorici, come quelli cui debbono potersi riportare tutti gli altri. Questo però è falso, come risulta dal § 9.

---

corrispondente alla conoscenza, e quindi altresí di un oggetto differente dalla conoscenza? È facile comprendere, che questo oggetto deve essere pensato soltanto come qualcosa in generale (= *x*), poiché al di fuori della nostra conoscenza noi non possediamo nulla da poter contrapporre come corrispondente a tale conoscenza.

Noi troviamo peraltro, che il nostro pensiero sulla relazione di ogni conoscenza con il suo oggetto porta con sé un elemento di necessità: tale oggetto, in effetti, viene considerato come ciò che si oppone a che le nostre conoscenze vengano determinate a casaccio o arbitrariamente, facendo sí che esse vengano invece determinate *a priori*, in un modo definito. In realtà, in quanto tali conoscenze sono destinate a riferirsi ad un oggetto, esse devono altresí — riguardo a questo oggetto — accordarsi necessariamente tra loro, cioè possedere quell'unità che costituisce il concetto di un oggetto.

porto basato su leggi della capacità riproduttiva dell'immaginazione (il quale ha soltanto una validità soggettiva), trovo allora che un giudizio non è altro se non il modo di portare conoscenze date all'unità *oggettiva* della appercezione. Nei giudizi, la copula è tende a questo, per distinguere l'unità oggettiva di rappresentazioni date da quella soggettiva. Essa designa infatti la loro relazione con l'appercezione originaria, e la loro *unità necessaria*, quand'anche il giudizio stesso sia empirico, e quindi contingente, per esempio: i corpi sono pesanti. Con ciò io non voglio certo dire che queste rappresentazioni appartengano *necessariamente l'una all'altra*, nell'intuizione empirica, ma voglio dire piuttosto che esse appartengono l'una all'altra *in virtú dell'unità necessaria* dell'appercezione nella sintesi delle intuizioni, cioè in base a principî della determinazione oggettiva di tutte le rappresentazioni, in

---

Tuttavia, in quanto noi abbiamo a che fare soltanto con il molteplice delle nostre rappresentazioni, e in quanto quell'*x* corrispondente ad esse (l'oggetto) non è nulla per noi — dal momento che deve essere qualcosa di differente da tutte le nostre rappresentazioni — è allora chiaro che l'unità, la quale è resa necessaria dall'oggetto, non può essere null'altro se non l'unità formale della coscienza nella sintesi del molteplice delle rappresentazioni. È soltanto quando abbiamo prodotto un'unità sintetica nel molteplice dell'intuizione, che noi possiamo dire di conoscere l'oggetto. Tale unità è peraltro impossibile, se non si è potuto produrre l'intuizione — in base ad una regola — mediante una siffatta funzione della sintesi, che renda necessaria la riproduzione del molteplice *a priori*, e renda possibile un concetto, in cui si riunisca tale molteplice. Cosí, noi pensiamo un triangolo come oggetto, quando siamo coscienti della combinazione di tre linee rette secondo una

quanto da essi può risultare una conoscenza: principî, questi, che sono tutti quanti derivati dalla proposizione fondamentale dell'unità trascendentale dell'appercezione. Soltanto cosí, questa relazione diventa **un giudizio**, cioè un rapporto, che è **oggettivamente valido**, e si distingue sufficientemente da una relazione di quelle stesse rappresentazioni, in cui si ritrovasse una validità semplicemente soggettiva, per esempio secondo le leggi dell'associazione. In base a queste, io potrei dire soltanto: se porto un corpo, io sento allora la pressione del peso; e non già: esso — il corpo — è pesante. L'ultima espressione significa per l'appunto, che queste due rappresentazioni sono congiunte nell'oggetto — qualunque possa essere lo stato del soggetto — e non semplicemente che stanno assieme nella percezione (per frequente che sia la sua ripetizione).

§ 20 115

Tutte le intuizioni sensibili sono soggette alle categorie, come alle sole condizioni, sotto cui il molteplice di tali intuizioni possa raccogliersi in un'unica coscienza

Il *datum* molteplice, che è fornito in un'intuizione sensibile, è necessariamente subordinato all'unità sintetica

---

regola, in base alla quale una siffatta intuizione possa venir rappresentata sempre. Questa **unità della regola**, orbene, determina tutto il molteplice e lo restringe a condizioni, che rendono possibile l'unità dell'appercezione; ed il concetto di questa unità è la rappresentazione 81
dell'oggetto (= *x*), che è da me pensato mediante i suddetti predicati di un triangolo.

Ogni conoscenza richiede un concetto, per incompleto ed oscuro che possa essere: tale concetto, peraltro,

originaria dell'appercezione, poiché solo mediante tale unità è possibile l'*unità* dell'intuizione (§ 17). Ma quell'atto dell'intelletto, attraverso cui il molteplice di rappresentazioni date (si tratti di intuizioni oppure di concetti) viene riportato sotto un'appercezione in generale, è la funzione logica dei giudizi (§ 19). Ogni molteplice, dunque, in quanto è dato in una sola intuizione empirica, è *determinato* riguardo ad una delle funzioni logiche di giudicare, mediante cui esso viene cioè riportato ad una coscienza in generale. Le *categorie*, orbene, non sono null'altro se non per l'appunto queste funzioni di giudicare, in quanto il molteplice di un'intuizione data è determinato riguardo ad esse (§ 10). Il molteplice in un'intuizione data è dunque necessariamente soggetto alle categorie.

§ 21.

Osservazione

Un molteplice, contenuto in un'intuizione che io chiamo mia, viene rappresentato mediante la sintesi dell'intelletto

---

è sempre, quanto alla sua forma, un qualcosa che risulta universale e che serve da regola. Così, il concetto di corpo — in base all'unità del molteplice che viene pensato mediante esso — serve da regola alla nostra conoscenza delle apparenze esterne. Tale concetto può tuttavia costituire una regola delle intuizioni solo per il fatto che esso rappresenta, nelle apparenze date, la riproduzione necessaria del loro molteplice, e quindi l'unità sintetica nella nostra coscienza di esse. Il concetto di corpo rende così necessaria — nella percezione di un qualcosa fuori di noi — la rappresentazione dell'estensione, e con essa, la rappresentazione dell'impenetrabilità, della figura, ecc.

A fondamento di ogni necessità sta sempre una condi-

come appartenente all'unità *necessaria* dell'autocoscienza: ciò si verifica attraverso la categoria[1]. Questa indica dunque, che la coscienza empirica di un molteplice, dato in una sola intuizione, è soggetto ad un'autocoscienza pura *a priori*, allo stesso modo che l'intuizione empirica è soggetta ad un'intuizione sensibile pura, che parimenti ha luogo *a priori*. — Nella suddetta proposizione si dà cosí inizio a una *deduzione* dei concetti puri dell'intelletto. In tale deduzione, dal momento che le categorie sorgono solo nell'intelletto, *indipendentemente dalla sensibilità*, io debbo ancora fare astrazione dal modo in cui il molteplice viene dato 116

[1] La dimostrazione si fonda sull'*unità* rappresentata *dell'intuizione*: mediante tale unità un oggetto viene dato, ed essa racchiude sempre in sé una sintesi del *datum* molteplice — fornito per un'intuizione — contenendo già la relazione di quest'ultimo con l'unità dell'appercezione. 31 115

---

zione trascendentale. Occorre quindi che un fondamento trascendentale dell'unità della coscienza si ritrovi nella sintesi del molteplice di tutte le nostre intuizioni, quindi anche dei concetti di oggetti in generale, e di conseguenza, altresí di tutti gli oggetti dell'esperienza: senza tale fondamento, sarebbe impossibile pensare un oggetto qualsiasi per le nostre intuizioni. Questo oggetto, difatti, non è altro se non il qualcosa, rispetto a cui il concetto esprime una tale necessità della sintesi.

Questa condizione originaria e trascendentale, orbene, non è altro se non l'*appercezione trascendentale*. La coscienza di noi stessi, secondo le determinazioni del nostro stato nella percezione interna, è semplicemente empirica, e risulta sempre mutevole. In questo flusso di apparenze interne non può affatto esistere una personalità stabile e permanente. La suddetta coscienza viene abitualmente chiamata *senso interno*, op-

per un'intuizione empirica, e devo invece badare soltanto all'unità che, per opera dell'intelletto, interviene nell'intuizione mediante la categoria. Nel seguito (§ 26), in base al modo in cui l'intuizione empirica viene data nella sensibilità, si mostrerà che l'unità di tale intuizione non è altra se non quella prescritta dalla categoria (secondo il precedente § 20) al molteplice di una data intuizione in generale: di conseguenza, soltanto allora risulterà pienamente raggiunto lo scopo della deduzione, mediante il chiarimento della validità *a priori* delle categorie riguardo a tutti gli oggetti dei nostri sensi.

Vi è tuttavia un punto, da cui non potevo fare astrazione, nella precedente prova, ossia il fatto che il molteplice, per l'intuizione, dev'essere *dato* ancor prima della sintesi dell'intelletto e indipendentemente da questa; come ciò avvenga, però, rimane qui indeterminato. In realtà, se io volessi pensare un intelletto, esso stesso in-

---

pure *appercezione empirica*. Ciò che deve essere *necessariamente* rappresentato come numericamente identico, non può venir pensato come tale mediante dati empirici. Per rendere valido un siffatto presupposto trascendentale, deve esistere una condizione, la quale preceda ogni esperienza e renda possibile questa stessa esperienza.

Orbene, in noi non può aver luogo alcuna conoscenza, alcuna connessione tra le conoscenze, alcuna unità di esse, senza quell'unità della coscienza, che precede tutti i dati delle intuizioni, e rispetto alla quale soltanto è possibile ogni rappresentazione di oggetti. Questa coscienza pura, originaria, immutabile, io voglio ora chiamarla
82 *appercezione trascendentale*. Che essa meriti tale nome, risulta già chiaro dal fatto che persino la piú pura unità oggettiva — quella cioè dei concetti *a priori* (spazio e tempo) — è possibile soltanto attraverso

tuente (per esempio, un intelletto divino, che non si rappresentasse oggetti dati, risultando piuttosto tale, che gli oggetti stessi fossero simultaneamente dati o prodotti dalla sua rappresentazione), le categorie non avrebbero allora alcun significato rispetto ad una tale conoscenza. Esse sono soltanto regole per un intelletto, il cui potere consiste interamente nel pensiero, cioè nell'atto di portare all'unità dell'appercezione la sintesi del molteplice, il quale gli è stato dato da un'altra parte nell'intuizione; per un intelletto, quindi, che per sé non c o n o s c e nulla, e si limita piuttosto a congiungere e a ordinare la materia per la conoscenza, cioè l'intuizione, che dev'essergli data dall'oggetto. Della peculiarità, tuttavia, che il nostro intelletto possiede, di costituire *a priori* l'unità dell'appercezione solo mediante le categorie e proprio solo attraverso questa loro natura e questo loro numero, altrettanto poco si può addurre ulteriormente una ragione, quanto del

---

il riferimento delle intuizioni a tale appercezione. L'unità numerica di questa appercezione sta dunque *a priori* a fondamento di tutti i concetti, allo stesso modo che la molteplicità dello spazio e del tempo sta *a priori* a fondamento delle intuizioni della sensibilità.

Questa medesima unità trascendentale dell'appercezione trasforma d'altronde tutte le possibili apparenze — che possano eventualmente coesistere in un'esperienza — in una connessione di tutte queste rappresentazioni, in base a leggi. Questa unità della coscienza sarebbe infatti impossibile, se nella conoscenza del molteplice l'animo non potesse divenir cosciente dell'identità della funzione, mediante cui esso congiunge sinteticamente il molteplice in una sola conoscenza. La coscienza originaria e necessaria dell'identità di sé è dunque al tempo stesso una coscienza di un'unità altrettanto necessaria della sintesi di tutte le apparenze in base a concetti, cioè in base a regole,

perché noi possediamo proprio queste funzioni per i giudizi, e nessun'altra, oppure del perché tempo e spazio siano le uniche forme di un'intuizione possibile per noi.

§ 22.

La categoria non ammette altro uso per la conoscenza delle cose, se non di essere applicata ad oggetti dell'esperienza

Pensare un oggetto, quindi, non equivale a **conoscere** un oggetto. Per la conoscenza, si richiedono
117 due elementi: in primo luogo, il concetto mediante cui un oggetto viene in generale pensato (la categoria), e in secondo luogo, l'intuizione mediante cui l'oggetto è dato. In effetti, se al concetto non potesse affatto venir data un'intuizione corrispondente, esso sarebbe un pensiero

---

le quali non soltanto le rendono necessariamente riproducibili, ma in tal modo determinano altresí un oggetto per la loro intuizione, ossia il concetto di un qualcosa in cui le apparenze si congiungono necessariamente. È infatti impossibile che l'animo riesca a pensare — e pensare *a priori* — la propria identità nella molteplicità delle sue rappresentazioni, se non ha presente l'identità del suo atto, la quale sottomette ogni sintesi dell'apprensione (che è empirica) ad un'unità trascendentale, e rende primieramente possibile la connessione delle rappresentazioni secondo regole *a priori*. Ormai potremo altresí determinare piú correttamente i nostri concetti di un **oggetto in generale**. Tutte le rappresentazioni possiedono, in quanto rappresentazioni, un loro oggetto, e possono essere a loro volta oggetti di altre rappresentazioni. Le apparenze sono i soli oggetti, che possano esserci dati immediatamente, e ciò che in esse si riferisce immediatamente all'og-

secondo la forma, ma risulterebbe privo di qualsiasi oggetto: mediante esso non sarebbe possibile alcuna conoscenza di una cosa qualsiasi, dato che, per quanto io sappia, non si darebbe né potrebbe darsi nulla, cui fosse possibile applicare il mio pensiero. Ogni intuizione possibile per noi, orbene, è sensibile (Estetica); di conseguenza, il pensiero di un oggetto in generale, mediante un concetto puro dell'intelletto, può diventare in noi conoscenza, solo in quanto tale concetto viene riferito ad oggetti dei sensi. L'intuizione sensibile può essere o intuizione pura (spazio e tempo), oppure intuizione empirica di ciò che viene rappresentato immediatamente, attraverso la sensazione, come reale nello spazio e nel tempo. Mediante la determinazione dell'intuizione pura, noi possiamo acquistare conoscenze *a priori* di oggetti (nella matematica), solo però secondo la forma di essi in quanto apparenze. Tuttavia, se possano sussistere cose,

---

getto viene chiamato intuizione. Queste apparenze, peraltro, non sono cose in se stesse, ma risultano soltanto rappresentazioni, che a loro volta possiedono un loro oggetto: quest'ultimo, dunque, non può piú essere intuito da noi, e perciò può chiamarsi l'oggetto non empirico, cioè trascendentale ($= x$).

Il concetto puro di questo oggetto trascendentale (che in realtà rimane sempre identico attraverso tutte le nostre conoscenze, $= x$) è ciò che può conferire una relazione con un oggetto, cioè una realtà oggettiva, a tutti i nostri **83**
concetti empirici in generale. Questo concetto, orbene, non può contenere nessuna intuizione determinata, e non riguarderà altro se non quell'unità, che deve ritrovarsi in un molteplice della conoscenza, in quanto tale molteplice sta in relazione con un oggetto. Tale relazione non è tuttavia altro se non l'unità necessaria della coscienza, e quindi anche della sintesi del molteplice, attraverso la

che debbano venir intuite in questa forma, rimane qui ancora indeciso. Di conseguenza tutti i concetti matematici non sono per sé conoscenze, se non in quanto si presupponga che si diano cose, le quali si possono presentare a noi solo in accordo con la forma di quell'intuizione sensibile pura. Le cose nello spazio e nel tempo, tuttavia, vengono date solo in quanto sono percezioni (rappresentazioni accompagnate da sensazione), e quindi solo attraverso una rappresentazione empirica. Di conseguenza, i concetti puri dell'intelletto, quand'anche siano applicati a intuizioni *a priori* (come nella matematica), producono conoscenza solo in quanto tali intuizioni — e quindi, attraverso esse, anche i concetti dell'intelletto — possano essere applicate a intuizioni empiriche. Perciò le categorie mediante l'intuizione non ci forniscono davvero alcuna conoscenza delle cose, se non attraverso la loro possibile applicazione all'intuizione empirica;

---

funzione comune dell'animo, la quale congiunge tale molteplice in una rappresentazione. D'altronde, poiché questa unità dev'essere considerata come necessaria *a priori* (in caso contrario, la conoscenza risulterebbe infatti priva di oggetto), cosí la relazione ad un oggetto trascendentale, ossia la realtà oggettiva della nostra conoscenza empirica, si fonderà sulla legge trascendentale, secondo cui tutte le apparenze — in quanto destinate a darci degli oggetti — devono essere sottomesse a quelle regole *a priori* della loro unità sintetica, in base alle quali soltanto è possibile una relazione di tali apparenze nell'intuizione empirica. Secondo questa legge trascendentale, cioè, le apparenze devono essere subordinate nell'esperienza a condizioni dell'unità necessaria dell'appercezione, allo stesso modo che nella semplice intuizione esse debbono sottostare alle condizioni formali dello spazio e del tempo. In altre parole, è soltanto mediante tali condizioni, che ogni conoscenza diventa possibile.

esse, cioè, servono soltanto per la possibilità della *conoscenza empirica*. Questa peraltro si chiama *esperienza*. Di conseguenza, le categorie non ammettono alcun altro uso per la conoscenza delle cose, se non in quanto queste ultime vengano assunte come oggetti di un'esperienza possibile.

§ 23.

La suddetta proposizione è della massima importanza,
poiché determina i limiti dell'uso dei concetti puri dell'in-
telletto riguardo agli oggetti, allo stesso modo in cui l'e- 118
stetica trascendentale determinava i limiti dell'uso della
forma pura della nostra intuizione sensibile. Spazio e
tempo — in quanto condizioni della possibilità del modo
in cui possono venirci dati degli oggetti — hanno valore

4.

Spiegazione preliminare della possibilità delle categorie in quanto conoscenze a priori

Vi è una sola esperienza, in cui tutte le percezioni sono rappresentate in una connessione completa e conforme a leggi, allo stesso modo che vi è un solo tempo e vi è un solo spazio, dove tutte le forme dell'apparenza, e tutte le relazioni di essere o non essere, hanno luogo. Quando si parla di diverse esperienze, si tratta soltanto di diverse percezioni, che appartengono ad una sola e medesima esperienza universale. L'unità completa e sintetica delle percezioni costituisce infatti appunto la forma dell'esperienza, e non è altro se non l'unità sintetica delle apparenze secondo concetti.

L'unità della sintesi, secondo concetti empirici, sarebbe

per gli oggetti dei sensi (e quindi dell'esperienza), e non oltre. Al di là di questi limiti, spazio e tempo non rappresentano assolutamente nulla; in effetti, essi sono soltanto nei sensi, e fuori di questi non possiedono alcuna realtà. I concetti puri dell'intelletto sono esenti da questa limitazione, e si estendono ad oggetti dell'intuizione, in generale, non importa che questa risulti simile alla nostra o no, purché sia sensibile e non intellettuale. Quest'estensione ulteriore dei concetti, al di là della nostra intuizione sensibile, non ci serve tuttavia a nulla. In effetti, si tratta allora di concetti privi di oggetti: mediante quei concetti non possiamo giudicare, riguardo a tali oggetti, se siano mai possibili, oppure no. Si tratta di semplici forme di pensiero senza realtà oggettiva, poiché non abbiamo a disposizione alcuna intuizione, cui potesse applicarsi l'unità sintetica dell'appercezione, che sola è contenuta in quei concetti, in modo che fosse ad essi possibile

---

del tutto contingente, se tali concetti non si basassero su
84 un fondamento trascendentale dell'unità. Se davvero non esistesse tale fondamento, sarebbe allora possibile, che una baraonda di apparenze riempisse la nostra anima, senza tuttavia che da ciò potesse mai sorgere un'esperienza. In tal caso cadrebbe d'altronde ogni relazione della conoscenza con oggetti, poiché a tale conoscenza mancherebbe una connessione in base a leggi universali e necessarie: si tratterebbe quindi bensí di una intuizione senza pensiero, ma mai di una conoscenza, il che non avrebbe per noi alcun valore.

Le condizioni *a priori* di una esperienza possibile in generale sono al tempo stesso condizioni della possibilità degli oggetti dell'esperienza. Io asserisco, orbene: le categorie sopra menzionate non sono altro se non le condizioni del pensiero in un'esperienza possibile, allo stesso modo che spa-

determinare un oggetto. Soltanto la *nostra* intuizione sensibile ed empirica può procurare a tali concetti un valore ed un significato.

Se si assume perciò come dato un oggetto di un'intuizione *non sensibile*, lo si può certo rappresentare mediante tutti i predicati, i quali si trovano già nel presupposto, *che ad esso non tocchi nulla di appartenente all'intuizione sensibile*, e quindi si dirà che esso non è esteso, ovvero non è nello spazio, che la sua durata non è un tempo, che in esso non si ritrova alcun mutamento (successione delle determinazioni nel tempo), ecc. Non si ha tuttavia una vera e propria conoscenza, se io indico semplicemente come l'intuizione dell'oggetto *non è*, senza poter dire che cosa sia allora contenuto in essa. In tal caso, infatti, io non ho rappresentato per nulla la possibilità di un oggetto per il concetto puro del mio intelletto, poiché non ho potuto

---

zio e tempo contengono *le condizioni dell'intuizione* per quella medesima esperienza. Le categorie sono dunque altresí concetti fondamentali, per pensare oggetti in generale delle apparenze, e possiedono quindi *a priori* una validità oggettiva. Ed è appunto questo, ciò che volevamo sapere.

La possibilità, anzi la necessità, di queste categorie si fonda peraltro sulla relazione, che l'intera sensibilità, e con essa tutte le apparenze possibili, hanno con l'appercezione originaria, in cui tutto deve essere necessariamente conforme alle condizioni dell'unità completa dell'autocoscienza, ossia deve essere subordinato alle funzioni universali della sintesi, della sintesi cioè secondo concetti, che è la sola in cui l'appercezione possa dimostrare *a priori* la sua completa e necessaria identità. Cosí, il concetto di causa non è altro se non una sintesi (di ciò che segue nella serie temporale, con altre apparenze) *secondo concetti*:

fornire alcuna intuizione che corrispondesse a tale concetto: piuttosto, ho potuto dire soltanto che la nostra intuizione non vale per questo concetto. Il punto principale, tuttavia, consiste qui nel fatto, che a un simile qualcosa non potrebbe davvero venire applicata neppure una sola categoria. Si assuma, per esempio, il concetto di una sostanza, cioè di un qualcosa, che può esistere come soggetto, ma non potrà mai esistere come semplice predicato. Al riguardo io non so affatto, se possa darsi una cosa qualsiasi, che corrisponda a questa determinazione di pensiero, fuorché l'intuizione empirica non mi fornisca il caso per l'applicazione. Ma su ciò diremo di piú nel seguito.

119 § 24.

Sull'applicazione delle categorie ad oggetti dei sensi, in generale

I concetti puri dell'intelletto si riferiscono, mediante il semplice intelletto, ad oggetti dell'intuizione in generale

---

senza una siffatta unità, che ha la sua regola *a priori* e che sottomette le apparenze a se stessa, nel molteplice delle percezioni non si potrebbe ritrovare un'unità completa ed universale — e quindi necessaria — della coscienza. In tal caso, però, queste percezioni non apparterrebbero ad alcuna esperienza, risultando quindi prive di oggetto e null'altro se non un cieco giuoco di rappresentazioni, ossia meno di un sogno.

Tutti i tentativi per derivare dall'esperienza quei concetti puri dell'intelletto, e per attribuire ad essi un'origine semplicemente empirica, sono perciò del tutto vani ed inutili. Non voglio soffermarmi sul fatto che, per esempio, il concetto di causa implica il carattere della necessità, la quale non può essere fornita da nessuna esperienza. L'esperienza, è vero, ci insegna che ad una certa appa-

— non importa che sia la nostra o qualsivoglia altra, purché sia sensibile — ma proprio per questo essi sono semplici forme di pensiero, attraverso cui non si conosce ancora alcun oggetto determinato. Come si è visto, la sintesi o congiunzione del molteplice in tali concetti si riferisce semplicemente all'unità dell'appercezione: in tal modo essa è il fondamento della possibilità della conoscenza *a priori* — in quanto quest'ultima si basa sull'intelletto — e risulta perciò non soltanto trascendentale, ma altresí puramente intellettuale. Dato però che sussiste *a priori* in noi una certa forma dell'intuizione sensibile — forma che si appoggia sulla recettività della capacità di rappresentazione (sensibilità) — l'intelletto allora, come spontaneità, può determinare il senso interno mediante il molteplice di rappresentazioni date, conformemente all'unità sintetica dell'appercezione, e può cosí pensare *a priori* l'unità sintetica dell'appercezione del molteplice dell'intuizione sensibile, conside-

---

renza segue di solito qualcos'altro, ma non ci insegna che
questo qualcos'altro debba seguire necessariamente a tale 85
apparenza, né che si possa concludere *a priori* ed in modo del tutto universale da questa apparenza — intesa come condizione — alla conseguenza. Tuttavia, quella regola empirica dell'associazione — che deve essere sempre ammessa, se si dice che nella serie successiva degli eventi tutto è sottoposto a regole in misura tale, che un qualcosa non può mai accadere senza un qualcos'altro che lo preceda, cui il primo qualcosa seguirà sempre — tale regola, intesa come legge della natura, su che cosa, io domando, si fonda dunque? e com'è possibile questa stessa associazione? Il fondamento della possibilità dell'associazione del molteplice si chiama, in quanto è contenuto nell'oggetto, l'affinità del molteplice. Io domando dunque: come riuscite a rendervi comprensibile l'univer-

rando tale unità come la condizione, cui debbono essere necessariamente subordinati tutti gli oggetti della nostra (umana) intuizione. In tal modo le categorie, in quanto semplici forme di pensiero, ricevono allora una realtà oggettiva, cioè trovano applicazione ad oggetti, che possono esserci dati nell'intuizione, soltanto però come apparenze; in effetti, è solo riguardo a queste che noi siamo capaci *a priori* di intuizione.

Questa sintesi — che è possibile e necessaria *a priori* — del molteplice dell'intuizione sensibile, la si può chiamare figurata (*synthesis speciosa*), per distinguerla da quella che viene pensata nella semplice categoria, riguardo al molteplice di un'intuizione in generale, e che si chiama congiunzione dell'intelletto (*synthesis intellectualis*). Entrambe sono trascendentali, non soltanto perché procedono esse stesse *a priori*, ma anche perché fondano *a priori* la possibilità di altra conoscenza.

---

sale affinità delle apparenze (mediante la quale esse sono sottomesse — e devono esserlo — a leggi costanti)?

In base alle mie proposizioni fondamentali, tale affinità è facilmente comprensibile. Tutte le apparenze possibili appartengono, in quanto rappresentazioni, alla totale autocoscienza possibile. Da tale autocoscienza, intesa come rappresentazione trascendentale, è peraltro inseparabile, e *a priori* certa, l'identità numerica, poiché nulla può entrare nella conoscenza se non mediante questa appercezione originaria. Ora, poiché questa identità deve intervenire necessariamente nella sintesi di tutto il molteplice delle apparenze — in quanto tale sintesi sia destinata a diventare conoscenza empirica — le apparenze saranno sottomesse a condizioni *a priori*, alle quali la loro sintesi (dell'apprensione) dovrà essere completamente conforme. Peraltro, la rappresentazione di una condizione universale, secondo cui un certo molteplice può essere posto

Tuttavia la sintesi figurata, quando si riferisce soltanto all'unità originariamente sintetica dell'appercezione, cioè a quell'unità trascendentale, che è pensata nelle categorie, deve chiamarsi la sintesi trascendentale della capacità d'immaginazione, per venir distinta dalla congiunzione semplicemente intellettuale. **Capacità di immaginazione** è la facoltà di rappresentare un oggetto, anche senza la sua presenza, nell'intuizione. Orbene, dato che ogni nostra 120 intuizione è sensibile, la capacità di immaginazione allora — a causa della condizione soggettiva, che è l'unica sotto cui essa possa fornire ai concetti dell'intelletto un'intuizione corrispondente — appartiene alla sensibilità. In quanto invece la sintesi della capacità di immaginazione è un atto di spontaneità, il quale è determinante e non già, come il senso, semplicemente determinabile — e perciò può determinare *a priori* il senso, secondo la forma

---

(in modo uniforme), si chiama regola, e quando tale molteplice deve essere posto cosí, si chiama legge. Tutte le apparenze stanno dunque in una connessione universale secondo leggi necessarie, e sono quindi legate da un'affinità trascendentale, di cui quella empirica è semplicemente la conseguenza.

Sembra davvero strano ed assurdo, che la natura debba regolarsi secondo il fondamento soggettivo della nostra appercezione, anzi, debba dipendere da esso per quanto riguarda la sua conformità a leggi. Ma se si riflette, che questa natura non è in sé null'altro che un insieme di apparenze, e non risulta quindi una cosa in sé, bensí semplicemente una pluralità di rappresentazioni dell'animo, non ci si meraviglierà allora di vederla soltanto nella facoltà radicale di ogni nostra conoscenza, cioè nell'appercezione trascendentale, in quella unità, che è la sola in vista della quale essa possa chiamarsi oggetto di

di questo, sulla base dell'unità dell'appercezione — la capacità di immaginazione è in tal caso una facoltà di determinare *a priori* la sensibilità, ed allora la sua sintesi delle intuizioni, *conformemente alle categorie*, dev'essere la sintesi trascendentale della *capacità di immaginazione*: ciò è un effetto, che l'intelletto produce sulla sensibilità, ed è la prima applicazione (al tempo stesso il fondamento di tutte le altre) dell'intelletto agli oggetti dell'intuizione a noi possibile. Tale sintesi, in quanto figurata, è distinta dalla sintesi intellettuale, che si produce semplicemente attraverso l'intelletto, prescindendo da ogni capacità di immaginazione. Ora, in quanto la capacità di immaginazione è spontaneità, io la chiamo talvolta altresí la capacità *produttiva* di immaginazione, distinguendola cosí da quella *riproduttiva*: la sintesi di quest'ultima è sottomessa unicamente a leggi empiriche, cioè a quelle dell'associazione, e tale capacità non contribuisce quindi per nulla a spiegare la possibilità della conoscenza *a priori*,

---

ogni esperienza possibile, cioè natura. E non ci meravi-
86 glieremo di poter conoscere proprio per tale ragione questa unità come *a priori*, e quindi altresí come necessaria. E noi dovremmo astenerci da tali tentativi, se la natura fosse data *in sé*, indipendentemente dalle fonti prime del nostro pensiero. In tal caso, difatti, io non saprei onde desumere le proposizioni sintetiche di una siffatta unità universale della natura, poiché esse dovrebbero allora venir ricavate dagli oggetti stessi della natura. Ma poiché questo non potrebbe avvenire se non empiricamente, non si riuscirebbe cosí a trarre da ciò alcun'altra unità, all'infuori di un'unità semplicemente accidentale, la quale sarebbe ben lungi dal bastare a costituire quella connessione necessaria, che viene intesa quando si parla di natura.

rientrando perciò non già nella filosofia trascendentale, bensí nella psicologia.

È questo il luogo opportuno, per rendere comprensibile il paradosso, che deve aver sorpreso tutti quanti, nel corso della nostra esposizione della forma del senso interno. Ossia, dobbiamo spiegare, in che modo il senso interno presenti alla coscienza proprio noi stessi, solamente come appariamo a noi stessi, non già come siamo in noi stessi, dal momento cioè che noi ci intuiamo soltanto nel modo in cui siamo *modificati* internamente. Ciò sembra essere contraddittorio, poiché noi dovremmo comportarci come passivi di fronte a noi stessi. Per tale ragione, nei sistemi di psicologia si suole piuttosto spacciare il *senso interno* come identico alla facoltà dell' *appercezione* (mentre noi li abbiamo distinti accuratamente). Ciò che determina il senso interno, è l'intelletto e la facoltà originaria — che quest'ultimo possiede — di congiungere il molteplice dell'intuizione, cioè di portarlo sotto un'appercezione (intesa come ciò su cui si fonda la possibilità

Io non posso avere coscienza fenomenica di me stesso

Sezione terza 12

SULLA RELAZIONE DELL'INTELLETTO AD OGGETTI IN GENERALE, E SULLA POSSIBILITÀ DI CONOSCERE «A PRIORI» QUESTI

Ciò che abbiamo esposto separatamente e singolarmente nella sezione precedente, vogliamo ora rappresentarlo riunito e secondo una connessione. Vi sono tre fonti soggettive di conoscenza, sulle quali si fonda la possibilità di un'esperienza in generale e della conoscenza dei suoi oggetti: *senso, capacità di immaginazione* ed *appercezione*. Ciascuna di queste fonti può essere considerata come empirica, nell'applicazione cioè ad apparenze date; tutte quante sono però altresí elementi o

stessa dell'intelletto). Ora, poiché in noi uomini l'intel-
121 letto non è come tale una facoltà delle intuizioni, e poiché esso, quand'anche le intuizioni fossero date nella sensibilità, non potrebbe tuttavia accoglierle entro di sé, al fine di congiungere, per cosí dire, il molteplice della sua propria intuizione, la sintesi dell'intelletto allora, se esso viene considerato per sé solo, non è altro se non l'unità dell'atto il quale entra come tale nella coscienza dell'intelletto, anche a prescindere dalla sensibilità, ed attraverso il quale, per contro, l'intelletto stesso è in grado di determinare internamente la sensibilità, rispetto al molteplice che può essergli dato secondo la forma dell'intuizione della sensibilità. Sotto il nome di sintesi trascendentale della capacità di immaginazione, perciò, l'intelletto esercita sul soggetto passivo — del quale esso è una facoltà — quell'atto riguardo a cui noi diciamo con ragione, che il senso interno è da esso modificato. L'appercezione, con la sua unità sintetica, è tanto lungi dall'identificarsi con il senso interno, che piuttosto, in quanto

---

fondamenti *a priori*, che rendono possibile questo stesso uso empirico. Il senso rappresenta empiricamente le apparenze nella percezione; la capacità di immaginazione le rappresenta empiricamente nell'associazione (e riproduzione); l'appercezione, nella coscienza empirica dell'identità fra queste rappresentazioni riproduttive e le apparenze onde esse sono date, ossia rappresenta empiricamente le apparenze nella ricognizione.

D'altro canto, l'insieme delle percezioni si fonda *a priori* sull'intuizione pura (per quanto riguarda le percezioni intese come rappresentazioni, esse si fondano sulla forma dell'intuizione interna, il tempo); l'associazione si fonda *a priori* sulla sintesi pura della capacità di immagi-

fonte di ogni congiunzione, essa si riferisce al molteplice delle *intuizioni in generale*, e sotto il nome delle categorie si riferisce agli oggetti in generale, anteriormente ad ogni intuizione sensibile. Per contro, il senso interno contiene la semplice *forma* dell'intuizione, ma senza congiunzione del molteplice nell'intuizione, e quindi non contiene ancora alcuna intuizione *determinata*: quest'ultima è possibile soltanto attraverso la coscienza della determinazione del senso interno, per opera dell'atto trascendentale della capacità di immaginazione (influsso sintetico dell'intelletto sul senso interno), 20
atto che io ho chiamato la sintesi figurata.

Ciò, d'altronde, lo percepiamo sempre in noi. Noi non possiamo pensare una linea, senza *tracciarla* nel pensiero, non possiamo pensare un circolo, senza *descriverlo*, non possiamo affatto rappresentare le tre dimensioni dello spazio, senza *porre* tre linee perpendicolari fra loro, uscenti dal medesimo punto, e non possiamo rappresentare neppure il tempo, se non prestando attenzione, nel *tracciare* una linea retta (che

---

nazione; la coscienza empirica si fonda *a priori* sull'appercezione pura, cioè sull'universale identità di sé attraverso tutte le possibili rappresentazioni.

87 Se ora vogliamo seguire l'intimo fondamento di questa connessione delle rappresentazioni sino al punto, in cui esse devono tutte quante convergere, per raggiungere là per la prima volta quell'unità della conoscenza che si richiede per un'esperienza possibile, noi dobbiamo allora prendere le mosse dall'appercezione pura. Tutte le intuizioni sono per noi nulla, e non ci riguardano minimamente, se non possono essere accolte nella coscienza (non importa poi che vi entrino direttamente o indirettamente): è solo mediante tale coscienza, che la conoscenza è possibile. Noi siamo coscienti *a priori* dell'ininterrotta identità

vuol essere la rappresentazione esternamente figurata nel tempo), soltanto a quell'atto della sintesi del molteplice, con cui noi determiniamo successivamente il senso interno, e in tal modo, alla successione di questa determinazione nel senso interno. È anzi il movimento, in quanto atto del soggetto (non già in quanto determinazione di un oggetto)[1],
122 e perciò sintesi del molteplice nello spazio — se facciamo astrazione da questo molteplice e badiamo soltanto all'atto con cui determiniamo il *senso interno* secondo la sua forma — ciò che per la prima volta produce il concetto della successione. Perciò l'intelletto non *trova* nel

121 33 [1] Il movimento di un *oggetto* nello spazio non appartiene ad una scienza pura, e quindi neppure alla geometria: in effetti, che un qualcosa sia mobile, può essere conosciuto non già *a priori*, bensí solo attraverso l'esperienza. Il movimento come *descrizione* di uno spazio, invece, è un atto puro della successiva sintesi del molteplice nell'intuizione esterna
122 33 in generale, attraverso la capacità produttiva di immaginazione, ed appartiene non soltanto alla geometria, ma anche alla filosofia trascendentale.

---

di noi stessi a riguardo di tutte le rappresentazioni, che possano mai appartenere alla nostra conoscenza, e siamo coscienti di tale identità in quanto condizione necessaria della possibilità di tutte le rappresentazioni (poiché queste rappresentano qualcosa in me solo per il fatto che appartengano insieme con tutto il resto ad una sola coscienza, e devono quindi almeno poter essere connesse in tale coscienza). Questo principio risulta stabilito *a priori*, e può chiamarsi *principio trascendentale dell'unità* di tutto il molteplice delle nostre rappresentazioni (e quindi anche di quello contenuto nell'intuizione). L'unità del molteplice in un soggetto, orbene, è sintetica: l'appercezione pura fornisce quindi un principio della unità sintetica del molteplice in ogni intuizione possibile[1].

87 [1] Si presti bene attenzione a questa proposizione, che è di grande importanza. Tutte le rappresentazioni si riferiscono necessariamente ad

senso interno, se mai, già una siffatta congiunzione del molteplice, ma piuttosto la produce, mentre lo modifica. Si supponga di dover spiegare come l'io che pensa sia differente dall'io che intuisce se stesso (dato che posso rappresentarmi ancora un altro modo di intuizione, almeno come possibile), e nondimeno, in quanto si tratta di un medesimo soggetto, sia identico a quest'altro io; di conseguenza, come si possa dire: io, come intelligenza e come soggetto pensante, conosco me stesso come oggetto pensato, in quanto sono altresí dato a me stesso nell'intuizione, non già tuttavia cosí come io sono di fronte all'intelletto, ma cosí come apparisco a me stesso, al pari degli altri fenomeni. Spiegare ciò non presenta né maggiore né minore difficoltà del dire, come io possa essere in generale un oggetto per me stesso, e precisamente un oggetto dell'intuizione e delle percezioni interne. Ma che le cose debbano stare realmente cosí, può venir mostrato

---

Questa unità sintetica, peraltro, presuppone o include 88
una sintesi; e se tale unità è necessaria *a priori*, la sintesi

una coscienza empirica possibile: in effetti, se esse non possedessero un tale riferimento, e se fosse del tutto impossibile prendere coscienza di esse, sarebbe come se non esistessero affatto. Ogni coscienza empirica si riferisce peraltro necessariamente ad una coscienza trascendentale (che precede ogni esperienza particolare), cioè alla coscienza di me stesso, intesa come appercezione originaria. È dunque assolutamente necessario, che nella mia conoscenza ogni coscienza appartenga ad una sola coscienza (di me stesso). Perciò abbiamo qui un'unità sintetica del molteplice (della coscienza), la quale viene conosciuta *a priori*, e fornisce cosí il fondamento per le proposizioni sintetiche *a priori* riguardanti il pensiero puro, allo stesso modo che spazio e tempo forniscono il fondamento per le proposizioni sintetiche *a priori* riguardanti la forma della semplice intuizione. La proposizione sintetica: tutte le diverse coscienze empiriche devono congiungersi in un'unica autocoscienza, costituisce la proposizione fondamentale sintetica e assolutamente prima del nostro pensiero in generale. Non bisogna tuttavia trascurare il fatto, che la semplice rappresentazione: io, nel suo riferimento a tutte le altre (la cui unità collettiva è resa possibile da essa), costituisce la coscienza trascendentale. Qui non importa nulla che tale

chiaramente, quando si ammetta lo spazio come una semplice forma pura delle apparenze dei sensi esterni. In effetti, noi non possiamo rappresentarci il tempo, che pure non è per nulla un oggetto dell'intuizione esterna, altrimenti che attraverso l'immagine di una linea, in quanto la tracciamo: senza questo modo di presentazione non potremmo affatto conoscere l'unità della dimensione del tempo. Del pari, noi ricaviamo sempre la determinazione della lunghezza di tempo, o anche delle posizioni di tempo, per tutte le percezioni interne, da ciò che le cose esterne ci presentano di mutevole, e di conseguenza dobbiamo ordinare le determinazioni del senso interno, come apparenze nel tempo, proprio allo stesso modo in cui ordiniamo le determinazioni dei sensi esterni nello spazio. Ciò posto, se riguardo a queste ultime determinazioni noi ammettiamo di conoscere oggetti mediante esse solo in quanto siamo modificati esternamente, dobbiamo dunque concedere altresí, riguardo al senso interno, che noi intuiamo mediante esso noi stessi soltanto nel modo in cui siamo modificati internamente da noi stessi, ossia,

---

dovrà altresí essere una sintesi *a priori*. L'unità trascendentale dell'appercezione si riferisce perciò alla sintesi pura della capacità di immaginazione, come ad una condizione *a priori* della possibilità di ogni composizione del molteplice in una conoscenza. Peraltro, soltanto la sintesi produttiva della capacità di immaginazione può aver luogo *a priori*; la sintesi riproduttiva si fonda infatti su condizioni dell'esperienza. Il principio dell'unità necessaria della sintesi pura (produttiva) della capacità di immaginazione, prima del-

rappresentazione possa essere chiara (coscienza empirica) oppure oscura; anzi, non importa neppure la realtà della coscienza: piuttosto, la possibilità della forma logica di ogni conoscenza si fonda necessariamente sulla relazione a questa appercezione, intesa come una facoltà.

che per quanto riguarda l'intuizione interna, noi conosciamo il nostro proprio soggetto solo come apparenza, ma non secondo ciò che esso è in se stesso[1].

§ 25. 123

Per contro, nella sintesi trascendentale del molteplice delle rappresentazioni in generale, e quindi nell'originaria unità sintetica dell'appercezione, io non sono cosciente di me stesso come apparisco a me, né come sono in me stesso, bensí ho coscienza soltanto *che* io sono. Questa *rappresentazione* è un *pensare*, non un *intuire*. Ora, dato che per la *conoscenza* di noi

[1] Non vedo come si possa trovare cosí tanta difficoltà nel fatto che il 35 122
senso interno venga modificato da noi stessi. Ogni atto dell'*attenzione* può fornirci un esempio in proposito. In tale atto l'intelletto determina sempre il senso interno — conformemente alla congiunzione che esso pensa 24 123
— ad un'intuizione interna che corrisponda al molteplice nella sintesi dell'intelletto. In qual notevole misura venga allora comunemente modificato l'animo, ciascuno potrà percepirlo in se stesso.

---

l'appercezione, costituisce dunque il fondamento della possibilità di ogni conoscenza, particolarmente dell'esperienza.

La sintesi del molteplice nella capacità di immaginazione, orbene, la chiamiamo trascendentale, se essa — senza distinzione di intuizioni — si riferisce *a priori* semplicemente alla congiunzione del molteplice. E l'unità di questa sintesi si dice trascendentale, quando è rappresentata come necessaria *a priori* in riferimento all'unità originaria dell'appercezione. Ora, in quanto quest'ultima sta a fondamento della possibilità di ogni conoscenza, l'unità trascendentale della sintesi della capacità di immaginazione è allora la forma pura di ogni conoscenza possibile, forma, dunque, mediante la quale tutti gli oggetti di un'esperienza possibile devono essere rappresentati *a priori*.

stessi si richiede, oltre all'atto del pensare, che porta il molteplice di ogni intuizione possibile all'unità dell'appercezione, altresí una determinata specie di intuizione, da cui viene dato questo molteplice, allora la mia propria esistenza non è certo apparenza (tanto meno, una semplice illusione), ma la determinazione della mia esistenza[1] può verificarsi solo in base alla forma del senso interno, nel modo particolare in cui viene dato nell'intuizione interna

123 [1] L'io penso esprime l'atto del determinare la mia esistenza. Con ciò l'esistenza è quindi già data; tuttavia, con ciò non è ancora dato il modo in cui io debbo determinare tale esistenza, cioè porre in me il molteplice che appartiene ad essa. Per questo si richiede l'auto-intuizione, che si fonda su una forma data *a priori*, cioè il tempo, il quale è sensibile ed appartiene alla recettività di ciò che è determinabile. Orbene, se io non ho pure un'altra auto-intuizione, che fornisca ciò che è *determinante* in me — io sono cosciente soltanto della spontaneità di questo — dandolo anteriormente all'atto del *determinare*, allo stesso modo che il *tempo* dà il determinabile, io non potrò determinare la mia esistenza come esistenza di un ente che agisce in modo spontaneo. Piuttosto, io mi rappresento soltanto la spontaneità del mio pensare, cioè dell'atto del determinare, e la mia esistenza rimarrà sempre determinabile solo sensibilmente, cioè come l'esistenza di un'apparenza. Questa spontaneità, tuttavia, fa sí che io chiami me stesso *intelligenza*.

L'unità dell'appercezione in riferimento alla sintesi della capacità di immaginazione è l'intelletto; questa medesima unità in riferimento alla *sintesi trascendentale della capacità di immaginazione è l'intelletto puro*. Nell'intelletto vi sono dunque conoscenze pure *a priori*, che contengono l'unità necessaria della sintesi pura della capacità di immaginazione a riguardo di tutte le apparenze possibili. Si tratta invero delle *categorie*, cioè dei concetti puri dell'intelletto; di conseguenza, la capacità conoscitiva empirica dell'uomo contiene necessariamente un intelletto, che si riferisce — sia pure soltanto mediante l'intuizione e la sua sintesi attraverso la capacità di immagina-

il molteplice che io congiungo. Di conseguenza, io non ho affatto una *conoscenza* di me, *cosí come sono*, ma semplicemente del modo in cui *appaio* a me stesso. La coscienza di sé è quindi ben lungi dall'essere una conoscenza di sé, malgrado tutte le categorie che costituiscono il pensiero di un *oggetto in generale*, mediante la congiunzione del molteplice in una appercezione. Allo stesso modo che, per la conoscenza di un oggetto differente da me, io ho bisogno, oltre che del pensiero di un oggetto *in generale* (nella categoria), altresí di un'intuizione, con cui determinare quel concetto universale, cosí, anche per la conoscenza di me stesso, io ho bisogno, oltre che della coscienza, ossia del fatto di pensare me stesso, altresí di un'intuizione del molteplice 124
in me, con cui determinare questo pensiero. Ed io esisto come intelligenza, che ha coscienza unicamente della sua facoltà di connessione, ma riguardo al molteplice, che essa deve connettere, è sottomessa ad una condizione restrittiva — che essa chiama il senso interno — consistente nel rendere intuitiva quella connessione solo in conformità

---

zione — a tutti gli oggetti dei sensi. Tutte le apparenze, in quanto *data* per un'esperienza possibile, sono dunque subordinate a tale intelletto. Ora, poiché questo riferimento delle apparenze ad un'esperienza possibile è ugualmente necessario (poiché senza di esso noi non otterremmo alcuna conoscenza mediante le apparenze, ed esse quindi non ci interesserebbero affatto), ne segue che l'intelletto puro costituisce, mediante le categorie, un principio formale e 39
sintetico di tutte le esperienze, e che le apparenze hanno una *necessaria relazione con l'intelletto*.

Cercheremo ora di esporre chiaramente la necessaria connessione dell'intelletto con le apparenze per mezzo delle categorie, cominciando dal basso, ossia da ciò che

di rapporti temporali, che si trovano del tutto al di fuori dei veri e propri concetti dell'intelletto. Tale intelligenza può quindi conoscere se stessa solo nel modo in cui essa semplicemente appare a se stessa, rispetto ad un'intuizione (che non può essere intellettuale, cioè data dall'intelletto stesso), non già nel modo in cui essa conoscerebbe se stessa, se la sua intuizione fosse intellettuale.

§ 26.

Deduzione trascendentale dell'uso — universalmente possibile — di esperienza dei concetti puri dell'intelletto

Nella deduzione metafisica, l'origine *a priori* delle categorie è stata mostrata in generale mediante il loro pieno accordo con le funzioni logiche universali del pensiero; nella deduzione trascendentale, invece, è stata esposta la possibilità delle categorie come conoscenze *a priori* di oggetti di un'intuizione in generale

---

è empirico. La prima cosa che ci viene data è l'apparenza, la quale, se è congiunta con la coscienza, si dice percezione (senza una relazione con una coscienza almeno possibile, l'apparenza non potrebbe mai diventare per noi un oggetto di conoscenza: essa non sarebbe dunque nulla per noi, e poiché in se stessa non ha alcuna realtà oggettiva, esistendo soltanto nella conoscenza, essa non sarebbe nulla assolutamente). Peraltro, dal momento che ogni apparenza contiene un molteplice, e che nell'animo si ritrovano quindi, separatamente e singolarmente, percezioni diverse, è allora necessaria una loro congiunzione, che esse non possono avere nel senso stesso. In noi vi è dunque una facoltà attiva per la sintesi di questo molteplice. Tale facoltà, noi la chiamiamo capacità di immagi-

(§§ 20, 21). Adesso deve venir spiegata la possibilità di conoscere *a priori*, mediante le categorie, gli oggetti che possono eventualmente presentarsi ai nostri sensi, e ciò, per essere precisi, non secondo la forma della loro intuizione, bensí secondo le leggi della loro connessione. Dev'essere spiegata, perciò, la possibilità di prescrivere alla natura, per cosí dire, la legge, anzi, di rendere la natura possibile. Senza questa idoneità delle categorie, infatti, non risulterebbe chiaro come tutto ciò che eventualmente può presentarsi ai nostri sensi debba sottostare alle leggi, che scaturiscono *a priori* dall'intelletto soltanto.

Faccio anzitutto notare che, per sintesi dell'apprensione, io intendo quella composizione del molteplice di un'intuizione empirica, per cui diviene possibile la percezione, cioè la coscienza empirica di tale intuizione (come apparenza).

Nelle rappresentazioni di spazio e tempo, noi abbiamo *a priori* delle forme tanto dell'intuizione sensibile esterna quanto di quella interna, e la sintesi dell'appren-

---

nazione; l'azione — applicata immediatamente alle percezioni — della capacità di immaginazione, io la chiamo apprensione[1]. La capacità di immaginazione è infatti destinata a trasformare il molteplice dell'intuizione in un'immagine; in precedenza, quindi, essa deve ricevere le impressioni entro la sua attività, cioè deve apprenderle.

[1] Che la capacità di immaginazione sia un ingrediente necessario della stessa percezione, è qualcosa che nessuno psicologo ha sinora pensato. Ciò dipende dal fatto, che in parte si è confinata questa facoltà soltanto alle riproduzioni, e in parte si è creduto che i sensi non soltanto ci fornissero le impressioni, ma altresí le componessero, costituendo immagini degli oggetti: a tale scopo, senza dubbio, si richiede qualcosa di piú, oltre alla recettività delle impressioni, ossia si richiede una funzione per la loro sintesi. 31 39

sione del molteplice dell'apparenza deve sempre essere conforme a tali rappresentazioni, dato che essa stessa può verificarsi soltanto secondo questa forma. Tempo e spazio, tuttavia, sono rappresentazioni *a priori*, non soltanto come
125 *forme* dell'intuizione sensibile, ma come *intuizioni* (che contengono un molteplice) essi stessi, e quindi con la determinazione dell'*unità* di questo molteplice che si trova in essi (vedi Estetica trascendentale)[1].

125 [1] Lo spazio, rappresentato in quanto *oggetto* (come realmente si richiede in geometria), contiene di piú che la semplice forma dell'intuizione, cioè contiene la *comprensione* del *datum* molteplice, fornito secondo la forma della sensibilità, in una rappresentazione *intuitiva*, cosicché la *forma dell'intuizione* dà soltanto il molteplice, mentre l'*intuizione formale* fornisce l'unità della rappresentazione. Nell'Estetica avevo attribuito quest'unità semplicemente alla sensibilità, col solo scopo di far osservare che essa precede ogni concetto, sebbene presupponga una sintesi, la quale non appartiene ai sensi, ma mediante la quale tutti i concetti di spazio e tempo risultano per la prima volta possibili. In effetti, dato che mediante tale sintesi (quando l'intelletto determina la sensibilità) il tempo e lo spazio vengono per la prima volta *dati* come intuizioni, allora l'unità di questa intuizione *a priori* appartiene allo spazio ed al tempo, non già al concetto dell'intelletto (§ 24).

È tuttavia chiaro, che anche questa apprensione del molteplice non potrebbe da sola produrre un'immagine ed un collegamento delle impressioni, se non esistesse un fondamento soggettivo, per richiamare una percezione — onde l'animo è passato ad un'altra — verso le percezioni successive, e per rappresentare cosí intere serie di percezioni: ossia, se non esistesse una facoltà riproduttiva della capacità di immaginazione, facoltà che d'altronde è soltanto empirica.

Tuttavia, se le rappresentazioni si riproducessero l'una l'altra indifferenziatamente, cosí come capitano assieme, in tal caso non si costituirebbe mai una loro connessione determinata, ma si formerebbero semplicemente dei loro agglomerati senza regola, e quindi non sorgerebbe affatto

Di conseguenza, persino la stessa *unità della sintesi* del molteplice che si trova fuori o dentro di noi — e quindi anche una *congiunzione*, cui dev'essere conforme tutto ciò che è destinato a venir rappresentato determinatamente nello spazio o nel tempo — è già data *a priori*, come condizione della sintesi di ogni *apprensione*, insieme *con* queste (non già in queste) intuizioni. Questa unità sintetica, tuttavia, non può essere altra se non quella della congiunzione in una coscienza originaria — conformemente alle categorie — del molteplice di una data *intuizione in generale*: solo che tale unità viene applicata alla nostra *intuizione sensibile*. Di conseguenza la sintesi, su cui si fonda la possibilità persino della percezione, è in ogni caso soggetta alle categorie; e dal momento che l'esperienza è conoscenza mediante percezioni connesse, le categorie allora sono condizioni della possibilità del-

---

una conoscenza. La loro riproduzione dovrà dunque avere 90
una regola, in base alla quale una rappresentazione si congiunga nella capacità di immaginazione con una certa rappresentazione, piuttosto che con un'altra. Questo fondamento soggettivo ed *empirico* della riproduzione secondo regole, lo si chiama *associazione* delle rappresentazioni.

Peraltro, se questa unità dell'associazione non avesse altresí un fondamento oggettivo, per cui fosse impossibile, che le apparenze venissero apprese dalla capacità di immaginazione altrimenti che sotto la condizione di una possibile unità sintetica di questa apprensione, risulterebbe allora del tutto contingente, che le apparenze potessero rientrare in una connessione delle conoscenze umane. In effetti, quand'anche noi avessimo la facoltà di associare percezioni, la questione se esse stesse siano associabili rimarrebbe tuttavia in sé del tutto indeterminata e contin-

l'esperienza, e sono quindi valide *a priori* altresí per tutti gli oggetti dell'esperienza.

Se quindi, per esempio, dall'intuizione empirica di una casa io traggo una percezione, mediante l'apprensione del molteplice di tale intuizione, mi fondo allora sull' *unità necessaria* dello spazio e dell'intuizione sensibile esterna in generale, e disegno per cosí dire la figura della casa, conformemente a quest'unità sintetica del molteplice nello spazio. Ma questa medesima unità sintetica, se io faccio astrazione dalla forma dello spazio, ha la sua sede nell'intelletto, ed è la categoria della sintesi dell'omogeneo in un'intuizione in generale, cioè la categoria della
126 *quantità*, cui dev'essere perciò completamente conforme quella sintesi dell'apprensione, cioè la percezione[1].

126 31 [1] In tal modo viene dimostrato che la sintesi dell'apprensione, la quale è empirica, dev'essere necessariamente conforme alla sintesi dell'apper-

---

gente; e nel caso che non fossero associabili, sarebbe allora possibile una moltitudine di percezioni, anzi, un'intera sensibilità, per cui si ritroverebbero nel mio animo molte coscienze empiriche, tuttavia separate e non appartenenti ad *una sola* coscienza di me stesso: il che è impossibile. In effetti, è solo perché attribuisco tutte le percezioni ad una sola coscienza (dell'appercezione originaria), che io posso dire, a proposito di tutte le percezioni: sono cosciente di esse. Deve dunque esserci un fondamento oggettivo — che cioè si possa comprendere *a priori*, anteriormente a tutte le leggi empiriche della capacità di immaginazione — sul quale si basi la possibilità, anzi la necessità, di una legge estendentesi attraverso tutte le apparenze, e il quale, in altre parole, ci faccia considerare universalmente le apparenze come siffatti *data* dei sensi, che siano in sé associabili, e risultino sottomessi a regole universali di una connessione completa nella riproduzione.

Se (per citare un altro esempio) io percepisco il congelarsi dell'acqua, apprendo allora due stati (fluido e solido) come tali da stare tra loro in una relazione di tempo. Ma nel tempo che pongo, come intuizione interna, a fondamento dell'apparenza, io mi rappresento necessariamente l'unità sintetica del molteplice, senza la quale la suddetta relazione non potrebbe venir fornita come determinata in un'intuizione (rispetto alla successione temporale). Questa unità sintetica, in quanto condizione *a priori* sotto cui io congiungo il molteplice di una intuizione in generale, è peraltro — quando io faccio astrazione dalla forma costante della mia intuizione interna, il tempo — la categoria di causa:

cezione, che è intellettuale, e contenuta del tutto *a priori* nella categoria. Si tratta di una sola e medesima spontaneità, che nel primo caso sotto il nome di capacità di immaginazione, e nel secondo sotto il nome di intelletto, introduce una congiunzione nel molteplice dell'intuizione.

Questo fondamento oggettivo di ogni associazione delle apparenze, io lo chiamo affinità delle apparenze. Tale fondamento non può essere ritrovato da nessun'altra parte, se non nel principio dell'unità dell'appercezione a riguardo di tutte le conoscenze destinate ad appartenermi. In base a questo principio, tutte quante le apparenze devono entrare nell'animo, o essere apprese, in modo da accordarsi con l'unità dell'appercezione. Ciò sarebbe impossibile, senza un'unità sintetica nella connessione delle apparenze: tale unità è dunque oggettivamente necessaria.

L'unità oggettiva di ogni coscienza (empirica) in una sola coscienza (dell'appercezione originaria) è dunque la condizione necessaria persino di ogni percezione possibile; e l'affinità di tutte le apparenze (vicine o lontane) è una 91
conseguenza necessaria di una sintesi — nella capacità di immaginazione — che è fondata *a priori* su regole.

La capacità di immaginazione è quindi altresí una

mediante questa, se io la applico alla mia sensibilità, determino tutto ciò che accade — secondo la sua relazione — nel tempo in generale. Perciò l'apprensione in un tale evento — e quindi questo evento stesso, considerato come una percezione possibile — è subordinata al concetto del rapporto tra gli effetti e le cause. Cosí si dica per tutti gli altri casi.

Le categorie sono concetti, che prescrivono leggi *a priori* alle apparenze, e quindi alla natura come insieme di tutte le apparenze (*natura materialiter spectata*). E dato che tali leggi non sono derivate dalla natura né si conformano ad essa, come al loro modello (poiché altrimenti sarebbero semplicemente empiriche), si domanda ora di riuscire a comprendere, come la natura debba conformarsi ad esse, cioè, in che modo esse possano determinare *a priori* la

---

facoltà di sintesi *a priori*: per tale ragione, noi le diamo il nome di capacità produttiva dell'immaginazione. E in quanto tale capacità, rispetto a tutto il molteplice dell'apparenza, non mira a null'altro se non all'unità necessaria nella sintesi dell'apparenza, tale unità può allora chiamarsi la funzione trascendentale della capacità di immaginazione. È quindi certamente strano, ma ormai evidente (dopo quanto abbiamo detto), che l'affinità stessa delle apparenze, e con essa l'associazione, nonché infine, attraverso questa, la riproduzione secondo leggi, e di conseguenza l'esperienza stessa, diventano possibili solo mediante questa funzione trascendentale della capacità di immaginazione: senza tale funzione, in effetti, i concetti degli oggetti non potrebbero mai confluire in una sola esperienza.

L'io stabile e permanente (dell'appercezione pura) costituisce veramente il termine correlativo di tutte le nostre rappresentazioni, in quanto risulti mai possibile

congiunzione del molteplice della natura, senza desumerla da questa. La soluzione di questo enigma è la seguente.

Il modo in cui le leggi delle apparenze nella natura debbono accordarsi con l'intelletto e la sua forma *a priori*, cioè con la sua facoltà di congiungere il molteplice in generale, non è affatto piú sorprendente del modo in cui le apparenze stesse debbono accordarsi con la forma *a priori* dell'intuizione sensibile. In effetti, le leggi non esi- 127
stono davvero nelle apparenze, ma solo relativamente al soggetto cui ineriscono le apparenze, in quanto tale soggetto possiede intelletto, allo stesso modo che le apparenze non esistono in sé, ma solo relativamente a quel medesimo ente, in quanto esso possiede sensi. Alle cose in se stesse, la conformità a leggi toccherebbe per necessità, anche indipendentemente da un intelletto che le conosca. Senonché, le apparenze sono soltanto rappresentazioni di cose, le quali risultano sconosciute rispetto a quello che possono

---

divenir coscienti di esse. Ed ogni coscienza appartiene ad una appercezione pura universalmente comprensiva, allo stesso modo che ogni intuizione sensibile, intesa come rappresentazione, appartiene ad un'intuizione pura interna, cioè al tempo. È appunto questa appercezione, che deve aggiungersi alla capacità pura di immaginazione, allo scopo di rendere intellettuale la sua funzione. In se stessa, difatti, la sintesi della capacità di immaginazione, sebbene esercitata *a priori*, è tuttavia sempre sensibile, poiché congiunge il molteplice, badando soltanto al modo in cui esso a p p a r e nell'intuizione (per esempio, la figura di un triangolo). Peraltro, la relazione del molteplice con l'unità dell'appercezione potrà far sí che i concetti appartenenti all'intelletto si realizzino, solo però in quanto riferiti all'intuizione sensibile mediante la capacità di immaginazione.

Noi possediamo dunque una capacità pura di immagi-

essere in sé. In quanto semplici rappresentazioni, peraltro, esse non sono subordinate ad alcun'altra legge di connessione, se non a quella prescritta dalla facoltà che connette. Ciò che connette il molteplice dell'intuizione sensibile, orbene, è la capacità di immaginazione, che dipende dall'intelletto, rispetto all'unità della propria sintesi intellettuale, e dipende dalla sensibilità, rispetto alla molteplicità dell'apprensione. Ora, dato che ogni possibile percezione dipende dalla sintesi dell'apprensione, e che questa stessa sintesi empirica dipende peraltro da quella trascendentale, e quindi dalle categorie, in tal caso tutte le percezioni possibili, e perciò anche tutto quello che può eventualmente pervenire alla coscienza empirica, cioè tutte le apparenze della natura, debbono, quanto alla loro congiunzione, essere soggette alle categorie, dalle quali la natura (considerata semplicemente come natura in generale) dipende, come dal fondamento originario della sua

---

nazione, come una delle facoltà fondamentali dell'anima umana, che sta a fondamento di ogni conoscenza *a priori*. Mediante tale capacità, noi congiungiamo il molteplice dell'intuizione — da un lato — con la condizione dell'unità necessaria dell'appercezione pura, d'altro lato. I due termini estremi, cioè la sensibilità e l'intelletto, debbono risultare necessariamente connessi mediante questa funzione trascendentale della capacità di immaginazione: in caso contrario, difatti, la sensibilità ci fornirebbe bensí le apparenze, ma non già oggetti di una conoscenza empirica, né quindi un'esperienza. La vera esperienza, che
92 è costituita dall'apprensione, dall'associazione (della riproduzione), e infine dalla ricognizione delle apparenze, contiene nella ricognizione — che tra questi elementi semplicemente empirici dell'esperienza è l'ultimo ed il piú alto — certi concetti, che rendono possibile l'unità formale della esperienza, e con essa ogni validità oggettiva (verità)

necessaria conformità a leggi (in quanto *natura formaliter spectata*). Tuttavia, oltre alle leggi, su cui si fonda una *natura in generale*, in quanto conformità a leggi delle apparenze nello spazio e nel tempo, nemmeno la facoltà pura dell'intelletto è in grado, mediante semplici categorie, di prescrivere *a priori* leggi alle apparenze. Le leggi particolari, dato che riguardano apparenze empiricamente determinate, *non* possono venir *derivate completamente* dalle categorie, pur essendo tutte quante soggette a queste. Deve aggiungersi l'esperienza, perché si possa *in generale* riuscire a conoscere tali leggi; ma soltanto quelle altre leggi *a priori* forniscono un ammaestramento riguardo all'esperienza in generale, e a ciò che può essere conosciuto come oggetto di questa.

---

della conoscenza empirica. Questi fondamenti della ricognizione del molteplice — in quanto riguardano *semplicemente la forma di una esperienza in generale* — sono le suddette *categorie*. Su di esse si fonda dunque ogni unità formale nella sintesi della capacità di immaginazione, e mediante tale unità, altresí ogni uso empirico di questa capacità (nella ricognizione, riproduzione, associazione, apprensione), sino a giungere alle apparenze, poiché è soltanto mediante tali elementi, che le apparenze possono appartenere alla conoscenza, ed in generale alla nostra coscienza, ossia a noi stessi.

L'ordine e la regolarità delle apparenze, che noi chiamiamo *natura*, siamo quindi noi stessi ad introdurli. D'altronde, noi non potremmo certo trovarli nella natura, se noi stessi (o la natura del nostro animo) non li avessimo originariamente introdotti. Questa unità della natura, in effetti, deve essere un'unità necessaria — ossia certa *a priori* — della connessione delle apparenze. E come potremmo costituire *a priori* un'unità sintetica, se nelle fonti

§ 27.

Risultato di questa deduzione dei concetti dell'intelletto

Noi non possiamo pensare alcun oggetto, se non mediante categorie; non possiamo conoscere alcun oggetto pensato, se non mediante intuizioni che corrispondano a quei concetti. Tutte le nostre intuizioni, orbene,
128 sono sensibili, e tale conoscenza, in quanto il suo oggetto è dato, è empirica. La conoscenza empirica, peraltro, è esperienza. Di conseguenza, per noi non è possibile alcuna conoscenza *a priori*, se non unicamente riguardo ad oggetti di un'esperienza possibile [1].

128 28 [1] Perché non ci si formalizzi inconsideratamente per le conseguenze inquietanti e dannose di questa proposizione, mi limito a ricordare che le

---

conoscitive originarie del nostro animo non fossero contenuti *a priori* i fondamenti soggettivi di una tale unità, e se queste condizioni soggettive non fossero al tempo stesso oggettivamente valide, risultando i fondamenti della possibilità di conoscere in generale un oggetto nell'esperienza?

Sopra abbiamo definito l'intelletto in parecchi modi: come una spontaneità della conoscenza (in contrapposizione alla recettività della sensibilità); come una facoltà di pensare; oppure come una facoltà dei concetti; o anche, come una facoltà dei giudizi: tutte queste definizioni, quando si considerino attentamente, si riducono ad una sola. Noi possiamo adesso caratterizzare l'intelletto come la facoltà delle regole. Questo carattere distintivo è piú fecondo, e si avvicina maggiormente all'essenza dell'intelletto. La sensibilità ci fornisce forme (dell'intuizione); l'intelletto, invece, regole. L'intelletto è sempre intento ad investigare le apparenze, allo scopo di ritrovare in esse una qualche regola. Le regole, in quanto sono

Tuttavia questa conoscenza, che è limitata semplicemente ad oggetti dell'esperienza, non per questo è tutta quanta ricavata dall'esperienza: piuttosto, per quel che riguarda tanto le intuizioni pure quanto i concetti puri dell'intelletto, si tratta di elementi della conoscenza, che vengono ritrovati *a priori* in noi. Ora, vi sono soltanto due vie, in cui si può pensare un accordo *necessario* dell'esperienza con i concetti dei suoi oggetti: o l'esperienza

categorie, nel *pensare*, non sono limitate dalle condizioni della nostra intuizione sensibile, bensí hanno un campo sconfinato. Solo il *conoscere* ciò che noi pensiamo, il determinare l'oggetto, ha bisogno di intuizione. In mancanza di quest'ultima, del resto, il pensiero dell'oggetto può ancor sempre avere le sue vere e utili conseguenze rispetto all'*uso di ragione* del soggetto. Quest'uso tuttavia, dato che non sempre è rivolto alla determinazione dell'oggetto, e quindi alla conoscenza, ma si indirizza anche alla determinazione del soggetto e al suo volere, qui non può essere ancora trattato.

---

oggettive (e quindi ineriscono necessariamente alla conoscenza dell'oggetto), si chiamano leggi. Sebbene noi impariamo parecchie leggi attraverso l'esperienza, esse tuttavia sono soltanto determinazioni particolari di leggi piú alte: fra queste, le leggi supreme (cui sono subordinate tutte le altre) provengono *a priori* dall'intelletto stesso. 93
Esse non sono prese a prestito dall'esperienza, ma devono fornire piuttosto alle apparenze la loro conformità a leggi, e appunto cosí rendere possibile l'esperienza. L'intelletto non è dunque semplicemente una facoltà per costruire regole con il raffronto delle apparenze; esso stesso è il legislatore della natura, ossia, senza intelletto non vi sarebbe assolutamente una natura, cioè un'unità sintetica del molteplice delle apparenze secondo regole. In effetti le apparenze, come tali, non possono aver luogo fuori di noi, ma esistono soltanto nella nostra sensibilità. La natura, peraltro, in quanto oggetto della conoscenza in un'esperienza, è possibile, con tutto ciò che può conte-

rende possibili questi concetti, oppure questi concetti rendono possibile l'esperienza. Il primo caso non si verifica rispetto alle categorie (e neppure rispetto all'intuizione sensibile pura); esse sono infatti concetti *a priori*, e quindi indipendenti dall'esperienza (l'asserzione di un'origine empirica sarebbe una specie di *generatio aequivoca*). Di conseguenza, rimane soltanto il secondo caso (per cosí dire, un sistema dell'epigenesi della ragione pura): le categorie, cioè, dal lato dell'intelletto, contengono le ragioni della possibilità di ogni esperienza in generale. Peraltro, come esse rendano possibile l'esperienza, e quali proposizioni fondamentali della possibilità di questa esse forniscano nella loro applicazione alle apparenze, sarà mostrato piú diffusamente dal seguente capitolo sull'uso trascendentale della capacità di giudizio.

Qualcuno potrebbe proporre ancora una via di mezzo

---

nere, soltanto nell'unità dell'appercezione. L'unità dell'appercezione, d'altro canto, è il fondamento trascendentale della necessaria conformità a leggi di tutte le apparenze in un'esperienza. Questa medesima unità dell'appercezione, riguardo ad un molteplice di rappresentazioni (nel determinarlo cioè in base ad una sola rappresentazione), costituisce la regola; la facoltà di queste regole è l'intelletto. Tutte le apparenze, in quanto esperienze possibili, si trovano dunque *a priori* nell'intelletto, e ricevono da questo la loro possibilità formale, allo stesso modo che tutte le apparenze, intese come semplici intuizioni, si trovano nella sensibilità, e per quanto riguarda la forma risultano possibili soltanto mediante la sensibilità.

Per quanto possa sembrare assurdo ed esagerato il dire: l'intelletto è esso stesso la fonte delle leggi della natura, e quindi dell'unità formale della natura, ciò nondimeno una siffatta asserzione è corretta, e risulta adeguata all'oggetto, cioè all'esperienza. Senza dubbio le leggi empiriche,

tra le due sole nominate, asserendo cioè che le categorie non sono principî primi *a priori* della nostra conoscenza, pensati spontaneamente, e che esse non sono neppure attinte dall'esperienza, ma che si tratta di disposizioni soggettive al pensiero, piantate in noi assieme alla nostra esistenza, e adattate dal nostro creatore in modo 129
tale, che il loro uso si accordi strettamente con le leggi della natura, secondo le quali si svolge l'esperienza (una specie di sistema di preformazione della ragione pura). Tuttavia, oltre al fatto che non è possibile misurare le conseguenze di tale ipotesi, né vedere sino a che punto il presupposto di predeterminate disposizioni a futuri giudizi potrebbe essere condotto, sarà decisiva, contro la suddetta via di mezzo, la considerazione che in tal caso mancherebbe alle categorie la necessità, la quale appartiene essenzialmente al loro concetto. Per

---

in quanto tali, non possono in alcun modo trarre la loro origine dall'intelletto puro, allo stesso modo che la smisurata molteplicità delle apparenze non può venir compresa sufficientemente in base alla forma pura dell'intuizione sensibile. Tutte le leggi empiriche, tuttavia, sono soltanto determinazioni particolari delle leggi pure dell'intelletto: è soltanto in base a tali leggi, e secondo la loro norma, che risultano possibili quelle determinazioni. È soltanto in base a queste leggi pure, inoltre, che le apparenze assumono una forma regolare, allo stesso modo che tutte le apparenze, nonostante la diversità della loro forma empirica, devono tuttavia essere sempre conformi alle condizioni della forma pura della sensibilità.

L'intelletto puro è dunque — nelle categorie — la legge dell'unità sintetica di tutte le apparenze, ed in tal modo rende per la prima volta ed originariamente possibile l'esperienza, quanto alla sua forma. Nella deduzione trascendentale delle categorie, peraltro, noi ci eravamo pre-

esempio, il concetto di causa, che asserisce la necessità di un effetto, quando si presupponga una condizione, sarebbe infatti falso, se si fondasse soltanto su un'arbitraria necessità soggettiva — piantata in noi — di congiungere certe rappresentazioni empiriche secondo una tale regola di relazione. Io non potrei dire: l'effetto è congiunto con la causa nell'oggetto (cioè necessariamente); dovrei dire invece: io sono costituito in modo tale, che non posso pensare questa rappresentazione altrimenti, se non cosí connessa. Questo è proprio ciò che lo scettico desidera massimamente, poiché in tal caso tutta la nostra conoscenza, ottenuta mediante la presunta validità oggettiva dei nostri giudizi, non è nulla se non pura illusione; non mancheranno le persone, d'altronde, che non vorranno ammettere, per quanto le riguarda, una tale necessità soggettiva (la

---

fissi di raggiungere proprio questo risultato (e niente di piú), cioè di rendere comprensibile tale rapporto dell'intelletto con la sensibilità, e mediante questa, con tutti gli
94 oggetti dell'esperienza, ossia di far comprendere la validità oggettiva dei concetti puri *a priori* dell'intelletto, e di stabilire in tal modo la loro origine e la loro verità.

Rappresentazione sommaria di questa deduzione dei concetti puri dell'intelletto, in quanto corretta e l'unica possibile

Se gli oggetti con cui ha a che fare la nostra conoscenza fossero cose in se stesse, noi non potremmo allora avere concetti *a priori* di essi. In effetti, onde mai potremmo assumerli? Se li prendessimo dall'oggetto (senza voler qui neppure indagare, come esso potrebbe risultarci noto), i nostri concetti sarebbero semplicemente empirici, e per nulla concetti *a priori*. Se li assumessimo da noi stessi, in tal

quale dev'essere sentita), e in ogni caso, non si potrà disputare con qualcuno, riguardo a ciò che si fonda semplicemente sul modo in cui il suo proprio soggetto è organizzato.

Concetto riassuntivo di questa deduzione

Questa deduzione è l'esposizione dei concetti puri dell'intelletto (ed insieme di ogni conoscenza teoretica *a priori*), come principî della possibilità dell'esperienza; inoltre, l'esposizione di questi principî, come determinazione delle apparenze nello spazio e nel tempo

---

caso ciò che si trova semplicemente in noi non potrebbe determinare la natura di un oggetto differente dalle nostre rappresentazioni, cioè non potrebbe fornire un fondamento, per cui debba esistere una cosa alla quale spetti alcunché di simile a ciò che possediamo nei nostri pensieri, senza che tutta questa rappresentazione possa invece essere vuota. Se per contro noi abbiamo a che fare soltanto con apparenze, in tal caso non soltanto è possibile, ma è altresí necessario, che certi concetti *a priori* precedano la conoscenza empirica degli oggetti. Gli oggetti in quanto apparenze costituiscono infatti qualcosa
che è semplicemente in noi, dal momento che una semplice 20
modificazione della nostra sensibilità non potrà mai ritrovarsi fuori di noi. Ora,. questa stessa rappresentazione, secondo cui tutte queste apparenze — e quindi tutti gli oggetti di cui noi possiamo occuparci — sono totalmente contenute in me, cioè sono determinazioni della mia persona identica, esprime come necessaria un'unità completa di esse in una sola e medesima appercezione. Questa unità della coscienza possibile costituisce d'altronde la forma di ogni conoscenza degli oggetti (mediante la quale

in generale; infine, l'esposizione di tale determinazione — sulla base del principio dell'unità sintetica *originaria* dell'appercezione — come forma dell'intelletto in relazione a spazio e tempo, in quanto forme originarie della sensibilità.

Solo fino a questo punto ho ritenuta necessaria la suddivisione in paragrafi, dato che avevamo a che fare
130 con i concetti elementari. Ora vogliamo far comprendere l'uso di questi, e l'esposizione potrà procedere senza tale suddivisione, secondo un nesso continuo.

---

il molteplice viene pensato come appartenente ad un solo oggetto). Il modo, in cui il molteplice della rappresentazione sensibile (intuizione) appartiene ad una coscienza, precede dunque ogni conoscenza dell'oggetto come forma intellettuale di essa, e costituisce esso stesso una conoscenza formale di tutti gli oggetti *a priori* in generale, in quanto sono pensati (categorie). La sintesi di tali oggetti mediante la capacità pura dell'immaginazione, e l'unità di tutte le rappresentazioni in riferimento all'appercezione originaria, precedono ogni conoscenza empirica. I concetti puri dell'intelletto sono dunque possibili *a priori*, anzi, riguardo
95 all'esperienza, necessari, soltanto per il fatto che la nostra conoscenza non ha a che fare con null'altro se non con apparenze, la cui possibilità sta in noi stessi, e la cui connessione unitaria (nella rappresentazione di un oggetto) si ritrova solo in noi, cosicché deve precedere ogni esperienza, anzi, rendere primieramente possibile ogni esperienza quanto alla forma. Partendo da questo fondamento, l'unico possibile, abbiamo d'altronde sviluppato la nostra deduzione delle categorie.

LIBRO SECONDO

ANALITICA DELLE PROPOSIZIONI FONDAMENTALI

La logica generale è costruita su di un disegno, che coincide perfettamente con la divisione delle piú alte facoltà di conoscenza. Queste sono: **intelletto, capacità di giudizio** e **ragione**. Tale dottrina tratta quindi, nella sua analitica, di *concetti*, *giudizi* e *inferenze*, in esatta conformità delle funzioni e dell'ordine di quelle capacità dell'animo, che si comprendono sotto la vaga denominazione di intelletto, in generale.

Dato che la suddetta logica, semplicemente formale, astrae da ogni contenuto della conoscenza (pura o empirica), e si occupa soltanto della forma del pensiero (conoscenza discorsiva), in generale, essa può allora contenere, nella sua parte analitica, anche il canone della ragione: la forma della ragione ha le sue norme sicure, le quali, senza che si prenda in considerazione la particolare natura della conoscenza usata in proposito, possono essere colte *a priori*, con una semplice scomposizione degli atti della ragione nei loro momenti costitutivi.

La logica trascendentale, in quanto è limitata ad un contenuto determinato, cioè semplicemente a quello delle conoscenze pure *a priori*, non può seguire la logica generale in questa divisione. Risulta infatti chiaro, che l'*uso trascendentale della ragione* non è oggettivamente valido, e quindi non appartiene alla logica della *verità*, cioè all'analitica, bensí richiede, come logica dell'*illusione*, una parte speciale del sistema scolastico, sotto il nome di *dialettica* trascendentale.

Intelletto e capacità di giudizio trovano perciò il canone del loro uso oggettivamente valido, e quindi vero, nella logica trascendentale, e rientrano dunque nella parte analitica di questa. La ragione invece, nei suoi tentativi

di stabilire *a priori* qualcosa riguardo agli oggetti e di
131 estendere la conoscenza al di là dei limiti dell'esperienza possibile, è totalmente dialettica, e le sue asserzioni illusorie non trovano assolutamente posto in un canone, quale pure deve essere contenuto nell'analitica.

L'analitica delle proposizioni fondamentali sarà perciò unicamente un canone per la capacità di giudizio, cui essa insegna come applicare ad apparenze i concetti dell'intelletto, i quali contengono la condizione per regole *a priori*. Per tale ragione, mi servirò — nel prendere come tema le vere e proprie proposizioni fondamentali dell'intelletto — della denominazione di dottrina della capacità di giudizio, con cui viene designato con maggior precisione questo compito.

INTRODUZIONE

DELLA CAPACITÀ TRASCENDENTALE DI GIUDIZIO, IN GENERALE

Se l'intelletto, in generale, viene definito come la facoltà delle regole, la capacità di giudizio è allora la facoltà di sussumere sotto regole, cioè di distinguere se qualcosa cada o no sotto una data regola (*casus datae legis*). La logica generale non contiene affatto norme per la capacità di giudizio, e neppure può contenerne. Difatti, in quanto essa astrae da ogni contenuto della conoscenza, non le rimane allora null'altro da fare, che dilucidare analiticamente la semplice forma della conoscenza nei concetti, giudizi, inferenze, e costituire cosí le regole formali di ogni uso dell'intelletto. Ora, se la logica generale volesse mostrare universalmente, come si debba sussumere sotto queste regole, cioè come si debba distinguere se qualcosa cada o no sotto di esse, ciò non

potrebbe accadere altrimenti che di nuovo attraverso una regola. Questa peraltro, proprio per il fatto che è una regola, richiede nuovamente un ammaestramento della capacità di giudizio; ed allora risulta chiaro, che l'intelletto è bensí capace di venir istruito e provveduto mediante regole, ma che la capacità di giudizio è un talento particolare, il quale non può essere insegnato, ma può soltanto essere esercitato. La capacità di giudizio è quindi altresí l'elemento specifico del cosiddetto ingegno naturale, la cui mancanza non può trovare alcun rimedio nella scuola. In effetti, sebbene la scuola possa doviziosamente porgere e, per cosí dire, inoculare, ad un intelletto limitato, regole prese a prestito dalla conoscenza altrui, tuttavia la facoltà di servirsi rettamente di esse deve appartenere allo scolaro stesso, e nessuna regola, che possa essergli prescritta 132
a questo scopo, si sottrarrà all'abuso, quando manchi una tale dote naturale[1]. Perciò un medico, un giudice, o un uomo politico, può avere in capo molte belle regole patologiche, giuridiche o politiche, al punto da poter diventare egli stesso un profondo insegnante in proposito, e tuttavia cade facilmente in errore nell'applicazione di esse, o perché manca di capacità naturale di giudizio (sebbene non manchi d'intelletto), ed egli può sí intendere l'universale *in abstracto*, ma non sa distinguere se un caso *in concreto* sia subordinato ad esso, o anche per il fatto che egli non è stato sufficientemente addestrato per questo giudizio, mediante esempi e pratica diretta. Questa è anche la sola e grande utilità degli esempi: il fatto, cioè, che essi acuiscono la capacità di giudizio. In effetti, per quanto riguarda

[1] La mancanza di capacità di giudizio è propriamente ciò che si chiama 132
stupidità, e contro tale difetto non c'è assolutamente rimedio. Un cervello ottuso o limitato, cui non manchi nulla se non una misura conveniente di intelletto e una precisione nei concetti dell'intelletto, può certo agguerrirsi con lo studio, sino a raggiungere anche l'erudizione. Tuttavia, poiché in tal caso manca di solito altresí il giudizio (*secunda Petri*), si incontrano non di rado uomini assai eruditi, che nell'uso della loro scienza lasciano spesso scorgere quel difetto giammai emendabile.

la correttezza e la precisione della comprensione intellettuale, gli esempi piuttosto recano di solito un certo danno, poiché solo di rado essi soddisfano adeguatamente alla condizione della regola (come *casus in terminis*), oltre al fatto che essi indeboliscono spesso lo sforzo dell'intelletto per cogliere, universalmente e indipendentemente dalle circostanze particolari dell'esperienza, le regole nella loro adeguatezza, e perciò abituano infine ad usare tali regole piú come formule che come proposizioni fondamentali. Gli esempi sono cosí le dande della capacità di giudizio, delle quali non potrà mai fare a meno colui che manchi del talento naturale di tale capacità.

Peraltro, sebbene la logica *generale* non possa fornire alcuna norma alla capacità di giudizio, le cose stanno tuttavia ben diversamente riguardo alla logica *trascendentale*, cosicché sembra quasi, che quest'ultima abbia, come suo vero e proprio compito, il correggere e il garantire — mediante regole determinate — la capacità di giudizio nell'uso dell'intelletto puro. In effetti, come mezzo per procurare all'intelletto un'estensione nel campo delle conoscenze pure *a priori*, e quindi come dottrina, la filosofia non sembra affatto necessaria, o piuttosto, sembra essere male applicata, poiché in tal modo si è guadagnato poco o punto terreno, nonostante tutti i precedenti tentativi; al contrario, come critica, per pre-
133 venire i passi falsi della capacità di giudizio (*lapsus judicii*) nell'uso dei pochi concetti puri dell'intelletto che noi possediamo, la filosofia viene impiegata a questo fine (sebbene l'utilità sia in tal caso solo negativa) in tutta la sua acutezza ed abilità indagatrice.

La peculiarità della filosofia trascendentale consiste tuttavia nel fatto che oltre alla regola (o piuttosto alla condizione universale di regole), la quale viene data nel concetto puro dell'intelletto, essa può al tempo stesso indicare *a priori* il caso, cui tali regole debbono essere applicate. La causa della preminenza, che a questo riguardo essa ha su tutte le altre scienze didattiche (al di fuori della matematica), sta per l'appunto nel fatto, che essa tratta di concetti, i quali debbono riferirsi *a priori* ai loro oggetti, cosicché la validità oggettiva di tali concetti non può essere mostrata *a posteriori*, poiché tale prova non toccherebbe per nulla la loro dignità. La filosofia trascendentale, piuttosto, deve esporre al tempo stesso — secondo caratteristiche universali ma sufficienti — le condizioni sotto cui gli oggetti possono venir dati in accordo con quei concetti; in caso contrario, questi ultimi sarebbero privi di qualsiasi contenuto, quindi semplici forme logiche e non già concetti puri dell'intelletto.

Questa dottrina trascendentale della capacità di giudizio conterrà dunque due capitoli: il primo tratta della condizione sensibile, che è la sola sotto cui possano venir usati i concetti puri dell'intelletto, cioè tratta dello schematismo dell'intelletto puro; il secondo, invece, tratta dei giudizi sintetici, che discendono, sotto queste condizioni *a priori*, dai concetti puri dell'intelletto, e stanno a fondamento di tutte le altre conoscenze *a priori*, ossia tratta delle proposizioni fondamentali dell'intelletto puro.

CAPITOLO PRIMO

SULLO SCHEMATISMO DEI CONCETTI PURI DELL'INTELLETTO

In ogni sussunzione di un oggetto sotto un concetto, la rappresentazione dell'oggetto dev'essere omogenea rispetto all'altra rappresentazione, ossia, il concetto deve
contenere ciò che viene rappresentato nell'oggetto da 134
sussumere sotto di quello. Appunto ciò, infatti, viene significato dall'espressione: un oggetto è racchiuso sotto un concetto. Cosí, il concetto empirico di un piatto

possiede omogeneità con il concetto geometrico puro di un circolo, poiché la rotondità, che viene pensata nel primo, si può intuire nel secondo.

Peraltro, i concetti puri dell'intelletto sono del tutto eterogenei in confronto alle intuizioni empiriche (anzi, in confronto alle intuizioni sensibili in generale), e non possono mai venir ritrovati in una qualche intuizione. Ora, com'è possibile la sussunzione delle intuizioni sotto tali concetti, e quindi, com'è possibile l'applicazione della categoria ad apparenze, dato che nessuno dirà, che una certa categoria, per esempio la causalità, possa anche essere intuita attraverso i sensi, o che sia contenuta nell'apparenza? Questa domanda cosí naturale ed importante, orbene, è propriamente la causa che rende necessaria una dottrina trascendentale della capacità di giudizio, perché cioè venga mostrato, come i concetti puri dell'intelletto possano venir applicati ad apparenze in generale. In tutte le altre scienze, dove i concetti, mediante i quali l'oggetto viene pensato in generale, non sono cosí differenti o eterogenei rispetto ai concetti, che rappresentano tale oggetto *in concreto*, come esso è dato, non è necessario fornire una discussione speciale riguardo all'applicazione degli uni agli altri concetti.

Ora è chiaro, che deve sussistere un terzo elemento, il quale occorre che sia omogeneo, da un lato rispetto alla categoria, e d'altro lato rispetto all'apparenza, in modo da rendere possibile l'applicazione della categoria all'apparenza. Questa rappresentazione mediatrice deve essere pura (priva di tutto ciò che è empirico), e tuttavia dev'essere da un lato intellettuale, d'altro lato sensibile. Tale rappresentazione è lo schema trascendentale.

Il concetto dell'intelletto contiene l'unità sintetica pura del molteplice in generale. Il tempo, in quanto condizione formale del molteplice del senso interno, e quindi della

connessione di tutte le rappresentazioni, contiene un molteplice *a priori* nell'intuizione pura. Orbene, una determinazione trascendentale di tempo è omogenea rispetto alla categoria (che costituisce l'unità di tale determinazione), in quanto la prima è universale e si fonda su una regola *a priori*. La medesima determinazione, tuttavia, è d'altro lato omogenea rispetto all'apparenza, in quanto il tempo è contenuto in ogni rappresentazione empirica del molteplice. Perciò un'applicazione della categoria ad apparenze sarà possibile mediante la determinazione trascendentale di tempo, che fungendo da 135
mediatrice, come schema dei concetti dell'intelletto, opera la sussunzione delle apparenze sotto la categoria.

Dopo quello che è stato mostrato nella deduzione delle categorie, si può sperare che nessuno rimarrà in dubbio, nel decidere la questione, se questi concetti puri dell'intelletto siano di uso semplicemente empirico, o anche di uso trascendentale; cioè, se essi si riferiscano *a priori*, come condizioni di un'esperienza possibile, unicamente ad apparenze, oppure possano essere estesi, come condizioni della possibilità delle cose in generale, ad oggetti in se stessi (senza alcuna restrizione alla nostra sensibilità). In tale occasione abbiamo visto infatti, che i concetti sono del tutto impossibili, né possono avere un qualsiasi significato, quando non sia dato un oggetto, o ad essi stessi, o almeno agli elementi in cui essi consistono, e che, di conseguenza, essi non possono assolutamente riferirsi a cose in sé (tali cioè che non si badi, se e come possono esserci date). Abbiamo visto inoltre, che l'unica maniera, in cui gli oggetti ci vengono dati, consiste nella modificazione della nostra sensibilità; e infine, che i concetti puri *a priori*, oltre alla funzione dell'intelletto nella categoria, devono contenere *a priori* anche condizioni formali della sensibilità (segnatamente del senso interno), le quali costituiscono la condizione universale, che è l'unica sotto cui la categoria possa venir applicata ad un qualche oggetto.

Questa condizione, formale e pura, della sensibilità — condizione alla quale il concetto dell'intelletto è ristretto nel suo uso — io la chiamerò lo *schema* di questo concetto dell'intelletto; il modo di procedere dell'intelletto riguardo a questi schemi, lo chiamerò lo *schematismo* dell'intelletto puro.

In se stesso, lo schema è in ogni caso soltanto un prodotto della capacità di immaginazione; ma dato che la sintesi di quest'ultima non mira affatto ad una singola intuizione, bensí tende unicamente all'unità nella determinazione della sensibilità, lo schema allora dev'essere nondimeno distinto dall'immagine. Cosí, se io pongo cinque punti l'uno dopo l'altro: ..... , questa è un'immagine del numero cinque. Per contro, se io penso soltanto un numero in generale — che può essere cinque, oppure cento — questo pensiero è la rappresentazione di un metodo per rappresentare in un'immagine, conformemente ad un certo concetto, una pluralità — per esempio, mille — piuttosto che non questa immagine stessa, che nel caso citato difficilmente avrei potuto dominare e confrontare con il concetto. Orbene, questa rappresentazione di un modo universale di procedere della capacità di immaginazione, con il quale essa procura ad un concetto la sua immagine, io la chiamo lo schema di questo concetto.

136 In realtà, a fondamento dei nostri concetti sensibili puri stanno non già immagini degli oggetti, bensí schemi. Nessuna immagine di un triangolo potrebbe mai essere adeguata al concetto di un triangolo in generale. Essa non potrebbe infatti raggiungere l'universalità del concetto, la quale fa sí che il concetto valga per tutti i triangoli, rettangoli, acutangoli, ottusangoli, ecc., ma sarebbe sempre ristretta soltanto ad una parte di questa sfera. Lo schema del triangolo non può mai esistere altrove se non nel pensiero, e indica una regola della sintesi della capacità di immaginazione, riguardo a figure pure nello spazio.

Molto meno ancora si può dire, che un oggetto dell'esperienza, o l'immagine di questo, raggiunga mai il concetto empirico: quest'ultimo, piuttosto, si riferisce sempre immediatamente allo schema della capacità di immaginazione, come ad una regola per la determinazione della nostra intuizione, conformemente ad un certo concetto universale. Il concetto di cane indica una regola, secondo cui la mia capacità di immaginazione può tracciare universalmente la figura di un animale quadrupede, senza essere ristretta ad un'unica figura particolare, offertami dall'esperienza, oppure ad ogni immagine possibile, che io sia in grado di raffigurare *in concreto*. Questo schematismo del nostro intelletto, a riguardo delle apparenze e della loro semplice forma, è un'arte nascosta nelle profondità dell'anima umana: difficilmente impareremo mai dalla natura le vere scaltrezze di quest'arte, in modo da poterle presentare senza veli. Possiamo dire soltanto questo: l'i m m a g i n e è un prodotto della facoltà empirica della capacità produttiva di immaginazione; lo s c h e m a di concetti sensibili (come quelli delle figure nello spazio) è un prodotto — e per cosí dire un monogramma — della capacità pura *a priori* di immaginazione, mediante il quale e secondo il quale le immagini risultano per la prima volta possibili. Tali immagini, d'altronde, debbono in ogni caso venir connesse al concetto solo mediante lo schema cui accennano, ed in sé esse non sono pienamente congruenti con il concetto. Per contro, lo schema di un concetto puro dell'intelletto è qualcosa, che non può essere affatto portato entro un'immagine; piuttosto, esso è soltanto la sintesi pura in conformità di una regola dell'unità, secondo concetti in generale, espressi dalla categoria, ed è un prodotto trascendentale della capacità di immaginazione, il quale riguarda la determinazione del senso interno in generale, in base alle condizioni della sua forma (il tempo) rispetto a tutte le rappresentazioni, in quanto queste ultime debbano collegarsi *a priori* in un concetto, conformemente all'unità dell'appercezione.

Senza soffermarci in un'analisi arida e noiosa di ciò che si richiede per gli schemi trascendentali dei concetti
137 puri dell'intelletto, in generale, esporremo piuttosto tali schemi secondo l'ordine delle categorie, e in connessione con queste.

L'immagine pura di tutte le quantità (*quanta*), di fronte al senso esterno, è lo spazio; l'immagine pura di tutti gli oggetti dei sensi, in generale, è peraltro il tempo. Lo schema puro della quantità (*quantitas*), intesa come concetto dell'intelletto, è invece il numero: esso è una rappresentazione, che raccoglie la successiva addizione di uno a uno (omogenei). Il numero, dunque, non è altro se non l'unità della sintesi del molteplice di un'intuizione omogenea in generale, per il fatto che io produco il tempo stesso nell'apprensione dell'intuizione.

Realtà, nel concetto puro dell'intelletto, è ciò che corrisponde ad una sensazione in generale, e quindi ciò, il cui concetto in se stesso indica un essere (nel tempo); negazione è ciò, il cui concetto rappresenta un non essere (nel tempo). La contrapposizione di realtà e negazione avviene dunque con la distinzione di un medesimo tempo, in quanto tempo riempito o tempo vuoto. Poiché il tempo è soltanto la forma dell'intuizione, e quindi degli oggetti come apparenze, ciò che in queste corrisponde alla sensazione è allora la materia trascendentale di tutti gli oggetti come cose in sé (la natura di cosa, la realtà). Ora, ogni sensazione ha un grado o quantità, con cui essa può riempire di piú o di meno il medesimo tempo, cioè il senso interno, riguardo alla medesima rappresentazione di un oggetto, sino a che la sensazione termina nel nulla ($= 0 =$ *negatio*). Ciò che fa rappresentare ogni realtà come un *quantum*, è dunque un rapporto e un collegamento, o piuttosto un passaggio dalla realtà alla negazione; e lo schema di una realtà, intesa come quantità di un qualcosa che riempia il tempo, è per l'appunto questa produzione continua e uniforme di realtà nel tempo, mentre si discende nel tempo dalla sensazione, che ha un certo grado, sino al dileguarsi di essa, o mentre si sale gradualmente dalla negazione sino alla quantità della sensazione.

Lo schema della sostanza è la permanenza del reale nel tempo, cioè la rappresentazione del reale come un sostrato della determinazione empirica di tempo, in generale: sostrato, dunque, che rimane, mentre tutto il resto varia. (Non è il tempo che scorre; piuttosto, l'esistenza di ciò che è mutevole scorre nel tempo. Al tempo — che in se stesso è immutabile e permanente — corrisponde quindi nell'apparenza ciò che è immutabile nell'esistenza, ossia la sostanza, e solo rispetto a quest'ultima possono venir determinate nel tempo la successione e la simultaneità delle apparenze).

Lo schema della causa e della causalità di una cosa 138
in generale, è il reale che, se a qualcuno piace di porlo, è sempre seguito da qualcos'altro. Tale schema consiste dunque nella successione del molteplice, in quanto essa è soggetta ad una regola.

Lo schema della comunanza (azione reciproca), ovvero della causalità reciproca delle sostanze rispetto ai loro accidenti, è la simultaneità delle determinazioni delle une con quelle degli altri, secondo una regola universale.

Lo schema della possibilità è l'accordo tra la sintesi di diverse rappresentazioni e le condizioni del tempo in generale (dato che, per esempio, gli opposti non possono essere simultaneamente in una sola cosa, ma possono esservi solo successivamente). Esso è perciò la determinazione della rappresentazione di una cosa in un qualche tempo.

Lo schema dell'effettualità è l'esistenza in un determinato tempo.

Lo schema della necessità è l'esistenza di un oggetto in ogni tempo.

Da tutto ciò si vede che lo schema di ogni categoria contiene e fa rappresentare soltanto una determinazione di tempo: cosí, lo schema della quantità contiene e fa rappresentare la produzione (sintesi) del tempo stesso nell'apprensione successiva di un oggetto; lo schema della qualità, la sintesi della sensazione (percezione) con la rappresentazione del tempo, ossia il riempimento del tempo; quello della relazione, il rapporto delle percezioni tra loro in ogni tempo (cioè, secondo una regola della determinazione di tempo); infine, lo schema della modalità e delle sue categorie contiene e fa rappresentare il tempo stesso come il termine correlativo, nel determinare se e come un oggetto appartenga al tempo. Gli schemi, perciò, non sono altro che determinazioni *a priori* di tempo, in base a regole, le quali si riferiscono, secondo l'ordine delle categorie, alla serie di tempo, al contenuto di tempo, all'ordine di tempo, infine all'insieme di tempo, e ciò riguardo a tutti gli oggetti possibili.

Da questo risulta ora chiaro, che lo schematismo dell'intelletto, mediante la sintesi trascendentale della capacità d'immaginazione, non raggiunge altro risultato, se non l'unità di ogni molteplice dell'intuizione nel senso interno, e cosí, indirettamente, l'unità dell'appercezione, come funzione che corrisponde al senso interno (ad una recettività). Dunque, gli schemi dei concetti puri dell'intelletto sono le vere e uniche condizioni, per procurare a tali concetti una relazione con oggetti, e quindi un significato; perciò le categorie non hanno alcun
139 altro uso, alla fine, se non un uso empirico possibile, servendo soltanto, in ragione di un'unità necessaria *a priori* (a causa della riunione necessaria di ogni coscienza in una appercezione originaria), a sottomettere le apparenze a regole universali di sintesi, e in tal modo, a rendere le apparenze confacenti alla connessione generale in una sola esperienza.

È peraltro nel complesso di tutta l'esperienza possibile, che si trovano tutte le nostre conoscenze, ed è nell'universale relazione a tale esperienza, che consiste la verità trascendentale, la quale precede e rende possibile ogni verità empirica.

Tuttavia, sebbene gli schemi della sensibilità realizzino per la prima volta le categorie, salta agli occhi il fatto che essi nondimeno restringono anche tali categorie, cioè le limitano entro condizioni, che stanno al di fuori dell'intelletto (cioè nella sensibilità). Perciò lo schema è propriamente solo il fenomeno, o concetto sensibile di un oggetto, in accordo con la categoria (**numerus** *est quantitas phaenomenon,* **sensatio** *realitas phaenomenon,* **constans** *et perdurabile rerum substantia phaenomenon* — **aeternitas necessitas** *phaenomenon etc.*). Ora, se noi eliminiamo una condizione restrittiva, amplifichiamo allora, a quanto pare, il concetto precedentemente limitato. Cosí le categorie dovrebbero valere, nel loro significato puro e indipendentemente da tutte le condizioni della sensibilità, per le cose in generale, come esse sono; per contro, gli schemi delle categorie rappresentano queste cose soltanto come esse appaiono. Di conseguenza, le categorie hanno un significato indipendente da tutti gli schemi, e sono assai piú estese di questi. In realtà, ai concetti puri dell'intelletto rimane certamente, anche quando è stata messa da parte ogni condizione sensibile, un significato — però soltanto logico — di semplice unità delle rappresentazioni: ad esse non viene tuttavia dato alcun oggetto, e quindi neppure alcun significato, che possa fornire un concetto dell'oggetto. Cosí la sostanza, per esempio, se si eliminasse la determinazione sensibile della permanenza, non significherebbe altro se non un qualcosa, che può venir pensato come soggetto (senza essere un predicato di qualcos'altro). Da questa rappresentazione, orbene, io non posso ricavare nulla, poiché essa non mi indica affatto, quali determinazioni abbia la cosa, che deve valere come siffatto soggetto primo. Le categorie senza schemi sono dunque unicamente funzioni dell'intelletto riguardo a concetti, ma non rappresentano alcun oggetto. Esse acquistano quest'ultimo significato per opera della sensibilità, la quale realizza l'intelletto, restringendolo al tempo stesso.

140 CAPITOLO SECONDO

SISTEMA DI TUTTE LE PROPOSIZIONI FONDAMENTALI DELL'INTELLETTO PURO

Nel precedente capitolo, abbiamo considerato la capacità trascendentale di giudizio unicamente secondo le condizioni universali, che sono le sole sotto cui essa sia autorizzata ad usare i concetti puri dell'intelletto per giudizi sintetici. Ora il nostro compito consiste nell'esporre in connessione sistematica i giudizi, che l'intelletto, usando questa precauzione critica, costituisce realmente *a priori*: al riguardo la nostra tavola delle categorie deve fornirci senza dubbio una guida naturale e sicura. In effetti, è per l'appunto la relazione delle categorie con l'esperienza possibile, che deve costituire ogni conoscenza pura *a priori* dell'intelletto, ed è il rapporto delle categorie con la sensibilità in generale, che mostrerà perciò compiutamente e in un sistema tutte le proposizioni fondamentali trascendentali dell'uso dell'intelletto.

Le proposizioni fondamentali *a priori* portano questo nome non soltanto perché contengono in sé i fondamenti di altri giudizi, ma altresí perché non sono fondate esse stesse su conoscenze piú alte e piú generali. Questa proprietà, tuttavia, non le dispensa sempre da una prova. In effetti, sebbene una proposizione fondamentale non possa piú venir dimostrata oggettivamente, stando piuttosto a fondamento di ogni conoscenza del suo oggetto, tuttavia ciò non impedisce che sia possibile costituire una prova, tratta dalle fonti soggettive della possibilità di una conoscenza dell'oggetto in generale. Anzi, fornire tale prova può essere altresí necessario, poiché altrimenti la proposizione attirerebbe massimamente su di sé il sospetto di essere soltanto un'asserzione ottenuta sofisticamente.

In secondo luogo, ci limiteremo solo a quelle proposizioni fondamentali, che si riferiscono alle categorie. I principî dell'estetica trascendentale — secondo cui spazio e tempo sono le condizioni della possibilità di tutte le cose come apparenze — e del pari la restrizione di queste proposizioni fondamentali, in base alla quale esse non possono cioè venir riferite a cose in se stesse, non rientrano dunque nel nostro campo circoscritto di indagine. Allo stesso modo, le proposizioni fondamentali matematiche non costituiscono affatto una parte di questo sistema, poiché esse sono tratte soltanto dall'intuizione, e non già dal concetto puro dell'intelletto; tuttavia, la possibilità di 141
tali proposizioni, in quanto esse sono pur sempre giudizi sintetici *a priori*, troverà qui necessariamente un posto. Certo non si vorrà provare con ciò la loro esattezza e la loro certezza apodittica, poiché di questo esse non hanno affatto bisogno, ma si vorrà soltanto rendere comprensibile e dedurre la possibilità di tali evidenti conoscenze *a priori*.

Peraltro, dovremo parlare anche della proposizione fondamentale dei giudizi analitici, e tratteremo ciò in antitesi alla proposizione fondamentale dei giudizi sintetici (quelli cioè di cui propriamente ci occupiamo), poiché è proprio questa contrapposizione che libera la teoria dei giudizi sintetici da ogni equivoco, e li pone chiaramente di fronte agli occhi nella loro peculiare natura.

Sezione prima

DELLA SUPREMA PROPOSIZIONE FONDAMENTALE DI TUTTI I GIUDIZI ANALITICI

Qualunque possa essere il contenuto della nostra conoscenza, e comunque essa possa riferirsi all'oggetto, certo la condizione universale — seppure solo negativa — di tutti i nostri giudizi in generale è che essi non contraddicano se stessi; altrimenti, tali giudizi sono in se stessi (anche a prescindere dall'oggetto) nulla. Ma anche se nel nostro giudizio non vi è alcuna contraddizione, esso può nondimeno congiungere i concetti in un modo non giustificato dall'oggetto, o anche può connetterli senza che ci sia data, né *a priori* né *a posteriori*, una ragione qualsiasi, che autorizzi un tale giudizio. Cosí un giudizio, pur essendo privo di qualsiasi contraddizione interna, può essere tuttavia falso o infondato.

Orbene, la proposizione: a nessuna cosa tocca un predicato che le contraddica, si chiama principio di contraddizione, ed è un criterio universale, sebbene solo negativo, di ogni verità. Ma essa appartiene d'altronde semplicemente alla logica, per il fatto che si applica a conoscenze solo in quanto conoscenze in generale, prescindendo dal loro contenuto, e dichiara che la contraddizione le annienta e le sopprime completamente.

Di tale principio, tuttavia, si può fare altresí un uso positivo, non soltanto cioè per bandire la falsità e l'errore (in quanto quest'ultimo si fonda sulla contraddizione),
142 ma anche per conoscere la verità. In effetti, *se il giudizio è analitico*, sia esso negativo o affermativo, la sua verità deve sempre poter essere conosciuta sufficientemente in base al principio di contraddizione. L'opposto di ciò che già si trova e viene pensato come concetto nella conoscenza dell'oggetto, difatti, è sempre giustamente negato di questo qualcosa, mentre il concetto

stesso dovrà invece venir necessariamente affermato del medesimo qualcosa, per il fatto che il contrario di tale concetto contraddirebbe all'oggetto.

Dobbiamo perciò ammettere il principio di contraddizione come principio universale e del tutto sufficiente di ogni conoscenza analitica, ma la sua autorità o la sua utilità non supera del resto quella di un sufficiente criterio della verità. In realtà, il fatto che proprio nessuna conoscenza possa essergli contraria, senza distruggere se stessa, certamente fa di questa proposizione la *conditio sine qua non* della verità della nostra conoscenza, ma non ne fa la ragione determinante di tale verità. Ora, dato che qui ci occupiamo propriamente solo della parte sintetica della nostra conoscenza, avremo bensí cura in ogni caso di non trasgredire mai questo inviolabile principio, ma per quanto riguarda la verità di una siffatta specie di conoscenza, non potremo mai attenderci da esso alcuna chiarificazione.

Vi è tuttavia una formulazione di questo principio — rinomato, seppure privo di ogni contenuto e semplicemente formale — la quale contiene una sintesi, introdotta in essa per inavvertenza e senza alcuna necessità. Ecco la formulazione: è impossibile che qualcosa sia e non sia al tempo stesso. Oltre al fatto che qui è stata aggiunta in modo superfluo la certezza apodittica (con la parola impossibile), la quale deve farsi intendere da sé, in base alla proposizione, bisogna anche osservare che la proposizione è modificata dalla condizione del tempo. È come se il principio dicesse: una cosa (*A*), che è qualcosa (*B*), non può essere al tempo stesso *non B*, ma può benissimo essere entrambe le cose (tanto *B*, quanto *non B*) successivamente. Per esempio, un uomo, che è giovane, non può essere al tempo stesso vecchio; il medesimo uomo, tuttavia, può benissimo essere in un certo tempo giovane, e in un altro tempo non giovane, cioè vecchio. Ora, il principio di contraddizione, in quanto proposizione fonda-

mentale semplicemente logica, non deve affatto limitare la sua dichiarazione a rapporti di tempo: la formulazione suddetta è perciò del tutto contraria all'intenzione del principio. Il fraintendimento proviene semplicemente dal fatto, che anzitutto si separa un predicato di una cosa dal concetto della medesima, ed in seguito si collega con tale predicato il suo opposto: quest'ultimo non fornirà mai una contraddizione con il soggetto, ma unicamente
143 con il suo predicato, che è stato connesso sinteticamente con il soggetto, e precisamente, solo quando il primo e il secondo predicato siano posti nel medesimo tempo. Se io dico: un uomo, che è incolto, non è colto, in tal caso dev'essere aggiunta la condizione: *al tempo stesso*. Colui che in un certo tempo è incolto, difatti, può benissimo essere colto in un altro tempo. Ma se io dico: nessun uomo incolto è colto, la proposizione è allora analitica, poiché il carattere dell'incoltura contribuisce ormai a costituire il concetto del soggetto. In tal caso la proposizione negativa risulta immediatamente chiara dal principio di contraddizione, senza che si abbia bisogno di aggiungere la condizione: *al tempo stesso*. Tale è del resto la ragione, per cui sopra ho cambiato la formulazione del principio, in modo che fosse cosí espressa chiaramente la natura di una proposizione analitica.

Sezione seconda

DELLA SUPREMA PROPOSIZIONE FONDAMENTALE DI TUTTI I GIUDIZI SINTETICI

La spiegazione della possibilità di giudizi sintetici è un compito, con cui la logica generale non ha nulla a che fare. Tale logica, anzi, non ha neppure bisogno di conoscerne il nome. In una logica trascendentale, tuttavia, questa spiegazione è il piú importante fra tutti i compiti, e addirittura l'unico, quando si tratta della possibilità di giudizi sintetici *a priori*, e inoltre delle condizioni e dell'ampiezza della loro validità. Dopo di avere adempiuto a tale compito, difatti, la logica trascendentale può soddisfare completamente al suo scopo, consistente nel determinare l'estensione ed i limiti dell'intelletto puro.

Nel giudizio analitico, io mi arresto al concetto dato, per stabilire qualcosa riguardo ad esso. Se il giudizio ha da essere affermativo, io attribuisco allora a questo concetto soltanto ciò che già era pensato in esso; se ha da essere negativo, io escludo allora da esso soltanto il contrario di ciò che vi era pensato. Nei giudizi sintetici, peraltro, io devo uscir fuori dal concetto dato, per considerare in rapporto con esso un qualcosa del tutto differente da ciò che vi era pensato. Di conseguenza, qui non si ha mai un rapporto di identità, né uno di contraddizione, e in questo caso nel giudizio in se stesso non si può riconoscere né la verità, né l'errore.

Ammettendo dunque, che si debba uscir fuori di un 144
concetto dato, per confrontarlo sinteticamente con un altro, è allora necessario un terzo termine, che è il solo in cui possa sorgere la sintesi dei due concetti. Che cos'è, peraltro, questo terzo termine, in quanto medio di tutti i giudizi sintetici? Vi è soltanto un insieme, in cui siano contenute tutte le nostre rappresentazioni: cioè, il senso interno e la sua forma *a priori*, il tempo. La sintesi delle rappresentazioni si fonda sulla capacità di immaginazione, mentre l'unità sintetica di esse (che si richiede per il giudizio) si fonda sull'unità dell'appercezione. In tutto ciò, dunque, si dovrà cercare la possibilità di giudizi sintetici, ed inoltre — dato che tutti e tre gli elementi contengono le fonti di rappresentazioni *a priori* — la possibilità di giudizi sintetici puri. Partendo da tali fondamenti anzi, questi ultimi giudizi risulteranno necessari, se è destinata a costituirsi una conoscenza di oggetti, la quale si basi unicamente sulla sintesi delle rappresentazioni.

Se una conoscenza vuole avere una realtà oggettiva, cioè vuole riferirsi ad un oggetto e trovare in questo un significato ed un valore, l'oggetto deve allora poter essere *dato* in un qualche modo. Senza di ciò, i concetti sono vuoti: attraverso essi si è bensí pensato, ma in realtà nulla è stato conosciuto mediante questo pensiero, e piuttosto si è semplicemente giocato con rappresentazioni. Dare un oggetto — se ciò non va inteso a sua volta solo mediatamente, ma significa presentare immediatamente nell'intuizione — non è altro se non riferire la rappresentazione di esso all'esperienza (non importa se reale o possibile). Persino lo spazio ed il tempo, per esenti che siano questi concetti da tutto ciò che è empirico, e per quanto certo sia il fatto che essi vengono rappresentati del tutto *a priori* nell'animo, risulterebbero però privi di validità oggettiva, ed inoltre, senza valore né significato, se non fosse mostrato il loro uso necessario rispetto agli oggetti dell'esperienza. La rappresentazione del tempo e dello spazio, anzi, è un semplice schema, che si riferisce sempre alla capacità riproduttiva di immaginazione: quest'ultima suscita gli oggetti dell'esperienza, e senza tale capacità tempo e spazio non avrebbero alcun significato. Cosí si dica indifferentemente per tutti i concetti.

La *possibilità dell'esperienza* è quindi ciò che fornisce una realtà oggettiva a tutte le nostre conoscenze *a priori*. L'esperienza, orbene, si fonda sull'unità sintetica delle apparenze, cioè su una sintesi, secondo concetti, dell'oggetto delle apparenze in generale. Senza di questa, l'esperienza non sarebbe neppure conoscenza, bensí una rapsodia di percezioni, le quali non si adatterebbero complessivamente in alcun contesto, secondo
145 regole di una coscienza (possibile) interamente connessa, e quindi nemmeno nell'unità trascendentale e necessaria dell'appercezione. L'esperienza si fonda quindi su principî *a priori* della sua forma, cioè su regole universali dell'unità nella sintesi delle apparenze, e la realtà oggettiva di tali

regole, in quanto condizioni necessarie, può venir sempre mostrata nell'esperienza, anzi, persino nella possibilità di questa. Al di fuori di tale relazione, tuttavia, le proposizioni sintetiche *a priori* sono del tutto impossibili, poiché non hanno affatto un terzo termine, cioè un oggetto, in cui l'unità sintetica dei loro concetti possa mettere in evidenza una realtà oggettiva.

Di conseguenza, sebbene riguardo allo spazio in generale — o alle figure che la capacità produttiva di immaginazione traccia in esso — noi raggiungiamo cosí tante conoscenze *a priori* in giudizi sintetici, da non aver realmente bisogno in proposito di alcuna esperienza, tuttavia queste conoscenze non costituirebbero altro che un passatempo intorno a semplici chimere, se lo spazio non fosse da considerare come la condizione delle apparenze, che forniscono la materia per l'esperienza esterna. Perciò quei giudizi sintetici puri si riferiscono, seppure mediatamente, ad un'esperienza possibile, o piuttosto alla possibilità stessa dell'esperienza, e soltanto su ciò fondano la validità oggettiva della loro sintesi.

Poiché l'esperienza, in quanto sintesi empirica, è dunque nella sua possibilità l'unica specie di conoscenza, che fornisca realtà ad ogni altra sintesi, la sintesi allora, in quanto conoscenza *a priori*, possiede d'altronde verità (accordo con l'oggetto) solo per il fatto che non contenga null'altro se non ciò che è necessario per l'unità sintetica dell'esperienza in generale.

Il supremo principio di tutti i giudizi sintetici è dunque: ogni oggetto sottostà alle condizioni necessarie dell'unità sintetica del molteplice dell'intuizione in un'esperienza possibile.

In tal modo, sono possibili giudizi sintetici *a priori*, se noi riferiamo le condizioni formali dell'intuizione *a priori*, la sintesi della capacità di immaginazione, e l'unità necessaria di tale sintesi in un'appercezione trascendentale, ad una conoscenza possibile di esperienza, in generale, e se diciamo: le condizioni della *possibilità dell'esperienza* in generale sono al tempo stesso condizioni della *possibilità degli oggetti dell'esperienza*, ed hanno quindi validità oggettiva in un giudizio sintetico *a priori*.

146 Sezione terza

RAPPRESENTAZIONE SISTEMATICA DI TUTTE LE PROPOSIZIONI FONDAMENTALI SINTETICHE DELL'INTELLETTO PURO

Che in generale si ritrovino da qualche parte delle proposizioni fondamentali, è da attribuirsi unicamente all'intelletto puro: quest'ultimo è non soltanto la facoltà delle regole, riguardo a ciò che accade, ma altresí la fonte delle proposizioni fondamentali, secondo la quale tutto ciò che possa mai presentarsi a noi come oggetto è necessariamente sottomesso a regole, giacché senza di esse la conoscenza di un oggetto corrispondente alle apparenze non potrebbe mai toccare a queste ultime. Persino le leggi della natura, quando vengono considerate come proposizioni fondamentali dell'uso empirico dell'intelletto, portano con sé al tempo stesso un'impronta di necessità, e fanno quindi almeno supporre una determinazione poggiata su fondamenti, che siano validi *a priori* e anteriormente ad ogni esperienza. Tutte le leggi della natura, senza distinzione, sono però soggette a piú alte proposizioni fondamentali dell'intelletto, in quanto si limitano ad applicare tali proposizioni a casi particolari dell'apparenza. Soltanto queste proposizioni fondamentali dànno quindi il concetto, che contiene la condizione e, per cosí dire, l'esponente di una regola in generale, mentre l'esperienza fornisce il caso che è sottomesso alla regola.

Che proposizioni fondamentali semplicemente empiriche vengano considerate come proposizioni fondamentali dell'intelletto puro, o viceversa, non può esserci davvero alcun pericolo, e ciò per il fatto che la necessità secondo concetti — la quale caratterizza le proposizioni fondamentali dell'intelletto puro, e la cui mancanza è facilmente avvertita in ogni proposizione empirica, per generale che possa essere la validità di questa — può agevolmente prevenire tale confusione. Vi sono però proposizioni fondamentali pure *a priori*, che tuttavia non vorrei attribuire peculiarmente all'intelletto puro, per il fatto che esse sono tratte non già da concetti puri, bensí da intuizioni pure (sebbene mediante l'intelletto); l'intelletto, peraltro, è la facoltà dei concetti. La matematica possiede siffatte proposizioni, ma la loro applicazione all'esperienza, e quindi la loro validità oggettiva, anzi, la possibilità di tale conoscenza sintetica *a priori* (la deduzione di essa), si fondano pur sempre sull'intelletto puro.

Tra le mie proposizioni fondamentali, non enumererò dunque quelle della matematica, bensí quelle su cui si fondano la possibilità e la validità oggettiva *a priori* di tali proposizioni matematiche; enumererò cosí quelle che sono da con- **147**
siderarsi come principî di queste proposizioni fondamentali della matematica, e che procedono dai concetti all'intuizione, non già dall'intuizione ai concetti.

Nell'applicazione dei concetti puri dell'intelletto ad un'esperienza possibile, l'uso della loro sintesi o è matematico, o è dinamico: tale sintesi si riferisce, difatti, in parte semplicemente all'intuizione, e in parte all'esistenza di un'apparenza in generale. Tuttavia, le condizioni *a priori* dell'intuizione sono assolutamente necessarie a riguardo di un'esperienza possibile, mentre quelle dell'esistenza degli oggetti di un'intuizione empirica possibile sono in sé solo contingenti. Perciò le proposizioni fondamentali dell'uso matematico suoneranno incondizionatamente necessarie, cioè apodittiche, mentre le proposizioni fondamentali dell'uso dinamico conserveranno bensí il carattere di una necessità *a priori*, ma soltanto sotto la condizione del pensiero empirico in un'esperienza, e quindi solo mediatamente e indirettamente; di conseguenza, esse non conterranno quell'evidenza immediata (sia pure senza pregiudizio della loro certezza, riferita universalmente all'esperienza), che è propria delle prime proposizioni fondamentali. Ciò tuttavia potrà essere giudicato meglio alla fine di questo sistema delle proposizioni fondamentali.

La tavola delle categorie ci istruisce in modo del tutto naturale, avviandoci alla tavola delle proposizioni fondamentali: in effetti, queste ultime non sono altro che regole dell'uso oggettivo delle categorie. Tutte le proposizioni fondamentali dell'intelletto puro sono perciò:

1.
Assiomi
dell'
intuizione.

2.
Anticipazioni
della
percezione.

3.
Analogie
dell'
esperienza.

4.
Postulati
del
pensiero empirico
in generale.

Ho scelto queste denominazioni con cautela, per non far passare inosservate le differenze riguardo all'evidenza
148 e all'applicazione di tali proposizioni fondamentali. D'altronde risulterà ben presto che, per quel che riguarda tanto l'evidenza quanto la determinazione *a priori* delle apparenze secondo le categorie della quantità e della qualità (se si bada unicamente alla forma di queste),

le loro proposizioni fondamentali differiscono considerevolmente da quelle delle altre due classi, nel senso che le prime sono capaci di una certezza intuitiva, e le seconde invece di una certezza semplicemente discorsiva, pur essendo le une e le altre capaci di una certezza piena. Le prime proposizioni fondamentali, quindi, le chiamerò matematiche; le seconde, dinamiche[1]. Tuttavia, si dovrà bene osservare che qui io non tengo presenti né le proposizioni fondamentali della matematica in un caso, né le proposizioni fondamentali della dinamica generale (fisica) nell'altro caso, ma considero soltanto le proposizioni fondamentali dell'intelletto puro in relazione col senso interno (senza guardare alle rappresentazioni date in esso). Mediante queste ultime proposizioni fondamentali, tutte quante le suddette acquistano la loro possibilità. Le proposizioni fondamentali da me considerate, quindi, le denomino tenendo conto della loro applicazione, piuttosto che non in base al loro contenuto, e passo ora a trattarle nello stesso ordine in cui vengono rappresentate nella tavola.

[1] Ogni congiunzione (*conjunctio*) o è composizione (*compositio*), o è connessione (*nexus*). La composizione è la sintesi del molteplice, i cui componenti non appartengono necessariamente gli uni agli altri: per esempio, i due triangoli, in cui un quadrato viene diviso dalla diagonale, non appartengono per sé necessariamente l'uno all'altro. Tale è la sintesi dell'omogeneo, in tutto ciò che può essere considerato matematicamente (a sua volta, questa sintesi può essere súddivisa in sintesi di aggregazione e sintesi di coalizione: la prima è rivolta a quantità estensive, e l'altra a quelle intensive). La seconda congiunzione (*nexus*) è la sintesi del molteplice, in quanto i componenti di questo appartengono necessariamente gli uni agli altri (cosí, per esempio, l'accidente appartiene ad una qualche sostanza, oppure l'effetto appartiene alla causa), e quindi di un molteplice, che viene rappresentato altresí come eterogeneo, ma come congiunto *a priori*. Tale congiunzione, in quanto non è arbitraria, io la chiamo dinamica, per il fatto che essa riguarda la congiunzione dell'esistenza del molteplice (a sua volta, questa congiunzione può essere suddivisa in congiunzione fisica delle apparenze tra loro, e in congiunzione metafisica delle apparenze nella facoltà conoscitiva *a priori*).

148 149

1.

Assiomi dell'intuizione

Il principio di essi è: tutte le intuizioni sono quantità estensive.

Dimostrazione

Tutte le apparenze contengono, riguardo alla forma, un'intuizione nello spazio e nel tempo, che sta *a priori* a fondamento di esse tutte. Esse non possono dunque venir
149 apprese — cioè accolte nella coscienza empirica — se non mediante la sintesi del molteplice (dalla quale sono prodotte le rappresentazioni di un determinato spazio o tempo), cioè mediante la composizione dell'omogeneo e la coscienza dell'unità sintetica di questo molteplice (omogeneo). Orbene, la coscienza dell'omogeneità molteplice nell'intuizione in generale, in quanto risulta in tal modo possibile, per la prima volta, la rappresentazione di un oggetto, è il concetto di una quantità (*quantum*). Di conseguenza, anche la percezione di un oggetto come apparenza è possibile solo mediante quella medesima unità sintetica del molteplice dell'intuizione sensibile data, con cui nel concetto di una quantità viene pensata l'unità della composizione dell'omogeneità molteplice; ossia, le apparenze sono tutte quantità, e precisamente quan-

---

[In luogo di: III 148, 18-20, leggiamo in A¹:]

IV 113 *Sugli assiomi dell'intuizione*

Proposizione fondamentale dell'intelletto puro: tutte le apparenze, rispetto alla loro intuizione, sono quantità estensive.

tità *estensive*, poiché, come intuizioni nello spazio o nel tempo, esse debbono venir rappresentate mediante quella medesima sintesi, da cui sono determinati spazio e tempo in generale.

Chiamo quantità estensiva quella in cui la rappresentazione delle parti rende possibile la rappresentazione del tutto (e quindi precede necessariamente quest'ultima). Non posso rappresentarmi in alcun modo una linea, per piccola che sia, senza tracciarla nel pensiero, cioè senza produrre man mano tutte le sue parti, cominciando da un punto, e senza disegnare cosí anzitutto questa intuizione. Le cose stanno nello stesso modo riguardo ad un qualsiasi tempo, anche alla sua piú piccola parte. Nel tempo, io penso soltanto il progresso successivo da un istante all'altro: con tutte le parti di tempo e con la loro addizione, viene alla fine prodotta una determinata quantità di tempo. Poiché in tutte le apparenze la semplice intuizione o è lo spazio, o è il tempo, cosí ogni apparenza, in quanto intuizione, è una quantità estensiva, dato che l'apparenza può venir conosciuta nell'apprensione solo mediante una sintesi successiva (di parte con parte). Quindi, tutte le apparenze sono già intuite come aggregati (pluralità di parti date in **150**
precedenza); questo è il caso, non già per ogni specie di quantità, ma soltanto per quelle che sono da noi rappresentate e apprese come tali *estensivamente*.

Su questa sintesi successiva della capacità produttiva di immaginazione nella costituzione delle figure, si fonda la matematica dell'estensione (geometria), con i suoi assiomi, esprimenti le condizioni dell'intuizione sensibile *a priori*. Lo schema di un concetto puro dell'apparenza esterna può prodursi soltanto sotto tali condizioni. Esempi di assiomi: tra due punti è possibile una sola linea retta; due linee rette non racchiudono uno spazio, ecc. Questi sono gli assiomi, che riguardano propriamente solo le quantità (*quanta*) come tali.

Per quel che concerne invece la quantità (*quantitas*),

ossia per quel che si riferisce alla risposta che viene data, allorché si domanda quanto grande sia un qualcosa, non sussiste in proposito alcun assioma, nel vero senso della parola, sebbene parecchie di queste proposizioni siano sintetiche e immediatamente certe (*indemonstrabilia*). In effetti, le proposizioni: quantità uguali, aggiunte a quantità uguali, dànno quantità uguali, e: quantità uguali, sottratte da quantità uguali, dànno quantità uguali, sono analitiche, poiché io sono immediatamente cosciente dell'identità tra l'una e l'altra produzione di quantità. Gli assiomi, peraltro, debbono essere proposizioni sintetiche *a priori*. Al contrario, le proposizioni evidenti di relazione numerica sono bensí sintetiche, ma non universali come quelle della geometria, e proprio per questo non possono venir chiamate neppure esse assiomi, ma soltanto formule numeriche. La proposizione: $7 + 5 = 12$, non è affatto analitica. Io non penso infatti il numero 12, né nella rappresentazione di 7, né in quella di 5, e neppure nel rappresentare la composizione di entrambi (qui non si tratta del fatto, che io debba pensare il numero 12 nell'*addizione* degli altri *due*: in realtà, per decidere se una proposizione è analitica, occorre soltanto vedere, se io pensi il predicato veramente nella rappresentazione del soggetto). Tale proposizione peraltro, anche se è sintetica, risulta nondimeno soltanto singolare. In quanto si considera qui semplicemente la sintesi dell'omogeneo (delle unità), in questo caso la sintesi può verificarsi soltanto in un unico modo, sebbene in seguito l'*uso* di questi numeri sia universale. Se io affermo: con tre linee — di cui si possa dire che due prese assieme sono piú lunghe della terza — si può costruire un triangolo, mi trovo allora di fronte alla semplice funzione della capacità produttiva di immaginazione, che può tracciare linee piú o meno lunghe, facendole inoltre incontrare secondo svariati angoli arbitrari. Per contro, il numero 7 è possibile in un unico modo, e cosí pure il numero 12, che viene

prodotto dalla sintesi del primo con 5. Siffatte proposizioni devono quindi essere chiamate non già assiomi 151
(poiché altrimenti ve ne sarebbero infiniti), bensí formule numeriche.

Questa proposizione fondamentale trascendentale della matematica delle apparenze fornisce una grande estensione alla nostra conoscenza *a priori*. È soltanto essa, difatti, che rende applicabile la matematica pura, in tutta la sua precisione, ad oggetti dell'esperienza. Senza questa proposizione fondamentale, ciò non potrebbe risultare chiaro da sé: tale applicazione, anzi, ha provocato molte obiezioni. Le apparenze non sono affatto cose in se stesse. L'intuizione empirica è possibile solo mediante l'intuizione pura (dello spazio e del tempo). Per conseguenza, ciò che la geometria dice di quest'ultima, vale incontestabilmente anche per quell'altra, e tutte le scappatoie usate, come se gli oggetti dei sensi non avessero bisogno di conformarsi alle regole della costruzione nello spazio (per esempio, alla regola della divisibilità infinita delle linee, o degli angoli), debbono essere precluse. Con tali pretesti, infatti, si nega una validità oggettiva allo spazio, negandola cosí al tempo stesso a tutta la matematica, e non si sa piú perché, né sino a che punto, essa sia da applicarsi alle apparenze. La sintesi degli spazi e dei tempi, considerati come la forma essenziale di ogni intuizione, è ciò che rende possibile al tempo stesso l'apprensione dell'apparenza, cioè ogni esperienza esterna, e quindi altresí ogni conoscenza degli oggetti di essa: ciò che la matematica, nell'uso puro, dimostra riguardo a quella sintesi, vale necessariamente anche a riguardo della conoscenza degli oggetti dell'esperienza. Tutte le obiezioni in contrario sono soltanto cavilli di una ragione falsamente indirizzata, la quale ritiene in modo erroneo di sciogliere gli oggetti dei sensi dalla condizione formale della nostra sensibilità, e li rappresenta, nonostante che siano semplicemente apparenze, come oggetti in se stessi, dati all'intelletto. In questo caso, certo, non si potrebbe conoscere assolutamente nulla riguardo a tali oggetti, né *a priori*, né quindi sinteticamente attraverso concetti puri dello spazio, e la scienza stessa, che determina tali concetti — cioè la geometria — non risulterebbe possibile.

2.

Anticipazioni della percezione

Il principio di esse è: in tutte le apparenze il reale, che è un oggetto della sensazione, possiede quantità intensiva, cioè un grado.

152 *Dimostrazione*

La percezione è la coscienza empirica, cioè una coscienza in cui si trovi al tempo stesso una sensazione. Le apparenze, in quanto oggetti della percezione, non sono intuizioni pure (semplicemente formali) come lo spazio e il tempo (poiché questi, in sé, non possono affatto venir percepiti). Esse contengono dunque in sé, oltre che l'intuizione, anche le materie per un qualche oggetto in

---

[In luogo di: III **151**, 30-3, leggiamo in **A**[1]:]

IV 115 *Le anticipazioni della percezione*

La proposizione fondamentale, che anticipa tutte le percezioni come tali, è la seguente: in tutte le apparenze la sensazione, e il reale che corrisponde ad essa nell'oggetto (*realitas phaenomenon*), ha una quantità intensiva, cioè un grado.

generale (partendo dalle quali viene rappresentato un qualcosa di esistente nello spazio o nel tempo), cioè contengono in sé il reale della sensazione, inteso come rappresentazione semplicemente soggettiva, da parte della quale si può acquistare coscienza solo del fatto che il soggetto è modificato, e la quale viene riferita ad un oggetto in generale. Ora, è possibile passare gradualmente dalla coscienza empirica a quella pura, sinché il reale della coscienza si dissolve del tutto, e rimane una coscienza semplicemente formale (*a priori*) del molteplice nello spazio e nel tempo. Di conseguenza, è altresí possibile una sintesi nella produzione della quantità di una sensazione, dal suo inizio, cioè dall'intuizione pura $= 0$, sino ad una quantità qualsiasi della sensazione. Peraltro, dato che la sensazione non è in sé per nulla una rappresentazione oggettiva, e che in essa non si ritrova né l'intuizione dello spazio, né quella del tempo, non le toccherà certo una quantità estensiva, ma le spetterà comunque una quantità (precisamente, mediante quell'apprensione della quantità, in cui la coscienza empirica può crescere in un certo tempo da niente $= 0$ sino alla misura data della sensazione), e quindi una **quantità** intensiva. In corrispondenza di questa, dev'essere attribuita a tutti gli oggetti della percezione — in quanto essa contiene sensazione — una **quantità intensiva**, cioè un grado di influsso sui sensi.

Ogni conoscenza, con cui mi è possibile conoscere e determinare *a priori* ciò che appartiene alla conoscenza empirica, io posso chiamarla un'anticipazione: è in questo significato, senza dubbio, che **Epicuro** usò la sua espressione προλῆψις. Tuttavia, poiché nelle apparenze c'è qualcosa, che non viene mai conosciuto *a priori* e che quindi stabilisce la vera e propria differenza tra ciò che è empirico e la conoscenza *a priori*, e cioè la sensazione (come materia della percezione), ne segue che la sensazione è propriamente ciò che non può venir affatto anticipato.

153 Le determinazioni pure nello spazio e nel tempo, per contro, potremmo chiamarle, tanto a riguardo della figura quanto a riguardo della quantità, anticipazioni delle apparenze: in effetti, esse rappresentano *a priori* tutto ciò che può essere dato *a posteriori* nell'esperienza. Peraltro, posto che si trovasse tuttavia un qualcosa, che riguardo ad ogni sensazione potesse venir conosciuto *a priori* come sensazione in generale (senza che fosse data una sensazione particolare), ciò meriterebbe allora di essere chiamato anticipazione, in senso eminente: difatti, anticipare l'esperienza in ciò che riguarda proprio la sua materia — che si può attingere solo da essa — sembra straordinario. Qui, tuttavia, le cose stanno realmente cosí.

L'apprensione, che si verifica semplicemente per mezzo della sensazione, riempie solo un istante (se cioè non considero la successione di molte sensazioni). La sensazione, costituendo nell'apparenza un qualcosa, la cui apprensione non è affatto una sintesi successiva, che progredisca dalle parti alla rappresentazione totale, non è dunque una quantità estensiva: la mancanza della sensazione, nel medesimo istante, rappresenterebbe questo come vuoto, e perciò $= 0$. Orbene, ciò che nell'intuizione empirica corrisponde alla sensazione, è realtà (*realitas phaenomenon*); ciò che corrisponde alla mancanza di sensazione, è negazione $= 0$. Peraltro, ogni sensazione è suscettibile di diminuzione, cosicché essa può decrescere, e gradualmente svanire. Tra realtà nell'apparenza e negazione, quindi, sussiste una connessione continua, per opera di molte sensazioni intermedie possibili: la differenza di tali sensazioni tra loro è sempre minore della differenza fra la sensazione data e lo zero, ossia la negazione totale. In altre parole, il reale nell'apparenza ha sempre una quantità, che non viene però ritrovata nell'apprensione: questa, difatti, si verifica mediante la semplice sensazione in un solo istante, non già attraverso una sintesi successiva di molte sensazioni, e non procede quindi dalle parti al tutto. Di conseguenza, il reale ha bensí una quantità, ma non una quantità estensiva.

Orbene, quella quantità, che viene appresa solo come unità, ed in cui la pluralità può essere rappresentata solo con l'accostarsi alla negazione = 0, io la chiamo *quantità intensiva*. Ogni realtà nell'apparenza, dunque, possiede quantità intensiva, cioè un grado. Se si considera questa realtà come causa (sia della sensazione, sia di una altra realtà nell'apparenza, per esempio di un mutamento), allora il grado della realtà intesa come causa viene chiamato momento, per esempio, il momento di gravità. Ciò accade per il fatto che il grado indica solo la quantità, la cui apprensione non sia successiva, bensí istantanea. 154
Questo punto, tuttavia, lo tocco qui solo incidentalmente, poiché per adesso non mi occupo ancora della causalità.

Di conseguenza ogni sensazione — e quindi anche ogni realtà nell'apparenza, per piccola che sia — ha un grado, cioè una quantità intensiva, la quale può sempre venir diminuita; fra realtà e negazione sussiste un collegamento continuo, per opera di realtà possibili e di piú piccole percezioni possibili. Ogni colore, per esempio il rosso, ha un grado che, per quanto piccolo possa essere, non è mai il piú piccolo. Lo stesso avviene in ogni altro caso, riguardo al calore, al momento di gravità, ecc.

La proprietà delle quantità, per la quale nessuna parte di esse è la piú piccola possibile (ossia, nessuna parte è semplice), si chiama la continuità delle quantità. Spazio e tempo sono *quanta continua*, poiché non si può dare una parte di essi, se non racchiudendola tra limiti (punti e istanti), e quindi, se non in modo che questa parte stessa sia a sua volta uno spazio o un tempo. Di conseguenza, lo spazio consiste soltanto in spazi, il tempo in tempi. Punti e istanti sono solo limiti, cioè semplici posizioni, che restringono il tempo e lo spazio. Tali posizioni, peraltro, presuppongono sempre quelle intuizioni, che esse debbono limitare o determinare: né lo spazio né il tempo possono risultare composti di semplici posizioni, intese come parti costitutive, che potessero venir date anteriormente allo spazio o al tempo. Quantità siffatte si possono anche chiamare f l u i d e, poiché la sintesi (della capacità produttiva di immaginazione), nella loro produzione, è un progredire nel tempo, e poiché si suole designare la continuità del tempo soprattutto con il termine: fluire (scorrere).

Tutte le apparenze in generale sono perciò quantità continue, sia per la loro intuizione, come quantità estensive, sia per la semplice percezione (sensazione e quindi realtà), come quantità intensive. Se la sintesi del molteplice dell'apparenza è interrotta, si ha allora un aggregato di molte apparenze (e non propriamente un'apparenza, intesa come un *quantum*), il quale non viene costituito dalla semplice continuazione della sintesi produttiva di una certa specie, bensí dalla ripetizione di una sintesi sempre troncata. Se designo tredici talleri come un *quantum* di denaro, la denominazione è giusta, purché con essa io intenda riferirmi al valore di mezza libbra d'argento fino: tale misura è certo una quantità continua, in cui non c'è parte che sia la piú pic-
155 cola, ed in cui, piuttosto, ogni parte potrebbe costituire una moneta, contenente sempre materia per monete ancora piú piccole. Ma se con tale denominazione io intendo riferirmi a tredici talleri tondi, intesi come altrettante monete (qualsivoglia possa essere il loro valore in argento), allora io designo impropriamente quel denaro, parlando di un *quantum* di talleri, e devo piuttosto chiamarlo un aggregato, cioè un numero di monete. Orbene, dato che a fondamento di ogni numero deve stare comunque l'unità, cosí l'apparenza, in quanto unità, è un *quantum*, e come tale, è sempre un *continuum*.

Posto dunque che tutte le apparenze, considerate tanto estensivamente quanto intensivamente, siano quantità continue, potrebbe allora venir dimostrata qui facilmente, e con evidenza matematica, la proposizione che è altresí continuo ogni mutamento (passaggio di una cosa da uno stato ad un altro), se la causalità di un mutamento in generale non si trovasse completamente al di fuori dei limiti di una filosofia trascendentale, e non presupponesse principî empirici. In realtà, del fatto che sia possibile una causa, la quale muti lo stato delle cose — cioè le determini al contrario di un certo stato dato — l'intelletto non ci dà *a priori* assolutamente notizia, non soltanto perché esso non riesce affatto a comprendere la possibilità di ciò (questa comprensione ci manca infatti in parecchie conoscenze *a priori*), ma perché la mutabilità riguarda unicamente certe determinazioni delle apparenze, che l'esperienza sola può insegnare, mentre la loro causa è da ritrovarsi in ciò che è immutabile. Peraltro, dato che non abbiamo qui a disposizione nulla, di cui ci si possa servire, se non i fondamentali concetti puri di ogni esperienza possibile, entro i quali non deve sussistere assolutamente niente di empirico, noi non possiamo allora anticipare la scienza generale della natura — la quale è costruita su certe esperienze fondamentali — senza pregiudicare l'unità del nostro sistema.

Ciò nondimeno, non mancano le prove del grande influsso che questa nostra proposizione fondamentale esercita nell'anticipare percezioni, e persino nel supplire alla loro deficienza, con l'escludere tutte le false conclusioni, che si potrebbero trarre da ciò.

Se ogni realtà nella percezione ha un grado, tra il quale e la negazione si presenta un'infinita serie di gradi sempre piú piccoli, e se ogni senso deve pur avere un determinato grado di recettività per le sensazioni, non è allora possibile una percezione, e quindi neppure un'esperienza, che dimostri, sia immediatamente sia mediatamente (attraverso qualsivoglia tortuosità nel sillogizzare), una 156
completa mancanza del reale nell'apparenza. In altre

parole, dall'esperienza non potrà mai essere tratta una dimostrazione dello spazio vuoto, o di un tempo vuoto. La completa mancanza del reale nell'intuizione sensibile, difatti, in primo luogo non può essa stessa venir percepita, e in secondo luogo, non può affatto essere dedotta da una qualsiasi apparenza e dalla differenza di grado nella realtà di questa, né potrà mai essere assunta allo scopo di spiegare tale apparenza. In effetti, anche se l'intuizione totale di un determinato spazio o tempo è interamente reale, cioè, se nessuna parte di essa è vuota, tuttavia, in quanto ogni realtà ha il suo grado, che può decrescere sino al nulla (al vuoto) attraverso infiniti gradi, rimanendo immutata la quantità estensiva dell'apparenza, debbono allora sussistere gradi infinitamente diversi, da cui sia riempito lo spazio o il tempo, e la quantità intensiva nelle varie apparenze deve poter essere piú piccola o piú grande, sebbene la quantità estensiva dell'intuizione sia la stessa.

Forniremo un esempio in proposito. Quasi tutti i teorici della natura, accorgendosi (sia attraverso il momento di gravità o di peso, sia attraverso il momento di resistenza verso altre materie in movimento) che vi è una grande differenza nella quantità della materia di diversa specie, restando uguale il volume, da ciò deducono concordemente, che questo volume (quantità estensiva dell'apparenza) deve in tutte le materie, sebbene in misura diversa, essere vuoto. Eppure, a chi sarebbe mai venuto in mente, riguardo a questi ricercatori — in massima parte matematici e meccanici — della natura, che essi fondassero questa loro conclusione unicamente su un presupposto metafisico, pur pretendendo cosí tanto di evitarlo? Essi infatti assumono, che il r e a l e nello spazio (non voglio chiamarlo qui impenetrabilità o peso, poiché questi sono concetti empirici) sia o v u n q u e i d e n t i c o, e possa distinguersi soltanto per la quantità estensiva, cioè per l'aggregazione. A questo presupposto — cui essi non potevano fornire alcun fondamento nell'esperienza, e che

è quindi semplicemente metafisico — io contrappongo una dimostrazione trascendentale, che certo non è destinata a spiegare la differenza nel riempimento degli spazi, ma dissolve totalmente la pretesa necessità di quel presupposto (che crede di non poter spiegare la suddetta differenza se non con l'assunzione di spazi vuoti), e ha il merito di dare almeno all'intelletto la libertà di pensare anche in altro modo tale differenza, nel caso in cui la spiegazione fisica dovesse rendere necessaria una qualche ipotesi al riguardo. Noi vediamo, in effetti, che sebbene spazi uguali possano essere completamente riempiti da materie diffe- 157
renti — cosicché in nessuno di essi vi sia un punto, in cui non si trovi la presenza della materia — tuttavia ogni reale, se la qualità è la stessa, ha il grado (di resistenza o di peso) di questa: tale grado, senza che diminuisca la quantità estensiva, cioè l'aggregazione, può diventare piú piccolo all'infinito, prima che la qualità trapassi nel vuoto e si dissolva. Cosí un'irradiazione, che riempie lo spazio, per esempio il calore, ed allo stesso modo ogni altra realtà (nell'apparenza), può, senza lasciare per nulla vuota la piú piccola parte di questo spazio, diminuire all'infinito nei suoi gradi, e nondimeno riempire lo spazio con questi gradi piú piccoli, nello stesso modo in cui un'altra apparenza lo riempie con gradi maggiori. La mia intenzione, qui, non è affatto di asserire che le cose stiano realmente cosí, riguardo alla diversità delle materie secondo il loro peso specifico, bensí unicamente di mostrare, in base ad una proposizione fondamentale dell'intelletto puro, che la natura delle nostre percezioni rende possibile una tale spiegazione, e inoltre, che è falso considerare il reale dell'apparenza come uguale per il grado e diverso solo per l'aggregazione e la quantità estensiva dell'apparenza, e sostenere ciò persino *a priori*, con la pretesa di usare una proposizione fondamentale dell'intelletto.

Questa anticipazione della percezione, tuttavia, ha pur sempre in sé qualcosa che fa specie ad un ricercatore abituato alla riflessione trascendentale, e divenuto perciò cauto; sorge cosí qualche dubbio sul fatto che l'intelletto possa anticipare una siffatta proposizione sintetica, qual è quella riguardante il grado di tutto ciò che è reale nelle apparenze, e quindi riguardante la possibilità di una differenza interna della sensazione stessa, a prescindere dalla qualità empirica di quest'ultima. Di conseguenza, una questione non indegna di essere risolta è ancora quella, del come l'intelletto possa a questo riguardo pronunciarsi sinteticamente e *a priori* sulle apparenze, e come esso possa anticipare le apparenze persino in ciò che è propriamente e semplicemente empirico, ossia in ciò che concerne la sensazione.

La qualità della sensazione è ogni volta semplicemente empirica, e non può affatto essere rappresentata *a priori* (per esempio, colori, gusto, ecc.). Ma il reale che corrisponde alle sensazioni in generale, considerato in antitesi alla negazione $= 0$, rappresenta soltanto un qualcosa il cui concetto contiene in sé un essere, e non significa altro se non la sintesi in una coscienza empirica in generale. Nel senso interno, difatti, la coscienza empirica può venir elevata da 0 sino ad un qualsiasi grado piú alto, cosicché una quantità estensiva dell'intuizione — per esempio, una superficie illuminata — suscita una sensazione altrettanto
158 grande, quanto è quella suscitata da un aggregato di molte altre superficie assieme, meno illuminate. È dunque possibile astrarre totalmente dalla quantità estensiva dell'apparenza, e nondimeno rappresentarsi, riguardo alla semplice sensazione in un suo momento, una sintesi dell'incremento uniforme da 0 alla coscienza empirica data. Di conseguenza, tutte le sensazioni, come tali, sono date, è vero, solo *a posteriori*, ma la loro peculiarità, il fatto cioè che esse hanno un grado, può esser conosciuta *a priori*. È notevole, che per le quantità in generale noi possiamo conoscere *a priori* solo un'unica qualità, ossia la continuità, mentre rispetto ad ogni qualità (il reale delle apparenze)

non possiamo conoscere *a priori* null'altro se non la quantità intensiva delle apparenze, cioè il fatto che esse hanno un grado; tutto il resto è lasciato all'esperienza.

3.

Analogie dell'esperienza

Il principio di esse è: l'esperienza è possibile solo mediante la rappresentazione di una connessione necessaria delle percezioni.

Dimostrazione

L'esperienza è una conoscenza empirica, cioè una conoscenza che determina un oggetto mediante percezioni. Essa è dunque una sintesi delle percezioni, che non è essa stessa contenuta nella percezione, ma contiene in una coscienza l'unità sintetica del molteplice delle percezioni: tale unità costituisce l'essenziale di una conoscenza degli oggetti dei sensi, cioè l'essenziale dell'esperienza (non semplicemente dell'intuizione o dell'impressione dei sensi). Nell'esperienza, è vero, le percezioni si riuniscono soltanto in modo contingente, cosicché in base alle percezioni stesse non risulta affatto, né può risultare, una necessità della

---

[In luogo di: III **158**, 14-7, leggiamo in **A**[1]:]

Le analogie dell'esperienza 21 IV 121

La loro generale proposizione fondamentale è: tutte le apparenze, riguardo alla loro esistenza, sono sottomesse *a priori* a regole, determinanti la loro relazione reciproca in un tempo.

loro connessione. In effetti, l'apprensione è solo una composizione del molteplice dell'intuizione empirica, ma in essa non si ritrova per nulla una rappresentazione della
159 necessità di un'esistenza collegata delle apparenze: l'apprensione mette assieme nello spazio e nel tempo tali apparenze. Tuttavia, dato che l'esperienza è una conoscenza degli oggetti mediante percezioni, e che in essa, di conseguenza, la relazione nell'esistenza del molteplice deve venir rappresentata, non già come è messa assieme nel tempo, bensí com'è oggettivamente nel tempo (mentre il tempo stesso non può essere percepito), allora la determinazione dell'esistenza degli oggetti nel tempo può avvenire soltanto mediante il loro collegamento nel tempo in generale, e quindi solo attraverso concetti connettivi *a priori*. Ora, in quanto tali concetti implicano sempre necessità, l'esperienza è allora possibile solo mediante una rappresentazione della connessione necessaria delle percezioni.

I tre *modi* del tempo sono: permanenza, successione, simultaneità. Di conseguenza, tre regole di tutti i rapporti temporali delle apparenze — regole secondo cui l'esistenza di ogni apparenza può essere determinata riguardo all'unità di ogni tempo — precederanno ogni esperienza e la renderanno possibile per la prima volta.

La generale proposizione fondamentale di tutte e tre le analogie si basa sull' unità necessaria dell'appercezione a riguardo di ogni possibile coscienza empirica (percezione) in ogni tempo, e di conseguenza, dato che tale unità costituisce un fondamento *a priori*, sull'unità sintetica di tutte le apparenze, secondo la loro relazione nel tempo. In effetti, l'appercezione originaria si riferisce al senso interno (all'insieme di tutte le rappresentazioni), e precisamente, si riferisce *a priori* alla forma del senso interno, cioè alla relazione della coscienza empirica molteplice nel tempo. Nell'appercezione originaria, orbene, tutto questo molteplice è destinato ad essere riunito secondo le sue relazioni di tempo: proprio questo, infatti, viene significato da quell'unità trascendentale *a priori* dell'appercezione, cui è subordinato tutto ciò che deve appartenere alla mia (cioè alla mia unitaria) conoscenza, e quindi può divenire un oggetto per me. Questa *unità sintetica* nel rapporto temporale di tutte le percezioni, *che è determinata a priori*, costituisce quindi la legge, secondo cui tutte le determinazioni empiriche di tempo devono sottostare a regole della determinazione universale di tempo. E le analogie dell'esperienza, delle quali tratteremo ora, debbono essere regole cosiffatte.

Queste proposizioni fondamentali hanno in sé la particolarità, di non considerare le apparenze e la sintesi dell'intuizione empirica di queste, ma semplicemente l'*esistenza* di apparenze, e la loro *relazione* reciproca a riguardo di questa loro esistenza. Il modo in cui un qualcosa viene appreso nell'apparenza, orbene, può essere 160
determinato *a priori*, in guisa che la regola della sintesi di tale modo possa fornire al tempo stesso questa intuizione *a priori* in ogni esempio empirico che si presenti, cioè possa costituirla su questa base. Senonché, l'esistenza delle apparenze non può venir conosciuta *a priori*, e anche se per questa via potessimo giungere a dedurre una qualche esistenza, non saremmo tuttavia in grado di conoscerla determinatamente, ossia di anticipare ciò per cui la sua intuizione empirica si distingue da altre.

Le due precedenti proposizioni fondamentali — che ho chiamato matematiche, in considerazione del fatto che esse autorizzano ad applicare la matematica alle apparenze — si riferivano ad apparenze rispetto alla loro semplice possibilità, ed insegnavano come le apparenze, sia riguardo alla loro intuizione, sia riguardo al reale della loro percezione, potrebbero venir prodotte secondo regole di una sintesi matematica. Di conseguenza, tanto per l'intuizione quanto per la percezione possono essere usate le quantità numeriche, e con esse, la determinazione dell'apparenza come quantità. Cosí, per esempio, con circa 200 000 gradi di illuminazione lunare io potrò comporre il grado delle sensazioni luminose del sole, e potrò fornirlo determinatamente *a priori*, cioè costruirlo. Quelle prime proposizioni fondamentali, possiamo perciò chiamarle costitutive.

La situazione dev'essere del tutto diversa rispetto a quelle proposizioni fondamentali, che sono destinate a portare *a priori* sotto regole l'esistenza delle apparenze. In effetti, dato che tale esistenza non si può costruire, queste proposizioni fondamentali potranno soltanto riferirsi alla relazione dell'esistenza, e non potranno risultare principî se non come principî semplicemente *regolativi*. Perciò non è il caso qui di pensare né ad assiomi, né ad anticipazioni; piuttosto, quando una percezione ci sia data in un rapporto temporale con altre percezioni (sebbene indeterminate), non si potrà allora dire *a priori*, *quale* altra percezione sia necessariamente congiunta con la prima, né si potrà dire *quanto grande* sia questa seconda percezione, ma si potrà dire soltanto come essa, secondo l'esistenza, sia necessariamente congiunta con la prima, in tale *modus* del tempo. In filosofia, le analogie significano qualcosa di assai diverso da ciò che esse rappresentano in matematica. In quest'ultima, si tratta di formule, che stabiliscono l'uguaglianza di due relazioni quantitative, e si tratta di analogie sempre *costitutive*, cosicché, quando sono dati tre termini della proporzione, in tal modo anche il quarto risulta dato, cioè può essere costruito. In filosofia, invece, l'analogia non è l'uguaglianza di due relazioni *quantitative*, bensí l'uguaglianza di due relazioni *qualitative*, in cui io, partendo da tre termini dati, posso conoscere e fornire *a priori* solo la *relazione* con un quarto termine, e non già *questo* quarto *termine* stesso. Con tale
161 analogia, nondimeno, io posseggo certo una regola per cercare il quarto termine nell'esperienza, e un contrassegno per ritrovarlo in questa. Un'analogia dell'esperienza, dun-

que, sarà soltanto una regola, secondo cui dalle percezioni è destinata a sorgere l'unità dell'esperienza (non già come sorge la percezione stessa, in quanto intuizione empirica in generale), e varrà come proposizione fondamentale riguardante gli oggetti (le apparenze), in modo non già c o s t i t u t i v o , bensí semplicemente r e g o l a t i v o . Proprio le stesse considerazioni, d'altronde, si applicheranno pure ai postulati del pensiero empirico in generale, che riguardano la sintesi complessiva della semplice intuizione (della forma dell'apparenza), della percezione (della materia dell'apparenza) e dell'esperienza (del rapporto di queste percezioni). Questi postulati, cioè, sono soltanto proposizioni fondamentali regolative, e si distinguono dalle proposizioni fondamentali matematiche, che sono costitutive, non già per la certezza, la quale in entrambi i casi è stabilita *a priori*, bensí per la natura dell'evidenza, cioè per il carattere intuitivo delle proposizioni matematiche, e quindi anche per la forza dimostrativa.

Peraltro, ciò che è stato ricordato a riguardo di tutte le proposizioni fondamentali sintetiche, e dev'essere qui osservato segnatamente, è quanto segue: queste analogie hanno un loro significato e una loro validità non come proposizioni fondamentali dell'uso trascendentale dell'intelletto, ma unicamente come proposizioni fondamentali dell'uso empirico dell'intelletto, e solo in quanto tali, quindi, possono venir dimostrate; di conseguenza, le apparenze non debbono essere sussunte senz'altro alle categorie, ma soltanto agli schemi di queste. In realtà, se gli oggetti, cui si intende riferire tali proposizioni fondamentali, fossero cose in se stesse, sarebbe allora del tutto impossibile conoscere sinteticamente e *a priori* qualcosa a riguardo di essi. Ma non si tratta di null'altro che di apparenze: orbene, la loro compiuta conoscenza, cui alla fine debbono pur sempre giungere tutte le proposizioni fondamentali *a priori*, è unicamente l'esperienza possibile. Di conseguenza, quelle proposizioni fondamentali non possono avere come scopo null'altro che le condizioni dell'unità della conoscenza empirica nella sintesi delle apparenze. Tale sintesi, peraltro, viene pensata unicamente nello schema del concetto puro dell'intelletto, mentre la categoria contiene la funzione — non ristretta da alcuna condizione sensibile — dell'unità di questa sintesi, intesa come sintesi in generale. Attraverso queste proposizioni fondamentali, noi saremo perciò autorizzati a congiungere le apparenze — solo secondo un'analogia — con l'unità logica ed universale dei concetti. Quindi, nella proposizione fondamentale stessa ci serviremo bensí della categoria, ma nella realizzazione (nell'applicazione della categoria alle apparenze) porremo lo schema della categoria — in quanto esso fornisce la chiave dell'uso di questa — al posto della proposizione fondamentale, o piuttosto porremo a lato della categoria il suo schema, inteso come condizione restrittiva, e denominato formula della proposizione fondamentale.

162

A

Prima analogia

Proposizione fondamentale della permanenza della sostanza

In ogni variazione delle apparenze, la sostanza permane, e il *quantum* di essa non viene né accresciuto né diminuito nella natura.

[In luogo di: III **162**, 3-6, leggiamo in A[1]:]

IV **124** *Proposizione fondamentale della permanenza*

Tutte le apparenze contengono il permanente (sostanza), inteso come l'oggetto stesso, e contengono il mutevole, inteso come semplice determinazione dell'oggetto, cioè come un modo in cui l'oggetto esiste.

Dimostrazione

Tutte le apparenze sono nel tempo: soltanto in esso, inteso come sostrato (come forma permanente dell'intuizione interna), può venir rappresentata tanto la *simultaneità* quanto la successione. Quindi il tempo — nel quale dev'essere pensata ogni variazione delle apparenze — rimane e non muta, poiché esso è ciò in cui la successione e la simultaneità possono essere rappresentate soltanto come sue determinazioni. Ora, il tempo non può per sé venir percepito. Di conseguenza, negli oggetti della percezione, cioè nelle apparenze, deve ritrovarsi il sostrato, che rappresenti il tempo in generale, ed in cui ogni variazione o simultaneità possa venir percepita, mediante la relazione delle apparenze con tale sostrato nell'apprensione. Il sostrato di tutto ciò che è reale, ossia di tutto ciò che appartiene all'esistenza delle cose, è peraltro la *sostanza*, rispetto alla quale tutto ciò che appartiene all'esistenza può venir pensato solo come determinazione. Di conseguenza il permanente, in quanto solo in relazione ad esso possono essere determinati tutti i rapporti temporali delle apparenze, è la sostanza nell'apparenza, ossia il reale dell'apparenza; è ciò che, come sostrato di ogni variazione, rimane sempre lo stesso. Perciò, dato che la sostanza non può variare nell'esistenza, allora il suo *quantum* non può venire né accresciuto né diminuito nella natura.

[In luogo di: III **162**, 8-26, leggiamo in A¹:]

Tutte le apparenze sono nel tempo. Il tempo può determinare in due modi la relazione *nell'esistenza delle apparenze*, in quanto cioè esse *sono* o *successive*, o *simultanee*. Nel primo caso il tempo è considerato come una *serie*, e nel secondo come un *ambito*. 24 IV 124

163 La nostra *apprensione* del molteplice dell'apparenza è, in ogni occasione, successiva, ed è quindi sempre variabile. Con essa sola, perciò, noi non possiamo mai determinare se questo molteplice, come oggetto dell'esperienza, risulta simultaneo oppure successivo, fuorché in esso non sussista un qualcosa, *che sia in ogni occasione*, cioè un qualcosa di *stabile* e *permanente*, rispetto al quale ogni mutamento ed ogni simultaneità non siano se non altrettanti aspetti (*modi* del tempo), secondo cui esiste il permanente. Rapporti di tempo sono dunque possibili soltanto nel permanente (poiché simultaneità e successione sono gli unici rapporti nel tempo); ossia, il permanente è il *sostrato* della rappresentazione empirica del tempo stesso, sostrato rispetto al quale soltanto è possibile ogni determinazione temporale. La permanenza esprime in generale il tempo come il costante termine di correlazione per ogni esistenza delle apparenze, per ogni variazione ed ogni concomitanza. Difatti, la variazione riguarda non già il tempo stesso, ma soltanto le apparenze nel tempo (cosí come la simultaneità non è un *modus* del tempo stesso, poiché le parti di questo non sono mai simultanee, bensí sono tutte successive). Se si volesse attribuire al tempo stesso una successione, si dovrebbe pensare ancora un altro tempo, in cui fosse possibile questa successione. Solo mediante il permanente, l'*esistenza* nelle diverse parti della serie temporale acquista una *quantità*, che si chiama *durata*. Limitata alla semplice successione, infatti, l'esistenza è sempre sul punto di dileguarsi e di prendere inizio, e non ha mai la benché minima quantità. Senza questo permanente, non vi è dunque alcun rapporto di tempo. Il tempo, orbene, in se stesso non può venir percepito; dunque, è questa permanenza nelle apparenze a costituire il sostrato di ogni determinazione temporale, quindi anche la condizione della possibilità di ogni unità sintetica delle percezioni, cioè dell'esperienza, e rispetto a

questo permanente ogni esistenza ed ogni variazione nel tempo può venir considerata come un *modus* dell'esistenza di ciò che rimane e permane. In tutte le apparenze il permanente è dunque l'oggetto stesso, cioè la sostanza (*phaenomenon*), mentre tutto ciò che varia, o può variare, appartiene soltanto al modo in cui questa sostanza o queste sostanze esistono, e quindi alle loro determinazioni.

Io trovo che in tutte le epoche questa permanenza è stata presupposta come un sostrato di ogni variazione delle apparenze non soltanto dal filosofo, ma persino dall'intelletto comune, e che anche in ogni tempo avvenire tale assunzione risulterà indubitata. Vi è la sola differenza, che il filosofo si esprime in proposito un po' piú precisamente, dicendo: in tutti i mutamenti del mondo la sostanza rimane, e cambiano soltanto gli accidenti. 164
Riguardo a questa proposizione cosí sintetica, tuttavia, io non trovo da alcuna parte neppure un tentativo di dimostrazione. Anzi, solo di rado essa sta al vertice — come nondimeno le spetterebbe — di quelle leggi della natura, che sono pure e sussistono del tutto *a priori*. La proposizione che la sostanza sia permanente, in verità, è tautologica. Questa permanenza è difatti la sola ragione, per cui applichiamo la categoria di sostanza all'apparenza: si sarebbe dovuto dimostrare che in tutte le apparenze vi è un qualcosa di permanente, di fronte al quale l'instabile non è altro se non la determinazione dell'esistenza di questo permanente. Peraltro, in quanto una tale dimostrazione non può mai essere condotta dogmaticamente, cioè in base a concetti, per il fatto che essa riguarda una proposizione sintetica *a priori*, e in quanto non si è mai pensato, che siffatte proposizioni sono valide solo in rapporto ad un'esperienza possibile, e quindi possono venir dimostrate solo mediante una deduzione della possibilità dell'esperienza, non c'è allora affatto da meravigliarsi, che la suddetta proposizione sia stata bensí posta a fonda-

mento di ogni esperienza (rispetto alla conoscenza empirica si sente infatti il bisogno di questa proposizione), ma non sia mai stata dimostrata.

Ad un filosofo venne chiesto: quanto pesa il fumo? Egli rispose: sottrai dal peso del legno bruciato il peso della cenere rimasta, ed avrai allora il peso del fumo. Egli presupponeva perciò, come qualcosa di incontestabile, che anche nel fuoco la materia (sostanza) non si distrugga, ma piuttosto, che solo la sua forma subisca un cambiamento. Allo stesso modo, la proposizione: da nulla nasce nulla, non è che un'altra conclusione tratta dalla proposizione fondamentale della permanenza, o piuttosto, dell'esistenza sempre perdurante del vero e proprio soggetto nelle apparenze. In effetti, se ciò che si vuol chiamare sostanza nell'apparenza è destinato ad essere il vero e proprio sostrato di ogni determinazione di tempo, allora ogni esistenza, tanto nel tempo passato quanto in quello futuro, deve poter essere determinata unicamente rispetto a tale sostanza. Noi possiamo quindi dare il nome di sostanza ad un'apparenza solo per il fatto che presupponiamo l'esistenza di quest'ultima in ogni tempo: il che, del resto, non è espresso neppur bene dalla parola permanenza, poiché questa si riferisce piuttosto al tempo avvenire. La necessità interna di permanere, tuttavia, è congiunta inscindibilmente alla necessità di essere sempre stato, e l'espressione può quindi sussistere. *Gigni de nihilo nihil, in nihilum nil posse reverti*: ecco due proposizioni, che gli antichi non separarono mai, e che oggi vengono talvolta separate per errore, poiché si crede che riguardino cose in se stesse, e che la prima possa essere contraria alla
165 dipendenza del mondo da una causa suprema (dipendenza che riguarda anche la sostanza del mondo); tale preoccupazione è superflua, giacché si tratta qui soltanto di apparenze nel campo dell'esperienza, l'unità delle quali non risulterebbe mai possibile, se noi ammettessimo il sorgere di nuove cose (nuove riguardo alla sostanza). In

tal caso, difatti, cadrebbe l'unica condizione che possa rappresentare l'unità del tempo, ossia cadrebbe l'identità del sostrato, intesa come l'unica condizione, rispetto a cui tutte le variazioni possano avere una completa unità. Questa permanenza, tuttavia, non è altro se non il modo di rappresentarci l'esistenza delle cose (nell'apparenza).

Le determinazioni di una sostanza, che non sono null'altro se non modi particolari in cui essa esiste, si chiamano accidenti. Questi sono sempre reali, poiché riguardano l'esistenza della sostanza (le negazioni sono soltanto determinazioni, che esprimono il non essere di qualcosa nella sostanza). Ora, se a questo reale (riferito alla sostanza) si attribuisce un'esistenza particolare — per esempio, al movimento, inteso come accidente della materia — questa esistenza la si chiama allora inerenza, per distinguerla dall'esistenza della sostanza, che viene chiamata sussistenza. Senonché, di qui sorgono molte interpretazioni false, e ci si esprime piú precisamente e piú giustamente, quando si designa l'accidente solo attraverso il modo in cui l'esistenza di una sostanza è positivamente determinata. È tuttavia inevitabile — conformemente alle condizioni dell'uso logico del nostro intelletto — separare, per cosí dire, ciò che nell'esistenza di una sostanza può variare (mentre la sostanza persiste), e considerarlo in relazione con ciò che propriamente permane ed è radicale. Per tale ragione, d'altronde, questa categoria sta sotto il titolo delle relazioni: ciò avviene in quanto essa è la condizione delle relazioni, piuttosto che non per il fatto che essa stessa contenga una relazione.

Su questa permanenza, orbene, si fonda anche la rettificazione del concetto di mutamento. Sorgere e perire non sono mutamenti di ciò che sorge o perisce. Il mutamento è un modo di esistere, che segue ad un altro modo di esistere del medesimo oggetto. Di conseguenza, tutto ciò che si muta è persistente, e soltanto il suo *stato varia*. Perciò, dato che questa variazione riguarda soltanto le determinazioni, che possono cessare o anche prendere inizio, noi possiamo allora dire, con un'espressione che sembra alquanto paradossale: soltanto il permanente (la sostanza) è mutato, e l'instabile non subisce alcun mutamento, ma piuttosto una *variazione*, in quanto alcune determinazioni cessano, ed altre prendono inizio.

166 Il mutamento può perciò essere percepito soltanto rispetto alle sostanze; il sorgere o il perire, in senso assoluto, senza che ci si riferisca semplicemente ad una determinazione del permanente, non può costituire affatto una percezione possibile, poiché è per l'appunto questo permanente che rende possibile la rappresentazione del passaggio da uno stato all'altro e dal non essere all'essere. Tali mutamenti, perciò, possono venir conosciuti empiricamente solo come determinazioni variabili di ciò che persiste. Se supponete che un qualcosa cominci assolutamente ad essere, dovete stabilire un istante, in cui ciò non era. Ma a che cosa ricollegherete questo istante, se non a ciò che esiste già? In effetti, un tempo vuoto, che preceda, non può essere un oggetto della percezione. Se peraltro voi collegate questo sorgere a cose che esistevano in precedenza e perdurarono sino al momento in cui ciò sorge, in tal caso questo sorgere è soltanto una determinazione di quelle cose, intese come il permanente. Lo stesso si dica per il perire: questo presuppone infatti la rappresentazione empirica di un tempo, in cui non sussiste piú un'apparenza.

Le sostanze (nell'apparenza) sono i sostrati di tutte le determinazioni di tempo. Il sorgere di alcune sostanze e il perire di altre annullerebbero proprio l'unica condizione dell'unità empirica del tempo, e le apparenze si riferirebbero allora a due specie differenti di tempo, nelle quali l'esistenza scorrerebbe parallelamente, il che è assurdo. Vi è infatti *soltanto un* tempo, in cui tutti i diversi tempi devono essere posti, non già come simultanei, bensí come successivi.

La permanenza è perciò una condizione necessaria, che è la sola sotto cui le apparenze siano determinabili, come cose o oggetti, in un'esperienza possibile. Riguardo poi a ciò che possa essere il criterio empirico di questa permanenza necessaria, e quindi della sostanzialità delle apparenze, il seguito ci fornirà l'occasione di osservare quanto è necessario.

B

Seconda analogia

Proposizione fondamentale della successione temporale secondo la legge di causalità

Tutti i mutamenti accadono secondo la legge della connessione di causa ed effetto.

Dimostrazione **167**

(La precedente proposizione fondamentale ha mostrato, che le apparenze della successione temporale sono tutte quante semplici mutamenti, cioè un successivo essere e non essere delle determinazioni della sostanza — la quale è permanente — e di conseguenza, che non si

---

[In luogo di: III **166**, 31-3, leggiamo in A^1:]

Proposizione fondamentale della produzione IV **128**

Tutto ciò che accade (comincia ad essere), presuppone un qualcosa, cui esso segue secondo una regola.

presenta un essere della sostanza stessa, il quale segua al non essere della medesima, né un non essere della sostanza, il quale segua alla sua esistenza, o in altre parole, che il sorgere o il perire della sostanza stessa non ha luogo. Tale proposizione fondamentale avrebbe potuto essere espressa anche cosí: ogni variazione (successione) delle apparenze è soltanto mutamento. In effetti, il sorgere e perire della sostanza non sono affatto mutamenti di essa, poiché il concetto di mutamento presuppone un medesimo soggetto — con due determinazioni contrapposte — come esistente, e quindi come permanente. — Dopo questo richiamo preliminare, passiamo alla dimostrazione).

Io percepisco che le apparenze si susseguono, ossia che in un tempo vi è uno stato delle cose, il contrario del quale esisteva in precedenza. Perciò io propriamente connetto due percezioni nel tempo. Ora, la connessione non è affatto opera del semplice senso e dell'intuizione, ma in questo caso è il prodotto di una forza sintetica della capacità di immaginazione: tale capacità determina il senso interno riguardo alla relazione di tempo. Peraltro, la capacità di immaginazione può connettere i due stati suddetti in duplice modo, cosicché o l'uno o l'altro preceda nel tempo: il tempo, difatti, in se stesso non può essere percepito, né in relazione al tempo si può determinare — per cosí dire, empiricamente — nell'oggetto ciò che precede e ciò che segue. Perciò, io sono cosciente solo del fatto che la mia immaginazione pone prima uno stato, ed in seguito l'altro, ma non già che nell'oggetto uno stato preceda l'altro; o in altre parole, attraverso la semplice percezione resta indeterminata la relazione oggettiva delle apparenze che si susseguono. Orbene, affinché tale relazione sia conosciuta come determinata, occorre pensare la relazione tra i due stati in modo che venga necessariamente determinato mediante essa, quale dei due stati debba essere posto prima e quale dopo, e

non già viceversa. Un concetto, peraltro, che porti con sé la necessità dell'unità sintetica, può essere soltanto un concetto puro — che non si trova nella percezione — dell'intelletto, ossia, in questo caso, il concetto della *re-
lazione di causa ed effetto*, di cui la prima 168
determina il secondo nel tempo come la conseguenza, e non già come un qualcosa che, entro la semplice immaginazione, potrebbe precedere (o un qualcosa che potrebbe non essere affatto percepito). L'esperienza stessa, cioè la conoscenza empirica delle apparenze, è dunque possibile solo per il fatto che noi sottomettiamo la successione delle apparenze, e quindi ogni mutamento, alla legge di causalità; perciò le apparenze stesse sono possibili, come oggetti dell'esperienza, solo in base a quella medesima legge.

L'apprensione del molteplice dell'apparenza è sempre successiva. Le rappresentazioni delle parti si susseguono. Il determinare se esse si susseguano anche nell'oggetto, è un secondo punto della riflessione, che non è contenuto nel primo. Ora, si può chiamare oggetto, è vero, tutto quanto, e persino una qualsiasi rappresentazione, in quanto si ha coscienza di essa. Tuttavia, per determinare quale debba essere il significato di questa parola a proposito delle apparenze — non in quanto esse (come rappresentazioni) sono oggetti, ma in quanto semplicemente designano un oggetto — occorre un'indagine approfondita. In quanto le apparenze, solo come rappresentazioni, sono al tempo stesso oggetti della coscienza, esse non si distinguono affatto dall'apprensione, cioè dall'ammissione nella sintesi della capacità di immaginazione. In tal caso si deve perciò dire: il molteplice delle apparenze viene sempre prodotto successivamente nell'animo. Se le apparenze fossero cose in se stesse, nessun uomo allora, partendo dalla successione delle rappresentazioni del molteplice delle apparenze, potrebbe giudicare in che modo tale molteplice sia connesso nell'oggetto. Ma in realtà noi abbiamo

a che fare soltanto con le nostre rappresentazioni; il determinare come le cose possano essere in se stesse (a prescindere dalle rappresentazioni, con cui esse ci modificano) è del tutto fuori della nostra sfera conoscitiva. Orbene, dato che le apparenze non sono cose in sé — pur costituendo l'unico oggetto da conoscere che può venirci dato — io devo allora indicare quale collegamento nel tempo tocchi al molteplice rispetto alle apparenze stesse, allorché la rappresentazione del molteplice nell'apprensione è sempre successiva. Cosí, per esempio, l'apprensione del molteplice nell'apparenza di una casa, che sta di fronte a me, è successiva. La questione consiste ora nel determinare, se il molteplice di questa casa stessa sia successivo anche in sé: ciò non sarà certo ammesso da alcuno. Peraltro, non appena io innalzo i miei concetti di un oggetto sul piano del significato trascendentale, la casa non risulta affatto una cosa in se stessa, bensí soltanto un'apparenza, cioè una rappresentazione il cui oggetto
169 trascendentale è sconosciuto. Che cosa intendo dunque con la domanda: come può essere congiunto il molteplice nell'apparenza stessa (che tuttavia non è nulla in se stessa)? In questo caso, ciò che si trova nell'apprensione successiva viene considerato come rappresentazione, ma l'apparenza che mi è data — pur non essendo altro che un insieme di queste rappresentazioni — viene considerata come l'oggetto di esse, con il quale deve accordarsi il mio concetto, che traggo dalle rappresentazioni dell'apprensione. Dato che l'accordo della conoscenza con l'oggetto è la verità, si vede qui tosto che è possibile soltanto ricercare le condizioni formali della verità empirica, e che l'apparenza, in contrapposizione alle rappresentazioni dell'apprensione, può venir rappresentata come oggetto di queste, distinto dall'apprensione, solo a condizione di essere subordinata ad una regola, la quale distingua tale apparenza da ogni altra apprensione e renda necessario un modo di congiunzione del molteplice. Ciò che, nell'ap-

parenza, contiene la condizione di questa regola necessaria dell'apprensione, è l'oggetto.

Passiamo ora al nostro compito. Che qualcosa accada, ossia che sorga un qualcosa o uno stato, il quale prima non era, non può essere percepito empiricamente, fuorché preceda un'apparenza, la quale non contenga in sé questo stato. In effetti, una realtà che segua ad un tempo vuoto — e quindi un sorgere, non preceduto da alcuno stato delle cose — può venir appresa altrettanto poco, quanto il tempo vuoto come tale. Ogni apprensione di un evento è dunque una percezione, che segue ad un'altra. Ma poiché ciò si presenta — a proposito di ogni sintesi dell'apprensione — cosí come ho mostrato sopra riguardo all'apparenza di una casa, con questo un'apprensione non si distingue ancora dalle altre. Tuttavia, io osservo inoltre che — se in un'apparenza, che contiene un accadere, chiamo *A* lo stato precedente della percezione, e chiamo *B* lo stato seguente — *B* può soltanto seguire *A* nell'apprensione, mentre la percezione *A* non può seguire *B*, ma solo precederlo. Per esempio, io vedo una nave che scende la corrente. La mia percezione della sua posizione a valle segue alla percezione della sua posizione a monte del corso del fiume, ed è impossibile che, nell'apprensione di questa apparenza, la nave debba venir percepita anzitutto a valle, ed in seguito invece a monte del fiume. L'ordine della successione delle percezioni nell'apprensione, perciò, è qui determinato, e a tale ordine l'apprensione è legata. Nel suddetto esempio concernente una casa, le mie perce- 170
zioni potevano, nell'apprensione, cominciare dal tetto e finire al suolo, ma altresí cominciare dal basso e finire in alto, e del pari, potevano apprendere il molteplice dell'intuizione empirica da destra a sinistra, oppure da sinistra a destra. Nella serie di queste percezioni non vi era perciò alcun ordine determinato, che stabilisse necessariamente il punto, onde io dovessi cominciare nell'apprensione, per congiungere empiricamente il molteplice. Questa regola,

tuttavia, si ritroverà sempre nella percezione di ciò che accade: essa rende *necessario* l'ordine delle percezioni che si susseguono (nell'apprensione di questa apparenza).

Nel nostro caso, dovrò dunque dedurre la *successione soggettiva* dell'apprensione dalla *successione oggettiva* delle apparenze, poiché altrimenti la prima successione sarebbe del tutto indeterminata e non distinguerebbe un'apparenza dall'altra. Da sola, essa non prova nulla sulla connessione del molteplice nell'oggetto, poiché tale successione è del tutto arbitraria. Perciò la seconda successione consisterà in quell'ordine del molteplice dell'apparenza, secondo cui l'apprensione di un qualcosa (che accade) segua, *in conformità di una regola*, all'apprensione dell'altro qualcosa (che precede). Solo in tal modo io posso essere giustificato nel dire — a riguardo dell'apparenza stessa e non semplicemente a riguardo della mia apprensione — che nell'apparenza si ritrova una successione: ciò equivale al dire che io non posso organizzare l'apprensione se non proprio in questa successione.

Secondo una tale regola, quindi, in ciò che in generale precede un evento deve trovarsi la condizione di una regola, sulla cui base questo evento segua sempre e per necessità; ma io non posso ritornare dall'evento in direzione inversa, e determinare (mediante l'apprensione) ciò che precede. In effetti, non vi è apparenza che ritorni dall'istante seguente a quello precedente (ogni apparenza si riferisce tuttavia *ad un qualche tempo precedente*), e per contro, il progresso da un tempo dato ad un determinato tempo successivo è necessario. Per conseguenza, dato che vi è certamente un qualcosa che segue, io devo riferirlo necessariamente ad un qualcos'altro — in generale — che precede, e cui il primo qualcosa segue conformemente a una regola, cioè in modo necessario. In tal modo l'evento, come condizionato, accenna sicuramente ad una qualche condizione, mentre questa determina l'evento.

Se si suppone che un evento non sia preceduto da nulla, cui esso debba seguire in base a una regola, ogni successione della percezione risulta allora determinata unicamente nell'apprensione, cioè solo soggettivamente; 171
con ciò, tuttavia, non si determinerebbe affatto in modo oggettivo, quale propriamente dovrebbe essere l'antecedente, e quale il conseguente, nelle percezioni. A questo modo, noi avremmo un semplice gioco di rappresentazioni, il quale non si riferirebbe ad alcun oggetto; ossia, per quanto riguarda la relazione di tempo, un'apparenza non verrebbe affatto distinta, per opera della nostra percezione, da ogni altra apparenza. In effetti, la successione nell'apprendere è sempre indifferente, e nel caso suddetto non vi sarebbe perciò nulla nell'apparenza, che determinasse tale successione, in modo da costituire cosí una certa successione come oggettivamente necessaria. Io non potrei dunque dire, che nell'apparenza due stati si susseguono, ma soltanto, che un'apprensione segue all'altra: ciò è semplicemente qualcosa di *soggettivo*, non determina alcun oggetto, e non può quindi valere come conoscenza di un qualche oggetto (neppure nell'apparenza).

Se dunque sperimentiamo che un qualcosa accade, noi presupponiamo sempre, al riguardo, che preceda un altro qualcosa, cui il primo qualcosa segua secondo una regola. Senza di ciò, in effetti, io non potrei dire, a proposito di un oggetto, che questo segue, poiché la semplice successione nella mia apprensione — se tale successione non è determinata mediante una regola, in relazione ad un antecedente — non giustifica affatto una successione nell'oggetto. È quindi sempre in riferimento ad una regola — secondo cui le apparenze sono determinate nella loro successione, cioè cosí come accadono, mediante lo stato precedente — che io rendo oggettiva la mia sintesi soggettiva (dell'apprensione); ed è unicamente in base a questo presupposto, anzi, che è possibile l'esperienza di qualcosa che accada.

A dire il vero, sembra che ciò contraddica a tutte le osservazioni che sono sempre state fatte sull'andamento dell'uso del nostro intelletto: secondo queste noi, solo per il fatto di aver percepito e paragonato molti eventi, che seguono concordemente a precedenti apparenze, siamo stati guidati a scoprire poi una regola, in conformità della quale certi eventi seguono sempre a certe apparenze, e siamo stati cosí indotti soltanto allora a formarci il concetto di causa. Su tale base, questo concetto risulterebbe semplicemente empirico, e la regola da esso fornita — che tutto ciò che accade abbia una causa — risulterebbe altrettanto contingente, quanto l'esperienza stessa: l'universalità e la necessità di questo concetto sarebbero in tal caso solo fittizie e non avrebbero affatto una vera validità generale, poiché sarebbero fondate non già *a priori*, ma soltanto sull'induzione. Al riguardo, però, le cose stanno nello stesso modo come per le altre rappre-
172 sentazioni pure *a priori* (per esempio, spazio e tempo), che possiamo estrarre dall'esperienza come concetti chiari solo per il fatto che noi le abbiamo poste nell'esperienza e che abbiamo quindi costituito quest'ultima unicamente attraverso quelle. Certo, la chiarezza logica di questa rappresentazione di una regola determinante — come concetto di causa — la serie degli eventi, è possibile solo nel caso in cui noi abbiamo fatto uso di tale regola nell'esperienza; peraltro un riferimento ad essa, come alla condizione dell'unità sintetica delle apparenze nel tempo, fu tuttavia il fondamento dell'esperienza stessa e precedette quindi *a priori* quest'ultima.

Si tratta perciò di mostrare, con esempi, che noi non attribuiamo mai — neppure nell'esperienza — la successione (di un evento, cioè dell'accadere di qualcosa che prima non esisteva) all'oggetto, distinguendola dalla successione soggettiva della nostra apprensione, fuorché vi sia a fondamento una regola, che ci costringa ad osservare un certo ordine delle percezioni piuttosto che un altro. Si tratta anzi di mostrare, che questa costrizione è per l'appunto ciò che rende possibile per la prima volta la rappresentazione di una successione nell'oggetto.

Abbiamo in noi rappresentazioni, di cui possiamo altresí divenire coscienti. Ma per quanto estesa, per quanto precisa o puntuale possa essere questa coscienza, si tratta pur sempre di rappresentazioni, cioè di determinazioni interne del nostro animo in questa o quella relazione di tempo. Ora, com'è che giungiamo al punto di stabilire un oggetto per queste rappresentazioni, o di attribuire a loro, oltre la realtà soggettiva che esse hanno come modificazioni, anche una — non so quale — realtà oggettiva? Il valore oggettivo non può consistere nel riferimento ad un'altra rappresentazione (ossia, nel riferimento di ciò che si vorrebbe predicare dell'oggetto), poiché altrimenti risorge la domanda: in che modo questa rappresentazione può uscire nuovamente da se stessa, e ricevere un valore oggettivo, oltre quello soggettivo, che è peculiare di essa, intesa come determinazione dello stato dell'animo? Se noi indaghiamo quale nuova natura sia data alle nostre rappresentazioni dal *riferimento ad un oggetto*, e quale sia la dignità che esse ricevono con ciò, troviamo allora che questo riferimento consiste soltanto nel rendere necessaria la congiunzione delle rappresentazioni in un determinato modo, sottomettendole ad una regola, e che, inversamente, alle nostre rappresentazioni viene fornito un valore oggettivo solo per il fatto che è necessario un certo ordine nella loro relazione di tempo.

Nella sintesi delle apparenze, il molteplice delle rappresentazioni è sempre successivo. Ora, con ciò non viene
affatto rappresentato un oggetto, poiché mediante questa 173
successione, che è comune a tutte le apprensioni, non si distingue in nessun modo qualcosa da qualcos'altro. Tut-

tavia, non appena io percepisco o presumo, che in questa successione si trovi un riferimento allo stato precedente, dal quale segua secondo una regola la rappresentazione, allora qualcosa si rappresenta come un evento, o come l'accadere di alcunché; ossia, io conosco allora un oggetto, che devo collocare in qualche determinata posizione nel tempo, la quale, in base allo stato precedente, dev'essere assegnata proprio cosí a tale oggetto. Perciò, se io percepisco che qualcosa accade, in questa rappresentazione è anzitutto implicito, che qualcosa preceda, poiché è proprio in riferimento a questo qualcosa, che l'apparenza riceve la sua relazione temporale, cioè può esistere dopo un tempo in cui essa non era. Peraltro, l'apparenza può ricevere la sua determinata posizione temporale in questa relazione solo per il fatto che nello stato precedente venga presupposto qualcosa, cui segue sempre — cioè secondo una regola — l'accaduto. Da ciò risulta allora, in primo luogo, che io non posso invertire la serie, e ciò che accade non posso collocarlo prima di ciò cui esso segue, e in secondo luogo che, se viene posto lo stato che precede, questo determinato evento segue inevitabilmente e necessariamente. In tal modo avviene che tra le nostre rappresentazioni si stabilisce un ordine, in cui ciò che è presente (in quanto è divenuto) accenna ad uno stato precedente, inteso come termine correlativo — sebbene ancora indeterminato — di questo evento che è dato: tale termine si riferisce peraltro a questo evento in modo da determinarlo come sua conseguenza, e connette necessariamente con se stesso questa conseguenza, nella serie temporale.

Orbene, se è una legge necessaria della nostra sensibilità — e quindi *una condizione formale* di tutte le percezioni — che il tempo precedente determini necessariamente quello seguente (io non posso infatti giungere al tempo seguente se non attraverso quello precedente), è anche un'indispensabile *legge della rappresentazione empirica* della serie temporale, che le apparenze del tempo passato determinino ogni esistenza nel tempo seguente, e che le apparenze, come eventi, non abbiano luogo, se non in quanto la loro esistenza nel tempo sia determinata, cioè stabilita secondo una regola, dalle apparenze del tempo passato. *È soltanto nelle apparenze*, difatti, *che noi possiamo conoscere empiricamente questa continuità nel collegamento dei tempi*.

Per ogni esperienza e per la possibilità di essa, si richiede l'intelletto: la prima cosa che esso fa in proposito, è non già di rendere chiara la rappresentazione degli oggetti, bensí di rendere possibile la rappresentazione di un oggetto in generale. Ora, ciò avviene per il fatto che esso trasferisce l'ordine temporale alle apparenze e alla 174
loro esistenza, assegnando a ciascuna di esse — intesa come conseguenza — una determinata posizione *a priori* nel tempo, a riguardo delle precedenti apparenze: senza questa posizione, le apparenze non si accorderebbero con il tempo stesso, che determina *a priori* la posizione di tutte le sue parti. Orbene, questa determinazione della posizione non può essere tratta dal rapporto delle apparenze con il tempo assoluto (poiché questo non è affatto un oggetto della percezione), ma, al contrario, le apparenze devono determinare reciprocamente le loro posizioni nel tempo, e renderle necessarie nell'ordine temporale. In altre parole, ciò che segue, o accade, deve seguire, secondo una regola universale, a ciò che era contenuto nello stato precedente. Da ciò nasce una serie di apparenze, che mediante l'intelletto produce e rende necessario, nella serie delle percezioni possibili, proprio quel medesimo ordine e collegamento continuo, che viene ritrovato *a priori* nella forma dell'intuizione interna (il tempo), dove tutte le percezioni devono avere la loro posizione.

Che qualcosa accada, è dunque una percezione appartenente ad un'esperienza possibile: tale esperienza diviene reale nel caso in cui io consideri l'apparenza come determinata rispetto alla sua posizione nel tempo, e quindi come un oggetto che può sempre essere trovato secondo una regola, nel collegamento delle percezioni. La regola per determinare qualcosa rispetto alla successione temporale, peraltro, è questa: la condizione, sotto cui segue sempre (cioè necessariamente) l'evento, deve ritrovarsi in ciò che precede. Il principio della ragione sufficiente è perciò il fondamento dell'esperienza possibile, cioè della conoscenza oggettiva delle apparenze, rispetto alla loro relazione nella serie successiva del tempo.

Peraltro, la dimostrazione di questo principio si fonda unicamente sui momenti che esporremo. Ogni conoscenza empirica richiede la sintesi del molteplice mediante la capacità di immaginazione, sintesi che è sempre successiva; nella capacità di immaginazione, cioè, le rappresentazioni si susseguono sempre. Ma nella capacità di immaginazione la successione non è affatto determinata secondo l'ordine (in cui qualcosa deve precedere e qualcos'altro deve seguire), e la serie delle rappresentazioni che si susseguono può essere assunta tanto regressivamente quanto progressivamente. Se questa sintesi è invece una sintesi dell'apprensione (del molteplice di un'apparenza data), l'ordine risulta allora determinato nell'oggetto, o, per parlare con maggiore precisione, c'è allora nell'apprensione un ordine della sintesi successiva, il quale determina un oggetto, e secondo il quale alcunché deve necessariamente
175 precedere e, una volta posto ciò, qualcos'altro deve necessariamente seguire. Se perciò la mia percezione è destinata a contenere la conoscenza di un evento, ossia di qualcosa che accade realmente, tale percezione deve essere allora un giudizio empirico, in cui si pensa che la successione sia determinata, cioè che tale elemento presupponga nel tempo un'altra apparenza, cui esso segue necessariamente, ovvero secondo una regola. In caso contrario, se ponessi ciò che precede e l'evento non ne seguisse

necessariamente, io dovrei considerare la mia percezione come un semplice gioco soggettivo delle mie immaginazioni, e nel caso in cui la rappresentassi nondimeno come qualcosa di oggettivo, dovrei chiamarla un puro sogno. La relazione delle apparenze (in quanto percezioni possibili), secondo la quale ciò che è susseguente (ciò che accade) viene — riguardo all'esistenza — determinato nel tempo, necessariamente e in base ad una regola, da qualcosa di antecedente, o in altre parole, la relazione di causa ed effetto, è perciò la condizione della validità oggettiva dei nostri giudizi empirici a riguardo della serie delle percezioni, cioè la condizione della verità empirica di tali giudizi, e quindi la condizione dell'esperienza. La proposizione fondamentale del rapporto causale nella successione delle apparenze, per conseguenza, è altresí valida anteriormente a tutti gli oggetti dell'esperienza (sotto le condizioni della successione), poiché tale proposizione è essa stessa il fondamento della possibilità di una siffatta esperienza.

Qui peraltro si presenta ancora una difficoltà, che dev'essere eliminata. Il principio della connessione causale tra le apparenze è ristretto, nella nostra formulazione, alla serie successiva delle apparenze; dall'uso di tale principio, tuttavia, risulta che esso si adatta altresí alla concomitanza delle apparenze, e che causa ed effetto possono essere simultanei. Per esempio, nella camera c'è un calore, che non si incontra all'aria aperta. Mi guardo attorno, cercando la causa, e trovo una stufa accesa. Ora, questa stufa, come causa, è simultanea al suo effetto, il calore della camera. Qui perciò non vi è affatto una successione nel tempo tra causa ed effetto: al contrario, essi sono simultanei, eppure la legge è valida. La massima parte delle cause efficienti nella natura è simultanea ai loro effetti, e la posteriorità di questi nel tempo è dovuta solo al fatto che la causa non può produrre tutto quanto il suo effetto in un solo istante. Ma nel primo istante in cui sorge un effetto, esso risulta sempre simultaneo alla causalità della

sua causa, poiché, se la causa fosse cessata un istante prima, l'effetto non si sarebbe affatto prodotto. Qui si deve bene osservare, che va preso in considerazione l'ordine del tempo, e non già il suo scorrere: la
176 relazione rimane, quand'anche non sia affatto trascorso del tempo. Il tempo tra la causalità della causa e il suo effetto immediato può essere evanescente (causa ed effetto possono quindi essere simultanei), ma la relazione dell'una all'altro rimane pur sempre determinabile nel tempo. Se io considero come causa una sfera, che si trova su di un soffice cuscino e vi imprime un'incavatura, tale causa è allora simultanea all'effetto. Io distinguo tuttavia causa ed effetto mediante la relazione temporale della loro connessione dinamica. Difatti, se io pongo la sfera sul cuscino, alla superficie piana di questo segue l'incavatura; ma se il cuscino ha un'incavatura (per non so quale ragione), da questa non segue una sfera di piombo.

Perciò la successione nel tempo è certamente l'unico criterio empirico dell'effetto, in rapporto alla causalità della causa, che precede. Il bicchiere è la causa del salire dell'acqua al di sopra della sua superficie orizzontale, sebbene le due apparenze siano simultanee. Difatti, non appena col bicchiere attingo l'acqua da un recipiente piú grande, segue allora qualcosa, cioè il mutarsi dello stato orizzontale che l'acqua aveva prima, in uno stato concavo, che essa assume nel bicchiere.

Questa causalità conduce al concetto di azione, quest'ultima al concetto di forza, e in tal modo, al concetto di sostanza. Dato che non voglio complicare il mio compito critico — il quale si riferisce unicamente alle fonti della conoscenza sintetica *a priori* — con analisi che riguardano soltanto il chiarimento (non già l'estensione) dei concetti, io rimando allora ad un futuro sistema della ragione pura la discussione dettagliata di tali concetti. A dire il vero, poi, una siffatta analisi si ritrova già in larga misura nei precedenti e ben noti manuali di questa specie. Non posso tuttavia passare sotto silenzio il criterio empirico di una sostanza, in quanto questa sembra manifestarsi meglio e piú facilmente, non già attraverso la permanenza dell'apparenza, bensí attraverso l'azione.

Dove c'è azione, quindi attività e forza, là c'è anche
sostanza: solo in questa dev'essere cercata la sede di quella
feconda sorgente delle apparenze. Ciò è davvero ben detto:
ma se si deve spiegare che cosa s'intenda per sostanza, e
se si vuole evitare in proposito un circolo vizioso, allora
non è cosí facile rendere conto. Com'è che dall'azione si
può immediatamente concludere alla permanenza
dell'agente? Eppure la permanenza è una caratteristica
essenziale e peculiare della sostanza (*phaenomenon*). Senon- 177
ché, dopo quanto abbiamo detto in precedenza, la soluzione del problema non è poi cosí difficile, mentre la questione risulterebbe invece del tutto insolubile, se si volesse seguire il modo comune di procedere — solo analiticamente — con i nostri concetti. Azione significa già relazione del soggetto della causalità con l'effetto. Orbene, dato che ogni effetto consiste in ciò che accade, e quindi nel variabile, designato secondo la successione dal tempo, allora il soggetto ultimo dell'instabile è il permanente — come sostrato di tutto ciò che è variabile — ossia la sostanza. Secondo la proposizione fondamentale della causalità, difatti, le azioni sono sempre il fondamento primo di ogni variazione delle apparenze, e non possono perciò trovarsi in un soggetto, che sia esso stesso variabile, poiché allora si richiederebbero altre azioni, e un altro soggetto che determinasse questa variazione. In forza di ciò, orbene, l'azione, in quanto sufficiente criterio empirico, prova la sostanzialità, senza che mi occorra cercare anzitutto, attraverso un confronto delle percezioni, la permanenza del soggetto: tale ricerca, per questa via, non potrebbe del resto svolgersi con la completezza richiesta dall'estensione e dalla rigorosa validità universale del concetto. Che il soggetto primo della causalità di ogni sorgere e perire

non possa esso stesso (nel campo delle apparenze) sorgere e perire, è difatti un'inferenza sicura, la quale finisce per condurre alla necessità empirica e alla permanenza nell'esistenza, quindi al concetto di una sostanza come apparenza.

Se qualcosa accade, allora il semplice sorgere — a prescindere da ciò che sorge — è già in se stesso un oggetto di ricerca. Il passaggio dal non essere di uno stato a questo stato — anche supponendo che tale stato non contenga affatto una qualità nell'apparenza — richiede già per sé solo un'indagine. Questo sorgere, com'è stato mostrato nel paragrafo *A*, non riguarda la sostanza (essa infatti non sorge), ma il suo stato. Si tratta perciò di un semplice mutamento, e non di un'origine dal nulla. Tale origine, se viene considerata come effetto di una causa estranea, si chiama allora creazione. Quest'ultima non può essere ammessa, come un evento, tra le apparenze, poiché già la sua sola possibilità distruggerebbe l'unità dell'esperienza. Tuttavia, se io considero tutte le cose non come fenomeni, bensí come cose in sé e come oggetti del solo intelletto, allora esse, sebbene siano sostanze, possono nondimeno venir trattate come dipendenti per la loro esistenza da una causa estranea. Tutto questo però porterebbe in tal caso a dare significati del tutto differenti
178 alle parole, e non si adatterebbe alle apparenze, intese come oggetti possibili dell'esperienza.

Ora, come un qualcosa possa in generale venir mutato, come sia possibile che ad uno stato in un certo momento di tempo segua uno stato opposto in un altro momento, noi non possiamo averne *a priori* il minimo concetto. Al riguardo si richiede la conoscenza di forze reali, che può essere data solo empiricamente: per esempio, la conoscenza delle forze motrici, oppure, il che è equivalente, di certe apparenze successive (in quanto movimenti), le quali indicano tali forze. Ma la forma di ogni mutamento, la sola condizione sotto cui il mutamento possa presentarsi come un sorgere di un altro stato (qualsivoglia sia il contenuto del mutamento, cioè lo stato che viene mutato), e quindi la successione stessa degli stati (ciò che è accaduto), tutto ciò insomma può nondimeno essere considerato *a priori* secondo la legge di causalità e le condizioni del tempo[1].

Se una sostanza passa da uno stato *a* ad un altro stato *b*, il momento di tempo del secondo stato è allora differente dal momento di tempo del primo stato, e segue ad esso. Allo stesso modo, anche il secondo stato, in quanto realtà (nell'apparenza), è differente dal primo, in cui non esisteva tale realtà, cosí come *b* differisce da zero. In altre parole, se lo stato *b* differisce anche solo per la quantità dallo stato *a*, il mutamento è allora un sorgere di: $b - a$; tale incremento non esisteva nello stato precedente, e rispetto ad esso lo stato precedente è $= 0$.

Si domanda dunque, come una cosa possa da uno stato $= a$ passare ad un altro stato $= b$. Tra due istanti vi è sempre un tempo, e tra due stati in questi due istanti vi è sempre una differenza, che ha una quantità (poiché tutte le parti delle apparenze sono a loro volta sempre quantità). Ogni passaggio da uno stato all'altro avviene dunque in un tempo, che è contenuto tra due istanti: il primo di questi determina lo stato onde la cosa prende le mosse, e il secondo determina lo stato cui essa giunge. I due istanti sono perciò i limiti temporali di un mutamento — e quindi dello stato intermedio fra i due stati — e fanno parte, come tali, dell'intero mutamento. Ogni 179
mutamento, orbene, ha una causa, che dimostra la sua causalità in tutto il tempo in cui il mutamento si sviluppa. Questa causa produce dunque il suo mutamento non già repentinamente (d'un tratto, ossia in un istante), bensí in

[1] Si noti bene, che io non parlo, in generale, del mutamento di certe relazioni, bensí del mutamento dello stato. Di conseguenza, se un corpo si muove uniformemente, esso non muta affatto il suo stato (di movimento); ciò avviene invece, se il suo moto è accelerato oppure ritardato. 32 178

un certo tempo. Di conseguenza, come il tempo cresce dall'istante iniziale *a* sino a che il mutamento è compiuto, in *b*, cosí anche la quantità di realtà (*b* — *a*) viene prodotta attraverso tutti i gradi piú piccoli, che sono contenuti tra il primo e l'ultimo grado. Ogni mutamento è perciò possibile solo attraverso un'azione continua della causalità, la quale, in quanto è uniforme, si chiama momento. Il mutamento non consiste in questi momenti, ma piuttosto viene da essi prodotto, come loro effetto.

Questa è dunque la legge della continuità di ogni mutamento. Il fondamento di tale legge è il seguente: né il tempo né l'apparenza nel tempo consistono in parti, che siano le piú piccole possibili, e nondimeno lo stato della cosa, durante il mutamento di essa, passa attraverso tutte queste parti — intese come elementi — sino al secondo stato della cosa. Non vi è una differenza del reale nell'apparenza, come non vi è una differenza nella quantità dei tempi, che risulti la piú piccola differenza possibile. E cosí, il nuovo stato di realtà viene fuori dal primo stato in cui tale realtà non esisteva, attraverso tutti gli infiniti gradi di realtà: le differenze che hanno tra loro questi gradi sono tutte quante piú piccole della differenza tra 0 e *a*.

Quale possa essere l'utilità di questo principio per l'indagine della natura, a noi qui non interessa per nulla. Tuttavia, come un siffatto principio — che sembra estendere a tal punto la nostra conoscenza della natura — sia possibile del tutto *a priori*, è un problema che richiede il nostro esame approfondito, sebbene risulti chiaro a prima vista, che il principio è reale e giusto, e sebbene ci si possa credere perciò dispensati dall'indagare come esso sia stato possibile. In effetti, vi sono cosí tante pretese infondate di ampliare la nostra conoscenza attraverso la ragione pura, che si deve assumere, come principio generale, il criterio di essere per tale motivo del tutto diffidenti, e di non credere o accettare nulla di questo genere, neppure in base alla piú chiara delle dimostrazioni dogmatiche, quando non si abbiano documenti, che possano fornire una deduzione approfondita.

Ogni accrescimento della conoscenza empirica ed ogni progresso della percezione non sono altro che un ampliamento della determinazione del senso interno, ossia un procedere nel tempo, quali che possano essere gli oggetti, sia apparenze sia intuizioni pure. Questo progresso nel tempo determina tutto, ed in se stesso non è determinato da null'altro. Ossia, le parti di questo progresso sono date 18c
solo nel tempo e mediante la sintesi del tempo, ma non già prima del tempo. Per tale ragione, ogni passaggio, nella percezione, a qualcosa che segue nel tempo, è una determinazione del tempo mediante la produzione di questa percezione; e poiché il tempo è sempre, e in tutte le sue parti, una quantità, quel passaggio è la produzione di una percezione — intesa come quantità — attraverso tutti i gradi, nessuno dei quali è il piú piccolo possibile, da zero sino al determinato grado della percezione. Da ciò risulta ora chiara la possibilità di conoscere *a priori* una legge dei mutamenti, riguardo alla loro forma. Noi anticipiamo soltanto la nostra propria apprensione, la cui condizione formale, in quanto si trova in noi stessi anteriormente ad ogni apparenza data, deve certo poter essere conosciuta *a priori*.

Di conseguenza, come il tempo contiene la condizione sensibile *a priori* della possibilità di un progresso continuo da ciò che esiste a ciò che segue, allo stesso modo l'intelletto, mediante l'unità dell'appercezione, è la condizione *a priori* della possibilità di una determinazione continua di tutte le posizioni delle apparenze in questo tempo, attraverso la serie di cause ed effetti, di cui le prime producono inevitabilmente l'esistenza dei secondi, e rendono cosí valida per ogni tempo (universalmente), cioè oggettivamente, la conoscenza empirica delle relazioni temporali.

C

Terza analogia

Proposizione fondamentale della simultaneità secondo la legge dell'azione reciproca, ovvero della comunanza

Tutte le sostanze, in quanto possono venir percepite nello spazio come simultanee, agiscono sempre reciprocamente le une sulle altre.

Dimostrazione

Le cose sono simultanee quando, nell'intuizione empirica, la percezione dell'una e la percezione dell'altra
181 possono susseguirsi reciprocamente (il che non può avvenire nella successione temporale delle apparenze, come è stato mostrato nella seconda proposizione fondamentale). Cosí, io posso applicare la mia percezione prima alla luna e poi alla terra, o anche viceversa prima alla terra e poi alla luna, e per il fatto che le percezioni di questi oggetti possono susseguirsi reciprocamente, io dico che essi esistono simultaneamente. La simultaneità, orbene, è l'esistenza del molteplice in un medesimo tempo. Non è possibile, tuttavia, percepire il tempo stesso, in modo di dedurre, dal fatto che le cose sono poste in un medesimo tempo, che le percezioni di esse possano susseguirsi reci-

---

[In luogo di: III **180**, 23-7, leggiamo in A¹:]

IV 141 *Proposizione fondamentale della comunanza*

Tutte le sostanze, in quanto sono simultanee, stanno in una completa comunanza (cioè agiscono reciprocamente le une sulle altre).

procamente. La sintesi della capacità di immaginazione, nell'apprensione, si limiterebbe perciò a fornire ciascuna delle due percezioni come tale da esistere nel soggetto quando l'altra non c'è, e viceversa; tale sintesi non dichiarerebbe invece che gli oggetti siano simultanei, ossia, che se uno di essi è, anche l'altro esista nel medesimo tempo, e che ciò sia necessario, perché le percezioni possano susseguirsi reciprocamente. Si richiede perciò un concetto intellettuale del reciproco susseguirsi delle determinazioni di queste cose esistenti simultaneamente l'una fuori dell'altra, per poter dire che il reciproco susseguirsi delle percezioni sia fondato nell'oggetto, e per poter rappresentare cosí la simultaneità come oggettiva. Peraltro, il rapporto delle sostanze, nel quale l'una contiene determinazioni il cui fondamento è contenuto nell'altra, è il rapporto dell'influsso, e se inoltre, reciprocamente, la prima cosa contiene il fondamento delle determinazioni contenute nell'altra, è il rapporto della comunanza o azione reciproca. La simultaneità delle sostanze nello spazio non può quindi venir conosciuta nell'esperienza, fuorché si presupponga un'azione reciproca delle sostanze fra loro; perciò questa è altresí la condizione della possibilità delle cose stesse come oggetti dell'esperienza.

Le cose sono simultanee, in quanto esistono in un solo e medesimo tempo. Ma da che cosa si riconosce che esse sono in un solo e medesimo tempo? Se è indifferente l'ordine nella sintesi dell'apprensione di questo molteplice, cioè se si può andare da *A* a *E*, attraverso *B*, *C*, *D*, o anche inversamente, da *E* a *A*. In effetti, se la sintesi fosse successiva nel tempo (secondo l'ordine che comincia da *A* e finisce in *E*), risulterebbe impossibile iniziare l'apprensione con la percezione di *E*, e retrocedere sino ad *A*, dato che *A* appartiene al tempo passato e quindi non può piú essere un oggetto dell'apprensione.

Se si suppone, che in una molteplicità di sostanze, intese come apparenze, ciascuna di esse sia del tutto **182** isolata, cioè non eserciti influssi sulle altre, né subisca reciprocamente influssi da queste, io dico allora che la simultaneità di tali sostanze non potrà essere oggetto di una percezione possibile, e che l'esistenza dell'una non potrà condurci, attraverso un qualsiasi processo di sintesi empirica, all'esistenza delle altre. In effetti, se si immagina che queste sostanze siano separate da uno spazio del tutto vuoto, certo la percezione che procede nel tempo da una sostanza ad un'altra determinerà l'esistenza della seconda mediante una susseguente percezione, ma non si potrà distinguere se la seconda apparenza segua oggettivamente alla prima o se piuttosto sia simultanea ad essa.

Occorre perciò che oltre la semplice esistenza vi sia qualcosa, mediante cui *A* determini la posizione di *B* nel tempo, e inversamente anche *B* determini a sua volta quella di *A*, poiché solo sotto questa condizione le suddette sostanze possono venir rappresentate empiricamente come esistenti simultaneamente. Orbene, il determinare per un qualcosa la sua posizione nel tempo spetta soltanto a ciò che è causa del qualcosa o delle sue determinazioni. Perciò ogni sostanza (dato che può essere una conseguenza solo a riguardo delle sue determinazioni) deve contenere in sé la causalità di certe determinazioni contenute in un'altra sostanza, e al tempo stesso gli effetti della causalità di quest'altra sostanza, ossia, le sostanze debbono stare in comunanza dinamica (immediatamente o mediatamente), se si vuole conoscere in una qualche esperienza possibile la simultaneità. Necessario, peraltro, riguardo agli oggetti dell'esperienza, è tutto ciò senza di cui risulterebbe impossibile l'esperienza stessa di questi oggetti. Per tutte le sostanze nell'apparenza, in quanto sono simultanee, è perciò necessario stare in completa comunanza di azione reciproca tra loro.

La parola comunanza, nella lingua tedesca, ha due sensi, e può significare tanto *communio* quanto *commercium*. Ci ser-

viamo qui di tale parola nel secondo significato, intendendo una comunanza dinamica, senza la quale nemmeno la comunanza locale (*communio spatii*) potrebbe mai venir conosciuta empiricamente. Nelle nostre esperienze è facile osservare, che soltanto gli influssi continui possono guidare i nostri sensi in tutte le posizioni dello spazio, da un oggetto all'altro; che la luce, la quale ondeggia tra i nostri occhi e i corpi celesti, può produrre una comunanza mediata tra noi e tali corpi, e può cosí provare la simultaneità di questi ultimi; che noi non possiamo mutare empiricamente di luogo (non possiamo percepire questo mutamento), senza
che la materia ci renda ovunque possibile la percezione 183
della nostra posizione; che, solo mediante un influsso reciproco interno alla materia, quest'ultima può mostrare la sua esistenza simultanea, e in tal modo può manifestare (sebbene solo mediatamente) la coesistenza degli oggetti, anche dei piú lontani. Senza comunanza, ogni percezione (dell'apparenza nello spazio) è staccata dalle altre, e la catena di rappresentazioni empiriche, cioè l'esperienza, dovrebbe ricominciare completamente daccapo a proposito di ogni oggetto nuovo, senza che la precedente esperienza potesse con essa minimamente connettersi, o stare in una relazione temporale. Con ciò io non voglio certo confutare lo spazio vuoto. In effetti, questo può pur sempre sussistere là dove non giungono affatto le percezioni, e dove non si ritrova perciò alcuna conoscenza empirica della simultaneità. In tal caso, tuttavia, lo spazio vuoto non è assolutamente un oggetto per alcuna delle nostre esperienze possibili.

Quanto segue può servire per chiarimento. Nel nostro animo occorre che tutte le apparenze — come contenute in un'esperienza possibile — stiano in una comunanza (*communio*) dell'appercezione; e in quanto si voglia rappresentare gli oggetti come connessi in un'esistenza simultanea, essi debbono allora determinare reciprocamente la loro posizione in un certo tempo, e costituire cosí un tutto.

Se questa comunanza soggettiva vuole poggiare su un fondamento oggettivo, ovvero essere riferita ad apparenze intese come sostanze, allora la percezione di una sostanza deve — in quanto fondamento — rendere possibile la percezione di un'altra sostanza, e viceversa, per modo che la successione, la quale si presenta sempre nelle percezioni intese come apprensioni, non venga attribuita agli oggetti, e che questi possano invece essere rappresentati come esistenti simultaneamente. Questo peraltro è un influsso reciproco, cioè una comunanza reale (*commercium*) delle sostanze, senza la quale, dunque, la relazione empirica della simultaneità non potrebbe ritrovarsi nell'esperienza. Mediante questo *commercium* le apparenze, essendo staccate le une dalle altre e tuttavia connesse, costituiscono un composto (*compositum reale*); siffatti *composita* risultano possibili in parecchi modi. Le tre relazioni dinamiche, onde derivano tutte le altre, sono perciò quella di inerenza, quella di conseguenza e quella di composizione.

Le tre analogie dell'esperienza sono dunque queste. Esse non sono altro se non proposizioni fondamentali per determinare l'esistenza delle apparenze nel tempo, secondo tutti e tre i *modi* del tempo: anzitutto, secondo la relazione
184 con il tempo stesso, inteso come una quantità (la quantità dell'esistenza, cioè la durata); poi, secondo la relazione nel tempo, inteso come una serie (successivamente); infine, ancora secondo la relazione nel tempo, inteso come un insieme di ogni esistenza (simultaneamente). Questa unità nella determinazione del tempo è completamente dinamica. In altre parole, il tempo non è considerato come ciò in cui l'esperienza determina immediatamente la posizione di ogni esistenza: questo è impossibile, poiché il tempo assoluto non è per nulla un oggetto della percezione, col quale si possano tenere unite le apparenze. Piuttosto, la regola dell'intelletto — che sola può fornire all'esistenza delle apparenze un'unità sintetica secondo relazioni tem-

porali — determina per ogni apparenza la sua posizione nel tempo, posizione quindi *a priori* e valida per ogni tempo.

Per natura (in senso empirico), noi intendiamo il collegamento delle apparenze — riguardo alla loro esistenza — secondo regole necessarie, cioè secondo leggi. Vi sono perciò certe leggi — e precisamente *a priori* — che rendono primieramente possibile una natura; le leggi empiriche possono aver luogo e venir trovate solo mediante l'esperienza, anzi, in seguito a quelle leggi originarie, in base alle quali l'esperienza stessa risulta primieramente possibile. Le nostre analogie, quindi, presentano propriamente l'unità della natura nel collegamento di tutte le apparenze sotto certi esponenti, i quali non esprimono altro se non la relazione del tempo (in quanto esso comprende in sé ogni esistenza) con l'unità dell'appercezione, che può aver luogo solo nella sintesi secondo regole. Prese assieme, le analogie dicono dunque: tutte le apparenze si trovano in un'unica natura, e debbono trovarvisi, poiché senza questa unità *a priori* non sarebbe possibile alcuna unità dell'esperienza, e quindi neppure una determinazione degli oggetti nell'esperienza.

Sul metodo dimostrativo, di cui ci siamo serviti a proposito di queste leggi trascendentali della natura, e sulla peculiarità di tale metodo, occorre peraltro fare un'osservazione, che dev'essere al tempo stesso assai importante come norma per ogni altro tentativo di dimostrare *a priori* proposizioni intellettuali ed insieme sintetiche. Se avessimo voluto dimostrare queste analogie dogmaticamente, cioè in base a concetti, ossia provando che tutto ciò che esiste si ritrova soltanto in ciò che è permanente, che ogni evento presuppone nello stato precedente un qualcosa cui esso segue in base ad una regola, ed infine che nel molteplice che è simultaneo gli stati sono simultanei — stanno in una comunanza — per una relazione reciproca secondo una regola, ogni sforzo sarebbe stato allora del tutto vano. In effetti, partendo da un oggetto

e dalla sua esistenza, non si può affatto giungere all'esi-
stenza di un altro oggetto, o al modo di esistere di que-
185 st'altro oggetto, se ci si serve semplicemente dei concetti
di queste cose (comunque si voglia poi analizzarli). Che
cosa ci restava dunque? Nient'altro che la possibilità
dell'esperienza intesa come conoscenza, in cui tutti gli
oggetti debbono alla fine poter esserci dati, se la loro
rappresentazione vuole avere per noi una realtà oggettiva.
Orbene, in questo terzo elemento, la cui forma essenziale
consiste nell'unità sintetica dell'appercezione di tutte le
apparenze, abbiamo trovato le condizioni *a priori* di una
universale e necessaria determinazione temporale di ogni
esistenza nell'apparenza, senza le quali persino la deter-
minazione empirica del tempo risulterebbe impossibile,
ed abbiamo trovato le regole dell'unità sintetica *a priori*,
mediante le quali possiamo anticipare l'esperienza. In
mancanza di questo metodo, e nell'illusione di voler dimo-
strare dogmaticamente proposizioni sintetiche, che l'uso
di esperienza dell'intelletto raccomanda come suoi prin-
cipî, è invece accaduto che così frequenti, ma sempre vani,
siano stati i tentativi di dimostrare il principio della ragione
sufficiente. Alle altre due analogie nessuno ha mai pensato
(sebbene tacitamente esse fossero sempre adoperate) [1], poi-
ché mancava la guida delle categorie, che sola può scoprire
e far notare ogni lacuna dell'intelletto, tanto a riguardo dei
concetti quanto a riguardo delle proposizioni fondamentali.

185 [1] L'unità dell'universo, nel quale debbono essere connesse tutte le
apparenze, è evidentemente una semplice deduzione dalla proposizione
fondamentale — tacitamente assunta — della comunanza di tutte le sostanze
che sono simultanee. In effetti, se tali sostanze fossero isolate, esse non
costituirebbero, come parti, un tutto; e se la loro connessione (azione reci-
proca del molteplice) non fosse già necessaria in vista della simultaneità,
non si potrebbe allora dalla simultaneità, che è una relazione semplicemente
ideale, dedurre quella connessione, che è una relazione reale. Tuttavia
noi, in luogo opportuno, abbiamo mostrato che la comunanza è davvero
il fondamento della possibilità di una conoscenza empirica della coesistenza,
e che perciò si può concludere propriamente dalla coesistenza alla comu-
nanza, solo intendendo quest'ultima come condizione.

4.

I postulati del pensiero empirico in generale

1. Ciò che si accorda con le condizioni formali dell'esperienza (rispetto all'intuizione e ai concetti), è *possibile*.

2. Ciò che è collegato con le condizioni materiali dell'esperienza (con la sensazione), è *reale*.

3. Ciò, il cui collegamento con il reale è determinato 186
secondo condizioni universali dell'esperienza, è (esiste) *necessariamente*.

Chiarimento

Le categorie della modalità hanno in sé la particolarità di non accrescere minimamente — riguardo alla determinazione dell'oggetto — il concetto cui vengono attribuite come predicati, bensí di esprimere soltanto la relazione con la facoltà di conoscenza. Se il concetto di una cosa è già del tutto completo, io posso tuttavia ancora domandare, a riguardo di questo oggetto, se esso è semplicemente possibile o anche reale, e in questo secondo caso, se esso è altresí necessario. Con ciò non viene pensata affatto un'ulteriore determinazione nell'oggetto, ma si domanda soltanto come si comporti l'oggetto (assieme a tutte le sue determinazioni) rispetto all'intelletto e all'uso empirico di questo, rispetto alla capacità empirica di giudizio e rispetto alla ragione (nella sua applicazione all'esperienza).

Per tale motivo appunto, le proposizioni fondamentali della modalità non sono del resto null'altro se non spiegazioni dei concetti della possibilità, della realtà e della necessità, nel loro uso empirico, e con ciò, al tempo stesso, non sono altro se non restrizioni di tutte le categorie all'uso semplicemente empirico, senza che venga tollerato né permesso l'uso trascendentale. In effetti, se tali categorie non vogliono avere un valore semplicemente logico e non vogliono esprimere analiticamente la forma del pensiero, ma si propongono invece di riguardare le cose e la possibilità, realtà o necessità di queste, esse debbono allora riferirsi all'esperienza possibile ed alla sua unità sintetica, che è la sola in cui possano venir dati degli oggetti di conoscenza.

Il postulato della possibilità delle cose esige dunque, che il loro concetto si accordi con le condizioni formali di un'esperienza in generale. Quest'ultima, cioè la forma oggettiva dell'esperienza in generale, contiene peraltro ogni sintesi che si richieda per la conoscenza degli oggetti. Un concetto, che comprende in sé una sintesi, dev'essere considerato come vuoto, e non si riferisce ad alcun oggetto, fuorché questa sintesi appartenga all'esperienza, o in quanto presa in prestito da essa, e allora il concetto si chiama empirico, o in quanto tale che su di essa — come su di una condizione *a priori* — si fondi l'esperienza in generale (la forma di questa), ed allora si ha un concetto puro, che appartiene tuttavia all'esperienza, poiché il suo oggetto può venir ritrovato soltanto in essa. In effetti, onde mai si vuol deri-
187 vare il carattere della possibilità di un oggetto, che sia stato pensato mediante un concetto sintetico *a priori*, se non dalla sintesi che costituisce la forma della conoscenza empirica degli oggetti? Che in un tale concetto non debba essere contenuta alcuna contraddizione, è certamente una necessaria condizione logica; ciò tuttavia è ben lungi dal bastare per la realtà oggettiva del concetto, cioè per la possibilità di un oggetto quale viene pensato mediante il concetto. Cosí, nel concetto di una figura racchiusa da due linee rette, non sussiste alcuna contraddizione, poiché i concetti di due linee rette e del loro incontrarsi non contengono affatto una negazione di una figura; piuttosto, l'impossibilità si fonda, non sul concetto in se stesso, bensí

sulla costruzione di esso nello spazio, cioè sulle condizioni dello spazio e della determinazione di questo. Tali condizioni, a loro volta, hanno d'altronde una loro realtà oggettiva, cioè si riferiscono a cose possibili, poiché contengono in sé *a priori* la forma dell'esperienza in generale.

Ed ora metteremo in chiaro la grande utilità e l'esteso influsso di questo postulato della possibilità. Quando mi rappresento una cosa che è permanente, in modo che tutto ciò che in essa varia appartenga semplicemente al suo stato, io non posso mai sapere, in base a questo solo concetto, se una siffatta cosa sia possibile. O anche, se io mi rappresento un qualcosa costituito in modo tale che, se viene posto, qualcos'altro ne segua sempre e inevitabilmente, tutto questo può certamente venir pensato cosí senza contraddizione; con ciò, tuttavia, non si può giudicare se una tale proprietà (ossia la causalità) venga ritrovata in una qualche cosa possibile. Infine io posso rappresentarmi diverse cose (sostanze), costituite in modo tale, che lo stato dell'una produca una conseguenza nello stato dell'altra, e viceversa; nondimeno, da questi concetti, che contengono una sintesi semplicemente arbitraria, non si può affatto desumere se una siffatta relazione possa toccare ad una qualche cosa. È quindi solo dal fatto che questi concetti esprimano *a priori* i rapporti delle percezioni in ogni esperienza, che si conosce la loro realtà oggettiva, ossia la loro verità trascendentale, e ciò, senza dubbio, indipendentemente dall'esperienza, ma non indipendentemente da ogni relazione con la forma di un'esperienza in generale, e con l'unità sintetica in cui soltanto possono venir conosciuti empiricamente gli oggetti.

Se si volesse peraltro costruire concetti del tutto nuovi
di sostanze, di forze, di azioni reciproche, traendoli dalla **188**
materia che la percezione ci offre, senza derivare dall'esperienza stessa l'esempio della loro connessione, si incorrerebbe allora in pure chimere, la cui possibilità non è garantita proprio da nessun criterio, poiché riguardo ad

esse non si assume come maestra l'esperienza, né si traggono tali concetti dall'esperienza. Siffatti concetti immaginari possono ricevere il carattere della loro possibilità non già, come le categorie, *a priori*, in quanto condizioni da cui dipende ogni esperienza, ma soltanto *a posteriori*, in quanto tali da essere dati mediante l'esperienza stessa; la possibilità di questi concetti, o dev'essere conosciuta empiricamente e *a posteriori*, oppure non può essere conosciuta affatto. Una sostanza stabilmente presente nello spazio e tale tuttavia da non riempirlo (come quella cosa intermedia tra la materia e gli enti pensanti, che alcuni hanno voluto introdurre), oppure una particolare capacità fondamentale del nostro animo, di intuire in anticipo l'avvenire (non già semplicemente di dedurlo), oppure infine una facoltà dell'animo di stare in comunanza di pensieri con altri uomini (per quanto lontani possano essere costoro): ecco dei concetti, la cui possibilità è del tutto priva di fondamento, poiché non può venir basata sull'esperienza e sulle leggi conosciute di questa, e senza tali leggi, è un'arbitraria congiunzione di pensieri, la quale, sebbene non contenga invero alcuna contraddizione, tuttavia non può avere nessuna pretesa ad una realtà oggettiva, né quindi alla possibilità di un oggetto, quale si vuol pensare qui. Per quanto riguarda la realtà, ci è senz'altro precluso di pensarla *in concreto*, quando non si ricorra all'aiuto dell'esperienza: in effetti, la realtà può riferirsi soltanto alla sensazione, intesa come materia dell'esperienza, e non riguarda la forma del rapporto, con la quale si potrebbe forse giocare di fantasia.

Ma io lascio da parte tutto ciò, la cui possibilità può essere desunta solo dalla realtà nell'esperienza, e considero qui unicamente la possibilità delle cose mediante concetti *a priori*. Riguardo a queste cose, io continuo ad asserire che esse non possono mai aver luogo in base a tali concetti, considerati per sé soli, ma che esse possono aver luogo soltanto in base a tali concetti, considerati come condizioni formali ed oggettive di un'esperienza in generale.

Si ha certo l'impressione, che la possibilità di un triangolo possa venir conosciuta in base al concetto in sé del triangolo (tale concetto è sicuramente indipendente dall'esperienza), poiché in realtà noi possiamo del tutto *a priori* dare un oggetto a questo concetto, cioè costruirlo. Tuttavia, dato che ciò è soltanto la forma di un oggetto, 189
allora tale concetto rimarrebbe pur sempre unicamente un prodotto dell'immaginazione. La possibilità dell'oggetto di questo prodotto resterebbe ancora dubbia: a tale riguardo si richiede difatti qualcosa di piú, ossia che una siffatta figura sia pensata soltanto sotto le condizioni che stanno alla base di tutti gli oggetti dell'esperienza. Orbene, l'unico fatto che connetta con il concetto di triangolo la rappresentazione della possibilità di una tale cosa, è che lo spazio risulta una condizione formale *a priori* delle esperienze esterne, e che proprio la sintesi formativa, con cui costruiamo un triangolo nella capacità di immaginazione, è del tutto identica a quella sintesi, che noi mettiamo in opera nell'apprensione di un'apparenza, per trarre da ciò un concetto di esperienza. E cosí, la possibilità di quantità continue, anzi persino delle quantità in generale (infatti i concetti di esse sono tutti quanti sintetici), non risulta mai chiara dai concetti stessi, ma è chiara solo quando si parta dai concetti, intesi come condizioni formali della determinazione degli oggetti nell'esperienza in generale. E dove mai si vorranno d'altronde cercare oggetti, che corrispondano ai concetti, se non nell'esperienza, che è l'unico mezzo attraverso cui gli oggetti ci vengano dati? Con tutto ciò, noi possiamo conoscere e caratterizzare la possibilità delle cose, senza far precedere proprio l'esperienza stessa, e riferendoci semplicemente alle condizioni formali, sotto cui nell'esperienza in generale un qualcosa viene determinato come oggetto: tale possibilità possiamo quindi conoscerla e caratterizzarla pienamente

a priori, ma solo in relazione all'esperienza e internamente ai suoi limiti.

Il postulato per conoscere la realtà delle cose richiede la percezione, e quindi una sensazione di cui si abbia coscienza. Precisamente, occorre non già la coscienza immediata dell'oggetto stesso, la cui esistenza si vuole conoscere, ma la coscienza del collegamento tra l'oggetto ed una qualche percezione reale, in base alle analogie dell'esperienza, che espongono ogni connessione reale in un'esperienza in generale.

Nel semplice concetto di una cosa, non si può affatto ritrovare alcun carattere della sua esistenza. In effetti, quand'anche tale concetto sia completo, al punto che non manchi nulla per pensare una cosa con tutte le sue determinazioni interne, tuttavia l'esistenza non ha proprio nulla a che fare con tutto ciò. L'esistenza è toccata soltanto dalla questione, se una tale cosa ci sia data, per modo che la percezione della cosa possa all'occorrenza precedere il concetto. Invero, il fatto che il concetto preceda la percezione accenna semplicemente alla possibilità di esso. Peraltro la percezione, che fornisce la materia al
190 concetto, è l'unico carattere della realtà. Del resto, si può conoscere l'esistenza di una cosa anche anteriormente alla percezione di essa, e perciò, in un certo senso, *a priori*, purché tale esistenza si colleghi con alcune percezioni, secondo le proposizioni fondamentali della loro connessione empirica (le analogie). In tal caso, difatti, l'esistenza della cosa si collega pur sempre con le nostre percezioni, in un'esperienza possibile, e, seguendo la guida di quelle analogie, noi possiamo partire dalla nostra percezione reale e giungere alla cosa, nella serie delle percezioni possibili. Noi conosciamo cosí l'esistenza di una materia magnetica, che penetra tutti i corpi, fondandoci sulla percezione della limatura di ferro attratta: eppure, in base alla struttura dei nostri organi, una percezione immediata di questa materia ci è impossibile. In effetti

noi, secondo le leggi della sensibilità e il tessuto delle nostre percezioni, potremmo anche arrivare, in un'esperienza, all'intuizione empirica immediata di tale materia, se fossero piú acuti i nostri sensi, la cui ottusità non tocca affatto la forma di un'esperienza possibile in generale. Perciò, dove giunge la percezione, e quanto vi si riattacca secondo leggi empiriche, là giunge anche la nostra conoscenza dell'esistenza delle cose. Se noi non cominciamo dall'esperienza, oppure se non procediamo secondo le leggi del collegamento empirico delle apparenze, è allora vano il nostro sfoggio di voler indovinare o ricercare l'esistenza di una qualche cosa. Una forte obiezione contro queste regole, fornite per dimostrare mediatamente l'esistenza, è tuttavia mossa dall'*idealismo*: è questo il luogo opportuno per confutarlo.

Confutazione dell'idealismo

L'idealismo (intendo quello *materiale*) è la teoria, che dichiara l'esistenza degli oggetti nello spazio, fuori di noi, o semplicemente come dubbia e *indimostrabile*, oppure come *falsa e impossibile*. Il *primo* è l'idealismo *problematico* di *Cartesio*, il quale dichiara come indubitata una sola asserzione (*assertio*) empirica, cioè: *io sono*. Il *secondo* è l'idealismo *dogmatico* di *Berkeley*, il quale
dichiara lo spazio — con tutte le cose cui esso inerisce 191
quale condizione inscindibile — come un qualcosa che è in se stesso impossibile, e perciò dichiara anche le cose nello spazio come semplici immaginazioni. L'idealismo dogmatico è inevitabile, se si considera lo spazio come una proprietà, che debba toccare alle cose in se stesse; in tal caso, difatti, lo spazio — con tutto ciò cui esso serve di condizione — è un non ente. Il fondamento di questo idealismo, tuttavia, è stato da noi soppresso nell'Estetica trascenden-

tale. L'idealismo problematico, che non asserisce nulla al riguardo, ma sostiene soltanto la nostra incapacità di dimostrare con l'esperienza immediata un'esistenza all'infuori della nostra, è ragionevole e conforme ad un solido modo filosofico di pensare: tale modo di pensare non ammette alcun giudizio decisivo, prima che sia stata trovata una dimostrazione sufficiente. La dimostrazione richiesta deve quindi provare, che riguardo alle cose esterne noi abbiamo altresí esperienza, e non soltanto immaginazione; il che non potrà certo avvenire, se non dimostrando che persino la nostra esperienza interna — indubitata secondo Cartesio — è possibile solo quando si presupponga un'esperienza esterna.

Teorema

La semplice coscienza — ma empiricamente determinata — della mia propria esistenza dimostra l'esistenza degli oggetti nello spazio fuori di me.

Dimostrazione

Io sono cosciente della mia esistenza come determinata nel tempo. Ogni determinazione di tempo presuppone qualcosa di permanente nella percezione. Questo permanente non può tuttavia essere qualcosa in me, poiché appunto la mia esistenza nel tempo può essere determinata soltanto mediante questo permanente. La percezione di questo permanente è quindi possibile solo attraverso una cosa fuori di me, e non già mediante la semplice rappresentazione di una cosa fuori di me. Di conseguenza, la determinazione della mia esistenza nel tempo è possibile solo mediante l'esistenza di cose reali, che io percepisco fuori di me. La coscienza nel tempo, orbene, è necessariamente congiunta con la coscienza della possibilità di questa determinazione temporale, e perciò è anche necessariamente collegata con l'esistenza delle cose fuori di me, intesa come condizione della determinazione temporale. Ossia, la coscienza della mia propria esistenza è al tempo stesso una coscienza immediata dell'esistenza di altre cose fuori di me. 192

Osservazione 1. Nella dimostrazione precedente ci si accorge che il procedimento usato dall'idealismo si ritorce contro di esso, e con maggior ragione. L'idealismo ha supposto che l'unica esperienza immediata sia quella interna, e che da essa si possa soltanto *dedurre* le cose esterne, dedurle però — come avviene sempre, quando da effetti dati si conclude a cause *determinate* — solo in modo incerto, poiché la causa delle rappresentazioni, che è da noi attribuita, forse falsamente, alle cose esterne, può trovarsi anche in noi stessi. Senonché, noi dimostriamo qui che l'esperienza esterna è propriamente immediata[1], e che solo mediante essa è possibile, non già la coscienza della nostra propria esistenza, ma la determinazione di questa nel tempo, cioè l'esperienza interna. Certo, la rappresentazione: *io sono*, esprimente la coscienza che può accompagnare ogni pensiero, è ciò che racchiude immediatamente l'esistenza di un soggetto; essa tuttavia non racchiude in sé in alcun modo una *conoscenza* del soggetto, e quindi neppure una conoscenza empirica di esso, cioè un'esperienza. A tale

[1] Nel precedente teorema, la coscienza *immediata* dell'esistenza di cose esterne non è presupposta, ma dimostrata, sia che noi possiamo comprendere la possibilità di questa coscienza, sia che non possiamo comprenderla. La questione riguardante tale possibilità consisterebbe nell'esaminare, se noi abbiamo soltanto un senso interno, senza possedere alcun senso esterno e possedendo invece semplicemente un'immaginazione esterna. È tuttavia chiaro che, anche solo per immaginare un qualcosa come esterno, cioè per presentarlo al senso nell'intuizione, noi dobbiamo già avere un senso esterno e dobbiamo in tal modo distinguere immediatamente la semplice recettività di un'intuizione esterna dalla spontaneità che caratterizza ogni immaginazione. In effetti, il limitarsi ad immaginare un senso esterno distruggerebbe già la facoltà di intuire, che si vuole determinare mediante la capacità di immaginazione. 192

scopo si richiede infatti, oltre al pensiero di un qualcosa di esistente, anche l'intuizione, e in questo caso l'intuizione interna, rispetto alla quale, cioè al tempo, il soggetto dev'essere determinato. A questo proposito gli oggetti esterni sono assolutamente indispensabili, e di conseguenza, la stessa esperienza interna è possibile solo mediatamente e solo attraverso quella esterna.

Osservazione 2. Ora, ogni uso di esperienza della nostra facoltà conoscitiva, riguardo alla determinazione del tempo, si accorda pienamente con tutto ciò. Oltre al fatto che noi possiamo percepire una qualsiasi determinazione di tempo solo mediante la variazione nei rapporti esterni (il movimento) in relazione a ciò che è permanente nello spazio (per esempio, il movimento del sole rispetto agli oggetti della terra), si deve dire che noi non abbiamo proprio nulla di permanente, da poter porre, come intui-
193 zione, alla base del concetto di una sostanza, se non semplicemente la materia: e questa stessa permanenza non viene attinta dall'esperienza esterna, bensí è presupposta *a priori* come condizione necessaria di ogni determinazione temporale, e quindi anche come determinazione del senso interno rispetto alla nostra propria esistenza, mediante l'esistenza di cose esterne. La coscienza di me stesso, nella rappresentazione dell'io, non è affatto un'intuizione, bensí una rappresentazione semplicemente intellettuale della spontaneità di un soggetto pensante. Per conseguenza, questo io non ha neanche il minimo predicato dell'intuizione, il quale possa servire — in quanto permanente — come termine correlativo alla determinazione temporale nel senso interno, analogamente al rapporto, per esempio, dell'impenetrabilità con la materia intesa come intuizione empirica.

Osservazione 3. Dal fatto che l'esistenza di oggetti esterni viene richiesta per la possibilità di una coscienza determinata di noi stessi, non segue già, che ogni rappresentazione intuitiva di cose esterne implichi al tempo stesso la loro esistenza, poiché tale rappresentazione può certo essere il semplice effetto della capacità di immaginazione (tanto nei sogni quanto nella follia). Ciò avviene, tuttavia, solo attraverso la riproduzione di percezioni esterne passate, le quali, come abbiamo mostrato, sono possibili unicamente mediante la realtà di oggetti esterni. Qui abbiamo voluto dimostrare soltanto che l'esperienza interna in generale è possibile unicamente attraverso la esperienza esterna in generale. Il fatto che una qualsiasi esperienza presunta non sia semplicemente un'immaginazione, dev'essere stabilito in base alle sue particolari determinazioni e mediante un confronto con i criteri di ogni esperienza reale.

Per quanto riguarda infine il t e r z o postulato, vediamo che esso si riferisce alla necessità materiale nella esistenza, e non già alla necessità semplicemente formale e logica, nella connessione dei concetti. Orbene, dato che l'esistenza degli oggetti dei sensi non può mai essere conosciuta pienamente *a priori*, ma comparativamente può tuttavia essere conosciuta *a priori*, cioè relativamente ad un'altra esistenza, già data, e poiché anche in tal caso si può giungere però soltanto a quell'esistenza, che deve essere contenuta in qualche modo nella concatenazione dell'esperienza, di cui la percezione data è una parte, allora la necessità dell'esistenza non potrà mai essere conosciuta in base a concetti, ma dovrà sempre esser conosciuta soltanto in conformità di leggi universali dell'espe- 154
rienza, e partendo dalla connessione con ciò che è percepito. Orbene, non vi è alcuna esistenza, che possa venir conosciuta come necessaria sotto le condizioni di altre apparenze date, eccetto l'esistenza degli effetti prodotti da cause date, secondo le leggi della causalità. Perciò l'unico punto, di cui noi possiamo conoscere la necessità, non è l'esistenza delle cose (sostanze), bensí l'esistenza del

loro stato: e ciò, precisamente, possiamo conoscerlo in base ad altri stati, che sono dati nella percezione, secondo le leggi empiriche della causalità. Di qui segue, che il criterio della necessità sta unicamente nella legge della esperienza possibile, e che tutto ciò che accade è determinato *a priori*, nell'apparenza, dalla sua causa. Di conseguenza, noi conosciamo nella natura soltanto la necessità di quegli effetti, le cui cause ci sono date. Il carattere della necessità nell'esistenza non si estende oltre il campo dell'esperienza possibile, ed anche in questo campo esso non si applica all'esistenza delle cose in quanto sostanze, poiché le sostanze non possono mai venir considerate come effetti empirici, ossia come qualcosa che accade e sorge. La necessità, perciò, riguarda soltanto le relazioni delle apparenze secondo la legge dinamica di causalità, concernendo la possibilità — che si fonda su tale legge — di concludere *a priori* da una qualche esistenza data (di una causa) ad un'altra esistenza (dell'effetto). Tutto ciò che accade è ipoteticamente necessario: ecco una proposizione fondamentale, che assoggetta il mutamento nel mondo ad una legge, cioè a una regola dell'esistere necessario, senza la quale non avrebbe neppure luogo la natura. Di conseguenza, la proposizione: nulla avviene per un cieco caso (*in mundo non datur casus*), è una legge *a priori* della natura. Lo stesso vale per la proposizione: nella natura la necessità non è mai cieca, bensí è condizionata e quindi è necessità intelligibile (*non datur fatum*). Entrambe queste leggi sono tali da sottomettere il gioco dei mutamenti a una natura delle cose (in quanto apparenze), oppure — il che è equivalente — all'unità dell'intelletto, il quale è la sola sede in cui i mutamenti possano appartenere ad un'esperienza, intesa come l'unità sintetica delle apparenze. Queste due proposizioni fondamentali fanno parte delle proposizioni fondamentali dinamiche. La prima è propriamente una conseguenza della proposizione fondamentale della causa-

lità (che rientra fra le analogie dell'esperienza). La seconda appartiene alle proposizioni fondamentali della modalità, la quale aggiunge alla determinazione causale il concetto della necessità (quest'ultima è peraltro subordinata ad una regola dell'intelletto). Il principio della continuità escludeva nella serie delle apparenze (mutamenti) qualsiasi frattura (*in mundo non datur saltus*), e 195
d'altronde vietava pure qualsiasi lacuna o vuoto tra due apparenze, nell'insieme di tutte le intuizioni empiriche nello spazio (*non datur hiatus*); questo principio, infatti, si può esprimere cosí: nell'esperienza non può intervenire nulla, che dimostri un *vacuum*, o anche semplicemente, che lo ammetta come parte della sintesi empirica. In effetti, per quanto riguarda il vuoto, che si può pensare al di fuori del campo di un'esperienza possibile (il mondo), dobbiamo dire che esso non cade sotto la giurisdizione del semplice intelletto (quest'ultimo decide soltanto le questioni che concernono l'utilizzazione di date apparenze per la conoscenza empirica), ed è un problema della ragione ideale, la quale oltrepassa la sfera di un'esperienza possibile, e vuol giudicare di ciò che circonda e limita questa stessa esperienza. Il vuoto dovrà quindi venir considerato nella Dialettica trascendentale. Queste quattro proposizioni (*in mundo non datur hiatus, non datur saltus, non datur casus, non datur fatum*), potremmo facilmente rappresentarle — allo stesso modo di tutte le proposizioni fondamentali di origine trascendentale — seguendo il loro ordine e conformemente all'ordine delle categorie, e potremmo anche dimostrare la posizione di ciascuna di esse: tuttavia, il lettore già esercitato farà da sé tutto questo, oppure scoprirà agevolmente il filo che conduce a ciò. Peraltro, le suddette proposizioni si accordano unicamente per il fatto di non ammettere nella sintesi empirica nulla che possa recare danno o impedimento all'intelletto e alla connessione continua di tutte le apparenze, cioè all'unità dei suoi concetti. L'intelletto soltanto, difatti, è ciò in cui

risulta possibile l'unità dell'esperienza, nella quale tutte le percezioni debbono trovare il loro posto.

Si può domandare se il campo della possibilità sia piú esteso del campo contenente tutto ciò che è reale, e se quest'ultimo sia a sua volta piú esteso della sfera di ciò che è necessario: ecco dei problemi attraenti e certo suscettibili di una soluzione sintetica, i quali tuttavia ricadono soltanto sotto la giurisdizione della ragione. Ciò che essi vogliono domandare, in effetti, è all'incirca se le cose, come apparenze, appartengano tutte quante all'insieme e al tessuto di un'unica esperienza, della quale ogni percezione data sia una parte, che non potrebbe quindi in alcun modo venir collegata con ulteriori apparenze, oppure se le mie percezioni possano appartenere a piú di una sola esperienza possibile (nel suo collegamento universale). Alla esperienza in generale, l'intelletto fornisce *a priori* soltanto la regola, basata sulle condizioni soggettive e formali — tanto della sensibilità quanto dell'appercezione — che sole rendono possibile l'esperienza. Altre forme dell'intuizione (all'infuori di spazio e tempo), e del pari altre forme dell'intelletto (differenti dalle forme discorsive del pen-
196 siero, ossia della conoscenza mediante concetti), quand'anche fossero possibili, noi non le potremmo tuttavia in alcun modo escogitare, né rendere comprensibili; del resto, anche se potessimo far ciò, esse non apparterrebbero comunque all'esperienza, intesa come l'unica conoscenza in cui ci siano dati degli oggetti. L'intelletto non può decidere, se sussistano altre percezioni, all'infuori di quelle che in generale appartengono all'insieme della nostra esperienza possibile, e se vi sia perciò un'ulteriore sfera materiale, del tutto differente: l'intelletto ha soltanto a che fare con la sintesi di ciò che è dato. Salta davvero agli occhi, d'altronde, la povertà delle nostre argomentazioni abituali, con cui stabiliamo un vasto dominio della possibilità, onde tutto ciò che è reale (ogni oggetto dell'esperienza) non costituirebbe che una piccola parte. Ogni

reale è possibile. Da ciò segue naturalmente — secondo le regole logiche della conversione — la proposizione semplicemente particolare: qualche possibile è reale. Tale proposizione sembra allora equivalente a: molto di ciò che è possibile non è reale. A dire il vero, pare proprio che si possa estendere tranquillamente il numero delle cose possibili al di là di quello delle cose reali, per il fatto che occorre aggiungere qualcosa al possibile, se si vuole costituire il reale. Senonché, riguardo a questa aggiunta io non posso sapere nulla. Ciò che sarebbe destinato ad aggiungersi oltre al possibile, in effetti, risulterebbe impossibile. Al mio intelletto può aggiungersi, all'infuori della concordanza con le condizioni formali dell'esperienza, soltanto un qualcosa, cioè la connessione con una qualche percezione; ciò che è connesso con tale percezione secondo leggi empiriche, peraltro, è reale, quand'anche non sia immediatamente percepito. Tuttavia, che nel collegamento completo con tutto ciò che mi è dato nella percezione sia possibile un'altra serie di apparenze, e quindi piú di un'unica esperienza, comprensiva di tutto, è qualcosa che non si può concludere da ciò che è dato, e ancora meno si può dedurre senza che un qualcosa sia dato, poiché senza materia non si può pensare assolutamente nulla. Ciò che è possibile soltanto sotto condizioni, che sono esse stesse semplicemente possibili, non è possibile *sotto ogni riguardo*. Eppure, nella suddetta questione si intende il possibile in questo senso pieno, quando si vuol sapere se la possibilità delle cose si estenda al di là dei limiti cui può giungere l'esperienza.

Ho accennato a questi problemi, solo per non lasciare nessuna lacuna in ciò che appartiene, secondo l'opinione comune, ai concetti dell'intelletto. In realtà, però, la possibilità assoluta (che è valida sotto ogni riguardo) non è affatto un semplice concetto dell'intelletto, e non può avere in alcun modo un uso empirico, ma appartiene soltanto alla ragione, la quale oltrepassa ogni possi- 297 bile uso empirico dell'intelletto. Per conseguenza, abbiamo dovuto in proposito accontentarci di un'osservazione semplicemente critica, lasciando per il resto in ombra la cosa, sino all'ulteriore trattazione che si farà in seguito.

Poiché voglio concludere questo quarto paragrafo, e insieme con esso, il sistema di tutte le proposizioni fondamentali dell'intelletto puro, debbo rendere ancora ragione, del perché io abbia chiamato proprio postulati questi principî della modalità. Non voglio qui assumere tale termine nel significato, che ad esso hanno dato alcuni autori filosofici moderni (contro il senso dei matematici, ai quali propriamente appartiene questo termine), cioè: postulare equivale a fornire una proposizione come immediatamente certa, senza giustificazione o dimostrazione. In effetti, se noi volessimo concedere ciò riguardo a proposizioni sintetiche, per evidenti che siano (cioè, che si ha diritto di destinarle senza deduzione ad un applauso incondizionato, in base all'autorità di ciò che esse stesse dichiarano), allora ogni critica dell'intelletto andrebbe perduta. E dato che non vi è penuria di asserzioni audaci, non rifiutate neppure dalla credenza comune (la quale non costituisce tuttavia un titolo di credito), il nostro intelletto si presenterà allora aperto ad ogni fantasia, senza poter rifiutare il suo assenso alle proposizioni, che, sebbene senza giustificazione, pure pretendono di essere ammesse, con lo stesso tono di sicurezza che spetta ai veri assiomi. Perciò, se al concetto di una cosa si aggiunge sinteticamente una determinazione *a priori*, allora, riguardo ad una tale proposizione, dev'essere aggiunta immancabilmente, se non una dimostrazione, almeno una deduzione della legittimità della sua asserzione.

Le proposizioni fondamentali della modalità non sono peraltro oggettivamente sintetiche, poiché i predicati della possibilità, realtà e necessità non accrescono minimamente il concetto cui sono attribuiti, con l'aggiunta di qualcosa alla rappresentazione dell'oggetto. Ed allora, dato che con

tutto ciò sono pur sempre sintetiche, esse risultano tali solo soggettivamente, cioè aggiungono al concetto di una cosa (di un reale), della quale del resto non dicono nulla, la capacità conoscitiva, in cui tale concetto scaturisce ed ha la sua sede. Per modo che, se il concetto è in connessione — semplicemente nell'intelletto — con le condizioni formali dell'esperienza, l'oggetto di esso si chiama possibile; se il concetto è in collegamento con la percezione (sensazione come materia dei sensi), e se è determinato da questa mediante l'intelletto, l'oggetto è allora reale; se il concetto è determinato dal collegamento delle percezioni secondo concetti, allora l'oggetto si chiama necessario. Riguardo ad un concetto, perciò, le proposizioni 198
fondamentali della modalità non predicano null'altro, se non l'atto della facoltà conoscitiva, dal quale viene prodotto il concetto. In matematica, orbene, si chiama postulato la proposizione pratica, che non contiene nulla se non la sintesi, con cui diamo primieramente a noi stessi un oggetto, e produciamo il suo concetto, come quando, per esempio, descriviamo un circolo su un piano, con una data linea e partendo da un dato punto. Una siffatta proposizione non può essere dimostrata, per il fatto che il procedimento da essa richiesto è proprio quello con cui produciamo primieramente il concetto di una tale figura. Con lo stesso diritto possiamo perciò postulare le proposizioni fondamentali della modalità, dato che esse non accrescono il loro concetto di cose in generale[1], ma indicano soltanto il modo in cui il concetto è congiunto in generale con la capacità di conoscenza.

[1] Col porre la realtà di una cosa, io pongo senza dubbio 198
qualcosa di piú che la possibilità. Questo di piú non lo pongo tuttavia nella cosa. In effetti, la cosa non potrà mai contenere, nella realtà, piú di quanto è contenuto nella sua completa possibilità. Piuttosto, mentre la possibilità è semplicemente una posizione della cosa in rapporto con l'intelletto (col suo uso empirico), la realtà è al tempo stesso una connessione della cosa con la percezione.

Osservazione generale sul sistema delle proposizioni fondamentali

È assai degno di nota, il fatto che noi non possiamo scorgere la possibilità di una cosa in base alla semplice categoria, e che dobbiamo invece disporre sempre di una intuizione, per manifestare attraverso essa la realtà oggettiva del concetto puro dell'intelletto. Si prendano per esempio le categorie della relazione. In base a semplici concetti, non si può assolutamente comprendere: 1) come qualcosa possa esistere solo in quanto *soggetto*, e non in quanto semplice determinazione di altre cose, cioè come possa essere *sostanza*; 2) come, per il fatto che qualcosa è, qualcos'altro debba essere, cioè, come qualcosa possa in generale essere causa; 3) come, quando esistono parecchie cose, dal fatto che una di esse esiste segua qualcosa per le altre, e viceversa, e come a questo modo possa aver luogo una comunanza di sostanze. Lo stesso vale altresí per le rimanenti categorie, quando si domanda, per esempio, come una cosa possa essere della medesima specie rispetto a molte altre, cioè possa essere una quantità;
199 e cosí via. Perciò, sintanto che fa difetto l'intuizione, non si sa se mediante le categorie venga pensato un oggetto, anzi, non si sa se in qualche modo possa toccare ad esse un oggetto qualsiasi. Si ha cosí conferma, che per sé le categorie non sono affatto *conoscenze*, bensí semplicemente *forme di pensiero*, per costruire conoscenze sulla base di intuizioni date. — Proprio da ciò segue inoltre, che con semplici categorie non si può in alcun modo costruire una proposizione sintetica. Si prenda, per esempio, la proposizione: in ogni esistenza c'è una sostanza, ossia qualcosa, che può esistere soltanto come soggetto e non come semplice predicato; oppure la proposizione: ogni cosa è un *quantum*, ecc. In questi casi non c'è assolutamente nulla che possa servirci per uscir fuori del concetto dato e per connettere con esso un altro

concetto. A nessuno, d'altronde, è mai riuscito di dimostrare, sulla base di semplici concetti puri dell'intelletto, una proposizione sintetica, per esempio la proposizione: tutto ciò che esiste contingentemente ha una causa. Tutto quello che si è potuto fare sinora, è stato di dimostrare che senza questa relazione noi non potremmo affatto comprendere l'esistenza del contingente, cioè non potremmo conoscere *a priori*, mediante l'intelletto, l'esistenza di una siffatta cosa. Da ciò tuttavia non segue, che la medesima relazione sia altresí la condizione della possibilità delle cose stesse. Per conseguenza, se si vuole riguardare la nostra dimostrazione della proposizione fondamentale della causalità, ci si accorgerà che noi abbiamo potuto dimostrare tale proposizione solo riguardo agli oggetti di un'esperienza possibile: tutto ciò che accade (ogni evento) presuppone una causa. E precisamente si vedrà, che noi abbiamo potuto dimostrare tale proposizione, d'altronde, solo come principio della possibilità dell'esperienza — cioè, della conoscenza di un oggetto, dato nell'intuizione empirica — e non già sulla base di semplici concetti. Che nondimeno la proposizione: tutto ciò che è contingente deve avere una causa, si imponga con evidenza a chiunque, sulla base di semplici concetti, è innegabile; in tal caso, però, il concetto di contingente è già inteso in modo da contenere, non la categoria della modalità (come un qualcosa, il cui non essere si può pensare), bensí quella della relazione (come un qualcosa, che può esistere soltanto come conseguenza di qualcos'altro). Ed allora si ha invero una proposizione identica: ciò che può esistere soltanto come conseguenza, ha la sua causa. In realtà, se vogliamo fornire esempi di esistenza contingente, ci richiamiamo sempre a mutamenti, e non semplicemente alla possibilità del pensiero del contrario [1].

[1] Si può facilmente pensare il non essere della materia, ma gli antichi 199
non deducevano tuttavia da ciò la contingenza di essa. Comunque, per-

200 Il mutamento, tuttavia, è un evento, che in quanto tale è possibile solo attraverso una causa: il non essere di tale evento, quindi, è per sé possibile. E cosí, si riconosce la contingenza dal fatto che qualcosa può esistere soltanto come effetto di una causa; perciò, se una cosa viene assunta come contingente, il dire che essa ha una causa costituisce allora una proposizione analitica.

Ancora piú degno di nota è peraltro il fatto che noi, per comprendere la possibilità delle cose in base alle categorie, e quindi per mostrare la *realtà oggettiva* di queste ultime, abbiamo bisogno non semplicemente di intuizioni, ma addirittura, e sempre, di *intuizioni esterne*. Se prendiamo, per esempio, i concetti puri della *relazione*, troviamo allora quanto segue. In primo luogo, per fornire un qualcosa di *permanente* — nell'intuizione — che corrisponda al concetto di *sostanza* (e per mostrare in tal modo la realtà oggettiva di questo concetto), ci occorre un'intuizione *nello spazio* (della materia), poiché soltanto lo spazio è determinato permanentemente, mentre il tempo — e quindi tutto ciò che è nel senso interno — scorre costantemente. In secondo luogo, per presentare il *mutamento*, inteso come l'intuizione corrispondente al concetto di *causalità*, noi dobbiamo prendere come esempio il movimento, in quanto mutamento nello spazio; anzi, solo cosí noi possiamo renderci intuitivi i mutamenti,

sino l'alternativa di essere e non essere — nella quale consiste ogni mutamento — di un dato stato di una cosa, non dimostra affatto la contingenza di questo stato sulla base, per cosí dire, della realtà del suo contrario. La
200 31 quiete di un corpo, per esempio, la quale segue al movimento, non prova ancora — per il fatto che la prima sia il contrario del secondo — la contingenza del movimento del corpo. Un contrario, in effetti, è qui *contrapposto* all'altro soltanto logicamente, non già *realiter*. Per dimostrare la contingenza del movimento del corpo, si dovrebbe provare che, *invece* del movimento nell'istante precedente, sarebbe stata *allora* possibile la quiete del corpo, non già che il corpo fosse in quiete *in seguito*. Difatti, in quest'ultimo caso i due contrari sono benissimo compatibili tra loro.

la cui possibilità non può essere compresa in alcun modo da un intelletto puro. Il mutamento è la congiunzione, nell'esistenza di una sola e medesima cosa, di determinazioni contrapposte contraddittoriamente tra loro. Ora, come sia possibile che da un dato stato segua uno stato della medesima cosa, contrapposto al primo, è un qualcosa che la ragione non solo non può assolutamente rendere comprensibile a se stessa senza esempi, ma neppure rendere intelligibile a se stessa senza intuizione. E tale intuizione è quella del movimento nello spazio di un punto, la cui esistenza in diversi luoghi (come una successione di determinazioni contrapposte) ci rende intuitivo per la prima volta il mutamento. In effetti, per fare che i nostri stessi mutamenti interni ci risultino in seguito pensabili, noi dobbiamo renderci concepibile figuratamente il tempo — come forma del senso interno — mediante una linea, e il mutamento interno mediante il disegno di questa linea (movimento), cioè dobbiamo renderci concepibile l'esistenza successiva di noi stessi in diversi 201
stati mediante l'intuizione esterna. La vera ragione di ciò è la seguente: ogni mutamento, per poter essere percepito anche solo come mutamento, presuppone qualcosa di permanente nell'intuizione, mentre nel senso interno non si ritrova affatto un'intuizione permanente. — Infine, la categoria della c o m u n a n z a non si può comprendere, riguardo alla sua possibilità, mediante la semplice ragione; non è quindi possibile scorgere la realtà oggettiva di questo concetto senza l'intuizione, e precisamente, senza l'intuizione esterna nello spazio. In che modo, difatti, si vorrà mai pensare la possibilità che, se esistono parecchie sostanze, dall'esistenza dell'una derivi qualcosa (come effetto) all'esistenza delle altre (e viceversa), e che quindi, per il fatto che nella prima sostanza vi è qualcosa, anche nelle altre debba esservi un qualcosa, che non può venir compreso unicamente in base all'esistenza di queste ultime? Ciò, in effetti, è necessario per stabilire la comunanza,

ma non si può assolutamente comprendere, quando si tratti di cose, ciascuna delle quali si isola completamente mediante la sua sussistenza. Perciò **Leibniz**, quando attribuiva una comunanza alle sostanze del mondo — come le pensa il solo intelletto — aveva bisogno della mediazione di una divinità; in base soltanto alla loro esistenza, difatti, tale comunanza gli sembrava, a ragione, incomprensibile. Ma noi possiamo benissimo renderci comprensibile la possibilità della comunanza — delle sostanze come apparenze — se le rappresentiamo a noi stessi nello spazio, cioè nell'intuizione esterna. Lo spazio, in effetti, contiene già in sé, *a priori*, relazioni esterne formali, in quanto condizioni della possibilità delle relazioni reali (di azione e reazione, cioè della comunanza). — È altrettanto facile mostrare che la possibilità delle cose come quantità — e quindi la realtà oggettiva della categoria della quantità — può del pari essere documentata unicamente nell'intuizione esterna, e solo mediante questa può venir applicata in seguito altresí al senso interno. Tuttavia, per non essere prolisso, devo affidare l'esemplificazione in proposito alla riflessione del lettore.

Questa osservazione, nella sua totalità, ha grande importanza, non solo per confermare la nostra precedente confutazione dell'idealismo, ma ancora di piú per indicarci, quando si discorrerà della conoscenza di sé — in base alla semplice coscienza interna, e alla determinazione della nostra natura, senza l'aiuto di intuizioni empiriche esterne — i limiti della possibilità di una tale conoscenza.

La conclusione ultima che si può trarre da tutta questa sezione è dunque: tutte le proposizioni fondamentali dell'intelletto puro non sono altro se non principî *a priori*
202 della possibilità dell'esperienza: alla sola esperienza si riferiscono inoltre tutte le proposizioni sintetiche *a priori*; anzi, la possibilità stessa di tali proposizioni si fonda totalmente su questo riferimento.

CAPITOLO TERZO

SUL FONDAMENTO DELLA DISTINZIONE DI TUTTI GLI OGGETTI IN GENERALE IN *Phaenomena* E *Noumena*

Ormai, non soltanto abbiamo percorso il dominio dell'intelletto puro, esaminandone accuratamente ogni parte, ma l'abbiamo altresí misurato, ed abbiamo assegnato ad ogni cosa che vi si ritrova il suo posto. Questo dominio, tuttavia, è un'isola, e risulta rinchiuso dalla natura stessa entro confini immutabili. È la terra della verità (nome allettante), circondata da un oceano vasto e tempestoso, che è la vera e propria sede dell'illusione, dove molti banchi di nebbia e numerosi ghiacci, che presto saranno liquefatti, suggeriscono falsamente nuove terre, e incessantemente ingannando, con vane speranze, il navigatore errabondo e avido di scoperte, lo invischiano in avventure, che egli non potrà mai troncare, ma neppure potrà mai condurre a termine. Tuttavia, prima di arrischiarci su questo mare, per esplorarlo in lungo e in largo, e per accertare se da qualche parte vi sia da sperare in alcunché, sarà utile anzitutto gettare ancora uno sguardo sulla carta di questa terra, che vogliamo appunto abbandonare. È allora opportuno domandare a noi stessi, in primo luogo, se a rigore non ci si possa accontentare di ciò che questa terra contiene, o anche, se non sia giocoforza accontentarci di questo, nel caso in cui da nessuna parte vi sia altrove un terreno, su cui poter edificare; in secondo luogo, a quale titolo noi possediamo proprio questa terra, e possiamo considerarci garantiti contro ogni pretesa ostile. Quantunque noi abbiamo già sufficientemente risposto a tali questioni nel
corso dell'Analitica, pure una ricapitolazione sommaria 203
delle soluzioni in proposito, riunendo i vari aspetti di queste in un punto solo, può rafforzare la nostra convinzione.

Riguardo a tutto ciò che l'intelletto attinge da se stesso, senza prenderlo a prestito dall'esperienza, noi abbiamo visto infatti che esso lo possiede a nessun altro scopo, se non unicamente per l'uso di esperienza. Le proposizioni fondamentali dell'intelletto puro — siano poi esse costitutive *a priori* (come le matematiche), oppure semplicemente regolative (come le dinamiche) — non contengono altro se non, per cosí dire, lo schema puro dell'esperienza possibile. In effetti, tale esperienza trae la sua unità soltanto dall'unità sintetica, la quale è conferita originariamente e spontaneamente dall'intelletto alla sintesi della capacità di immaginazione, in rapporto con l'appercezione, e con la quale le apparenze — come *data* di una conoscenza possibile — debbono già *a priori* stare in relazione e in accordo. Peraltro, sebbene queste regole dell'intelletto risultino, non soltanto vere *a priori*, ma addirittura la fonte di ogni verità, cioè dell'accordo della nostra conoscenza con gli oggetti (poiché contengono il fondamento della possibilità dell'esperienza, intesa come insieme di ogni conoscenza, in cui possano esserci dati degli oggetti), non ci sembra tuttavia sufficiente farsi esporre soltanto ciò che è vero, ma vogliamo altresí ascoltare ciò che si desidera sapere. Di conseguenza, se attraverso questa ricerca critica non impariamo nulla di piú, all'infuori di ciò che avremmo spontaneamente applicato nell'uso semplicemente empirico dell'intelletto, anche senza un'indagine cosí sottile, sembrerà allora che il vantaggio ricavato da essa non meriti la spesa, né sia degno di tanto apparato. Orbene, a ciò si può certo rispondere, che non vi è curiosità tanto dannosa all'estensione della nostra conoscenza, quanto quella che, prima che ci si impegni in ricerche, vuol sempre conoscere anticipatamente la loro utilità, e ciò prima ancora che ci si possa costruire il minimo concetto di questa utilità (quand'anche essa fosse posta dinanzi ai nostri occhi). Vi è tuttavia un vantaggio,

che può essere reso comprensibile, e al tempo stesso allettante, anche per il piú difficilmente accontentabile e per il piú recalcitrante tra i discepoli di una tale indagine trascendentale. Si tratta di questo: l'intelletto che si occupa semplicemente del suo uso empirico, e non riflette sulle fonti della sua propria conoscenza, può certo procedere benissimo, ma non può compiere una certa cosa, cioè determinare a se stesso i limiti del suo uso, e sapere cosa possa trovarsi all'interno o all'esterno di tutta quanta la sua sfera. A tal fine, difatti, si richiedono appunto le indagini profonde, che noi abbiamo condotto. Nel caso 204
in cui l'intelletto non possa invece distinguere, se certe questioni rientrino o meno nel suo orizzonte, esso non sarà mai sicuro delle sue pretese e del suo possesso, ma dovrà attendersi reiterati e umilianti rabbuffi, quando oltrepasserà continuamente (com'è inevitabile) i confini del suo territorio, e si perderà in follie e chimere.

Che l'intelletto, riguardo a tutte le sue proposizioni fondamentali *a priori*, anzi a tutti i suoi concetti, non possa farne altro uso se non empirico, mai invece un uso trascendentale, è una proposizione che, se conosciuta con convinzione, conduce ad importanti conseguenze. L'uso trascendentale di un concetto, in una qualsiasi proposizione fondamentale, consiste nel riferimento di tale concetto a cose *in generale* e *in se stesse*, mentre l'uso empirico consiste semplicemente nel suo riferimento ad *apparenze*, cioè ad oggetti di una *esperienza* possibile. Peraltro, che in ogni caso possa aver luogo soltanto il secondo uso, si vede da quanto segue. Per ogni concetto si richiede, in primo luogo, la forma logica di un concetto (del pensiero) in generale, e in secondo luogo, poi, altresí la possibilità di fornire al concetto un oggetto, cui esso si riferisca. Senza questo oggetto, il concetto non ha alcun senso ed è del tutto privo di contenuto, sebbene possa ancor sempre contenere la funzione logica di trarre da eventuali *data* un concetto.

Orbene, l'oggetto non può esser dato a un concetto se non nell'intuizione; e sebbene un'intuizione pura sia possibile *a priori*, ancor prima dell'oggetto, tuttavia anche questa stessa intuizione può ricevere il suo oggetto, e quindi la sua validità oggettiva, solo attraverso l'intuizione empirica, di cui essa è semplicemente la forma. Di conseguenza, tutti i concetti, e con essi tutte le proposizioni fondamentali, si riferiscono — pur potendo essere possibili *a priori* — a intuizioni empiriche, cioè a *data* dell'esperienza possibile. Senza di ciò, essi non hanno affatto una validità oggettiva, ma costituiscono un semplice gioco della capacità di immaginazione con le sue rappresentazioni, o rispettivamente dell'intelletto con le sue rappresentazioni. Si prenda un po' come esempio i concetti della matematica, e anzitutto, riguardo alle loro intuizioni pure. Lo spazio ha tre dimensioni; tra due punti può esserci una sola linea retta, ecc. Sebbene tutte queste proposizioni fondamentali, e la rappresentazione dell'oggetto di cui si occupa quella scienza, vengano prodotte del tutto *a priori* nell'animo, esse non significherebbero tuttavia proprio nulla, se noi non potessimo ogni volta documentare il loro significato mediante le apparenze (oggetti empirici). Quindi si richiede altresí di rendere sensibile un con-
205 cetto astratto, cioè di mostrare nell'intuizione l'oggetto ad esso corrispondente, poiché senza di ciò il concetto rimarrebbe (come si dice) senza senso, cioè senza significato. La matematica adempie a questa esigenza mediante la costruzione della figura, che è un'apparenza presente ai sensi (sebbene costituita *a priori*). Nella medesima scienza, il concetto della quantità cerca un appoggio e un senso nel numero; quest'ultimo, a sua volta, cerca ciò nelle dita, nelle palline dell'abbaco, oppure nei tratti e nei punti che vengono posti dinanzi agli occhi. Il concetto resta sempre prodotto *a priori*, assieme alle proposizioni fondamentali sintetiche, o formule, tratte da tali concetti; ma il loro uso e il loro rapporto con presunti

oggetti non possono alla fine essere cercati da nessun'altra parte, se non nell'esperienza, la cui possibilità (secondo la forma) è contenuta *a priori* in quei concetti.

Che tale sia poi anche il caso, a riguardo di tutte le categorie e di tutte le proposizioni fondamentali tratte da queste, risulta altresí chiaro da quanto segue: noi non possiamo definire neppure una sola di esse in modo reale — cioè non possiamo rendere comprensibile la possibilità del suo oggetto — se non ci abbassiamo senz'altro alle condizioni della sensibilità, e quindi alla forma delle apparenze, alle quali, come ai soli oggetti delle categorie, queste ultime debbono di conseguenza essere limitate. In effetti, quando si eliminano queste condizioni, cade ogni significato, cioè ogni riferimento all'oggetto, e non c'è esempio con cui si possa rendere concepibile a noi stessi, quale sia propriamente la cosa intesa con un siffatto concetto.

[Dopo: III **205**, 23, leggiamo in A^1:]

Sopra, nell'esporre la tavola delle categorie, abbiamo fatto a meno di definire ciascuna di esse, per il fatto che allora tali definizioni non erano necessarie per il nostro proposito, che tendeva unicamente all'uso sintetico delle categorie, e per il fatto che non bisogna esporsi a nessuna responsabilità con imprese inutili, da cui ci si può dispensare. Non si trattava di una scusa, bensí di una non irrilevante regola prudenziale: questa consiglia di non avventurarsi senz'altro nelle definizioni né di tentare — o professare di raggiungere — la compiutezza e la precisione nella determinazione di un concetto, quando ci si può accontentare di questa o di quella sua nota, senza aver bisogno al riguardo di una completa enumerazione di tutte le note che costituiscono l'intero concetto. Adesso però risulta, che la ragione di questa cautela è assai piú profonda: risulta IV 158

Nessuno può spiegare il concetto di quantità in generale, se non forse nel modo seguente: la quantità è quella determinazione di una cosa, per cui si può pensare quante volte l'unità è posta in essa. Questo: quante volte, tuttavia, si fonda sulla ripetizione successiva, quindi sul tempo e la sintesi (dell'omogeneo) nel tempo. La realtà si può spiegare in contrapposto alla negazione, solo nel caso in cui si pensi un tempo (come insieme di ogni essere), che
206 sia o pieno di essere, o vuoto. Se io lascio da parte la permanenza (che è un'esistenza in ogni tempo), al mio concetto di sostanza non rimane allora null'altro, se non la rappresentazione logica del soggetto: io ritengo di poter realizzare quest'ultima, col rappresentarmi qualcosa, che può aver luogo semplicemente come soggetto (senza essere un predicato di alcunché). Tuttavia, non soltanto io non conosco affatto le condizioni, sotto cui tale privilegio logico potrà toccare a qualche cosa, ma oltre a ciò, non

---

cioè, che noi non avremmo potuto definire le categorie quand'anche lo avessimo voluto[1]. Piuttosto, se si eliminano
159 tutte le condizioni della sensibilità (che caratterizzano le categorie come concetti di un uso empirico possibile), e se si assumono le categorie come concetti di cose in generale (e quindi di uso trascendentale), in tal caso non possiamo far altro riguardo alle categorie, che considerare la funzione logica nei giudizi come la condizione della possibilità delle cose stesse, senza tuttavia poter minimamente mostrare, dove esse trovino la loro applicazione ed il loro oggetto, cioè come possano avere un qualche significato ed una validità oggettiva nell'intelletto puro, a prescindere dalla sensibilità.

158 [1] Intendo qui la definizione reale, che non soltanto sostituisce al nome di una cosa parole differenti e piú comprensibili, ma contiene un chiaro segno distintivo in base al quale l'oggetto (*definitum*) può sempre venir riconosciuto sicuramente, e il quale rende praticamente utile

ci si può servire di esso in alcun altro modo, e non se ne può trarre la minima conseguenza, poiché con quanto si è detto non viene determinato alcun oggetto per l'uso di questo concetto, e non si sa quindi neppure se tale concetto abbia in qualche modo un significato. Riguardo al concetto di causa (quando io lasci da parte il tempo, in cui qualcosa segue a qualcos'altro secondo una regola), io non potrò trovare null'altro nella pura categoria, se non che c'è qualcosa, onde si può concludere all'esistenza di qualcos'altro; in tal modo, non soltanto sarà impossibile distinguere tra loro causa ed effetto, ma oltre a ciò, dato che questa capacità di concludere richiede senz'altro condizioni, di cui io non so nulla, il concetto di causa non avrà allora alcuna determinazione di come possa adattarsi ad un qualche oggetto. La cosiddetta proposizione fondamentale: tutto ciò che è contingente ha una causa, si presenta, è vero, piuttosto solennemente, come se portasse con sé la propria dignità. Tuttavia, se io domando: che cosa intendete per contingente? voi rispondete: ciò il cui non essere è possibile. Mi piacerebbe allora sapere, su quale base voi pretendete di conoscere questa possibilità del non essere, fuorché non vi rappresentiate nella serie delle apparenze una successione, e in questa un'esistenza che segua al non essere (o viceversa), ossia una variazione. In effetti, il dire che il non essere di una cosa non sia in se stesso contraddittorio, è un fiacco richiamo ad una condizione logica, che è bensí necessaria per il concetto, ma è di gran lunga insufficiente rispetto alla possibilità reale. Allo stesso modo, io posso certo annullare nel pensiero ogni sostanza esistente, senza contraddirmi, ma non posso affatto dedurre da ciò la contingenza oggettiva

---

il concetto definito. Definizione reale sarebbe dunque quella, che chiarisce non soltanto un concetto, ma al tempo stesso la sua r e a l t à o g g e t t i v a. Le definizioni matematiche, che presentano l'oggetto nell'intuizione — conformemente al concetto — sono di quest'ultima specie.

30 delle sostanze nella loro esistenza, ossia la possibilità del loro non essere in se stesso. Per quanto riguarda il concetto della comunanza, è facile vedere che, in quanto le categorie pure sia della sostanza sia della causalità non ammettono alcuna spiegazione che determini l'oggetto, allo stesso modo non è suscettibile di tale spiegazione neppure la causalità reciproca nella relazione delle sostanze tra loro (*commercium*). Possibilità, esistenza e necessità, quando si è voluto attingere la loro definizione unicamente dall'intelletto puro, nessuno le ha mai potute spiegare altrimenti
207 che con una manifesta tautologia. In effetti, il sostituire la possibilità logica del concetto (quando esso non contraddice se stesso) alla possibilità trascendentale delle cose (quando al concetto corrisponde un oggetto), è un inganno che può abbindolare e accontentare solo gli inesperti[1].

207 29 [1] In breve, tutti questi concetti non possono essere documentati
30 da nulla, né possono cosí mostrare la loro possibilità reale, quando venga eliminata ogni intuizione sensibile (la sola intuizione che noi abbiamo), e rimanga allora soltanto la possibilità logica, ossia il fatto che il concetto (pensiero) sia possibile: ciò, tuttavia, non ci interessa, ma si tratta piuttosto di vedere se il concetto si riferisca ad un oggetto, ed abbia perciò un qualche significato.

[Dopo: III **207**, 4, leggiamo in **A**[1]:]

IV **160** 19 Vi è qualcosa di strano — e persino di assurdo — nel
20 dire che deve esserci un concetto, cui spetta un significato, ma che non è assolutamente suscettibile di essere spiegato. Ma il caso delle categorie è particolare, poiché è soltanto per mezzo dell'universale condizione sensibile, che esse possono avere un significato determinato e possono riferirsi ad un qualche oggetto. Questa condizione, peraltro, è stata eliminata nella categoria pura, poiché quest'ultima non può contenere null'altro se non la funzione logica per sottoporre il molteplice ad un concetto.

Da ciò segue ora incontestabilmente, che i concetti puri dell'intelletto *non* potranno *mai* essere di uso *trascendentale*, ma dovranno invece essere *sempre* di uso *empirico*, e inoltre, che le proposizioni fondamentali dell'intelletto puro potranno venir riferite soltanto — in rapporto con le condizioni universali di un'esperienza possibile — ad oggetti dei sensi, ma non potranno mai essere riferite a cose in generale (prescindendo dal modo in cui noi possiamo intuirle).

L'analitica trascendentale conduce perciò a questo importante risultato: l'intelletto non potrà mai fare *a priori* nulla di piú, che anticipare la forma di un'esperienza possibile in generale, ed inoltre esso, in quanto ciò che non è apparenza non può essere in alcun modo un oggetto dell'esperienza, non potrà mai oltrepassare i limiti della sensibilità all'interno dei quali — e solo all'interno di essi — ci vengono dati degli oggetti. Le proposizioni fonda-

---

Partendo da questa funzione — cioè dalla sola forma del concetto — non si può tuttavia conoscere nulla, né distinguere quale oggetto sia subordinato ad essa, poiché si è appunto fatto astrazione dalla condizione sensibile, sotto cui possono in generale essere sottomessi ad essa degli oggetti. Perciò le categorie, oltre al concetto puro dell'intelletto, hanno altresí bisogno di certe determinazioni della loro applicazione alla sensibilità in generale (schema). Senza tali determinazioni, esse non sono affatto concetti, mediante cui un oggetto possa venir conosciuto e distinto da altri oggetti, ma risultano unicamente altrettante specie del pensare un oggetto per intuizioni possibili, e del fornire ad esso — in base ad una qualche funzione dell'intelletto — il suo significato (sotto le ulteriori condizioni richieste), cioè del *definirlo*: esse stesse, perciò, non possono essere definite. Le funzioni logiche dei giudizi in generale 161
— unità e pluralità, affermazione e negazione, soggetto

mentali dell'intelletto sono semplicemente principî dell'esposizione delle apparenze, e il nome orgoglioso di una ontologia, la quale presume di fornire in una dottrina sistematica conoscenze sintetiche *a priori* di cose in generale (per esempio, la proposizione fondamentale della causalità), deve far posto al nome modesto di una semplice analitica dell'intelletto puro.

Il pensiero è l'atto di riferire ad un oggetto un'intuizione data. Se il modo di questa intuizione non è dato affatto, l'oggetto è allora semplicemente trascendentale, e il concetto dell'intelletto non ha altro uso se non quello trascendentale, nel costituire cioè l'unità del pensiero di un molteplice in generale. Ora, mediante una categoria pura, in cui si astragga da ogni condizione dell'intuizione
208 sensibile (l'unica che ci sia possibile), non viene quindi determinato alcun oggetto, ma è espresso soltanto, in vari *modi*, il pensiero di un oggetto in generale. Per l'uso di un concetto, orbene, si richiede ancora una funzione —

---

e predicato — non possono venir definite senza che si cada in un circolo, poiché la definizione dovrebbe a sua volta essere un giudizio, e contenere quindi già queste funzioni. Le categorie pure, poi, non sono null'altro se non rappresentazioni delle cose in generale, in quanto il molteplice della loro intuizione dev'essere pensato mediante l'una o l'altra di queste funzioni logiche. Grandezza è la determinazione, che può essere pensata solo mediante un giudizio che abbia quantità (*iudicium commune*); realtà è la determinazione, che può essere pensata solo mediante un giudizio affermativo; sostanza è ciò che, rispetto all'intuizione, deve essere il soggetto ultimo di tutte le altre determinazioni. Peraltro, rimane qui del tutto indeterminato, quali possano essere le cose rispetto a cui occorra servirsi di una certa funzione piuttosto che di un'altra. Di conseguenza, senza la condizione dell'intuizione sensibile —

in base alla quale un oggetto viene sussunto al concetto — della capacità di giudizio, e quindi la condizione, almeno formale, sotto cui un qualcosa può venir dato nell'intuizione. Se manca questa condizione della capacità di giudizio (schema), cade allora ogni sussunzione: in effetti, non verrà dato nulla, che possa venir sussunto al concetto. Di conseguenza, l'uso semplicemente trascendentale delle categorie, in realtà, non è affatto un uso, e non ha in alcun modo un oggetto determinato, o anche solo determinabile secondo la forma. Da ciò segue, che la categoria pura non basta affatto per costituire una proposizione fondamentale e sintetica *a priori*, e che le proposizioni fondamentali dell'intelletto puro sono soltanto di uso empirico, mai invece di uso trascendentale: al di là del campo dell'esperienza possibile non può assolutamente trovarsi una proposizione fondamentale sintetica *a priori*.

Può essere dunque consigliabile esprimersi come segue: le categorie pure, senza le condizioni formali della sensibilità, hanno un significato semplicemente trascendentale, ma non sono affatto di uso trascendentale, poiché tale uso è in se stesso impossibile, in quanto alle categorie mancano tutte le condizioni di un qualsiasi uso (nei giudizi), cioè le condizioni formali della sussunzione di un qualsiasi presunto oggetto sotto questi concetti. Di conseguenza, poiché esse (in quanto semplici categorie pure) non vogliono essere di uso empirico e non possono essere di uso trascendentale, in tal caso, se vengono separate da ogni sensibilità, esse non hanno assolutamente alcun uso, cioè non possono essere applicate a nessun oggetto presunto.

---

in vista di cui esse contengono la sintesi — le categorie non possiedono alcun riferimento ad un qualche oggetto determinato, non possono quindi definire nessun oggetto, e perciò non hanno in se stesse alcuna validità di concetti oggettivi.

Piuttosto, esse costituiscono semplicemente la forma pura dell'uso dell'intelletto, a riguardo degli oggetti in generale e del pensiero, ma non possono da sé sole pensare o determinare un qualche oggetto.

Tuttavia, c'è qui alla base un'illusione difficilmente evitabile. Le categorie, quanto alla loro origine, non si fondano sulla sensibilità — come avviene invece per le forme dell'intuizione, spazio e tempo — e sembrano quindi permettere un'applicazione estesa al di
209 là di tutti gli oggetti dei sensi. Ma d'altro lato esse non sono, per parte loro, se non forme di pensiero, che contengono semplicemente la facoltà logica di riunire *a priori* in una sola coscienza il dato molteplice dell'intuizione. E in tal caso, se si toglie loro la sola intuizione che ci sia possibile, esse possono significare ancora meno

---

[In luogo di: III **208**, 30 - **210**, 34, si legge in **A**[1]:]

IV **162** Le apparenze, in quanto sono pensate come oggetti in base all'unità delle categorie, si chiamano *phaenomena*. Peraltro, se io ammetto cose, che sono semplicemente oggetti dell'intelletto, e nondimeno possono essere date, come tali, ad un'intuizione, sebbene non all'intuizione
163 sensibile (perciò *coram intuitu intellectuali*), siffatte cose potranno chiamarsi *noumena* (*intelligibilia*).

Si dovrebbe ora pensare, che il concetto delle apparenze — limitato dall'estetica trascendentale — fornisca già spontaneamente la realtà oggettiva dei *noumena*, e giustifichi la divisione degli oggetti in *phaenomena* e *noumena* — e quindi anche del mondo in mondo dei sensi e mondo dell'intelletto (*mundus sensibilis et intelligibilis*) — in modo tale, che la distinzione non riguardi qui semplicemente la forma logica di una conoscenza — oscura o chiara — di una sola e medesima cosa, bensí la differenza del modo in cui i fenomeni e i noumeni possono essere dati origina-

di quelle forme sensibili pure, mediante le quali viene almeno dato un oggetto: un modo — peculiare del nostro intelletto — di congiungere il molteplice non significa invece assolutamente nulla, se non si aggiunge quell'intuizione, nella quale sola può essere dato questo molteplice. — Nondimeno, quando certi oggetti, come apparenze, noi li chiamiamo enti dei sensi (*phaenomena*), distinguendo il modo in cui li intuiamo dalla loro natura in sé, allora nel nostro concetto è già implicito, che noi a quegli oggetti, per cosí dire, contrapponiamo, chiamandoli enti dell'intelletto (*noumena*), o i medesimi oggetti, intesi secondo quest'ultima natura (sebbene non li intuiamo in essa), oppure altre cose possibili — che non sono per nulla oggetti dei nostri sensi — intese come oggetti semplicemente pensati dall'intelletto. Ora, si domanda se i concetti puri del

---

riamente alla nostra conoscenza, differenza secondo cui essi si distinguano in se stessi gli uni dagli altri quanto al genere. In effetti, se i sensi ci rappresentano qualcosa soltanto come appare, questo qualcosa deve risultare altresí in se stesso una cosa, e un oggetto di un'intuizione non sensibile, cioè dell'intelletto. In altre parole, deve essere possibile una conoscenza, in cui non si ritrovi alcuna sensibilità, e che abbia essa sola una realtà assolutamente oggettiva: una conoscenza cioè, mediante cui gli oggetti ci vengono rappresentati come essi sono, mentre nell'uso empirico del nostro intelletto le cose sono conosciute soltanto come appaiono. Di conseguenza, oltre all'uso empirico delle categorie (che è limitato a condizioni sensibili), vi sarebbe ancora un uso puro e tuttavia oggettivamente valido; e noi non potremmo sostenere, come abbiamo cercato di fare sinora, che le conoscenze pure del nostro intelletto non sono certo null'altro se non principî della esposizione dell'apparenza, i quali, anche *a priori*, non si applicano se non alla possibilità formale dell'esperienza. Qui

nostro intelletto non possano avere un significato rispetto a tali enti dell'intelletto, e non possano essere un modo di conoscerli.

Sin da principio, però, si presenta qui un'ambiguità, che può provocare un grave errore. Si tratta di ciò. L'intelletto, quando chiama semplicemente fenomeno un oggetto considerato secondo un certo riferimento, si costruisce nel tempo stesso, all'infuori di questo riferimento, un'altra rappresentazione di un *oggetto in se stesso*, e di conseguenza immagina di potersi formare *concetti* anche a riguardo di un siffatto oggetto; inoltre, dato che l'intelletto non fornisce altri concetti se non le categorie, esso si immagina allora che l'oggetto inteso nel secondo significato debba almeno poter essere pensato mediante questi concetti puri dell'intelletto. Da tutto ciò, peraltro, l'intel-

---

infatti si aprirebbe dinanzi a noi un campo del tutto differente, un mondo, per cosí dire, pensato nello spirito (e forse anche intuito), che potrebbe fornire un'occupazione non certo piú scadente, anzi assai piú nobile, al nostro intelletto puro.

Mediante l'intelletto, tutte le nostre rappresentazioni sono in realtà riferite ad un qualche oggetto: dal momento che le apparenze non sono altro che rappresentazioni, cosí l'intelletto le riferisce ad un qualcosa, inteso come oggetto dell'intuizione sensibile. In tal senso, peraltro, questo qualcosa è soltanto l'oggetto trascendentale. Ciò tuttavia indica un qualcosa $= x$, di cui noi non sappiamo nulla, né in generale (in base all'attuale struttura del nostro intelletto) possiamo sapere nulla: questo qualcosa, piuttosto, può servire soltanto — come termine correlativo dell'unità dell'appercezione — per quell'unità del molteplice nell'intuizione sensibile, mediante cui l'intelletto riu-
164 nisce tale molteplice nel concetto di un oggetto. Questo oggetto trascendentale non può essere separato dai *data*

letto viene indotto a considerare il concetto totalmente *indeterminato* di un ente dell'intelletto — per tale ente, deve intendersi un qualcosa in generale, al di là della nostra sensibilità — come un concetto *determinato* di un ente, che potremmo in qualche modo conoscere mediante l'intelletto.

Se per noumeno intendiamo una cosa, *in quanto essa non è oggetto della nostra intuizione sensibile* (astraendo cioè dal nostro modo di intuirla), si tratta allora di un noumeno in senso *negativo*. Ma se per noumeno intendiamo un *oggetto di un'intuizione non sensibile*, noi ammettiamo allora un particolare modo di intuizione, cioè quello intellettuale: esso non è tuttavia il nostro modo di intuizione, e non ne possiamo comprendere nep- 210

---

sensibili, poiché in tal caso non rimarrebbe nulla, mediante cui esso potesse venir pensato. Tale oggetto non è dunque per nulla un oggetto in se stesso della conoscenza, ma è soltanto la rappresentazione delle apparenze, subordinata al concetto di un oggetto in generale, concetto determinabile mediante il molteplice delle apparenze.

Proprio per tale ragione, d'altronde, le categorie non rappresentano affatto un oggetto particolare, dato soltanto all'intelletto, ma servono unicamente a determinare l'oggetto trascendentale (il concetto di un qualcosa in generale) mediante ciò che viene dato nella sensibilità, al fine di conoscere cosí empiricamente le apparenze in base a concetti di oggetti.

Per quanto riguarda poi la causa, per cui alcuni, non ancora soddisfatti dal sostrato della sensibilità, hanno aggiunto ai *phaenomena* anche i *noumena*, che soltanto l'intelletto puro può pensare, essa è unicamente la seguente. La sensibilità ed il suo campo — il campo cioè delle apparenze — sono essi stessi limitati dall'intelletto, nel senso

pure la possibilità. Si avrebbe cosí il noumeno in senso positivo.

La dottrina della sensibilità, orbene, è al tempo stesso la dottrina dei noumeni in senso negativo, cioè di cose, che l'intelletto deve pensare senza questo rapporto con il nostro modo di intuizione, e quindi deve pensare non semplicemente come apparenze, bensí come cose in se stesse. Con questa separazione, peraltro, l'intelletto comprende al tempo stesso riguardo a tali cose — in questo modo di considerarle — di non poter fare alcun uso delle sue categorie: in effetti, dato che le categorie non hanno un significato se non in rapporto con l'unità delle intuizioni nello spazio e nel tempo, esse possono allora determinare *a priori* questa stessa unità — mediante concetti universali di congiunzione — solo in base alla semplice idealità

---

che la sensibilità non può riferirsi a cose in se stesse, ma soltanto al modo in cui le cose ci appaiono, in base alla nostra costituzione soggettiva. Tale è stato il risultato di tutta quanta l'Estetica trascendentale, e del resto, dal concetto di un'apparenza in generale segue naturalmente, che all'apparenza deve corrispondere qualcosa che in sé non è apparenza, dal momento che l'apparenza non può essere nulla per se stessa, all'infuori del nostro modo di rappresentazione. Di conseguenza, se non vogliamo muoverci perpetuamente in un circolo, la parola apparenza deve già indicare un riferimento ad un qualcosa, la cui rappresentazione immediata è certamente sensibile, ma che in se stesso — anche a prescindere da questa costituzione della nostra sensibilità (su cui si fonda la forma della nostra intuizione) — dev'essere un qualcosa, cioè un oggetto indipendente dalla sensibilità.

Da ciò sorge ora il concetto di un *noumenon*, concetto che peraltro non è affatto positivo, né costituisce una conoscenza determinata di una qualche cosa, ma significa sol-

dello spazio e del tempo. Dove non può ritrovarsi questa unità del tempo, cioè nel noumeno, cessa completamente tutto l'uso — anzi, tutto il significato — delle categorie: difatti, la possibilità stessa delle cose, che dovrebbero corrispondere alle categorie, non potrà piú scorgersi. Al riguardo non ho che da richiamarmi a quanto ho detto proprio all'inizio dell'osservazione generale al capitolo precedente. La possibilità di una cosa, peraltro, non potrà mai venire dimostrata semplicemente dalla non contraddittorietà di un suo concetto, e potrà invece essere dimostrata soltanto per il fatto che tale concetto venga attestato da un'intuizione ad esso corrispondente. Di conseguenza, se noi volessimo applicare le categorie ad oggetti che non sono considerati come apparenze, dovremmo allora fondarci su di un'intuizione diversa da quella sensibile, e in tal caso l'og-

---

tanto il pensiero di un qualcosa in generale, al cui riguardo io faccio completamente astrazione dalla forma dell'intuizione sensibile. Perché tuttavia un noumeno significhi un oggetto vero — che debba essere distinto da tutti i fenomeni — non basta che io *liberi* il mio pensiero da tutte le condizioni dell'intuizione sensibile: oltre a ciò, io dovrò avere una qualche ragione, per *ammettere* una specie di intuizione — in cui possa essere dato un tale oggetto — diversa da questa intuizione sensibile. In caso contrario, difatti, il mio pensiero sarebbe vuoto, sebbene privo di contraddizione. È vero che sopra non siamo stati capaci **165**
di dimostrare, che l'intuizione sensibile sia l'unica intuizione possibile in generale (piuttosto, abbiamo dimostrato soltanto che essa è l'unica possibile *per noi*), ma d'altro canto non abbiamo neppure potuto dimostrare, che sia possibile un'altra specie di intuizione. E sebbene il nostro pensiero sia in grado di astrarre da ogni sensibilità, rimane tuttavia la questione di vedere, se in tal caso il pensiero non risulti una semplice forma di un concetto, e se, una volta

getto sarebbe un noumeno in *senso positivo*. Ora, poiché tale intuizione, cioè quella intellettuale, si trova assolutamente al di fuori della nostra facoltà conoscitiva, l'uso delle categorie, a sua volta, non può in alcun modo estendersi al di là dei limiti degli oggetti dell'esperienza. Inoltre, agli enti dei sensi corrispondono certo enti dell'intelletto, e possono anche sussistere enti dell'intelletto, con i quali la nostra facoltà sensibile di intuizione non abbia alcuna relazione; nondimeno, i concetti del nostro intelletto, in quanto semplici forme di pensiero per la nostra intuizione sensibile, non si estendono affatto sino agli enti dell'intelletto. Ciò che è da noi chiamato noumeno, di conseguenza, dev'essere inteso come tale solo in senso *negativo*.

---

compiuta tale separazione, rimanga ancora in qualche modo un oggetto.

L'oggetto, cui io riferisco l'apparenza in generale, è l'oggetto trascendentale, ossia il pensiero totalmente indeterminato di un qualcosa in generale. Questo oggetto non può chiamarsi *noumeno*: in effetti, io non so che cosa esso sia in se stesso, e non ho alcun concetto che lo riguardi, se non quello dell'oggetto di un'intuizione sensibile in generale, il quale risulta dunque identico per tutte le apparenze. Questo oggetto trascendentale, io non posso pensarlo mediante alcuna categoria: la categoria, in effetti, si applica all'intuizione empirica, per sottometterla ad un concetto dell'oggetto in generale. Un uso puro della categoria è certo possibile, ossia è privo di contraddizione, ma non possiede affatto una validità oggettiva, poiché in tal caso la categoria non si riferisce ad una intuizione, che possa in questo modo raggiungere l'unità dell'oggetto. La categoria, difatti, è una semplice funzione del pensiero, la quale non serve a fornirmi nessun oggetto, ma serve soltanto a pensare ciò che può essere dato nell'intuizione.

Se da una conoscenza empirica io elimino ogni pensiero (mediante categorie), non rimane allora nessuna conoscenza 211 di un qualche oggetto; in effetti, con la semplice intuizione non viene pensato assolutamente nulla, ed il fatto che entro di me vi sia questa affezione della sensibilità non costituisce affatto un rapporto di tale rappresentazione con un qualche oggetto. Se al contrario lascio da parte ogni intuizione, rimane tuttavia ancora la forma del pensiero, cioè il modo di determinare un oggetto per il molteplice di un'intuizione possibile. In questo senso, le categorie si estendono perciò al di là dell'intuizione sensibile, poiché pensano oggetti in generale, prescindendo dal modo particolare (della sensibilità), in cui gli oggetti possono venir dati. Tuttavia, esse non determinano con ciò una piú vasta sfera di oggetti, poiché non si può ammettere che tali oggetti possano essere dati, senza presupporre come possibile un modo di intuizione diverso da quello sensibile: ma a ciò non siamo in alcun modo autorizzati.

Chiamo problematico un concetto, che non contenga alcuna contraddizione, che inoltre si congiunga — come limitazione di concetti dati — con altre conoscenze, ma la cui realtà oggettiva non possa essere in alcun modo conosciuta. Il concetto di un n o u m e n o — cioè di una cosa, che dev'essere pensata non già come oggetto dei sensi, bensí come cosa in se stessa (unicamente attraverso un intelletto puro) — non è affatto contraddittorio; non si può infatti sostenere, che la sensibilità sia l'unico modo possibile di intuizione. Tale concetto è inoltre necessario, perché l'intuizione sensibile non venga estesa sino alle cose in se stesse, cioè per limitare la validità oggettiva della conoscenza sensibile (difatti le altre cose, cui non giunge l'intuizione sensibile, si chiamano noumeni proprio al fine di mostrare che le conoscenze sensibili non possono estendere il loro dominio a tutto ciò che è pensato dall'intelletto). In conclusione, però, la possibilità di tali *noumena* non si può affatto comprendere, e l'ambito che si estende al di là

della sfera delle apparenze è (per noi) vuoto. Ossia, noi abbiamo un intelletto, che si estende *problematicamente* al di là di tale sfera, ma non possediamo affatto un'intuizione — anzi, neppure il concetto di un'intuizione possibile — mediante la quale possano esserci dati degli oggetti al di fuori del campo della sensibilità, e l'intelletto possa venir usato *assertoriamente* al di là della sensibilità. Di conseguenza, il concetto di noumeno è semplicemente un *concetto limite* per restringere le pretese della sensibilità, e perciò è soltanto di uso negativo. Tale concetto, però, non è escogitato arbitrariamente, ma si collega alla limitazione della sensibilità,
212 senza tuttavia poter porre alcunché di positivo al di fuori dell'ambito di essa.

In senso positivo, perciò, la divisione degli oggetti in *phaenomena* e *noumena*, e del mondo in mondo dei sensi e dell'intelletto, non può assolutamente venir ammessa, sebbene i concetti possano certo essere divisi in concetti sensibili e intellettuali. In realtà, non si può destinare alcun oggetto ai concetti intellettuali, né li si può quindi presentare come oggettivamente validi. Se si prescinde dai sensi, come si potrà far comprendere, che le nostre categorie (le quali sarebbero i soli concetti a rimanere per i noumeni) abbiano ancora in qualche modo un significato, dal momento che, per riferirle ad un qualsiasi oggetto, dovrebbe esser dato qualcosa di piú che non la semplice unità del pensiero, ossia dovrebbe essere data inoltre un'intuizione possibile, cui le categorie potessero venir applicate? Ciò nonostante, il concetto di *noumenon*, assunto solo problematicamente, rimane non soltanto ammissibile, ma altresí inevitabile, in quanto concetto che pone limiti alla sensibilità. In tal caso però non si tratta di un particolare *oggetto intelligibile* per il nostro intelletto; piuttosto, un intelletto cui tale noumeno appartenesse, sarebbe esso stesso un problema: questo intelletto dovrebbe infatti conoscere — non discorsivamente, attraverso le categorie, ma intuitivamente, in un'intuizione non sensibile — il suo oggetto, inteso come qualcosa della cui possibilità non possiamo costruirci la minima rappresentazione. Orbene, il nostro intelletto riceve a questo modo un'estensione negativa, ossia non viene limitato dalla sensibilità, ma piuttosto la limita, col chiamare *noumena* le cose in se stesse (non considerate come apparenze). Anche a se stesso, però, l'intelletto pone tosto dei limiti, ammettendo di non conoscere i noumeni mediante una qualsiasi categoria, e quindi di pensarli solo sotto il nome di un qualcosa di ignoto.

Negli scritti dei moderni, tuttavia, io trovo un uso totalmente diverso delle espressioni: *mundus sensibilis*, e: *mundus intelligibilis*[1]; tale uso si allontana completamente dal significato degli antichi. Qui non si presenta certo 213
alcuna difficoltà, ma d'altronde non si ritrova nulla se non un vuoto spaccio di parole. Secondo tale uso, alcuni si sono compiaciuti di chiamare l'insieme delle apparenze, in quanto è intuito, mondo del senso, e in quanto invece il loro collegamento è pensato in base a leggi universali dell'intelletto, mondo dell'intelletto. L'astronomia teorica, che fornisce la semplice osservazione del cielo stellato, rappresenterebbe il primo di questi mondi; l'astronomia contemplativa (spiegata secondo il sistema copernicano del mondo, o anche secondo le leggi di gravitazione di Newton), al contrario, rappresenterebbe il secondo, cioè un mondo intelligibile. Ma un tale falsamento delle parole non è che una scappatoia sofistica, per evitare una questione imbarazzante, svalutandone il significato per propria comodità. Riguardo alle apparenze, si può certo adoperare intelletto e ragione; si domanda

[1] Non si deve, in luogo di questa espressione, usare quella di: mondo intellettuale, come di solito si fa in tedesco. Solo le conoscenze, in effetti, sono intellettuali oppure sensitive. Per contro, ciò cui si applica l'uno o l'altro modo di intuizione, ossia l'oggetto, deve chiamarsi (nonostante l'asprezza del suono) intelligibile oppure sensibile. 212

però, se questi abbiano ancora un qualche uso, quando l'oggetto non è apparenza (ma *noumenon*): ed è in questo secondo senso che si assume l'oggetto, nel caso in cui esso venga pensato in sé come semplicemente intelligibile, ossia, venga dato soltanto all'intelletto e non già ai sensi. La questione consiste perciò nel vedere, se al di fuori di quell'uso empirico dell'intelletto (persino nella rappresentazione *newtoniana* dell'universo) sia possibile altresí un uso trascendentale, che si riferisca al noumeno, come a un oggetto. A questa domanda abbiamo risposto negativamente.

Se noi diciamo dunque: i sensi ci rappresentano gli oggetti *come appaiono*, mentre l'intelletto ce li rappresenta *come sono*, occorre allora assumere la seconda espressione non già in senso trascendentale, bensí in senso semplicemente empirico, cioè intendere gli oggetti cosí come debbono essere rappresentati, in quanto oggetti dell'esperienza, nel collegamento universale delle apparenze, e non secondo ciò che essi possono essere all'infuori della relazione con l'esperienza possibile (e quindi, con i sensi in generale), ossia come oggetti dell'intelletto puro. In effetti, quest'ultima cosa ci rimarrà sempre ignota, anzi, non sapremo neppure se una siffatta conoscenza trascendentale (eccezionale) sia in qualche modo possibile, almeno come tale da sottostare alle nostre solite categorie. In noi, *solo se intelletto e sensibilità sono congiunti*, essi possono determinare gli oggetti. Se li separiamo, abbiamo allora intuizioni senza concetti, oppure concetti senza intuizioni, ma in entrambi i casi abbiamo rappresentazioni, che non possiamo riferire a nessun oggetto determinato.

Se qualcuno, dopo tutte queste spiegazioni, esitasse
214 ancora a rinunziare all'uso semplicemente trascendentale delle categorie, faccia allora una prova riguardo ad esse, in una qualsiasi asserzione sintetica. Un'asserzione analitica, difatti, non fa progredire l'intelletto, e poiché in tal

caso l'intelletto si occupa soltanto di ciò che è già pensato nel concetto, esso lascia allora in sospeso se il concetto si riferisca in se stesso ad oggetti, oppure esprima soltanto l'unità del pensiero in generale (la quale astrae completamente dal modo in cui un oggetto può essere dato); all'intelletto basta sapere che cosa si trovi nel suo concetto, e gli è indifferente ciò cui il concetto stesso possa riferirsi. Si faccia dunque una prova con una proposizione fondamentale, che sia sintetica e si presuma trascendentale, per esempio: tutto ciò che esiste, esiste come sostanza o come determinazione inerente a questa; oppure: tutto ciò che è contingente esiste come effetto di un'altra cosa, cioè della sua causa, ecc. Ora, io domando: donde si potranno assumere tali proposizioni sintetiche, dato che i concetti in questione sono destinati ad applicarsi, non già ad un'esperienza possibile, bensí a cose in se stesse (*noumena*)? Dov'è qui il terzo termine, che si richiede sempre per una proposizione sintetica, al fine di connettere tra loro, in essa, concetti che non hanno alcuna affinità logica (analitica)? Non si potrà mai dimostrare questa proposizione, anzi — quel che è di piú — non si potrà neppure giustificare la possibilità di una tale asserzione pura, fuorché si prenda in considerazione l'uso empirico dell'intelletto, e si rinunzi cosí totalmente al giudizio puro e non sensibile. Ed allora, il concetto di oggetti puri, semplicemente intelligibili, non contiene affatto proposizioni fondamentali per la sua applicazione, poiché non si può escogitare nessun modo, in cui tali proposizioni debbano essere date; e il pensiero problematico, che pure lascia un posto libero per esse, serve soltanto come uno spazio vuoto, per limitare le proposizioni fondamentali empiriche, senza tuttavia contenere né indicare un qualsiasi altro oggetto della conoscenza, al di là della sfera di queste ultime proposizioni.

APPENDICE

SULL'ANFIBOLIA DEI CONCETTI DI RIFLESSIONE, DOVUTA ALLA CONFUSIONE DELL'USO EMPIRICO DELL'INTELLETTO CON L'USO TRASCENDENTALE

La riflessione (*reflexio*) non si occupa degli oggetti stessi, per conseguire direttamente concetti di
215 questi, ma è quello stato dell'animo, in cui ci disponiamo inizialmente a scoprire le condizioni soggettive, sotto le quali possiamo giungere a concetti. Essa è la coscienza della relazione di rappresentazioni date con le nostre diverse fonti di conoscenza: solo mediante tale coscienza può essere determinata rettamente la relazione di queste rappresentazioni tra loro. Avanti di ogni ulteriore trattazione sulle nostre rappresentazioni, la prima domanda che si pone è la seguente: a quale facoltà di conoscenza appartengono tutte quante? Ciò di fronte a cui esse vengono connesse o confrontate sarà costituito dall'intelletto, oppure dai sensi? Parecchi giudizi sono accettati per abitudine, o i loro termini sono congiunti per inclinazione; tuttavia, poiché questi giudizi non sono preceduti, o almeno seguiti criticamente, da nessuna riflessione, essi sono allora considerati come tali da aver avuto origine nell'intelletto. Non tutti i giudizi hanno bisogno di un'indagine, non tutti cioè richiedono che si porga attenzione ai fondamenti della loro verità; in effetti, se essi sono immediatamente certi — per esempio: tra due punti può esservi una sola linea retta — non si può indicare a loro riguardo un segno di verità piú immediato di quello che essi stessi esprimono. Tutti i giudizi però — anzi, tutti i confronti — richiedono una riflessione, cioè una distinzione della facoltà conoscitiva, cui appartengono i concetti dati. L'atto, con cui il confronto delle rappresentazioni in generale è da me raccolto assieme alla facoltà conoscitiva dove esso viene istituito, e con cui distinguo se tali rappresen-

tazioni sono confrontate tra loro come appartenenti all'intelletto puro, o all'intuizione sensibile, io lo chiamo riflessione trascendentale. La relazione, poi, che può sussistere tra i concetti in uno stato dell'animo, è quella di identità e diversità, quella di accordo e contrasto, quella di interno ed esterno, ed infine, quella di determinabile e determinazione (materia e forma). L'esatta determinazione di questa relazione dipende dall'accertare in quale facoltà conoscitiva i concetti appartengano soggettivamente l'uno all'altro, se nella sensibilità oppure nell'intelletto. In effetti, la distinzione di tali facoltà è di grande peso riguardo al modo in cui occorre pensare i concetti.

Prima di costituire un qualsiasi giudizio oggettivo, noi confrontiamo i concetti, per giungere all'**identità** (di molte rappresentazioni subordinatamente a un solo concetto), in vista dei giudizi universali, o alla **diversità** di tali rappresentazioni, per la produzione di giudizi particolari; all'**accordo**, onde possono risultare giudizi affermativi, e al **contrasto**, onde possono 216
risultare giudizi negativi, ecc. Per questa ragione noi dovremmo — a quanto sembra — chiamare concetti di confronto (*conceptus comparationis*) i suddetti concetti. Poiché tuttavia, quando si tratta non già della forma logica, bensí del contenuto dei concetti — cioè, di vedere se le cose stesse siano identiche oppure diverse, in accordo oppure in contrasto, ecc. — le cose possono avere una duplice relazione con la nostra facoltà conoscitiva, ossia possono essere in rapporto con la sensibilità e con l'intelletto, e poiché d'altronde il modo in cui esse debbono appartenere l'una all'altra dipende da questa posizione, in cui rientrano, in tal caso la riflessione trascendentale — cioè il rapporto di rappresentazioni date con l'uno o l'altro modo di conoscenza — potrà essa sola determinare la relazione reciproca di tali rappresentazioni. Inoltre, se le cose siano identiche o differenti, concordanti o contra-

stanti, ecc., potrà essere stabilito, non già immediatamente in base ai concetti stessi e attraverso un semplice confronto (*comparatio*), bensí solo attraverso la distinzione del modo di conoscenza cui tali cose appartengono, e mediante una riflessione trascendentale (*reflexio*). In verità, si potrebbe dunque dire, che la riflessione logica sia una semplice comparazione, poiché in essa si astrae completamente dalla facoltà conoscitiva, cui appartengono le rappresentazioni date: in questo senso, per la loro sede nell'animo, esse sono quindi da considerare come omogenee. La riflessione trascendentale (che si riferisce agli oggetti stessi) contiene invece il fondamento della possibilità della comparazione oggettiva delle rappresentazioni tra loro, ed è quindi assai diversa dall'altra riflessione, poiché la facoltà conoscitiva cui le rappresentazioni appartengono non è sempre la medesima. Questa riflessione trascendentale è un dovere da cui nessuno può esimersi, quando si vuol formulare un qualche giudizio *a priori* sulle cose. La prenderemo ora in considerazione, e getteremo cosí non poca luce riguardo alla determinazione del vero e proprio compito dell'intelletto.

1. Identità e diversità. Se un oggetto ci viene presentato piú volte — ogni volta però con le medesime determinazioni interne (*qualitas et quantitas*) — in tal caso esso, quando venga considerato come oggetto dell'intelletto puro, è sempre il medesimo, e costituisce non già molte cose, ma una cosa soltanto (*numerica identitas*). Se esso è invece apparenza, non si tratta allora piú di un confronto dei concetti, e quand'anche riguardo a questi sussista una completa identità, tuttavia la diversità dei luoghi di questa apparenza, in un medesimo tempo, costituisce una ragione sufficiente per la differenza numerica dell'oggetto stesso (dei sensi). Cosí, nel caso
217 di due gocce d'acqua si può bensí astrarre completamente da ogni diversità interna (di qualità e di quantità), ma il fatto che esse vengano intuite simultaneamente in luoghi

diversi è sufficiente per considerarle numericamente diverse. Leibniz prese le apparenze per cose in sé, quindi per *intelligibilia*, cioè oggetti dell'intelletto puro (sebbene le designasse con il nome di fenomeni, a causa della confusione delle loro rappresentazioni), e in tal caso il suo principio dell'indiscernibilità (*principium identitatis indiscernibilium*) non poteva certo venir contestato. Tuttavia, dato che le apparenze sono oggetti della sensibilità, e che l'uso dell'intelletto riguardo ad esse non è puro, bensí semplicemente empirico, allora la pluralità e la diversità numerica sono già indicate dallo spazio stesso, in quanto condizione delle apparenze esterne. Una parte dello spazio, difatti, sebbene possa essere perfettamente simile ed uguale ad un'altra parte, tuttavia è fuori di essa, e appunto per ciò costituisce una parte, che è diversa da quest'altra parte e si aggiunge ad essa per costituire uno spazio piú grande. Di conseguenza, ciò deve valere per tutti gli oggetti che esistono simultaneamente in vari punti dello spazio, per quanto essi possano essere simili ed uguali per altri riguardi.

2. Accordo e contrasto. Quando la realtà è rappresentata solo dall'intelletto puro (*realitas noumenon*), non si può allora pensare un contrasto tra le realtà, cioè un rapporto in cui le realtà, congiunte in un solo soggetto, annullino reciprocamente le loro conseguenze, per esempio: $3 - 3 = 0$. Per contro, le realtà nell'apparenza (*realitas phaenomenon*) possono benissimo essere in contrasto fra loro, e quando sono riunite in un solo soggetto, l'una può annullare in tutto o in parte la conseguenza dell'altra: tale è il caso di due forze motrici, su una medesima linea retta, in quanto tirano o spingono un punto in direzioni contrarie, o anche, di un piacere che contrabbilancia un dolore.

3. Interno ed esterno. In un oggetto dell'intelletto puro, è interno soltanto ciò che non ha alcuna relazione (riguardo all'esistenza) con qualcosa di differente

da tale oggetto. Per contro, le determinazioni interne di una *substantia phaenomenon* nello spazio non sono altro che rapporti, e la sostanza stessa, in tutto e per tutto, è un insieme di semplici relazioni. Noi conosciamo la sostanza nello spazio solo attraverso forze, che agiscono in un certo spazio, o con l'attirarvi altre sostanze (attrazione), o con l'impedire ad altre sostanze di penetrarvi (repulsione e impenetrabilità). Altre proprietà costituenti il concetto
218 della sostanza, che appare nello spazio e che chiamiamo materia, noi non ne conosciamo. Come oggetto dell'intelletto puro, al contrario, ogni sostanza deve avere determinazioni interne e forze, che si riferiscano alla realtà interna. Ma quali accidenti interni potrò mai pensare, all'infuori di quelli che mi offre il mio senso interno, ossia all'infuori di ciò che è esso stesso un pensiero, oppure qualcosa di analogo al pensiero? Per tale ragione Leibniz, poiché si rappresentava tutte le sostanze come *noumena*, intese le sostanze, e persino le parti costitutive della materia (dopo di aver tolto col pensiero da esse tutto ciò che poteva significare una relazione esterna, e quindi anche la composizione), come soggetti semplici, dotati di capacità di rappresentazione, in una parola, come **monadi**.

4. Materia e forma. Si tratta di due concetti, che vengono posti alla base di ogni altra riflessione, tanto inseparabile è il loro legame con ogni uso dell'intelletto. Il primo di questi concetti significa il determinabile in generale, il secondo la determinazione del determinabile (in entrambi i casi, ciò è inteso in senso trascendentale, a prescindere da ogni differenza in quello che è dato, e dal modo in cui il dato viene determinato). I logici anticamente chiamavano materia l'universale, e forma, invece, la differenza specifica. In ogni giudizio, i concetti dati possono essere chiamati la materia logica (del giudizio), e la relazione dei concetti (mediante la copula) può essere chiamata la forma del giudizio. In ogni ente, le parti costitutive di esso (*essentialia*) sono la materia, e il modo in

cui tali parti sono connesse in una sola cosa è la forma essenziale. Riguardo alle cose in generale, inoltre, la realtà illimitata è stata considerata come la materia di ogni possibilità, mentre la limitazione di tale realtà (negazione) è stata considerata come la forma, mediante cui una cosa si distingue da un'altra, in conformità di concetti trascendentali. L'intelletto infatti esige anzitutto, che un qualcosa sia dato (almeno nel concetto), per poterlo poi determinare in un certo modo. Nel concetto dell'intelletto puro, di conseguenza, la materia precede la forma: per tale ragione, Leibniz assunse dapprima cose (monadi), e internamente una loro capacità di rappresentazione, per fondarvi sopra, in seguito, la relazione esterna di esse e la comunanza dei loro stati (cioè delle rappresentazioni). Perciò furono possibili spazio e tempo: il primo, soltanto attraverso la relazione delle sostanze, e il secondo, attraverso la connessione reciproca delle loro determinazioni, come ragioni e conseguenze. Cosí dovrebbe anche essere in realtà, se l'intelletto puro potesse venir riferito immediatamente agli oggetti, e se lo spazio e il tempo fossero determinazioni 219
delle cose in se stesse. Ma se essi sono soltanto intuizioni sensibili, in cui noi determiniamo tutti gli oggetti unicamente come apparenze, allora la forma dell'intuizione (in quanto costituzione soggettiva della sensibilità) precede ogni materia (le sensazioni), e quindi spazio e tempo precedono tutte le apparenze e tutti i *data* dell'esperienza, rendendo anzi possibile per la prima volta l'esperienza. Questo filosofo intellettualista non poteva ammettere, che la forma dovesse precedere le cose stesse e dovesse determinare la loro possibilità: tale censura era del tutto giusta, data l'assunzione di Leibniz, secondo cui noi intuiamo le cose cosí come esse sono (seppure con rappresentazione confusa). Poiché tuttavia l'intuizione sensibile è una condizione soggettiva del tutto particolare, che sta *a priori* alla base di ogni percezione, e la cui forma è originaria, in tal caso la forma è data per sé sola, e la materia (o

le cose stesse che appaiono) è tanto lungi dal dover costituire il fondamento (come occorrerebbe giudicare, sulla base di semplici concetti), che piuttosto la possibilità della materia presuppone un'intuizione formale (tempo e spazio) come data.

NOTA
ALL'ANFIBOLIA DEI CONCETTI DI RIFLESSIONE

Quanto alla posizione, che assegniamo ad un concetto o nella sensibilità o nell'intelletto puro, mi si permetta di chiamarla *luogo trascendentale*. In tal modo, l'accertamento di questa posizione, che spetta ad ogni concetto secondo la diversità del suo uso, e le indicazioni per assegnare — secondo regole — questo luogo a tutti i concetti, costituirebbero la *topica trascendentale*. È una dottrina, questa, che ci premunirebbe solidamente contro le sofisticherie dell'intelletto puro e le illusioni derivanti da ciò, col distinguere sempre a quale facoltà conoscitiva appartengano propriamente i concetti. Ogni concetto, ogni titolo sotto cui rientrino molte conoscenze, può essere chiamato *luogo logico*. Su ciò si fonda la *topica logica* di *Aristotele*: di essa hanno potuto servirsi insegnanti e oratori, per indagare — sotto certi titoli del pensiero — che cosa si adattasse nel modo migliore alla materia in questione, e per sottilizzare — o chiacchierare verbosamente — al riguardo con una certa apparenza di profondità.

220 La topica trascendentale, per contro, non contiene altro se non i quattro suddetti titoli per qualsiasi confronto e distinzione; tali titoli si differenziano dalle categorie per il fatto che mediante essi non viene presentato l'oggetto secondo ciò che costituisce il suo concetto (quantità, realtà), ma viene presentato soltanto, in tutta la sua varietà, il confronto delle rappresentazioni, che precede il concetto delle cose. Questo confronto, tuttavia, richiede anzitutto una riflessione, cioè una determinazione del luogo in cui rientrano le rappresentazioni delle cose, che vengono confrontate; si tratta di determinare, se tali rappresentazioni siano pensate dall'intelletto puro, o siano date dalla sensibilità nell'apparenza.

I concetti possono essere confrontati logicamente, senza che ci si debba preoccupare del luogo in cui rientrano i loro oggetti: in tal caso è indifferente che gli oggetti si presentino di fronte all'intelletto, come noumeni, oppure di fronte alla sensibilità, come fenomeni. Ma se con questi concetti vogliamo accostarci agli oggetti, è allora necessaria anzitutto una riflessione trascendentale, per determinare se la facoltà conoscitiva che deve applicarsi a tali oggetti sia l'intelletto puro, o la sensibilità. Senza questa riflessione, il mio uso di tali concetti risulta assai incerto, e vengono fuori delle presunte proposizioni fondamentali sintetiche, che la ragione critica non può riconoscere e che si fondano unicamente su una anfibolia trascendentale, cioè su una confusione dell'oggetto puro dell'intelletto con la apparenza.

In mancanza di una tale topica trascendentale, il celebre L e i b n i z , ingannato quindi dall'anfibolia dei concetti di riflessione, costruí un s i s t e m a i n t e l l e t t u a l e d e l m o n d o , o meglio, credette di conoscere l'interna natura delle cose, confrontando tutti gli oggetti unicamente con l'intelletto e con gli astratti concetti formali del proprio pensiero. La nostra tavola dei concetti di riflessione ci procura l'inatteso vantaggio di mettere in chiaro i caratteri distintivi del sistema di Leibniz, in tutte le sue parti, e al tempo stesso il principio direttivo — fondato solo su di un fraintendimento — di questo peculiare modo di pensare. Egli confrontò tutte le cose tra loro semplicemente mediante concetti, e com'è naturale, non trovò altre differenze se non quelle, con cui l'intelletto distingue l'uno dall'altro i suoi concetti puri. Le condizioni dell'intuizione sensibile, che portano con sé

le loro proprie differenze, egli non le considerò come originarie; la sensibilità, in effetti, era per lui soltanto un modo confuso di rappresentazione, e non già una fonte speciale di rappresentazioni. L'apparenza era per lui la rappresentazione della *cosa in se stessa*; tut-
221 tavia, tale rappresentazione è differente, quanto alla forma logica, dalla conoscenza mediante l'intelletto, poiché l'apparenza, con la sua abituale mancanza di analisi, introduce nel concetto della cosa una certa mescolanza di rappresentazioni collaterali, che l'intelletto è in grado di eliminare. In una parola, **Leibniz** *intellettualizzò* le apparenze, cosí come **Locke**, secondo il suo sistema della *noogonia* (se mi è permesso di adoperare questa espressione), aveva *sensualizzato* tutti quanti i concetti dell'intelletto, ossia, li aveva presentati semplicemente come concetti — empirici o astratti — di riflessione. Anziché cercare nell'intelletto e nella sensibilità due fonti totalmente diverse di rappresentazioni — fonti, tuttavia, che soltanto *nella* loro *connessione* possono fornire giudizi oggettivamente validi sulle cose — ciascuno di questi grandi uomini si attenne ad una sola delle due fonti, ossia a quella che, secondo la loro rispettiva opinione, si riferiva immediatamente alle cose in se stesse (l'altra fonte, invece, si limitava a confondere o ad ordinare le rappresentazioni della prima).

Di conseguenza *Leibniz* confrontò tra loro — semplicemente nell'intelletto — gli oggetti dei sensi, come cose in generale. *In primo luogo*, il confronto avviene, in quanto tali oggetti devono essere giudicati dall'intelletto come identici o come diversi. Perciò, dato che egli considerava unicamente i loro concetti, non già il loro posto nell'intuizione (nella quale sola possono essere dati gli oggetti), e trascurava completamente il luogo trascendentale di questi concetti (ossia non accertava, se l'oggetto fosse da annoverare tra le apparenze, oppure tra le cose in se stesse), in tal caso non poteva non avvenire che egli

estendesse il suo principio dell'indiscernibilità — il quale si applica semplicemente ai concetti delle cose in generale — altresí agli oggetti dei sensi (*mundus phaenomenon*), e che credesse di aver fornito cosí un incremento non trascurabile alla conoscenza della natura. Senza dubbio, se io conosco una goccia d'acqua — secondo tutte le sue determinazioni interne — come cosa in se stessa, non posso allora ammettere che una qualsiasi goccia d'acqua sia differente da un'altra, quando l'intero concetto della goccia d'acqua si identifichi con essa. Ma se la goccia d'acqua è un'apparenza nello spazio, essa trova allora il proprio luogo non semplicemente nell'intelletto (tra i concetti), bensí nell'intuizione sensibile esterna (nello spazio); in tal caso, i luoghi fisici sono del tutto indifferenti riguardo alle determinazioni interne delle cose, e un luogo *b* può accogliere una cosa, che è perfettamente simile ed uguale ad un'altra, situata nel luogo *a*, allo stesso modo che potrebbe accogliere la prima cosa, se fosse internamente diversissima dalla seconda. La diversità dei luoghi, già per se stessa, senza ulteriori condizioni, rende non soltanto possibili, ma altresí necessarie la pluralità e la distinzione **222**
degli oggetti in quanto apparenze. Di conseguenza, quella presunta legge non è affatto una legge della natura. Essa è unicamente una regola analitica per il confronto delle cose mediante semplici concetti.

In secondo luogo, il principio secondo cui le realtà (in quanto semplici affermazioni) non contrastano mai logicamente tra loro, è una proposizione verissima sul rapporto dei concetti, ma non ha un benché minimo significato, né a riguardo della natura, né a riguardo di una qualsiasi cosa in se stessa (di una cosa in sé, noi non possediamo alcun concetto). In effetti, il contrasto reale ha luogo ovunque valga: $A - B = 0$, ossia, ovunque una realtà si congiunga in un solo soggetto con un'altra, e l'una annulli l'effetto dell'altra. Ciò è documentato incessantemente da tutti gli ostacoli e le reazioni della natura, che devono tuttavia venir chiamati *realitates phaenomena*, poiché si basano su forze. La meccanica generale può anzi fornire, con una regola *a priori*, la condizione empirica di questo contrasto, guardando alla contrapposizione delle direzioni: si tratta di una condizione, che è del tutto ignota al concetto trascendentale di realtà. Sebbene il signor von Leibniz non abbia proclamato questa proposizione con tutta la solennità di un nuovo principio, nondimeno egli se ne serví per asserzioni nuove, ed i suoi seguaci la introdussero espressamente nel loro sistema leibniz-wolffiano. Secondo questo principio, per esempio, tutti i mali non sono altro che conseguenze dei limiti delle creature, cioè non sono altro che negazioni, poiché soltanto queste ultime contrastano alla realtà (del resto è davvero cosí nel semplice concetto di una cosa in generale, ma non già nelle cose in quanto apparenze). Parimenti, i seguaci di Leibniz ritengono non soltanto possibile, ma altresí naturale, di riunire in un ente ogni realtà, senza curarsi di alcun contrasto: in effetti, essi non conoscono altro contrasto se non quello della contraddizione (mediante cui è il concetto stesso di una cosa a venir annullato), e non conoscono invece quello del danno reciproco, dove una ragione reale annulla l'effetto di una seconda. Per quest'ultimo caso, noi ritroviamo soltanto nella sensibilità le condizioni per rappresentarci un tale contrasto.

In terzo luogo, la monadologia leibniziana non ha alcun altro fondamento, se non il fatto che questo filosofo rappresentò la differenza tra interno ed esterno semplicemente in rapporto all'intelletto. Le
223 sostanze in generale devono avere qualcosa di interno, che prescinde perciò da tutte le relazioni esterne, e quindi anche dalla composizione. Il semplice è dunque il fondamento dell'interno delle cose in se stesse. D'altronde, l'interno del loro stato non può consistere nel luogo, nella figura, nel contatto o nel movimento (determinazioni che

sono tutte quante relazioni esterne), e perciò noi non possiamo attribuire alle sostanze alcun altro stato, se non quello mediante cui determiniamo internamente il nostro senso stesso, cioè, se non lo *stato delle rappresentazioni*. Cosí furono dunque elaborate le monadi intese a costituire gli elementi dell'intero universo: la loro forza attiva consiste però soltanto in rappresentazioni, mediante cui esse operano propriamente solo entro se stesse.

Proprio per questa ragione, peraltro, il suo principio della *comunanza* possibile *delle sostanze* tra loro doveva essere un'*armonia prestabilita*, né poteva essere in alcun modo un influsso fisico. In effetti, dato che tutto è in attività solo internamente, cioè ha a che fare soltanto con le sue rappresentazioni, in tal caso lo stato delle rappresentazioni di una sostanza non poteva in alcun modo congiungersi attivamente con lo stato delle rappresentazioni di un'altra sostanza: piuttosto, occorreva una terza causa, che influisse su tutte quante le sostanze e facesse corrispondere l'uno all'altro i loro stati, non già attraverso un'assistenza occasionale ed applicata separatamente in ogni singolo caso (*systema assistentiae*), ma mediante l'unità dell'idea di una causa, che fosse valida per tutte le sostanze, e in cui esse dovessero tutte quante ricevere — secondo leggi universali — la loro esistenza e permanenza, e quindi anche una reciproca corrispondenza tra loro.

In quarto luogo, la celebre *dottrina* di Leibniz sul *tempo* e lo *spazio*, nella quale egli intellettualizzò queste forme della sensibilità, era sorta unicamente da questo medesimo inganno della riflessione trascendentale. Quando io voglio rappresentarmi relazioni esterne delle cose, attraverso il semplice intelletto, ciò può avvenire solo mediante un concetto dell'azione reciproca di tali cose; e se io voglio connettere uno stato di una cosa con un altro stato della medesima cosa, ciò può accadere solo secondo l'ordine delle ragioni e delle conse-

guenze. Leibniz pensò dunque lo spazio come un certo ordine nella comunanza delle sostanze, e il tempo come la successione dinamica dei loro stati. Peraltro, la peculiarità che tempo e spazio sembrano avere in sé, e l'indipendenza dalle cose, la quale del pari sembra in essi implicita, furono attribuite da Leibniz alla confusione di questi concetti: tale confusione farebbe sí che ciò che è una semplice forma di relazioni dinamiche venga
224 considerato come un'intuizione separata, sussistente per sé e anteriore alle cose stesse. Tempo e spazio risultarono dunque la forma intelligibile della connessione delle cose in se stesse (sostanze e loro stati). Le cose furono invece sostanze intelligibili (*substantiae noumena*). Egli cercava nondimeno di far valere questi concetti come apparenze, poiché non concedeva alla sensibilità alcuna specie separata di intuizione, ma ricercava nell'intelletto ogni rappresentazione degli oggetti, persino quella empirica, e non riservava ai sensi null'altro se non lo spregevole compito di confondere e deformare le rappresentazioni dell'intelletto.

Peraltro, anche se noi potessimo, mediante l'intelletto puro, dire sinteticamente qualcosa a riguardo delle cose in se stesse (il che è però impossibile), ciò non potrebbe tuttavia riferirsi alle apparenze, le quali non rappresentano cose in se stesse. In quest'ultimo caso, quindi, io dovrò sempre confrontare i miei concetti nella riflessione trascendentale, soltanto sotto le condizioni della sensibilità, e cosí spazio e tempo saranno determinazioni, non già delle cose in sé, bensí delle apparenze. Ciò che le cose possono essere in sé, io non lo so e non ho neppure bisogno di saperlo, poiché una cosa non mi si potrà mai presentare altrimenti che nell'apparenza.

Il mio procedimento è lo stesso, anche rispetto ai rimanenti concetti di riflessione. La materia è *substantia phaenomenon*. Ciò che le appartiene internamente, io lo cerco in tutte le parti dello spazio che essa occupa, e in tutti gli effetti da essa esercitati, i quali in ogni caso possono essere

soltanto apparenze dei sensi esterni. Perciò io non ho davvero nulla di assolutamente interno, ma ho soltanto qualcosa di relativamente interno; a sua volta, questo qualcosa consiste in rapporti esterni. Anzi, ciò che è assolutamente interno — secondo l'intelletto puro — alla materia, d'altronde, si riduce ad una semplice fisima: in effetti, la materia non è in alcun modo un oggetto dell'intelletto puro, mentre l'oggetto trascendentale, che può essere il fondamento dell'apparenza da noi chiamata materia, è un semplice qualcosa, riguardo a cui non sapremmo neppure comprendere che cosa sia, anche se qualcuno potesse dircelo. Noi non possiamo difatti intendere nulla, all'infuori di ciò che implica nell'intuizione un qualcosa di corrispondente alle nostre parole. Se la lagnanza: noi non scorgiamo affatto l'interno delle cose, equivale a: mediante l'intelletto puro noi non comprendiamo che cosa possano essere in sé le cose che ci appaiono, in tal caso si tratta di una lagnanza del tutto ingiusta e irragionevole. Essa vorrebbe infatti, che senza i sensi si potesse tuttavia conoscere le cose, e 225
quindi intuirle: di conseguenza, essa vorrebbe che noi avessimo una facoltà conoscitiva completamente diversa, non soltanto per grado, ma anche per intuizione e per specie, da quella umana, e fossimo perciò non uomini, ma esseri, riguardo ai quali noi stessi non potremmo dire se siano mai possibili, e ancor meno potremmo precisare come siano costituiti. L'osservazione e l'analisi delle apparenze penetrano nell'interno della natura, e non si può sapere sinò a che punto si spingerà questa penetrazione con l'andar del tempo. Con tutto ciò, peraltro, quand'anche ci venga svelata l'intera natura, noi non potremo mai dare una risposta a quei problemi trascendentali, che oltrepassano la natura, poiché a noi non è neppure concesso di osservare il nostro proprio animo con un'intuizione diversa da quella del nostro senso interno. In quest'ultimo, difatti, si trova il segreto dell'origine della nostra

sensibilità. La relazione della nostra sensibilità con un oggetto, e il fondamento trascendentale di questa unità, sono senza dubbio nascosti troppo profondamente, perché noi — che conosciamo persino noi stessi solo mediante il senso interno, che cioè ci conosciamo solo come apparenza — possiamo adoperare uno strumento di ricerca cosí inadatto, al fine di scoprire qualcosa che non consista sempre di nuovo in apparenze, nella cui causa non sensibile saremmo pur contenti di penetrare.

Ciò che rende oltremodo utile questa critica delle conclusioni dedotte dai semplici atti della riflessione, è il fatto che essa mostra chiaramente la nullità di tutte le conclusioni su oggetti confrontati tra loro unicamente nell'intelletto, e conferma al tempo stesso quello che noi abbiamo messo principalmente in rilievo, ossia, che le apparenze, sebbene non siano comprese come cose in sè tra gli oggetti dell'intelletto puro, sono tuttavia i soli oggetti, rispetto a cui la nostra conoscenza possa avere una realtà oggettiva, rispetto a cui, cioè, corrisponda ai concetti un'intuizione.

Se noi riflettiamo soltanto logicamente, ci limitiamo allora a confrontare tra loro, nell'intelletto, i nostri concetti, osservando se due concetti abbiano proprio lo stesso contenuto, se essi si contraddicano o no, se qualcosa sia contenuto entro il concetto, oppure si aggiunga ad esso, e notando quale dei due sia dato, e quale invece debba considerarsi soltanto come un modo di pensare quello dato. Ma se io applico questi concetti ad un oggetto in generale (in senso trascendentale), senza determinare ulteriormente se esso sia un oggetto dell'intuizione sensibile oppure di quella intellettuale, si mostrano allora senz'altro
226 certe limitazioni (perché non si oltrepassi questo concetto di un oggetto in generale), che sconvolgono ogni uso empirico dei concetti di riflessione, e proprio perciò dimostrano, che la rappresentazione di un oggetto come cosa in generale non soltanto è *insufficiente*, ma è inoltre,

senza una sua determinazione sensibile e indipendentemente da condizioni empiriche, c o n t r a s t a n t e in se stessa. Le suddette limitazioni dimostrano dunque, che si deve o astrarre da ogni oggetto (come avviene nella logica), oppure, se si assume un oggetto, pensarlo sotto le condizioni dell'intuizione sensibile, e che, per conseguenza, l'intelligibile richiederebbe un'intuizione del tutto particolare, non posseduta da noi: in mancanza di questa, esso non è nulla p e r n o i , e d'altro canto neppure le apparenze possono essere oggetti in se stessi. In effetti, se io penso semplicemente cose in generale, certo la diversità delle relazioni esterne non può costituire una diversità delle cose stesse, ma piuttosto presuppone quest'ultima diversità; e se il concetto di una cosa non è affatto diverso, internamente, da quello di un'altra cosa, io non faccio allora altro che porre una sola e medesima cosa in relazioni diverse. Inoltre, con l'aggiunta di una semplice affermazione (realtà) ad un'altra, il positivo è certo accresciuto, e nulla gli è sottratto, né alcunché viene eliminato; perciò le realtà, nelle cose in generale, non possono essere contrastanti fra loro, ecc.

Per un certo fraintendimento, i concetti della riflessione hanno esercitato un tale influsso — come abbiamo mostrato — sull'uso dell'intelletto, che sono stati in grado di sedurre persino uno dei piú acuti filosofi, portandolo ad un presunto sistema di conoscenza intellettuale, il quale cerca di determinare i suoi oggetti senza l'intervento dei sensi. Appunto per questo, il chiarimento della causa dell'anfibolia di questi concetti — causa ingannevole, in quanto produce proposizioni fondamentali false — è di grande utilità, per determinare ed assicurare secondo verità i limiti dell'intelletto.

Senza dubbio, si deve dire: ciò che spetta o contraddice universalmente ad un concetto, tocca anche o contraddice ad ogni parte contenuta in quel concetto (*dictum de Omni*

et Nullo). Sarebbe tuttavia assurdo mutare questa proposizione fondamentale logica, cosí da farle dire: ciò che non è contenuto in un concetto universale, non è contenuto neppure nei concetti particolari, che sono subordinati a
227 quello; questi, in effetti, sono concetti particolari appunto perché contengono in sé qualcosa di piú rispetto a ciò che è pensato nel concetto universale. Ciò nondimeno, l'intero sistema intellettuale di Leibniz è realmente costruito su quest'ultima proposizione fondamentale; esso cade dunque assieme a tale proposizione, ed assieme ad ogni equivoco — sorgente da questa — nell'uso dell'intelletto.

Il principio dell'indiscernibilità si fondava propriamente sul presupposto che, se nel concetto di una cosa in generale non si ritrova una certa distinzione, questa ultima non si potrà incontrare neppure nelle cose stesse; di conseguenza, saranno perfettamente identiche (*numero eadem*) tutte le cose, che non si distinguano le une dalle altre già nel loro concetto (secondo la qualità o la quantità). Ma poiché nel semplice concetto di una cosa qualsiasi si è fatto astrazione da parecchie condizioni necessarie di un'intuizione, cosí, per una strana fretta, si considera ciò, da cui si è fatto astrazione, come un qualcosa che non si potrà incontrare da nessuna parte, e non si concede alla cosa null'altro se non ciò che è contenuto nel suo concetto.

Il concetto di un piede cubo di spazio — possa io pensarlo in qualsiasi luogo e un qualsivoglia numero di volte — è in sé perfettamente identico. Senonché, due piedi cubi sono tuttavia diversi nello spazio, semplicemente per i loro luoghi (*numero diversa*); questi luoghi sono condizioni dell'intuizione — nella quale viene dato l'oggetto di questo concetto — che appartengono, non già al concetto, bensí all'intera sensibilità. Allo stesso modo, nel concetto di una cosa non sussiste certo alcun contrasto, fuorché qualcosa di negativo sia stato congiunto con qualcosa di affermativo; concetti semplicemente affermativi, congiungendosi, non possono in alcun modo annullarsi a vicenda. Senonché,

nell'intuizione sensibile, dove viene data una realtà (per esempio, il movimento), si trovano condizioni (direzioni contrapposte), dalle quali, nel concetto di movimento in generale, si era fatta astrazione: tali condizioni rendono possibile un contrasto — che certo non è logico — producendo uno zero da ciò che è meramente positivo. Dire, che tutte le realtà siano tra loro in accordo per il fatto che fra i loro concetti non si ritrova alcun contrasto, non sarebbe possibile[1]. In base a semplici concetti, l'interno è il sostrato di tutte le determinazioni relative, ovvero 228
determinazioni esterne. Se io faccio quindi astrazione da tutte le condizioni dell'intuizione, e mi attengo unicamente al concetto di una cosa in generale, posso allora astrarre da ogni relazione esterna, ed è necessario nondimeno che rimanga un concetto di ciò che esprime non già una relazione, bensí soltanto determinazioni interne. In tal caso, da tutto ciò sembra seguire, che in ogni cosa (sostanza) vi sia alcunché di assolutamente interno e di anteriore a tutte le determinazioni esterne, in quanto le rende per la prima volta possibili; e quindi, che tale sostrato sia un qualcosa che non contiene piú in sé nessuna relazione esterna ed è perciò s e m p l i c e (le cose corporee, infatti, sono pur sempre unicamente relazioni di parti, almeno di quelle esterne le une alle altre). E poiché noi non conosciamo altre determinazioni assolutamente interne, se non quelle ottenute mediante il nostro senso interno, pare allora seguire che tale sostrato non soltanto sia semplice, ma altresí (per analogia con il nostro senso

[1] Se qui ci si volesse servire della solita scappatoia, secondo la quale 32 227
almeno le *realitates noumena* non possono operare le une contro le altre, si dovrebbe allora pur citare un esempio di una siffatta realtà pura e non sensibile, con il quale si potesse comprendere, se una tale realtà rappresenti in generale un qualcosa oppure nulla. Ma non si possono prendere esempi da nessuna altra parte che dall'esperienza, la quale non offre niente di piú che *phaenomena*; la suddetta proposizione non significa allora 34 228
altro, se non che il concetto contenente mere affermazioni non contiene nulla di negativo: una proposizione, questa, di cui non abbiamo mai dubitato.

interno) venga determinato da *rappresentazioni*, cioè, che tutte le cose siano propriamente *monadi*, ovvero enti semplici dotati di rappresentazioni. Tutto questo sarebbe anche giustificato, se le condizioni, le quali sole rendono possibile che oggetti dell'intuizione esterna ci vengano dati (e dalle quali il concetto puro fa astrazione), non richiedessero qualcosa di piú che il concetto di una cosa in generale. Invero risulta allora, che un'apparenza permanente nello spazio (estensione impenetrabile) può contenere mere relazioni e nulla di assolutamente interno, pur essendo il sostrato primo di ogni percezione esterna. Mediante semplici concetti, io non posso certo pensare alcunché di esterno senza qualcosa di interno, appunto per il fatto che i concetti di relazione presuppongono pur sempre cose assolutamente date, e senza queste non sono possibili. Ma poiché nell'intuizione è contenuto qualcosa, che non si trova affatto nel semplice concetto di una cosa in generale, e poiché questo qualcosa fornisce il sostrato (che non potrebbe venir conosciuto mediante semplici concetti), cioè uno spazio, che consiste — assieme a tutto ciò che contiene — in relazioni meramente formali, o anche reali, io non potrò allora dire: dato che senza alcunché di assolutamente interno non vi è cosa che possa venir rappresentata *mediante semplici concetti*, in tal caso anche nelle cose stesse — contenute entro questi concetti — e nella *loro intuizione*
229 non c'è nulla di esterno, che non sia fondato su qualcosa di assolutamente interno. In effetti, se noi abbiamo astratto da tutte le condizioni dell'intuizione, nel semplice concetto non ci rimane certo null'altro se non l'interno in generale, e la relazione reciproca fra tutto ciò che è interno, che sola rende possibile l'esterno. Tuttavia questa necessità, che si fonda soltanto sull'astrazione, non ha luogo nelle cose, che siano date nell'intuizione con determinazioni tali da esprimere semplici relazioni, e che non si basino su alcunché di interno; non ha luogo, cioè, per il fatto che

esse non sono cose in se stesse, ma unicamente apparenze. D'altronde, tutto ciò che noi conosciamo nella materia si riduce a mere relazioni (quelle che noi chiamiamo determinazioni interne della materia, sono interne solo comparativamente); tra queste relazioni, tuttavia, ve ne sono alcune autonome e permanenti, mediante le quali un determinato oggetto ci è dato. Il fatto che io, quando astraggo da queste relazioni, non abbia proprio piú nulla da pensare, non sopprime il concetto di una cosa come apparenza, e neppure il concetto di un oggetto *in abstracto*, ma abolisce certo ogni possibilità di un oggetto tale da essere determinabile secondo semplici concetti, cioè di un noumeno. Senza dubbio, l'udire che una cosa debba consistere completamente in relazioni, è sorprendente; ma una siffatta cosa è d'altronde una semplice apparenza, e non può affatto venir pensata mediante categorie pure; essa stessa consiste nella semplice relazione di un qualcosa in generale con i sensi. Allo stesso modo, quando si comincia con semplici concetti, non si può certo pensare le relazioni delle cose *in abstracto*, fuorché pensando una cosa come la causa di determinazioni in un'altra cosa: tale, infatti, è il concetto del nostro intelletto, riguardo alle relazioni stesse. Ma poiché in tal caso noi facciamo astrazione da ogni intuizione, cade cosí del tutto il modo in cui le parti del molteplice possono determinare reciprocamente il proprio luogo, cioè viene meno la forma della sensibilità, ovvero lo spazio, che pure precede ogni causalità empirica.

Se per oggetti semplicemente intelligibili noi intendiamo quelle cose, che sono pensate mediante categorie pure, senza un qualsiasi schema della sensibilità, allora siffatti oggetti sono impossibili. In effetti, la condizione dell'uso oggettivo di tutti i concetti del nostro intelletto è fornita semplicemente dal modo della nostra intuizione sensibile, mediante la quale gli oggetti ci sono dati; e se noi facciamo astrazione da tale intuizione, quei concetti non hanno piú

alcun riferimento ad un qualsiasi oggetto. Anzi, quand'anche si volesse ammettere un'altra specie di intuizione, differente da questa nostra intuizione sensibile, le nostre
230 funzioni di pensare non avrebbero tuttavia alcun significato nei confronti di tale specie di intuizione. Se per oggetti intelligibili noi intendiamo soltanto gli oggetti di un'intuizione non sensibile, ai quali non si applicano certo le nostre categorie, e dei quali noi non potremo perciò mai avere una qualsiasi conoscenza (né un'intuizione, né un concetto), senza dubbio i noumeni, in questo senso semplicemente negativo, debbono allora venir ammessi: in tal caso, difatti, essi non significano altro, se non che la nostra specie di intuizione si riferisce non già a tutte le cose, bensí soltanto agli oggetti dei nostri sensi, e che di conseguenza la validità oggettiva di tale intuizione è limitata, rimanendoci cosí un posto libero per una qualche altra specie di intuizione, e quindi anche per cose come oggetti di quest'altra specie di intuizione. Allora però il concetto di *noumenon* è problematico, ossia, è la rappresentazione di una cosa, di cui non possiamo dire né che sia possibile né che sia impossibile, in quanto noi non conosciamo alcun'altra specie di intuizione, se non la nostra intuizione sensibile, né alcun'altra specie di concetti, se non le categorie, mentre poi né l'una né le altre sono adeguate ad un oggetto oltresensibile. Noi non possiamo quindi estendere positivamente il campo degli oggetti del nostro pensiero al di là delle condizioni della nostra sensibilità, né possiamo ammettere, al di fuori delle apparenze, altresí oggetti del pensiero puro, cioè *noumena*, per la semplice ragione che riguardo a questi ultimi oggetti non possiamo addurre alcun significato positivo. In effetti, si deve concedere, rispetto alle categorie, che da sole esse non sono sufficienti per la conoscenza delle cose in se stesse, e che senza i *data* della sensibilità esse risultano semplicemente forme soggettive dell'unità dell'intelletto, tuttavia senza un oggetto. Certo, il pensiero non è in sé

un prodotto dei sensi, e non è quindi neppure limitato da essi; non per questo, tuttavia, si può dire che il pensiero possegga senz'altro un uso proprio e puro, senza l'intervento della sensibilità: in tal caso, difatti, esso risulta privo di oggetto. Il noumeno, d'altronde, non si può chiamarlo un tale *oggetto*, poiché il noumeno significa appunto il concetto problematico di un oggetto per un'intuizione del tutto diversa dalla nostra, e per un intelletto, che è completamente differente dal nostro ed è quindi esso stesso un problema. Il concetto di noumeno non è perciò il concetto di un oggetto, ma è il problema — inevitabilmente connesso alla limitazione della nostra sensibilità — se possano esistere oggetti del tutto indipendenti dall'intuizione sensibile. A tale questione non si può dare che una risposta indeterminata, cioè la seguente: poiché l'intuizione sensibile non si riferisce a tutte le cose indifferentemente, rimane allora un posto libero per oggetti ulteriori e diversi. Questi non possono perciò essere assolutamente negati, ma, in mancanza di un concetto determinato (nessuna categoria è infatti capace di costruirlo), non possono neppure venir asseriti come oggetti del nostro **231**
intelletto.

L'intelletto limita di conseguenza la sensibilità, senza per questo ampliare il suo proprio campo, ed ammonendo quella a non presumere di applicarsi alle cose in se stesse, ma ad accontentarsi di un semplice riferimento alle apparenze, pensa così un oggetto in se stesso, solo però in quanto oggetto trascendentale, che è la causa dell'apparenza (e che quindi non è esso stesso apparenza), e non può venir pensato né come quantità, né come realtà, né come sostanza, ecc. (poiché questi concetti richiedono sempre forme sensibili, in cui determinare un oggetto); riguardo a tale oggetto trascendentale, dunque, si ignora completamente, se esso debba ritrovarsi in noi o fuori di noi, e parimenti non si sa, se esso risulterebbe soppresso assieme alla sensibilità, oppure se resterebbe ancora, quando noi avessimo eliminato la sensibilità. Se questo oggetto vogliamo chiamarlo noumeno, per il fatto che la rappresentazione di esso non è sensibile, siamo liberi di fare ciò. Ma dato che ad esso non possiamo applicare nessuno dei concetti del nostro intelletto, tale rappresentazione rimane tuttavia vuota per noi, e non serve ad altro, che a tracciare i limiti della nostra conoscenza sensibile, e a lasciar vuoto uno spazio, che non possiamo riempire né con l'esperienza possibile né con l'intelletto puro.

La critica di questo intelletto puro non permette perciò di creare un campo nuovo di oggetti, all'infuori di quelli che possono presentarsi come apparenze all'intelletto, né di vagabondare in mondi intelligibili, anzi, neppure di aggirarsi nel concetto di tali mondi. L'errore, che induce nel modo piú plausibile a questo, e che certo può essere scusato, ma non già giustificato, consiste nel fatto che l'uso dell'intelletto, contro la destinazione di questo, venga reso trascendentale, e che gli oggetti, cioè le intuizioni possibili, debbano conformarsi a concetti, mentre i concetti dovrebbero conformarsi ad intuizioni possibili (in quanto la validità oggettiva dei concetti si fonda soltanto su di esse). A sua volta, poi, la causa di ciò sta nel fatto che l'appercezione — e con essa il pensiero — precede ogni possibile ordine determinato delle rappresentazioni. Di conseguenza, noi pensiamo un qualcosa in generale, e lo determiniamo per un verso sensibilmente; da questo modo di intuire l'oggetto, tuttavia, noi distinguiamo però l'oggetto generale e rappresentato *in abstracto*. In tal caso, ci rimane un modo di determinarlo soltanto col pensiero, modo che è bensí una semplice forma logica senza contenuto, ma a noi sembra tuttavia essere un modo in cui l'oggetto in sé (*noumenon*) esiste,
232 a prescindere dall'intuizione, che è ristretta ai nostri sensi.

Prima di lasciare l'analitica trascendentale, dobbiamo ancora aggiungere qualcosa che, pur non essendo in sé di particolare rilievo, può tuttavia sembrare necessario per la compiutezza del sistema. Il piú alto concetto, con il quale si suole dare inizio ad una filosofia trascendentale, è comunemente la divisione in possibile ed impossibile. Ma poiché ogni divisione presuppone un concetto da dividere, si deve fornire un concetto ancora piú alto, e questo è il concetto di un oggetto in generale (quando lo si assuma problematicamente, e rimanga incerto se tale oggetto è qualcosa oppure nulla). Poiché le categorie sono gli unici concetti, che si riferiscano ad oggetti in generale, si procederà allora a distinguere se un oggetto sia qualcosa oppure nulla, seguendo l'ordine e l'indicazione delle categorie.

1) Ai concetti di tutto, molte cose, una cosa, è opposto il concetto che annulla ogni cosa, cioè nessuna cosa; e cosí l'oggetto di un concetto, cui non si può assolutamente fornire un'intuizione corrispondente, è = nulla, ossia, è un concetto senza oggetto, al pari dei *noumena*, che non possono venir annoverati tra le possibilità, sebbene non per questo debbano d'altronde essere presentati come impossibili (*ens rationis*), o al pari di certe forze fondamentali, escogitate di recente, che vengono pensate, a dire il vero, senza contraddizione, ma altresí senza esempi tratti dall'esperienza, e non debbono perciò essere annoverate tra le possibilità.

2) La realtà è qualcosa; la negazione è nulla, cioè un concetto della mancanza di un oggetto, come l'ombra, il freddo (*nihil privativum*).

3) La semplice forma dell'intuizione, senza sostanza, non è affatto, in sé, un oggetto, bensí la condizione semplicemente formale di esso (come apparenza): tali sono lo spazio puro ed il tempo puro, che sono qualcosa — è vero — come forme di intuire, ma non sono affatto essi stessi oggetti, che vengano intuiti (*ens imaginarium*).

4) L'oggetto di un concetto, che contraddice se stesso, è nulla, poiché il concetto è nulla, è l'impossibile, come per esempio la figura formata da due lati rettilinei (*nihil negativum*).

233 Una tavola, con cui si divida il concetto di nulla (la divisione del qualcosa, parallela a questa, segue infatti da sé), dovrebbe perciò venir disposta come segue:

Nulla
come

1.
Concetto vuoto
senza oggetto,
ens rationis.

2.
Oggetto vuoto
di un concetto,
nihil privativum.

3.
Intuizione vuota
senza oggetto,
ens imaginarium.

4.
Oggetto vuoto
senza concetto,
nihil negativum.

Come si vede, l'ente di ragione (n. 1) si distingue dal non ente (n. 4) per il fatto che il primo non può venir annoverato tra le possibilità, essendo semplicemente una finzione (sebbene non contraddittoria), mentre il secondo è contrapposto alla possibilità, dato che il concetto annulla addirittura se stesso. Entrambi, comunque, sono concetti vuoti. Per contro, il *nihil privativum* (n. 2) e l'*ens imaginarium* (n. 3) sono vuoti *data* per concetti. Se la luce non fosse stata data ai sensi, non ci si potrebbe rappresentare in alcun modo neppure le tenebre, e se non si fossero percepiti enti estesi, non ci si potrebbe affatto rappresentare lo spazio. Senza un reale, tanto la negazione quanto la semplice forma dell'intuizione non sono in alcun modo oggetti.

Parte seconda 234

DIALETTICA TRASCENDENTALE

INTRODUZIONE

I.

Dell'illusione trascendentale

La dialettica in generale, l'abbiamo chiamata sopra *logica dell'illusione*. Ciò non significa, che essa sia una dottrina della *verosimiglianza*; quest'ultima è infatti verità, conosciuta però mediante ragioni insufficienti, la conoscenza delle quali, perciò, è bensí imperfetta, ma non per questo è ingannevole, né deve quindi venir separata dalla parte analitica della logica. Ancor meno possono essere considerate come identiche *apparenza* ed *illusione*. In effetti, verità e illusione non sono nell'oggetto, in quanto esso viene intuito, bensí nel giudizio sull'oggetto, in quanto esso viene pensato. Di conseguenza, si può certo dire rettamente che i sensi non sbagliano, ma si può dire questo non per il fatto che essi giudichino sempre rettamente, bensí per il fatto che essi non giudicano affatto. Perciò tanto la verità quanto l'errore, e quindi anche l'illusione come seduzione all'errore, possono ritrovarsi soltanto nel giudizio, cioè solo nella relazione dell'oggetto con il nostro intelletto. In una conoscenza, che si accordi completamente con le leggi dell'intelletto, non vi è alcun errore. Del pari, non vi è alcun errore in una rappresentazione dei sensi (poiché essa non contiene affatto un giudizio).

Peraltro, nessuna capacità di natura può deviare spontaneamente dalle sue proprie leggi. Di conseguenza, né l'intelletto per sé solo (senza l'influsso di un'altra causa), né i sensi per sé soli, potrebbero mai errare. Il primo non lo potrebbe, per il fatto che, se esso agisce semplicemente secondo le sue leggi, l'effetto (il giudizio) deve accordarsi necessariamente con queste leggi. È nell'accordo con le leggi dell'intelletto, peraltro, che consiste l'aspetto formale di ogni verità. Nei sensi, poi, non c'è alcun giudizio, né vero, né falso. Orbene, dato che non abbiamo alcuna altra fonte di conoscenza, all'infuori di queste due, segue
235 allora che l'errore viene provocato soltanto dall'influsso inavvertito della sensibilità sull'intelletto: onde avviene che i fondamenti soggettivi del giudizio confluiscano con quelli oggettivi, e li facciano deviare dalla loro destinazione[1]. Allo stesso modo, un corpo in moto si terrebbe sempre, per sé, su di una linea retta, nella medesima direzione; quest'ultima tuttavia viene modificata in un moto curvilineo, se al tempo stesso un'altra forza influisce su tale corpo secondo una direzione differente. Per distinguere l'atto peculiare dell'intelletto dalla forza che vi si mescola, sarà perciò necessario considerare il giudizio erroneo come la diagonale tra due forze, che determinano il giudizio secondo due direzioni differenti (formanti per cosí dire un angolo), e risolvere quell'effetto composto negli effetti semplici dell'intelletto e della sensibilità. Ciò deve accadere, nei giudizi puri *a priori*, mediante la riflessione trascendentale, la quale (come abbiamo già mostrato) assegna ad ogni rappresentazione il suo posto, nella capacità conoscitiva ad essa spettante, e quindi distingue l'influsso di tale capacità sulla rappresentazione in questione.

235 32 [1] La sensibilità, sottoposta all'intelletto — in quanto essa è l'oggetto cui l'intelletto applica la sua funzione — è la fonte delle conoscenze reali. Proprio la stessa sensibilità, peraltro, in quanto influisce sull'atto stesso dell'intelletto e determina quest'ultimo al giudicare, è il fondamento dell'errore.

Il nostro compito non consiste qui nel trattare dell'illusione empirica (per esempio, dell'illusione ottica), che si incontra nell'uso empirico di regole dell'intelletto (per altri rispetti giuste), e dalla quale la capacità di giudizio è fuorviata, attraverso l'influsso dell'immaginazione. Piuttosto, noi abbiamo a che fare soltanto con l'*illusione trascendentale*, la quale influisce su proposizioni fondamentali, il cui uso non mira mai all'esperienza (nel caso che esse si applicassero all'esperienza, noi avremmo almeno una pietra di paragone per la loro correttezza); quest'illusione, anzi, a dispetto di tutti gli avvertimenti della critica, ci conduce completamente al di là dell'uso empirico delle categorie, e ci tiene a bada col miraggio di un'estensione dell'*intelletto puro*. Le proposizioni fondamentali, la cui applicazione si mantiene interamente nei limiti di un'esperienza possibile, le chiameremo *immanenti*; quelle invece, che tendono a sorpassare questi limiti, le chiameremo proposizioni fondamentali *trascendenti*. Parlando di queste ultime proposizioni, peraltro, io non intendo riferirmi all'uso *trascendentale* — o abuso — delle categorie, che è un 236
semplice errore della capacità di giudizio (non imbrigliata convenientemente dalla critica), la quale non bada abbastanza ai limiti della sola sfera, entro cui sia concesso all'intelletto puro di muoversi; piuttosto, intendo riferirmi a reali proposizioni fondamentali, che ci spingono ad abbattere quelle barriere, e ad usurpare un territorio del tutto nuovo, che non riconosce da nessuna parte una linea di demarcazione. Per tale ragione, *trascendentale* e *trascendente* non significano la stessa cosa. Le proposizioni fondamentali dell'intelletto puro, che abbiamo esposto sopra, sono destinate ad essere semplicemente di uso empirico, e non già di uso trascendentale, cioè oltrepassante i limiti dell'esperienza. Una proposizione fondamentale, peraltro, che elimini queste barriere, anzi, imponga di oltrepassarle, si chiama *tra-*

scendente. Se la nostra critica può giungere al punto di scoprire l'illusione di queste presunte proposizioni fondamentali, allora quelle proposizioni fondamentali dell'uso semplicemente empirico potranno venir chiamate, in antitesi a queste ultime, proposizioni fondamentali *immanenti* dell'intelletto puro.

L'illusione logica, che consiste nella semplice imitazione della forma della ragione (l'illusione dei sillogismi sofistici), sorge unicamente da una mancanza di attenzione alla regola logica. Perciò, non appena tale attenzione viene concentrata sul caso in questione, l'illusione logica si dissolve completamente. Per contro, l'illusione trascendentale non scompare, quand'anche sia già stata svelata, e si sia scorta chiaramente la sua nullità mediante la critica trascendentale (per esempio, l'illusione nella proposizione: il mondo deve avere un principio nel tempo). La causa di ciò è la seguente: nella nostra ragione (considerata soggettivamente come una facoltà conoscitiva umana) si ritrovano regole fondamentali e massime del suo uso, le quali hanno perfettamente l'aspetto di proposizioni fondamentali oggettive, e per opera delle quali accade che la necessità soggettiva di una certa connessione dei nostri concetti a favore dell'intelletto venga considerata come una necessità oggettiva nella determinazione delle cose in se stesse. È un'*illusione*, questa, che non può assolutamente essere evitata, allo stesso modo che non possiamo evitare che il mare ci appaia piú alto in distanza che in prossimità della spiaggia, in quanto nel primo caso lo vediamo mediante raggi luminosi piú alti che nel secondo, o per scegliere un esempio ancora piú notevole, allo stesso modo che neppure l'astronomo può impedire che la luna gli appaia piú grande nel sorgere, sebbene egli non venga ingannato da questa illusione.

La dialettica trascendentale si accontenterà perciò di svelare l'illusione dei giudizi trascendenti, e al tempo stesso di impedire che questa tragga in inganno. La dialettica trascendentale, tuttavia, non riuscirà mai a far sí 237 che tale illusione (com'è invece possibile per l'illusione logica) si dissolva addirittura e cessi di essere un'illusione. In effetti, noi abbiamo a che fare con un'illusione naturale e inevitabile, che si fonda essa stessa su proposizioni fondamentali soggettive, facendole passare per oggettive; la dialettica logica, per contro, nel risolvere i sillogismi sofistici, ha a che fare soltanto con un errore nell'applicazione delle proposizioni fondamentali, o con un'illusione artificiosa, nella loro imitazione. Sussiste perciò una dialettica naturale ed inevitabile della ragione pura; non si tratta di una dialettica, in cui eventualmente s'immischi, per mancanza di cognizioni, un incompetente, o che sia stata escogitata artificiosamente da un qualche sofista, allo scopo di confondere le persone assennate, ma si tratta piuttosto della dialettica, che inerisce in modo ineliminabile alla ragione umana, e che, anche dopo la nostra rivelazione della sua illusorietà, non cesserà tuttavia di adescare la nostra ragione, e di precipitarla incessantemente in momentanei errori, i quali dovranno ogni volta venir rimossi.

II.

Della ragione pura, come sede dell'illusione trascendentale

A

Della ragione in generale

Ogni nostra conoscenza prende inizio dai sensi, di qui procede verso l'intelletto, e finisce nella ragione: al di sopra della ragione, non si trova in noi nulla di piú alto, per elaborare la materia dell'intuizione, e per sottoporla all'unità suprema del pensiero. Ora che devo dare una spiegazione di questa suprema capacità di conoscenza, mi trovo in un certo imbarazzo. Della ragione, come dell'in-

telletto, vi è un uso semplicemente formale, cioè logico, in cui la ragione astrae da ogni contenuto della conoscenza; tuttavia, di essa vi è anche un uso reale, in quanto la ragione stessa contiene l'origine di certi concetti e di certe proposizioni fondamentali, che essa non deriva né dai sensi né dall'intelletto. Orbene, la prima di queste facoltà già da lungo tempo è stata definita dai logici come la facoltà di inferire mediatamente (per distinguerla dalle inferenze immediate, *consequentiae immediatae*); con ciò, tuttavia, non si riesce ancora a comprendere la seconda facoltà, che produce
238 essa stessa concetti. Ora, poiché qui si presenta una suddivisione della ragione in una facoltà logica ed in una trascendentale, deve venir ricercato un concetto piú alto di questa fonte conoscitiva, il quale comprenda sotto di sé entrambi i concetti. Tuttavia, secondo l'analogia con i concetti dell'intelletto, possiamo attenderci che il concetto logico ci fornisca al tempo stesso la chiave di quello trascendentale, e che la tavola delle funzioni dei concetti dell'intelletto ci dia al tempo stesso la linea genealogica dei concetti della ragione.

Nella prima parte della nostra logica trascendentale, abbiamo definito l'intelletto come la facoltà delle regole; qui noi distinguiamo la ragione dall'intelletto, col chiamarla la facoltà dei principî.

Il termine principio è ambiguo, e comunemente significa soltanto una conoscenza, che può venir usata come principio, sebbene in se stessa, e per la sua propria origine, essa non sia affatto un *principium*. Ogni proposizione universale, quand'anche sia desunta dall'esperienza (mediante induzione), può servire da premessa maggiore in un sillogismo. Ma non per questo si ha una proposizione, che sia essa stessa un *principium*. Gli assiomi matematici (per esempio, tra due punti può esservi una sola linea retta) sono anzi conoscenze universali *a priori*, e perciò vengono giustamente chiamati principî, relativamente ai casi che possono venir sussunti sotto di essi. Ma non per questo posso dire, che tale proprietà delle linee rette, in generale e in sé, io la conosca in base a principî; devo dire piuttosto, che la conosco soltanto nell'intuizione pura.

Chiamerò conoscenza in base a principî, perciò, quella in cui conosco il particolare nell'universale, mediante concetti. Cosí, ogni sillogismo è allora una forma della derivazione di una conoscenza da un principio. In effetti, la premessa maggiore dà sempre un concetto, il quale fa sí che tutto ciò che è sussunto sotto la condizione di esso venga conosciuto in base a tale concetto, secondo un principio. Orbene, poiché ogni conoscenza universale può servire da premessa maggiore in un sillogismo, e poiché l'intelletto offre siffatte proposizioni universali *a priori*, queste proposizioni possono allora, a riguardo del loro uso possibile, essere chiamate principî.

Ma se consideriamo queste proposizioni fondamentali dell'intelletto puro in se stesse, secondo la loro origine, troviamo che da nulla esse sono tanto lontane quanto dall'essere conoscenze in base a concetti. In effetti, esse non sarebbero neppure possibili *a priori*, se noi non facessimo intervenire l'intuizione pura (nella matematica), oppure le condizioni di un'esperienza possibile in generale. Che tutto ciò che accade abbia una causa, non può essere dedotto dal concetto **239**
di ciò che in generale accade; piuttosto, tale proposizione fondamentale mostra il solo modo in cui si possa ottenere un determinato concetto di esperienza da ciò che accade.

Di conseguenza, l'intelletto non può affatto fornire conoscenze sintetiche fondate su concetti: ora, sono propriamente tali conoscenze, che io chiamo principî in modo assoluto. Tutte le proposizioni universali, in generale, possono per contro chiamarsi principî relativi.

Un antico desiderio, che un giorno — chissà quando — sarà forse esaudito, è che si possa scoprire, in luogo dell'infinita molteplicità delle leggi civili, i loro principî. Soltanto in ciò, difatti, può consistere il segreto per semplificare — come si dice — la legislazione. In questo caso, tuttavia, le leggi sono soltanto limitazioni della nostra libertà entro condizioni, per cui essa si accordi pienamente con se stessa; perciò, esse si riferiscono a qualcosa, che è in tutto nostra propria opera, e di cui noi stessi possiamo essere la causa, mediante quei concetti. Ma che gli oggetti in se stessi — che la natura delle cose — siano subordinati a principî e debbano venir determinati secondo semplici concetti, se non è qualcosa di impossibile, è almeno una pretesa molto assurda. Comunque stiano le cose a questo riguardo (poiché su tale argomento la nostra indagine è ancora da condursi), da quanto si è detto risulta almeno chiaro, che la conoscenza in base a principî (in se stessi) è qualcosa di completamente diverso dalla semplice conoscenza dell'intelletto, la quale può bensí, in forma di un principio, precedere altre conoscenze, ma in se stessa (in quanto è sintetica) non si fonda sul semplice pensiero, né contiene in sé un universale secondo concetti.

Se l'intelletto è una facoltà di dare unità alle apparenze mediante le regole, la ragione è allora la facoltà di dare unità alle regole dell'intelletto, in base a principî. Perciò la ragione non si rivolge mai direttamente all'esperienza, o ad un qualche oggetto, ma si indirizza all'intelletto, per dare *a priori*, mediante concetti, un'unità alle molteplici conoscenze di esso: tale unità può chiamarsi unità della ragione, ed è di natura del tutto differente dall'unità che può essere prodotta dall'intelletto.

Tale è il concetto generale della facoltà di ragione, per quanto si è potuto renderlo comprensibile, in assenza completa di esempi (questi saranno forniti solo in seguito).

240 *B*

Sull'uso logico della ragione

Di solito si fa una distinzione tra ciò che è immediatamente conosciuto e ciò che è soltanto dedotto. Che in una figura, delimitata da linee rette, vi siano tre angoli, viene immediatamente conosciuto; ma che questi angoli, presi assieme, siano uguali a due retti, è soltanto dedotto. Poiché noi abbiamo costantemente bisogno di inferire, e in tal modo finiamo di abituarci completamente a ciò, allora non notiamo piú, alla fine, questa differenza, e spesso, come avviene per la cosiddetta illusione dei sensi, consideriamo come immediatamente percepito un qualcosa che invece abbiamo solo dedotto. In ogni inferenza, vi è una proposizione che sta alla base; un'altra proposizione, cioè la conseguenza tratta dalla prima proposizione; ed infine la successione inferenziale (rapporto conseguenziale), in base alla quale la verità della seconda proposizione è connessa infallibilmente alla verità della prima. Se il giudizio dedotto è già contenuto nella prima proposizione, in modo tale che ne possa venir derivato senza mediazione di una terza rappresentazione, allora l'inferenza si dice immediata (*consequentia immediata*); io preferirei chiamarla inferenza dell'intelletto. Se invece, oltre alla conoscenza posta alla base, è necessario ancora un altro giudizio per produrre la conclusione, l'inferenza si chiama inferenza della ragione (sillogismo). Nella proposizione: tutti gli uomini sono mortali, sono già contenute le proposizioni: alcuni uomini sono mortali, alcuni mortali sono uomini, nulla di ciò che è immortale è un uomo; si tratta perciò di conseguenze immediate della prima proposizione. Per contro, nel giudizio posto alla base non è contenuta la proposizione: tutti i dotti sono mortali (poiché il concetto di dotti non si presenta affatto in quel giudizio), ed essa può venir dedotta dal giudizio posto alla base solo mediante un giudizio intermedio.

In ogni sillogismo, io penso anzitutto, mediante l'intelletto, una regola (*major*). In secondo luogo, io sussumo, mediante la capacità di giudizio, una conoscenza sotto la condizione della regola (*minor*). Infine, io determino la mia conoscenza

mediante il predicato della regola (*conclusio*), e quindi la determino *a priori*, mediante la ragione. Il rapporto, rappresentato dalla premessa maggiore — intesa come regola — tra una conoscenza e la sua condizione, costituisce perciò le differenti specie di sillogismi. Essi sono
241 quindi di tre specie — appunto come tutti i giudizi in generale — in quanto si distinguono per la maniera in cui esprimono la relazione della conoscenza nell'intelletto: cioè, sono sillogismi categorici, o ipotetici, o disgiuntivi.

Quando la conclusione, come avviene spesso, è proposta come un giudizio, per vedere se questo non discenda da giudizi già dati, mediante i quali cioè venga pensato un oggetto del tutto differente, io ricerco allora nell'intelletto l'asserzione di questa conclusione, per scoprire se tale asserzione non si ritrovi nell'intelletto sotto certe condizioni e secondo una regola universale. Se io trovo poi una siffatta condizione, e se l'oggetto della conclusione si può sussumere sotto la condizione data, allora la conclusione è dedotta dalla regola, che vale altresí per altri oggetti della conoscenza. Da ciò si vede che la ragione, nell'inferire, cerca di ridurre la grande molteplicità della conoscenza dell'intelletto al minimo numero di principî (condizioni universali), e di operare cosí la suprema unità della conoscenza.

C

Sull'uso puro della ragione

La questione, di cui ci occuperemo ora — solo in via preliminare — è la seguente: si può isolare la ragione, e in tal caso è essa ancora una peculiare fonte di concetti e di giudizi, che sorgono unicamente da essa, e mediante cui essa si riferisce ad oggetti, oppure è essa una facoltà, semplicemente subalterna, di fornire a conoscenze date una

certa forma, che si chiama logica, e mediante cui le conoscenze dell'intelletto sono unicamente subordinate le une alle altre e le regole inferiori sono sottoposte ad altre regole, superiori (la cui condizione comprende nella sua sfera la condizione delle regole inferiori), per quanto ciò può essere realizzato attraverso il raffronto di tali conoscenze e regole? In realtà, la molteplicità delle regole e l'unità dei principî costituiscono un'esigenza della ragione, per portare l'intelletto ad un perfetto accordo con se stesso, allo stesso modo che l'intelletto sottomette a concetti il molteplice dell'intuizione, portandola cosí ad una connessione. Ma una siffatta proposizione fondamentale non prescrive alcuna legge agli oggetti, e non contiene in generale il fondamento della possibilità di conoscerli e di determinarli come tali. Tale proposizione, piuttosto, è semplicemente una legge soggettiva di economia, per amministrare le scorte del nostro intelletto, riducendo, mediante un raffronto dei suoi concetti, il loro uso generale al minimo numero possibile **242**
di essi, senza che si sia per questo autorizzati ad esigere dagli oggetti stessi un'uniformità tale che favorisca la comodità e l'estensione del nostro intelletto, e a dare al tempo stesso una validità oggettiva a quella massima. In una parola, la questione sta nel vedere, se la ragione in sé, cioè la ragione pura *a priori*, contenga proposizioni fondamentali sintetiche e regole sintetiche, e in che cosa possano consistere questi principî.

Il procedimento formale e logico della ragione nei sillogismi ci fornisce già un sufficiente accenno a riguardo del fondamento, su cui si baserà il principio trascendentale della ragione, nella conoscenza sintetica mediante la ragione pura.

I n p r i m o l u o g o, il sillogismo si riferisce, non già ad intuizioni, per sottoporle a regole (come invece fa l'intelletto con le sue categorie), bensí a concetti e giudizi. Perciò, anche se la ragione pura si riferisce ad oggetti, essa tuttavia non è affatto in relazione immediata con gli oggetti e la loro intuizione, ma si riferisce soltanto all'intelletto e ai suoi giudizi, i quali, per determinare il loro oggetto, si rivolgono direttamente ai sensi e all'intuizione di questi. L'unità della ragione non è quindi unità di un'esperienza possibile, ma è essenzialmente distinta da tale unità, che è l'unità dell'intelletto. Che tutto ciò che accade abbia una causa, non è affatto una proposizione fondamentale conosciuta e prescritta dalla ragione. Tale proposizione rende possibile l'unità dell'esperienza, e non prende a prestito nulla dalla ragione: quest'ultima, senza tale relazione ad un'esperienza possibile, non avrebbe mai potuto imporre, in base a semplici concetti, una siffatta unità sintetica.

In secondo luogo la ragione, nel suo uso logico, cerca la condizione universale del suo giudizio (della conclusione), e il sillogismo stesso non è altro che un giudizio, ottenuto mediante la sussunzione della sua condizione sotto una regola universale (premessa maggiore). Ma in quanto questa regola è esposta a sua volta a un medesimo tentativo della ragione, e in tal modo si deve cercare sinché è possibile (mediante un prosillogismo) la condizione della condizione, si vede allora chiaramente che la proposizione fondamentale peculiare della ragione in generale (nell'uso logico) consiste nel trovare, per la conoscenza condizionata dell'intelletto, l'incondizionato con cui venga completata l'unità di tale conoscenza.

243 Questa massima logica non può peraltro diventare un principio della *ragione pura*, se non quando si assuma che, se il condizionato è dato, è data altresí (cioè, è contenuta nell'oggetto e nella sua connessione) l'intera serie delle condizioni subordinate le une alle altre, la quale è quindi essa stessa incondizionata.

Una tale proposizione fondamentale della ragione pura, peraltro, è evidentemente *sintetica*; in effetti, il condizionato si riferisce bensí analiticamente ad una qualche condizione, ma non già all'incondizionato. Da tale proposizione debbono inoltre derivare diverse proposizioni sintetiche, perfettamente ignorate dall'intelletto puro, poiché quest'ultimo ha a che fare soltanto con oggetti di un'esperienza possibile, la conoscenza e la sintesi dei quali sono sempre condizionate. L'incondizionato, invece, se ha realmente luogo, dev'essere specialmente considerato secondo tutte le determinazioni che lo distinguono da ogni condizionato, e deve in tal modo offrire materia per parecchie proposizioni sintetiche *a priori*.

Le proposizioni fondamentali, che sorgono da questo supremo principio della ragione pura, saranno peraltro trascendenti, rispetto a tutte le apparenze; ossia, non si potrà mai fare un uso empirico di tale principio, che sia adeguato ad esso. Questo principio si distinguerà dunque completamente da tutte le proposizioni fondamentali dell'intelletto (il cui uso è del tutto immanente, in quanto esse hanno come unico tema la possibilità dell'esperienza). Orbene, il nostro compito nella dialettica trascendentale, che ora svilupperemo partendo dalle sue fonti, le quali sono profondamente celate nella ragione umana, è il seguente: vedere se la suddetta proposizione fondamentale, secondo cui la serie delle condizioni (nella sintesi delle apparenze, o anche del pensiero delle cose in generale) si estende sino all'incondizionato, abbia oppure no una sua esattezza oggettiva; determinare quali conseguenze derivino da ciò rispetto all'uso empirico dell'intelletto, o se piuttosto non esista assolutamente una siffatta proposizione oggettivamente valida della ragione, ed esista invece una norma semplicemente logica, la quale prescriva di avvicinarsi, nell'ascendere verso condizioni sempre piú alte, alla completezza di queste, e di far entrare cosí nella nostra conoscenza la piú alta unità per noi possibile della ragione; scoprire — dico — se questo bisogno della ragione, per un equivoco, sia stato considerato come una proposizione fondamentale trascendentale della ragione pura, proposizione che postula affrettatamente una siffatta illimitata compiutezza della serie delle

condizioni negli oggetti stessi; in questo caso, poi, trovare quali fraintendimenti e quali illusioni possano essersi insinuati nei sillogismi, la cui premessa maggiore sia stata fornita dalla ragione pura (premessa che costituisce forse
244 piú una petizione che un postulato), e che ascendano dall'esperienza sino alle sue condizioni. Divideremo la dialettica trascendentale in due parti: la *prima* di queste tratterà dei *concetti trascendenti* della ragione pura, la *seconda* dei *sillogismi dialettici* e trascendenti della ragione pura.

LIBRO PRIMO

SUI CONCETTI DELLA RAGIONE PURA

Comunque stiano le cose riguardo alla possibilità dei concetti basati sulla ragione pura, si tratta però di concetti ottenuti non semplicemente per riflessione, bensí per inferenza. I concetti dell'intelletto sono altresí pensati *a priori*, anteriormente all'esperienza e in vista dell'esperienza; essi però non contengono null'altro se non l'unità della riflessione sulle apparenze, in quanto queste debbono necessariamente appartenere ad una coscienza empirica possibile. Solo mediante essi risulta possibile la conoscenza e la determinazione di un oggetto. Essi per primi, dunque, forniscono una materia per inferire, e non sono preceduti in alcun modo da concetti *a priori* di oggetti, onde essi possano venir dedotti. Per contro, la loro realtà oggettiva si fonda unicamente sul fatto che, in quanto essi costituiscono la forma intellettuale di ogni esperienza, la loro applicazione dovrà sempre poter essere indicata nell'esperienza.

La denominazione di concetto della ragione, peraltro, mostra già, preventivamente, che tale concetto non vuol lasciarsi circoscrivere entro l'esperienza, poiché esso ri-

guarda una conoscenza, di cui ogni conoscenza empirica (e forse la totalità dell'esperienza possibile, o della sua sintesi empirica) è soltanto una parte, e sino a cui, senza dubbio, non c'è esperienza reale che giunga mai pienamente, sebbene ogni esperienza reale vi appartenga sempre. I concetti della ragione servono per comprendere, cosí come i concetti dell'intelletto servono per intendere (le percezioni). Se i concetti della ragione contengono l'incondizionato, essi riguardano allora un qualcosa, cui ogni esperienza è subordinata, ma che non è mai esso stesso un oggetto dell'esperienza: un qualcosa, cui la ragione, nelle sue inferenze dall'esperienza, conduce, e in base a cui essa valuta e misura il grado del proprio uso empirico, un qualcosa, però, che non costituisce mai un **245**
termine della sintesi empirica. Se tali concetti hanno nondimeno una validità oggettiva, essi possono allora chiamarsi *conceptus ratiocinati* (concetti correttamente dedotti); in caso contrario, essi sono ottenuti sofisticamente — in ogni caso con un'illusione di inferenza — e possono venir chiamati *conceptus ratiocinantes* (concetti raziocinanti). Tuttavia, poiché ciò potrà essere trattato esaurientemente soltanto nel capitolo sulle inferenze dialettiche, non possiamo per ora considerare la questione, e ci accontentiamo in via preliminare, allo stesso modo che abbiamo chiamato categorie i concetti puri dell'intelletto, di attribuire un nuovo nome ai concetti della ragione pura, chiamandoli idee trascendentali: tale denominazione, peraltro, ora la spiegheremo e la giustificheremo.

Sezione prima

DELLE IDEE IN GENERALE

Nonostante la grande ricchezza delle nostre lingue, il pensatore si trova spesso in imbarazzo riguardo ad una espressione che si adatti esattamente al suo concetto, mancando della quale egli non può farsi intendere rettamente dagli altri, e neppure da se stesso. Coniare nuove parole, è una pretesa di legiferare in materia di linguaggio, la quale di rado ha successo; e prima di ricorrere a questo mezzo disperato, è consigliabile cercare in una lingua morta e dotta, per vedere se non vi si trovi questo concetto assieme alla sua espressione adeguata. E quand'anche l'uso antico di tale espressione sia risultato un po' incerto, per inavvedutezza dei suoi autori, è tuttavia meglio rafforzare il significato che precipuamente le era proprio (dovesse pur rimanere il dubbio, che in quel tempo la si sia intesa precisamente in tale significato), piuttosto che mandare a vuoto il nostro compito, per il fatto di renderci incomprensibili.

Per tale ragione, se per un certo concetto si ritrova eventualmente un'unica parola, che nel suo significato tradizionale si adatti esattamente a questo concetto, e se la distinzione di tale concetto da altri concetti affini ha una grande importanza, è allora consigliabile non già di servirsi prodigalmente di essa, o di usarla sinonimicamente in luogo di altre parole, con l'unico scopo di variare i termini, bensí di conservarle accuratamente il suo signifi-
246 cato peculiare. In caso contrario, difatti, avviene facilmente che l'espressione non attiri piú in modo speciale l'attenzione, e si perda piuttosto nella folla di altre espressioni, di significato assai divergente, cosicché andrà perduto anche il pensiero, che quella sola espressione avrebbe potuto conservare.

Platone si serví del termine idea in un modo, onde si vede bene che egli ha inteso esprimere con esso un qualcosa, che non soltanto non è mai derivato dai sensi, ma che oltrepassa di molto persino i concetti dell'intelletto (di cui si occupò Aristotele), in quanto nell'esperienza non si ritrova mai alcunché che vi sia adeguato. Per lui, le idee sono archetipi delle cose stesse, e non semplicemente, come le categorie, chiavi per accedere ad esperienze possibili. Secondo la sua opinione, le idee emanarono dalla ragione suprema, onde furono partecipate alla ragione umana: quest'ultima, peraltro, adesso non si trova piú nel suo stato originario, ma deve richiamare faticosamente, attraverso la reminiscenza (che si chiama filosofia), le vecchie idee, ora assai oscurate. Non entrerò qui in una discussione letteraria, per stabilire esaurientemente il senso, con cui quel sublime filosofo congiungeva tale espressione. Osservo soltanto che non vi è nulla d'insolito nel fatto che — tanto nelle conversazioni comuni quanto negli scritti, e mediante il raffronto dei pensieri espressi da un autore sul suo oggetto — si possa intendere l'autore anche meglio di quanto egli intendesse se stesso: può accadere infatti, che costui non abbia determinato sufficientemente il suo concetto, e cosí abbia talvolta parlato, o anche pensato, contrariamente alla propria intenzione.

P l a t o n e vide molto bene, che la nostra capacità conoscitiva sente un bisogno assai piú alto, che semplicemente di compitare apparenze secondo un'unità sintetica, per poterle leggere come esperienza; e notò benissimo che la nostra ragione si innalza per propria natura verso conoscenze, le quali procedono troppo oltre, perché sia mai possibile ad un qualsiasi oggetto, che possa essere dato dall'esperienza, di corrispondere ad esse, e le quali nondimeno hanno una loro realtà e non sono affatto semplici chimere.

Platone trovò principalmente le sue idee in tutto ciò che è pratico[1], ossia in ciò che si fonda sulla libertà:

[1] Certo, egli estese il suo concetto altresí a conoscenze speculative, 33 246
purché fossero pure, e date pienamente *a priori*. Egli lo estese persino alla matematica, sebbene questa non trovi il suo oggetto altrove che nell'esperienza p o s s i b i l e. Su questo punto, orbene, non posso seguirlo, allo stesso modo che non posso seguirlo nella deduzione mistica di queste idee, o nelle esagerazioni, con cui egli, per cosí dire, le ipostatizzò; tuttavia, il linguaggio elevato, di cui egli si serviva in questo campo, può certo giusti- 34 247
ficare un'interpretazione piú mite e conveniente alla natura delle cose.

quest'ultima, dal canto suo, fa parte delle conoscenze,
247 che sono un prodotto peculiare della ragione. Chi volesse attingere i concetti della virtú dall'esperienza, e volesse trasformare (come molti hanno realmente fatto) ciò che nel caso migliore può servire da esempio per una spiegazione imperfetta in un modello per una fonte di conoscenza, farebbe della virtú un non ente equivoco, variabile secondo i tempi e le circostanze, del tutto inservibile come regola. Ogni uomo si accorge invece, quando gli venga presentato qualcuno come modello della virtú, di possedere sempre, semplicemente nella propria testa, il vero originale, con cui egli paragona questo presunto modello, e in base a cui soltanto lo valuta. Tale originale, peraltro, è l'idea della virtú, rispetto alla quale tutti i possibili oggetti dell'esperienza servono bensí da esempi (prove della fattibilità, in certo grado, di ciò che è richiesto dal concetto della ragione), ma non da archetipi. Il fatto che un uomo non agirà mai adeguatamente a ciò che è contenuto nell'idea pura della virtú, non dimostra affatto un qualcosa di chimerico in questo pensiero. In effetti, ogni giudizio sul valore morale o la mancanza del valore morale è nondimeno possibile solo mediante questa idea; essa si trova quindi necessariamente alla base di ogni avvicinamento alla perfezione morale, per quanto lontano da questa perfezione possano tenerci gli ostacoli contenuti nella natura umana, e non determinabili nel loro grado.

La Repubblica platonica è diventata proverbiale come esempio — che si presume lampante — di una perfezione chimerica, tale da poter avere la sua sede soltanto nel cervello di un pensatore ozioso; e Brucker trova ridicola l'asserzione del filosofo, secondo la quale un principe non governerà mai bene, se non parteciperà delle idee. Eppure si farebbe meglio a ponderare di piú questo pensiero e a metterlo in luce con nuovi sforzi (là dove questo eccellente filosofo ci lascia

senza aiuto), piuttosto che gettarlo da parte come inutile, con il pretesto — assai misero e dannoso — della sua irrealizzabilità. Una costituzione della *libertà umana — la piú grande possibile* — secondo leggi, le quali facciano sí *che la libertà di ciascuno possa sussistere assieme a quella degli altri* (non già una costituzione della piú grande felicità, poiché questa seguirà già da sé), è in ogni caso un'idea necessaria, la quale dev'essere posta a fondamento, non soltanto del primo disegno di una costituzione politica, 248
ma altresí di tutte le leggi. Nel far ciò, si deve astrarre inizialmente dagli ostacoli presenti, i quali forse possono sorgere, non tanto inevitabilmente dalla natura umana, quanto piuttosto dalla trascuratezza verso le idee autentiche, nella legislazione. In effetti, non può trovarsi nulla di piú dannoso, e di piú indegno di un filosofo, che un volgare appello ad un presunto contrasto dell'esperienza: tale contrasto, tuttavia, non esisterebbe affatto, se a tempo opportuno quelle istituzioni fossero state foggiate in conformità delle idee, e se, in luogo di queste, concetti rozzi (appunto perché attinti dall'esperienza) non avessero resa vana ogni buona intenzione. Quanto piú la legislazione ed il governo saranno indirizzati in accordo con questa idea, tanto piú rare risulteranno senza dubbio le punizioni; ed è allora del tutto ragionevole (come sostiene Platone), che in un perfetto ordinamento della legislazione e del governo non sarebbe piú necessaria alcuna pena. Ora, sebbene quest'ultimo caso non possa mai realizzarsi, è tuttavia perfettamente giusta l'idea, la quale propone questo *maximum* come archetipo, per far sí che in base ad esso la costituzione giuridica degli uomini si avvicini sempre piú alla perfezione piú grande possibile. In effetti, quale possa essere il grado supremo, cui deve arrestarsi l'umanità, e quanto grande possa quindi essere l'abisso, che rimane necessariamente aperto tra l'idea e la sua realizzazione, nessuno può né deve determinarlo, appunto

per il fatto che spetta alla libertà, di oltrepassare ogni limite assegnato.

Peraltro, non è soltanto là, dove la ragione umana mostra una vera causalità, e dove le idee diventano cause efficienti (delle azioni e dei loro oggetti), ossia, non è soltanto nel campo etico, ma è altresí a riguardo della natura stessa, che Platone vede, e con ragione, chiare prove di un'origine dalle idee. Una pianta, un animale, l'ordinamento regolare del sistema cosmico (presumibilmente quindi, anche l'intero ordine della natura), mostrano chiaramente che tutto ciò è possibile solo secondo idee; che, a dire il vero, nessuna singola creatura, sotto le condizioni singolari della sua esistenza, è adeguata all'idea di ciò che è massimamente perfetto nella sua specie (allo stesso modo che l'uomo non è adeguato a quell'idea dell'umanità, che nondimeno egli stesso porta, come archetipo delle sue azioni, nella propria anima); che quelle idee, tuttavia, nell'intelletto supremo, sono singole, immutabili, completamente determinate e cause originarie delle cose; e che unicamente e soltanto la totalità della connessione delle cose nell'universo è pienamente adeguata a
249 quell'idea. Mettendo da parte quello che c'è di esagerato nell'espressione di questo filosofo, certo lo slancio del suo spirito, per sollevarsi da una speculazione, che considera come copia ciò che vi è di fisico nel sistema del mondo, alla connessione architettonica di tale sistema secondo fini, cioè secondo idee, indica uno sforzo, che merita di essere rispettato e imitato. Per quanto riguarda invece i principî della moralità, della legislazione e della religione — là dove sono soltanto le idee, a rendere possibile l'esperienza stessa (del bene), sebbene esse non possano mai venire espresse pienamente nell'esperienza — quello di Platone è un merito del tutto peculiare, il quale non viene riconosciuto solo per il fatto che lo si giudica proprio attraverso le regole empiriche, la validità delle quali — come principî — era destinata a venir distrutta appunto mediante le

idee. Riguardo alla natura, difatti, l'esperienza ci fornisce la regola, ed è la fonte della verità; rispetto alle leggi morali, invece, l'esperienza (purtroppo) è la madre dell'illusione, e supremamente riprovevole è il desumere le leggi di quel che io devo fare da ciò che viene fatto, o il voler limitare la prima cosa mediante la seconda.

Anziché dedicarci a tutte queste considerazioni, il cui conveniente sviluppo costituisce invero la dignità peculiare della filosofia, noi ci occuperemo ora di un lavoro, non cosí brillante, ma neppure immeritevole, ossia ci sforzeremo di appianare e di consolidare, per quei maestosi edifici morali, un terreno, in cui si trovano ogni sorta di cunicoli di talpe, che sono stati scavati da una ragione vanamente — ma fiduciosamente — in cerca di tesori, e che rendono malsicura quella costruzione. Di conseguenza, è ora nostro dovere, di conoscere con precisione l'uso trascendentale della ragione pura, i suoi principî e le sue idee, al fine di poter determinare e apprezzare convenientemente l'influsso e il valore della ragione pura. Tuttavia, prima di concludere quest'introduzione preliminare, prego coloro, cui sta a cuore la filosofia (che la filosofia stia a cuore si dice piú di quanto sia comunemente vero), di prendere sotto la loro protezione — se si troveranno convinti da ciò che diciamo e da quello che seguirà — il termine idea nel suo significato originario, perché esso non si perda in avvenire tra gli altri termini, con cui solitamente si designano, in negligente disordine, svariate specie di rappresentazioni, e perché la scienza non ci scapiti. Eppure a noi non mancano le denominazioni, che siano convenientemente adeguate ad ogni specie di rappresentazioni, senza che abbiamo bisogno di usurpare termini che sono proprietà di un'altra specie di rappresentazioni. Ecco, in successione graduale, tali denominazioni. Il genere è la rappresentazione in generale (*repraesentatio*). Sotto ad esso
sta la rappresentazione con coscienza (*perceptio*). Una 250
percezione, che si riferisca unicamente al soggetto,

come modificazione del suo stato, è sensazione (*sensatio*); una percezione oggettiva è conoscenza (*cognitio*). Quest'ultima, o è intuizione, o è concetto (*intuitus vel conceptus*). La prima si riferisce immediatamente all'oggetto ed è singolare; il secondo si riferisce mediatamente all'oggetto, attraverso un segno distintivo, che può essere comune a parecchie cose. Il concetto, o è empirico, o è puro, e il concetto puro, in quanto trova la sua origine unicamente nell'intelletto (non già nell'immagine pura della sensibilità), si dice *notio*. Un concetto basato su nozioni, il quale oltrepassi la possibilità dell'esperienza, è l'idea, ovvero concetto della ragione. Per chi si sia ormai abituato a questa distinzione, deve riuscire insopportabile il sentir chiamare idea la rappresentazione del colore rosso. Tale rappresentazione non può neppure essere chiamata nozione (concetto dell'intelletto).

Sezione seconda

DELLE IDEE TRASCENDENTALI

L'analitica trascendentale ci ha fornito un esempio del modo in cui la semplice forma logica della nostra conoscenza può contenere l'origine di concetti puri *a priori*, che rappresentano oggetti anteriormente ad ogni esperienza, o piuttosto indicano l'unità sintetica, la quale sola rende possibile una conoscenza empirica di oggetti. Come si è visto, la forma dei giudizi (mutata in un concetto della sintesi delle intuizioni) produce categorie, che dirigono ogni uso dell'intelletto nell'esperienza. Allo stesso modo, possiamo attenderci che la forma dei sillogismi, se applicata all'unità sintetica delle intuizioni, secondo la norma delle categorie, conterrà l'origine di particolari concetti *a priori*, che possiamo chiamare concetti puri della ragione, o idee trascendentali, e che determineranno l'uso dell'intelletto nella totalità dell'esperienza, secondo principî.

La funzione della ragione nelle sue inferenze, come si è detto, consiste nell'universalità della conoscenza secondo concetti, ed il sillogismo stesso è un giudizio, che viene determinato *a priori* nell'intera estensione della sua condi- 251
zione. La proposizione: Caio è mortale, io potrei anche attingerla dall'esperienza, semplicemente mediante l'intelletto. Io cerco tuttavia un concetto, contenente la condizione, sotto cui venga dato il predicato (asserzione in generale) di questo giudizio (ossia, qui io cerco il concetto di uomo); e dopo di aver sussunto il predicato sotto questa condizione, presa in tutta la sua estensione (tutti gli uomini sono mortali), io determino allora in conformità la conoscenza del mio oggetto (Caio è mortale).

Nella conclusione di un sillogismo, perciò, noi restringiamo un predicato ad un certo oggetto, dopo di aver pensato tale predicato — nella premessa maggiore — in tutta la sua estensione, sotto una certa condizione. Questa quantità completa dell'estensione, in riferimento a una tale condizione, si chiama l'universalità (*universalitas*). A questa corrisponde, nella sintesi delle intuizioni, la totalità (*universitas*) delle condizioni. Il concetto trascendentale della ragione, perciò, non è altro che il concetto della totalità delle condizioni, per un condizionato che sia dato. Ora, poiché è soltanto l'incondizionato, che rende possibile la totalità delle condizioni, e poiché viceversa la totalità delle condizioni è sempre essa stessa incondizionata, allora un concetto puro della ragione, in generale, può essere spiegato come concetto dell'incondizionato, in quanto contiene un fondamento per la sintesi del condizionato.

Orbene, quante sono le specie di relazione, che l'intelletto si rappresenta mediante le categorie, altrettanti saranno anche i concetti puri della ragione. E si dovrà cosí cercare: **in primo luogo**, un incondizionato della sintesi *categorica* in un *soggetto*; **in secondo luogo**, un incondizionato della sintesi *ipotetica* dei termini di una *serie*; **in terzo luogo**, un incondizionato della sintesi *disgiuntiva* delle parti in un *sistema*.

Tante sono infatti le specie di sillogismi, ciascuna delle quali procede verso l'incondizionato, mediante prosillogismi: l'una procede verso il soggetto, che non è piú esso stesso un predicato; l'altra, verso il presupposto, che non presuppone null'altro; e la terza, verso un aggregato dei membri della divisione, il quale non richiede piú nulla, per completare la divisione di un concetto. I concetti puri della ragione, riguardanti la totalità nella sintesi delle condizioni, sono perciò necessari, almeno come problemi, per portare, se possibile, l'unità dell'intelletto sino all'incondizionato, e sono fondati nella natura della
252 ragione umana. Tuttavia, tali concetti trascendentali possono del resto essere privi di un uso *in concreto* ad essi adeguato, e quindi, possono non avere altra utilità, che di indirizzare l'intelletto là dove il suo uso — venendo esteso quanto piú ampiamente è possibile — sia al tempo stesso posto in un perfetto accordo con se stesso.

Peraltro, mentre parliamo qui sulla totalità delle condizioni, e sull'incondizionato, in quanto titolo comune di tutti i concetti della ragione, ci imbattiamo di nuovo in un termine, di cui non possiamo fare a meno, e che tuttavia non possiamo adoperare con tranquillità, a causa dell'ambiguità ad esso inerente, attraverso un prolungato abuso. La parola **assoluto** è uno di quei pochi vocaboli, che nel loro significato originario erano stati adattati ad un concetto, cui in seguito non si adattò adeguatamente nessun'altra parola della medesima lingua: la perdita di uno di questi vocaboli — oppure, il che è equivalente, un suo uso oscillante — implica perciò anche la perdita del concetto stesso, e nel nostro caso, di un concetto che interessa moltissimo la ragione, e di cui quindi non si

può fare a meno senza grave danno di tutte le valutazioni trascendentali. La parola assoluto è adesso usata di frequente, semplicemente per indicare che alcunché si applica ad una cosa considerata in se stessa, ed ha quindi un valore intrinseco. In questo significato, assolutamente possibile significherebbe ciò che è possibile in se stesso (*interne*), il che in realtà è il minimo che si possa dire di un oggetto. Questa espressione è talvolta usata, per contro, anche per indicare che qualcosa è valido sotto ogni rapporto (illimitatamente, per esempio: la sovranità assoluta), e in tal senso assolutamente possibile significherebbe ciò che è possibile in ogni rispetto, in ogni rapporto: il che, d'altro canto, è il massimo che io possa dire sulla possibilità di una cosa. A dire il vero, questi significati spesso coincidono. Cosí, per esempio, ciò che è intrinsecamente impossibile è altresí impossibile sotto ogni rapporto, e perciò impossibile assolutamente. Ma nella massima parte dei casi tali significati sono infinitamente distanti tra loro, e dal fatto che qualcosa è possibile in se stesso io non posso in alcun modo dedurre che questo qualcosa sia possibile altresí sotto ogni rapporto, e quindi assolutamente. Riguardo alla necessità assoluta, anzi, io mostrerò nel seguito, che essa non dipende affatto in tutti i casi dalla necessità interna, e che perciò non dev'essere considerata come equivalente a quest'ultima. Certamente, se il contrario di un qualcosa è intrinsecamente impossibile, tale contrario è anche impossibile sotto ogni rispetto, e tale qualcosa è perciò esso stesso assolutamente necessario; ma non posso dedurre inversamente, che il contrario di ciò che è assolutamente necessario sia intrinseca- 253
mente impossibile, ossia, che la necessità assoluta delle cose sia una necessità interna. In effetti, questa necessità interna è in certi casi un'espressione del tutto vuota, con cui non possiamo congiungere il minimo concetto, mentre il concetto della necessità di una cosa sotto

ogni rapporto (riguardo a tutto ciò che è possibile) implica invece determinazioni del tutto peculiari. Orbene, dato che la perdita di un concetto largamente usato nella filosofia speculativa non potrà mai risultare indifferente al filosofo, io spero cosí che non gli sarà indifferente neppure la precisazione e la conservazione accurata del termine, cui tale concetto è legato.

Io mi servirò allora della parola assoluto in questo significato piú ampio: questo termine, lo contrapporrò a ciò che è valido solo relativamente o sotto un particolare aspetto. In quest'ultimo caso ci si restringe infatti a certe condizioni, mentre il termine suddetto vale senza restrizione.

Ora, il concetto trascendentale della ragione si riferisce sempre unicamente alla totalità assoluta nella sintesi delle condizioni, e non trova mai una fine, se non nell'assolutamente — cioè sotto ogni rapporto — incondizionato. In effetti, la ragione pura lascia tutto quanto all'intelletto, il quale si riferisce direttamente agli oggetti dell'intuizione, o piuttosto, alla loro sintesi nella capacità di immaginazione. La ragione si riserva soltanto la totalità assoluta nell'uso dei concetti dell'intelletto, e cerca di portare l'unità sintetica, che viene pensata nella categoria, sino all'assolutamente incondizionato. Questa unità, perciò, si può chiamare unità razionale delle apparenze, cosí come quella, che è espressa dalla categoria, si può chiamare unità dell'intelletto. Per conseguenza, la ragione si riferisce soltanto all'uso dell'intelletto, e precisamente, non in quanto questo contenga il fondamento di un'esperienza possibile (la totalità assoluta delle condizioni non è infatti un concetto adoperabile in un'esperienza, poiché non esiste un'esperienza incondizionata), bensí per prescrivere a tale uso una direzione verso una certa unità, di cui l'intelletto non possiede alcun concetto, e che tende a raccogliere tutti gli atti dell'intelletto — a riguardo di ogni oggetto — in un tutto assoluto. L'uso oggettivo dei concetti puri della ragione è perciò sempre trascendente, mentre quello dei concetti puri dell'intelletto deve sempre, per sua natura, essere immanente, in quanto si limita semplicemente all'esperienza possibile.

Per idea, io intendo un concetto necessario della 254
ragione, cui non può essere dato, nei sensi, alcun oggetto corrispondente. I concetti puri della nostra ragione — considerati ora — sono perciò idee trascendentali. Essi sono concetti della ragione pura, poiché considerano ogni conoscenza di esperienza come determinata da una totalità assoluta di condizioni. Essi non sono escogitati arbitrariamente, ma proposti dalla natura stessa della ragione, e si riferiscono quindi necessariamente all'intero uso dell'intelletto. Infine, essi sono trascendenti e oltrepassano i limiti di ogni esperienza: in questa non potrà dunque presentarsi mai un oggetto, che sia adeguato all'idea trascendentale. Quando si nomina un'idea, si dice moltissimo, riguardo all'oggetto (in quanto oggetto dell'intelletto puro), ma riguardo al soggetto (cioè, quanto alla sua realtà sotto condizioni empiriche) si dice pochissimo, appunto per il fatto che l'idea, come concetto di un *maximum*, non potrà mai essere data adeguatamente *in concreto*. Ora, poiché nell'uso semplicemente speculativo della ragione quest'ultima cosa costituisce propriamente l'intero scopo, e poiché l'approssimarsi ad un concetto, che in pratica non è mai raggiunto, equivale a non coglierlo affatto, allora riguardo ad un tale concetto si suole dire: è soltanto un'idea. E cosí, si potrebbe dire: la totalità assoluta di tutte le apparenze è soltanto un'idea; in effetti, dato che noi non potremo mai tracciare un'immagine di siffatta totalità, essa rimane allora un problema senza alcuna soluzione. Per contro, poiché nell'uso pratico dell'intelletto si ha a che fare soltanto con una pratica secondo regole, in tal caso l'idea della ragione pratica può sempre essere data

realmente — sebbene solo parzialmente — *in concreto*, anzi, essa è la condizione indispensabile di ogni uso pratico della ragione. La realizzazione pratica dell'idea è sempre limitata e difettosa, ma entro confini non determinabili, e quindi sempre sotto l'influsso del concetto di una compiutezza assoluta. Per conseguenza, l'idea pratica è sempre supremamente feconda, e, rispetto alle azioni reali, inevitabilmente necessaria. In essa, la ragione pura possiede persino la causalità di produrre realmente ciò che è contenuto nel suo concetto. Perciò non si può dire — quasi sprezzantemente — della saggezza: è soltanto un'idea. Piuttosto, proprio per il fatto che essa è l'idea dell'unità necessaria di tutti gli scopi possibili, essa deve allora servire di regola per tutto ciò che è pratico, come condizione originaria e, almeno, restrittiva.

255 Ora, sebbene a riguardo dei concetti trascendentali della ragione noi dobbiamo dire: sono soltanto idee, tuttavia non ci sarà affatto lecito di considerarli come superflui e nulli. Difatti, quantunque mediante essi non possa venir determinato alcun oggetto, essi nondimeno, sostanzialmente e inavvertitamente, possono fornire all'intelletto un canone per il suo uso esteso e coerente: con tale canone l'intelletto, a dire il vero, non può conoscere alcun altro oggetto, oltre a quelli che conoscerebbe in base ai suoi concetti, ma viene tuttavia guidato meglio e piú in là, in questa conoscenza. Senza contare, che i concetti trascendentali della ragione rendono forse possibile un passaggio dai concetti della natura a quelli pratici, e possono in tal modo fornire alle idee morali stesse una consistenza ed una connessione con le conoscenze speculative della ragione. Per un maggior chiarimento su tutto ciò occorre attendere il seguito della trattazione.

Conformemente al nostro scopo, peraltro, mettiamo qui da parte le idee pratiche, e consideriamo perciò la ragione soltanto nel suo uso speculativo, anzi, in un uso ancora piú ristretto, cioè soltanto in quello trascendentale. Orbene, dobbiamo qui prendere la medesima strada, che abbiamo percorso sopra, a proposito della deduzione delle categorie: ossia, dobbiamo considerare la forma logica della conoscenza della ragione, e vedere se in tal caso anche la ragione non divenga eventualmente una fonte di concetti, con cui si possa trattare gli oggetti in se stessi come determinati sinteticamente *a priori*, a riguardo dell'una o dell'altra funzione della ragione.

La ragione, considerata come facoltà di una certa forma logica della conoscenza, è la capacità di inferire, cioè di giudicare mediatamente (attraverso la sussunzione della condizione di un giudizio possibile sotto la condizione di un giudizio dato). Il giudizio dato è la regola universale (premessa maggiore, *major*). La sussunzione della condizione di un altro giudizio possibile sotto la condizione della regola è la premessa minore (*minor*). Il giudizio reale, che enuncia l'asserzione della regola *nel caso sussunto*, è la conclusione (*conclusio*). La regola, difatti, dice qualcosa universalmente, sotto una certa condizione. La condizione della regola si verifica allora in un caso concreto. Ciò che valeva universalmente sotto quella condizione, di conseguenza, viene considerato come valido anche nel caso concreto (che implica questa condizione). Si vede facilmente, che la ragione giunge ad una conoscenza attraverso atti dell'intelletto, che costituiscono una serie di condizioni. Se io giungo alla proposizione: tutti i corpi sono mutevoli, solo per il fatto che sono
partito dalla conoscenza piú lontana (in cui non si presenta 256
ancora il concetto di corpo, ma in cui è contenuta la condizione di tale concetto): tutto ciò che è composto è *mutevole*; se da questa conoscenza procedo ad una proposizione piú vicina, la quale è subordinata alla condizione della prima: i corpi sono composti; e se soltanto allora procedo da questa seconda proposizione ad una terza, la quale connette ormai la conoscenza remota (mutevole) con quella concreta: dunque i corpi sono mutevoli; in tal

caso io sono giunto ad una conoscenza (conclusione) attraverso una serie di condizioni (premesse). Ora, ogni serie, il cui esponente (del giudizio categorico o ipotetico) è dato, può venir continuata; perciò questo stesso atto della ragione conduce alla *ratiocinatio polysyllogistica*, la quale è una serie di sillogismi, che può venir continuata indefinitamente, o nel verso delle condizioni (*per prosyllogismos*), oppure in quello del condizionato (*per episyllogismos*).

Ci si accorge peraltro ben presto, che la catena o serie dei prosillogismi, cioè delle conoscenze dedotte nel verso dei fondamenti — o condizioni — di una conoscenza data, ossia, con altre parole, che la *serie ascendente* dei sillogismi, si deve comportare, rispetto alla facoltà di ragione, diversamente dalla *serie discendente*, cioè dal progresso della ragione, mediante episillogismi, nel verso del condizionato. In effetti, nel primo caso la conoscenza (*conclusio*) è data solo come condizionata, e perciò non si può giungere ad essa, mediante la ragione, se non presupponendo almeno, che siano dati tutti i termini della serie nel verso delle condizioni (totalità nella serie delle premesse), poiché solo sotto questo presupposto è possibile *a priori* il giudizio in questione; nel verso del condizionato o delle conseguenze, per contro, viene pensata soltanto una serie *in divenire*, e non già *totalmente* presupposta o *data*, cioè, viene pensato soltanto un progresso potenziale. Per tale ragione, se una conoscenza viene considerata come condizionata, la ragione è allora costretta a trattare la serie delle condizioni in linea ascendente come completa, e data nella sua totalità. Peraltro, se la medesima conoscenza è considerata al tempo stesso come condizione di altre conoscenze, che costituiscono, le une rispetto alle altre, una serie di conseguenze in linea discendente, allora alla ragione può essere indifferente, quanto si estenda *a parte posteriori* questo progresso, e se mai sia possibile una totalità di questa serie. La ragione, in effetti, non ha bisogno di una siffatta serie,

per stabilire la conclusione che le sta di fronte, in quanto quest'ultima è già sufficientemente determinata e garantita 257
dai suoi fondamenti *a parte priori*. Ora, può darsi che nel verso delle condizioni la serie delle premesse abbia, come condizione suprema, un termine p r i m o , oppure, può darsi che non lo abbia, e che sia quindi senza limiti *a parte priori*: in ogni caso, però, essa deve contenere una totalità di condizioni, anche quando non ci sia mai possibile di riuscire ad abbracciarla; e l'intera serie dev'essere incondizionatamente vera, se è destinato a valere come vero il condizionato, che viene considerato come una conseguenza derivante da essa. Questa è un'esigenza della ragione, la quale proclama la propria conoscenza come determinata *a priori* e come necessaria, o in se stessa — e allora tale conoscenza non ha bisogno di alcun fondamento — oppure, se derivata, perché termine di una serie di fondamenti, che è vera essa stessa in modo incondizionato.

Sezione terza

SISTEMA DELLE IDEE TRASCENDENTALI

Qui ci occupiamo, non già di una dialettica logica, che astragga da ogni contenuto della conoscenza e riveli unicamente la falsità dell'illusione nella forma dei sillogismi, bensí di una dialettica trascendentale, che deve contenere, interamente *a priori*, l'origine di certe conoscenze basate sulla ragione pura, e di certi concetti dedotti, il cui oggetto non può essere dato empiricamente, e che si trovano perciò completamente al di fuori della facoltà dell'intelletto puro. Dalla relazione naturale, che l'uso trascendentale — tanto nei sillogismi quanto nei giudizi — della nostra conoscenza deve avere con l'uso logico, noi abbiamo desunto, che sussisteranno soltanto tre specie di sillogismi dialettici, le quali si riferiscono alle tre specie di inferenza, attraverso cui la ragione, in base a principî, può giungere a conoscenze, ed inoltre abbiamo desunto, che il compito della ragione, in tutti i sillogismi dialettici, è di ascendere dalla sintesi condizionata — cui l'intelletto rimane sempre legato — alla sintesi incondizionata, che non può mai essere raggiunta dall'intelletto.

Orbene, in tutte le relazioni che possono avere le nostre rappresentazioni, vi è di comune quanto segue: 1) la relazione al soggetto, 2) la relazione agli oggetti, e precisamente, o agli oggetti come apparenze, o agli oggetti
258 come oggetti del pensiero in generale. Se si congiunge questa suddivisione con la divisione principale, ogni relazione delle rappresentazioni, di cui possiamo formarci o un concetto, oppure un'idea, risulta allora triplice: 1) relazione al soggetto; 2) relazione al molteplice dell'oggetto nell'apparenza; 3) relazione a tutte le cose in generale.

Tutti i concetti puri in generale, orbene, hanno a che fare con l'unità sintetica delle rappresentazioni, mentre i concetti della ragione pura (idee trascendentali) hanno a che fare con l'unità sintetica incondizionata di tutte le condizioni in generale. Di conseguenza, tutte le idee trascendentali si possono disporre in tre classi: la **prima** di queste contiene l'unità assoluta (incondizionata) del soggetto pensante; la **seconda**, l'unità assoluta della serie delle condizioni dell'apparenza; la **terza**, l'unità assoluta della condizione di tutti gli oggetti del pensiero in generale.

Il soggetto pensante è l'oggetto della psicologia, l'insieme di tutte le apparenze (il mondo) è l'oggetto della cosmologia, e la cosa, che contiene la suprema condizione della possibilità di tutto ciò che può essere pensato (l'ente di tutti gli enti), è l'oggetto della teologia. Cosí, la ragione pura fornisce l'idea per una dottrina trascendentale dell'anima (*psychologia rationalis*), per una scienza trascendentale del mondo (*cosmologia rationalis*), e infine, anche per una conoscenza trascendentale di Dio (*theologia transscendentalis*). Senza dubbio, dall'intelletto non proviene neppure un semplice schizzo dell'una o dell'altra di queste scienze, quand'anche l'intelletto sia connesso col piú alto uso logico della ragione, cioè con tutte le inferenze possibili, al fine di procedere da un oggetto di tale uso (apparenza) a tutti gli altri, sino ai termini piú remoti della sintesi empirica. Tale schizzo, piuttosto, è unicamente un puro e autentico prodotto — o anche problema — della ragione pura.

Quali *modi* dei concetti puri della ragione siano compresi sotto questi tre titoli di tutte le idee trascendentali, sarà spiegato compiutamente nel seguente capitolo. Tali *modi* seguono il filo conduttore delle categorie. La ragione pura, in effetti, non si riferisce mai direttamente ad oggetti, ma si rivolge ai concetti intellettuali di essi. Allo stesso modo, soltanto nella trattazione dettagliata si potrà chiarire, come la ragione — unicamente mediante l'uso sintetico della medesima funzione di cui si serve per il sillogismo categorico — debba giungere necessariamente al concetto dell'unità assoluta del *soggetto pensante*; come 259
il procedimento logico nei sillogismi ipotetici debba implicare necessariamente l'idea dell'assolutamente incondizionato *in una serie* di condizioni date; come, infine, la semplice forma del sillogismo disgiuntivo implichi necessariamente il supremo concetto della ragione, quello di un *ente di tutti gli enti*. Il suddetto pensiero è infatti tale, da sembrare a prima vista estremamente paradossale.

Di queste idee trascendentali, non è propriamente possibile una *deduzione oggettiva*, quale invece abbiamo potuto fornire a riguardo delle categorie. In realtà, esse non hanno difatti alcun rapporto con un qualsiasi oggetto, che possa risultare dato adeguatamente ad esse, e ciò appunto per il fatto che sono soltanto idee. Una deduzione soggettiva di esse dalla natura della nostra ragione, tuttavia, noi potevamo intraprenderla, e tale deduzione, d'altronde, è stata fornita nel presente capitolo.

Si vede facilmente,. che la ragione pura non ha altro scopo se non la totalità assoluta della sintesi nel verso delle condizioni (o di inerenza, o di dipendenza, o di concorrenza), e che essa non ha nulla a che fare con la compiutezza assoluta nel verso del condizionato. In effetti, la ragione ha soltanto bisogno di quella prima totalità, al fine di presupporre l'intera serie delle condizioni, e di fornire cosí *a priori* all'intelletto tale serie completa. Se accade peraltro che esista una condizione, data compiutamente (e incondizionatamente), non c'è piú bisogno di un concetto della ragione per continuare la serie: l'intelletto, infatti, fa da sé ogni passo all'ingiú, dalla condizione al condizionato. In tal modo, le idee trascendentali servono soltanto ad ascendere, nella serie delle condizioni, sino all'incondizionato, cioè sino ai principî. A riguardo del discendere al condizionato, peraltro, sussiste bensí un uso logico assai esteso (l'uso che la nostra ragione fa delle leggi dell'intelletto), ma non già un uso trascendentale. E se noi ci costruiamo un'idea riguardo alla totalità assoluta di una tale sintesi (del *progressus*), per esempio, riguardo all'intera serie di tutti i mutamenti futuri del mondo, si tratta allora di un ente del pensiero (*ens rationis*), che non è pensato se non arbitrariamente, e che non è presupposto necessariamente dalla ragione. Per la possibilità del condizionato, difatti, viene bensí presupposta la totalità delle sue condizioni, ma non già la totalità delle sue conseguenze. Un tale concetto non è dunque un'idea trascendentale; è unicamente delle idee trascendentali, tuttavia, che noi dobbiamo qui occuparci.

260 Infine, ci si accorge anche, che nelle stesse idee trascendentali traspare una certa connessione e unità, e che mediante esse la ragione pura raccoglie tutte le sue conoscenze in un sistema. Il procedere dalla conoscenza di sé (dell'anima) alla conoscenza del mondo, e attraverso questa sino all'ente supremo, costituisce un progresso cosí naturale, da sembrare simile al procedere logico della ragione dalle premesse sino alla conclusione[1]. Se poi, nascosta alla base, si trovi qui realmente un'affinità della stessa natura di quella esistente tra il procedimento logico e quello trascendentale, è del pari una delle questioni, per la cui soluzione occorre attendere il seguito di queste indagini. Per il momento, abbiamo già raggiunto il nostro scopo: in effetti, abbiamo potuto isolare i concetti trascendentali della ragione, che nei sistemi dei filosofi sono solitamente mescolati ad altri concetti, senza essere convenientemente distinti neppure dai concetti dell'intelletto, e li abbiamo tratti fuori da questa ambigua situazione; abbiamo potuto precisare la loro origine, e quindi al tempo stesso il loro numero fissato, che non può subire alcun aumento, e li abbiamo potuti rappresentare in un collegamento sistematico, onde viene segnato e circoscritto un campo particolare per la ragione pura.

[1] La metafisica, come vero scopo della sua indagine, ha soltanto tre idee: *Dio, libertà e immortalità*. In tal modo il secondo concetto, congiunto con il primo, deve condurre al terzo, come ad una conclusione necessaria. Tutto ciò di cui ulteriormente si occupa questa scienza, le serve soltanto come mezzo per giungere a queste idee e alla loro realtà. Essa ha bisogno delle idee, non già in vista della scienza naturale, bensí per oltrepassare la natura. L'approfondimento di tali idee farebbe dipendere *teologia*, *morale* e (per la congiunzione di queste due) *religione* — e quindi i piú alti fini della nostra esistenza — semplicemente dalla facoltà speculativa di ragione, e da null'altro. In una rappresentazione sistematica di quelle idee, l'ordine menzionato — quello *sintetico* — sarebbe il piú adatto; ma nella discussione, che deve necessariamente precedere tale rappresentazione, sarà piú confacente allo scopo l'ordine *analitico*, che è l'inverso. In tal modo, difatti, potremo condurre a termine il nostro grande disegno, procedendo da ciò che l'esperienza ci fornisce immediatamente — la *dottrina dell'anima* — alla *dottrina del mondo*, e di qui sino alla conoscenza di *Dio*. 260

261

LIBRO SECONDO

SULLE INFERENZE DIALETTICHE DELLA RAGIONE PURA

Si può dire che l'oggetto di una semplice idea trascendentale sia qualcosa, di cui non si ha alcun concetto, sebbene questa idea sia stata prodotta, in modo del tutto necessario, nella ragione, secondo le leggi originarie di questa. In realtà, di un oggetto, che debba essere adeguato all'esigenza della ragione, non è difatti possibile avere alcun concetto dell'intelletto, cioè un concetto tale, che possa venir mostrato e reso intuibile in un'esperienza possibile. Tuttavia, ci si esprimerebbe meglio, e con minor pericolo di essere fraintesi, se si dicesse che non possiamo avere alcuna conoscenza di un oggetto corrispondente a un'idea, sebbene ne possiamo avere un concetto problematico.

Ora, la realtà — almeno trascendentale (soggettiva) — dei concetti puri della ragione si fonda sul fatto che noi siamo condotti a tali idee mediante un sillogismo necessario. Vi saranno perciò sillogismi, che non contengono alcuna premessa empirica, e mediante i quali noi, da qualcosa che conosciamo, concludiamo a qualcos'altro, di cui non abbiamo alcun concetto: un qualcos'altro, tuttavia, cui noi attribuiamo una realtà oggettiva, attraverso un'inevitabile illusione. Siffatte inferenze, se si guarda al loro risultato, debbono perciò chiamarsi inferenze *raziocinanti*, piuttosto che inferenze della ragione: esse nondimeno possono benissimo portare quest'ultimo nome, a causa della loro origine, poiché non sono sorte fittiziamente o casualmente, ma sono scaturite dalla natura della ragione. Si tratta di sofisticazioni, non già degli uomini, bensí della stessa ragione pura. Neppure il piú savio tra gli uomini può liberarsi da esse: con grande fatica, è vero, egli potrà forse guardarsi dall'errore, ma non riuscirà mai a svincolarsi del tutto dall'illusione, che incessantemente lo tormenta e si beffa di lui.

Vi sono perciò soltanto tre specie di questi sillogismi dialettici, ossia tante quante sono le idee, presentate dalle conclusioni di essi. Nel sillogismo della **prima classe**, io concludo dal concetto trascendentale del soggetto — concetto che non contiene nulla di molteplice — all'unità assoluta di questo soggetto stesso, del quale, in questo modo, non ho alcun concetto. Questa inferenza dialettica, 262
la chiamerò *paralogismo* trascendentale. La **seconda** classe delle inferenze raziocinanti è fondata sul concetto trascendentale della totalità assoluta nella serie delle condizioni di un'apparenza data in generale; e dal fatto che, dell'unità sintetica incondizionata della serie in un verso, ho sempre un concetto che contraddice se stesso, io concludo alla correttezza dell'unità contrapposta, di cui tuttavia non ho alcun concetto. Lo stato della ragione in queste seconde inferenze dialettiche, io lo chiamerò *antinomia* della ragione pura. Infine, in base alla **terza** specie di inferenze raziocinanti, io concludo dalla totalità delle condizioni per pensare oggetti in generale, in quanto mi possono essere dati, all'unità sintetica assoluta di tutte le condizioni per la possibilità delle cose in generale; ossia, da cose che non conosco nel loro semplice concetto trascendentale, io concludo ad un ente di tutti gli enti, che conosco ancor meno mediante un concetto trascendente, e della cui necessità incondizionata non posso formarmi alcun concetto. Questo sillogismo dialettico, lo chiamerò l'*ideale* della ragione pura.

CAPITOLO PRIMO

SUI PARALOGISMI DELLA RAGIONE PURA

Il paralogismo logico consiste nella falsità, quanto alla forma, di un sillogismo, qualunque possa essere del resto il suo contenuto. Un paralogismo trascendentale, peraltro, ha un fondamento trascendentale, che ci spinge a concludere falsamente quanto alla forma. In tal modo, una siffatta inferenza erronea avrà il suo fondamento nella natura della ragione umana, e porterà con sé un'illusione inevitabile, sebbene non insolubile.

Ora passiamo ad un concetto, che non è stato inserito sopra nella lista generale dei concetti trascendentali, ma che si deve annoverare tra essi, senza per questo minimamente alterare tale tavola, né dichiararla difettosa. Si tratta del concetto, o, se si preferisce, del giudizio: io
263 penso. È tuttavia facile vedere che tale concetto è il veicolo di tutti i concetti in generale, e quindi anche dei concetti trascendentali: esso è perciò sempre compreso tra questi, risultando cosí anch'esso un concetto trascendentale, ma non può avere alcun titolo speciale, poiché non serve ad altro che a presentare ogni pensiero come appartenente alla coscienza. Questo concetto, per quanto estraneo possa essere a ciò che è empirico (all'impressione dei sensi), serve tuttavia a distinguere due specie di oggetti, in base alla natura della nostra capacità di rappresentazione. Io, come pensante, sono un oggetto del senso interno, e mi chiamo anima. Ciò che è un oggetto dei sensi esterni, è chiamato corpo. Di conseguenza, il termine: io, inteso come: ente pensante, significa già l'oggetto della psicologia, la quale può chiamarsi dottrina razionale dell'anima, ammesso che dell'anima io non desideri sapere null'altro, all'infuori di ciò che, indipendentemente da ogni esperienza (la quale mi determina piú direttamente e *in concreto*), può venir dedotto da questo concetto di io, in quanto esso si presenta in ogni pensiero.

La dottrina razionale dell'anima, orbene, è realmente un'impresa di questa specie: in effetti, se il minimo elemento empirico del mio pensiero, o una qualsiasi percezione particolare del mio stato interno, si mescolasse tra i fondamenti conoscitivi di questa scienza, essa non sarebbe piú una dottrina razionale dell'anima, bensí una dottrina

empirica dell'anima. Di fronte a noi, quindi, abbiamo già una presunta scienza, che è stata edificata sulla sola proposizione: *io penso*, e il cui fondamento — o la cui mancanza di fondamento — noi possiamo indagare, qui, in modo del tutto conveniente e conformemente alla natura di una filosofia trascendentale. Non ci si deve formalizzare del fatto che a riguardo di questa proposizione, la quale esprime la percezione di sé, io abbia un'esperienza interna, né si deve obiettare, quindi, che la dottrina razionale dell'anima, la quale è costruita su questa base, non sia mai pura, e si fondi piuttosto parzialmente su di un principio empirico. Questa percezione interna, difatti, non è altro che la semplice appercezione: *io penso*, la quale rende possibili tutti quanti i concetti trascendentali, in cui si dice: io penso la sostanza, la causa, ecc. In effetti, l'esperienza interna in generale e la sua possibilità — o la percezione in generale e le sue relazioni con altre percezioni — non possono venir considerate come conoscenze empiriche, fuorché non sia data empiricamente una qualche particolare distinzione o determinazione al riguardo, ma debbono piuttosto venir considerate come conoscenza dell'empirico in generale, e rientrano nell'indagine sulla possibilità di ogni esperienza, indagine che è certamente trascendentale. Il minimo oggetto di una percezione (anche semplicemente, per esempio, piacere o dolore), la quale si aggiunga alla rappresentazione univer- 254
sale dell'autocoscienza, trasformerebbe senz'altro la psicologia razionale in una psicologia empirica.

Io penso, dunque, è l'unico testo della psicologia razionale, onde essa deve sviluppare tutta quanta la sua scienza. È facile vedere che questo pensiero, se vuol essere riferito ad un oggetto (me stesso), non potrà contenere altro se non i predicati trascendentali di esso: in effetti, il minimo predicato empirico distruggerebbe la purezza razionale della scienza, e la sua indipendenza da ogni esperienza.

Non dovremo qui fare altro che seguire la guida delle categorie. C'è però questa differenza: essendo data, nel nostro caso, anzitutto una cosa, l'io, come ente pensante, noi non muteremo certo l'ordine rispettivo delle categorie, quale sopra è stato rappresentato nella loro tavola, ma cominceremo qui dalla categoria di sostanza, mediante cui una cosa in se stessa è rappresentata, e procederemo cosí all'indietro, seguendo la serie delle categorie. La topica della dottrina razionale dell'anima, onde dev'essere derivato tutto ciò che tale dottrina può per il resto contenere, è perciò la seguente:

1.

L'anima è *sostanza*.

2.

Riguardo alla sua qualità, essa è *semplice*.

3.

Riguardo ai tempi diversi, in cui essa esiste, essa è numericamente identica, cioè *unità* (non pluralità).

4.

Essa è in relazione con oggetti *possibili* nello spazio[1].

264 [1] Il lettore, che in base a queste espressioni — nella loro astrattezza trascendentale — non potrà tanto facilmente indovinare quale sia il loro senso psicologico, e perché l'ultimo attributo dell'anima appartenga alla categoria dell'*esistenza*, troverà tutto ciò sufficientemente chiarito e giustificato nella trattazione seguente. Oltre a questo, per discolparmi di aver usato espressioni latine — che si sono introdotte in luogo delle equivalenti espressioni tedesche, contro le regole del buono stile, tanto in questa
265 sezione quanto nell'intera opera — dirò di avere preferito sacrificare alquanto l'eleganza del linguaggio, piuttosto che rendere piú difficile l'uso scolastico con la benché minima oscurità di espressione.

Tutti i concetti della dottrina pura dell'anima sorgono 265 da questi elementi, unicamente per composizione, senza riconoscere minimamente altri principî. Questa sostanza, semplicemente come oggetto del senso interno, fornisce il concetto dell'*immaterialità*, e come sostanza semplice, fornisce il concetto dell'*incorruttibilità*; l'identità di essa, come sostanza intellettuale, dà la *personalità*. Questi tre elementi, tutti assieme, forniscono la *spiritualità*. La relazione con gli oggetti nello spazio dà il *commercium* con i corpi, e quindi rappresenta la sostanza pensante come principio della vita nella materia, cioè come anima (*anima*) e come fondamento dell'*animalità*: quest'ultima, limitata dalla spiritualità, ci fornisce l'*immortalità*.

A questi concetti, orbene, si riferiscono quattro paralogismi di una dottrina trascendentale dell'anima, la quale è falsamente considerata come una scienza della ragione pura, riguardante la natura del nostro essere pensante. A fondamento di tale scienza, tuttavia, noi non possiamo porre null'altro che la semplice — e per se stessa completamente priva di contenuto — rappresentazione dell'*io*, rispetto alla quale non si può neppur dire che sia un concetto, ma si deve dire che è una semplice coscienza, la quale accompagna tutti i concetti. Mediante questo io, o egli, o esso (la cosa), che pensa, non viene poi rappresentato null'altro se non un soggetto trascendentale dei pensieri ($= x$), il quale è conosciuto solo attraverso i pensieri, che sono suoi predicati, e del quale, separatamente, non potremo mai avere il minimo concetto. Attorno a tale soggetto, perciò, noi ci aggiriamo continuamente in un circolo, in quanto ogni volta, per pronunciare un qualsiasi giudizio su di esso, dobbiamo già servirci della sua rappresentazione. Un inconveniente, questo, che è qui ineliminabile, poiché la coscienza in sé, è non tanto una rappresentazione che distingua un oggetto particolare, quanto piuttosto una forma di una rappresentazione in generale, in quanto questa debba essere chiamata conoscenza: solo riguardo a quest'ultima, in effetti, io posso dire che penso un qualcosa mediante essa.

Sin da principio, peraltro, deve sembrar strano che la condizione, sotto cui in generale io penso, e la quale perciò è semplicemente una proprietà del mio soggetto, debba al tempo stesso essere valida per tutto ciò che pensa; e del pari, sembrerà strano che noi possiamo presumere di fondare su di una proposizione apparentemente empi-
266 rica un giudizio apodittico ed universale, cioè questo: tutto ciò che pensa è costituito cosí come lo dichiara entro di me la voce dell'autocoscienza. La causa di questo, tuttavia, sta nel fatto che noi dobbiamo necessariamente attribuire *a priori* alle cose tutte le proprietà costituenti le condizioni, che sono le sole sotto cui noi possiamo pensare tali cose. Di un ente pensante, orbene, io non posso avere la minima rappresentazione attraverso una esperienza esterna, ma potrò averla soltanto mediante l'autocoscienza. Siffatti oggetti, quindi, non sono altro se non la trasposizione di questa mia coscienza in altre cose, le quali solo per questo vengono rappresentate come enti pensanti. La proposizione: io penso, in tal caso, viene peraltro assunta solo problematicamente, non in quanto possa contenere una percezione di un'esistenza (il cartesiano: *cogito, ergo sum*), ma rispetto alla sua semplice possibilità, affinché si veda quali proprietà, in base ad una proposizione cosí semplice, possano derivare al soggetto di essa (esista poi, oppure no, un siffatto soggetto).

Se la nostra conoscenza razionale pura, riguardo ad enti pensanti in generale, si fondasse su qualcosa di piú che sul *cogito*; se noi chiamassimo in aiuto le osservazioni sul gioco dei nostri pensieri, e le leggi naturali della personalità pensante, che si possono attingere dalle suddette osservazioni: in tal caso sorgerebbe una psicologia empirica, che sarebbe una specie di *fisiologia* del senso interno, e potrebbe forse servire per spiegare le apparenze del senso interno, ma non potrebbe mai venir usata per svelare proprietà, che non appartengano affatto all'esperienza possibile (per esempio, la proprietà della semplicità), né per insegnare *apoditticamente* qualcosa che riguardi la natura degli enti pensanti in generale. Tale psicologia non sarebbe dunque per nulla una psicologia *razionale*.

Ora, in quanto la proposizione: *io penso* (assunta problematicamente), contiene la forma di ogni giudizio dell'intelletto, in generale, e accompagna tutte le categorie, come loro veicolo, è allora chiaro, che le inferenze basate su tale proposizione possono contenere un uso semplicemente trascendentale dell'intelletto: tale uso esclude ogni mescolanza dell'esperienza, e già preventivamente, in base a ciò che abbiamo mostrato sopra, noi non possiamo affatto formarci un concetto favorevole riguardo al procedere di esso. Seguiremo perciò tale uso

---

[In luogo di: III **266**, 33 - **281**, 8 (*doch... haben*), leggiamo in **A**¹:]

PRIMO PARALOGISMO, DELLA SOSTANZIALITÀ 6 IV **220**

Ciò, la cui rappresentazione è il *soggetto assoluto* dei nostri giudizi, e quindi non può venire usata come determinazione di un'altra cosa, è **sostanza.**

Io, come ente pensante, sono il *soggetto assoluto* di tutti i miei giudizi possibili; e questa rappresentazione di me stesso non può venire usata come predicato di una qualsiasi altra cosa.

Dunque io, come ente pensante (anima), sono **sostanza.**

Critica del primo paralogismo della psicologia pura

Nella parte analitica della Logica trascendentale, abbiamo mostrato che le categorie pure (fra cui anche quella di sostanza) non hanno in se stesse alcun significato ogget-

— attraverso tutti i predicamenti della dottrina pura dell'anima — con occhio critico. Tuttavia, a scopo di
267 brevità, condurremo l'esame di tali predicamenti senza alcuna interruzione.

La seguente osservazione generale può anzitutto concentrare la nostra attenzione su questa specie di inferenza. Io conosco un oggetto qualsiasi, non già per il fatto che io semplicemente pensi, ma piuttosto, solo per il fatto che io determino un'intuizione data rispetto a quell'unità della coscienza, in cui consiste ogni pensiero. Di conseguenza, io conosco me stesso, non già per il fatto che io sia cosciente di me come pensante, bensí soltanto se sono cosciente dell'intuizione di me stesso, in quanto determinata rispetto

---

tivo, quando non si fondino su un'intuizione, al cui molteplice esse possano venire applicate come funzioni dell'unità sintetica. Senza di ciò, le categorie sono unicamente funzioni di un giudizio senza contenuto. Riguardo ad ogni cosa in generale, posso dire che si tratta di sostanza, in quanto io la distingua dai semplici predicati e dalle determinazioni delle cose. In ogni nostro pensiero, orbene, l'*io* è il soggetto, cui i pensieri ineriscono soltanto come determinazioni; e questo io non può essere usato come determinazione di un'altra cosa. Ciascuno deve quindi considerare se stesso necessariamente come sostanza, e deve invece considerare i pensieri soltanto come accidenti della propria esistenza e come determinazioni del proprio stato.

Ma quale uso potrò mai fare di tale concetto di una sostanza? Da esso non posso in alcun modo dedurre che io, come ente pensante, *continui ad esistere* per me stesso, naturalmente *senza nascere né perire*. Eppure, in questa inferenza sta per me l'unica utilità del concetto della sostanzialità del mio soggetto pensante: a prescindere da ciò, io potrei benissimo fare a meno di tale concetto.

alla funzione del pensiero. Perciò tutti i *modi* dell'autocoscienza, nel pensiero, non sono in sé ancora concetti intellettuali di oggetti (categorie), ma sono semplici funzioni logiche, che non offrono al pensiero nessun oggetto — e quindi neppure me stesso come oggetto — da conoscere. L'oggetto consiste, non già nella coscienza del soggetto determinante, ma soltanto nella coscienza del soggetto determinabile, cioè della mia intuizione interna (in quanto il molteplice di essa può venir congiunto conformemente alla condizione universale dell'unità dell'appercezione nel pensiero).

1) In tutti i giudizi, orbene, io sono sempre il soggetto determinante della relazione che costituisce

---

Lungi da poter inferire queste proprietà dalla sem- 221
plice categoria pura di sostanza, noi dobbiamo piuttosto mettere alla base la permanenza di un oggetto dato nell'esperienza, se vogliamo applicare a tale oggetto il concetto empiricamente utilizzabile di sostanza. Nella nostra proposizione, peraltro, non abbiamo posto a fondamento nessuna esperienza: al contrario, abbiamo basato la nostra inferenza unicamente sul concetto della relazione in cui ogni pensiero sta con l'io, inteso come soggetto comune, cui inerisce il pensiero. D'altronde, anche volendo impegnarci, noi non riusciremmo a provare con una qualsiasi esperienza sicura tale permanenza. In effetti, l'io è bensí contenuto in tutti i pensieri, ma a questa rappresentazione non si congiunge la minima intuizione, che lo distingua dagli altri oggetti dell'intuizione. Di conseguenza, si può certo percepire che questa rappresentazione compare sempre daccapo in ogni pensiero, ma non già che vi sia un'intuizione stabile e permanente, in cui i pensieri (in quanto mutevoli) si avvicendino.

Da ciò segue, che il primo sillogismo della psicologia

il giudizio. Che peraltro io, che penso, debba nel pensiero valer sempre come *soggetto*, e come qualcosa che non può venir considerato semplicemente in quanto predicato inerente al pensiero, è una *proposizione* apodittica, e persino *identica*. Tale proposizione, tuttavia, non significa che io, come *oggetto*, sia un *ente sussistente* per me stesso, o *sostanza*. Quest'ultima asserzione va assai oltre, e perciò richiede anche dei *data*, che non si ritrovano affatto nel pensiero, e che forse — se considero semplicemente il soggetto pensante come tale — sono in numero maggiore di quanti io possa mai trovarne in quest'ultimo.

2) Che l'io dell'appercezione, di conseguenza, sia in

---

trascendentale ci fornisce soltanto l'illusione di una nuova conoscenza, presentandoci il costante soggetto logico del pensiero come la conoscenza del soggetto reale dell'inerenza: di quest'ultimo soggetto noi non possediamo la minima conoscenza, né possiamo possederla. In effetti, la coscienza è l'unica cosa, che trasformi tutte le rappresentazioni in pensieri: nella coscienza, intesa come soggetto trascendentale, devono quindi ritrovarsi tutte le nostre percezioni; e noi, al di fuori di questo significato logico dell'io, non possediamo alcuna conoscenza del soggetto in sé, che sta alla base — come sostrato — di questo soggetto logico e di tutti i pensieri. Nondimeno, si può benissimo ammettere la proposizione: *l'anima è sostanza*, quando ci si limiti a dire, che questo nostro concetto non ci fa minimamente progredire, né può insegnarci una qualsiasi delle solite deduzioni della psicologia raziocinante — per esempio, la durata perenne dell'anima attraverso tutti i mutamenti e persino al di là della morte dell'uomo — e che esso designa quindi una sostanza soltanto nell'idea, ma non nella realtà.

ogni pensiero un qualcosa di *singolare*, tale da non poter essere risolto in una pluralità di soggetti, e che questo io, quindi, designi un soggetto logicamente semplice, è già contenuto nel concetto del pensiero, e costituisce dunque una proposizione analitica. Ciò non significa, peraltro, che l'io pensante sia una *sostanza* semplice: in tal caso, difatti, si avrebbe una proposizione sintetica. Il concetto di sostanza si riferisce sempre ad intuizioni, che in me non possono essere se non sensibili, e che quindi si trovano completamente al di fuori del campo dell'intelletto e del suo pensiero: campo, tuttavia, che è il solo di cui propriamente si parli qui, quando si dice che l'io, nel pensiero, è semplice. Sarebbe d'altronde 258

SECONDO PARALOGISMO, DELLA SEMPLICITÀ

Ogni cosa, la cui azione non può mai essere considerata come un concorso di parecchie cose agenti, è **semplice**.

Ma l'anima, o io pensante, è una cosa siffatta.

Dunque ecc.

Critica del secondo paralogismo della psicologia trascendentale 222

Questo è l'Achille di tutte le inferenze dialettiche della psicologia pura: non si tratta semplicemente di un gioco sofistico, escogitato da un dogmatico per dare una fuggevole plausibilità alle sue asserzioni, ma si tratta piuttosto di un'inferenza, la quale sembra resistere persino al piú rigoroso esame ed ai piú gravi dubbi dell'indagine. Eccola.

Ogni sostanza *composta* è un aggregato di parecchie sostanze, e l'azione di un composto — o ciò che inerisce a un composto in quanto tale — è un aggregato di parecchie azioni — o accidenti — che sono distribuite

sorprendente, che mi fosse dato qui cosí direttamente — nella piú povera fra tutte le nostre rappresentazioni e quasi per una rivelazione — ciò che altrimenti richiede cosí tanti sforzi, per distinguere, in ciò che è presentato dall'intuizione, quello che vi è di sostanza, e ancora di piú ne richiede, per precisare se tale sostanza possa essere altresí semplice (come a proposito delle parti della materia).

3) La proposizione dell'identità di me stesso in ogni molteplice, di cui sono cosciente, è una proposizione che del pari si fonda sui concetti stessi, risultando quindi analitica; ma quest'identità del soggetto, della quale, in tutte le rappresentazioni di esso, io posso divenir cosciente,

---

fra la pluralità delle sostanze. Un effetto, orbene, che sorga dal concorso di parecchie sostanze agenti, è senza dubbio possibile, quando questo effetto risulta semplicemente esterno (cosí, per esempio, il movimento di un corpo è la riunione dei movimenti di tutte le sue parti). Tuttavia rispetto ai pensieri, intesi come accidenti internamente appartenenti ad un ente pensante, le cose stanno diversamente. Supponiamo infatti che il composto pensi: in tal caso, ogni parte del composto risulterebbe una parte del pensiero, e soltanto la riunione di tutte le parti potrebbe costituire l'intero pensiero. Ciò peraltro è contraddittorio. Difatti, poiché le rappresentazioni distribuite tra diversi enti (per esempio, le singole parole di un verso) non costituiscono mai un intero pensiero (un verso), cosí il pensiero non può inerire ad un composto in quanto tale. Il pensiero è dunque possibile soltanto in *una* sostanza, che non sia un aggregato di parecchie sostanze, e risulti quindi assolutamente semplice[1].

222 33 [1] È assai facile fornire a questa prova la solita veste di ricercatezza scolastica. Per il mio scopo, tuttavia, è già sufficiente il mostrare con chiarezza — anche in modo popolare — semplicemente il fondamento dimostrativo.

non riguarda l'intuizione del soggetto (onde esso è dato come oggetto), e perciò non può neppure significare l'identità della persona, con cui si intende la coscienza dell'identità della sostanza — propria di ciascuno — come ente pensante, in tutte le variazioni degli stati. Per dimostrare tale identità, non servirebbe a nulla la semplice analisi della proposizione: io penso, e si richiederebbero piuttosto diversi giudizi sintetici, fondati sull'intuizione data.

4) Io distinguo la mia propria esistenza — come quella di un ente pensante — da altre cose fuori di me (tra cui rientra anche il mio corpo). Questa è del pari una proposizione analitica: le altre cose, in effetti, sono quelle che io penso come distinte da me.

Il cosiddetto *nervus probandi* di questa argomentazione si ritrova nella proposizione: per costituire un pensiero, parecchie rappresentazioni debbono essere contenute nell'unità assoluta del soggetto pensante. Questa proposizione, peraltro, nessuno la potrà dimostrare in base a concetti. In realtà, onde mai si vorrà prendere le mosse, per giungere a tale risultato? La proposizione: un pensiero può essere soltanto l'effetto dell'unità assoluta dell'ente pensante, non può essere considerata come analitica. In effetti, l'unità del pensiero — il quale consta di parecchie rappresentazioni — è collettiva, e in base ai semplici concetti può riferirsi tanto all'unità col- 223
lettiva delle sostanze cooperanti al riguardo (cosí come il movimento di un corpo è la composizione del movimento di tutte le sue parti), quanto all'unità assoluta del soggetto. Partendo dalla regola dell'identità, dunque, non si può scorgere la necessità, rispetto ad un pensiero composto, di presupporre una sostanza semplice. D'altro canto, chiunque abbia compreso il fondamento (da noi spiegato sopra) della possibilità delle proposizioni sintetiche *a priori*, non oserà assumersi la responsa-

Mediante tale proposizione, tuttavia, io non so affatto, se questa coscienza di me stesso sia possibile, a prescindere da cose fuori di me, onde mi vengano date delle rappresentazioni, e se io perciò possa esistere semplicemente come ente pensante (senza essere uomo).

Di conseguenza, attraverso l'analisi della coscienza di me stesso, nel pensiero in generale, non si giunge ad alcun risultato positivo rispetto alla conoscenza di me stesso come oggetto. L'esposizione logica del pensiero in generale viene considerata falsamente come una determinazione metafisica dell'oggetto.

Vi sarebbe grande motivo di sdegnarsi contro tutta quanta la nostra critica (sarebbe questo l'unico motivo,

---

bilità di affermare che la suddetta proposizione possa essere conosciuta sinteticamente, e del tutto *a priori*, in base a meri concetti.

È d'altronde impossibile derivare questa unità necessaria del soggetto — intesa come condizione della possibilità di ogni pensiero — dall'esperienza. Quest'ultima, infatti, non ci fa conoscere alcuna necessità, senza contare che il concetto dell'unità assoluta oltrepassa di molto la sfera dell'esperienza. Donde prenderemo dunque questa proposizione, su cui si appoggia l'intero sillogismo psicologico?

È chiaro che, se vogliamo rappresentarci un ente pensante, dobbiamo porre noi stessi al suo posto, e dobbiamo quindi sostituire il nostro proprio soggetto all'oggetto che si vuole considerare (il che non avviene in nessun'altra specie di indagine). Per un pensiero, evidentemente, noi richiediamo l'unità assoluta del soggetto, soltanto per la ragione che altrimenti non si potrebbe dire: io penso (il molteplice in una rappresentazione). In effetti, sebbene il totale di un pensiero possa essere diviso e distribuito tra molti soggetti, tuttavia l'io soggettivo non può essere diviso né

anzi), se vi fosse una possibilità di dimostrare *a priori*, che tutti gli enti pensanti sono in sé sostanze semplici, che essi perciò, come tali, portano inscindibilmente con sé la personalità (il che è una conseguenza del medesimo argomento dimostrativo), e che sono coscienti di una loro esistenza separata da ogni materia. A questo modo, infatti, noi avremmo pur fatto un passo innanzi, al di là del mondo dei sensi, saremmo entrati nel campo dei noumeni, e nessuno ormai potrebbe contestarci il diritto di estendere la nostra esplorazione in questo campo, di costruirvi, e, secondo la stella di ciascuno, di prenderne 269
possesso. La proposizione: ogni ente pensante come tale è una sostanza semplice, è difatti una proposizione sinte-

---

distribuito, ed è appunto questo io che noi presupponiamo in ogni pensiero.

Qui, come nel precedente paralogismo, la proposizione formale dell'appercezione: io penso, costituisce dunque l'intero fondamento, sulla cui base la psicologia razionale osa tentare un'estensione delle sue conoscenze. Tale proposizione, senza dubbio, non è affatto un'esperienza, ma è tuttavia la forma dell'appercezione, che inerisce ad ogni esperienza e la precede, sebbene vada considerata in ogni caso solo in riferimento ad una conoscenza possibile in generale, come sua condizione semplicemente soggettiva. Questa condizione, noi la trasformiamo in condizione della possibilità di una conoscenza degli oggetti, ossia in un concetto dell'ente pensante in generale, e la trasformiamo cosí a torto, poiché noi non possiamo rappresentarci tale ente, senza porre noi stessi — con la formula della nostra coscienza — al posto di ogni altro ente intelligente.

La semplicità di me (come anima), d'altronde, non è 224
realmente dedotta dalla proposizione: io penso; si deve dire, piuttosto, che tale semplicità è già contenuta

tica *a priori*, in primo luogo, perché oltrepassa il concetto su cui si fonda, aggiungendo al pensiero in generale il modo dell'esistenza, e in secondo luogo, perché aggiunge a quel concetto un predicato (della semplicità), che non può venir dato in alcuna esperienza. Le proposizioni sintetiche *a priori*, perciò, non soltanto (come abbiamo sostenuto) sarebbero costruibili ed ammissibili — precisamente, in quanto principî della possibilità dell'esperienza possibile — rispetto ad oggetti di questa stessa esperienza, ma potrebbero altresí riferirsi a cose in generale e in se stesse. Tale conseguenza metterebbe fine a tutta quanta questa critica, ed imporrebbe di accontentarsi dell'antico modo di pensare. Il pericolo, tuttavia,

---

in ogni pensiero. La proposizione: io sono semplice, deve essere considerata come un'espressione immediata dell'appercezione; allo stesso modo, la presunta inferenza cartesiana: *cogito, ergo sum*, in realtà è tautologica, poiché il *cogito* (*sum cogitans*) dichiara immediatamente la realtà. Io sono semplice, invero, non significa altro se non che la rappresentazione: io, non comprende in sé la minima molteplicità, e risulta quindi un'unità assoluta (sebbene semplicemente logica).

La tanto famosa dimostrazione psicologica si fonda dunque unicamente sull'unità indivisibile di una rappresentazione, la quale viene diretta verso una persona soltanto dal verbo. È evidente, che il soggetto dell'inerenza viene designato soltanto in modo trascendentale dall'io contenuto nel pensiero, senza che si possa osservare la minima proprietà di tale soggetto, e in generale, senza che si possa conoscere o sapere nulla di esso. Esso significa un qualcosa in generale (soggetto trascendentale), la cui rappresentazione senza dubbio deve essere semplice, appunto perché in esso nulla può essere rappresentato determinatamente: d'altronde, nulla può certo essere rappre-

non è cosí grave, se si guarda la questione piú da vicino.

Il modo di procedere della psicologia razionale è dominato da un paralogismo, il quale viene presentato dal seguente sillogismo.

Ciò che non può essere pensato altrimenti che come soggetto, non esiste altrimenti che come soggetto, ed è perciò sostanza.

Ma un ente pensante, considerato semplicemente come tale, non può venir pensato altrimenti che come soggetto.

Dunque, un ente pensante esiste

---

sentato in modo piú semplice che mediante il concetto di un mero qualcosa. Ma la semplicità della rappresentazione di un soggetto non per questo è conoscenza della semplicità del soggetto stesso; in effetti, si astrae completamente dalle proprietà del soggetto, quando lo si designa unicamente con l'espressione del tutto vuota di contenuto: io (espressione che posso applicare ad ogni soggetto pensante).

È dunque certo, che con l'io si pensa sempre un'unità assoluta, ma logica, del soggetto (semplicità), ma non è affatto certo, che con ciò io conosca la semplicità reale del mio soggetto. Allo stesso modo che la proposizione: io sono sostanza, non significa altro — come abbiamo detto — se non la categoria pura, di cui io non posso fare alcun uso (empirico) *in concreto*, cosí mi è certo lecito dire: io sono una sostanza semplice (ossia: la rappresentazione di tale sostanza non contiene mai una sintesi del molteplice), ma questo concetto, o anche questa proposizione, non ci insegna nulla a riguardo di me stesso, inteso come oggetto dell'esperienza; in effetti, il concetto della sostanza stessa è usato soltanto come funzione della sintesi, senza fondarsi su alcuna intuizione, ossia viene usato senza un

anche, soltanto come soggetto, cioè esiste come sostanza.

Nella premessa maggiore, si parla di un ente, che può essere pensato in generale, sotto ogni rispetto, e quindi anche cosí come può venir dato nell'intuizione. Nella premessa minore, invece, si parla di tale ente, solo in quanto esso considera se stesso come soggetto, unicamente in relazione al pensiero e all'unità della coscienza, e non già al tempo stesso in rapporto all'intuizione, onde esso vien dato al pensiero come oggetto. Perciò la conclusione è dedotta *per sophisma figurae dictionis*, ossia mediante un'inferenza sofistica[1].

269 [1] Nelle due premesse, il pensiero è preso in significato del tutto differente. Nella premessa maggiore, si intende il pensiero come riferito ad un

---

oggetto, ed è valido soltanto rispetto alla condizione della nostra conoscenza, ma non rispetto ad un qualsiasi oggetto individuabile. Metteremo ora alla prova la presunta utilità di questa proposizione.

225 Ciascuno deve ammettere, che la asserzione della natura semplice dell'anima avrà un qualche valore, solo in quanto su questa base io possa distinguere tale soggetto da ogni materia, e possa quindi escludere l'anima dalla caducità, cui è sempre sottoposta la materia. La suddetta proposizione, d'altronde, è propriamente destinata a tale uso; di conseguenza, essa viene espressa per lo piú nella forma: l'anima non è corporea. Ora, se io posso mostrare che, pur concedendo a questa proposizione cardinale della psicologia razionale — nel puro significato di un semplice giudizio di ragione tratto da categorie pure — ogni validità oggettiva (tutto ciò che pensa è sostanza semplice), non si può tuttavia fare il minimo uso di questa proposizione nel senso di stabilire l'eterogeneità o l'omogeneità dell'anima rispetto alla materia, ciò sarà allora equivalente al relegare questa presunta conoscenza psicologica

Che sia perfettamente giusto risolvere cosí quel famoso argomento in un paralogismo, risulterà chiarissimo, quando 270

oggetto in generale (e quindi, nel modo in cui esso può venir dato nell'intuizione); nella premessa minore, invece, lo si intende solo come consistente nella relazione all'autocoscienza: in quest'ultimo caso, perciò, non viene pensato alcun oggetto, ma viene rappresentata soltanto la relazione a sé come soggetto (come forma del pensiero). Nella premessa maggiore, si parla di cose, che non possono essere pensate altrimenti che come soggetti; nella premessa minore, invece, si parla non già di c o s e, bensí del p e n s i e r o (astraendo da ogni oggetto), in cui l'io serve sempre da sog- 31 270
getto della coscienza. Non può seguire perciò, nella conclusione: io non posso esistere altrimenti che come soggetto. La conclusione, piuttosto, potrà essere soltanto: nel pensiero della mia esistenza, io posso servirmi di me soltanto come del soggetto del giudizio; questa è una proposizione identica, che non svela assolutamente nulla quanto al modo della mia esistenza.

---

nel campo delle semplici idee, cui manca la realtà dell'uso oggettivo.

Nell'Estetica trascendentale abbiamo provato in modo incontestabile, che i corpi sono semplici apparenze del nostro senso esterno, e non già cose in se stesse. Conformemente a ciò, noi possiamo dire a buon diritto, che il nostro soggetto pensante non è corporeo, ossia che è rappresentato da noi come oggetto del senso interno, e di conseguenza, in quanto pensa, non può affatto essere un oggetto dei sensi esterni, cioè una apparenza nello spazio. Ora, ciò equivale a dire, che tra le apparenze esterne non possono mai presentarsi a noi degli enti pensanti c o m e t a l i, ossia, che noi non possiamo intuire esternamente i pensieri, la coscienza, i desiderî, ecc. di tali enti: tutto questo, in effetti, spetta al senso interno. Questo argomento, in realtà, sembra altresí naturale e popolare, al punto che persino l'intelletto piú comune, a quanto pare, si è sentito da gran tempo spinto verso di esso, cominciando cosí assai presto a considerare le anime come enti del tutto diversi dai corpi.

Peraltro, sebbene l'estensione, l'impenetrabilità, la coesione ed il movimento — in breve, tutto ciò che possono

si vada a rivedere l'osservazione generale alla rappresentazione sistematica delle proposizioni fondamentali, e la sezione riguardante i noumeni. In tale sede è stato dimostrato, che il concetto di una cosa, la quale può esistere per sé come soggetto, ma non come semplice predicato, non implica ancora una realtà oggettiva, ossia, che non si può sapere, se a tale concetto tocchi mai un oggetto, in quanto non si riesce a comprendere la possibilità di un tale modo di esistere. È stato dimostrato, di conseguenza, che tale concetto non fornisce assolutamente una conoscenza. Perciò, se questo concetto vuole indicare, sotto il nome di sostanza, un oggetto che può essere dato; se cioè esso è destinato a diventare una conoscenza, allora

---

fornirci i sensi esterni — non siano pensieri, sentimenti, inclinazioni o decisioni, né contengano tali cose, poiché queste non sono per nulla oggetti dell'intuizione esterna, tuttavia quel qualcosa, che sta alla base delle apparenze esterne, e che modifica il nostro senso, in modo che questo riceva le rappresentazioni di spazio, materia, figura, ecc., quel qualcosa, dico, considerato come noumeno (o meglio,
226 come oggetto trascendentale), potrebbe nondimeno essere al tempo stesso il soggetto dei pensieri, quantunque noi riceviamo — attraverso il modo in cui il nostro senso esterno è modificato da quel qualcosa — non già un'intuizione di rappresentazioni, volontà, ecc., bensí semplicemente un'intuizione dello spazio e delle sue determinazioni. Questo qualcosa, peraltro, non è esteso, non è impenetrabile, non è composto, poiché tutti questi predicati riguardano soltanto la sensibilità e l'intuizione sensibile, in quanto noi siamo modificati da siffatti oggetti (a noi del resto ignoti). Tali espressioni non ci fanno tuttavia conoscere di quale oggetto si tratti, ma ci dicono soltanto che questi predicati delle apparenze esterne non possono essere attribuiti ad esso, in quanto oggetto da considerare in se stesso,

dev'essere posta alla base un'intuizione permanente, in quanto condizione indispensabile della realtà oggettiva di un concetto, ossia dev'essere posto alla base ciò, mediante cui soltanto può essere dato l'oggetto. Nell'intuizione interna, peraltro, noi non abbiamo nulla di permanente, poiché l'io è soltanto la coscienza del mio pensiero. Di conseguenza, se ci arrestiamo semplicemente al pensiero, ci manca la condizione necessaria, per applicare il concetto di sostanza — cioè di un soggetto sussistente per sé — al soggetto come ente pensante. E la semplicità della sostanza, semplicità che è connessa con la realtà oggettiva del concetto di sostanza, cade del tutto, assieme a tale realtà oggettiva, trasformandosi in una semplice unità

---

senza riferimento ai sensi esterni. D'altro canto, i predicati del senso interno — le rappresentazioni e il pensiero — non contraddicono a tale oggetto. L'anima umana, dunque, quand'anche si conceda la semplicità della sua natura, non risulta sufficientemente distinta dalla materia, rispetto al sostrato di quest'ultima (posto che la materia venga considerata — e cosí si deve d'altronde considerarla — semplicemente come apparenza).

Se la materia fosse una cosa in sé, essa allora, in quanto ente composto, si distinguerebbe completamente dall'anima, in quanto ente semplice. Ma la materia è soltanto una apparenza esterna, e non si può indicare alcun predicato che serva a far conoscere il sostrato di tale apparenza. Io posso dunque assumere, che tale sostrato sia in sé semplice, pur producendo in noi, col modo in cui modifica i nostri sensi, l'intuizione dell'esteso, e quindi del composto, e che perciò alla sostanza — cui rispetto al nostro senso esterno tocca l'estensione — in se stessa appartengano pensieri, che possano venir rappresentati con coscienza dal senso interno proprio di tale sostanza. In tal modo, quella medesima cosa, che da un punto di vista si dice corporea,

qualitativa e logica dell'autocoscienza, nel pensiero in generale, possa poi il soggetto risultare composto oppure no.

Confutazione della prova di Mendelssohn riguardo alla permanenza dell'anima

Questo acuto filosofo osservò ben presto, come nel solito argomento, con cui si vuol dimostrare che l'anima (ammesso che sia un ente semplice) non può cessare di esistere per decomposizione, si riveli un'insufficienza rispetto allo scopo di assicurarle una sopravvivenza necessaria: in effetti, si potrebbe ancora sostenere una

---

risulterebbe al tempo stesso, da un altro punto di vista, un ente pensante: i pensieri di tale ente, noi non potremmo certo intuirli, ma potremmo invece intuire i segni di questi pensieri nell'apparenza. In tal caso non si potrebbe piú dichiarare che soltanto le anime (come specie particolari di sostanze) pensino. Si direbbe piuttosto, come avviene di solito, che gli uomini pensano, ossia si direbbe che quella medesima cosa, la quale — in quanto apparenza esterna — è estesa, risulta internamente (in se stessa) un soggetto, che non è composto, bensí semplice, e che pensa.

Peraltro, senza ammettere siffatte ipotesi, si può in generale osservare che, se per anima io intendo un ente pensante in se stesso, è già fuori luogo domandare, se tale anima sia omogenea, oppure no, rispetto alla materia (la quale non è
227 affatto una cosa in se stessa, ma soltanto una specie di rappresentazioni entro di noi). In effetti, è di per sé evidente, che una cosa in se stessa è di natura differente dalle determinazioni che costituiscono semplicemente il suo stato.

Se confrontiamo l'io pensante, peraltro, non già con la materia, bensí con l'intelligibile, il quale sta a fondamento dell'apparenza esterna da noi chiamata materia, in tal

cessazione della sua esistenza per *estinzione*. Nel 271
suo *Fedone*, Mendelssohn cercò di escludere questa corruttibilità (che risulterebbe un vero annientamento), presumendo di dimostrare, che un ente semplice non può mai cessare di esistere, poiché, in quanto esso non può venir diminuito, né perdere quindi gradualmente qualcosa della sua esistenza, né essere cosí trasformato *a poco a poco* nel nulla (esso infatti non ha in sé parti, e perciò neppure una pluralità), non si potrebbe ritrovare alcun tempo tra l'istante in cui esso è e quello in cui non è piú: il che è impossibile. — Egli non considerò tuttavia, che, pur potendo noi concedere all'anima questa natura semplice — per cui, cioè, essa non contenga alcuna

---

caso, poiché non sappiamo nulla riguardo a questo intelligibile, non potremo neppur dire, che in qualche modo l'anima si distingua internamente da esso.

Perciò la coscienza semplice non costituisce affatto una conoscenza della natura semplice del nostro soggetto, nel senso che questo debba venire in tal modo distinto dalla materia, intesa come ente composto.

Ma se questo concetto, nell'unico caso in cui è utile — cioè nel confronto tra me stesso e gli oggetti dell'esperienza esterna — non è in grado di determinare il carattere peculiare e distintivo della sua natura, si potrà invero pur sempre pretendere di sapere, che l'*io* pensante, l'anima (nome che designa l'oggetto trascendentale del senso interno), sia semplice, ma non per questo tale espressione otterrà un uso estendentesi ad oggetti reali, né potrà quindi ampliare minimamente la nostra conoscenza.

Cade perciò, assieme al suo principale sostegno, l'intera psicologia razionale, e qui come altrove noi non potremo mai sperare di estendere la nostra comprensione mediante semplici concetti (ancora meno d'altronde potremo sperare ciò mediante la semplice forma soggettiva di tutti i nostri

molteplicità di parti le une esterne alle altre, né quindi alcuna quantità estensiva — non è tuttavia possibile negare all'anima (allo stesso modo che non è possibile negare ciò ad una qualsiasi cosa esistente) una quantità intensiva, cioè un grado di realtà rispetto ad ogni sua facoltà, anzi, in generale, rispetto a tutto ciò che costituisce la sua esistenza. Tale grado potrà diminuire attraverso un infinito numero di gradi piú piccoli, e cosí la presunta sostanza (la cosa, la cui permanenza non risulta del resto ancora stabilita) potrà trasformarsi nel nulla, anche se non per decomposizione, certo per graduale rilassamento (*remissio*) delle sue forze (e quindi per illanguidimento, se mi è lecito servirmi di questo vocabolo).

---

concetti, ossia mediante la coscienza), e senza un riferimento all'esperienza possibile. Ciò è particolarmente evidente, in quanto lo stesso concetto fondamentale di una natura semplice è tale da non poter mai essere ritrovato in alcuna esperienza, e non esiste quindi alcuna via per giungere ad esso come ad un concetto oggettivamente valido.

TERZO PARALOGISMO, DELLA PERSONALITÀ

Ciò che è cosciente dell'identità numerica di se stesso in tempi diversi, è in questo senso una persona.

Ma l'anima ecc.

Dunque l'anima è una persona.

228 *Critica del terzo paralogismo della psicologia trascendentale*

Nel caso in cui io voglia conoscere mediante l'esperienza l'unità numerica di un oggetto esterno, presterò attenzione a ciò che è permanente in quella apparenza,

In effetti, persino la coscienza ha sempre un grado, che può essere ulteriormente diminuito[1]; lo stesso si dica, di

[1] La chiarezza non è, come dicono i logici, la coscienza di una rappre- 271
sentazione. In effetti, un certo grado di coscienza (insufficiente tuttavia perché sia possibile il ricordo) deve ritrovarsi anche in parecchie rappresentazioni oscure, poiché, se fossimo del tutto privi di coscienza, noi non faremmo alcuna distinzione nel collegare le rappresentazioni oscure: eppure, noi siamo capaci di fare ciò, riguardo ai caratteri distintivi di parecchi concetti (cosí avviene, ad esempio, per i concetti di diritto e di giustizia, e cosí fa il musicista, che nell'improvvisare tocca al tempo stesso molte note). Chiara, invece, è una rappresentazione in cui la coscienza è sufficiente per una coscienza *della distinzione* di tale rappresentazione da altre. Se la coscienza è sufficiente per distinguere, ma non per la coscienza della distinzione, allora la rappresentazione dovrebbe ancora essere chiamata oscura. Vi è perciò un numero infinito di gradi della coscienza, sino all'estinzione.

---

alla quale — come al soggetto — tutto il resto si riferisce in quanto determinazione, e osserverò l'identità di quel permanente nel tempo in cui tutto il resto varia. Io sono peraltro un oggetto del senso interno, ed ogni tempo è semplicemente la forma del senso interno. Di conseguenza, io riferisco tutte le mie singole determinazioni successive alla persona numericamente identica in ogni tempo, cioè nella forma dell'intuizione interna di me stesso. Su questa base, la personalità dell'anima non dovrebbe neppure essere considerata come dedotta, ma dovrebbe piuttosto venir considerata come una proposizione perfettamente identica dell'autocoscienza nel tempo: tale è altresí la causa, per cui questa proposizione è valida *a priori*. Essa, difatti, non dice realmente altro se non: in tutto il tempo, in cui sono cosciente di me, io sono cosciente di questo tempo come di un qualcosa che appartiene all'unità della mia persona; ed è equivalente il dire: tutto questo tempo è in me come in un'unità individuale, oppure il dire: io mi trovo in tutto questo tempo con identità numerica.

L'identità della persona si ritrova dunque inevitabilmente nella mia propria coscienza. Tuttavia, se io consi-

conseguenza, riguardo alla facoltà di divenir cosciente di sé, e a tutte le altre facoltà. — La permanenza dell'anima, intesa semplicemente come oggetto del senso interno, rimane perciò indimostrata, anzi indimostrabile, sebbene la sua permanenza nella vita — quando l'ente pensante (come uomo) è insieme, di fronte a se stesso, un oggetto dei sensi esterni — sia per sé chiara. Ciò non soddisfa peraltro lo psicologo razionale, che cerca di dimostrare,
272 in base a semplici concetti, la permanenza assoluta dell'anima, anche al di là della vita[1].

272 6 [1] Coloro che, nello stabilire una nuova possibilità, credono di aver fatto già abbastanza, quando possono andar fieri della circostanza che ad essi non si è mai potuto contestare alcuna contraddizione nei loro presup-

---

dero me stesso dal punto di vista di un altro (ossia mi pongo come oggetto della sua intuizione esterna), in tal caso questo osservatore esterno m i esamina anzitutto n e l t e m p o, poiché nell'appercezione il t e m p o è propriamente rappresentato soltanto in me. Di conseguenza, pur ammettendo l'io, costui non dedurrà tuttavia da esso — che in ogni tempo accompagna tutte le rappresentazioni nella mia coscienza, e con piena identità — la permanenza oggettiva di me stesso. In tal caso, difatti, poiché il tempo in cui l'osservatore mi pone non è quello che si ritrova nella mia propria sensibilità, bensí è quello che si ritrova nella sua sensibilità, cosí l'identità, che è congiunta necessariamente con la mia coscienza, non per questo risulta congiunta con la sua coscienza, cioè con l'intuizione esterna del mio soggetto.

L'identità della coscienza di me stesso in tempi diversi è dunque soltanto una condizione formale dei miei pensieri e del loro collegamento, ma non dimostra affatto l'identità numerica del mio soggetto, nel quale, nonostante l'identità logica dell'io, può essersi presentata una tale variazione, che non permetta di mantenere l'identità del

Se ora consideriamo in connessione s i n t e t i c a le nostre precedenti proposizioni (cioè se le consideriamo nel modo in cui esse — in quanto valide per tutti gli enti

posti (tali sono tutti coloro che credono di comprendere la possibilità del pensiero — di cui trovano esempio nella vita umana, solo a proposito delle intuizioni empiriche — anche dopo la cessazione della vita), possono essere messi in grande imbarazzo da altre possibilità, che non sono per nulla piú audaci delle loro. Di questa natura è, per esempio, la possibilità della divisione di una s o s t a n z a s e m p l i c e in parecchie sostanze, e inversamente, il confluire (coalizione) di parecchie sostanze in una sostanza semplice. In effetti, sebbene la divisibilità presupponga un composto, essa tuttavia non richiede necessariamente un composto di sostanze, ma richiede soltanto un composto di gradi (delle varie facoltà) di una sola e medesima sostanza. Orbene, allo stesso modo che tutte le forze e facoltà dell'anima, anche quella della coscienza, si possono pensare come diminuite

---

soggetto, pur potendosi sempre attribuire ad esso il medesimo nome di io, che in ogni altro stato — e persino nella trasformazione del soggetto — sarà sempre in grado di conservare il pensiero del soggetto precedente, trasmettendolo inoltre al soggetto seguente[1]. **229**

È vero che, non appena si assumano delle sostanze, cade l'asserzione di alcune scuole antiche, secondo cui tutto s c o r r e , e nel mondo non vi è nulla di p e r m a n e n t e e costante: tale asserzione, tuttavia, non è

[1] Una palla elastica, che urti lungo una linea retta un'altra palla uguale, comunica a questa tutto il suo movimento, e quindi l'intero suo stato (se consideriamo semplicemente le posizioni nello spazio). Se ora voi, in base alla analogia con siffatti corpi, ammettete due sostanze, di cui l'una comunichi all'altra rappresentazioni, assieme alla loro coscienza, si potrà allora pensare un'intera serie di sostanze, la prima delle quali trasmetta il suo stato, assieme alla coscienza di esso, alla seconda, la seconda comunichi il suo proprio stato, assieme a quello della sostanza precedente, alla terza, e quest'ultima trasmetta allo stesso modo gli stati di tutte le sostanze precedenti, assieme al suo proprio stato, ed assieme alla coscienza di tali stati. L'ultima sostanza sarebbe dunque cosciente di tutti gli stati delle sostanze mutate in precedenza, come di stati suoi propri, poiché tutti quegli stati, assieme alla loro coscienza, risulterebbero comunicati ad essa: nonostante ciò, essa non sarebbe certo la medesima persona in tutti questi stati, **229**

pensanti — devono essere considerate nella psicologia razionale come sistema), e se dalla categoria della rela-
273 zione — con la proposizione: tutti gli enti pensanti sono,

della metà, pur sussistendo ancor sempre la sostanza, cosí del pari ci si può rappresentare senza contraddizione quella metà estinta come conservata, non già entro l'anima, bensí fuori di essa, e si può pensare che fuori dell'anima sorgerà in tal caso una sostanza separata, poiché si è dimezzato tutto ciò che è reale (ed ha quindi un grado) nell'anima, ossia l'intera sua esistenza (cosicché non manca nulla). La pluralità che è stata divisa, in effetti, esisteva già prima, però in quanto pluralità, non di sostanze, bensí di ogni realtà (come *quantum* di esistenza nell'anima); e l'unità della sostanza era soltanto un modo di esistere, che solo mediante questa divisione è stato trasformato in una pluralità di sussistenza. Cosí, d'altro canto, parecchie sostanze semplici potrebbero a loro volta confluire in un'unica sostanza, dove nulla andrebbe perduto, se non semplicemente la pluralità di sussistenza,

---

confutata dall'unità dell'autocoscienza. Noi stessi, difatti, partendo dalla nostra coscienza non possiamo giudicare se, come anime, siamo permanenti oppure no, poiché alla nostra persona identica noi attribuiamo soltanto ciò di cui siamo coscienti, e cosí senza dubbio, dobbiamo necessariamente giudicare di essere i medesimi, per tutto il tempo in cui siamo coscienti. Dal punto di vista di un estraneo, invece, non possiamo dichiarare la validità di ciò: in effetti, dal momento che nell'anima non ritroviamo nessun'altra apparenza permanente se non la rappresentazione dell'io, che accompagna e connette tutte le apparenze, cosí noi non possiamo mai stabilire, se questo io (un semplice pensiero) non scorra allo stesso modo degli altri pensieri, che sono concatenati tra loro dall'io.

È peraltro degno di nota il fatto che la personalità e il suo presupposto, la permanenza — e quindi la sostanzialità — dell'anima, debbano venir dimostrati soltanto ora. In effetti, se noi potessimo presupporre tutto ciò, di qui non seguirebbe ancora il perdurare della coscienza, ma discenderebbe però la possibilità di una coscienza perdurante in un soggetto permanente: ciò è già sufficiente per

come tali, sostanze — retrocediamo lungo la serie delle categorie, sino a che il circolo si chiuda, noi ci imbattiamo alla fine nell'esistenza di tali enti: in questo sistema, non

poiché in tal caso quest'unica sostanza conterrebbe in sé il grado di realtà di tutte le precedenti sostanze, prese assieme. E forse le sostanze semplici, che ci forniscono l'apparenza di una materia (certo, non già per un influsso meccanico o chimico delle une sulle altre, ma comunque per un influsso a noi ignoto, di cui l'influsso meccanico o chimico sarebbe soltanto l'apparenza), potrebbero — attraverso una siffatta divisione d i n a m i c a delle anime dei genitori, intese come q u a n t i t à i n t e n s i v e — produrre le anime dei figli, mentre le prime compenserebbero daccapo la loro perdita, mediante coalizione con una nuova materia della medesima specie. Io sono ben lungi dal concedere il minimo pregio o la minima validità a siffatte chimere; del resto, i menzionati principî dell'analitica hanno ammonito con sufficiente insistenza, a non servirsi delle categorie (per esempio, della

---

stabilire la personalità, la quale non cessa subito per il fatto che la sua azione sia eventualmente interrotta durante un certo tempo. Ma non vi è nulla che possa darci questa permanenza anteriormente a quella identità numerica di noi stessi, che noi deduciamo dall'appercezione identica: **230**
tale permanenza, piuttosto, può soltanto essere dedotta da quell'identità numerica (cui dovrebbe seguire anzitutto, se si procedesse correttamente, il concetto di sostanza, il quale solo è empiricamente utile). Ora, poiché questa identità della persona non segue in alcun modo dall'identità dell'io nella coscienza di ogni tempo in cui io conosco me stesso, cosí anche sopra non si è potuto fondare la sostanzialità dell'anima sull'identità dell'io.

Tuttavia, allo stesso modo che possono sussistere il concetto di sostanza ed il concetto di semplice, cosí può anche rimanere il concetto di personalità (in quanto è semplicemente trascendentale, cioè esprime l'unità del soggetto, che per il resto rimane a noi ignoto, ma nelle cui determinazioni esiste una completa connessione mediante l'appercezione), concetto che in questo senso è altresí necessario e sufficiente per l'uso pratico. Non potremo però

soltanto essi sono coscienti di tale esistenza, indipendentemente dalle cose esterne, ma la possono altresí determinare da se stessi (in rapporto alla permanenza, che appartiene necessariamente al carattere della sostanza). Da ciò segue

categoria di sostanza) se non per un uso di esperienza. Ma se il razionalista è abbastanza audace per ricavare un ente sussistente per sé dalla semplice facoltà del pensiero — senza una qualsiasi intuizione permanente, onde sia
273 dato un oggetto — semplicemente per il fatto che l'unità dell'appercezione nel pensiero non gli permette alcuna spiegazione basata su ciò che è composto (mentre egli farebbe assai meglio a confessare di non sapere spiegare la possibilità di una natura pensante), perché il m a t e r i a l i s t a — pur non potendo del pari addurre l'esperienza a sostegno delle sue teorie — non dovrà essere autorizzato ad una medesima audacia, a quella cioè di servirsi del suo principio, conservando l'unità formale del razionalista, per un uso opposto?

mai vantarci di esso, come di un mezzo per estendere la conoscenza di noi stessi mediante la ragione pura, la quale, sulla base del semplice concetto della persona identica, ci dà l'illusione di una durata ininterrotta del soggetto: in effetti, questo concetto gira sempre attorno a se stesso, e non ci fa progredire rispetto a nessuna questione, che tenda ad una conoscenza sintetica. Che cosa possa essere la materia, intesa come cosa in se stessa (oggetto trascendentale), ci è perfettamente ignoto: nondimeno, la permanenza della materia come apparenza — in quanto la materia viene rappresentata come qualcosa di esterno — può essere osservata. Poiché tuttavia, quando voglio osservare il semplice io attraverso il mutamento di tutte le rappresentazioni, non trovo alcun altro termine di correlazione per i miei confronti, se non daccapo me stesso, insieme con le condizioni universali della mia coscienza, a tutte le questioni io non potrò allora dare se non risposte tautologiche, ponendo cioè il mio concetto e la sua unità al posto delle proprietà che spettano a me come oggetto, e presupponendo ciò che si desiderava sapere.

peraltro, che in questo medesimo sistema razionalistico l'*idealismo* è inevitabile — almeno l'idealismo problematico — e che, se l'esistenza delle cose esterne non è affatto richiesta per la determinazione dell'esistenza di ciascuno di noi nel tempo, allora l'esistenza delle cose esterne è proprio ammessa del tutto gratuitamente, senza che di ciò si possa mai fornire una prova.

Se per contro seguiamo il procedimento *analitico*, dove alla base sta l'io penso — inteso come una proposizione, che contiene già un'esistenza come data — e quindi la modalità, e se analizziamo tale proposizione, per conoscere il suo contenuto, ossia per vedere se e come questo io determini la sua esistenza nello spazio o nel

---

QUARTO PARALOGISMO, DELL'IDEALITÀ (RIGUARDO ALLA RELAZIONE ESTERNA)

Ciò, la cui esistenza può essere dedotta soltanto come causa di percezioni date, non ha se non un'esistenza dubbia.

Ma tutte le apparenze esterne sono tali, che la loro esistenza non può essere percepita immediatamente, ma può essere soltanto dedotta come causa di percezioni date.

L'esistenza di tutti gli oggetti dei sensi esterni è dunque 231
dubbia. Questa incertezza, io la chiamo idealità delle apparenze esterne, e la dottrina di questa idealità si dice *idealismo*: in confronto con questo, l'asserzione di una certezza possibile degli oggetti dei sensi esterni viene chiamata *dualismo*.

Critica del quarto paralogismo della psicologia trascendentale

Sottoporremo ad esame anzitutto le premesse. Noi possiamo asserire con ragione, che solo ciò che è in noi stessi può venir percepito immediatamente, e che soltanto la mia propria esistenza può essere oggetto di una semplice

tempo semplicemente su questa base, in tal caso le proposizioni della dottrina razionale dell'anima prenderanno inizio non già dal concetto di un ente pensante in generale, bensí da una realtà, ed allora dal modo in cui viene pensata quest'ultima — dopo che ne è stato separato tutto ciò che vi è di empirico — risulterà dedotto ciò che tocca ad un ente pensante in generale, come mostra la seguente tavola.

1.

Io penso,

2.

come soggetto,

3.

come soggetto semplice,

4.

come soggetto identico, in ogni stato del mio pensiero.

---

percezione. L'esistenza di un oggetto reale fuori di me (se questa parola è intesa in senso intellettuale) non potrà quindi mai essere data immediatamente nella percezione, ma potrà soltanto venir pensata in aggiunta alla percezione — che è una modificazione del senso interno — come causa esterna di essa, e di conseguenza, potrà soltanto essere dedotta. Anche Cartesio limitò quindi giustamente ogni percezione — nel senso piú stretto — alla proposizione: io (come ente pensante) sono. È infatti chiaro che, poiché ciò che è esterno non è in me, io non potrò ritrovarlo nella mia appercezione, e quindi neppure in una percezione, che propriamente è soltanto la determinazione della appercezione.

Propriamente, dunque, io non posso percepire cose esterne, ma posso soltanto dedurre la loro esistenza dalla mia percezione interna, considerando quest'ultima come

Ora, poiché qui, nella seconda proposizione, non viene 274 determinato se io possa esistere ed essere pensato soltanto come soggetto, e non anche come predicato di qualcos'altro, nel nostro caso il concetto di soggetto è allora assunto solo logicamente, e rimane incerto se con esso si debba intendere una sostanza, oppure no. Nella terza proposizione, tuttavia, l'unità assoluta dell'appercezione, l'io semplice — nella rappresentazione cui si riferisce ogni congiunzione o separazione costituente il pensiero — diventa importante anche per sé, sebbene io non abbia ancora stabilito niente sulla costituzione, o sussistenza, del soggetto. L'appercezione è qualcosa di reale, e la semplicità di essa si ritrova già nella sua possibilità. Ora, nello spazio non vi è nulla di reale, che sia semplice: in effetti, i punti (che costituiscono l'unico semplice nello spazio) sono soltanto limiti, e non invece essi stessi qualcosa, che serva, come parte, a costituire lo spazio. Segue quindi da ciò l'impossibilità di spiegare la costituzione di me stesso

---

l'effetto, di cui qualcosa di esterno sia la causa prossima. L'inferenza da un effetto dato ad una causa determinata, tuttavia, è sempre incerta, poiché l'effetto può essere sorto da piú di una causa. Nel riferimento della percezione alla sua causa, di conseguenza, rimane sempre dubbio, se tale causa sia interna oppure esterna, e quindi, se tutte le cosiddette percezioni esterne siano un semplice gioco del nostro senso interno, oppure si riferiscano ad oggetti esterni reali, intesi come loro causa. In ogni caso, l'esistenza di tali oggetti è soltanto dedotta, e corre il rischio di tutte le inferenze: per contro, l'oggetto del senso interno (io stesso, con tutte le mie rappresentazioni) è percepito immediatamente, e la sua esistenza si sottrae a qualsiasi dubbio.

Per i d e a l i s t a, quindi, si deve intendere non già 232 colui che nega l'esistenza degli oggetti esterni dei sensi, bensí colui che si limita a non ammettere che tale esistenza

— semplicemente come soggetto pensante — sulla base del *materialismo*. Peraltro, poiché nella prima proposizione la mia esistenza viene considerata come data — in quanto non si dice: ogni ente pensante esiste (il che attribuirebbe al tempo stesso una necessità assoluta a tali enti, e perciò direbbe troppo di essi), bensí soltanto: io esisto pensando — allora tale proposizione è empirica, e contiene la determinabilità della mia esistenza solo rispetto

---

venga conosciuta attraverso una percezione immediata, deducendo da ciò, peraltro, che mediante una qualsiasi esperienza possibile noi non potremo mai essere pienamente sicuri della realtà di tali oggetti.

Ora, prima di esporre il nostro paralogismo nella sua ingannevole illusorietà, devo anzitutto osservare, che occorre necessariamente distinguere un duplice idealismo, quello trascendentale e quello empirico. Per *idealismo trascendentale* di tutte le apparenze, io intendo il sistema, secondo cui tutte quante le apparenze vengono considerate come semplici rappresentazioni e non come cose in se stesse, e conformemente al quale tempo e spazio sono soltanto forme sensibili della nostra intuizione, non già determinazioni date per sé, o condizioni degli oggetti come cose in se stesse. A questo idealismo si contrappone un *realismo trascendentale*, il quale considera tempo e spazio come qualcosa di dato in sé (indipendentemente dalla nostra sensibilità). Il realista trascendentale si rappresenta dunque le apparenze esterne (ammettendo la loro realtà) come cose in se stesse, che esistono indipendentemente da noi e dalla nostra sensibilità, e che perciò, secondo concetti puri dell'intelletto, sarebbero fuori di noi. È propriamente questo realista trascendentale, che in seguito si atteggia a idealista empirico, e, dopo di aver falsamente presupposto che gli oggetti dei sensi, se hanno da essere esterni, debbano trovare in

alle mie rappresentazioni nel tempo. Ma poiché anzitutto ho ancora bisogno, a questo scopo, di un qualcosa di permanente, e poiché nulla di simile mi è dato nell'intuizione interna, sino a che io penso me stesso, in tal caso non è assolutamente possibile, mediante questa autocoscienza semplice, determinare il modo in cui io esisto, ossia stabilire se esisto come sostanza o come accidente. Di conseguenza, se il materialismo è incapace a

---

se stessi, anche prescindendo dai sensi, la loro esistenza, considera poi da questo punto di vista tutte le rappresentazioni dei nostri sensi come insufficienti a rendere certa la realtà dei loro oggetti.

L'idealista trascendentale, per contro, può essere un realista empirico, e quindi può essere chiamato un dualista, ossia può concedere l'esistenza della materia, senza uscir fuori dalla semplice autocoscienza, e senza assumere null'altro se non la certezza delle rappresentazioni contenute in me, cioè il *cogito, ergo sum.* In effetti, dal momento che egli considera questa materia — e persino la sua possibilità interna — semplicemente come una apparenza, la quale non è nulla, se separata dalla nostra sensibilità, la materia allora è per lui soltanto una specie di rappresentazioni (intuizione), che si dicono esterne, non già perché si riferiscano ad oggetti esterni in se stessi, ma perché riportano la percezione allo spazio, in cui tutte le apparenze sono esterne le une alle altre, mentre lo spazio stesso è invece dentro di noi.

Noi ci siamo già dichiarati, sin dal principio, per questo **233**
idealismo trascendentale. Nel nostro sistema, dunque, cade ogni dubbio, e possiamo senza esitazione ammettere l'esistenza della materia in base alla testimonianza della nostra semplice autocoscienza (dando cosí come dimostrata tale esistenza), allo stesso modo che asseriamo in base a tale testimonianza l'esistenza di me stesso come ente pensante.

fornire una spiegazione della mia esistenza, lo spiritualismo è allo stesso modo insufficiente a questo riguardo; e la conclusione è, che in nessuna maniera — qualunque essa sia — noi possiamo conoscere alcunché sulla costituzione della nostra anima, per quanto si riferisce alla possibilità in generale della sua esistenza separata.

Del resto, come sarebbe mai possibile, mediante l'unità della coscienza — unità da noi conosciuta solo per il fatto che ci è indispensabile per la possibilità dell'esperienza — oltrepassare l'esperienza (la nostra esistenza nella vita), ed anzi estendere la nostra conoscenza alla natura di tutti gli enti pensanti in generale, servendoci della proposizione

---

In effetti, io sono pur cosciente delle mie rappresentazioni: queste dunque esistono, ed esisto io stesso, che possiedo tali rappresentazioni. Ma gli oggetti esterni (i corpi) sono semplicemente apparenze, nient'altro quindi se non una specie delle mie rappresentazioni, i cui oggetti sono qualcosa solo attraverso tali rappresentazioni, e separati da esse non sono invece nulla. Le cose esterne esistono perciò allo stesso modo in cui esisto io stesso, ed in entrambi i casi l'esistenza è fondata sulla testimonianza immediata della mia autocoscienza, con la sola differenza, che la rappresentazione di me come soggetto pensante si riferisce semplicemente al senso interno, mentre le rappresentazioni che designano enti estesi vengono altresí riferite al senso esterno. Dedurre la realtà degli oggetti esterni è tanto poco necessario quanto dedurre la realtà dell'oggetto del mio senso interno (dei miei pensieri): da entrambi i lati, in effetti, gli oggetti non sono altro se non rappresentazioni, la cui percezione immediata (coscienza) costituisce al tempo stesso una sufficiente dimostrazione della loro realtà.

L'idealista trascendentale è dunque un realista empi-

empirica, ma indeterminata rispetto ad ogni specie di intuizione: io penso?

Perciò, non vi è in alcun modo una psicologia razionale come d o t t r i n a, che ci procuri un incremento alla conoscenza di noi stessi, ma c'è soltanto una psicologia
razionale come d i s c i p l i n a, la quale pone in questo 275
campo limiti invalicabili alla ragione speculativa, da un lato, perché essa non si getti in grembo ad un materialismo che non riconosce l'anima, e d'altro lato, perché non si perda vagando in uno spiritualismo, che per noi, nella vita, è infondato. Tale disciplina, piuttosto, ci ricorda di considerare questo rifiuto della nostra ragione a dare una risposta soddisfacente alle questioni indiscrete, che si spin-

---

rico: egli concede alla materia, intesa come apparenza, una realtà che non ha bisogno di essere dedotta, ma viene piuttosto percepita immediatamente. Il realismo trascendentale, per contro, cade necessariamente in imbarazzo, e si vede costretto a far posto all'idealismo empirico, poiché considera gli oggetti dei sensi esterni come qualcosa di differente dai sensi stessi, e tratta le semplici apparenze come enti indipendenti che esistano fuori di noi. In tal caso, senza dubbio, nonostante la piú chiara coscienza della nostra rappresentazione di queste cose, si è ben lungi dal possedere la certezza che, se la rappresentazione esiste, esisterà anche l'oggetto ad essa corrispondente. Nel nostro sistema, per contro, queste cose esterne — ossia la materia — in tutte le loro figure ed in tutti i loro mutamenti, non sono altro se non semplici apparenze, cioè rappresentazioni contenute in noi, della cui realtà noi diveniamo immediatamente coscienti.

Ora, dal momento che, per quanto io sappia, tutti gli psicologi aderenti all'idealismo empirico sono realisti trascendentali, essi certamente si sono comportati in modo del tutto conseguente nel concedere una grande impor-

gono al di là di questa vita, come un suo avvertimento di rivolgere la conoscenza di noi stessi da un'infeconda e stravagante speculazione ad un fecondo uso pratico. Tale uso, anche se si indirizza sempre ai soli oggetti dell'esperienza, desume tuttavia i suoi principî da un'origine piú alta, e determina il nostro comportamento, come se la nostra destinazione si estendesse infinitamente al di là dell'esperienza, e quindi al di là di questa vita.

Si vede da tutto ciò, che la psicologia razionale deve la sua origine ad un semplice equivoco. L'unità della coscienza, che sta alla base delle categorie, viene presa qui per intuizione del soggetto (inteso come oggetto), e a questa unità viene applicata la categoria di sostanza.

---

234 tanza all'idealismo empirico, intendendolo come uno dei problemi, onde è difficile che la ragione umana sappia districarsi. In realtà, difatti, se le apparenze esterne sono considerate come rappresentazioni, che vengano prodotte in noi dai loro oggetti, intesi come cose in sé sussistenti fuori di noi, in tal caso è difficile pensare che l'esistenza di tali oggetti possa venir conosciuta in altro modo che mediante l'inferenza dall'effetto alla causa, inferenza in cui dovrà sempre rimanere dubbio se tale causa si trovi in noi o fuori di noi. Ora, si può certo concedere, che la causa delle nostre intuizioni esterne vada ricercata in qualcosa che, in senso trascendentale, può essere fuori di noi: questo qualcosa, tuttavia, non è l'oggetto, che intendiamo con le rappresentazioni della materia e delle cose corporee. Queste, infatti, sono unicamente apparenze, cioè semplici modi di rappresentazione, che si trovano ogni volta soltanto in noi, e la cui realtà si fonda sulla coscienza immediata, allo stesso modo che su quest'ultima si fonda la coscienza dei miei propri pensieri. L'oggetto trascendentale è ignoto nella stessa misura, sia a riguardo dell'intuizione interna, sia a riguardo dell'intuizione esterna.

L'unità della coscienza, peraltro, è soltanto l'unità nel *pensiero*: mediante questa sola non viene dato alcun oggetto, e ad essa perciò non può essere applicata la categoria di sostanza, che presuppone sempre un'*intuizione* data. Di conseguenza, questo soggetto non può assolutamente essere conosciuto. Perciò non si può dire che il soggetto delle categorie, per il fatto che pensa tali categorie, acquisti un concetto di se stesso, come di un oggetto delle categorie: in effetti, per pensare queste, bisogna che il soggetto ponga alla base la propria autocoscienza pura, la quale doveva invece essere spiegata. Allo stesso modo, il soggetto, in cui la rappresentazione del tempo ha originariamente la sua base, non può deter-

---

Non si tratta però di tale oggetto, bensí dell'oggetto empirico, che si chiama *esterno*, quando è rappresentato *nello spazio*, e *interno*, quando è rappresentato unicamente *nella relazione temporale*: tempo e spazio, d'altro canto, si trovano entrambi soltanto *in noi*.

Tuttavia, poiché l'espressione: *fuori di noi*, implica un'inevitabile ambiguità, significando ora qualcosa che esiste separatamente da noi, come *cosa in se stessa*, ora qualcosa che appartiene semplicemente all'*apparenza* esterna, noi allora, allo scopo di accertare questo concetto nel secondo significato (in cui propriamente dev'essere intesa la questione psicologica sulla realtà della nostra intuizione esterna), distingueremo gli oggetti *empiricamente esterni* da quelli che potrebbero chiamarsi esterni in senso trascendentale, e chiameremo i primi, esplicitamente, cose *che si trovano nello spazio*.

Spazio e tempo, senza dubbio, sono rappresentazioni *a priori*, che risiedono in noi come forme della nostra intuizione sensibile, prima ancora che un oggetto reale abbia

minare mediante essa la propria esistenza nel tempo; e se quest'ultima cosa è impossibile, anche quell'altra, cioè la determinazione di sé (come ente pensante in generale) mediante categorie, non potrà aver luogo[1].

275 32 [1] L'io penso, come già abbiamo detto, è una proposizione empirica, e contiene in sé la proposizione: io esisto. Tuttavia, io non posso dire: tutto
276 18 ciò che pensa esiste. In tal caso, difatti, la proprietà del pensiero trasformerebbe tutti gli enti che la possiedono in enti necessari. Per tale ragione, inoltre, la mia esistenza non si può considerare dedotta — come riteneva
20 invece C a r t e s i o — dalla proposizione: io penso (poiché altrimenti dovrebbe già valere in precedenza la premessa maggiore: tutto ciò che pensa esiste), e si deve dire piuttosto che la mia esistenza si identifica con tale proposizione. Quest'ultima esprime un'intuizione empirica indeterminata, cioè una percezione (e quindi dimostra che alla base di tale pro-

---

determinato mediante la sensazione il nostro senso, in modo che tale oggetto venga rappresentato in base a quelle relazioni sensibili. Questo elemento materiale, o reale, questo qualcosa che deve essere intuito nello spazio, presuppone tuttavia necessariamente la percezione, e indipendentemente da questa — che indica la realtà di un qualcosa nello spazio — non può venire inventato né prodotto da alcuna capacità di immaginazione. La sen-
235 sazione è quindi ciò che designa una realtà nello spazio e nel tempo, secondo che si riferisce all'una o all'altra specie dell'intuizione sensibile. Una volta data la sensazione (la quale, se è applicata ad un oggetto in generale, senza determinarlo, si chiama allora percezione), mediante la molteplicità di essa si potranno inventare nell'immaginazione parecchi oggetti, che non trovano — al di fuori dell'immaginazione — alcuna posizione empirica nello spazio o nel tempo. Ciò è indubitabilmente certo: sia che si prendano le sensazioni del piacere e del dolore, sia anche che si prendano le sensazioni dei sensi esterni, come colori, calore, ecc., in ogni caso è soltanto la percezione, che
10 deve fornire la materia per pensare gli oggetti dell'intui-

Così, una conoscenza che tentava di oltrepassare i limiti dell'esperienza possibile, e che pure era pertinente all'interesse supremo dell'umanità — o almeno, quella conoscenza di cui si dovrebbe andar debitori alla filosofia

posizione esistenziale si trova già la sensazione, la quale appartiene cosí alla sensibilità), ma precede l'esperienza, che è destinata a determinare rispetto al tempo, mediante la categoria, l'oggetto della percezione. E l'esistenza, qui, non è ancora per nulla una categoria: quest'ultima si riferisce, non già ad un oggetto indeterminatamente dato, bensí ad un oggetto di cui si abbia un concetto, e di cui si voglia sapere se esso, al di fuori di questo concetto, sia posto oppure no. Una percezione indeterminata significa qui soltanto qualcosa di reale, che è stato dato solo per il pensiero in generale, perciò non come apparenza, e neppure come cosa in se stessa (noumeno), bensí come un qualcosa che esiste effettivamente, e che è designato come

---

zione sensibile. Tale percezione (per limitarci questa volta alle intuizioni esterne) rappresenta dunque qualcosa di reale nello spazio. In primo luogo, difatti, la percezione è la rappresentazione di una realtà, cosí come lo spazio è la rappresentazione di una semplice possibilità della coesistenza. In secondo luogo, questa realtà viene rappresentata di fronte al senso esterno, cioè nello spazio. In terzo luogo, lo spazio stesso non è altro se non semplice rappresentazione: di conseguenza, in esso può considerarsi come reale soltanto ciò che in esso viene rappresentato[1], e viceversa ciò che è dato in esso — ossia rappresentato mediante percezione — è altresí reale in esso; difatti, se non fosse reale in esso, cioè se non fosse dato

[1] Bisogna porre in rilievo questa proposizione paradossale, ma giusta: **235**
nello spazio non vi è null'altro se non ciò che è rappresentato in esso. Lo spazio, difatti, non è esso stesso altro se non rappresentazione: di conseguenza, ciò che è in esso deve essere contenuto nella rappresentazione, e nello spazio non vi è alcunché, se non in quanto sia realmente rappresentato in esso. Che una cosa possa esistere soltanto nella rappresentazione di essa, è una proposizione, che certamente deve suonare strana, ma che diventa qui del tutto naturale, poiché le cose con cui abbiamo a che fare non sono cose in sé, bensí soltanto apparenze, cioè rappresentazioni.

276 speculativa — si dissolve come una speranza illusoria. A questo proposito, tuttavia, il rigore della critica, col dimostrare al tempo stesso l'impossibilità di costruire dogmaticamente qualcosa, al di là dei limiti dell'esperienza,

tale nella proposizione: io penso. È da osservare, infatti, che quando ho chiamato proposizione empirica la proposizione: io penso, io non ho voluto dire con ciò, che in questa proposizione **io** sia una rappresentazione empirica: tale rappresentazione, piuttosto, è puramente intellettuale, poiché appartiene al pensiero in generale. Tuttavia, senza una qualche rappresentazione empirica, che fornisca la materia per il pensiero, l'atto: io penso, non potrebbe avere luogo; e l'elemento empirico è soltanto la condizione per l'applicazione o per l'uso della facoltà intellettuale pura.

---

immediatamente attraverso l'intuizione empirica, questo qualcosa non potrebbe neppure venire inventato, poiché l'elemento reale delle intuizioni non può affatto essere escogitato *a priori*.

Ogni percezione esterna dimostra quindi immediatamente qualcosa di reale nello spazio, o piuttosto, è il reale stesso: il realismo empirico è perciò fuori discussione, o in altre parole, alle nostre intuizioni esterne corrisponde qualcosa di reale nello spazio. Lo spazio stesso, assieme a tutte le sue apparenze, come rappresentazioni, esiste certamente soltanto in me: in questo spazio, tuttavia, il reale — ossia la materia di tutti gli oggetti dell'intuizione esterna — è dato davvero, indipendentemente da ogni
236 fantasia; ed è d'altronde impossibile, che in *questo spazio* possa essere dato un qualcosa *fuori di noi* (in senso trascendentale), dal momento che al di fuori della nostra sensibilità lo spazio stesso non è nulla. Il piú rigido idealista non può quindi esigere una prova, che alla nostra percezione corrisponda un oggetto fuori di noi (in senso stretto). In effetti, se sussistesse un tale oggetto, esso non potrebbe tuttavia venir rappresentato e intuito come fuori di noi poiché ciò presuppone lo spazio, e poiché la realtà nello spazio — inteso come semplice

riguardo ad un oggetto dell'esperienza, rende alla ragione, rispetto a questo suo interesse, il servizio non irrilevante di metterla altrettanto al sicuro contro tutte le possibili asserzioni del contrario. Ciò può avvenire soltanto, o col dimostrare apoditticamente le nostre proposizioni, oppure, se questo non riesce, col ricercare le fonti di questa incapacità: tali fonti, se consistono nei limiti necessari della nostra ragione, dovranno in tal caso sottomettere ogni avversario proprio a quella stessa legge di rinunzia, per quanto riguarda ogni pretesa di asserzione dogmatica.

Con ciò, tuttavia, non è andato perduto nulla, per quel

---

rappresentazione — non è altro se non la percezione stessa. Il reale delle apparenze esterne è dunque tale solo nella percezione, né può essere reale in alcun altro modo.

Partendo da percezioni, orbene, la conoscenza degli oggetti si può produrre o attraverso un semplice giuoco dell'immaginazione, oppure mediante l'esperienza. A questo proposito possono certo sorgere rappresentazioni ingannevoli, cui non corrispondono oggetti: in tal caso, l'illusione è da attribuirsi ora a fantasmi dell'immaginazione (nel sogno), ora ad un passo falso della capacità di giudizio (nel cosiddetto inganno dei sensi). Orbene, per sfuggire qui alla falsa apparenza, occorre procedere secondo la regola: *ciò che si collega con una percezione, in base a leggi empiriche, è reale*. D'altro lato, questa illusione — come pure il modo di premunirsi da essa — riguarda tanto l'idealismo quanto il dualismo, dal momento che qui si ha a che fare soltanto con la forma dell'esperienza. Per confutare l'idealismo empirico, con i suoi dubbi infondati sulla realtà oggettiva delle nostre percezioni esterne, basta già osservare, che la percezione esterna dimostra immediatamente una realtà nello spazio (tale spazio, sebbene sia in sé soltanto una semplice forma delle rappresentazioni,

che si riferisce al diritto, anzi alla necessità, di ammettere una vita futura, in base alle proposizioni fondamentali dell'uso pratico — congiunto all'uso speculativo — della ragione. In effetti, la prova semplicemente speculativa non ha mai potuto del resto esercitare alcun influsso sulla comune ragione umana. Tale prova è posta in cima ad un capello, e le scuole stesse di filosofia possono mante-
277 nerla in tale posizione solo a patto di farla girare incessantemente su se stessa come una trottola; anche ai

---

ha tuttavia una realtà oggettiva riguardo a tutte le apparenze esterne, le quali non sono d'altronde se non semplici rappresentazioni), ed inoltre, che senza percezione non sono possibili neppure la fantasia e il sogno, e che i nostri sensi esterni, in base ai *data* onde può sorgere l'esperienza, trovano dunque oggetti reali ad essi corrispondenti nello spazio.

L'idealista dogmatico sarebbe quello che nega l'esistenza della materia, e l'idealista scettico, quello che mette in dubbio la materia, poiché la considera come indimostrabile. Il primo può essere un idealista solo per il fatto che crede di trovare contraddizioni nella possibilità di una materia in generale, e non è ancora questo il momento di occuparci di lui. La
237 seguente sezione sulle inferenze dialettiche — che rappresenta la ragione nel suo intimo dissidio riguardo ai concetti della possibilità di ciò che appartiene alla connessione dell'esperienza — eliminerà altresí questa difficoltà. D'altro canto, l'idealista scettico, che contesta semplicemente il fondamento della nostra asserzione, dichiarando ingiustificata la nostra convinzione dell'esistenza della materia (convinzione che noi crediamo di basare sulla percezione immediata), è un benefattore della ragione umana, in quanto ci costringe a tener bene aperti gli occhi, anche di fronte al piú piccolo passo dell'esperienza

loro occhi, perciò, essa non fornisce alcun fondamento stabile, su cui si possa basare qualcosa. Le prove, che sono utili per il mondo, mantengono tutte immutato il loro valore, e si avvantaggiano piuttosto in chiarezza e in forza non artefatta di convinzione — attraverso la soppressione di quelle pretese dogmatiche — in quanto esse pongono la ragione nella sua sfera peculiare, cioè nell'ordine dei fini, che è al tempo stesso un ordine della natura. In tal caso la ragione, come facoltà in se stessa pratica, senza

---

comune, e a non accogliere senz'altro nel nostro patrimonio — come un possesso legittimamente acquistato — ciò che forse riusciamo ad ottenere soltanto con raggiri. Il vantaggio, recato da queste obiezioni idealistiche, salta ora chiaramente agli occhi. Esse ci spingono con violenza — se non vogliamo cadere in imbarazzo rispetto alle nostre piú comuni asserzioni — a considerare tutte le percezioni, interne od esterne che siano, semplicemente come una coscienza di ciò che inerisce alla nostra sensibilità, e a considerare gli oggetti esterni di esse non come cose in se stesse, ma solo in quanto rappresentazioni, di cui, come di ogni altra rappresentazione, noi possiamo divenire immediatamente coscienti, ma che si chiamano esterne, per il fatto che ineriscono al senso da noi chiamato esterno: l'intuizione del senso esterno è lo spazio, ma il senso esterno non è esso stesso null'altro se non un modo interno di rappresentazione, nel quale certe percezioni si connettono tra loro.

Se noi ammettiamo gli oggetti esterni come cose in sé, è allora assolutamente impossibile comprendere, come noi possiamo giungere alla conoscenza della loro realtà fuori di noi, dal momento che ci appoggiamo semplicemente sulla rappresentazione che è in noi. In effetti, noi non possiamo certo sentire fuori di noi, ma possiamo soltanto sentire in noi stessi: l'intera autocoscienza non fornisce perciò null'altro se non le nostre proprie determinazioni.

essere limitata dalle condizioni dell'ordine della natura, è peraltro al tempo stesso autorizzata ad estendere l'ordine dei fini, e con esso la sua propria esistenza, al di là dei limiti dell'esperienza e della vita. A giudicare secondo l'*analogia con la natura* degli esseri viventi in questo mondo, rispetto ai quali la ragione deve necessariamente ammettere come principio, che nessun organo, nessuna facoltà, nessun impulso, nulla insomma di ciò che si ritrova in essi, è superfluo o sproporzionato all'uso, e

---

L'idealismo scettico ci costringe dunque ad afferrare l'unico appiglio che ci rimanga, cioè ad ammettere l'idealità di tutte le apparenze, da noi stabilita nell'Estetica trascendentale, indipendentemente da queste conseguenze, che allora non potevamo prevedere. Ora, quando si domandi, se in base a ciò nella psicologia si possa ammettere soltanto il dualismo, la risposta sarà: certamente, ma soltanto in senso empirico. Ossia, nella connessione dell'esperienza la materia, in quanto sostanza nell'apparenza, è realmente data al senso esterno, allo stesso modo che l'io pensante, inteso egualmente come sostanza nell'apparenza, è dato al senso interno. E da entrambi i lati le apparenze debbono venir connesse tra loro secondo le regole, introdotte da
238 questa categoria nella connessione — per un'esperienza — tanto delle nostre percezioni esterne quanto di quelle interne. Per contro, se si volesse — come accade di solito — estendere il concetto di dualismo, intendendolo in senso trascendentale, in tal caso non rimarrebbe la minima giustificazione né per esso, né per i punti di vista ad esso contrapposti — da un lato, il *pneumatismo*, e dall'altro il *materialismo* — poiché allora i nostri concetti verrebbero privati della loro destinazione, e noi considereremmo la differenza nel modo di rappresentare oggetti, che ci rimangono ignoti riguardo a ciò che sono in sé, come una differenza di queste cose stesse. L'io rappre-

quindi inadeguato allo scopo, e che al contrario tutto è esattamente commisurato alla sua destinazione nella vita, l'uomo allora, il solo essere che possa contenere in sé lo scopo finale di tutto questo, dovrebbe risultare l'unica creatura che faccia eccezione a quest'ordine della natura. In effetti, le sue disposizioni naturali — non semplicemente per quanto riguarda i talenti e gli impulsi a farne uso, ma soprattutto rispetto alla legge morale entro di lui — oltrepassano ogni utilità e vantaggio, che potrebbe trarne

---

sentato nel tempo dal senso interno e gli oggetti nello spazio fuori di me sono bensí apparenze specificamente diversissime, ma non per questo sono pensati come cose differenti. L'*oggetto trascendentale*, che sta a fondamento delle apparenze esterne, e del pari quello che sta a fondamento dell'intuizione interna, non costituiscono né una materia, né un ente pensante in se stesso, ma sono un fondamento a noi ignoto delle apparenze (le quali ci forniscono il concetto empirico tanto della prima quanto della seconda specie).

Se noi dunque — come evidentemente ci costringe a fare la presente critica — rimaniamo fedeli alla regola sopra stabilita, di non spingere le nostre indagini oltre il punto in cui l'esperienza possibile può fornirci l'oggetto di tali questioni, non permetteremo mai che ci venga in mente l'idea di istituire una ricerca sugli oggetti dei nostri sensi per quello che tali oggetti possono essere in se stessi, cioè senza alcun riferimento ai sensi. Ma se lo psicologo prende le apparenze come cose in se stesse, in tal caso, sia che come materialista egli accetti nel suo sistema, come cosa esistente per sé, soltanto la materia, sia che come spiritualista ammetta a questo modo semplicemente enti pensanti (secondo la forma cioè del nostro senso interno), sia che come dualista egli assuma nel suo sistema materia ed enti pensanti come cose esistenti per

in questa vita, e oltrepassano tutto ciò in misura tale, che questa legge morale gli insegna anzi ad apprezzare piú di ogni altra cosa la semplice coscienza della rettitudine dell'intenzione, quand'anche manchino tutti i vantaggi, e persino il fantasma della fama dei posteri. In tal modo, inoltre, egli si sente interiormente chiamato a rendersi, col suo comportamento in questo mondo e con la rinuncia a molti vantaggi, un buon cittadino di un mondo migliore, che esiste nella sua idea. Questo possente

---

sé, egli sarà sempre indotto dal suo errore a sottilizzare sul modo in cui possa esistere in se stesso ciò che non è affatto una cosa in sé, bensí soltanto l'apparenza di una cosa in generale.

Considerazione riguardo all'intera psicologia pura, sulla base di questi paralogismi

Se confrontiamo la dottrina dell'anima — intesa come fisiologia del senso interno — con la dottrina dei corpi — intesa come fisiologia degli og-
239 getti dei sensi esterni — in tal caso, oltre a scoprire che parecchie cose possono venire conosciute empiricamente in entrambe le dottrine, noi troviamo però la notevole differenza, che nella seconda scienza molte cose possono essere conosciute *a priori* e sinteticamente in base al semplice concetto di un ente esteso impenetrabile, mentre nella prima nulla può essere conosciuto *a priori* e sinteticamente in base al concetto di un ente pensante. La causa di ciò è la seguente. Sebbene in entrambi i casi si tratti di apparenze, tuttavia l'apparenza del senso esterno ha qualcosa di stabile o permanente, che fornisce un sostrato a fondamento delle determinazioni mutevoli, e quindi un concetto sintetico, quello cioè dello spazio e di un'apparenza nello spazio, mentre il tempo, che è l'unica forma della nostra intuizione interna,

e mai confutabile argomento dimostrativo, accompagnato dalla conoscenza — che si accresce incessantemente — di una conformità a fini, presente in tutto ciò che noi vediamo dinanzi a noi, accompagnato inoltre dalla contemplazione dell'immensità della creazione, e quindi anche dalla coscienza di una certa illimitatezza nell'estensione possibile delle nostre conoscenze, assieme con un impulso commisurato al riguardo, rimane ancor sempre valido, sebbene noi dobbiamo rinunziare a stabilire, in base alla conoscenza

---

non ha nulla di permanente, e quindi ci fa conoscere soltanto la variazione delle determinazioni, non già l'oggetto determinabile. In ciò che chiamiamo anima, difatti, tutto è in flusso continuo, e non vi è nulla di permanente, eccetto forse (se proprio si vuole) l'io, che è cosí semplice per il fatto che questa rappresentazione non ha alcun contenuto, e quindi non possiede alcuna molteplicità, per modo che essa sembra inoltre rappresentare, o per meglio dire, designare, un oggetto semplice. Questo io dovrebbe essere un'intuizione, la quale, essendo presupposta nel pensiero in generale (anteriormente ad ogni esperienza), potrebbe fornire, come intuizione *a priori*, proposizioni sintetiche, se mai fosse possibile costituire una conoscenza pura della ragione riguardo alla natura di un ente pensante in generale. Questo io, tuttavia, non è né intuizione né concetto di un oggetto qualsiasi, ma è la semplice forma della coscienza, che può accompagnare le due specie di rappresentazioni e può cosí trasformarle in conoscenze, purché venga dato nell'intuizione qualcos'altro ancora, che fornisca la materia per una rappresentazione di un oggetto. L'intera psicologia razionale cade dunque, quando sia intesa come una scienza che oltrepassa tutte le forze della ragione umana, ed in tal caso non ci rimane altro che studiare la nostra anima sotto la guida dell'esperienza, e tenerci entro i limiti delle questioni, che non vanno piú

semplicemente teoretica di noi stessi, una continuazione necessaria della nostra esistenza.

278 *Conclusione della risoluzione del paralogismo psicologico*

L'illusione dialettica nella psicologia razionale si fonda sulla confusione di un'idea della ragione (quella di una intelligenza pura) col concetto — indeterminato sotto ogni

---

in là del punto sino a cui l'esperienza interna possibile può fornir loro un contenuto.

Peraltro, sebbene la psicologia razionale non abbia alcuna utilità rispetto all'estensione della nostra conoscenza, e risulti piuttosto, a questo riguardo, composta di meri paralogismi, non si può tuttavia contestarle un'importante utilità negativa, quando la si consideri niente di piú che una trattazione critica delle nostre inferenze dialettiche, costituite dalla ragione comune e naturale.

240 A che ci serve allora una psicologia fondata semplicemente su principî puri della ragione? Senza dubbio, soprattutto allo scopo di mettere al sicuro la nostra persona pensante contro il pericolo del materialismo. Questo risultato, peraltro, è raggiunto dal concetto razionale, che noi abbiamo dato, della nostra persona pensante. In base a questo concetto, difatti, non c'è da temere che, se si elimina la materia, venga con ciò soppresso ogni pensiero, e persino l'esistenza di enti pensanti: tanto poco c'è da temere questo, che piuttosto risulta chiaramente dimostrato che, se io elimino il soggetto pensante, deve cadere l'intero mondo corporeo, il quale non è altro se non l'apparenza nella sensibilità del nostro soggetto, e una certa specie delle sue rappresentazioni.

In tal modo, però, certo io non conosco meglio questa persona pensante rispetto alle sue proprietà, né posso

riguardo — di un ente pensante in generale. Io penso me stesso in vista di un'esperienza possibile, astraendo però al tempo stesso da ogni esperienza reale, e da ciò concludo di poter divenir cosciente della mia esistenza, anche al di fuori dell'esperienza e delle condizioni empiriche di essa. Di conseguenza, io confondo l'*astrazione* possibile dalla mia esistenza empiricamente determinata con la presunta coscienza di un'esistenza *separatamente* possibile del mio soggetto pensante, e credo di conoscere

---

scorgere la sua permanenza, anzi, neppure l'indipendenza della sua esistenza da un eventuale sostrato trascendentale delle apparenze esterne: tale sostrato mi è ignoto, in effetti, come mi è ignota quella persona. Tuttavia, poiché mi è possibile trarre motivo, partendo da un qualche fondamento che non sia semplicemente speculativo, di sperare in un'esistenza — indipendente, ed attraverso ogni possibile variazione dei miei stati, permanente — della mia natura pensante, in tal caso, pur confessando liberamente la mia propria ignoranza, io raggiungerei nondimeno già un grande risultato, riuscendo a respingere gli attacchi dogmatici di un avversario speculativo, e mostrandogli che non sarà mai in grado di sapere, a riguardo della natura del mio soggetto, ed allo scopo di negare la possibilità delle mie speranze, qualcosa di piú di quanto io riesca a sapere su tale natura, allo scopo di tenermi attaccato a quelle speranze.

Su questa illusione trascendentale dei nostri concetti psicologici, si fondano d'altronde tre questioni dialettiche, che costituiscono il vero e proprio fine della psicologia razionale, e che non possono trovare una risoluzione se non mediante le indagini precedenti. Si tratta delle questioni: 1) sulla possibilità di una relazione di comunanza tra l'anima ed il corpo organico, cioè sull'animalità e lo stato dell'anima nella vita dell'uomo; 2) sull'inizio di

ciò che è sostanziale in me come soggetto trascendentale, mentre nel mio pensiero non ho null'altro se non quell'unità della coscienza, che sta alla base di ogni atto dei determinare, inteso come semplice forma della conoscenza.

Il compito di spiegare la comunanza sussistente tra anima e corpo non rientra propriamente nella psicologia di cui si tratta qui, poiché quest'ultima mira a dimostrare la personalità dell'anima anche al di fuori di questa comunanza (dopo la morte), ed è perciò, in senso proprio,

---

questa comunanza, cioè sull'anima nel momento della nascita, e prima della nascita, dell'uomo; 3) sulla fine di questa comunanza, cioè sull'anima nel momento della morte, e dopo la morte, dell'uomo (questione sull'immortalità).

Io sostengo, orbene, quanto segue: tutte le difficoltà, che si crede di trovare in tali questioni, e che si usano come obiezioni dogmatiche, per darsi l'aria di una comprensione della natura delle cose, piú profonda di quella che può avere l'intelletto comune, si fondano su una
241 semplice illusione, in base alla quale si ipostatizza ciò che esiste semplicemente nel pensiero, e lo si assume nella medesima qualità di un oggetto reale fuori del soggetto pensante, considerando cioè l'estensione (che non è altro se non apparenza) come una proprietà delle cose esterne, sussistente anche senza la nostra sensibilità, e prendendo il movimento come suo effetto, che si presenti realmente in sé, anche al di fuori dei nostri sensi. Infatti la materia, la cui relazione di comunanza con l'anima suscita cosí gravi dubbi, non è altro se non una semplice forma, o un certo modo di rappresentare un oggetto sconosciuto mediante quell'intuizione, che viene chiamata senso esterno. Fuori di noi può dunque esserci qualcosa, cui corrisponda questa apparenza, che noi chiamiamo materia; nella sua qualità di apparenza, tuttavia, questo qualcosa non è

t r a s c e n d e n t e : essa si occupa, è vero, di un oggetto dell'esperienza, ma solo in quanto questo cessa di essere un oggetto dell'esperienza. Anche a questo riguardo, tuttavia, si può fornire una risposta soddisfacente, in base al nostro sistema. La difficoltà, che questo compito porta con sé, consiste, com'è noto, nella presupposta eterogeneità dell'oggetto del senso interno (anima) rispetto agli oggetti dei sensi esterni, in quanto la condizione formale dell'intuizione a riguardo di quel primo oggetto è soltanto il tempo,

---

fuori di noi, ma esiste unicamente come un pensiero entro di noi, sebbene tale pensiero rappresenti il qualcosa, mediante il suddetto senso, come sussistente fuori di noi. La materia, dunque, non significa una specie di sostanza totalmente diversa ed eterogenea rispetto all'oggetto del senso interno (anima), ma soltanto la differente natura delle apparenze di oggetti (che in se stessi ci sono ignoti), le cui rappresentazioni noi chiamiamo esterne in confronto con quelle da noi attribuite al senso interno. Anche le prime rappresentazioni, tuttavia, appartengono semplicemente al soggetto pensante, nello stesso modo di tutti gli altri pensieri: esse hanno però l'illusoria peculiarità di staccarsi, per cosí dire, dall'anima (in quanto rappresentano oggetti nello spazio), e di sembrare sospese fuori di essa, mentre lo spazio stesso, in cui esse vengono intuite, non è altro se non una rappresentazione, di cui non può trovarsi alcun modello omogeneo fuori dell'anima. La questione, orbene, non riguarda piú la relazione di comunanza fra l'anima ed altre sostanze — note ed estranee — fuori di noi, ma semplicemente la connessione fra le rappresentazioni del senso interno e le modificazioni della nostra sensibilità esterna; si tratta di stabilire come tali rappresentazioni possano congiungersi tra loro secondo leggi costanti, in modo da risultare collegate in una sola esperienza.

mentre tale condizione, rispetto ai secondi, è anche lo spazio. Se peraltro si considera che queste due specie di oggetti si distinguono in tal caso tra loro non già internamente, bensí solo in quanto un oggetto *appare* esternamente all'altro, e che, di conseguenza, ciò che sta alla base — come cosa in se stessa — dell'apparenza della materia può forse non essere cosí eterogeneo, allora questa difficoltà svanisce, e non rimane alcun'altra difficoltà, se

---

Sintanto che noi congiungiamo tra loro apparenze interne ed esterne, come semplici rappresentazioni nell'esperienza, non troviamo alcunché di assurdo, e nulla che renda strana la relazione di comunanza fra le due specie di sensi. Ma non appena ipostatizziamo le apparenze esterne, considerandole non piú come rappresentazioni, bensí *come cose sussistenti per sé, fuori di noi, con la medesima qualità con cui esistono in noi*, e riferendo d'altro canto al nostro
242 soggetto pensante gli atti che esse, in quanto apparenze, mostrano nelle loro relazioni reciproche, otteniamo allora un carattere delle cause efficienti fuori di noi, il quale non può armonizzarsi con i loro effetti in noi, poiché tale carattere si riferisce semplicemente ai sensi esterni, mentre gli effetti si riferiscono al senso interno, cosicché i due elementi, sebbene riuniti in un solo soggetto, risulteranno tuttavia estremamente eterogenei. In tal caso, noi non troviamo altri effetti esterni, se non mutamenti di luogo, o altre forze, se non semplici tendenze, che hanno come effetto relazioni nello spazio. In noi, peraltro, gli effetti sono pensieri, fra cui non sussiste alcuna relazione di luogo, movimento, figura o determinazione spaziale in generale, e noi perdiamo completamente il filo conduttore delle cause negli effetti che dovrebbero mostrarsi nel senso interno. Noi dovremmo invece riflettere, che i corpi non sono oggetti in sé, i quali ci siano presenti, ma costitui-

non quella di stabilire come sia in generale possibile una comunanza di sostanze. La risoluzione di tale difficoltà dev'essere cercata completamente al di fuori del campo della psicologia, e senza dubbio, come il lettore potrà facilmente giudicare — dopo quanto è stato detto, nell'Analitica, a riguardo delle capacità fondamentali e delle facoltà — altresí al di fuori della sfera di ogni conoscenza umana.

---

scono una semplice apparenza di chissà quale oggetto ignoto; che il movimento non è l'effetto di questa causa sconosciuta, ma semplicemente l'apparenza del suo influsso sui nostri sensi; che di conseguenza corpi e movimento non sono qualcosa fuori di noi, ma semplicemente rappresentazioni in noi, cosicché non sarà il movimento della materia a produrre in noi rappresentazioni, ma è piuttosto questo movimento stesso (e quindi anche la materia, la quale si rende in tal modo conoscibile), che risulta una semplice rappresentazione. Tutta quanta la difficoltà, da noi stessi creata, si riduce infine a scoprire, come e per quale ragione le rappresentazioni della nostra sensibilità siano tra loro congiunte in modo tale, che quelle da noi chiamate intuizioni esterne possano venir rappresentate — secondo leggi empiriche — come oggetti fuori di noi. Tale questione non implica affatto la pretesa difficoltà di spiegare l'origine delle rappresentazioni in base a cause efficienti del tutto estranee, sussistenti fuori di noi: tale difficoltà sorge, in quanto noi consideriamo le apparenze di una causa ignota come se costituissero una causa fuori di noi, il che non può produrre altro se non confusione. Nei giudizi, dove si presenta un equivoco radicato per lunga abitudine, è impossibile rettificare senz'altro l'errore con una chiarezza quale può essere raggiunta in altri casi, quando cioè il concetto non risulti confuso per opera di una siffatta illusione inevitabile. Questa nostra liberazione

279 OSSERVAZIONE GENERALE, RIGUARDANTE IL PASSAGGIO DALLA PSICOLOGIA RAZIONALE ALLA COSMOLOGIA

La proposizione: io penso, ovvero: io esisto pensando, è una proposizione empirica. A fondamento di tale proposizione, peraltro, sta un'intuizione empirica, e quindi anche l'oggetto pensato, come apparenza. Sembra cosí che secondo la nostra teoria l'anima, in tutto e per tutto, persino nel pensiero, risulti trasformata in apparenza, e

---

della ragione dalle teorie sofistiche avrà quindi difficilmente l'evidenza, che si richiede per rendere pienamente riuscito il nostro tentativo.

Credo tuttavia di potermi avvicinare a tale risultato nel seguente modo.

243 Tutte le *obiezioni* possono dividersi in *dogmatiche*, *critiche* e *scettiche*. L'obiezione dogmatica è quella diretta contro una *proposizione*; l'obiezione critica è quella rivolta contro la *dimostrazione* di una proposizione. La prima richiede una comprensione della natura costitutiva dell'oggetto, allo scopo di poter sostenere il contrario di ciò che la proposizione asserisce riguardo a questo oggetto; tale obiezione è quindi essa stessa dogmatica, e pretende di conoscere meglio dell'avversario la costituzione dell'oggetto in questione. L'obiezione critica, in quanto prescinde dalla validità o non validità della proposizione e contesta soltanto la dimostrazione, non ha affatto bisogno di conoscere meglio l'oggetto, o di pretendere una conoscenza migliore di esso: tale obiezione si limita a mostrare che l'asserzione è infondata, senza provare che essa sia falsa. L'obiezione scettica contrappone reciprocamente la tesi e l'antitesi, come obiezioni di uguale valore, presentando la tesi come dogma e l'antitesi come obiezione in contrario, e viceversa. L'obiezione scettica è quindi da entrambi i lati apparen-

che in tal modo la nostra coscienza stessa, in quanto semplice illusione, debba davvero riferirsi a nulla.

Il pensiero, preso per sé, è semplicemente la funzione logica, e quindi la mera spontaneità della congiunzione del molteplice di un'intuizione semplicemente possibile. Esso non presenta affatto come apparenza il soggetto della coscienza, per la semplice ragione che il pensiero non considera assolutamente il modo d'intuizione, sia esso sensibile oppure intellettuale. Col pensiero, io non mi

---

temente dogmatica, al fine di demolire completamente ogni giudizio riguardante l'oggetto. Tanto l'obiezione dogmatica quanto quella scettica devono quindi pretendere di conoscere il loro oggetto nella misura che è necessaria, per asserire qualcosa riguardo ad esso, affermativamente o negativamente. La sola obiezione critica, mostrando semplicemente che a sostegno di una asserzione viene assunto qualcosa che è nullo e soltanto fittizio, possiede una natura tale da abbattere la teoria, sottraendole il presunto fondamento, senza d'altronde voler stabilire nulla riguardo alla natura dell'oggetto.

Secondo i concetti comuni della nostra ragione, orbene, noi siamo dogmatici a riguardo della relazione di comunanza, in cui il nostro soggetto pensante sta con le cose fuori di noi, e le consideriamo come oggetti veri, sussistenti indipendentemente da noi, fondandoci su di un certo dualismo trascendentale, che non attribuisce quelle apparenze esterne — come rappresentazioni — al soggetto, ma le trasferisce in quanto oggetti (cosí come esse ci sono fornite dall'intuizione sensibile) fuori di noi, e le separa completamente dal nostro soggetto pensante. Questa surrezione, orbene, è il fondamento di tutte le teorie sulla relazione di comunanza tra anima e corpo. Non si domanda mai, se tale realtà oggettiva delle apparenze sia proprio vera: si presuppone, piuttosto, che questa realtà sia am-

rappresento a me stesso né come io sono né come appaio a me, ma semplicemente penso me stesso come un qualsiasi oggetto in generale, astraendo dal modo dell'intuizione di esso. Se qui rappresento me stesso come *soggetto* dei pensieri, o anche come *fondamento* del pensiero, tali modi di rappresentazione non accennano alle categorie di sostanza o di causa, poiché queste ultime

---

messa, e ci si limita a sottilizzare sul modo in cui essa deve essere spiegata e compresa. I tre sistemi abitualmente escogitati al riguardo — e in realtà, i soli possibili — sono
244 quello dell'*influsso fisico*, quello dell'*armonia prestabilita*, e quello dell'*assistenza soprannaturale*.

I due ultimi modi di spiegare la relazione di comunanza tra l'anima e la materia sono fondati sulle obiezioni contro il primo modo, che è la rappresentazione dell'intelletto comune. Ecco l'obiezione: ciò che appare come materia non può essere, con il suo influsso immediato, la causa di rappresentazioni, che costituiscono una specie del tutto eterogenea di effetti. In tal caso, però, costoro non possono congiungere con ciò che intendono per oggetto dei sensi esterni il concetto di materia, la quale non è altro se non apparenza, e quindi risulta già in se stessa una semplice rappresentazione, prodotta da una qualsiasi specie di oggetti esterni. In caso contrario, difatti, essi direbbero che le rappresentazioni degli oggetti esterni (le apparenze) non possono essere cause esterne delle rappresentazioni nel nostro animo: il che costituirebbe un'obiezione del tutto priva di senso, poiché a nessuno verrà in mente di considerare come causa esterna ciò che egli ha già riconosciuto per semplice rappresentazione. Secondo i nostri principî, dunque, costoro debbono indirizzare la loro teoria, in modo che quello che costituisce l'oggetto vero (trascendentale) dei nostri

sono le funzioni del pensiero (del giudicare), già applicate alla nostra intuizione sensibile: tale intuizione sarebbe certo richiesta, se io volessi *conoscere* me stesso. Ma ora io voglio divenir cosciente di me stesso solo come pensante; il modo in cui è dato nell'intuizione il mio proprio soggetto, io lo lascio da parte, e potrebbe darsi che questo soggetto sia semplicemente un'apparenza per me,

---

sensi esterni non possa essere la causa di quelle rappresentazioni (apparenze), che noi intendiamo sotto il nome di materia. Ora, poiché nessuno può fondatamente pretendere di conoscere qualcosa riguardo alla causa trascendentale delle rappresentazioni dei nostri sensi esterni, la loro asserzione risulta del tutto infondata. Peraltro, se coloro che presumono di migliorare la teoria dell'influsso fisico volessero — secondo il modo comune di rappresentare un dualismo trascendentale — considerare la materia in quanto tale come una cosa in se stessa (e non come una semplice apparenza di una cosa ignota), e se volessero rivolgere la loro obiezione a mostrare, che un siffatto oggetto esterno, il quale non rivela in sé altra causalità se non quella dei movimenti, non potrà mai risultare la causa efficiente di rappresentazioni, e che piuttosto dovrà intervenire un terzo ente, per costituire fra gli altri due, se non un'azione reciproca, almeno una corrispondenza ed un'armonia, in tal caso essi darebbero inizio alla loro confutazione con l'ammettere nel loro dualismo il πρωτον ψευδος dell'influsso fisico, e in tal modo, con la loro obiezione, confuterebbero non tanto l'influsso naturale quanto piuttosto la loro propria ipotesi dualistica. Tutte le difficoltà riguardanti la congiunzione della natura pensante con la materia sorgono infatti, senza eccezione, unicamente da quella rappresentazione dualistica interpolata, secondo cui la materia, come tale, non è un'apparenza, cioè una semplice rappresentazione dell'animo, cui **245**

che penso, ma non già che sia tale per me, in quanto penso. Nella coscienza di me stesso, entro la semplice sfera del pensiero, io sono l'*ente stesso*: con ciò, tuttavia, certo non mi è ancora dato nulla di questo ente, per il pensiero.

Peraltro, la proposizione: io penso, in quanto equivale a: *io esisto pensando*, non è una semplice funzione

---

corrisponda un oggetto ignoto, bensí costituisce l'oggetto in se stesso, cosí come esso esiste fuori di noi e indipendentemente da ogni sensibilità.

Contro l'influsso fisico comunemente ammesso non si può dunque far valere alcuna obiezione dogmatica. In effetti, se l'avversario assume, che la materia e i suoi movimenti siano semplici apparenze, e quindi nient'altro che rappresentazioni, egli può trovare allora una difficoltà soltanto nel fatto, che l'oggetto sconosciuto della nostra sensibilità non può essere la causa delle rappresentazioni in noi: tale asserzione, peraltro, non è minimamente giustificata, poiché riguardo ad un oggetto sconosciuto nessuno è in grado di stabilire, che cosa esso possa fare o non fare. Secondo le nostre precedenti dimostrazioni, costui dovrà invece necessariamente concedere questo idealismo trascendentale, nel caso in cui non voglia apertamente ipostatizzare delle rappresentazioni, e non voglia trasferirle fuori di noi come cose vere.

Contro l'opinione comune dell'influsso fisico si può tuttavia muovere una fondata obiezione *critica*. Una siffatta presunta relazione di comunanza fra due specie di sostanze — quella pensante e quella estesa — si fonda su di un grossolano dualismo, e trasforma le sostanze estese, che non sono altro se non semplici rappresentazioni del soggetto pensante, in cose sussistenti per sé. Il frainteso influsso fisico può dunque essere completamente demolito, quando si scopra che la sua ragione dimostrativa è nulla ed interpolata.

logica, ma determina il soggetto (che in tal caso è al tempo stesso oggetto) rispetto all'esistenza, e non può aver luogo senza il senso interno, la cui intuizione fornisce sempre l'oggetto, non già come cosa in se stessa, ma semplicemente come apparenza. In tale proposizione, perciò, non c'è piú semplicemente la spontaneità del pensiero,

---

La famosa questione sulla relazione di comunanza fra ciò che è pensante e ciò che è esteso si ridurrebbe dunque, quando si elimini ogni elemento immaginario, unicamente allo stabilire, *come in un soggetto pensante in generale sia possibile l'intuizione esterna*, cioè quella dello spazio (di ciò che riempie lo spazio, ossia: figura e movimento). È tuttavia impossibile a qualsiasi uomo di trovare una risposta per tale questione, e questa lacuna del nostro sapere non potrà mai essere colmata, ma si potrà soltanto individuarla, con l'attribuire le apparenze esterne ad un oggetto trascendentale, che è la causa di questa specie di rappresentazioni; noi tuttavia non conosceremo mai tale oggetto, né riusciremo mai ad acquistare un qualche concetto di esso. In tutti i problemi, che possono presentarsi nel campo dell'esperienza, noi trattiamo quelle apparenze come oggetti in se stessi, senza preoccuparci del fondamento primo della loro possibilità (in quanto apparenze). Se oltrepassiamo invece i limiti dell'esperienza, diventa allora necessario il concetto di un oggetto trascendentale.

Partendo da queste osservazioni sulla relazione di comu- 245
nanza tra enti pensanti e enti estesi, si giunge immediatamente alla conseguenza di decidere tutte quelle controversie, e di risolvere tutte quelle obiezioni, che riguardano lo stato della natura pensante prima di questa comunanza (prima della vita), o dopo la dissoluzione di tale comunanza (nella morte). L'opinione, che il soggetto pensante abbia potuto pensare prima di ogni relazione di comunanza

ma altresí la recettività dell'intuizione, cioè, quel pensiero di me stesso che è applicato all'intuizione empirica del
280 medesimo soggetto. In tale intuizione, orbene, il soggetto pensante dovrebbe allora cercare le condizioni per usare le sue funzioni logiche come categorie di sostanza, di causa, ecc., al fine non soltanto di designare se stesso come

---

con i corpi, si esprimerà nel modo seguente: prima che prenda inizio questa specie di sensibilità, mediante cui qualcosa ci appare nello spazio, i medesimi oggetti trascendentali, che nello stato presente ci appaiono come corpi, hanno potuto essere intuiti in modo del tutto differente. L'opinione, d'altro canto, che, dopo la dissoluzione di ogni rapporto di comunanza con il mondo corporeo, l'anima possa ancora continuare a pensare, si esprimerà nella forma seguente: se dovesse cessare quella specie di sensibilità, mediante cui gli oggetti trascendentali — e per ora del tutto ignoti — ci appaiono come mondo materiale, non per questo risulterebbe soppressa ogni intuizione di tali oggetti, e sarebbe perfettamente possibile, che quei medesimi oggetti ignoti continuassero ad essere conosciuti dal soggetto pensante, sebbene non piú nella qualità di corpi.

È bensí vero che nessuno, in base a principî speculativi, potrà mai addurre il minimo argomento a sostegno di una tale asserzione, e neppure provare la possibilità di essa (piuttosto, si potrà soltanto presupporre questa possibilità); allo stesso modo, tuttavia, nessuno potrà far valere in contrario una qualche obiezione dogmatica valida. Chiunque vorrà provarsi a far ciò, saprà infatti, riguardo alla causa assoluta ed interna delle apparenze esterne e corporee, tanto poco quanto io stesso, o una qualsiasi altra persona. Egli non può quindi pretendere fondatamente di sapere, su che cosa si basi la realtà delle apparenze esterne nello stato attuale (nella vita), cosicché non può neppure sapere, che dopo questo stato (nella morte) cessi

oggetto in sé, mediante l'io, ma altresí di determinare il modo della propria esistenza, cioè di conoscere se stesso come noumeno. Ma ciò è impossibile, poiché l'intuizione empirica interna è sensibile, e non mette a disposizione null'altro se non *data* dell'apparenza: tale intuizione non può fornire nulla all'oggetto della *coscienza pura*,

---

la condizione di ogni intuizione esterna, od anche il soggetto stesso pensante.

In tal caso, quindi, ogni dissidio sulla natura del nostro ente pensante, e della connessione fra questo ente ed il mondo corporeo, risulta unicamente una conseguenza del fatto che noi, posti di fronte a ciò di cui non sappiamo nulla, colmiamo la lacuna con paralogismi della ragione, trasformando i nostri pensieri in cose e ipostatizzandoli. Da ciò sorge una scienza immaginaria, sia riguardo a chi asserisce affermativamente, sia riguardo a chi asserisce negativamente: tutti costoro, in effetti, o pretendono di sapere qualcosa su oggetti, di cui nessun uomo possiede un concetto qualsiasi, oppure trasformano le proprie rappresentazioni in oggetti, e si aggirano cosí in un perpetuo 247
circolo di ambiguità e di contraddizioni. Nient'altro che la sobrietà di una critica rigida, ma giusta, può liberarci da quest'illusione dogmatica — che assoggetta a teorie e a sistemi cosí tante persone, col miraggio della felicità — e può limitare ogni nostra pretesa speculativa semplicemente al campo dell'esperienza possibile, senza impiegare a questo fine né un'insulsa derisione dei tentativi cosí spesso falliti, né pii sospiri sulle barriere della nostra ragione, ma servendosi piuttosto di una determinazione dei suoi confini — condotta in base a principî certi — la quale scrive con la massima sicurezza il *nihil ulterius* sulle colonne d'Ercole, che la natura stessa ha drizzato, affinché il viaggio della nostra ragione continui soltanto sin dove si estendono le coste ininterrotte dell'esperienza: noi non

per la conoscenza della sua esistenza separata, ma può soltanto servire di aiuto all'esperienza.

Tuttavia, posto che in seguito si trovasse una giustificazione — non nell'esperienza, bensí in certe (non già regole semplicemente logiche, ma) leggi dell'uso puro

---

possiamo abbandonare tali coste senza avventurarci in un oceano illimitato, che attraverso prospettive sempre ingannevoli ci costringe infine a desistere dai nostri gravi e tediosi sforzi, come da un'impresa senza speranza.

Siamo rimasti sinora in debito di una chiara e generale discussione sull'illusione trascendentale — e tuttavia naturale — contenuta nei paralogismi della ragione pura, ed inoltre dobbiamo ancora fornire la giustificazione dell'ordinamento sistematico di tali paralogismi, che corre parallelo alla tavola delle categorie. Non avremmo potuto intraprendere ciò all'inizio di questa sezione, senza correre il rischio di cadere in oscurità, o di anticipare in modo inopportuno i nostri argomenti. Cercheremo ora di adempiere a questo impegno.

Ogni *illusione* si può attribuire al fatto che la condizione *soggettiva* del pensiero sia considerata come conoscenza dell' *oggetto*. Nell'introduzione alla Dialettica trascendentale, abbiamo inoltre mostrato che la ragione pura si occupa unicamente della totalità della sintesi delle condizioni per un condizionato dato. Ora, dal momento che l'illusione dialettica della ragione pura non può affatto essere un'illusione empirica, che si presenti nella conoscenza empirica determinata, cosí l'illusione dialettica riguarderà l'universalità delle condizioni del pensiero, e vi saranno soltanto tre casi dell'uso dialettico della ragione pura:

1. La sintesi delle condizioni di un pensiero in generale.

2. La sintesi delle condizioni del pensiero empirico.

della ragione, fermamente stabilite *a priori* e riguardanti la nostra esistenza — per presupporci, del tutto *a priori*, come legiferanti a riguardo della nostra propria esistenza, ed inoltre come determinanti questa stessa esistenza, in tal caso si scoprirebbe per questa via

---

3. La sintesi delle condizioni del pensiero puro. 248

In tutti e tre questi casi, la ragione pura ha a che fare semplicemente con la totalità assoluta della sintesi delle condizioni, cioè con quella condizione, che è essa stessa incondizionata. Su questa divisione si fonda altresí la triplice illusione trascendentale, che dà luogo alle tre sezioni della Dialettica, e fornisce l'idea di altrettante scienze apparenti, tratte dalla ragione pura: psicologia trascendentale, cosmologia trascendentale e teologia trascendentale. Dobbiamo qui occuparci soltanto della prima.

Poiché nel pensiero in generale noi facciamo astrazione da ogni riferimento del pensiero ad un qualche oggetto (sia dei sensi, sia dell'intelletto puro), in tal caso la sintesi delle condizioni di un pensiero in generale (n. 1) non è affatto oggettiva, ma consiste semplicemente in una sintesi del pensiero con il soggetto, la quale peraltro è falsamente considerata come una rappresentazione sintetica di un oggetto.

Da ciò segue altresí, che quando si conclude dialetticamente alla condizione di ogni pensiero in generale, la quale è essa stessa incondizionata, non si commette un errore di contenuto (poiché l'inferenza astrae da ogni contenuto od oggetto): l'errore, piuttosto, è soltanto nella forma, e l'inferenza deve essere chiamata paralogismo.

Inoltre, poiché l'unica condizione che accompagna ogni pensiero è l'io, nella proposizione universale: io penso, la ragione ha allora a che fare con questa condizione, in quanto tale condizione è essa stessa incondizionata. Essa tuttavia è soltanto la condizione formale, cioè l'unità logica

una spontaneità, onde potrebbe venir determinata la nostra realtà, senza alcun bisogno delle condizioni dell'intuizione empirica. Ed allora noi ci accorgeremmo, che nella coscienza della nostra esistenza è contenuto *a priori* un qualcosa, che può servire a determinare la nostra

---

di ogni pensiero, in cui io faccio astrazione da qualsiasi oggetto. D'altro canto, però, essa viene rappresentata come un oggetto che io penso, ossia come l'io stesso e la sua unità incondizionata.

Se qualcuno mi rivolgesse la domanda: qual è la natura di una cosa che pensa? — io non saprei rispondere nulla *a priori*, poiché la risposta dovrebbe essere sintetica (una risposta analitica, infatti, può forse spiegare il pensiero, ma non può fornire una nuova conoscenza riguardo a ciò su cui si fonda la possibilità di questo pensiero). Per ogni soluzione sintetica, tuttavia, si richiede l'intuizione, che in un problema cosí universale è stata lasciata completamente da parte. Allo stesso modo, nessuno potrà rispondere, secondo la sua universalità, alla domanda: quale deve essere la natura di una cosa che è mobile? In tal caso, difatti, l'estensione impenetrabile (materia)
249 non è data. Ora, sebbene io non riesca a dare una risposta universale alla prima domanda, mi sembra tuttavia di poter fornire una risposta nel caso singolo, con la proposizione esprimente l'autocoscienza: io penso. Questo io è infatti il soggetto primo, cioè una sostanza: esso è semplice, ecc. Ma si tratterebbe allora di mere proposizioni di esperienza, le quali, senza una regola universale che enunciasse in generale ed *a priori* le condizioni della possibilità di pensare, non potrebbero peraltro contenere siffatti predicati (che non sono empirici). In tal modo, la mia valutazione — tratta da semplici concetti, e inizialmente cosí plausibile — sulla natura di un ente pensante mi diventa sospetta, sebbene io non abbia ancora scoperto il suo errore.

esistenza rispetto ad una certa facoltà interna (sebbene sia solo in modo sensibile, che la nostra esistenza può venir completamente determinata), la quale si riferisce ad un mondo intelligibile (certo soltanto pensato).

Ciò tuttavia non farebbe minimamente progredire tutti

Un'ulteriore indagine sull'origine di questi attributi, che io assegno a me come ad un ente pensante in generale, può tuttavia rivelare questo errore. Tali attributi non sono nulla di piú che categorie pure, mediante cui io non penserò mai un oggetto determinato, ma soltanto l'unità delle rappresentazioni, che si richiede per determinare un oggetto di esse. Senza un'intuizione che stia alla base, la categoria non può da sola procurarmi nessun concetto di un oggetto: è soltanto l'intuizione, difatti, a fornire l'oggetto, che viene pensato in seguito conformemente alla categoria. Quando io dichiaro che una cosa è una sostanza nell'apparenza, devono essermi dati anteriormente dei predicati della sua intuizione, nei quali io possa distinguere il permanente dal mutevole, e il sostrato (la cosa stessa) da ciò che semplicemente inerisce ad esso. Se io dico che una cosa è *semplice nell'apparenza*, con ciò intendo significare, che l'intuizione di tale cosa è bensí una parte dell'apparenza, ma non può essa stessa venir divisa, ecc. Ma se un qualcosa è conosciuto soltanto come semplice nel concetto, e non già come semplice nell'apparenza, in tal modo io non raggiungo davvero alcuna conoscenza dell'oggetto, e ho invece soltanto una conoscenza del mio concetto, ossia del concetto da me costruito riguardo ad un qualcosa in generale, che non è suscettibile di una vera intuizione. Io dico di pensare qualcosa come perfettamente semplice, soltanto perché non so realmente dire null'altro se non che si tratta di un qualcosa.

La semplice appercezione (io), orbene, è sostanza nel concetto, è semplice nel concetto, ecc., ed in tal modo

i tentativi della psicologia razionale. In effetti, mediante quella mirabile facoltà, che mi è rivelata per la prima volta dalla coscienza della legge morale, io avrei, è vero, un principio, puramente intellettuale, per la determinazione

---

tutte quelle proposizioni psicologiche dogmatiche hanno una loro incontestabile esattezza. Con ciò, tuttavia, non si conosce in alcun modo, riguardo all'anima, quello che propriamente si vuol sapere: in effetti, tutti questi predicati non sono affatto validi rispetto all'intuizione, e non possono quindi neppure avere una qualsiasi conseguenza
250 applicabile ad oggetti dell'esperienza. Questi predicati sono dunque perfettamente vuoti. Quel concetto di sostanza, difatti, non mi insegna che l'anima sopravviva per se stessa, né che essa sia una parte delle intuizioni esterne, la quale non possa a sua volta venir divisa, e la quale non possa perciò nascere o perire attraverso un qualsiasi mutamento della natura. Si tratta semplicemente di proprietà, che mi fanno conoscere l'anima nella connessione dell'esperienza, e che potrebbero fornirmi una prospettiva riguardo alla sua origine ed al suo stato futuro. Ma se io dico, mediante la semplice categoria: l'anima è una sostanza semplice, è allora chiaro che il nudo concetto intellettuale di sostanza non contiene null'altro se non il pensiero che una cosa deve essere rappresentata come soggetto in sé, senza risultare a sua volta predicato di un'altra cosa; da ciò dunque, non discende evidentemente nulla riguardo alla permanenza, e l'attributo della semplicità non può certo aggiungere tale permanenza: con ciò, quindi, non si ottiene il minimo ammaestramento riguardo a quello che può toccare all'anima nei mutamenti del mondo. Se qualcuno ci potesse dire: l'anima è una *parte semplice della materia*, saremmo allora in grado, fondandoci su ciò che l'esperienza insegna riguardo alla materia, di dedurre la permanenza

della mia esistenza, ma quali sarebbero i predicati che la determinano? Non potrebbero essere altri, se non quelli che mi devono essere dati nell'intuizione sensibile; ed in tal caso io giungerei di nuovo alla medesima posizione

---

dell'anima, ed assieme alla natura semplice, la sua indistruttibilità. Ma il concetto dell'io, nella proposizione fondamentale psicologica (io penso), non ci dice neppure una parola di ciò.

Che l'ente pensante in noi, peraltro, presuma di conoscere se stesso mediante categorie pure — e precisamente, per mezzo di quelle che esprimono, sotto i vari titoli, l'unità assoluta — dipende da quanto segue. L'appercezione è il fondamento stesso della possibilità delle categorie, che dal canto loro non rappresentano null'altro se non la sintesi del molteplice dell'intuizione, in quanto esso trova un'unità nell'appercezione. L'autocoscienza in generale è quindi la rappresentazione di ciò che costituisce la condizione di ogni unità, e che è esso stesso incondizionato. Perciò, riguardo all'io pensante (anima) — che pensa se stesso come sostanza, come semplice, come numericamente identico in ogni tempo, e come termine correlativo di ogni esistenza, dal quale ogni altra esistenza deve essere dedotta — si può dire che esso *non conosce se stesso mediante le categorie*, ma piuttosto conosce le *categorie* — ed attraverso esse tutti gli oggetti — nell'unità assoluta dell'appercezione, e quindi *mediante se stesso*. Ora, è senza dubbio evidente, che io non posso conoscere come oggetto ciò che devo presupporre per poter in generale conoscere un oggetto, e che la persona determinante (il pensiero) è diversa dalla persona determinabile (il soggetto pensante), cosí come la conoscenza è diversa dall'oggetto. Ciò nondi- 251
meno, nulla è piú naturale e piú allettante della illusione, che ci fa considerare l'unità nella sintesi dei pensieri come

in cui mi trovavo nella psicologia razionale, cioè al bisogno di intuizioni sensibili, per dare un significato ai concetti del mio intelletto — quali sostanza, causa, ecc. — che sono i soli mediante cui io possa avere conoscenza di me

---

un'unità percepita nel soggetto di questi pensieri. Questa illusione, si potrebbe chiamarla la surrezione della coscienza ipostatizzata (*apperceptionis substantiatae*).

Se si vuole dare un titolo logico al paralogismo contenuto nei sillogismi dialettici della psicologia razionale — che hanno tuttavia premesse corrette — si può considerarlo come un *sophisma figurae dictionis*, in cui la premessa maggiore fa della categoria — rispetto alle sue condizioni — un uso semplicemente trascendentale, mentre la premessa minore e la conclusione fanno della stessa categoria — rispetto all'anima, che è stata sussunta sotto tale condizione — un uso empirico. Nel paralogismo della semplicità, per esempio, il concetto di sostanza è un concetto intellettuale puro, che senza le condizioni dell'intuizione sensibile è semplicemente di uso trascendentale, ossia non ammette alcun uso. Nella premessa minore, peraltro, il medesimo concetto è applicato all'oggetto di ogni esperienza interna, senza tuttavia che venga precedentemente stabilita e posta alla base la condizione della sua applicazione *in concreto*, cioè la sua permanenza: di tale concetto si fa perciò un uso empirico, che in questo caso è tuttavia inammissibile.

Per mostrare infine la concatenazione sistematica di tutte queste asserzioni dialettiche di una psicologia raziocinante, in una connessione della ragione pura, e quindi per indicare la loro compiutezza, occorre osservare, che l'appercezione si realizza attraverso tutte le classi delle categorie, riferendosi però soltanto a quei concetti dell'intelletto, che in ciascuna di tali classi stanno a fondamento dell'unità dei rimanenti concetti in una percezione possibile, e quindi ai concetti di sussistenza, realtà, unità

stesso. Quelle intuizioni, peraltro, non potranno mai aiutarmi ad oltrepassare il campo dell'esperienza. Riguardo all'uso pratico, che si rivolge pur sempre ad oggetti dell'esperienza, io sarei tuttavia autorizzato ad applicare

---

(non pluralità) ed esistenza. Questi concetti, nondimeno, sono qui rappresentati tutti quanti dalla ragione come condizioni della possibilità di un ente pensante, condizioni che risultano esse stesse incondizionate. L'anima conosce dunque, rispetto a se stessa:

1.

L'unità
incondizionata
della **relazione**,
cioè
se stessa, non come inerente,
ma come
sussistente.

2.

L'unità
incondizionata
della **qualità**,
cioè se stessa,
non come un tutto reale,
ma come
semplice[1].

3. 252

L'unità
incondizionata
nella **pluralità** del tempo,
cioè se stessa,
non come numericamente
diversa in tempi diversi,
ma come
un solo e **medesimo**
soggetto.

[1] Per il momento io non posso ancora mostrare come il semplice corrisponda qui a sua volta alla categoria della realtà; ciò verrà mostrato tuttavia nel capitolo seguente, in occasione di un altro uso razionale del medesimo concetto. 32 252

questi concetti — in conformità del significato analogo che essi hanno nell'uso teoretico — alla libertà ed al soggetto di essa, intendendo per tali concetti semplicemente
281 le funzioni logiche del soggetto e predicato, della ragione e conseguenza. In conformità di tali funzioni, gli atti o gli effetti che si basano sulle leggi menzionate sarebbero determinati in modo tale, da poter essere spiegati ogni volta — assieme alle leggi della natura — secondo le categorie di sostanza e di causa, pur derivando essi da un principio del tutto differente. Si è dovuto dire questo,

---

4.

L'unità
incondizionata
dell'**esistenza** nello spazio,
cioè se stessa,
non come coscienza
di parecchie cose fuori di essa,
ma **soltanto** come
coscienza **dell'esistenza di se stessa,**
e delle altre cose, invece,
semplicemente come sue rappresentazioni.

La ragione è la facoltà dei principî. Le asserzioni della psicologia pura non contengono predicati empirici dell'anima, ma predicati tali che, se risultano validi, sono destinati a determinare l'oggetto in se stesso — indipendentemente dall'esperienza — e quindi mediante la semplice ragione. Sarebbe dunque giusto che tali asserzioni dovessero fondarsi su principî e su concetti universali riguardo alle nature pensanti in generale. In luogo di ciò, noi troviamo che la singola rappresentazione: io sono, governa tutte quelle asserzioni. Tale rappresentazione, appunto perché esprime la formula pura di ogni mia esperienza

unicamente per prevenire il fraintendimento cui è facilmente esposta la dottrina dell'intuizione di noi stessi come apparenze. Nel seguito si avrà occasione di utilizzare tali considerazioni.

CAPITOLO SECONDO

L'ANTINOMIA DELLA RAGIONE PURA

Nell'introduzione a questa parte della nostra opera, abbiamo mostrato che ogni illusione trascendentale della ragione pura si fonda su inferenze dialettiche: lo schema di queste è fornito dalla logica in tre specie formali di sillogismi in generale, quasi nello stesso modo in cui le categorie ritrovano il loro schema logico nelle quattro funzioni di tutti i giudizi. La *prima specie* di queste inferenze raziocinanti, come abbiamo detto, si riferisce alla unità incondizionata delle condizioni *soggettive di* tutte le rappresentazioni in generale (del soggetto o anima), in corrispondenza ai sillogismi **categorici**, la cui premessa maggiore, in quanto principio, asserisce la relazione di un predicato ad un soggetto. Perciò la *seconda specie* di argomentazione dialettica, secondo l'analogia con i sillogismi **ipotetici**, prenderà come suo contenuto l'unità incondizionata delle condizioni oggettive nell'apparenza, cosí come la *terza specie*, che si presenterà nel capitolo seguente, avrà come tema l'unità incon-

---

(in modo indeterminato), si proclama una proposizione universale, valida per tutti gli enti pensanti, e sebbene essa sia singolare sotto ogni rispetto, porta con sé l'illusione di un'unità assoluta delle condizioni del pensiero in generale, estendendosi cosí al di là dei limiti dell'esperienza possibile.

dizionata delle condizioni oggettive della possibilità degli oggetti in generale.

È peraltro degno di nota, che il paralogismo trascendentale abbia operato un'illusione semplicemente unilaterale, riguardo all'idea del soggetto del nostro pensiero, e che non si possa ritrovare, in base a concetti della ragione, la benché minima illusione a sostegno del con-
282 trario. Il vantaggio sta tutto dalla parte del pneumatismo: quest'ultimo tuttavia non può nascondere la sua tara ereditaria, per cui, nonostante l'illusione ad esso favorevole, si dissolve in fumo alla prova del fuoco della critica.

Le cose stanno in un modo del tutto diverso, quando applichiamo la ragione alla *sintesi oggettiva* delle apparenze: in tale caso, la ragione cerca di far valere — e l'illusione è certo assai rilevante — il suo principio dell'unità incondizionata, ma ben presto cade in tali contraddizioni, da trovarsi costretta a rinunziare, per quanto riguarda la cosmologia, alle sue pretese.

Si presenta qui, infatti, un nuovo fenomeno della ragione umana, cioè un'antitetica del tutto naturale. Per giungere ad essa, non occorre affatto sottilizzare o tendere insidie sofistiche: in tale antitetica, piuttosto, la ragione incappa da sé, e inevitabilmente. A questo modo, certo, la ragione non corre pericolo di addormentarsi in una convinzione immaginaria, prodotta da un'illusione semplicemente unilaterale, ma al tempo stesso si sente tentata, o ad abbandonarsi a una disperazione scettica, o ad assumere un atteggiamento di ostinazione dogmatica e ad irrigidirsi su certe asserzioni, senza concedere ascolto, né rendere giustizia, alle ragioni del contrario. In entrambi i casi, si ha la morte di una sana filosofia: il primo, tuttavia, potrebbe forse essere chiamato l'*eutanasia* della ragione pura.

Prima di far vedere le scene di discordia e di confu-

sione, prodotte da questo contrasto delle leggi (antinomia) della ragione pura, vogliamo presentare alcune considerazioni, che possono chiarire e giustificare il metodo da noi usato nel trattare questa materia. Tutte le idee trascendentali, in quanto riguardano la totalità assoluta nella sintesi delle apparenze, io le chiamo *concetti del mondo*, in parte a causa di questa stessa totalità incondizionata, su cui si fonda altresí il concetto dell'universo (concetto che è esso stesso semplicemente un'idea), e in parte perché esse si riferiscono unicamente alla sintesi delle apparenze, e quindi alla sintesi empirica, mentre la totalità assoluta nella sintesi delle condizioni di tutte le cose possibili in generale produrrà invece un ideale della ragione pura, il quale è perfettamente distinto dal concetto del mondo, pur stando in relazione con esso. Per conseguenza, allo stesso modo che i paralogismi della ragione pura hanno costituito il fondamento per una psicologia dialettica, cosí l'antinomia della ragione pura ci porrà di fronte alle proposizioni fondamentali trascendentali di una presunta cosmologia pura (razionale), non allo scopo di dichiarare valida e di appropriarsi quest'ultima, bensí — come già è indicato dalla denominazione: 233
contrasto della ragione — al fine di mostrare l'illusione abbagliante, ma falsa, che è in essa, e di presentarla come un'idea inconciliabile con le apparenze.

Sezione prima

SISTEMA DELLE IDEE COSMOLOGICHE

Per poter ora enumerare con sistematica precisione, in base ad un principio, queste idee, dobbiamo *anzitutto* osservare, che è soltanto dall'intelletto che possono scaturire concetti puri e trascendentali, mentre la ragione non produce propriamente alcun concetto, limi-

tandosi tutt'al piú a *liberare il concetto dell'intelletto* dalle inevitabili limitazioni di un'esperienza possibile, e quindi a cercar di estenderlo al di là dei confini dell'empirico, in connessione però con l'empirico. Questo avviene per il fatto che la ragione richiede, per un condizionato dato, nel verso delle condizioni (in base a cui l'intelletto sottomette tutte le apparenze all'unità sintetica) una totalità assoluta, e in tal modo trasforma la categoria in idea trascendentale, per dare una compiutezza assoluta alla sintesi empirica, continuando tale sintesi sino all'incondizionato (che non si ritrova mai nella esperienza, ma soltanto nell'idea). La ragione richiede ciò, in base alla proposizione fondamentale: *se il condizionato è dato, è allora data altresí l'intera somma delle condizioni, e quindi è dato l'assolutamente incondizionato*, mediante cui soltanto era possibile quel condizionato. *In primo luogo*, dunque, le idee trascendentali non saranno propriamente altro se non categorie estese sino all'incondizionato: le idee si potranno disporre in una tavola, ordinata secondo i titoli delle categorie. *In secondo luogo*, peraltro, non tutte le categorie saranno capaci di ciò; lo saranno, piuttosto, quelle categorie, in cui la sintesi costituisce una *serie*, e precisamente, una serie di condizioni — subordinate tra loro, non già coordinate — per un condizionato. La ragione richiede la totalità assoluta, solo in quanto questa riguardi la serie ascendente delle condizioni per un condizionato dato, e perciò la totalità assoluta non è richiesta, quando si tratti della linea discendente delle conseguenze, oppure si parli dell'aggregato di condizioni coordinate per
284 queste conseguenze. A riguardo del condizionato che è dato, in effetti, le condizioni sono già presupposte, e debbono considerarsi altresí come date con esso, mentre nel progresso verso le conseguenze (ossia nel discendere dalla condizione data al condizionato), in quanto le conse-

guenze non rendono possibili le loro condizioni, ma piuttosto le presuppongono, ci si può disinteressare del fatto che la serie cessi oppure no: insomma, la questione riguardante la totalità di questa serie non costituisce affatto un presupposto della ragione.

Cosí, un tempo completamente trascorso sino all'istante dato, lo si pensa necessariamente altresí come dato (sebbene esso non sia determinabile da noi). Per quanto riguarda invece il tempo avvenire, il modo in cui lo consideriamo — o facendolo cessare ad un certo punto, o facendolo scorrere all'infinito — è del tutto indifferente per comprendere il presente, poiché il tempo avvenire non è la condizione per giungere al presente. Sia la serie: *m*, *n*, *o*, dove *n* è dato come condizionato rispetto a *m*, ma al tempo stesso come condizione di *o*; la serie sia ascendente dal condizionato *n* verso *m* (*l*, *k*, *i*, ecc.), e del pari sia discendente dalla condizione *n* verso il condizionato *o* (*p*, *q*, *r*, ecc.): in tal caso, io devo presupporre la prima serie, per poter considerare *n* come dato, e secondo la ragione (secondo la totalità delle condizioni) *n* è possibile solo mediante tale serie, mentre la sua possibilità non si fonda sulla serie seguente: *o*, *p*, *q*, *r*, la quale non si può perciò considerare come data, ma soltanto come *dabilis*.

La sintesi di una serie nel verso delle condizioni — che prenda dunque inizio dalla condizione piú vicina all'apparenza data, e proceda cosí verso le condizioni piú remote — io la chiamerò regressiva; per contro, la sintesi che nel verso del condizionato procede dalla conseguenza prossima a quelle piú remote, la chiamerò sintesi progressiva. La prima procede *in antecedentia*, la seconda *in consequentia*. Le idee cosmologiche si occupano perciò della totalità della sintesi regressiva, e procedono *in antecedentia*, non *in consequentia*. Se si presentasse quest'ultimo caso, si tratterebbe di un problema della ragione pura arbitrario, non già necessario, poiché noi, per poter giungere ad una comprensione completa di ciò che è dato nell'apparenza, abbiamo bensí bisogno delle ragioni, ma non delle conseguenze.

Per stabilire ora la tavola delle idee in conformità della tavola delle categorie, noi prendiamo anzitutto i due *quanta* originari di ogni nostra intuizione: tempo e spazio. Il tempo è in se stesso una serie (e la condizione formale di tutte le serie), e perciò in esso, rispetto ad un presente che sia dato, occorre distinguere *a priori* gli *antecedentia*
285 come condizioni (il passato) dai *consequentia* (il futuro). L'idea trascendentale della totalità assoluta nella serie delle condizioni di un condizionato dato si riferisce quindi soltanto a tutto il tempo passato. L'intero tempo trascorso, in quanto condizione dell'istante dato, viene necessariamente pensato, in base all'idea della ragione, come dato. Per quanto riguarda invece lo spazio, non si ritrova in esso — inteso in se stesso — alcuna distinzione tra progresso e regresso, poiché esso costituisce un aggregato, non già una serie: le sue parti, difatti, esistono tutte quante simultaneamente. Rispetto al tempo passato, io posso considerare l'istante presente solo come condizionato, e mai invece come condizione, poiché questo attimo sorge soltanto mediante il tempo trascorso (o meglio, mediante il trascorrere del tempo precedente). Per contro, in quanto le parti dello spazio non sono subordinate le une alle altre, bensí coordinate, in tal caso una parte non è la condizione della possibilità dell'altra, e lo spazio non costituisce in se stesso — come invece il tempo — una serie. Senonché, la sintesi delle molteplici parti dello spazio (con la quale noi lo apprendiamo) è pur successiva: essa avviene quindi nel tempo e contiene una serie. E poiché, in questa serie di spazi aggregati (per esempio, di piedi, in una pertica), gli spazi man mano aggiunti dal pensiero, a partire da uno spazio dato, sono sempre la condizione del limite degli spazi

precedenti, in tal caso la misurazione di uno spazio deve altresí considerarsi come una sintesi di una serie delle condizioni di un condizionato dato. C'è però la differenza, che il verso delle condizioni non si distingue in se stesso dal verso secondo cui è disposto il condizionato, e che *regressus* e *progressus*, nello spazio, sembrano perciò identificarsi. Tuttavia, poiché una parte dello spazio non è data mediante un'altra parte, ma è soltanto limitata da questa, noi dobbiamo allora considerare ogni spazio limitato altresí come condizionato, in quanto esso presuppone un altro spazio come condizione del proprio limite, e cosí via. A riguardo della limitazione, perciò, il progresso nello spazio è anche un regresso, e l'idea trascendentale della totalità assoluta della sintesi nella serie delle condizioni riguarda altresí lo spazio. Io posso ricercare la totalità assoluta dell'apparenza nello spazio, allo stesso modo che posso ricercare la totalità assoluta dell'apparenza nel tempo trascorso. Se tale ricerca possa mai venire soddisfatta, si determinerà in seguito.

In secondo luogo, la realtà nello spazio, ossia la materia, è un condizionato. Le condizioni interne di questo condizionato sono le sue parti, e le parti delle parti sono le condizioni piú remote, cosicché si ha qui una sintesi regressiva, la cui totalità assoluta è richiesta 236
dalla ragione. Tale sintesi non può aver luogo se non mediante una divisione completa, onde la realtà della materia o si dissolve nel nulla, o si riduce a ciò che non è piú materia, ossia al semplice. Anche qui esiste, di conseguenza, una serie di condizioni e un progresso verso l'incondizionato.

In terzo luogo — per quanto riguarda le categorie della relazione reale tra le apparenze — la categoria di sostanza, con i suoi accidenti, non si adatta ad un'idea trascendentale; ossia la ragione, rispetto a tale categoria, non ha alcun fondamento per procedere regressivamente verso condizioni. In effetti, gli accidenti (in quanto ineriscono ad una medesima sostanza) sono coordinati tra loro e non costituiscono alcuna serie. Rispetto alla sostanza, poi, essi non le sono propriamente subordinati, ma sono piuttosto il modo di esistere della sostanza stessa. Ciò che in proposito potrebbe ancora sembrare un'idea della ragione trascendentale, sarebbe il concetto del *sostanziale*. Tuttavia, poiché ciò non significa altro se non il concetto dell'oggetto in generale, che sussiste, in quanto si pensa in esso semplicemente il soggetto trascendentale senza alcun predicato, e poiché qui invece si tratta soltanto dell'incondizionato nella serie delle apparenze, è allora chiaro che il sostanziale non può affatto costituire un termine di questa serie. Lo stesso vale altresí a riguardo delle sostanze in comunanza, che sono semplici aggregati, e non possiedono un esponente di una serie: in effetti, esse non sono subordinate tra loro, le une come condizioni della possibilità delle altre, il che invece si è potuto dire riguardo agli spazi, il limite dei quali non è mai determinato in sé, ma sempre mediante un altro spazio. Rimane quindi ormai soltanto la categoria di *causalità*, che offre una serie di cause per un effetto dato: in tale categoria, si può risalire da quest'ultimo (in quanto condizionato) a quelle (in quanto condizioni), e si può rispondere alla questione della ragione.

In quarto luogo, i concetti del possibile, del reale e del necessario non portano ad alcuna serie, se non in quanto il *contingente* nell'esistenza deve sempre essere considerato come condizionato, ed accenna, in base alla regola dell'intelletto, ad una condizione, che rende necessario il suo riferimento ad una condizione piú alta, sino a che la ragione incontri, unicamente nella totalità di questa serie, la *necessità* incondizionata.

Di conseguenza, se si scelgono le categorie, che implicano necessariamente una serie nella sintesi del molteplice, non vi sono piú di quattro idee cosmologiche, secondo i quattro titoli delle categorie.

1. 287

La compiutezza
assoluta della
composizione
del totale dato
di tutte le apparenze.

2.

La compiutezza
assoluta della
divisione
di un totale dato
nell'apparenza.

3.

La compiutezza
assoluta del
nascimento
di una apparenza
in generale.

4.

La compiutezza
assoluta della
dipendenza dell'esistenza
del mutevole
nell'apparenza.

In proposito occorre osservare anzitutto, che l'idea della totalità assoluta non riguarda altro se non l'esposizione delle *apparenze*, e non si riferisce quindi al concetto intellettuale puro di un totale delle cose in generale. Le apparenze, perciò, sono qui considerate come date, e la ragione esige la compiutezza assoluta delle condizioni della loro possibilità, in quanto tali condizioni costituiscono una serie; la ragione, quindi, richiede una sintesi assolutamente (cioè sotto ogni rispetto) completa, mediante cui l'apparenza possa venir esposta in base a leggi dell'intelletto.

In secondo luogo, è propriamente solo l'incondizionato, che la ragione cerca in questa sintesi delle condizioni (condotta seguendo una serie, e, per essere precisi, regressivamente): è, per cosí dire, la compiutezza nella serie delle premesse, le quali, prese assieme, non presuppongono piú alcun'altra premessa. Questo *incondizionato*, orbene, è sempre contenuto *nella totalità assoluta della serie*, quando ci si rappresenti tale totalità nell'immaginazione. Senonché, questa sintesi assolutamente compiuta è a sua volta soltanto un'idea: in effetti, è impossibile sapere — o almeno, è impossibile sapere anticipatamente — se tale sintesi sia possibile nelle apparenze. Se ci si rappresenta tutto quanto mediante semplici concetti puri dell'intelletto, a prescindere dalle condizioni dell'intuizione sensibile, si può allora veramente dire che per un condizionato, che sia dato, è data altresí l'intera serie delle condizioni subordinate le une alle altre: quello, infatti, è dato soltanto mediante queste. Nelle
288 apparenze, tuttavia, si ritrova una particolare limitazione del modo in cui vengono date le condizioni: queste sono date, cioè, mediante la sintesi successiva del molteplice dell'intuizione, che dovrebbe essere completa nel regresso. Se questa compiutezza sia possibile sensibilmente, orbene, è ancora un problema. L'idea di questa compiutezza, tuttavia, si trova nella ragione, a prescindere dalla possibilità o impossibilità di connettere ad essa adeguatamente concetti empirici. Di conseguenza, poiché nella totalità assoluta della sintesi regressiva del molteplice nell'apparenza (secondo la guida delle categorie, che rappresentano questa totalità come una serie di condizioni per un condizionato dato) è necessariamente contenuto l'incondizionato — quand'anche non risulti stabilito se e come sia realizzabile questa totalità — la ragione procede in tal caso prendendo le mosse dall'idea della totalità, sebbene essa abbia propriamente come scopo finale l'*incondizionato*, o dell'intera serie, oppure di una parte di questa.

Questo incondizionato, orbene, lo si può pensare in due modi. Anzitutto, come consistente semplicemente nell'intera serie: tutti i termini di questa, senza eccezione, sarebbero perciò condizionati, e soltanto il totale di essi risulterebbe assolutamente incondizionato. In tal caso il regresso si dice infinito. Oppure, l'assolutamente incondizionato è soltanto una parte della serie: i rimanenti termini della serie sono subordinati a questa parte, ed essa stessa non è invece sottomessa a nessun'altra condizione[1]. Nel primo caso, la serie è senza limiti *a parte priori* (senza inizio), cioè infinita, e sebbene essa sia totalmente data, il regresso in essa, tuttavia, non è mai compiuto, e può essere chiamato infinito solo potenzialmente. Nel secondo caso, esiste un termine primo della serie, che rispetto al tempo trascorso si chiama inizio del mondo; rispetto allo spazio, si chiama limite del mondo; rispetto alle parti di un totale, che sia dato entro i propri limiti, si chiama il semplice; rispetto alle cause, si chiama spontaneità assoluta (libertà); rispetto all'esistenza di cose mutevoli, si chiama necessità assoluta della natura.

Noi abbiamo due espressioni: **mondo** e **natura**, che talvolta si scambiano tra loro. La prima significa il totale matematico di tutte le apparenze, e la totalità della loro 239
sintesi, tanto nel grande quanto nel piccolo, ossia nel progresso di tale sintesi tanto mediante composizione quanto mediante divisione. Questo medesimo mondo, tuttavia, viene chiamato natura[2], in quanto lo si consi-

[1] Il totale assoluto della serie di condizioni per un condizionato dato 32 288
è sempre incondizionato, poiché al di fuori di tale serie non vi è piú alcuna condizione, rispetto a cui questo totale possa risultare condizionato. Senonché, questo totale assoluto di una siffatta serie è soltanto un'idea, o piuttosto un concetto problematico, la possibilità del quale dev'essere indagata (precisamente, rispetto al modo in cui l'incondizionato — come la vera e propria idea trascendentale di cui si tratta — può essere contenuto in esso).

[2] La natura, intesa *adjective* (*formaliter*), significa il collegamento delle 30 289
determinazioni di una cosa, in base a un principio interno di causa-

dera come un totale dinamico, e si guarda non già all'aggregazione nello spazio o nel tempo, per costituire il mondo come quantità, bensí all'unità nell' e s i s t e n z a delle apparenze. In questo caso, orbene, la condizione di ciò che accade si chiama causa, e la causalità incondizionata della causa nell'apparenza si dice libertà; per contro, la causalità condizionata si chiama, in un senso piú ristretto, causa naturale. Ciò che è condizionato nell'esistenza, in generale, si dice contingente, e ciò che è incondizionato in essa, si dice necessario. La necessità incondizionata delle a p p a r e n z e può chiamarsi necessità naturale.

Le idee, di cui ora ci occupiamo, le ho chiamate sopra idee cosmologiche, in parte perché per mondo si intende l'insieme di tutte le apparenze, e le nostre idee si indirizzano d'altronde soltanto a ciò che è incondizionato tra le apparenze; in parte anche perché la parola mondo, in senso trascendentale, significa la totalità assoluta dell'insieme delle cose esistenti, e noi rivolgiamo la nostra attenzione unicamente alla compiutezza della sintesi (sebbene, propriamente, solo nel regresso alle condizioni). In considerazione inoltre del fatto che queste idee sono tutte quante trascendenti, e che, sebbene non oltrepassino, q u a n t o a l l a s p e c i e, l'oggetto, cioè le apparenze, ma abbiano a che fare unicamente con il mondo dei sensi (e non con i *noumena*), esse tuttavia spingono la sintesi sino ad un g r a d o, che va al di là di ogni esperienza possibile, si può allora chiamarle tutte quante in modo perfettamente appropriato — secondo la mia opinione — c o n c e t t i d e l m o n d o. In riferimento

lità. Per natura *substantive* (*materialiter*), al contrario, si intende l'insieme delle apparenze, in quanto queste si collegano universalmente in virtú di un principio interno di causalità. Nel primo senso, noi parliamo della natura della materia fluida, del fuoco, ecc., e ci serviamo di questa parola solo *adjective*; quando si parla delle cose della natura, per contro, si rivolge il pensiero ad un tutto sussistente.

alla distinzione dell'incondizionato cui tende il regresso, in matematicamente incondizionato e dinamicamente incondizionato, voglio chiamare le prime due idee, in un senso piú ristretto, concetti del mondo (macrocosmicamente e microcosmicamente), e le altre due, invece, *concetti trascendenti della natura*. Questa distinzione non è ancora, per il momento, di particolare 290
rilievo, ma può acquistare importanza nel seguito.

Sezione seconda

ANTITETICA DELLA RAGIONE PURA

Se tetica significa ogni insieme di dottrine dogmatiche, per antitetica io intendo allora, non già le asserzioni dogmatiche del contrario, bensí il contrasto di due conoscenze all'apparenza dogmatiche (*thesis cum anthitesi*), a nessuna delle quali si attribuisca un diritto prevalente all'assenso. L'antitetica, quindi, non si occupa affatto di asserzioni unilaterali, ma considera le conoscenze universali della ragione soltanto riguardo al contrasto tra di esse, e alle cause di tale contrasto. L'antitetica trascendentale è un'indagine sull'antinomia della ragione pura, sulle sue cause e sul suo risultato. Se non applichiamo la nostra ragione semplicemente ad oggetti dell'esperienza, conformemente all'uso delle proposizioni fondamentali dell'intelletto, ma ci avventuriamo ad estenderla oltre i limiti dell'esperienza, sorgono allora proposizioni dogmatiche *raziocinanti*, che dall'esperienza non possono né sperare conferma, né temere confutazione: ciascuna di queste non soltanto è in se stessa esente da contraddizione, ma ritrova le condizioni della sua necessità proprio nella natura della ragione. Senonché, sfortunatamente, l'asserzione del contrario è appoggiata da ragioni altrettanto valide e necessarie.

Le questioni che si presentano naturalmente, a proposito di una siffatta dialettica della ragione pura, sono quindi: 1) In quali proposizioni, precisamente, la ragione pura è allora soggetta in modo inevitabile ad una antinomia? 2) Su quali cause si fonda tale antinomia? 3) Nonostante questa contraddizione, rimane tuttavia aperta alla ragione — e in quale modo — una via che conduca alla certezza?

Una proposizione dialetticamente dogmatica della ragione pura deve perciò avere in sé la caratteristica (che la distingua da tutte le proposizioni sofistiche), di non riguardare una questione gratuita, la quale venga sollevata soltanto per un certo scopo arbitrario, ma di riferirsi
291 ad una questione tale, che ogni ragione umana, nel suo progresso, debba necessariamente imbattersi in essa. In secondo luogo, una proposizione della natura suddetta, assieme alla proposizione ad essa contraria, deve avere la caratteristica di portare con sé, non semplicemente un'illusione artificiosa, che si dissolve subito, non appena scoperta, ma un'illusione naturale e inevitabile, la quale, anche quando non si è piú ingannati da essa, illude ancor sempre, pur non riuscendo a raggirarci, e può quindi venir resa innocua, ma non potrà mai essere annientata.

Una tale dottrina dialettica non si riferirà all'unità dell'intelletto nei concetti di esperienza, ma all'unità della ragione nelle semplici idee. Le condizioni di questa dottrina, in quanto essa deve conformarsi anzitutto, come sintesi secondo regole, all'intelletto, e nel tempo stesso, come unità assoluta di tale sintesi, alla ragione, saranno troppo grandi per l'intelletto, quando la dottrina sia adeguata all'unità della ragione, e saranno troppo piccole per la ragione, quando la dottrina sia conforme all'intelletto. Da ciò dovrà sorgere allora un contrasto, che non può essere evitato, qualunque cosa si voglia fare.

Queste asserzioni raziocinanti aprono dunque una lizza dialettica, dove ha il sopravvento la parte cui è permesso di attaccare, e dove sicuramente soggiace la parte che è costretta a tenersi solo sulla difensiva. Perciò i cavalieri vigorosi — combattano essi per la buona o per la cattiva causa — sono sicuri di riportare l'alloro della vittoria, solo che badino ad ottenere il privilegio di condurre l'ultimo attacco, senza essere costretti a sostenere un nuovo assalto dell'avversario. Si può facilmente immaginare, che sin dai piú remoti tempi questa arena sia stata spesso calpestata dai piedi dei combattenti, che molte vittorie siano state conquistate da entrambe le parti, ma che per l'ultima vittoria — quella decisiva — si sia sempre badato di far conservare il suo posto al difensore della buona causa, col proibire all'avversario di impugnare piú oltre le armi. Come giudici di campo imparziali, noi non dobbiamo assolutamente considerare, se la causa per cui si batte l'uno o l'altro campione sia quella buona oppure quella cattiva, e dobbiamo lasciare che la questione venga anzitutto decisa tra loro. Forse, dopo essersi stancati l'uno a causa dell'altro, piú che non si siano l'un l'altro danneggiati, essi comprenderanno spontaneamente la vanità della loro contesa, e si separeranno da buoni amici.

Questo metodo di assistere ad un conflitto di asserzioni, o piuttosto di provocarlo, non già allo scopo di decidere **292**
finalmente a vantaggio dell'una o dell'altra parte, ma al fine di scoprire se l'oggetto della lotta non sia forse una semplice illusione (che ciascuno cerca invano di afferrare, ma che non potrebbe dare nessun vantaggio, anche se fosse raggiunta senza resistenza), questo modo di procedere, dico, lo si può chiamare m e t o d o s c e t t i c o. Esso è del tutto differente dallo s c e t t i c i s m o, cioè dal principio di un agnosticismo tecnico e scientifico, il quale scalza le fondamenta di ogni conoscenza, allo scopo di non lasciar sussistere da nessuna parte, se è possibile, una fiducia nella conoscenza e una sicurezza della conoscenza. Il metodo scettico, in realtà, tende alla certezza, poiché cerca di scoprire — in un tale conflitto, inteso one-

stamente e condotto con intelligenza da entrambe le parti — il punto ove si cela l'errore, imitando il modo di procedere dei legislatori saggi, i quali dall'imbarazzo dei giudici nei processi traggono per sé un ammaestramento riguardo a ciò che è difettoso e non precisamente determinato nelle loro leggi. L'antinomia, che si rivela nell'applicazione delle leggi, è, rispetto alla nostra limitata sapienza, il piú valido criterio della nomotetica, facendo sí che la ragione (la quale nella speculazione astratta non si accorge facilmente dei suoi passi falsi) rivolga in tal modo l'attenzione ai momenti secondo cui vengono determinate le sue proposizioni fondamentali.

Questo metodo scettico, peraltro, è essenzialmente peculiare della filosofia trascendentale, e mentre si può forse prescindere da esso in ogni altro campo di indagine, solo nella filosofia trascendentale non se ne può fare a meno. Nella matematica, il suo uso sarebbe assurdo, poiché non vi è alcuna asserzione falsa che possa nascondersi o rendersi invisibile, in quanto le dimostrazioni devono sempre procedere lungo il filo dell'intuizione pura, e precisamente, attraverso una sintesi sempre evidente. Nella filosofia sperimentale, può certo essere utile un dubbio sospensivo, ma in ogni caso è impossibile un fraintendimento, che non sia facilmente eliminabile, ed i mezzi estremi per decidere il contrasto — non importa se saranno scoperti presto o tardi — devono pur essere contenuti nell'esperienza. La morale può fornire tutte quante le sue proposizioni fondamentali, assieme alle loro conseguenze pratiche, anche *in concreto*, o almeno in esperienze possibili, ed in tal modo può evitare gli errori dell'astrazione. Al contrario, le asserzioni trascendentali, le quali pretendono di giungere a conoscenze estendentisi al di là della sfera di ogni esperienza possibile, non sono tali che la loro sintesi astratta possa venir data in una qualche intuizione *a priori*, né
293 sono costituite in modo che i loro errori possano essere scoperti mediante una qualche esperienza. La ragione

trascendentale, quindi, non ammette alcun'altra pietra di paragone, se non il tentativo di conciliare tra loro le sue asserzioni, e perciò, in precedenza, di presentare liberamente e senza impedimenti la tenzone di queste asserzioni. Ed ora faremo appunto questo tentativo[1].

[1] Le antinomie si susseguono secondo l'ordine delle idee trascendentali, 7 293
menzionate sopra.

294 PRIMO CONTRASTO

Tesi

Il mondo ha un inizio nel tempo, ed inoltre, riguardo allo spazio, è racchiuso entro limiti.

Dimostrazione

Si supponga infatti, che il mondo non abbia alcun inizio nel tempo: in tal caso, sino ad un qualsiasi istante dato è passata un'eternità, e quindi è trascorsa nel mondo una serie infinita di stati susseguentisi delle cose. Peraltro, l'infinità di una serie consiste proprio nel fatto che quest'ultima non può mai essere completata mediante una sintesi successiva. Dunque, è impossibile un'infinita serie del mondo, già trascorsa, e quindi, un inizio del mondo è una condizione necessaria della sua esistenza. Questo era il primo punto da dimostrare.

Riguardo al secondo, si supponga di nuovo il contrario: in tal caso, il mondo sarà un tutto — infinito e dato — di cose simultaneamente esistenti. Ora, noi non possiamo pensare in altro modo la grandezza di un *quantum* — che non sia dato entro certi limiti, per ogni intuizione[1] — se non mediante la sintesi delle parti, e non possiamo pensare in altro modo la totalità di un siffatto *quantum*, se non mediante la sintesi compiuta, ovvero mediante la ripetuta addizione dell'unità a se stessa[2]. Di

294 23 [1] Noi possiamo intuire un *quantum* indeterminato come un tutto, se esso è racchiuso entro limiti, e in tal caso non abbiamo bisogno di costruire la totalità di questo *quantum* mediante la misurazione, cioè mediante la sintesi successiva delle sue parti. I limiti, infatti, determinano già la compiutezza, tagliando via tutto ciò che sta al di fuori.

294 27 [2] Il concetto di totalità non è altro, in questo caso, se non la rappresentazione della sintesi compiuta delle parti: in effetti, poiché non possiamo trarre il concetto dall'intuizione del tutto (in questo caso essa è impossibile), noi possiamo cogliere tale concetto solo mediante la sintesi delle parti, continuata sino al compimento dell'infinito, almeno nell'idea.

DELLE IDEE TRASCENDENTALI 295

Antitesi

Il mondo non ha inizio, e non ha limiti nello spazio, ma è infinito, tanto a riguardo del tempo quanto a riguardo dello spazio.

Dimostrazione

Poniamo infatti, che esso abbia un inizio. In quanto l'inizio è un'esistenza, preceduta da un tempo in cui la cosa non è, deve già esserci stato, in precedenza, un tempo in cui il mondo non era, cioè un tempo vuoto. In un tempo vuoto, peraltro, non è assolutamente possibile che sorga una qualsiasi cosa: in effetti, non vi è parte di un siffatto tempo la quale, a preferenza di un'altra parte, contenga una qualche condizione distintiva dell'esistenza piuttosto che del non essere (sia supponendo che tale condizione sorga da se stessa, sia supponendo che sorga da un'altra causa). Di conseguenza, nel mondo possono bensí prendere inizio parecchie serie di cose, ma il mondo stesso non può avere alcun inizio, ed è perciò infinito rispetto al tempo passato.

Per quanto riguarda il secondo punto, si assuma anzitutto il contrario, ossia che il mondo è finito e limitato quanto allo spazio. In tal caso, il mondo si trova in uno spazio vuoto, che non è limitato. Si dovrebbe perciò incontrare, non soltanto una relazione delle cose nello spazio, ma altresí una relazione delle cose con lo spazio. Peraltro, poiché il mondo è un tutto assoluto, al di fuori del quale non si ritrova nessun oggetto dell'intuizione, e quindi nessun termine correlativo al mondo (con cui il mondo sia in rapporto), allora la relazione 297
del mondo con lo spazio vuoto sarebbe una relazione del mondo con nessun oggetto. Ma una siffatta rela-

conseguenza, per pensare il mondo (che riempia ogni spazio) come un tutto, si dovrebbe considerare la sintesi
296 successiva delle parti di un mondo infinito come compiuta, ossia, si dovrebbe considerare come trascorso — durante l'enumerazione di tutte le cose coesistenti — un tempo infinito: il che è impossibile. Perciò, un aggregato infinito di cose reali non può essere considerato come un tutto dato, e quindi neppure come un tutto dato s i m u l t a n e a m e n t e. Il mondo, di conseguenza, n o n è i n f i n i t o, quanto all'estensione nello spazio, bensí racchiuso nei suoi limiti. E questo era il secondo punto.

zione, e quindi anche la limitazione del mondo mediante lo spazio vuoto, non significa nulla: dunque il mondo, quanto allo spazio, non è affatto limitato, cioè esso, rispetto all'estensione, è infinito[1].

[1] Lo spazio è semplicemente la forma dell'intuizione esterna (intuizione formale), ma non già un oggetto reale, che possa venire intuito esternamente. Lo spazio, anteriore a tutte le cose, che lo determinano (lo riempiono o lo limitano), o che piuttosto forniscono un'*intuizione empirica* in accordo con la forma di esso, è, sotto il nome di spazio assoluto, niente altro se non la semplice possibilità di apparenze esterne, in quanto esse esistono in sé, oppure si aggiungono ad apparenze date. L'intuizione empirica, perciò, non è un composto di apparenze e di spazio (di percezione e di intuizione vuota). I due elementi non sono i termini correlativi della sintesi, ma sono soltanto congiunti entro una sola e medesima intuizione empirica, come materia e forma di essa. Se si vuole separare uno di questi due elementi dall'altro (staccando lo spazio da tutte le apparenze), da ciò sorgono allora svariate determinazioni vuote dell'intuizione esterna, che non sono tuttavia percezioni possibili. Si parla, per esempio, di moto o quiete del mondo nello spazio vuoto infinito: una determinazione, questa, del rapporto reciproco tra spazio vuoto e mondo, che non può mai venir percepita, e che è quindi il predicato di un semplice ente immaginario. **297**

Osservazione

I. *Sulla tesi*

Nel presentare queste argomentazioni contrastanti, io non ho voluto cercare sofismi, per condurre (come si dice) una dimostrazione avvocatesca, che sfrutti a proprio vantaggio la mancanza di cautela dell'avversario, e sia ben contenta di permettere che egli si appelli ad una legge da lui fraintesa, poiché sulla confutazione in proposito essa potrà fondare le proprie pretese illegittime. Ciascuna delle nostre dimostrazioni è tratta dalla natura della questione, ed abbiamo rinunziato ai vantaggi che potrebbero esserci forniti dalle false inferenze dei dogmatici delle due parti.

Io avrei anche potuto dimostrare — in apparenza — la tesi, col premettere, secondo l'abitudine dei dogmatici, un concetto difettoso dell'infinità di una quantità data: *infinita* è una quantità, al di là della quale (cioè, al di là del numero di unità date che è in essa contenuto) non è possibile trovare una quantità piú grande. Ora, nessun numero si può dire il piú grande, poiché ad un numero si può ancor sempre aggiungere una o parecchie unità. Dunque, una quantità infinita data, e quindi anche un mondo infinito (tanto rispetto alla serie trascorsa, quanto rispetto all'estensione), è impossibile. Il mondo è
298 perciò limitato sotto entrambi i rispetti. Avrei potuto condurre cosí la mia dimostrazione; questo concetto, tuttavia, non si accorda con ciò che si intende per un tutto infinito. Quando si parla di un tutto infinito, non viene rappresentato *quanto grande* sia ciò, e quindi il concetto di un tutto infinito non è neppure il concetto di un *maximum*; piuttosto, quando si parla di un tutto infinito, viene pensata soltanto la relazione di ciò con un'unità assunta a piacere, rispetto alla quale esso è piú grande di qualsiasi numero. Orbene, secondo che

sulla prima antinomia

II. *Sull'antitesi*

La dimostrazione a favore dell'infinità della serie data del mondo, e dell'insieme del mondo, si fonda sul fatto che in caso contrario il limite del mondo dovrebbe essere costituito da un tempo vuoto, e del pari da uno spazio vuoto. Sono certo al corrente, che per evitare questa conclusione si sono cercate delle scappatoie. Si pretende infatti, che un limite del mondo, nel tempo e nello spazio, sia senz'altro possibile, senza che occorra ammettere un tempo assoluto prima dell'inizio del mondo, o uno spazio assoluto estendentesi al di fuori del mondo reale, il che sarebbe impossibile. Rispetto all'ultima parte di questa opinione — sostenuta dai filosofi della scuola *leibniziana* — io sono perfettamente d'accordo. Lo spazio 299
è semplicemente la forma dell'intuizione esterna, non già un oggetto reale, che possa venir intuito esternamente, né un termine correlativo alle apparenze: piuttosto, esso è la forma delle apparenze stesse. Lo spazio non può presentarsi, perciò, in modo assoluto (per sé solo), come qualcosa di determinante nell'esistenza delle cose, poiché esso non è affatto un oggetto, ma soltanto la forma di oggetti possibili. È dunque vero che le cose, come apparenze, determinano lo spazio, ossia fanno sí che, tra tutti i predicati possibili dello spazio (quantità e relazione), questi o quelli appartengano alla realtà, ma viceversa lo spazio, come qualcosa che sussiste per sé, non può determinare la realtà delle cose a riguardo della grandezza o della figura, poiché in se stesso non è nulla di reale. Perciò è senz'altro possibile, che uno spazio (non importa se pieno o vuoto[1]) venga limitato da apparenze, ma le appa-

[1] Con ciò vogliamo dire, com'è facile osservare, che lo *spazio vuoto, in quanto è limitato da apparenze* — cioè lo spazio *dentro al mondo* — se non altro non contraddice ai prin- 32 299

l'unità assunta sia piú grande o piú piccola, l'infinito risulterà piú grande o piú piccolo. Quell'infinità, invece, che consiste semplicemente nella relazione con una certa unità data, rimarrà sempre la stessa, sebbene con ciò non risulterà certo conosciuta la quantità assoluta del tutto: ma non è di tale infinità che qui si tratta.

Il concetto vero (trascendentale) dell'infinità è, che la sintesi successiva delle unità nella misurazione di un *quantum* non possa mai essere compiuta[1]. Da ciò segue con sicurezza assoluta, che non può essere trascorsa una eternità di stati reali e susseguentisi sino ad un istante dato (l'istante presente), e che il mondo deve perciò avere un inizio.

Riguardo alla seconda parte della tesi, cade, a dire il vero, la difficoltà di una serie infinita, e tuttavia trascorsa: in effetti, il molteplice di un mondo infinito quanto alla estensione è dato s i m u l t a n e a m e n t e . Senonché, per pensare la totalità di un siffatto molteplice, noi, non potendo richiamarci a limiti che producano da sé questa totalità nell'intuizione, dobbiamo render conto del nostro
300 concetto, che in tal caso non può procedere dal tutto alla moltitudine determinata delle parti, ma deve mostrare la possibilità di un tutto attraverso la sintesi successiva delle parti. Ora, poiché questa sintesi dovrebbe costituire una serie giammai completabile, non si può certo pensare una totalità anteriormente a questa sintesi, e neppure quindi attraverso essa. In effetti, il concetto della totalità stessa è in questo caso la rappresentazione di una sintesi compiuta delle parti; e questo compimento, e quindi anche il suo concetto, è impossibile.

298 [1] Tale *quantum* contiene in questo modo una moltitudine (di unità date), che è piú grande di qualsiasi numero. Questo è il concetto matematico dell'infinito.

renze non possono essere limitate da uno spazio vuoto esterno ad esse. Le stesse considerazioni si applicano altresí al tempo. Concesso tutto ciò, orbene, è nondimeno incontestabile, che si dovranno assumere senz'altro questi due non enti — lo spazio vuoto fuori del mondo e il tempo vuoto prima del mondo — quando si ammetta un limite del mondo, o rispetto allo spazio o rispetto al tempo.

Per quanto riguarda infatti la scappatoia, con cui si cerca di evitare quell'inferenza (secondo la quale noi diciamo che, se il mondo ha dei limiti nel tempo e nello spazio, il vuoto infinito dovrà determinare l'esistenza delle cose reali rispetto alla loro grandezza), essa in fondo consiste soltanto nel pensare, in luogo di un mondo dei sensi, un mondo intelligibile (chissà quale), in luogo di un primo inizio (un'esistenza preceduta da un tempo del non essere), un'esistenza in generale che non presuppone alcun'altra condizione nel mondo, e in luogo del limite dell'estensione, nel pensare barriere dell'universo, sbarazzandosi cosí del tempo e dello spazio. Ma qui si tratta soltanto del *mundus phaenomenon* e della sua quantità, e in questo caso non si può in nessun modo astrarre dalle menzionate condizioni della sensibilità, senza distruggere l'essenza di tale mondo. Il mondo dei sensi, se è limitato, si trova necessariamente entro il vuoto infinito. Se si vuole eliminare quest'ultimo, 301
e quindi lo spazio in generale, come condizione *a priori* della possibilità delle apparenze, cade allora l'intero mondo dei sensi. Nel nostro problema, tuttavia, è soltanto questo mondo che ci è dato. Il *mundus intelligibilis* non è altro se non il concetto universale di un mondo in generale; in questo concetto si astrae da tutte le condizioni dell'intuizione di tale mondo, e riguardo a questo concetto, di conseguenza, non è possibile alcuna proposizione sintetica, né affermativa né negativa.

cipî trascendentali, e può quindi, per quanto riguarda tali principî, venir ammesso (sebbene non per questo sia senz'altro asserita la sua possibilità).

SECONDO CONTRASTO

Tesi

Ogni sostanza composta, nel mondo, consta di parti semplici, e da nessuna parte esiste altro se non il semplice, o ciò che ne è composto.

Dimostrazione

Si supponga infatti, che le sostanze composte non constino di parti semplici: in tal caso, se si eliminasse col pensiero ogni composizione, non rimarrebbe piú alcuna parte composta e neppure alcuna parte semplice (poiché si è supposto che non vi siano parti semplici), e quindi non rimarrebbe piú nulla. Di conseguenza, non risulterebbe data nessuna sostanza. Perciò, o è impossibile che col pensiero si possa eliminare ogni composizione, oppure, dopo tale eliminazione, deve rimanere ancora qualcosa che sussista a prescindere da ogni composizione, cioè il
302 semplice. Nel primo caso, tuttavia, il composto non potrebbe esso stesso constare di sostanze (poiché in una sostanza la composizione è soltanto una relazione contingente di sostanze, le quali, al di fuori di questa relazione, devono sussistere come enti per sé permanenti). Ora, in quanto questo caso contraddice a ciò che si è presupposto, rimane soltanto il secondo caso, che cioè il composto sostanziale, nel mondo, consti di parti semplici.

Da ciò segue immediatamente, che le cose del mondo sono tutte quante enti semplici, che la composizione è soltanto uno stato esterno di tali enti, e che, sebbene noi non possiamo mai separare e isolare completamente da

DELLE IDEE TRASCENDENTALI

Antitesi

Nessuna cosa composta, nel mondo, consta di parti semplici, e da nessuna parte, nel mondo, esiste alcunché di semplice.

Dimostrazione

Si supponga, che una cosa composta (come sostanza) consti di parti semplici. Poiché ogni relazione esterna, e quindi anche ogni composizione di sostanze, è possibile soltanto nello spazio, occorre allora che, quante sono le parti di cui consta il composto, altrettante siano le parti di cui consta lo spazio occupato dal composto. Peraltro, lo spazio consta, non già di parti semplici, bensí di spazi. Ogni parte del composto deve perciò occupare uno spazio. Ma le parti assolutamente prime di ogni composto sono semplici. Il semplice occupa dunque uno spazio. Orbene, poiché ogni reale, che occupa ogni spazio, contiene un molteplice le cui parti sono esterne le une alle altre, ed è quindi composto (composto, precisamente, come un composto reale, non già di accidenti — questi infatti, quando si prescinda da una sostanza, non possono essere esterni gli uni agli altri — bensí di sostanze), in tal caso il semplice 303
risulterebbe un composto sostanziale, il che è in sé contraddittorio.

La seconda proposizione dell'antitesi, secondo cui nel mondo non esiste nulla di semplice, vuol qui significare soltanto, che l'esistenza dell'assolutamente semplice non può essere provata in base a nessuna esperienza o percezione, né esterna né interna, e che l'assolutamente semplice è perciò una semplice idea, la cui realtà oggettiva non potrà mai venir mostrata in una qualsiasi esperienza possibile: un'idea, quindi, che nell'esposizione delle apparenze non

questo stato di congiunzione le sostanze elementari, tuttavia la ragione deve pensarle come i soggetti primi di ogni composizione, e quindi, anteriormente a questa, come enti semplici.

può affatto trovare applicazione ed è senza oggetto. In effetti, supponiamo pure, che per questa idea trascendentale si potesse trovare nell'esperienza un oggetto: in questo caso, l'intuizione empirica di un qualche oggetto dovrebbe essere conosciuta come tale, da non contenere assolutamente un molteplice, le cui parti fossero esterne le une alle altre, e congiunte in unità. Ma poiché dalla non coscienza di un tale molteplice non si può inferire l'impossibilità totale di esso in una qualsiasi intuizione di un oggetto, e poiché peraltro quest'ultima asserzione è del tutto necessaria per stabilire la semplicità assoluta, segue allora, che la semplicità assoluta non può venir dedotta da nessuna percezione, qualunque essa sia. Perciò, in quanto un qualcosa, come oggetto assolutamente semplice, non può mai essere dato in una qualsiasi esperienza possibile, e in quanto il mondo dei sensi deve d'altronde venir considerato come l'insieme di tutte le esperienze possibili, allora da nessuna parte, nel mondo dei sensi, si darà nulla di semplice.

Questa seconda proposizione dell'antitesi va assai piú oltre della prima, che si limita a bandire il semplice dall'intuizione del composto: questa seconda, invece, lo elimina da tutta quanta la natura. Essa ha potuto essere dimostrata, perciò, non già in base al concetto di un oggetto dato dell'intuizione esterna (dal concetto del composto), bensí in base alla relazione di tale concetto con un'esperienza possibile in generale.

304 *Osservazione*

I. *Sulla tesi*

Quando io parlo di un tutto, che consta necessariamente di parti semplici, intendo con ciò soltanto un tutto sostanziale, come vero e proprio *compositum*, ossia intendo l'unità contingente del molteplice: questo, *dato separatamente* (almeno nel pensiero), viene posto in una reciproca congiunzione delle sue parti, e costituisce cosí un'unità. Lo spazio, si dovrebbe chiamarlo propriamente, non già *compositum*, bensí *totum*, poiché le sue parti sono possibili soltanto nel tutto, e non è vero che il tutto sia possibile attraverso le parti. Lo spazio potrebbe forse chiamarsi un *compositum ideale*, ma non un *compositum reale*. Questa, tuttavia, è soltanto una sottigliezza. Poiché lo spazio non è un composto di sostanze (e neppure di accidenti reali), allora, quando io elimini in esso ogni composizione, non dovrà rimanere nulla, neppure il punto: questo, infatti, è possibile soltanto come limite di uno spazio (e quindi, di un composto). Spazio e tempo non constano perciò di parti semplici. Ciò che appartiene solo allo stato di una sostanza, sebbene abbia una quantità (per esempio, il mutamento), non consta neppur esso del semplice; ossia, un certo grado di mutamento non sorge

sulla seconda antinomia 305

II. *Sull'antitesi*

Contro questa asserzione di un'infinita divisibilità della materia — asserzione fondata su un argomento dimostrativo semplicemente matematico — i monadisti sollevano obiezioni, che si rendono sospette già per il fatto di non voler ammettere le piú chiare dimostrazioni matematiche come conoscenze approfondite della natura dello spazio (in quanto esso è realmente la condizione formale della possibilità di ogni materia), e di considerare invece tali dimostrazioni solo come inferenze da concetti astratti, ma arbitrari, i quali non potrebbero venir riferiti a cose reali. Costoro si comportano, come se fosse possibile escogitare una specie di intuizione differente da quella che è data nell'intuizione originaria dello spazio, e come se le determinazioni *a priori* dello spazio non riguardassero nel contempo tutto ciò che è possibile soltanto per il fatto che esso riempie questo spazio. Se si presta ascolto a costoro, si dovrebbe allora concepire, oltre al punto matematico — che è semplice, ma non è una parte, bensí soltanto il limite di uno spazio — altresí punti fisici, che sarebbero anch'essi semplici, ma avrebbero il vantaggio, come parti dello spazio, di riempirlo mediante la loro mera aggregazione. Non voglio ripetere qui le comuni e chiare confutazioni (se ne trova un gran numero) di questa assurdità, e del resto è perfettamente vano il tentativo di eliminare sofisticamente, mediante concetti soltanto discorsivi, l'evidenza della matematica. Osserverò soltanto questo: se la filosofia cerca a questo proposito di cavillare contro la matematica, ciò avviene perché essa dimentica che la questione verte soltanto sulle apparenze e sulle loro condizioni. Qui, peraltro, non basta trovare, per il concetto intellettuale puro del composto, il concetto del semplice, ma occorre trovare

mediante un'addizione di molti mutamenti semplici. La nostra inferenza dal composto al semplice si applica soltanto a cose sussistenti per se stesse. Gli accidenti di uno stato, tuttavia, non sussistono per se stessi. Di conseguenza,
306 la dimostrazione della necessità del semplice (come parte costitutiva di ogni composto sostanziale), e cosí in generale la difesa di questa tesi, possono facilmente fallire, se si estende troppo oltre tale dimostrazione e la si vuole applicare indistintamente ad ogni composto, come realmente è già accaduto piú volte.

Del resto, io parlo qui del semplice, solo in quanto è necessariamente dato nel composto, il che avviene, se il composto può risolversi nel semplice, come nelle sue parti costitutive. Il vero e proprio significato della parola monade (secondo l'uso di Leibniz) dovrebbe certo riferirsi soltanto al semplice, che è dato immediatamente come sostanza semplice (per esempio, nell'autocoscienza), e non già come elemento del composto: in quest'ultimo caso, sarebbe forse meglio usare il termine *atomus*. E poiché è soltanto rispetto al composto che voglio dimostrare le sostanze semplici, come elementi di esso, allora la tesi della seconda antinomia potrei chiamarla atomistica trascendentale. Ma poiché tale parola è stata già

altresí, per l'*intuizione* del composto (della materia), l'intuizione del semplice. Ma ciò, secondo le leggi della sensibilità, e quindi rispetto agli oggetti dei sensi, è del tutto impossibile. Perciò, riguardo ad un insieme di sostanze, che viene pensato solo mediante l'intelletto puro, può pur sempre essere vero, che noi dobbiamo possedere il semplice prima di una qualsiasi composizione dell'insieme, ma tutto ciò non vale rispetto al *totum substantiale phaenomenon*, il quale, come intuizione empirica nello spazio, implica la proprietà necessaria di non contenere nessuna parte semplice, per il fatto che nessuna parte dello spazio **307** è semplice. I monadisti, tuttavia, sono stati abbastanza scaltri, per tentar di sfuggire a questa difficoltà, col presupporre non già lo spazio come una condizione della possibilità degli oggetti dell'intuizione esterna (corpi), bensí tali oggetti e la relazione dinamica delle sostanze in generale come la condizione della possibilità dello spazio. Ma noi abbiamo un concetto dei corpi solo come apparenze: in quanto tali, peraltro, essi presuppongono necessariamente lo spazio come la condizione della possibilità di tutte le apparenze esterne. E la scappatoia è perciò vana; d'altronde già sopra, nell'Estetica trascendentale, essa è stata stroncata a sufficienza. Se i corpi fossero cose in se stesse, senza dubbio la dimostrazione dei monadisti sarebbe valida.

La seconda asserzione dialettica ha la particolarità di trovarsi ostacolata da un'asserzione dogmatica, la quale è l'unica, tra tutte le asserzioni raziocinanti, che si sforzi di dimostrare palpabilmente, in un oggetto dell'esperienza, la realtà di ciò che sopra abbiamo attribuito soltanto alle idee trascendentali, ossia la semplicità assoluta della sostanza. Si tratta cioè dell'asserzione, che l'oggetto del senso interno, l'io che pensa, sia una sostanza assolutamente semplice. Senza entrare adesso nella questione (essa è stata infatti esaminata assai diffusamente in precedenza), osserverò soltanto che, se qualcosa viene pensato solo come

da lungo tempo usata per designare un particolare modo di spiegare le apparenze corporee (*moleculae*), e presuppone quindi concetti empirici, allora questa tesi preferisco chiamarla proposizione fondamentale dialettica della m o n a d o l o g i a .

oggetto, senza che si aggiunga una qualsiasi determinazione sintetica della sua intuizione — e ciò avviene appunto nella rappresentazione perfettamente nuda: Io — è certo che nulla di molteplice e nessuna composizione possono essere percepiti in una siffatta rappresentazione. Inoltre, poiché i predicati, mediante cui io penso questo oggetto, sono soltanto intuizioni del senso interno, in essi non si può allora presentare nulla, che dimostri una molteplicità di parti le une esterne alle altre, e provi perciò una composizione reale. Soltanto l'autocoscienza, quindi, è costituita in modo tale — in quanto il soggetto che pensa è al tempo stesso suo proprio oggetto — da non poter dividere se stessa (sebbene possa dividere le determinazioni che le ineriscono). Rispetto a se stesso, in effetti, ogni oggetto è unità assoluta. Nondimeno, se questo soggetto viene considerato *esternamente*, come un oggetto dell'intuizione, esso mostrerà certamente in sé una composizione nell'apparenza. Eppure è cosí che occorre sempre considerarlo, quando si voglia sapere, se in esso sia contenuta, o no, una molteplicità di parti le une *esterne* alle altre.

308 **TERZO CONTRASTO**

Tesi

La causalità secondo le leggi della natura non è l'unica causalità, onde possano venir derivate tutte quante le apparenze del mondo. Per spiegare le apparenze, è altresí necessario ammettere una causalità mediante libertà.

Dimostrazione

Supponiamo che non esista alcun'altra causalità, se non quella secondo le leggi della natura; in tal caso, tutto *ciò che accade* presuppone uno stato precedente, cui esso segue inevitabilmente secondo una regola. Lo stato precedente, peraltro, dev'essere esso stesso un qualcosa che è accaduto (che è divenuto nel tempo, mentre prima non esisteva): in effetti, se esso fosse sempre stato, la sua conseguenza, del pari, non sarebbe sorta cosí per la prima volta, ma sarebbe sempre stata. La causalità della causa, perciò, mediante cui qualcosa accade, è essa stessa un qualcosa *che è accaduto*, e che, secondo la legge della natura, presuppone a sua volta uno stato precedente e la sua causalità: quest'ultimo, poi, presuppone allo stesso modo un altro stato, ancora piú antico, e cosí via. Dunque, se tutto accade secondo semplici leggi della natura, vi sarà sempre soltanto un inizio subordinato, e mai invece un inizio primo; quindi una compiutezza della serie, nel verso delle cause derivanti l'una dall'altra, sarà assolutamente impossibile. Ma la legge della natura consiste appunto in ciò, che nulla accada senza una causa sufficientemente determinata *a priori*. La proposizione, secondo cui ogni causalità è possibile solo secondo le leggi della natura, contraddice perciò se stessa, quando è intesa nella sua illimitata universalità: questa causalità, dunque, non può essere ammessa come l'unica.

DELLE IDEE TRASCENDENTALI 309

Antitesi

Non vi è alcuna libertà, e piuttosto, nel mondo tutto accade unicamente secondo le leggi della natura.

Dimostrazione

Poniamo che vi sia una *libertà* in senso trascendentale — intesa come una particolare specie di causalità, secondo cui possano prodursi gli eventi del mondo — cioè una facoltà di dare inizio assoluto ad uno stato, e quindi ad una serie di conseguenze di tale stato. In questo caso prenderà inizio assoluto, mediante tale spontaneità, non soltanto una serie, ma altresí la determinazione di questa stessa spontaneità per la produzione della serie, cioè la causalità: cosicché in precedenza non vi sarà nulla, onde questa azione (che accade) sia determinata secondo leggi costanti. Peraltro, ogni inizio di un'azione presuppone uno stato in cui la causa non agisce ancora, ed un inizio dinamicamente primo dell'azione presuppone uno stato, che non ha alcun collegamento di causalità con lo stato precedente della medesima causa, ossia che non segue in alcun modo da tale stato precedente. La libertà trascendentale si oppone dunque alla legge causale, e costituisce un collegamento degli stati successivi di cause efficienti, in base al quale non risulta possibile in alcun modo un'unità dell'esperienza, e il quale non si ritrova perciò in alcuna esperienza. Tale libertà è quindi una vuota finzione del pensiero.

Noi non abbiamo dunque null'altro se non la *natura*, in cui dobbiamo cercare il collegamento e l'ordine degli eventi del mondo. La libertà (indipendenza) dalle leggi della natura è una *liberazione*, è vero, dalla *costrizione*, ma altresí dalla *guida* di tutte le

310 Di conseguenza, occorre ammettere una causalità, mediante cui accada qualcosa, senza che la causa di ciò sia ulteriormente determinata, secondo leggi necessarie, da un'altra causa precedente: si deve ammettere cioè una *spontaneità assoluta* delle cause, che dia inizio *da sé* ad una serie di apparenze, procedente secondo le leggi della natura; e quindi una libertà trascendentale, senza la quale, persino nel corso della natura, la serie successiva delle apparenze nel verso delle cause non è mai completa.

regole. Non si può dire certo, che in luogo delle leggi della natura intervengano, nella causalità del corso del mondo, leggi della libertà: in effetti, se tale causalità fosse determinata secondo leggi, non sarebbe libertà, ma sarebbe essa stessa null'altro che natura. Natura e libertà trascendentale si distinguono perciò allo stesso modo di legalità e anarchia: la natura, a dire il vero, impone all'intelletto la difficoltà di cercare sempre piú in alto, nella serie delle 311
cause, l'origine degli eventi (poiché in essi la causalità è sempre condizionata), ma in compenso promette l'unità — completa e conforme a leggi — dell'esperienza; l'illusione della libertà, al contrario, promette all'indagine dell'intelletto un riposo, nella catena delle cause, conducendo l'intelletto ad una causalità incondizionata, che comincia spontaneamente ad agire, ma che, in quanto è essa stessa cieca, spezza il filo conduttore delle regole, mentre è solo rispetto a questo che risulta possibile un'esperienza completamente coerente.

Osservazione

I. *Sulla tesi*

L'idea trascendentale della libertà è certo ben lungi dall'esaurire il contenuto del concetto psicologico di questo nome: tale concetto è in gran parte empirico. Essa, piuttosto, forma soltanto il contenuto della spontaneità assoluta dell'azione, inteso come vero e proprio fondamento dell'imputabilità dell'azione, e costituisce nondimeno la vera pietra dello scandalo per la filosofia, la quale trova difficoltà insuperabili a concedere una siffatta specie di causalità incondizionata. L'elemento che, nella questione sulla libertà del volere, ha posto da tempo immemorabile in cosí grave imbarazzo la ragione speculativa, è dunque, propriamente, solo *trascendentale*, e tende unicamente a determinare, se debba essere ammessa una facoltà di dare *spontaneamente* inizio ad una serie di cose o stati successivi. Il saper dare una risposta sul come sia possibile una siffatta facoltà non è altrettanto necessario: analogamente, infatti, a proposito della causalità secondo le leggi della natura, noi dobbiamo accontentarci di conoscere *a priori*, che una tale causalità dev'essere presupposta, sebbene non ci riesca in alcun modo di comprendere come sia possibile che mediante una certa esistenza venga posta l'esistenza di qualcos'altro, e ci occorra quanto a questo di attenerci unicamente all'esperienza. Ora, noi abbiamo provato questa necessità di un primo inizio (di una serie di apparenze) dalla libertà, propriamente, solo in quanto si richiede per poter comprendere un'origine del mondo: tutti gli stati seguenti, invece, possono considerarsi come una successione secondo semplici leggi della natura. Ma poiché con questo risulta dimostrata (anche se non compresa) la facoltà di dare
312 inizio, in modo del tutto spontaneo, ad una serie nel tempo, siamo ormai autorizzati ad introdurre nel corso

sulla terza antinomia

II. *Sull'antitesi*

Il difensore dell'onnipotenza della natura (fisiocrazia trascendentale) contro la dottrina della libertà sosterrebbe il suo punto di vista, in opposizione alle inferenze raziocinanti di questa dottrina, nel modo seguente. Se voi non ammettete nel mondo nulla di matematicamente primo quanto al tempo, non avete allora neppur bisogno di cercare un qualcosa di dinamicamente primo quanto alla causalità. Chi vi ha detto di escogitare uno stato assolutamente primo nel mondo, e quindi un inizio assoluto della serie man mano svolgentesi delle apparenze? Chi vi ha detto di porre dei limiti alla sconfinata natura, per procurare un punto di appoggio alla vostra immaginazione? Poiché le sostanze sono sempre esistite nel mondo — l'unità dell'esperienza, per lo meno, rende necessario un tale presupposto — cosí non vi è alcuna difficoltà ad ammettere inoltre, che vi sia sempre stata una variazione dei loro stati, cioè una serie dei loro mutamenti, e che quindi non occorra cercare un inizio primo, né matematico né dinamico. Certo, la possibilità di una tale derivazione infinita non può essere resa comprensibile senza un primo termine, rispetto a cui tutto il resto sia semplicemente susseguente. Ma se per questo voi volete sbarazzarvi di tali enigmi della natura, vi vedrete allora costretti a sbarazzarvi di molte proprietà fondamentali sintetiche (forze fondamentali), che altrettanto poco siete in grado di 313
comprendere, e persino la possibilità di un mutamento in generale vi dovrà risultare ostica. In effetti, se non trovaste, attraverso l'esperienza, che il mutamento è reale, voi non potreste mai escogitare *a priori*, come sia possibile una tale successione costante di essere e non essere.

del mondo diverse serie, che prendano inizio da se stesse quanto alla causalità, e ad attribuire alle loro sostanze una facoltà di agire in base alla libertà. In proposito, però, non si deve cadere in un equivoco. Si tratta di questo: poiché nel mondo una serie successiva può avere un primo inizio solo relativamente (difatti nel mondo esiste ancor sempre uno stato precedente delle cose), non dovrebbe allora essere possibile, lungo il corso del mondo, nessun inizio assolutamente primo delle serie. Ma noi parliamo qui, non già dell'inizio assolutamente primo quanto al tempo, bensí dell'inizio assolutamente primo quanto alla causalità. Se, per esempio, io mi alzo adesso dalla mia sedia in modo perfettamente libero, e senza l'influsso necessariamente determinante delle cause naturali, comincia in modo assoluto da questo evento — preso assieme alle sue conseguenze naturali sino all'infinito — una nuova serie, sebbene questo evento, quanto al tempo, non sia altro che la continuazione di una serie precedente. La suddetta decisione e la suddetta azione, in realtà, non si ritrovano affatto nella successione dei semplici effetti naturali, e non sono una semplice continuazione di questi; è vero piuttosto, che le cause naturali determinanti cessano completamente, per quanto riguarda questo evento, prima di tale decisione: l'evento segue certo a quelle cause, ma non *consegue* da esse, e deve perciò essere chiamato — non quanto al tempo, bensí rispetto alla causalità — un inizio assolutamente primo di una serie di apparenze.

Il *bisogno* che sente la ragione, di ricorrere, nella serie delle cause naturali, ad un primo inizio, fondato sulla libertà, è nel modo piú lampante confermato dal fatto, che tutti i filosofi dell'antichità (ad eccezione della scuola epicurea) si videro costretti, per poter spiegare i movimenti cosmici, ad ammettere un *motore primo*, cioè una causa agente in modo libero, la quale avrebbe dato inizio, spontaneamente e per la prima volta, a questa serie di stati. Essi non tentarono infatti di spiegare un inizio primo fondandosi semplicemente sulla natura.

Tuttavia, pur potendosi forse concedere una facoltà trascendentale della libertà, per dare inizio ai mutamenti del mondo, certo questa facoltà dovrebbe almeno trovarsi soltanto al di fuori del mondo (sebbene risulti pur sempre una pretesa ardita il voler ammettere, fuori dell'insieme di tutte le intuizioni possibili, un ulteriore oggetto che non possa venir dato in alcuna percezione possibile). Ma non potrà mai essere permesso di attribuire una tale facoltà alle sostanze nel mondo stesso, poiché in questo caso scomparirebbe in massima parte la connessione di apparenze determinantisi a vicenda necessariamente e secondo leggi universali — connessione che si chiama natura — e con essa andrebbe pressocché perduto il criterio della verità empirica, il quale distingue l'esperienza dal sogno. In effetti, accanto ad una tale facoltà anarchica della libertà è difficile pensare ancora la natura, poiché le leggi di quest'ultima sarebbero incessantemente modificate dagli influssi della libertà, e in tal modo il gioco delle apparenze — che in base alla sola natura sarebbe regolare e uniforme — risulterebbe confuso e incoerente.

314 QUARTO CONTRASTO

Tesi

Al mondo appartiene qualcosa che, o come sua parte o come sua causa, è un ente assolutamente necessario.

Dimostrazione

Il mondo dei sensi, in quanto somma totale di tutte le apparenze, contiene al tempo stesso una serie di mutamenti. Senza tale serie, difatti, non ci sarebbe data neppure la rappresentazione della serie temporale, che è una condizione della possibilità del mondo dei sensi[1]. Ogni mutamento, peraltro, è subordinato alla sua condizione, la quale lo precede nel tempo, e lo rende necessario. Ogni condizionato che è dato, orbene, presuppone, riguardo alla sua esistenza, una serie completa di condizioni, che si spinge sino all'assolutamente incondizionato: questo soltanto è assolutamente necessario. Deve perciò esistere qualcosa di assolutamente necessario, se esiste un mutamento come sua conseguenza. Questo qualcosa di necessario, peraltro, appartiene esso stesso al mondo dei sensi. Supponiamo infatti, che esso sia al di fuori del mondo dei sensi: in tal caso, la serie dei mutamenti del mondo prenderebbe inizio da esso, senza tuttavia che questa causa necessaria appartenesse essa stessa al mondo dei sensi. Ma ciò è impossibile. In effetti, poiché l'inizio di una serie temporale può essere determinato soltanto da ciò che è precedente nel tempo, occorre allora che la condizione suprema dell'inizio di una serie di mutamenti esista nel tempo, in

314 [1] Il tempo, in quanto condizione formale della possibilità dei mutamenti, precede oggettivamente, senza dubbio, tali mutamenti; senonché, soggettivamente e nella realtà della coscienza, la rappresentazione del tempo — come ogni altra rappresentazione — è data soltanto in occasione delle percezioni.

Antitesi

Da nessuna parte, né nel mondo, né fuori del mondo (come sua causa), esiste un ente assolutamente necessario.

Dimostrazione

Poniamo che il mondo stesso sia un ente necessario, o che nel mondo vi sia un ente necessario. In tal caso, o nella serie dei mutamenti del mondo vi sarà un inizio, che risulti incondizionatamente necessario, e quindi senza causa (il che contrasta con la legge dinamica della determinazione di tutte le apparenze nel tempo), oppure la serie stessa sarà priva di qualsiasi inizio, e pur essendo contingente e condizionata in ciascuna delle sue parti, risulterà tuttavia assolutamente necessaria e incondizionata nel suo complesso (il che è in sé contraddittorio, poiché l'esistenza di una pluralità non può essere necessaria, quando neppure una sola delle sue parti possegga un'esistenza in sé necessaria).

Poniamo, per contro, che esista, fuori del mondo, una causa assolutamente necessaria del mondo: tale causa, allora, in quanto termine supremo nella serie delle cause dei mutamenti del mondo, comincerà primieramente l'esistenza di queste e la loro serie [1]. In tal caso, peraltro, occorrerà anche che essa cominci ad agire; la sua causalità rientrerà nel tempo, e appunto per questo,

[1] La parola: cominciare, è presa in due significati. Il primo è attivo: qui la causa comincia una serie di stati, intesa come effetto (*infit*). Il secondo è passivo: in questo caso, la causalità comincia nella causa stessa (*fit*). Presentemente, dal primo significato io concludo al secondo. 315

cui non c'era ancora tale serie (l'inizio è infatti un'esistenza, preceduta da un tempo, in cui non c'era ancora la cosa che prende inizio). Dunque, la causalità della causa necessaria dei mutamenti — e quindi anche la causa stessa — appartiene al tempo, e perciò all'apparenza (il tempo, in quanto forma dell'apparenza, è possibile soltanto rispetto a questa); di conseguenza, non può venir
316 pensata separatamente dal mondo dei sensi, inteso come insieme di tutte le apparenze. Nel mondo stesso, perciò, è contenuto un qualcosa di assolutamente necessario (sia poi questo proprio l'intera serie del mondo, oppure una parte di tale serie).

nell'insieme delle apparenze, cioè nel mondo: di conseguenza essa stessa — la causa — non sarà fuori del mondo, 317
il che contraddice all'ipotesi. Perciò, né nel mondo, né fuori del mondo (ma in connessione causale con esso), esiste un ente assolutamente necessario.

Osservazione sulla

I. *Sulla tesi*

Per dimostrare l'esistenza di un ente necessario, mi tocca qui di non usare altro *argomento* se non quello *cosmologico*: tale argomento ascende dal condizionato nell'apparenza all'incondizionato nel concetto, in quanto si considera questo incondizionato come la condizione necessaria della totalità assoluta della serie. Il tentativo di condurre la dimostrazione, partendo dalla semplice idea di un ente che sia il piú alto fra tutti gli enti in generale, appartiene ad un altro principio della ragione: questa dimostrazione, perciò, dovrà essere considerata separatamente.

La pura dimostrazione cosmologica, orbene, non può provare l'esistenza di un ente necessario, senza lasciare al tempo stesso in sospeso, se questo ente sia il mondo stesso, oppure una cosa distinta dal mondo. Per decidere tale questione, difatti, occorrono proposizioni fondamentali, che non sono piú cosmologiche, e non seguono la serie delle apparenze; si richiedono inoltre concetti di enti contingenti in generale (in quanto questi ultimi sono considerati semplicemente come oggetti dell'intelletto), e un principio per connettere tali enti con un ente necessario, mediante semplici concetti: tutto ciò appartiene ad una filosofia *trascendente*, il cui posto non è ancora qui.

Peraltro, una volta che si incomincia la dimostrazione cosmologicamente, ponendo alla base la serie delle apparenze, e il regresso in questa serie secondo le leggi empiriche della causalità, non si può in seguito abbandonare questo tipo di argomentazione, e passare a qualcosa che non appartenga alla serie come suo termine. Un qualcosa deve essere considerato come condizione, difatti, proprio
318 nello stesso significato in cui era intesa — nella serie

quarta antinomia

II. *Sull'antitesi*

Se, nell'ascendere lungo la serie delle apparenze, si ritiene di trovare delle difficoltà che si oppongano all'esistenza di una causa suprema, assolutamente necessaria, bisogna badare che queste difficoltà non si fondino su semplici concetti dell'esistenza necessaria di una cosa in generale, e non siano quindi ontologiche, ma che derivino piuttosto dalla congiunzione causale con una serie di apparenze (quando si voglia assumere, per tale serie, una condizione che sia essa stessa incondizionata), e siano perciò cosmologiche e dedotte secondo leggi empiriche. Occorre infatti mostrare, che l'ascesa lungo la serie delle cause (nel mondo dei sensi) non potrà mai terminare in una condizione empiricamente incondizionata, e che l'argomento cosmologico — fondato su quella contingenza degli stati del mondo che risulta dai loro mutamenti — giunge al risultato di respingere l'assunzione di una causa prima, che inizi in modo assolutamente originario la serie.

In questa antinomia, peraltro, si rivela uno strano contrasto. Si tratta di questo: proprio in base allo stesso fondamento dimostrativo, onde nella tesi si è dedotta
l'esistenza di un ente originario, nell'antitesi si deduce 319
invece, e con pari rigore, il non essere di questo ente. Prima abbiamo detto: *vi è un ente necessario*, poiché la somma totale del tempo passato comprende in

destinata a condurre, attraverso un processo continuo, alla condizione suprema — la relazione del condizionato con la sua condizione. Ora, se questa relazione è sensibile, ed appartiene all'uso empirico possibile dell'intelletto, la condizione (o causa) suprema potrà chiudere il regresso solo secondo le leggi della sensibilità, e quindi, solo come appartenente alla serie temporale; e l'ente necessario dovrà essere considerato come il termine supremo della serie del mondo.

Eppure alcuni si presero la libertà di fare un tale salto (μεταβασις εις αλλο γενος). Dai mutamenti nel mondo, infatti, si concluse alla contingenza empirica, cioè alla dipendenza del mondo da cause empiricamente determinanti, e si ottenne una serie ascendente di condizioni empiriche. Ciò del resto era perfettamente giusto. Ma poiché in questa serie non si poté trovare né un inizio primo, né un termine supremo, si abbandonò bruscamente il concetto empirico della contingenza, e si prese la categoria pura. Questa produsse allora una serie semplicemente intelligibile, la cui compiutezza si fondava sull'esistenza di una causa assolutamente necessaria: tale causa, non essendo piú legata ormai a nessuna condizione sensibile, fu altresí liberata dalla condizione temporale del dare inizio da sé alla sua causalità. Questo modo di procedere, però, è del tutto illegittimo, come risulterà da quanto segue.

Contingente, nel puro significato della categoria, è ciò il cui opposto contradditorio è possibile. Dalla contingenza empirica, peraltro, non si può affatto concludere alla contingenza intelligibile. L'opposto di ciò che si muta (l'opposto del suo stato) è, in un altro tempo, reale, e quindi anche possibile: questo opposto, perciò, non è l'opposto contradditorio dello stato precedente. Perché lo fosse, occorrerebbe che nel medesimo tempo in cui c'era lo stato precedente avesse potuto esserci, in luogo di esso, il suo opposto: ma ciò non può affatto essere dedotto dal

sé la serie di tutte le condizioni, e con essa, quindi, anche l'incondizionato (il necessario). Ora si dice: *non vi è alcun ente necessario*, appunto perché la somma totale del tempo trascorso comprende in sé la serie di tutte le condizioni (che sono quindi tutte quante, a loro volta, condizionate). La causa di ciò è la seguente. Il primo argomento si occupa soltanto della *totalità assoluta* nella serie delle condizioni (di queste, l'una determina l'altra nel tempo), ed ottiene cosí un qualcosa di incondizionato e di necessario. Il secondo prende invece in considerazione la *contingenza* di tutto ciò che è determinato nella *serie temporale* (ogni stato è infatti preceduto da un tempo in cui la condizione stessa deve a sua volta essere determinata come condizionata), e in tal modo cade completamente ogni incondizionato e ogni necessità assoluta. In entrambi i casi, tuttavia, il modo dell'inferenza è perfettamente conforme alla ragione umana, anche a quella comune: alla ragione accade spesso di venire in conflitto con se stessa, quando essa abbia considerato il suo oggetto da due differenti punti di vista. Il signor *de Mairan*, osservando la disputa di due celebri astronomi — che sorgeva da un'analoga difficoltà quanto alla scelta del punto di vista — la ritenne un fenomeno abbastanza degno di nota, per scrivere al riguardo 321
uno speciale trattato. Uno di questi astronomi argomentava cosí: *la luna ruota attorno al suo asse*, poiché rivolge costantemente la stessa faccia alla terra;

mutamento. Un corpo, che era in moto (= *A*), passa alla quiete (= *non A*). Dal fatto che uno stato contrapposto allo stato *A* segua allo stato *A*, orbene, non si può certo
320 dedurre che l'opposto contraddittorio di *A* sia possibile, e quindi *A* sia contingente: perché lo fosse, infatti, occorrerebbe che nel medesimo tempo in cui c'era il movimento avesse potuto esserci, in luogo di esso, la quiete. Ma noi non sappiamo altro, se non che la quiete, nel tempo susseguente, era reale, e quindi anche possibile. Moto in un tempo e quiete in un altro tempo non sono tuttavia contrapposti contraddittoriamente tra loro. Perciò la successione di determinazioni contrapposte, cioè il mutamento, non dimostra in alcun modo la contingenza, secondo i concetti dell'intelletto puro, e non può quindi neppure condurre all'esistenza di un ente necessario, secondo i concetti puri dell'intelletto. Il mutamento dimostra soltanto la contingenza empirica, cioè prova che il nuovo stato non avrebbe certo potuto aver luogo in base alla legge di causalità, se considerato per se stesso, senza una causa appartenente al tempo precedente. Questa causa, quand'anche sia considerata come assolutamente necessaria, deve tuttavia ritrovarsi a questo modo nel tempo, e appartenere alla serie delle apparenze.

l'altro invece argomentava: la l u n a n o n r u o t a a t t o r n o a l s u o a s s e, appunto perché rivolge costantemente la stessa faccia alla terra. Entrambe le inferenze erano corrette, secondo il punto di vista rispettivamente scelto per considerare il moto della luna.

322

Sezione terza

SULL'INTERESSE DELLA RAGIONE IN QUESTO SUO CONTRASTO

Ecco dunque l'intero gioco dialettico delle idee cosmologiche: esse non permettono punto, che venga loro dato un oggetto adeguato in una qualsiasi esperienza possibile, anzi, non permettono neppure che la ragione le pensi in accordo con le leggi universali dell'esperienza. Eppure queste idee non sono escogitate arbitrariamente: la ragione, piuttosto, nel progresso continuo della sintesi empirica, è condotta necessariamente ad esse, quando vuol liberare da ogni condizione — e cogliere nella sua totalità assoluta — ciò che, secondo le regole dell'esperienza, non potrà mai venir determinato se non condizionatamente. Queste asserzioni raziocinanti sono altrettanti tentativi di risolvere quattro problemi naturali e inevitabili della ragione: il numero di tali problemi, perciò, è proprio questo, né può essere maggiore o minore, poiché precisamente lo stesso è il numero delle serie di presupposti sintetici, che limitano *a priori* la sintesi empirica.

Le brillanti aspirazioni di una ragione, che estende il suo dominio al di là di tutti i limiti dell'esperienza, sono state da noi rappresentate solo attraverso secche formule (le quali contengono semplicemente i fondamenti delle sue pretese legittime), e sono state da noi spogliate di ogni elemento empirico — come conviene ad una filosofia trascendentale — sebbene le asserzioni della ragione possano rifulgere in tutto il loro splendore solo se congiunte a tali elementi. In questa applicazione, peraltro, e nella progressiva estensione dell'uso della ragione — nel prendere le mosse dal campo delle esperienze e nel sollevarsi gradualmente sino a queste idee sublimi — la filosofia rivela un pregio, che supererebbe di gran lunga il valore di tutte le altre scienze umane, soltanto che essa fosse in

grado di convalidare le sue pretese: la filosofia, infatti, promette di dare consistenza alle nostre piú grandi aspettative e speranze di raggiungere i fini supremi, cui devono alla fine convergere tutti gli sforzi della ragione. Il determinare, se il mondo abbia un inizio e un qualche limite della sua estensione nello spazio; se esista da qualche parte, e forse nel mio soggetto pensante, un'unità indivisibile e indistruttibile, oppure se non vi sia null'altro che 323
il divisibile e il corruttibile; se io sia libero nei miei atti, oppure guidato, come gli altri enti, dal filo della natura e del destino; se infine vi sia una suprema causa del mondo, oppure se le cose della natura e il loro ordine costituiscano l'oggetto ultimo, di fronte a cui dobbiamo arrestarci in tutte le nostre speculazioni: ecco dei problemi, per la cui soluzione il matematico darebbe volentieri in cambio tutta la sua scienza. Quest'ultima, infatti, non gli potrà procurare alcuna soddisfazione, riguardo ai fini supremi e piú ambiti dell'umanità. Il vero e proprio pregio della matematica (questo orgoglio della ragione umana) si fonda del resto sul fatto che essa, indirizzando la ragione a comprendere la natura — sia rispetto a ciò che è grande, sia rispetto a ciò che è piccolo — nel suo ordine e nella sua regolarità, e del pari, nella mirabile unità delle forze che la muovono, ossia conducendo la ragione assai al di là di quanto mai possa attendersi una filosofia costruita sull'esperienza comune, fornisce in tal modo lo spunto e l'incoraggiamento alla ragione, per un uso esteso al di là di ogni esperienza, ed inoltre procura alla filosofia — interessata al riguardo — i materiali piú eccellenti, per sostenere le indagini di questa, per quanto la loro natura lo permette, con appropriate intuizioni.

Sfortunatamente per la speculazione (ma fortunatamente, forse, per la destinazione pratica dell'uomo), la ragione, proprio mentre sta accarezzando le sue piú grandi speranze, si vede imprigionata in una ressa di ragioni e di controragioni, e non potendo, sia per il suo onore, sia anche per la sua sicurezza, né tirarsi indietro e assistere con indifferenza a questo conflitto (come se si trattasse di un combattimento simulato per gioco), né tanto meno imporre senz'altro la pace, poiché le interessa molto l'oggetto della disputa, non rimane allora ad essa null'altro, che riflettere sull'origine di questo dissenso della ragione con se stessa, per vedere se la colpa di ciò non vada eventualmente attribuita ad un semplice equivoco, chiarito il quale cadrebbero certo, da entrambe le parti, quelle pretese arroganti, ma prenderebbe inizio, in compenso, un durevole e tranquillo dominio della ragione sull'intelletto e sui sensi.

Per il momento, preferiamo differire alquanto questo chiarimento radicale, e considereremo anzitutto, per quale causa vorremmo piú volentieri batterci, se fossimo eventualmente costretti a prendere partito. Poiché in questo caso non ci rivolgiamo al criterio logico della verità, bensí semplicemente al nostro interesse, una tale indagine
324 allora, sebbene non decida nulla rispetto al diritto contestato delle due parti, avrà tuttavia l'utilità di far comprendere perché i partecipanti a questa lotta si sono battuti da una parte piuttosto che dall'altra, senza che la causa di ciò sia stata una preminente comprensione dell'oggetto. La nostra indagine servirà anche a spiegare altre cose secondarie, per esempio, l'ardore fanatico di una parte e la fredda saldezza difensiva dell'altra parte, e inoltre, perché un partito sia salutato da applausi entusiastici, mentre contro l'altro si nutrono in anticipo pregiudizi insanabili.

Riguardo a questa valutazione preliminare, peraltro, esiste qualcosa per determinare il solo punto di vista, dal quale essa possa venir formulata con adeguata profondità, e questo qualcosa è il raffronto dei principî onde muovono le due parti. Nelle asserzioni dell'antitesi, si può osservare una perfetta uniformità del modo di pensare e una piena unità direttiva, cioè il principio dell'*empi*-

rismo puro, non soltanto nella spiegazione delle apparenze del mondo, ma anche nella risoluzione delle idee trascendentali dell'universo stesso. Per contro, le asserzioni della tesi si fondano, oltreché su di una spiegazione empirica entro la serie delle apparenze, anche su spunti intellettuali, e perciò il principio direttivo non è semplice. Chiamerò tuttavia la tesi, guardando al suo essenziale carattere distintivo, il *dogmatismo* della ragione pura.

Dalla parte del *dogmatismo*, ossia della *tesi*, risulta dunque, nella determinazione delle idee cosmologiche della ragione, quanto segue.

In primo luogo, si rivela un certo *interesse pratico*, che sta a cuore ad ogni uomo ben pensante, il quale intenda il suo vero vantaggio. Che il mondo abbia un inizio; che il mio soggetto pensante sia di natura semplice e quindi incorruttibile; che questo soggetto sia al tempo stesso, nelle sue azioni volontarie, libero e sottratto alla costrizione della natura; che infine l'intero ordine delle cose costituenti il mondo derivi da un ente originario, onde tutto quanto trae unità e connessione indirizzata ad uno scopo: ecco altrettante pietre miliari della morale e della religione. L'antitesi ci sottrae, o almeno sembra sottrarci, tutti questi appoggi.

In secondo luogo, da questa parte si manifesta anche un *interesse speculativo* della
ragione. In effetti, quando le idee trascendentali vengono
assunte e usate a questo modo, si può allora, del tutto
a priori, cogliere l'intera catena delle condizioni e com-
prendere la derivazione del condizionato, cominciando dal-
l'incondizionato. Questo risultato non è raggiunto dall'an- **325**
titesi, la quale si presenta sotto una luce assai cattiva,
poiché rispetto al problema circa le condizioni della sua
sintesi non sa dare una risposta, che non lasci indefinita-
mente aperti ulteriori interrogativi. Secondo l'antitesi, da
un inizio dato occorre sempre risalire a un inizio piú
alto; ogni parte conduce ad una parte ancora piú piccola;

ogni evento ha ancor sempre sopra di sé un altro evento, come sua causa; e le condizioni dell'esistenza in generale si appoggiano sempre daccapo su altre condizioni, senza raggiungere mai né una fermezza incondizionata, né un sostegno, in una cosa indipendente, come ente originario.

I n t e r z o l u o g o, questa parte ha anche il vantaggio della p o p o l a r i t à. Tale prerogativa contribuisce, in misura certo non irrilevante, a raccomandare la tesi. Nelle idee di un inizio incondizionato in ogni sintesi, l'intelletto comune non trova la minima difficoltà, poiché esso è già d'altronde abituato a discendere verso le conseguenze, piú che non lo sia a risalire verso le ragioni. L'intelletto comune, inoltre, si trova a proprio agio nei concetti dell'assolutamente primo (senza lambiccarsi troppo sulla sua possibilità), e in essi scopre al tempo stesso un punto fermo, per riattaccarvi il filo che guida i suoi passi; all'intelletto comune, per contro, non può recare nessun piacere l'ascendere incessantemente, sempre con un piede in aria, dal condizionato alla condizione.

Dalla parte dell'e m p i r i s m o, ossia dell'a n t i t e s i, risulta quanto segue, nella determinazione delle idee cosmologiche.

I n p r i m o l u o g o, non si ritrova un interesse pratico — fondato su principî puri della ragione — quale è quello che si accompagna alla morale e alla religione. Sembra piuttosto, che il semplice empirismo tolga all'una e all'altra ogni forza e ogni influsso. Se non esiste un ente originario differente dal mondo, se il mondo è privo di un inizio, e quindi anche di un creatore, se il nostro volere non è libero e l'anima ha la medesima divisibilità e corruttibilità della materia, in tal caso anche le idee e le proposizioni fondamentali della m o r a l e perdono ogni validità, e cadono assieme alle idee t r a s c e n d e n t a l i, che costituivano il loro sostegno teoretico.

D'a l t r o l a t o, però, l'empirismo offre dei vantaggi all'interesse speculativo della ragione, vantaggi che

sono assai allettanti e superano di molto quelli che può promettere il propugnatore dogmatico delle idee della ragione. Con l'empirismo, l'intelletto sta sempre sul suo proprio terreno, cioè sul solo campo delle esperienze possibili, e può rintracciare le loro leggi, estendendo senza fine mediante queste la sua conoscenza sicura e chiara. 326
In questo caso, l'intelletto può e deve presentare all'intuizione l'oggetto, tanto in se stesso quanto nelle sue relazioni, o almeno in concetti, la cui immagine possa venir mostrata chiaramente e distintamente entro intuizioni simili date. Non solo non c'è bisogno che l'intelletto abbandoni questa catena dell'ordine naturale, per attaccarsi a idee, i cui oggetti non sono da esso conosciuti, poiché, come enti del pensiero, non possono mai venir dati, ma all'intelletto, inoltre, non è neppure permesso di lasciare il suo lavoro, e, con il pretesto che sia ormai condotto a termine, passare nel campo della ragione idealizzatrice e nei concetti trascendenti, dove l'intelletto non ha piú bisogno di osservare e di investigare conformemente alle leggi della natura, ma deve soltanto *pensare* e *inventare*, con la sicurezza di non poter essere confutato dai fatti della natura, poiché esso non deve sottostare alla loro testimonianza, e può invece trascurarli, o addirittura subordinarli ad una piú alta autorità, cioè a quella della ragione pura.

L'empirista, perciò, non permetterà mai che una qualche epoca della natura venga assunta come l'assolutamente prima, o che un qualche limite della sua prospettiva sia considerato come l'estremo, nell'estensione della natura, o che dagli oggetti della natura (che esso può spiegare con l'osservazione e la matematica, e determinare sinteticamente nell'intuizione), ossia dall'esteso, si passi a quelli che non possono mai venir rappresentati *in concreto* né dal senso né dalla capacità di immaginazione, ossia al semplice. L'empirista non concederà neppure, che proprio *nella natura* venga posta a fondamento una facoltà di agire indipendentemente dalle leggi della natura (libertà), e che sia in tal modo intralciata l'opera dell'intelletto, consistente nell'indagare l'origine delle apparenze, secondo il filo conduttore di regole necessarie. Infine, l'empirista non ammetterà, che la causa di un qualcosa venga cercata al di fuori della natura (ente originario): in effetti, noi non conosciamo null'altro se non la natura, in quanto è essa sola che ci offre oggetti e può istruirci sulle loro leggi.

Si potrebbe credere che il filosofo empirista, con la sua antitesi, non intenda far altro che stroncare la curiosità indiscreta e l'arroganza di una ragione la quale, disconoscendo la sua vera destinazione, si vanta di *comprendere* e di *sapere*, proprio là dove cessano comprensione e conoscenza, e vuole spacciare come una conquista dell'interesse speculativo ciò che può valere in considerazione dell'interesse pratico; il fine di questo com-
327 portamento è, quando ciò convenga alla comodità della ragione, di spezzare il filo delle indagini fisiche, e di riattaccarlo — con il pretesto di estendere la conoscenza — alle idee trascendentali, mediante cui, propriamente, si sa soltanto *che non si sa nulla*. Se, dico, l'empirista si accontentasse di questo, la sua proposizione fondamentale sarebbe una massima di moderazione nelle pretese, di modestia nelle asserzioni, e al tempo stesso, di estensione — la piú grande possibile — del nostro intelletto, con l'aiuto del maestro che propriamente ci è assegnato, ossia dell'esperienza. In tal caso, difatti, non ci sarebbero tolti i *presupposti* intellettuali e la *fede*, per quanto riguarda i nostri interessi pratici; tali presupposti e tale fede, tuttavia, non potrebbero piú presentarsi sotto il titolo pomposo di scienza e di comprensione razionale, poiché il vero *sapere* speculativo non può trovare alcun altro oggetto se non quello dell'esperienza: se si oltrepassano i limiti di questa, la sintesi che tenti conoscenze nuove e indipendenti dall'esperienza

non ha piú alcun sostrato di intuizione, su cui possa esercitarsi.

Ma quando invece (come accade per lo piú) l'empirismo diviene esso stesso dogmatico a riguardo delle idee, e nega accanitamente ciò che è fuori della sfera della sua conoscenza intuitiva, anch'esso cade allora nel difetto dell'immodestia, che è qui tanto piú biasimevole, in quanto viene recato cosí un danno irreparabile all'interesse pratico della ragione.

Tale è l'opposizione dell'*epicureismo*[1] contro il *platonismo*.

Dall'una e dall'altra parte si asserisce piú di quanto 328
si sappia; tuttavia, mentre nel *primo* caso il sapere viene incoraggiato e favorito, sia pure a danno dell'interesse pratico, nel *secondo* caso si forniscono bensí eccellenti principî per il fine pratico, ma proprio per questo si permette alla ragione, rispetto a tutto ciò in cui ci è concesso unicamente un sapere speculativo, di indulgere a spiegazioni ideali delle apparenze naturali, trascurando al riguardo l'indagine fisica.

Per quanto concerne infine il *terzo* punto da considerarsi, in una scelta preliminare fra due partiti con-

[1] È ancora incerto, tuttavia, se *Epicuro* abbia mai esposto questi 327
principî come asserzioni oggettive. Nel caso che essi non fossero altro se non massime dell'uso speculativo della ragione, egli avrebbe mostrato in ciò, piú di qualsiasi filosofo dell'antichità, uno spirito filosofico autentico. Che nella spiegazione delle apparenze si debba procedere, come se il campo dell'indagine non sia racchiuso da alcun limite o inizio del mondo; che occorra assumere la materia del mondo, cosí come questa dev'essere, se a suo riguardo vogliamo venir ammaestrati dall'esperienza; che non si debba ammettere alcun'altra produzione degli eventi, se non considerando questi come determinati da immutabili leggi della natura; che infine non si debba usare alcuna causa differente dal mondo: ecco delle proposizioni fondamentali — ancora oggi giustissime, ma poco osservate — per estendere la filosofia speculativa, e inoltre, per scoprire i principî della morale, indipendentemente da aiuti estranei. Non per questo c'è bisogno, d'altronde, che chi desidera *ignorare* quelle proposizioni dogmatiche — sintanto che ha a che fare con la semplice speculazione — venga incolpato di volerle *negare*.

trastanti, è davvero molto strano, che l'empirismo sia cosí totalmente impopolare. L'intelletto comune — a quanto sembra credibile — dovrebbe infatti accogliere volentieri un'impostazione, che promette di soddisfarlo unicamente con conoscenze di esperienza e con il loro collegamento razionale, mentre la dogmatica trascendentale lo costringe a risalire verso concetti, che oltrepassano di molto la comprensione e la capacità razionale dei cervelli piú esercitati a pensare. Proprio questo, peraltro, è il motivo che spinge l'intelletto comune: in tal caso, difatti, l'uomo dall'intelletto comune si trova in uno stato, in cui neppure il piú dotto fra gli uomini potrà avere nessun vantaggio su di lui. Se intorno a tali argomenti egli comprende poco o nulla, nessuno peraltro potrà vantarsi di comprendere molto di piú in proposito; e sebbene egli non sia in grado di parlare al riguardo in termini scolastici, come invece sanno fare altri, egli potrà tuttavia cavillare infinitamente di piú su tali argomenti, poiché costui si aggira in mezzo a semplici idee, riguardo alle quali si può essere quanto mai eloquenti, appunto per il fatto che di esse non si sa nulla. Rispetto all'indagine della natura, per contro, egli dovrebbe ammutolire del tutto, e confessare la propria ignoranza. Comodità e vanità, per conseguenza, contribuiscono già fortemente a raccomandare queste proposizioni fondamentali. Oltre a ciò, sebbene per un filosofo risulti assai difficile l'assumere qualcosa come proposizione fondamentale, senza poterne rendere conto a se stesso, o l'introdurre addirittura concetti, la cui realtà oggettiva non può essere compresa, tutto questo, al contrario, è la cosa piú abituale per l'intelletto comune. Esso vuol possedere qualcosa, da cui prendere fiduciosamente le mosse. La difficoltà di comprendere un tale presupposto non lo inquieta. In effetti, esso non sa cosa significhi comprendere, e la suddetta difficoltà non gli si affaccia mai; l'intelletto comune considera noto ciò che gli è divenuto familiare per un uso frequente. Alla fine,

poi, ogni interesse speculativo scompare in esso di fronte a quello pratico, e l'intelletto comune s'immagina di comprendere e di sapere ciò che i suoi timori o le sue speranze 329
lo spingono ad ammettere o a credere. L'empirismo di una ragione trascendentalmente idealizzante viene cosí privato di ogni popolarità, in modo completo; e per quanto danno esso possa recare ai supremi principî pratici, non c'è tuttavia affatto da temere che tale empirismo oltrepassi mai i confini della scuola, acquistando un'autorità appena considerevole nei riguardi della società e un certo favore presso il grande pubblico.

La ragione umana è, per sua natura, architettonica, cioè considera tutte le conoscenze come appartenenti ad un sistema possibile, e permette quindi solo quei principî, che almeno non rendano incapace una conoscenza già posseduta di coesistere, in un qualche sistema, con altre conoscenze. Le proposizioni dell'antitesi, peraltro, sono di natura tale, da rendere del tutto impossibile il compimento di un edificio di conoscenze. Secondo esse, al di là di uno stato del mondo vi è ancor sempre uno stato piú antico; in ogni parte vi sono ancor sempre altre parti, di nuovo divisibili; prima di ogni evento, vi è sempre un altro evento, che a sua volta è stato prodotto allo stesso modo da un altro ancora; e nell'esistenza in generale tutto è sempre condizionato, senza che si possa riconoscere una qualsiasi esistenza incondizionata e prima. Di conseguenza, dato che l'antitesi non ammette da nessuna parte un qualcosa di primo, né un inizio che in modo assoluto possa servire di base alla costruzione, allora un edificio compiuto di conoscenza risulta del tutto impossibile, con tali presupposti. L'interesse architettonico della ragione (il quale richiede, non già un'unità empirica, bensí un'unità pura *a priori*, della ragione) porta perciò naturalmente a raccomandare le asserzioni della tesi.

Se qualcuno potesse tuttavia liberarsi da ogni interesse, e considerare le asserzioni della ragione — restando indif-

ferente di fronte a tutte le loro conseguenze — semplicemente quanto al contenuto dei loro fondamenti, allora un uomo tale, posto che per togliersi d'impaccio non trovasse altro scampo che abbracciare l'una o l'altra delle dottrine in questione, si troverebbe in uno stato di oscillazione senza fine. Oggi gli si presenterebbe la convinzione, che il volere umano è *libero*; domani, considerando l'indissolubile concatenazione della natura, egli penserebbe che la libertà non è altro se non un'illusione, e che tutto è semplicemente *natura*. Quando si trattasse poi di agire e di operare, tale gioco della ragione semplicemente speculativa svanirebbe come le ombre di un sogno, ed egli sceglierebbe allora i suoi principî seguendo soltanto
330 l'interesse pratico. Tuttavia, poiché ad un essere che riflette ed indaga si addice dedicare un certo tempo unicamente all'esame della sua propria ragione, e poiché è conveniente che nel far ciò egli si spogli completamente di ogni parzialità, e comunichi cosí pubblicamente le sue osservazioni agli altri per ottenere un giudizio, nessuno potrà allora venir rimproverato, né tanto meno impedito, di far comparire le tesi e le antitesi, cosí come esse possono difendersi — senza essere atterrite da alcuna minaccia — di fronte a giurati di pari condizione (della condizione, cioè, di deboli uomini).

Sezione quarta

SUI PROBLEMI TRASCENDENTALI DELLA RAGIONE PURA, IN QUANTO DEVONO ASSOLUTAMENTE POTER ESSERE RISOLTI

Il voler risolvere tutti i problemi e rispondere a tutte le domande costituirebbe un'impudente millanteria, e una presunzione cosí stravagante, da far perdere cosí senz'altro ogni fiducia. Eppure vi sono scienze, la cui natura porta con sé che ogni questione in esse contenuta debba poter

trovare subito una risposta in base a ciò che si sa: in questi casi, difatti, la risposta deve scaturire dalle medesime fonti onde sorge la domanda, e non è permesso allora in alcun modo di addurre un'ignoranza inevitabile, potendosi al contrario richiedere una soluzione. È necessario che si possa sapere, in base ad una regola, che cosa sia *giusto o ingiusto* in tutti i casi possibili, poiché ciò riguarda la nostra obbligazione, e poiché rispetto a ciò *che non possiamo sapere* noi non abbiamo d'altronde alcuna obbligazione. Nella spiegazione delle apparenze della natura, tuttavia, molte cose devono rimanere incerte e parecchie questioni devono restare insolubili, poiché ciò che noi sappiamo sulla natura è ben lungi dall'essere sufficiente in tutti i casi rispetto a ciò che dobbiamo spiegare. Si domanda, ora, se nella filosofia trascendentale vi sia mai una questione — concernente un oggetto proposto alla ragione — cui questa stessa ragione non possa dare una risposta, e se abbiamo il diritto di esimerci dal risolvere in modo decisivo tale questione, considerando l'oggetto come assolutamente incerto (in base a tutto ciò che possiamo conoscere), e annoverando- **331**
dolo tra quelli di cui abbiamo un concetto sufficiente per impostare una questione, sebbene i mezzi o la facoltà per dare una risposta a tale questione ci manchino totalmente.

Ora io sostengo, che fra tutte le conoscenze speculative la filosofia trascendentale possiede la seguente peculiarità: nessuna questione, che riguardi un oggetto dato alla ragione pura, risulta insolubile per questa stessa ragione umana; un'ignoranza inevitabile e una profondità insondabile del problema non sono pretesti sufficienti per liberarci dall'obbligo di dare una risposta fondata e completa alla questione, perché proprio lo stesso concetto, che ci mette in grado di impostare tale problema, deve altresí renderci interamente capaci di risolverlo, in quanto l'oggetto (come nel caso del giusto e dell'ingiusto) non si trova affatto fuori del concetto.

Nella filosofia trascendentale, tuttavia, non vi sono altre questioni se non quelle cosmologiche, riguardo a cui si possa a buon diritto esigere una risposta soddisfacente sulla natura dell'oggetto, senza che al filosofo sia permesso di rifiutare tale risposta, con il pretesto di un'impenetrabile oscurità. E tali questioni possono concernere soltanto le idee cosmologiche. L'oggetto deve infatti essere dato empiricamente, e la questione si riferisce solo all'adeguatezza di esso rispetto ad un'idea. Quando l'oggetto è trascendentale, e quindi esso stesso sconosciuto (nella questione, per esempio, se il qualcosa, la cui apparenza in noi stessi è il pensiero — anima — sia un ente in sé semplice, oppure se vi sia una causa di tutte le cose assieme, la quale risulti assolutamente necessaria, ecc.), noi dobbiamo allora cercare, per la nostra idea, un oggetto rispetto a cui si possa confessare che ci è sconosciuto, ma non per questo impossibile[1]. Soltanto le idee cosmolo-
332 giche hanno la particolarità, di poter presupporre il loro oggetto e la sintesi empirica che si richiede per il concetto di tale oggetto, come dati. E la questione che sorge da esse riguarda solo il progresso di questa sintesi, in quanto esso deve contenere una totalità assoluta: quest'ultima non è piú nulla di empirico, poiché non può essere data in alcuna

331 [1] La domanda, quale sia la natura di un oggetto trascendentale, cioè *che cosa esso sia*, non ammette certo alcuna risposta; si può tuttavia rispondere, che la *questione stessa non significa nulla*, per il fatto che non è stato dato in alcun modo un oggetto di essa. A tutte le questioni della dottrina trascendentale dell'anima si può quindi dare una risposta, e una risposta, anzi, è stata realmente data. In effetti, esse riguardano il soggetto trascendentale di tutte le apparenze interne, che non è a sua volta un'apparenza e perciò non è *dato* come oggetto. In tale soggetto, inoltre, nessuna delle categorie (alle quali si riferisce propriamente la questione) trova una condizione qualsiasi per la sua applicazione. Si ha dunque qui un caso, in cui risulta valido il detto comune, che nessuna risposta è pure una risposta. Difatti, una domanda sulla natura di un qualcosa, che non può essere pensato mediante nessun predicato
332 determinato — essendo posto completamente al di là della sfera degli oggetti che possono esserci dati — non significa proprio nulla ed è del tutto vuota.

esperienza. Ora, dal momento che qui si tratta unicamente di una cosa come oggetto di un'esperienza possibile, e non come cosa in se stessa, in tal caso la risposta alla questione cosmologica trascendente non può trovarsi altrove che nell'idea, poiché quest'ultima non riguarda alcun oggetto in se stesso. E rispetto all'esperienza possibile si ricerca, non già quello che può essere dato *in concreto* in una qualche esperienza, bensí ciò che si trova nell'idea, alla quale la sintesi empirica deve semplicemente avvicinarsi. Di conseguenza, la questione deve poter essere risolta soltanto in base all'idea: quest'ultima, infatti, è una semplice creatura della ragione, la quale non può dunque respingere da sé la responsabilità, né trasferirla all'oggetto sconosciuto.

Non è cosí straordinario, come sembra da principio, che una scienza possa esigere ed attendere, rispetto a tutte le questioni appartenenti al suo insieme (*quaestiones domesticae*), soltanto soluzioni sicure, sebbene queste, per il momento, forse non siano state ancora trovate. Oltre alla filosofia trascendentale, vi sono anche due scienze razionali pure, una di contenuto semplicemente speculativo, e l'altra di contenuto pratico: la matematica pura e la morale pura. Si è forse mai udito, che sia stato considerato come incerto — eventualmente a causa di una inevitabile ignoranza delle condizioni — quale sia con precisione, in numeri razionali o irrazionali, il rapporto tra il diametro e la circonferenza? Poiché tale rapporto non può essere fornito adeguatamente mediante numeri razionali, e poiché il rapporto in numeri irrazionali non è ancora stato trovato, si riteneva allora che potesse venir conosciuta con certezza almeno l'impossibilità di tale soluzione, e Lambert diede una dimostrazione di ciò. Nei principî universali dei costumi non può esservi niente d'incerto, poiché le proposizioni o sono in tutto e per tutto nulle e prive di senso, o debbono derivare semplicemente dai concetti della nostra ragione. Nella scienza della natura, per contro, vi è un'infinità di congetture,

riguardo alle quali non si potrà mai sperare in una cer-
333 tezza, poiché le apparenze naturali sono oggetti, che ci vengono dati indipendentemente dai nostri concetti; la chiave che ci apre la strada verso tali oggetti non può quindi trovarsi in noi e nel nostro pensiero puro, ma sta fuori di noi, e proprio per questo in molti casi non può essere scoperta, cosicché non sarà da attendersi un chiarimento sicuro. Non metto qui nel conto le questioni dell'analitica trascendentale, che riguardano la deduzione della nostra conoscenza pura, poiché ora trattiamo della certezza dei giudizi soltanto rispetto agli oggetti, e non già rispetto all'origine dei nostri concetti stessi.

Noi non potremo quindi sottrarci all'obbligo di tentare almeno una soluzione critica dei problemi della ragione che sono stati proposti. Né potremo, per sfuggire a quest'obbligo, levare lamenti sulle ristrette barriere della nostra ragione, e confessare, sotto specie di un'umilissima conoscenza di noi stessi, che è qualcosa di superiore alla nostra ragione lo stabilire se il mondo sussista sin dall'eternità, oppure abbia un inizio; se lo spazio cosmico sia riempito di esseri sino all'infinito, oppure sia racchiuso entro certi limiti; se nel mondo vi sia un qualcosa di semplice, oppure se tutto debba venir diviso all'infinito; se qualcosa sia generato e prodotto dalla libertà, oppure se tutto sia legato alla catena dell'ordine naturale; se infine vi sia un ente totalmente incondizionato e in sé necessario, oppure se tutto, quanto alla sua esistenza, sia condizionato, e quindi esternamente dipendente e in sé contingente. Tali questioni, in effetti, riguardano tutte quante un oggetto, che non può essere dato da nessuna parte se non nel nostro pensiero, ossia concernono la totalità assolutamente incondizionata della sintesi delle apparenze. Se al riguardo, partendo dai nostri propri concetti, non possiamo dire né stabilire nulla di sicuro, non ci è davvero lecito gettare la colpa sulla cosa, che si cela a noi: una cosa consimile, in effetti, non può esserci data (poiché non si ritrova da nessuna parte se non nella nostra idea), e noi dobbiamo piuttosto cercare la causa della nostra incertezza nell'idea stessa, la quale è un problema che non ammette alcuna soluzione, e riguardo alla quale, tuttavia, noi riteniamo ostinatamente che ad essa corrisponda un oggetto reale. Una chiara esposizione della dialettica contenuta entro il nostro stesso concetto potrebbe ben presto condurci ad una piena certezza, quanto al giudizio da formularsi per una tale questione.

Se voi fate valere come scusa l'incertezza rispetto a questi problemi, a tale pretesto si può opporre anzitutto la seguente domanda, cui voi dovrete almeno dare una risposta chiara: onde vi giungono le idee, per risolvere le quali voi cadete in siffatte difficoltà? Si tratta forse di
apparenze, di cui voi richiedete una spiegazione, e di cui 334
dovete cercare — in base a queste idee — soltanto i principî, o le regole della loro esposizione? Supponete che la natura sia perfettamente svelata di fronte a voi, e che nulla rimanga nascosto ai vostri sensi e alla coscienza di tutto ciò che si presenta alla vostra intuizione: in tal caso, voi non potrete tuttavia, mediante una qualsiasi esperienza, conoscere *in concreto* l'oggetto delle vostre idee (oltre a questa intuizione completa, infatti, si richiede ancora una sintesi compiuta e la coscienza della sua totalità assoluta, coscienza che è impossibile raggiungere mediante una conoscenza empirica). La vostra questione, di conseguenza, non può in alcun modo essere proposta necessariamente — e quindi, per cosí dire, dall'oggetto stesso — al fine di spiegare una qualsiasi apparenza che si presenti. L'oggetto, infatti, non potrà mai presentarsi a voi, poiché non può essere dato mediante nessuna esperienza possibile. In tutte le percezioni possibili, voi rimarrete sempre rinchiusi entro c o n d i z i o n i — nello spazio o nel tempo — e non giungerete a nulla di incondizionato: non potrete quindi stabilire, se questo incondizionato sia da porsi in un inizio assoluto della sintesi, oppure in una totalità assoluta della

serie, senza alcun inizio. Il tutto, poi, nel significato empirico, è sempre unicamente relativo. Il tutto assoluto della quantità (l'universo), della divisione, della derivazione, della condizione dell'esistenza in generale — assieme a tutte le questioni, se sia possibile costituirlo con una sintesi finita, oppure con una sintesi da continuarsi all'infinito — non ha nulla a che fare con alcuna esperienza possibile. Si considerino, per esempio, le apparenze di un corpo: se voi ritenete che esso consti di parti semplici, non fornirete di tali apparenze una spiegazione minimamente migliore, e neppure diversa, rispetto a quella che dareste, supponendo che tale corpo consti di parti sempre ancora composte. In effetti, a voi non si potrà mai presentare un'apparenza semplice, e allo stesso modo non si potrà presentare una composizione infinita. Le apparenze esigono di essere spiegate, solo in quanto le condizioni della loro spiegazione siano date nella percezione: ma tutto ciò che può essere dato nelle apparenze — raccolto in un *tutto assoluto* — non è piú una percezione. Eppure è proprio questo tutto, la cui spiegazione viene richiesta nei problemi trascendentali della ragione.

Perciò, dato che la soluzione stessa di questi problemi non potrà mai presentarsi nell'esperienza, voi non potete allora dire, che risulta incerto cosa sia da attribuirsi in proposito all'oggetto. Il vostro oggetto, difatti, sta semplicemente nel vostro cervello, e al di fuori di questo non può affatto essere dato. Per tale ragione, dovete curarvi soltanto di essere coerenti con voi stessi, e di evitare l'anfibolia, che trasforma la vostra idea in una
335 presunta rappresentazione di un oggetto empiricamente dato e da conoscere quindi secondo le leggi dell'esperienza. La soluzione dogmatica, quindi, se mai non è incerta, bensí impossibile. La soluzione critica invece, che può essere pienamente certa, considera la questione non già oggettivamente, bensí secondo il fondamento della conoscenza, su cui la questione è basata.

Sezione quinta

RAPPRESENTAZIONE SCETTICA DELLE QUESTIONI COSMOLOGICHE, IN TUTTE E QUATTRO LE IDEE TRASCENDENTALI

Noi rinunzieremmo volentieri all'esigenza di trovare una risposta dogmatica alle nostre questioni, se comprendessimo già anticipatamente che, qualunque possa risultare la risposta, essa non farà che accrescere la nostra ignoranza, e non farà che precipitarci da un'incomprensibilità in un'altra, da un'oscurità in una oscurità ancora maggiore, e forse anche in contraddizioni. Se la nostra questione attende soltanto o una risposta affermativa o una risposta negativa, si agirà con prudenza, quando si lascino momentaneamente da parte le probabili ragioni della risposta, e si consideri anzitutto quale sarebbe il vantaggio, se la risposta fosse favorevole ad una parte, e quale invece, se fosse favorevole all'altra. Ora, se avviene che in entrambi i casi si giunga semplicemente ad un risultato privo di senso (ad un non senso), avremo un fondato motivo per esaminare criticamente la nostra questione, e per vedere se essa non si basi su di un presupposto infondato, avendo a che fare con un'idea, la quale svela la propria falsità nella sua applicazione e nelle sue conseguenze piú di quanto non la sveli nella sua rappresentazione isolata. Tale è la grande utilità del modo scettico di trattare le questioni, che la ragione pura pone alla ragione pura. Con tale metodo, ci si può sbarazzare con poco sforzo del grande caos dogmatico, al fine di sostituire ad esso una sobria critica, la quale, come vero strumento purificatore, eliminerà felicemente ogni illusione presuntuosa, assieme a quanto ne consegue, la saccenteria.

Perciò, se io potessi sapere anticipatamente, rispetto ad un'idea cosmologica, che essa, da qualsiasi delle due parti si schierasse nello stabilire l'incondizionato della

336 sintesi regressiva delle apparenze, risulterebbe tuttavia, per ogni *concetto dell'intelletto*, o *troppo grande* o *troppo piccola*, in tal caso io sarei in grado di comprendere che essa — avendo a che fare soltanto con un oggetto dell'esperienza, il quale è destinato ad essere conforme ad un concetto possibile dell'intelletto — dovrà essere del tutto vuota e priva di significato, poiché l'oggetto, comunque io voglia accomodarlo ad essa, non le si adatta. E tale è realmente il caso riguardo a tutti i concetti del mondo, i quali proprio per questo coinvolgono la ragione, sintanto che essa rimane loro attaccata, in una inevitabile antinomia.

Si supponga infatti, *in primo luogo*, che *il mondo non abbia alcun inizio*: in tal caso, esso è *troppo grande* per il vostro concetto, poiché questo, che consiste in un regresso successivo, non può mai raggiungere l'intera eternità trascorsa. Se supponete, d'altra parte, che *il mondo abbia un inizio*, esso sarà allora troppo *piccolo*, nel necessario regresso empirico, per il concetto del vostro intelletto. In effetti, poiché l'inizio presuppone ancor sempre un tempo che precede, esso non risulta ancora incondizionato, e la legge dell'uso empirico dell'intelletto vi impone di ricercare ulteriormente una piú alta condizione temporale; il mondo, quindi, è evidentemente troppo piccolo per questa legge.

Le cose stanno allo stesso modo riguardo alla duplice risposta alla questione sulla grandezza del mondo nello spazio. In effetti, se il *mondo è infinito* e illimitato, esso è allora *troppo grande* per ogni concetto empirico possibile. Se *esso è finito* e limitato, voi domanderete ancora a buon diritto: che cosa determina questo limite? Lo spazio vuoto non è un termine correlativo delle cose, sussistente per sé, e non può costituire una condizione, alla quale voi possiate arrestarvi, né tanto meno una condizione empirica, che formi una parte dell'esperienza possibile. (Infatti, chi potrà mai avere un'esperienza dell'assolutamente vuoto?) Ma per la totalità assoluta della sintesi empirica si richiede sempre, che l'incondizionato sia un concetto di esperienza. Un mondo limitato, dunque, è troppo piccolo per il vostro concetto.

In secondo luogo, se ogni apparenza nello spazio (materia) consta di un numero infinito di parti, il regresso della divisione sarà sempre troppo grande per il vostro concetto; e se la divisione dello spazio deve cessare di fronte ad un certo termine di essa (al semplice), il regresso è allora troppo piccolo per l'idea dell'incondizionato. Questo termine, infatti, lascia ancor sempre aperto un regresso a parecchie parti contenute in esso.

In terzo luogo, supponete che in tutto ciò che avviene nel mondo non vi sia altro se non una conseguenza in base a leggi della natura: in tal caso, la causalità della causa è sempre, a sua volta, un qualcosa 337
che accade, e che rende necessario il vostro regresso ad una causa ancora piú alta, e quindi il prolungamento indefinito della serie delle condizioni *a parte priori*. La semplice natura efficiente, dunque, è troppo grande per ogni vostro concetto, nella sintesi degli eventi del mondo.

Se voi scegliete qua e là eventi spontaneamente prodotti, e se quindi ammettete una generazione dalla libertà, in tal caso il perché vi insegue, secondo un'inevitabile legge della natura, e vi costringe a oltrepassare questo punto, in base alla legge causale dell'esperienza: troverete allora, che una siffatta totalità della connessione è troppo piccola per il vostro necessario concetto empirico.

In quarto luogo, se ammettete un ente assolutamente necessario (sia esso il mondo stesso, oppure qualcosa nel mondo, oppure ancora la causa del mondo), voi lo porrete allora in un tempo infinitamente lontano da ogni istante dato (poiché altrimenti tale ente dipenderebbe da un'esistenza diversa e piú antica). In tal caso, peraltro, questa esistenza è inaccessibile al vostro concetto empirico, e *troppo grande* perché voi possiate mai raggiungerla attraverso un qualsiasi regresso continuato.

Se invece, secondo la vostra opinione, tutto ciò che appartiene (sia come condizionato, sia come condizione) al mondo è *contingente*, ogni esistenza a voi data è allora *troppo piccola* per il vostro concetto. Tale esistenza vi costringe infatti, a cercare ancor sempre un'altra esistenza, onde essa dipenda.

In tutti questi casi, noi abbiamo detto che l'*idea del mondo* è, per il regresso empirico e quindi per ogni concetto possibile dell'intelletto, o troppo grande o troppo piccola. Ma perché non ci siamo espressi inversamente? Perché non abbiamo detto, che nel primo caso il concetto empirico è sempre troppo piccolo per l'idea, mentre nel secondo caso è troppo grande, e che quindi la colpa, per cosí dire, va attribuita al regresso empirico? Perché non abbiamo detto questo, anziché accusare l'idea cosmologica di una deviazione, per eccesso o per difetto, dal suo scopo, cioè dall'esperienza possibile? La ragione è stata la seguente. L'esperienza possibile è l'unica cosa che possa dare realtà ai nostri concetti: senza di essa, ogni concetto è soltanto un'idea, priva di verità e di riferimento ad un oggetto. Il concetto empirico possibile, per conseguenza, è stato la misura, in base a cui si è dovuto giudicare, se l'idea risulta semplicemente tale, cioè un ente del pensiero, oppure se ritrova il suo oggetto nel mondo. Il dire che un qualcosa è troppo grande o troppo piccolo rispetto a qualcos'altro, in effetti, si applica soltanto
338 a ciò che viene assunto unicamente in vista di questo qualcos'altro e dev'essere adattato ad esso. Tra i passatempi delle antiche scuole dialettiche, rientrava anche la seguente

questione: quando una sfera non passa attraverso un buco, si dovrà dire che la sfera è troppo grande, oppure che il buco è troppo piccolo? In questo caso, il vostro modo di esprimervi è indifferente, poiché voi non sapete quale delle due cose esista per l'altra. Per contro, voi non direte: l'uomo è troppo lungo per il suo vestito, bensí: il vestito è troppo corto per l'uomo.

Siamo indotti cosí, se non altro, al sospetto fondato, che le idee cosmologiche — e con esse, tutte le asserzioni raziocinanti poste in conflitto reciproco — si appoggino forse su di un concetto vuoto, e semplicemente immaginario, del modo in cui ci viene dato l'oggetto di queste idee. E questo sospetto può già guidarci sulla giusta traccia, per scoprire l'illusione che ci ha sviati per cosí lungo tempo.

Sezione sesta

L'IDEALISMO TRASCENDENTALE, COME CHIAVE PER LA RISOLUZIONE DELLA DIALETTICA COSMOLOGICA

Nell'Estetica trascendentale, abbiamo dimostrato sufficientemente, che tutto ciò che viene intuito nello spazio o nel tempo, e quindi tutti gli oggetti di un'esperienza per noi possibile, non sono altro che apparenze, cioè semplici rappresentazioni: queste, cosí come sono rappresentate, in quanto enti estesi o serie di mutamenti, non hanno alcuna esistenza fondata in sé, al di fuori dei nostri pensieri. Questa dottrina, io la chiamo idealismo trascendentale [1]. Il realista, in senso trascendentale, da queste modificazioni della nostra sensibilità trae **339**

[1] Talvolta io l'ho chiamata anche idealismo formale, per distinguerla da quello materiale, cioè dall'idealismo comune, che mette in dubbio, o nega, l'esistenza stessa di cose esterne. In parecchi casi, sembra consigliabile — per evitare ogni equivoco — servirsi di questa espressione a preferenza della suddetta. **338**

cose sussistenti in sé, e trasforma quindi semplici rappresentazioni in cose in se stesse.

Ci si farebbe torto, se da noi si attendesse quell'idealismo empirico — già da lungo tempo cosí screditato — che, pur assumendo una realtà propria dello spazio, nega tuttavia, o almeno mette in dubbio, l'esistenza di enti estesi in esso, e tra sogno e verità non ammette a questo riguardo alcuna differenza sufficientemente dimostrabile. Per quanto concerne le apparenze del senso interno nel tempo, tale idealismo non trova difficoltà ad ammetterle come cose reali; esso, anzi, sostiene che unicamente questa esperienza interna dimostra in modo sufficiente l'esistenza reale del suo oggetto (in se stesso, con ogni determinazione temporale).

Il nostro idealismo trascendentale, per contro, ammette che gli oggetti dell'intuizione esterna siano reali, cosí come vengono intuiti nello spazio, e del pari riconosce tutti i mutamenti nel tempo, cosí come li rappresenta il senso interno. In effetti, poiché lo spazio è già una forma di quell'intuizione che noi chiamiamo esterna, e poiché senza oggetti nello spazio non potrebbe darsi alcuna rappresentazione empirica, noi possiamo e dobbiamo allora considerare gli enti estesi nello spazio come reali. Lo stesso si dica riguardo al tempo. Ma lo spazio, come pure il tempo, ed assieme ad entrambi tutte le apparenze, non sono in se stessi, tuttavia, cose, e piuttosto non sono altro che rappresentazioni e non possono affatto esistere al di fuori del nostro animo. E persino l'intuizione interna e sensibile del nostro animo (come oggetto della coscienza), la determinazione del quale viene rappresentata mediante la successione di differenti stati nel tempo, non è d'altronde il vero e proprio soggetto, cosí come esiste in sé, né è il soggetto trascendentale, ma risulta soltanto un'apparenza, che è stata data alla sensibilità di questo ente a noi ignoto. Non si può ammettere che questa apparenza interna esista come una cosa sussistente in sé, poiché la condizione di tale apparenza è il tempo, il quale non può affatto essere una determinazione di una cosa in se stessa. Nello spazio e nel tempo, tuttavia, la verità empirica delle apparenze è abbastanza garantita, e sufficientemente staccata dalla parentela con il sogno, purché spazio e tempo si congiungano rettamente e completamente in una sola esperienza, secondo leggi empiriche.

Gli oggetti dell'esperienza, perciò, n o n sono m a i
dati i n s é , ma sono dati soltanto nell'esperienza, e **340**
fuori di questa non esistono certo. Il fatto che nella luna possano esistere degli abitanti — sebbene nessun uomo li abbia mai percepiti — deve senza dubbio essere ammesso, ma significa soltanto che nel progresso possibile dell'esperienza noi potremmo imbatterci in essi. In effetti, è reale tutto ciò che si congiunge in un solo contesto con una percezione, secondo le leggi del progresso empirico. Tali oggetti sono dunque reali nel caso in cui stiano in una connessione empirica con la mia coscienza reale, sebbene non per questo risultino reali in se stessi, cioè al di fuori di tale progresso dell'esperienza.

Nulla ci è realmente dato, se non la percezione e il progresso empirico da questa ad altre percezioni possibili. In se stesse, difatti, le apparenze, come semplici rappresentazioni, sono reali soltanto nella percezione: questa, nel fatto, non è altro se non la realtà di una rappresentazione empirica, cioè apparenza. Il chiamare cosa reale un'apparenza, prima che si giunga alla percezione, o significa che nel progresso dell'esperienza noi dobbiamo giungere a una tale percezione, oppure non ha alcun significato. In effetti, che tale apparenza esista in se stessa, senza riferimento ai nostri sensi e ad un'esperienza possibile, lo si potrebbe senza dubbio dire, se si parlasse di una cosa in se stessa. Ma qui si tratta unicamente di un'apparenza nello spazio e nel tempo, che sono entrambi, non già determinazioni delle cose in se stesse, bensí soltanto determinazioni della nostra sensibilità: ciò che è contenuto nello spazio e nel tempo (apparenze), quindi, non è qualcosa in sé, ma consiste in semplici rappresentazioni, le quali, se non sono date in noi (nella percezione), non si ritrovano da nessuna parte.

La facoltà sensibile dell'intuizione è, propriamente, soltanto una capacità recettiva di venir modificati in certo modo da rappresentazioni, la cui relazione reciproca costituisce un'intuizione pura dello spazio e del tempo (mere forme della nostra sensibilità): tali rappresentazioni, in quanto sono connesse e determinabili in questa relazione (nello spazio e nel tempo), secondo le leggi dell'unità dell'esperienza, si chiamano o g g e t t i. La causa non sensibile di queste rappresentazioni ci è del tutto ignota, e noi non possiamo quindi intuirla come oggetto. In effetti, un siffatto oggetto non dovrebbe venir rappresentato né nello spazio né nel tempo (che sono semplici condizioni della rappresentazione sensibile), e senza tali condizioni noi non potremo affatto pensare un'intuizione.
341 La causa semplicemente intelligibile delle apparenze in generale, tuttavia, noi possiamo chiamarla l'oggetto trascendentale, all'unico scopo di avere qualcosa che corrisponda alla sensibilità, intesa come recettività. Noi possiamo attribuire a questo oggetto trascendentale l'intera estensione e l'intero collegamento delle nostre percezioni possibili, e possiamo dire che esso è dato in se stesso, anteriormente ad ogni esperienza. Le apparenze, peraltro, conformemente ad esso, non sono date in sé, bensí soltanto in questa esperienza, poiché sono semplici rappresentazioni, le quali soltanto come percezioni esprimono un oggetto reale, purché questa percezione si colleghi con tutte le altre, secondo le regole dell'unità dell'esperienza. Si può dire, cosí, che le cose reali del tempo passato sono date nell'oggetto trascendentale dell'esperienza; esse, però, sono oggetti per me e sono reali nel tempo passato, solo in quanto io mi rappresenti, che una serie regressiva di percezioni possibili (non importa se lungo il filo conduttore

della storia, oppure sulle tracce delle cause e degli effetti), secondo leggi empiriche, ovvero, in una parola, il corso del mondo, conduca ad una serie temporale trascorsa, che è la condizione del tempo presente, e che in tal caso viene rappresentata come reale, non già in se stessa, bensí soltanto nel collegamento di un'esperienza possibile, cosicché tutti gli eventi trascorsi da tempo immemorabile, prima della mia esistenza, non significheranno altro se non la possibilità di un prolungamento della catena dell'esperienza, mediante un'ascesa dalla percezione presente sino alle condizioni che determinano questa nel tempo.

Perciò, se io mi rappresento tutti quanti gli oggetti esistenti dei sensi, in ogni tempo e in tutti gli spazi, non si può dire che io ponga tali oggetti nel tempo e nello spazio prima dell'esperienza; la suddetta rappresentazione, piuttosto, non è altro se non il pensiero di un'esperienza possibile, nella sua compiutezza assoluta. Soltanto in tale esperienza sono dati quegli oggetti (che non sono altro se non semplici rappresentazioni). Peraltro, il dire che essi esistono prima di ogni mia esperienza significa soltanto, che si ritroveranno in quella parte dell'esperienza, *cui* dovrò prima giungere, con un *progresso* che parta dalla percezione. La causa delle condizioni empiriche di questo progresso — e quindi anche la questione di determinare quali termini possano incontrarsi, o anche sino a che punto possano incontrarsene nel regresso — è trascendentale, e perciò a me necessariamente ignota. Qui tuttavia non ci occupiamo di questa causa, bensí soltanto della regola del progresso nell'esperienza, dove gli oggetti, cioè le apparenze, vengono dati. In definitiva, d'altronde, è del tutto indifferente il dire che io posso, nel progresso empi- 342
rico entro lo spazio, raggiungere stelle che sono cento volte piú lontane delle piú remote stelle che io veda, oppure il dire che siffatte stelle possono forse ritrovarsi nello spazio cosmico, sebbene nessun uomo le abbia mai percepite né sia destinato a percepirle mai. In effetti,

quand'anche esse fossero date come cose in sé, senza relazione ad un'esperienza possibile in generale, esse tuttavia non sono nulla per me, e quindi non sono affatto degli oggetti, se non in quanto siano contenute nella serie del regresso empirico. Solo in una differente relazione, quando cioè si voglia usare proprio queste apparenze per l'idea cosmologica di un tutto assoluto, e quando perciò si abbia a che fare con una questione che oltrepassa i limiti dell'esperienza possibile, allora la distinzione del modo in cui si intende la realtà dei suddetti oggetti dei sensi diventa importante per prevenire un'ingannevole illusione, destinata inevitabilmente a sorgere dal fraintendimento dei nostri propri concetti di esperienza.

Sezione settima

SOLUZIONE CRITICA DEL CONFLITTO COSMOLOGICO DELLA RAGIONE CON SE STESSA

L'intera antinomia della ragione pura si fonda sulla seguente argomentazione dialettica: se il condizionato è dato, è allora data altresí l'intera serie delle sue condizioni; ma gli oggetti dei sensi ci sono dati come condizionati; dunque ecc. Mediante questo sillogismo, la cui premessa maggiore sembra cosí naturale ed evidente, vengono peraltro introdotte — a seconda delle differenti specie di condizioni (nella sintesi delle apparenze), che costituiscono una serie — altrettante idee cosmologiche, le quali postulano la totalità assoluta di queste serie, e appunto per questo trascinano inevitabilmente la ragione in conflitto con se stessa. Prima di rivelare l'elemento ingannevole di questa argomentazione raziocinante, dobbiamo peraltro metterci in grado di affrontare questo compito, rettificando e determinando certi concetti che si presentano in tale argomentazione.

In primo luogo, la seguente proposizione è chiara e indubitabilmente certa: se il condizionato è dato, proprio per questo ci è **imposto** un regresso nella serie di tutte le condizioni di tale condizionato. In effetti, il 343
concetto del condizionato implica già, che per mezzo suo qualcosa venga riferito ad una condizione, e, se questa ultima è a sua volta condizionata, ad una condizione piú remota, attraversando cosí tutti i termini della serie. Questa proposizione è dunque analitica e non ha nulla da temere da parte di una critica trascendentale. Un postulato logico della ragione consiste appunto nel seguire e nel continuare per quanto è possibile, mediante l'intelletto, quella connessione di un concetto con le sue condizioni, che già inerisca al concetto stesso.

Inoltre, se tanto il condizionato quanto la sua condizione sono cose in se stesse, allora, quando il primo è stato dato, il regresso alla seconda non soltanto è *imposto*, ma in tal modo è realmente già **dato**. E poiché ciò si applica a tutti i termini della serie, in tal caso, per il fatto che il condizionato (possibile solo attraverso la serie delle condizioni) è dato, sarà data al tempo stesso, o piuttosto presupposta, la serie completa delle condizioni, e quindi anche l'incondizionato. La sintesi del condizionato con la sua condizione, in questo caso, è una sintesi del semplice intelletto, il quale rappresenta le cose, *cosí come sono*, senza badare se e come noi possiamo giungere alla loro conoscenza. Per contro, quando io ho a che fare con le apparenze — le quali, come semplici rappresentazioni, non sono affatto date, se io non giungo alla loro conoscenza (cioè, se io non giungo alle apparenze stesse, poiché queste non sono altro se non conoscenze empiriche) — io non posso allora dire, nel medesimo significato, che se il condizionato è dato sono date altresí tutte le condizioni di esso (come apparenze), e non posso quindi in alcun modo concludere alla totalità assoluta della serie delle condizioni. Difatti le *apparenze*, nell'apprensione, non sono esse stesse altro se non una sintesi empirica (nello spazio e nel tempo), e perciò sono date soltanto *in questa* sintesi. Orbene, non risulta affatto che, se il condizionato (nell'apparenza) è dato, sia con ciò data al tempo stesso, e presupposta, altresí la sintesi costituente la sua condizione empirica; tale sintesi, piuttosto, si raggiunge soltanto nel regresso, e non si verifica mai senza di questo. In tal caso, però, si può certo dire, che un *regresso* verso le condizioni, cioè una sintesi empirica continuata, in questo verso, è richiesto o *imposto*, e che non possono mancare le condizioni, le quali vengono date attraverso questo regresso.

Da ciò risulta chiaro, che la premessa maggiore del
344 sillogismo cosmologico intende il condizionato nel senso trascendentale di una categoria pura, mentre la premessa minore lo intende nel senso empirico di un concetto dell'intelletto applicato a semplici apparenze, e che di conseguenza si ritrova in questo sillogismo l'inganno dialettico, che è chiamato *sophisma figurae dictionis*. Questo inganno, peraltro, non è ottenuto ad arte, ma costituisce un'illusione del tutto naturale della ragione comune. A causa di tale illusione, infatti, se qualcosa è dato come condizionato, noi presupponiamo (nella premessa maggiore), per cosí dire, *senza averle viste*, le condizioni e la loro serie: in effetti, ciò non è altro se non il postulato logico, che assume, per una conclusione data, delle premesse complete. In tal caso, nella connessione del condizionato con la sua condizione non si può ritrovare alcun ordine temporale: condizionato e condizione sono in sé presupposti *come* dati *simultaneamente*. È inoltre altrettanto naturale considerare — nella premessa minore — le apparenze come cose in sé e come oggetti dati al semplice intelletto, quanto ciò era naturale nella premessa maggiore, dove io ho fatto astrazione da tutte le condizioni dell'intuizione, sotto le quali soltanto possono esserci dati degli oggetti. A questo riguardo, peraltro, abbiamo trascurato

un'importante distinzione tra tali concetti. La sintesi del condizionato con la sua condizione e l'intera serie delle condizioni — nella premessa maggiore — non implicavano in alcun modo né una limitazione nel tempo, né un concetto di successione. Per contro, la sintesi empirica e la serie delle condizioni nell'apparenza (serie che viene sussunta nella premessa minore) sono necessariamente successive, e sono date soltanto nel tempo, gradualmente. Di conseguenza, io non potevo presupporre allo stesso modo, tanto in un caso quanto nell'altro, la totalità assoluta della sintesi e della serie cosí rappresentata: in effetti, nel primo caso tutti i termini della serie sono dati in sé (senza condizione temporale), mentre nel secondo caso essi sono possibili soltanto mediante il regresso successivo, il quale è dato solo per il fatto che lo si compia realmente.

Dopo che è stato dimostrato un tale errore nell'argomentazione posta da tutti alla base delle asserzioni cosmologiche, le due parti contendenti possono a buon diritto venir licenziate, non avendo esse fondato le loro pretese su alcun titolo valido. In tal modo, peraltro, il loro dissidio non ha ancora trovato la sua fine, nel senso che si sia potuto dimostrare il torto di una delle parti — o di entrambe — quanto al punto di vista da essa sostenuto (nella conclusione); tutt'al piú, si può dire che essa non ha saputo fondare il suo punto di vista su valide ragioni dimostrative. Senonché, quando tra due parti contendenti l'una asserisce: il mondo ha un inizio, mentre l'altra sostiene: il mondo non ha alcun inizio, bensí esiste sin **345**
dall'eternità, nulla risulta piú chiaro del fatto che una delle due debba avere ragione. Cosí stando le cose, è tuttavia impossibile scoprire da che parte sia la ragione, poiché gli argomenti delle due parti sono egualmente chiari. E il dissidio continua ancora, sebbene il tribunale della ragione abbia ordinato alle parti di rappacificarsi. Non rimane dunque alcun mezzo per porre fine al con-

flitto, una volta per tutte e con soddisfazione di entrambe le parti, se non di convincere infine questi avversari, i quali possono tanto efficacemente confutarsi l'un l'altro, che la loro contesa non ha perciò alcun contenuto, e che una certa illusione trascendentale ha presentato loro una realtà, là dove non può trovarsene alcuna. Percorreremo ora questa strada, per comporre una lite su cui non si può pronunziare una sentenza.

Zenone di Elea, un sottile dialettico, venne già biasimato da Platone, quasi fosse un petulante sofista, per il fatto che egli, per mostrare la sua arte, cercava di provare una proposizione mediante argomenti plausibili, e si sforzava subito dopo di abbattere la medesima proposizione con altri argomenti, altrettanto forti. Egli asseriva, che Dio (che presumibilmente non era per lui altro se non il mondo) non è né finito né infinito, non è né in movimento né in quiete, non è né simile né dissimile a nessun'altra cosa. Coloro che lo giudicarono al riguardo credettero che egli avesse voluto negare completamente due proposizioni tra loro contraddittorie, il che è assurdo. Io non trovo tuttavia che sia giusto addossargli questo errore. Quanto alla prima di queste proposizioni, io fornirò ben presto un maggior chiarimento. Per quanto riguarda le altre, senza dubbio, se con la parola Dio egli intendeva l'universo, doveva allora dire che l'universo non è permanentemente presente nel suo luogo (in quiete), né muta di luogo (si muove): in effetti, tutti i luoghi sono soltanto nell'universo, cosicché l'universo stesso non è in alcun luogo. Se l'universo comprende in sé tutto ciò che esiste, esso non è allora né simile né dissimile a nessun'altra cosa, poiché al di fuori di esso non esiste nessun'altra cosa, con cui esso possa venir confrontato. Se due giudizi contrapposti tra loro presuppongono una condizione impossibile, essi cadono allora entrambi, nonostante il loro contrasto (il quale tuttavia non è propriamente una contraddizione), poiché cade la condizione, la quale sola rendeva valida ciascuna di queste proposizioni.

Se qualcuno dice: ogni corpo o ha un odore buono o ha un odore non buono, è allora possibile un terzo caso, cioè che esso non abbia affatto odore: entrambe le proposizioni contrastanti possono quindi essere false. Se io dico, che ogni corpo o ha un buon odore o non ha un buon odore (*vel suaveolens vel non suaveolens*), i due giudizi sono allora contrapposti contraddittoriamente, e solo il primo è falso, mentre il suo opposto contraddittorio — cioè la proposizione che alcuni corpi non hanno un buon odore — comprende in sé anche i corpi che non hanno affatto un odore. Nella precedente contrapposizione (*per disparata*), la condizione contingente del concetto di corpi (l'odore) rimaneva ancora nel giudizio contrastante, e non era quindi eliminata da questo, cosicché il secondo giudizio non risultava l'opposto contraddittorio del primo. 346

Perciò, se io dico: il mondo, quanto allo spazio, o è infinito o non è infinito (*non est infinitus*), in tal caso, quando la prima proposizione è falsa, dovrà essere vero il suo opposto contraddittorio: il mondo non è infinito. Con ciò, io non farei che eliminare un mondo infinito, senza porne un altro, cioè quello finito. Ma se si dicesse: il mondo è o infinito, o finito (non infinito), entrambi i giudizi potrebbero allora essere falsi. In tal caso, difatti, io considero il mondo come determinato in se stesso quanto alla sua grandezza, poiché nell'antitesi non soltanto elimino l'infinità e con essa forse l'intera esistenza separata del mondo, ma aggiungo una determinazione al mondo — considerato come una cosa in se stessa reale — il che può essere altrettanto falso, nel caso cioè in cui il mondo non dovesse essere dato come cosa in sé, e quindi né come infinito né come finito, rispetto alla sua grandezza. Una siffatta contrapposizione, mi si permetta di chiamarla *dialettica*, e quella della contraddizione, invece, mi sia lecito chiamarla *opposizione analitica*. Nel caso di due giudizi contrapposti tra loro dialetticamente, può perciò avvenire che tutti e due siano falsi, per il fatto che uno dei due non contraddica semplicemente all'altro, ma dica qualcosa di piú di quanto si richiede per la contraddizione.

Quando le due proposizioni: il mondo è infinito rispetto alla grandezza, e: il mondo è finito rispetto alla sua grandezza, sono considerate come contrapposte contraddittoriamente fra loro, si assume allora che il mondo (l'intera serie delle apparenze) sia una cosa in se stessa. In tal caso, difatti, il mondo rimane, sia che io elimini il regresso infinito nella serie delle sue apparenze, sia che io elimini quello finito. Ma se io lascio da parte questo presupposto, ossia questa illusione trascendentale, e nego che il mondo sia una cosa in se stessa, in tal caso il con-
347 trasto contraddittorio delle due asserzioni si trasforma in un contrasto semplicemente dialettico; e poiché il mondo non esiste affatto in sé (indipendentemente dalla serie regressiva delle mie rappresentazioni), esso non esiste allora né come *un tutto in sé infinito*, né come *un tutto in sé finito*. Il mondo può ritrovarsi soltanto nel regresso empirico della serie delle apparenze, e per se stesso non esiste affatto. Di conseguenza, se tale serie è sempre condizionata, essa non è mai data completamente: il mondo non è perciò un tutto incondizionato, e quindi non esiste neppure come tale, né con una grandezza infinita né con una grandezza finita.

Ciò che è stato detto qui a proposito della prima idea cosmologica, cioè a riguardo della totalità assoluta della quantità nell'apparenza, vale altresí per tutte le rimanenti idee. La serie delle condizioni può ritrovarsi soltanto nella sintesi stessa del regresso, e non può invece trovarsi in sé nell'apparenza, intesa come una cosa indipendente, data prima di ogni regresso. Perciò io dovrò anche dire: il numero delle parti, in un'apparenza data, non è in sé né finito né infinito, poiché l'apparenza non è nulla di esistente in se stesso, e poiché le parti vengono date soltanto mediante il regresso della sintesi di decomposizione, e dentro tale regresso: quest'ultimo non è mai dato come assolutamente *completo*, né in quanto finito né in quanto infinito. Lo stesso vale per la serie delle cause sovraordinate l'una all'altra, o per la serie che dall'esistenza condizionata risale all'esistenza incondizionatamente necessaria: in questi casi, la serie non può mai venir considerata in sé, né come finita nella sua totalità, né come infinita, poiché essa, in quanto serie di rappresentazioni subordinate, consiste soltanto nel regresso dinamico, e non può affatto esistere prima di tale regresso, come serie per sé sussistente di cose in se stesse.

Si elimina cosí l'antinomia della ragione pura a riguardo delle sue idee cosmologiche, col mostrare che essa è soltanto dialettica e si riduce ad un contrasto di un'illusione: tale illusione sorge dal fatto che si è applicata l'idea della totalità assoluta — valida soltanto come condizione delle cose in se stesse — alle apparenze, le quali esistono soltanto nella rappresentazione, e, se costituiscono una serie, nel regresso successivo, ma altrimenti non esistono affatto. D'altro lato, si può tuttavia trarre da questa antinomia un vero vantaggio, certo non dogmatico, ma pur sempre critico e dottrinale. Tale vantaggio consiste nel dimostrare indirettamente, mediante essa, l'idealità trascendentale delle apparenze, nel caso in cui a qualcuno non bastasse la dimostrazione diretta dell'Estetica trascendentale. La 348
dimostrazione indiretta consisterebbe nel seguente dilemma. Se il mondo è un tutto esistente in sé, esso è allora o finito o infinito. Ma tanto la prima cosa quanto la seconda sono false (in base alle dimostrazioni, riportate sopra, dell'antitesi da un lato, e della tesi dall'altro). Dunque è anche falso, che il mondo (l'insieme di tutte le apparenze) sia un tutto in sé esistente. Da ciò segue allora, che le

apparenze in generale non sono nulla al di fuori delle nostre rappresentazioni, ed è proprio questo che volevamo dire, parlando dell'idealità trascendentale delle apparenze.

Questa osservazione è importante. Di qui si vede, che le precedenti dimostrazioni della quadruplice antinomia non erano sofistiche, ma fondate, cioè condotte in base al presupposto, che le apparenze — o un mondo dei sensi, che le comprenda in sé tutte quante — fossero cose in se stesse. Il contrasto delle proposizioni in tal modo ottenute, tuttavia, rivela che nel presupposto è contenuta una falsità, e ci porta cosí alla scoperta della vera natura delle cose, come oggetti dei sensi. La dialettica trascendentale, perciò, non favorisce in alcun modo lo scetticismo, ma rafforza piuttosto il metodo scettico, il quale può additare questa dialettica come un esempio della sua grande utilità, purché si permetta agli argomenti della ragione di combattere tra loro nella massima libertà: tali argomenti, sebbene in definitiva non forniscano ciò che si cercava, produrranno pur sempre qualcosa di utile, che servirà a rettificare i nostri giudizi.

Sezione ottava

IL PRINCIPIO REGOLATIVO DELLA RAGIONE PURA A RIGUARDO DELLE IDEE COSMOLOGICHE

Poiché, mediante la proposizione fondamentale cosmologica della totalità, un *maximum* della serie di condizioni — in un mondo dei sensi inteso come cosa in se stessa — non viene affatto d a t o, ma può essere soltanto i m p o s t o nel regresso di tale serie, in tal caso la suddetta proposizione fondamentale della ragione pura, nel suo significato in questa guisa rettificato, conserva ancora una sua positiva validità, certo non in quanto a s s i o m a, per pensare la totalità come reale nell'oggetto, bensí in
349 quanto p r o b l e m a — per l'intelletto, e quindi per il

soggetto — che ci spinge a iniziare ed a proseguire (conformemente alla compiutezza nell'idea) il regresso nella serie delle condizioni per un condizionato dato. Nella sensibilità invero, cioè nel tempo e nello spazio, ogni condizione, cui possiamo giungere nell'esposizione di apparenze date, è a sua volta condizionata: in effetti, tali apparenze non sono affatto oggetti in se stessi, in cui forse potrebbe aver luogo l'assolutamente incondizionato, ma sono semplicemente rappresentazioni empiriche, le quali devono sempre trovare nell'intuizione la loro condizione, che le determini nello spazio o nel tempo. La proposizione fondamentale della ragione è quindi, propriamente, soltanto una *regola*, che nella serie delle condizioni di apparenze date impone un regresso, al quale non è mai concesso di arrestarsi ad un qualcosa di assolutamente incondizionato. Tale proposizione, perciò, non è un principio della possibilità dell'esperienza e della conoscenza empirica degli oggetti dei sensi, né è, quindi, una proposizione fondamentale dell'intelletto, poiché ogni esperienza è racchiusa nei propri limiti (conformemente all'intuizione data). Essa non è neppure un *principio costitutivo* della ragione, per estendere il concetto del mondo dei sensi al di là di ogni esperienza possibile. Si tratta, piuttosto, di un principio di continuazione ed estensione — le piú grandi possibili — dell'esperienza, in base al quale nessun limite empirico deve valere come limite assoluto; si tratta, perciò, di un principio della ragione, il quale, *come regola*, postula ciò che noi dobbiamo fare *nel regresso*, ma *non anticipa* ciò che è dato in sé *nell'oggetto*, prima di ogni regresso. Io lo chiamo, di conseguenza, un principio *regolativo* della ragione, mentre, al contrario, la proposizione fondamentale della totalità assoluta della serie delle condizioni, come data in se stessa nell'oggetto (nelle apparenze), sarebbe un principio cosmologico costitutivo, la cui nullità io ho voluto indicare proprio con questa distinzione, per impedire cosí che si attribuisca una realtà oggettiva — come altrimenti avverrebbe inevitabilmente, mediante una surrezione trascendentale — ad un'idea, che serve semplicemente da regola.

Per determinare ora convenientemente il senso di questa regola della ragione pura, occorre anzitutto osservare, che essa non può dire *che cosa sia l'oggetto*, ma dice soltanto *come debba impostarsi il regresso empirico*, al fine di giungere al concetto compiuto dell'oggetto. In effetti, se si verificasse il primo caso, tale regola sarebbe un principio costitutivo, quale non sarà mai possibile ottenere dalla ragione pura. Presentando questa regola, quindi, non si può in alcun modo aver l'intenzione di dire, che la serie
350 delle condizioni per un condizionato dato sia in sé finita oppure infinita; in tal caso, difatti, una semplice idea della totalità assoluta — prodotta unicamente nell'idea stessa — penserebbe un oggetto, che non può essere dato in alcuna esperienza, mentre ad una serie di apparenze verrebbe attribuita una realtà oggettiva, indipendente dalla sintesi empirica. Alla sintesi regressiva nella serie delle condizioni, perciò, l'idea della ragione prescriverà soltanto una regola, in base alla quale tale sintesi proceda dal condizionato — attraverso tutte le condizioni subordinate l'una all'altra — verso l'incondizionato, pur non raggiungendo mai quest'ultimo. L'assolutamente incondizionato, infatti, non si ritrova per nulla nell'esperienza.

A questo scopo, orbene, occorre anzitutto determinare esattamente la sintesi di una serie, in quanto non è mai completa. Ci si serve comunemente, a questo proposito, di due espressioni, che vogliono distinguere qualcosa, senza che si sappia indicare chiaramente il fondamento di tale distinzione. I matematici parlano unicamente di un *progressus in infinitum*. Gli indagatori dei concetti (filosofi) ammettono invece soltanto l'espressione: *progressus in indefinitum*. Senza soffermarmi ad esaminare gli scrupoli, che hanno suggerito a costoro una tale distinzione, e senza dilungarmi a considerare l'uso buono o infruttuoso di tale distinzione, cercherò ora di determinare esattamente questi concetti in relazione al mio scopo.

A proposito di una linea retta, si dice a buon diritto che essa può venir prolungata all'infinito, e in questo caso la distinzione tra progresso infinito e progresso indefinito (*progressus in indefinitum*) sarebbe una vuota sottigliezza. È vero, infatti, che se si dice: prolungate una linea, sarebbe certo piú giusto aggiungere: *in indefinitum*, che dire: *in infinitum*, poiché la prima espressione non vuol dire altro se non: prolungatela sinché v o l e t e, mentre la seconda significa invece: non d o v e t e cessare mai di prolungarla (e qui non si intende davvero ciò). Tuttavia, se si tratta soltanto di ciò che è possibile, l'espressione abituale risulta perfettamente corretta: voi potete infatti accrescere sempre la linea, all'infinito. E cosí avviene anche in tutti i casi, in cui si parla soltanto del progresso, cioè del procedere dalla condizione al condizionato; questo progresso possibile va, nella serie delle apparenze, all'infinito. Partendo da una coppia di ascendenti, voi potete procedere senza fine lungo la linea discendente della generazione, e potete benissimo pensare che questa linea proceda realmente cosí nel mondo. In questo caso, difatti, la ragione non ha mai bisogno della totalità assoluta della serie, poiché presuppone tale serie non già come condi- 351
zione e come d a t a (*datum*), bensí unicamente come qualcosa di condizionato, che può soltanto essere dato (*dabile*) e che viene aggiunto senza fine.

Del tutto differente è il caso del problema, che vuol stabilire quanto si estenda il regresso, il quale ascenda in una serie dal condizionato dato verso le condizioni; che vuol stabilire, se io possa dire che si tratta di **un regresso all'infinito**, oppure soltanto di un regresso estendentesi i n d e f i n i t a m e n t e (*in indefinitum*); se io quindi, partendo dagli uomini che vivono ora, possa risalire all'infinito la serie dei loro progenitori, oppure se si possa dire soltanto che, per quanto io sia risalito indietro, non ho mai ritrovato una ragione empirica per ritenere limitata da qualche parte la serie, cosicché io sarò autorizzato e al tempo stesso costretto a ricercare — sebbene non a presupporre — per ciascuno dei progenitori un suo ulteriore antenato.

Io dico di conseguenza: se nell'intuizione empirica è stato dato il tutto, il regresso nella serie delle sue condizioni interne procede allora all'infinito. Ma se è dato soltanto un termine della serie, partendo dal quale il regresso debba poi procedere verso la totalità assoluta, in tal caso ha luogo soltanto un regresso che si estende indefinitamente (*in indefinitum*). Riguardo alla divisione di una materia data entro i suoi limiti (un corpo), occorre cosí dire, che essa procede all'infinito. In effetti, questa materia è data totalmente — e quindi assieme a tutte le sue parti possibili — nell'intuizione empirica. Ora, poiché la condizione di questo tutto è la sua parte e la condizione di questa parte è la parte della parte, ecc., e poiché in questo regresso della decomposizione non si ritrova mai un termine incondizionato (indivisibile) di questa serie di condizioni, cosí non soltanto non esiste da nessuna parte una ragione empirica per porre fine alla divisione, ma i termini ulteriori della divisione — che dev'essere continuata — sono essi stessi empiricamente dati prima di questa graduale divisione: la divisione, in altre parole, procede all'infinito. Per contro, la serie dei progenitori di un dato uomo non è data, nella sua totalità assoluta, attraverso nessuna esperienza possibile; il regresso, tuttavia, procede da ogni membro di questa generazione ad uno piú alto, cosicché non si ritroverà alcun limite empirico, che rappresenti un membro come assolutamente incondizionato. Ma poiché i membri, che potrebbero fornire la condizione al riguardo, non si trovano tuttavia, già prima del regresso, nell'intuizione empirica del tutto, allora tale regresso non

procede all'infinito (nella divisione del dato), ma si estende
indefinitamente, ricercando, in aggiunta a quelli dati, 352
ulteriori membri, che a loro volta sono sempre dati solo condizionatamente.

In nessuno dei due casi, né nel *regressus in infinitum*, né nel *regressus in indefinitum*, la serie delle condizioni viene considerata come data nell'oggetto in quanto infinita. Non si tratta di cose, che vengano date in se stesse, ma si tratta soltanto di apparenze, le quali sono date soltanto nel regresso stesso, come condizioni l'una dell'altra. La questione non consiste dunque piú nello stabilire quanto si estenda in se stessa questa serie delle condizioni, né nel determinare se essa sia finita o infinita (tale serie infatti in se stessa non è nulla), ma consiste piuttosto nel vedere come si debba impostare il regresso empirico, e sino a che punto lo si debba continuare. Ed esiste qui un'importante distinzione, a riguardo della regola di questo progresso. Se il tutto è stato dato empiricamente, è allora possibile, regredire all'infinito nella serie delle sue condizioni interne. Se invece il tutto non è dato, ma dovrà essere dato soltanto mediante il regresso empirico, io posso allora dire soltanto, che è possibile all'infinito il procedere a condizioni della serie ancora piú alte. Nel primo caso, io potevo dire: esiste sempre, ed è empiricamente dato, un numero di termini maggiore di quello che io posso raggiungere con il regresso (della decomposizione); nel secondo caso, dico invece: io posso ancor sempre procedere oltre nel regresso, poiché nessun termine è empiricamente dato come assolutamente incondizionato, e quindi ogni termine ammette ancor sempre come possibile un termine superiore e rende cosí necessaria la ricerca di esso. Là occorreva trovare un maggior numero di termini della serie, qui invece è sempre necessario cercare un maggior numero di termini, poiché nessuna esperienza limita assolutamente. In effetti, o voi non avete alcuna percezione, che limiti assolutamente il vostro regresso empirico, e in tal caso non potrete considerare compiuto il vostro regresso, o voi avete una siffatta percezione che limita la vostra serie, e allora questa percezione non potrà essere una parte della serie da voi percorsa (poiché ciò *che limita* dev'essere differente da ciò *che ne è limitato*), e voi dovrete quindi estendere il vostro regresso altresí a questa condizione, ecc.

La seguente sezione metterà opportunamente in luce queste osservazioni, mostrando la loro applicazione.

353

Sezione nona

SULL'USO EMPIRICO DEL PRINCIPIO REGOLATIVO DELLA RAGIONE A RIGUARDO DI TUTTE LE IDEE COSMOLOGICHE

Poiché, come abbiamo mostrato piú volte, non esiste un uso trascendentale né dei concetti puri dell'intelletto né dei concetti puri della ragione, e poiché d'altro canto la totalità assoluta delle serie delle condizioni nel mondo sensibile si appoggia unicamente su di un uso trascendentale della ragione — la quale esige questa compiutezza incondizionata da parte di ciò che essa presuppone come cosa in sé, mentre il mondo dei sensi non contiene invece cose in sé — in tal caso non si potrà mai piú parlare della quantità assoluta delle serie nel mondo dei sensi, né dire se tali serie siano limitate oppure *in sé* illimitate, ma si potrà considerare soltanto sino a che punto, nel ricondurre l'esperienza alle sue condizioni, noi dobbiamo risalire lungo il regresso empirico, per non arrestarci, secondo la regola della ragione, a nessun'altra risoluzione dei suoi problemi se non a quella che si accordi con l'oggetto.

È dunque soltanto la *validità del principio della ragione* — inteso come regola della *continuazione* e della grandezza di un'esperienza possibile — che ci rimane ancora, dopo che è stata provata

sufficientemente l'invalidità di esso, come proposizione fondamentale costitutiva delle apparenze in se stesse. Inoltre, se noi possiamo presentare tale validità in modo indubitato, risulterà definitivamente chiuso il conflitto della ragione con se stessa, poiché non soltanto sarà stata eliminata, mediante una risoluzione critica, l'illusione che poneva la ragione in dissidio con se stessa, ma in vece sua si dischiuderà il significato, secondo cui la ragione si accorda con se stessa e il cui fraintendimento è stato l'unica causa del conflitto, e in tal modo una proposizione fondamentale altrimenti dialettica si trasformerà in una proposizione fondamentale dottrinale. In realtà, se tale proposizione fondamentale, nel suo significato soggettivo, può essere convalidata per la determinazione del massimo uso possibile dell'intelletto nell'esperienza, conformemente agli oggetti di questa, ciò equivale addirittura al fatto che essa determini *a priori*, come un assioma (il quale è impossibile in base alla pura ragione), gli oggetti in se stessi. Anche un assioma, difatti, rispetto agli oggetti dell'esperienza, non potrebbe influire sull'estensione e la rettificazione della nostra conoscenza in un modo piú notevole, che col dimostrarsi efficiente nel piú 354
esteso uso di esperienza del nostro intelletto.

I.

Risoluzione dell'idea cosmologica della totalità della composizione delle apparenze in un universo

Tanto qui, quanto a proposito dei rimanenti problemi cosmologici, il fondamento del principio regolativo della ragione è la seguente proposizione: nel regresso empirico, non si può ritrovare alcuna esperienza di un limite assoluto, e quindi non si può ritrovare alcuna esperienza di una condizione tale, da essere assolutamente incondizionata in senso empirico. La ragione di ciò, peraltro, è che una siffatta esperienza dovrebbe contenere in sé una limitazione delle apparenze da parte del nulla o del vuoto, dove occorrerebbe che avesse fine il regresso continuato mediante percezioni: il che è impossibile.

Questa proposizione, orbene, la quale equivale a dire che nel regresso empirico io giungo ogni volta soltanto ad una condizione, che a sua volta deve venir considerata essa stessa come empiricamente condizionata, contiene la regola *in terminis*, secondo cui, per quanto lontano io possa essere giunto a questo modo nella serie ascendente, dovrò pur sempre ricercare un termine della serie piú alto, non importa poi se questo sia da me conosciuto mediante l'esperienza, oppure no.

Per la risoluzione del primo problema cosmologico, orbene, non occorre null'altro che stabilire ulteriormente, se, nel regresso verso la quantità incondizionata dell'universo (nel tempo e nello spazio), questa ascesa mai limitata possa chiamarsi un regresso all'infinito, oppure soltanto un regresso continuato indefinitamente (*in indefinitum*).

La semplice rappresentazione generale della serie di tutti gli stati passati del mondo, e inoltre delle cose che sono simultaneamente nello spazio cosmico, non è altro essa stessa se non un regresso empirico possibile, che io penso — sebbene ancora indeterminatamente — e mediante cui soltanto può sorgere il concetto di una tale serie
355 delle condizioni della percezione data[1]. L'universo, orbene,

355 [1] Questa serie del mondo non può essere, perciò, né piú grande né piú piccola del regresso empirico possibile, su cui soltanto si fonda il suo concetto. E poiché questo regresso non può fornire un determinato infinito, e allo stesso modo non può fornire neppure un determinato finito (un qualcosa di assolutamente limitato), risulta allora chiaro da ciò, che noi non possiamo assumere la quantità del mondo né come finita né come infinita: il regresso (mediante cui tale quantità è rappresentata) non permette infatti nessuna delle due cose.

io lo possiedo sempre soltanto nel concetto, ma in nessun modo lo possiedo (come un tutto) nell'intuizione. Io non posso dunque concludere dalla sua quantità alla quantità del regresso, né determinare questa in conformità di quella; piuttosto, io devo anzitutto formarmi un concetto della quantità del mondo, servendomi della quantità del regresso empirico. Riguardo a quest'ultimo, tuttavia, io non so mai null'altro se non che debbo sempre procedere empiricamente da ogni termine dato della serie delle condizioni verso un termine piú alto e piú remoto. In tal modo, quindi, la quantità del totale delle apparenze non è affatto determinata assolutamente, e perciò non si può neppur dire, che questo regresso vada all'infinito, poiché ciò anticiperebbe i termini cui il regresso non è ancora giunto, e rappresenterebbe un numero cosí grande di tali termini, che nessuna sintesi empirica potrebbe mai raggiungerlo: di conseguenza, la quantità del mondo sarebbe determinata (sebbene soltanto negativamente) prima del regresso, il che è impossibile. Il mondo, in effetti, non mi è dato (nella sua totalità) da nessuna intuizione, e quindi anche la sua quantità non è affatto data prima del regresso. Di conseguenza, noi non possiamo dire nulla della quantità in sé del mondo, e neppure possiamo dire che in esso abbia luogo un *regressus in infinitum*; piuttosto, noi dobbiamo cercare il concetto della quantità del mondo soltanto in base alla regola, che determina il regresso empirico in esso. Questa regola, tuttavia, non dice null'altro se non che, per quanto lontani noi possiamo essere giunti nella serie delle condizioni empiriche, non dobbiamo ammettere da nessuna parte un limite assoluto, ma dobbiamo subordinare ogni apparenza, come condizionata, ad un'altra apparenza intesa come condizione della prima, e procedere cosí ulteriormente a questa condizione. Ciò costituisce il *regressus in indefinitum*, il quale, poiché non determina alcuna quantità nell'oggetto, può essere abbastanza chiaramente distinto dal *regressus in infinitum*.

Per conseguenza, io non posso dire: quanto al tempo passato o quanto allo spazio, il mondo è infinito. Un siffatto concetto di quantità, intesa come un'infinità data, è difatti empiricamente impossibile, e quindi anche, a riguardo del mondo come oggetto dei sensi, assolutamente impossibile. Io non dirò neppure: il regresso da
356 una percezione data a tutto ciò che la limita in una serie, tanto nello spazio quanto nel tempo passato, va all'infinito; ciò infatti presuppone la quantità infinita del mondo. D'altro canto, non dirò che tale quantità sia finita, poiché il limite assoluto è del pari empiricamente impossibile. Io non potrò quindi dire nulla riguardo all'intero oggetto dell'esperienza (al mondo dei sensi), ma potrò parlare soltanto della regola, secondo cui l'esperienza deve essere impostata e proseguita conformemente al suo oggetto.

Alla questione cosmologica sulla quantità del mondo, si darà dunque anzitutto la seguente risposta negativa: il mondo non ha un inizio primo nel tempo, e non ha un limite estremo nello spazio.

In caso contrario, infatti, il mondo sarebbe limitato, da un lato mediante il tempo vuoto, e d'altro lato mediante lo spazio vuoto. Ma poiché il mondo, in quanto apparenza, non può essere, in se stesso, nessuna delle due cose — dal momento che un'apparenza non è una cosa in se stessa — dovrebbe allora essere possibile una percezione della limitazione mediante un tempo assolutamente vuoto o uno spazio vuoto, percezione onde fossero dati in un'esperienza possibile questi limiti del mondo. Una tale esperienza, in quanto perfettamente vuota di contenuto, è peraltro impossibile. Un limite assoluto del mondo, perciò, è empiricamente impossibile, e quindi anche assolutamente impossibile[1].

356 [1] Si osserverà, che qui la dimostrazione è stata condotta in modo del tutto diverso che nel caso della dimostrazione dogmatica, fornita sopra nell'antitesi della prima antinomia. Là noi avevamo considerato il mondo dei sensi — secondo il modo comune e dogmatico di rappresentarlo —

Da ciò segue allora al tempo stesso la risposta affermativa: il regresso nella serie delle apparenze del mondo, inteso come determinazione della quantità del mondo, va *in indefinitum*. Il che equivale a dire quanto segue: il mondo dei sensi non ha una quantità assoluta, ma il regresso empirico (mediante cui soltanto può essere dato il mondo dei sensi, nel verso delle sue condizioni) ha una sua regola, che lo conduce sempre da ogni termine della serie, inteso come un condizionato, ad un termine piú remoto (non importa se ciò avvenga attraverso l'esperienza personale, o il filo conduttore della storia, o la catena degli effetti e delle loro cause), e non gli permette mai di rinunciare all'estensione dell'uso empirico possibile 357
dell'intelletto (il che costituisce d'altronde il vero e unico compito della ragione a riguardo dei suoi principî).

Con ciò non viene prescritto un determinato regresso empirico, che proceda incessantemente in una certa specie di apparenze; non si prescrive cioè, che per esempio, partendo da un uomo vivente, si debba sempre risalire lungo una serie di progenitori, senza attendersi una prima coppia, oppure che si debba risalire nella serie dei corpi celesti, senza ammettere un sole estremo. Ciò che si richiede, piuttosto, è soltanto l'ascesa da certe apparenze ad altre apparenze, quand'anche queste non fornissero una percezione reale (se la percezione, per il grado, è troppo debole rispetto alla nostra coscienza per diventare esperienza), poiché anche cosí esse appartengono all'esperienza possibile.

Ogni inizio è nel tempo, ed ogni limite di ciò che è esteso è nello spazio. Spazio e tempo, peraltro, sono soltanto nel mondo dei sensi. Soltanto le apparenze nel

come una cosa data in se stessa, nella sua totalità, prima di ogni regresso, ed avevamo rifiutato al mondo dei sensi, nel caso che non occupasse ogni tempo e tutti gli spazi, una qualsiasi posizione determinata nel tempo e nello spazio. La conclusione di allora era quindi diversa dalla presente, poiché in quel caso si era dedotta l'infinità reale del mondo dei sensi.

mondo, quindi, sono limitate condizionatamente, mentre il mondo stesso non è limitato né condizionatamente, né in modo incondizionato.

Proprio per tale ragione, e per il fatto che il mondo non può mai essere dato totalmente — e che neppure la serie delle condizioni per un condizionato dato può essere data totalmente, come serie del mondo — il concetto della quantità del mondo è dato soltanto mediante il regresso, e non può essere dato, in un'intuizione collettiva, prima di tale regresso. Ma il regresso consiste soltanto nel determinare la quantità e non fornisce perciò alcun concetto determinato, e quindi neppure un concetto di una quantità, che sia infinita rispetto ad una certa misura. Tale regresso, dunque, non va all'infinito (ad un infinito, per così dire, dato), ma si estende indeterminatamente, per dare una quantità (dell'esperienza), che diventa reale soltanto mediante questo regresso.

II.

Risoluzione dell'idea cosmologica della totalità della divisione di un tutto dato nell'intuizione

Se io divido un tutto, che è dato nell'intuizione, vado allora da un condizionato alle condizioni della sua possibilità. La divisione delle parti (*subdivisio* o *decompositio*) è un regresso nella serie di queste condizioni. La totalità
358 assoluta di questa serie sarebbe data soltanto nel caso in cui il regresso potesse giungere sino alle parti semplici. Ma se tutte le parti, in una decomposizione procedente in modo continuo, sono sempre daccapo divisibili, allora la divisione, cioè il regresso, va dal condizionato alle sue condizioni, *in infinitum*: in effetti, le condizioni (le parti) sono in tal caso contenute nel condizionato

stesso, e sono tutte quante date assieme ad esso, poiché questo condizionato è dato totalmente in una intuizione racchiusa entro i limiti di esso. Il regresso non può quindi venir chiamato semplicemente un retrocedere *in indefinitum*: tale denominazione era l'unica permessa dalla precedente idea cosmologica, dove io dovevo risalire dal condizionato alle sue condizioni, le quali erano date fuori del condizionato, e quindi non risultavano date mediante esso ed assieme ad esso, ma si aggiungevano piuttosto soltanto attraverso il regresso empirico. Ciò nonostante, non è in alcun modo permesso dire di un tutto cosiffatto, divisibile all'infinito, che *esso consta di un numero infinito di parti*. In effetti, sebbene tutte le parti siano contenute nell'intuizione del tutto, qui *non* è però contenuta *l'intera divisione*, la quale consiste soltanto nella decomposizione continua, ovvero nel regresso stesso, che primieramente rende reale la serie. Ora, in quanto tale regresso è infinito, tutti i termini (parti), cui esso giunge, sono certo contenuti nel tutto dato, inteso come *aggregato*, ma non vi è contenuta l'intera *serie* della *divisione*, la quale è infinita in modo successivo e non è mai *completa*, cosicché non può presentare un numero infinito di termini e una comprensione di tali termini in un tutto.

Questa osservazione generale si può anzitutto applicare assai facilmente allo spazio. Ogni spazio intuito nei suoi limiti è un tutto cosiffatto, le cui parti, nonostante ogni decomposizione, sono ancor sempre spazi. Ogni spazio intuito nei suoi limiti è perciò divisibile all'infinito.

Di qui segue altresí, in modo del tutto naturale, la seconda applicazione, quella cioè ad un'apparenza esterna racchiusa nei suoi limiti (corpo). La divisibilità di un corpo si fonda sulla divisibilità dello spazio, il quale costituisce la possibilità del corpo come un tutto esteso. Un corpo è quindi divisibile all'infinito, senza che per questo debba constare di un numero infinito di parti.

Può sembrare, a dire il vero, che un corpo, in quanto dev'essere rappresentato come sostanza nello spazio, differirà da quest'ultimo, per quanto riguarda la legge della divisibilità dello spazio. È forse possibile concedere, in effetti, che la decomposizione nello spazio non possa mai eliminare ogni composizione, poiché in tal caso tutto lo
359 spazio, che quanto al resto non ha alcuna indipendenza, cesserebbe addirittura di esistere (il che è impossibile), mentre il dire che, se si eliminasse col pensiero ogni composizione della materia, non dovrebbe rimanere piú nulla, sembra invece non potersi accordare con il concetto di una sostanza, la quale propriamente dovrebbe essere il soggetto di ogni composizione, e dovrebbe rimanere ancora nei suoi elementi, quand'anche fosse eliminata la loro connessione nello spazio, mediante la quale essi costituiscono un corpo. Tuttavia, ciò che si può certamente pensare — mediante un concetto puro dell'intelletto — a riguardo di una cosa in se stessa, non si applica invece a ciò che si chiama sostanza nell'apparenza. Quest'ultimo non è un soggetto assoluto, ma soltanto un'immagine permanente della sensibilità, e non è quindi altro se non un'intuizione, in cui non si può ritrovare nulla di incondizionato.

Peraltro, sebbene questa regola del processo all'infinito abbia luogo, senza alcun dubbio, nella suddivisione di un'apparenza intesa come semplice riempimento dello spazio, essa tuttavia non può valere, se vogliamo estenderla altresí alla moltitudine delle parti, in certo modo già separate nel tutto dato, le quali costituiscono cosí un *quantum discretum*. La supposizione che in qualsiasi tutto articolato (organizzato) ogni parte sia a sua volta articolata, e che in tal modo, nella scomposizione delle parti all'infinito, si incontrino sempre nuove parti organizzate, o in una parola, che il tutto sia articolato all'infinito, non potrà certo essere concessa, sebbene sia ammissibile, che le parti della materia, nella loro decomposizione all'in-

finito, possano essere articolate. L'infinità della divisione di un'apparenza data nello spazio, in effetti, si fonda soltanto sul fatto, che mediante tale apparenza è data unicamente la divisibilità, cioè una moltitudine — in sé assolutamente indeterminata — di parti, mentre le parti stesse vengono date e determinate solo mediante la suddivisione; la suddetta infinità, in breve, si fonda sul fatto che il tutto non è in se stesso già diviso. Per conseguenza, la divisione può determinare entro il tutto una moltitudine, che va crescendo sintanto che si vuole proseguire nel regresso della divisione. In un corpo organico infinitamente articolato, per contro, il tutto è già rappresentato — appunto mediante questo concetto — come diviso, e in esso si ritrova, prima di ogni regresso della divisione, una moltitudine di parti in sé determinata, ma infinita. Con ciò ci si contraddice, poiché questo sviluppo infinito viene considerato come una serie mai completabile (infinita), e al tempo stesso, tuttavia, come raccolto assieme e compiuto. La divisione infinita designa soltanto l'apparenza come *quantum continuum*, ed è inseparabile dal riempi- 360
mento dello spazio, poiché è proprio in tale riempimento che si trova la ragione della divisibilità infinita. Ma non appena un qualcosa viene assunto come *quantum discretum*, la moltitudine delle unità è in esso determinata, e quindi sempre uguale ad un numero. Sino a che punto possa giungere l'organizzazione in un corpo articolato, può dunque essere soltanto stabilito dall'esperienza; e sebbene l'esperienza non abbia mai la certezza di arrivare sino alle parti inorganiche, queste ultime tuttavia devono per lo meno trovarsi nell'esperienza possibile. Per contro, il determinare sino a che punto si estenda la divisione trascendentale di un'apparenza in generale, non è compito dell'esperienza, ma spetta ad un principio della ragione, il quale non permette mai di considerare assolutamente compiuto il regresso empirico nella decomposizione di ciò che è esteso, conformemente alla natura di questa apparenza.

Osservazione conclusiva sulla risoluzione delle idee matematicamente trascendentali, e avvertenza preliminare per la risoluzione delle idee dinamicamente trascendentali

Quando abbiamo rappresentato in una tavola l'antinomia della ragione pura, attraverso tutte le idee trascendentali, e quando abbiamo indicato la ragione di questo contrasto e l'unico mezzo per eliminarlo (il quale consisteva nel dichiarare false entrambe le asserzioni contrapposte), abbiamo ovunque rappresentato le condizioni come appartenenti al loro condizionato, secondo le relazioni di spazio e di tempo: ciò costituisce il presupposto abituale del comune intelletto umano, ed è su tale presupposto, d'altronde, che si fondava totalmente quel contrasto. Sotto questo rispetto, inoltre, tutte le rappresentazioni dialettiche della totalità nella serie delle condizioni per un condizionato dato erano sempre della *medesima natura*. Vi era sempre una serie, nella quale la condizione e il condizionato risultavano connessi come suoi termini ed erano in tal modo *omogenei*: in tal caso, difatti, il regresso non era mai pensato come compiuto, oppure, se ciò doveva accadere, occorreva assumere falsamente un termine in sé condizionato come termine primo, e quindi incondizionato. La serie delle condizioni per il condizionato era dunque considerata semplicemente rispetto alla sua quantità, sebbene l'oggetto, cioè il condi-
361 zionato, non sempre fosse considerato solo secondo la quantità. In tal caso la difficoltà, che non poteva venire eliminata con un accomodamento, ma soltanto con un taglio netto del nodo, consisteva nel fatto che la ragione rendeva il compito dell'intelletto o *troppo lungo* oppure *troppo corto*, cosicché l'intelletto non poteva mai adeguarsi all'idea della ragione.

Al riguardo, peraltro, abbiamo trascurato una distinzione essenziale, sussistente tra gli oggetti, cioè tra i concetti dell'intelletto, che la ragione si sforza di innalzare al rango di idee. Secondo la nostra precedente tavola delle categorie, infatti, due di essi significano una sintesi *matematica* delle apparenze, mentre gli altri due esprimono una sintesi *dinamica* delle apparenze. Sino a questo momento tale distinzione poteva benissimo essere omessa, poiché noi, allo stesso modo che nella rappresentazione generale di tutte le idee trascendentali ci siamo sempre arrestati alle condizioni che si trovano *nell'apparenza*, cosí anche a riguardo delle due idee matematicamente trascendentali non avevamo alcun altro *oggetto*, se non quello che si ritrova nell'apparenza. Ora però che procediamo ai concetti *dinamici* dell'intelletto, in quanto devono adattarsi all'idea della ragione, quella distinzione diventa importante, e ci apre una prospettiva del tutto nuova a riguardo del processo in cui è implicata la ragione. In precedenza, a tale processo *non* è stato *dato corso*, in quanto esso era fondato, da entrambe le parti, su presupposti falsi. Ma adesso si ritrova forse nell'antinomia dinamica un presupposto tale, da essere compatibile con le pretese della ragione: partendo da questo punto di vista, e dato che il giudice integra la deficienza delle ragioni giuridiche (fraintese da entrambe le parti), tale processo si può risolvere, con soddisfazione di entrambe le parti, in un *compromesso*, che non era invece realizzabile nel conflitto dell'antinomia matematica.

Le serie delle condizioni sono certo tutte omogenee, in quanto si consideri unicamente la loro *estensione*, e si guardi se esse sono adeguate all'idea, oppure se risultano troppo grandi o troppo piccole per questa. Il concetto dell'intelletto, che sta alla base di queste idee, contiene, tuttavia, o unicamente una *sintesi dell'omogeneo* (il che viene presupposto a riguardo di ogni quantità, tanto nella sua composizione quanto nella sua divisione), o anche una sintesi dell'*eterogeneo*, il quale dev'essere ammesso almeno nella sintesi dinamica, sia in quella della connessione causale, sia in quella della connessione tra il necessario e il contingente.

Ne viene cosí, che nella connessione matematica delle serie delle apparenze non può intervenire alcun'altra condizione se non quella sensibile, una condizione tale, cioè, che sia essa stessa una parte della serie; la serie
362 dinamica delle condizioni sensibili, per contro, ammette altresí una condizione eterogenea, che non è una parte della serie, ma che sta, in quanto semplicemente intelligibile, al di fuori della serie. In tal modo, la ragione viene allora soddisfatta, e alle apparenze viene preposto l'incondizionato, senza con ciò turbare la serie delle apparenze (che sono sempre condizionate), e senza spezzarla, contrariamente alle proposizioni fondamentali dell'intelletto.

Ora, dal fatto che le idee dinamiche ammettono una condizione delle apparenze al di fuori della loro serie, cioè una condizione tale che non sia essa stessa apparenza, segue qualcosa, che è totalmente diverso dal risultato dell'antinomia matematica. Questa infatti faceva sí che entrambe le contrapposte asserzioni dialettiche dovessero venir dichiarate false. Per contro, l'aspetto perfettamente condizionato delle serie dinamiche (che è inseparabile da tali serie intese come apparenze), congiunto con la condizione, la quale è bensí empiricamente incondizionata, ma è anche non sensibile, può soddisfare da un lato l'intelletto e dall'altro la ragione[1]. E mentre cadono gli argomenti dialettici, che cercavano in un modo o nell'altro la totalità incondizionata nelle semplici appa-

362 [1] L'intelletto, infatti, non ammette tra le apparenze nessuna condizione, che sia essa stessa empiricamente incondizionata. Ma se si potesse pensare una condizione intelligibile (che non appartenesse quindi, come suo termine, alla serie delle apparenze) di un condizionato (nell'apparenza), senza per questo interrompere minimamente la serie delle condizioni empiriche, tale condizione potrebbe allora essere ammessa come
363 empiricamente incondizionata, in modo che il regresso empirico continuo non risulterebbe interrotto da nessuna parte.

renze, le proposizioni della ragione, per contro, possono essere, nel significato in tal modo rettificato, *tutte e due vere*. Ciò non potrà mai avvenire nel caso delle idee cosmologiche che riguardano semplicemente un'unità matematicamente incondizionata, poiché in esse non si ritrova alcun'altra condizione della serie delle apparenze, se non quella che sia essa stessa apparenza, e che costituisca, come tale, uno dei termini della serie.

III.

Risoluzione delle idee cosmologiche riguardanti la totalità della derivazione degli eventi del mondo dalle loro cause

Rispetto a tutto ciò che accade, si possono pensare soltanto due specie di causalità: o secondo la *natura*, o in base alla *libertà*. La prima causalità è la connessione di uno stato nel mondo dei sensi con uno stato 363
precedente, cui quello segue secondo una regola. Ora, poiché la *causalità* delle apparenze si fonda su condizioni di tempo, e poiché lo stato precedente, se fosse sempre esistito, non avrebbe prodotto nessun effetto (poiché questo sorge soltanto nel tempo), cosí la causalità della causa di ciò che accade o sorge è altresí *sorta*, e richiede essa stessa, secondo la proposizione fondamentale dell'intelletto, di nuovo una causa.

Per libertà, al contrario, nel senso cosmologico, io intendo la facoltà di dare inizio *spontaneamente* ad uno stato. La causalità della libertà, quindi, non è subordinata a sua volta, secondo la legge della natura, ad un'altra causa, che la determini nel tempo. In questo significato, la libertà è una idea trascendentale pura, la quale, in primo luogo, non contiene nulla di derivato dall'esperienza, e il cui oggetto, in secondo luogo, non può essere dato determinatamente in alcuna esperienza.

È infatti una legge universale della possibilità stessa di ogni esperienza, che tutto ciò che accade debba avere una causa, e che quindi anche la causalità della causa — che è essa stessa accaduta o sorta — debba a sua volta avere una causa. In tal modo l'intero campo dell'esperienza, per quanto grande possa essere la sua estensione, viene trasformato in un insieme di semplice natura. Peraltro, poiché in tale maniera non si può affatto ottenere una totalità assoluta delle condizioni nella relazione causale, allora la ragione si crea l'idea di una spontaneità, che possa cominciare da sé ad agire, senza che occorra far precedere un'altra causa, la quale a sua volta la determini all'azione, secondo la legge della connessione causale.

È oltremodo notevole, che su questa idea trascendentale della libertà si fondi il concetto pratico della medesima: tale collegamento costituisce la vera radice delle difficoltà, che da tempo immemorabile hanno avvolto la questione sulla possibilità della libertà. La libertà, in senso pratico, è l'indipendenza dell'arbitrio dalla costrizione mediante impulsi della sensibilità. In effetti, un arbitrio è sensibile, in quanto è modificato patologicamente (da moventi della sensibilità); un arbitrio si dice invece animale (*arbitrium brutum*), se può essere necessitato patologicamente. L'arbitrio umano è certo un *arbitrium sensitivum*, non però *brutum*, bensí
364 *liberum*, poiché la sensibilità non rende necessario l'atto della volontà umana, ma piuttosto vi è nell'uomo una facoltà di determinarsi da sé, indipendentemente dalla costrizione mediante impulsi sensibili.

È facile vedere che, se ogni causalità nel mondo dei sensi fosse semplicemente natura, ogni evento sarebbe allora determinato nel tempo mediante un altro evento, in base a leggi necessarie. E quindi, poiché le apparenze, in quanto determinano l'arbitrio, dovrebbero rendere necessario ogni atto come loro naturale conseguenza, l'eliminazione della libertà trascendentale annullerebbe allora al tempo stesso ogni libertà pratica. Quest'ultima, in effetti, presuppone che, sebbene un qualcosa non sia accaduto, esso avrebbe tuttavia d o v u t o accadere, e che la sua causa non è stata quindi cosí determinante nell'apparenza, da escludere, entro il nostro arbitrio, la causalità di produrre — indipendentemente da quelle cause naturali, e persino contro la loro forza ed il loro influsso — un qualcosa che è determinato nell'ordine temporale secondo leggi empiriche, e quindi di dare inizio, i n m o d o d e l t u t t o s p o n t a n e o, ad una serie di eventi.

Avviene dunque, qui, ciò che in generale si ritrova nel contrasto di una ragione che si avventuri al di là dei limiti dell'esperienza possibile, ossia accade che il problema, propriamente, non è f i s i o l o g i c o, bensí t r a s c e n d e n t a l e. La questione sulla possibilità della libertà, di conseguenza, travaglia bensí la psicologia, ma poiché si fonda su argomenti dialettici della ragione semplicemente pura, allora tale questione e la sua soluzione dovranno interessare unicamente la filosofia trascendentale. Orbene, per mettere in grado tale filosofia di dare una risposta soddisfacente in proposito (il che essa non può rifiutare), devo cercare anzitutto, con un'osservazione, di determinare piú da vicino il suo modo di affrontare questo compito.

Se le apparenze fossero cose in se stesse, e se quindi lo spazio ed il tempo fossero forme dell'esistenza delle cose in se stesse, in tal caso le condizioni ed il condizionato apparterrebbero sempre, come termini, ad una sola e medesima serie, e da ciò sorgerebbe anche nel caso presente l'antinomia — comune a tutte le idee trascendentali — secondo cui questa serie dovrebbe inevitabilmente risultare troppo grande o troppo piccola per l'intelletto. Peraltro, i concetti dinamici della ragione — di cui ci occupiamo in questo e nel seguente paragrafo — hanno la particolarità

di permetterci di astrarre dalla quantità della serie delle condizioni, poiché essi hanno a che fare, non già con un oggetto considerato come quantità, bensí soltanto con la sua *esistenza*. Nel caso di tali concetti, ciò che importa è semplicemente la relazione dinamica della con-
365 dizione con il condizionato. In tal modo, nella questione sulla natura e la libertà noi troviamo subito la difficoltà di stabilire, se la libertà sia mai possibile, e nel caso che lo sia, se essa possa risultare compatibile con l'universalità della legge naturale di causalità; la difficoltà, quindi, di determinare se sia davvero una proposizione disgiuntiva, il dire che ogni effetto nel mondo deve sorgere o dalla natura *oppure* dalla libertà, o se piuttosto *entrambe le cose* possano forse aver luogo simultaneamente, secondo differenti relazioni, in un solo e medesimo evento. L'esattezza della proposizione fondamentale, che dichiara il collegamento universale — secondo leggi immutabili della natura — di tutti gli eventi del mondo sensibile, è già stabilita come proposizione fondamentale dell'analitica trascendentale, e non ammette alcuna eccezione. La questione, dunque, consiste soltanto nel vedere se, ciò nonostante, in un medesimo effetto, che è determinato secondo la natura, possa ritrovarsi anche la libertà, oppure se quest'ultima sia totalmente esclusa da quella regola inviolabile. A questo proposito, il presupposto comune, ma ingannevole, della *realtà assoluta* delle apparenze mostra senz'altro il suo influsso pregiudizievole, confondendo la ragione. In effetti, se le apparenze sono cose in se stesse, la libertà non si può allora salvare. In tal caso, la natura è la causa compiuta, e in sé sufficientemente determinante, di ogni evento: la condizione di questo è sempre contenuta soltanto nella serie delle apparenze, le quali, assieme ai loro effetti, sono necessarie in base alla legge della natura. Per contro, se le apparenze sono considerate niente di piú di quello che sono in realtà, ossia non già come cose in sé, ma come semplici rappre-

sentazioni, collegate secondo leggi empiriche, allora esse stesse debbono avere ancora dei fondamenti, che non sono apparenze. Una tale causa intelligibile, peraltro, non è determinata riguardo alla sua causalità da apparenze, sebbene i suoi effetti appariscano e possano venir determinati da altre apparenze. Tale causa intelligibile, assieme alla sua causalità, è dunque al di fuori della serie, mentre i suoi effetti si ritrovano invece nella serie delle condizioni empiriche. L'effetto può dunque venir considerato, rispetto alla sua causa intelligibile, come libero, e al tempo stesso tuttavia, rispetto alle apparenze, come loro conseguenza secondo la necessità della natura: una distinzione, questa, che se viene esposta in generale e in modo del tutto astratto, deve sembrare estremamente sottile e oscura, ma che risulterà chiara nell'applicazione. Qui ho voluto soltanto osservare che, in quanto il collegamento universale di tutte le apparenze nel contesto della natura è una legge irremissibile, tale legge dovrebbe necessariamente distruggere ogni libertà, nel caso in cui si volesse ostina- 366
tamente affermare la realtà delle apparenze. Coloro che a questo riguardo seguono l'opinione comune non sono quindi mai riusciti a conciliare tra loro natura e libertà.

Possibilità della causalità mediante libertà, in armonia con la legge universale della necessità naturale

Ciò che in un oggetto dei sensi non è esso stesso apparenza, io lo chiamo *intelligibile*. Di conseguenza, se ciò che nel mondo dei sensi deve venir considerato come apparenza possiede in se stesso altresí una facoltà, la quale non è oggetto dell'intuizione sensibile, ma mediante la quale esso può essere la causa di apparenze, in tal caso si può considerare la *causalità* di questo ente da due lati, cioè come *intelligibile*, nell'azione di tale causa intesa come cosa in se stessa, e come *sensibile*, negli effetti di tale causa intesa come apparenza

nel mondo dei sensi. Riguardo alla facoltà di un tale soggetto, noi ci formeremmo quindi tanto un concetto empirico della sua causalità, quanto anche un concetto intellettuale di questa: tali concetti si ritrovano assieme, riferiti ad un solo e medesimo effetto. Tale duplice modo di pensare la facoltà di un oggetto dei sensi non contraddice a nessuno dei concetti che noi dobbiamo formarci riguardo alle apparenze e ad un'esperienza possibile. In effetti, poiché tali apparenze, in quanto non sono affatto cose in sé, devono avere come fondamento un oggetto trascendentale, che le determini come semplici rappresentazioni, nulla impedisce allora, che noi possiamo attribuire a questo oggetto trascendentale, oltre alle proprietà mediante cui esso si presenta nell'apparenza, altresí una *causalità*, che non è apparenza, sebbene i suoi *effetti* si ritrovino nondimeno nell'apparenza. Ogni causa efficiente, peraltro, deve avere un **carattere**, cioè una legge la quale si riferisca alla sua causalità e senza la quale essa non sarebbe affatto una causa. Ed allora noi avremmo in primo luogo, in un soggetto del mondo dei sensi, un *carattere empirico*, mediante cui le sue azioni, come apparenze, sarebbero collegate universalmente con altre apparenze, secondo leggi costanti della natura, potrebbero venir derivate da tali apparenze intese come loro condizioni, e costituirebbero quindi, in collegamento con queste, i termini di un'unica serie dell'ordine naturale. In secondo luogo, a tale soggetto si dovrebbe concedere
367 altresí un *carattere intelligibile*, mediante il quale il soggetto è certo la causa di quegli atti intesi come apparenze, ma il quale non è esso stesso subordinato ad alcuna condizione della sensibilità e non è neppure apparenza. Il primo, lo si potrebbe anche chiamare il carattere di una siffatta cosa nell'apparenza, e il secondo, il carattere della cosa in se stessa.

In base al suo carattere intelligibile, orbene, questo soggetto agente non sarebbe subordinato ad alcuna condizione temporale, poiché il tempo è soltanto la condizione delle apparenze, non già delle cose in se stesse. In tale soggetto, non *sorgerebbe* né *perirebbe* alcun *atto*, ed esso quindi non sarebbe sottomesso neppure alla legge di ogni determinazione temporale — ossia di tutto ciò che è mutevole — secondo cui tutto ciò *che accade* ritrova la sua causa *nelle apparenze* (dello stato precedente). In una parola, la causalità di tale soggetto, in quanto essa è intellettuale, non rientrerebbe affatto nella serie delle condizioni empiriche, che rendono necessario l'evento nel mondo dei sensi. Questo carattere intelligibile, è vero, non potrebbe mai essere conosciuto immediatamente, poiché noi non possiamo percepire un qualcosa, se non in quanto esso appare; tale carattere, tuttavia, dovrebbe venir *pensato* conformemente al carattere empirico, allo stesso modo che noi, nel pensiero, dobbiamo in generale porre a fondamento delle apparenze un oggetto trascendentale, sebbene non sappiamo nulla di ciò che esso sia in se stesso.

In base al suo carattere empirico, questo soggetto dunque, come apparenza, risulterebbe sottomesso a tutte le leggi della determinazione secondo il nesso causale; e in questo senso, esso non sarebbe null'altro se non una parte del mondo sensibile, gli effetti della quale deriverebbero inevitabilmente dalla natura, come nel caso di ogni altra apparenza. A misura che le apparenze esterne influiscono su tale soggetto, e a misura che il suo carattere empirico, cioè la legge della sua causalità, è conosciuto mediante l'esperienza, tutti i suoi atti dovrebbero potersi spiegare in base a leggi naturali, e tutti i requisiti per una determinazione completa e necessaria di tali atti dovrebbero ritrovarsi in un'esperienza possibile.

D'altro canto, secondo il suo carattere intelligibile (sebbene di questo noi possiamo avere semplicemente il concetto universale), il medesimo soggetto dovrebbe tuttavia essere dichiarato libero da ogni influsso della sensi-

bilità, e da ogni determinazione mediante apparenze. E poiché in esso, in quanto è noumeno, non accade nulla, non vi è alcun mutamento che richieda una determinazione dinamica di tempo, e quindi non si ritrova nessuna connessione con apparenze intese come cause, in tal caso questo ente attivo sarebbe indipendente e libero,
368 nelle sue azioni, da ogni necessità naturale, che si ritrova unicamente nel mondo dei sensi. Riguardo a tale ente, si potrebbe dire in modo perfettamente giusto, che esso dà inizio spontaneamente ai suoi effetti nel mondo dei sensi, senza che l'azione cominci in lui stesso. E ciò sarebbe valido, senza che per questo gli effetti nel mondo dei sensi avessero bisogno di prendere inizio spontaneamente: questi, difatti, sono sempre antecedentemente determinati, nel mondo dei sensi, attraverso condizioni empiriche del tempo precedente, solo però mediante il carattere empirico (che è semplicemente l'apparenza di quello intelligibile), e sono possibili soltanto come una continuazione della serie delle cause naturali. Cosí libertà e natura, ciascuna nel suo pieno significato, si ritroverebbero simultaneamente e senza alcun contrasto proprio nelle medesime azioni, a seconda che queste vengano confrontate con la loro causa intelligibile oppure con la loro causa sensibile.

Spiegazione dell'idea cosmologica di libertà in connessione con la necessità universale della natura

Ho ritenuto opportuno tracciare anzitutto lo schizzo della risoluzione del nostro problema trascendentale, perché si possa cosí osservare meglio il cammino che la ragione deve percorrere per risolverlo. Ora spiegheremo diffusamente attraverso quali momenti (sono essi che ci stanno propriamente a cuore) la ragione giunga alla sua decisione, e considereremo separatamente ciascuno di essi.

Osserviamo la legge naturale, secondo cui tutto ciò

che accade ha una causa; secondo cui la causalità di questa causa, cioè l'*attività* (in quanto essa precede nel tempo, e, in considerazione di un effetto che è *sorto*, non può essa stessa essere sempre stata, ma deve essere *accaduta*), ha altresí la sua causa tra le apparenze, dalla quale essa è determinata; e secondo cui, di conseguenza, tutti gli eventi sono empiricamente determinati in un ordine della natura. Questa legge, la sola mediante cui le apparenze possano costituire una *natura* e possano fornire oggetti di un'esperienza, è una legge dell'intelletto, che nessun pretesto autorizza ad abbandonare, e che non ammette eccezioni per nessuna apparenza. In effetti, se un'eccezione fosse valida per un'apparenza, quest'ultima sarebbe posta al di fuori di ogni esperienza possibile, e in tal modo distinta da tutti gli oggetti di un'esperienza possibile: essa risulterebbe allora trasformata in un semplice ente del pensiero, e in una chimera.

Peraltro, sebbene sembri qui trattarsi unicamente di 369
una catena di cause, la quale nel regresso alle sue condizioni non permette alcuna *totalità assoluta*, questa difficoltà tuttavia non ci trattiene affatto: in effetti, essa è già stata eliminata nella valutazione generale dell'antinomia della ragione (quando questa tende all'incondizionato nella serie delle apparenze). Se noi vogliamo cedere all'illusione del realismo trascendentale, non rimane allora né natura né libertà. Ma qui la questione è soltanto di vedere se, nel caso in cui si riconosca nell'intera serie di tutti gli eventi una semplice necessità naturale, sia tuttavia possibile considerare un medesimo evento, che da un lato è un semplice effetto della natura, come effetto — d'altro lato — derivante dalla libertà, oppure se tra queste due specie di causalità si ritrovi una diretta contraddizione.

Tra le cause contenute nell'apparenza non può certamente esservi nulla, che sia in grado di dare spontaneamente e assolutamente inizio ad una serie. Ogni atto — come apparenza — in quanto produce un evento, è esso stesso un evento o fatto, che presuppone un altro stato, in cui si ritrovi la causa; e cosí tutto ciò che accade è soltanto una continuazione della serie, e in questa non è possibile alcun inizio, che avvenga da se stesso. Tutte le azioni delle cause naturali nella successione temporale sono quindi esse stesse a loro volta effetti, che presuppongono allo stesso modo le loro cause nella serie temporale. Un atto *originario*, mediante cui accada qualcosa che prima non esisteva, non si può sperare di trovarlo nella connessione causale delle apparenze.

Ma è allora forse necessario che, se gli effetti sono apparenze, debba essere unicamente empirica la causalità della loro causa (la quale causa è anch'essa apparenza)? E non è piuttosto possibile che, sebbene per ogni effetto nell'apparenza si richieda certamente una connessione con la sua causa, secondo le leggi della causalità empirica, tuttavia questa stessa causalità empirica, senza interrompere minimamente la sua connessione con le cause naturali, possa essere un effetto di una causalità non empirica, bensí intelligibile? Ossia, non è piuttosto possibile che questa causalità empirica sia un effetto dell'azione — originaria rispetto alle apparenze — di una causa che in questo senso non è dunque apparenza, bensí, in base a tale facoltà, è intelligibile, pur dovendo del resto, come termine della concatenazione naturale, essere totalmente attribuita al mondo dei sensi?

Noi abbiamo bisogno della proposizione riguardante il rapporto causale tra le apparenze, per poter cercare e fornire, rispetto agli eventi della natura, le condizioni
370 naturali, cioè le cause contenute nell'apparenza. Se ciò viene ammesso, e non è indebolito da alcuna eccezione, l'intelletto allora — che nel suo uso empirico non ritrova in tutti gli eventi null'altro se non natura, ed è autorizzato a comportarsi cosí — possiede tutto ciò che può richiedere,

ed in tal caso le spiegazioni fisiche seguono il loro corso indisturbate. Orbene, l'intelletto non è minimamente danneggiato, quando si supponga — supposizione che può del resto anche essere semplicemente campata in aria — che tra le cause naturali ne esistano alcune, le quali abbiano una facoltà soltanto intelligibile (in quanto la determinazione di essa ad agire non si fonda mai su condizioni empiriche, ma su semplici ragioni dell'intelletto), purché l'*atto* — *nell'apparenza* — di questa causa sia conforme a tutte le leggi della causalità empirica. A questo modo, infatti, il soggetto agente, come *causa phaenomenon*, sarebbe incatenato alla natura, mediante una inscindibile dipendenza di tutti i suoi atti, e il *phaenomenon* di questo soggetto (con tutta la sua causalità nell'apparenza) conterrebbe però certe condizioni, le quali, se si vuol salire dall'oggetto empirico a quello trascendentale, dovrebbero venir considerate come semplicemente intelligibili. In effetti, purché noi seguiamo la regola della natura in ciò che può essere la causa tra le apparenze, possiamo disinteressarci di ciò che viene pensato — come fondamento di queste apparenze e del loro collegamento — nel soggetto trascendentale, che ci è sconosciuto empiricamente. Questo fondamento intelligibile non tocca affatto le questioni empiriche, ma riguarda se mai semplicemente il pensiero nell'intelletto puro. È vero che gli effetti di questo pensiero e di questa azione dell'intelletto puro si ritrovano nelle apparenze: questi effetti, nondimeno, devono poter essere spiegati compiutamente in base alla loro causa nell'apparenza, e secondo le leggi della natura, nel senso che si tenga dietro al loro carattere semplicemente empirico, considerandolo come la suprema ragione chiarificatrice, e si trascuri completamente, come sconosciuto, il carattere intelligibile (che è la causa trascendentale dell'altro carattere), se non in quanto esso sia indicato unicamente dal carattere empirico, inteso come suo segno sensibile. Applichiamo ora ciò all'esperienza. L'uomo è una delle appa-

renze del mondo dei sensi, e perciò anche una delle cause naturali, la cui causalità deve sottostare a leggi empiriche. Come tale, egli deve quindi avere altresí un carattere empirico, cosí come tutte le altre cose naturali. Noi osserviamo tale carattere empirico attraverso le forze e le facoltà, che l'uomo esprime nelle sue azioni. Nella
371 natura inanimata, o in quella animata in modo meramente animale, noi non troviamo alcuna ragione per pensare una qualche facoltà, se non come condizionata solo sensibilmente. L'uomo, tuttavia, che conosce tutto il resto della natura unicamente mediante i sensi, conosce se stesso anche mediante la semplice appercezione, e precisamente, si conosce negli atti e nelle determinazioni interne, che egli non può affatto attribuire all'impressione dei sensi. Di fronte a se stesso, egli è da una parte, certamente, un fenomeno, ma d'altra parte, cioè rispetto a certe facoltà, è un oggetto semplicemente intelligibile, poiché la sua azione non può affatto essere attribuita alla recettività della sensibilità. Queste facoltà, le chiamiamo intelletto e ragione: soprattutto la seconda è distinta, in modo del tutto proprio e preminente, da tutte le capacità empiricamente condizionate, poiché essa considera i suoi oggetti semplicemente in base a idee, e determina in conformità l'intelletto, il quale allora fa un uso empirico dei suoi concetti (certo altresí puri).

Orbene, che questa ragione abbia una causalità, o che per lo meno noi ci rappresentiamo in essa una siffatta causalità, risulta chiaro dagli *imperativi*, che in tutta la sfera pratica noi imponiamo come regole alle nostre capacità esecutive. Il *dovere* esprime una specie di necessità e connessione con ragioni, la quale non si presenta altrove in tutta quanta la natura. Della natura, l'intelletto può conoscere soltanto *ciò che* è presente, o è stato, o sarà. È impossibile che nella natura un qualcosa *debba essere* altrimenti da quello che esso è in realtà in tutte queste relazioni temporali; il dovere, anzi, non ha assolutamente significato, se si considera semplicemente il corso della natura. Noi non possiamo cercare, quali eventi costituiscano un dovere per la natura, e altrettanto poco possiamo domandare quali proprietà siano un dovere per un circolo. Potremo cercare soltanto, piuttosto, che cosa accada nella natura, o quali proprietà abbia il circolo.

Questo dovere, orbene, esprime un'azione possibile, il cui fondamento non può essere altro se non un semplice concetto; il fondamento di una semplice azione naturale, per contro, dovrà sempre essere un'apparenza. Ora, occorre certamente che un'azione, quando ad essa è indirizzato il dovere, sia possibile in base a condizioni naturali; queste condizioni della natura, tuttavia, non toccano la determinazione dell'arbitrio stesso, ma soltanto l'effetto e il risultato di tale arbitrio nell'apparenza. Per quante possano essere le ragioni naturali che mi spingono a *volere*, e per quanti possano essere gli stimoli sensibili, tutto ciò non potrà produrre il *dovere*, bensí soltanto un volere, tutt'altro che necessario, ma sempre condizionato, al quale il dovere, enunciato dalla ragione, contrappone misura e scopo, anzi proibizione e autorità. Sia che si tratti di un 372
oggetto della semplice sensibilità (il piacevole), sia che si tratti di un oggetto della ragione pura (il bene), la ragione comunque non cede ad un fondamento che sia dato empiricamente, e non segue l'ordine delle cose, cosí come queste si presentano nell'apparenza, ma si costruisce, con completa spontaneità, un proprio ordine secondo idee, alle quali essa adatta le condizioni empiriche, e in base alle quali essa dichiara necessarie perfino azioni, che *non sono avvenute* e forse non avverranno. La ragione, tuttavia, presuppone di poter avere una causalità rispetto a tali azioni: senza di ciò, in effetti, essa non potrebbe attendere alcun effetto nell'esperienza da parte delle sue idee.

Fermiamoci per ora qui, ed ammettiamo, almeno come

possibile, che la ragione abbia realmente una causalità a riguardo delle apparenze. In tal caso essa, nonostante sia appunto ragione, deve tuttavia mostrare un proprio carattere empirico, poiché ogni causa presuppone una regola, in base alla quale certe apparenze seguano come effetti, e poiché ogni regola richiede un'uniformità degli effetti, che fonda il concetto di causa (intesa come facoltà). Tale concetto, in quanto deve risultare in base a semplici apparenze, possiamo chiamarlo il carattere empirico dell'uomo: questo carattere è costante, mentre gli effetti, secondo la diversità delle condizioni concomitanti e in parte limitative, appaiono in forme mutevoli.

Ogni uomo ha allora un carattere empirico del suo arbitrio, carattere che non è altro se non una certa causalità della sua ragione, in quanto questa, nei suoi effetti entro l'apparenza, mostra una regola, in base alla quale si possono dedurre i motivi della ragione e le sue azioni, nella loro specie e nei loro gradi, e si possono giudicare i principî soggettivi dell'arbitrio dell'uomo. Poiché questo carattere empirico dev'essere tratto esso stesso dalle apparenze — intese come effetto — e dalla loro regola fornita dall'esperienza, cosí tutte le azioni dell'uomo nell'apparenza sono determinate dal suo carattere empirico e dalle altre cause concomitanti, secondo l'ordine della natura; e se noi potessimo indagare sino in fondo tutte le apparenze dell'arbitrio dell'uomo, non vi sarebbe neppure una sola azione umana, che non ci fosse possibile predire con certezza, e riconoscere come necessaria, in base alle sue antecedenti condizioni. In riferimento a questo carattere empirico, non vi è perciò alcuna libertà: eppure, è soltanto in base a questo carattere che noi possiamo con-
373 siderare l'uomo, quando ci limitiamo unicamente ad **osservare**, e vogliamo indagare fisiologicamente — come avviene nell'antropologia — i moventi delle sue azioni.

Se tuttavia consideriamo le medesime azioni in riferimento alla ragione — non già in riferimento alla ragione speculativa, per *spiegare* l'origine di tali azioni, ma unicamente in quanto la ragione è la causa che le *produce* — o in una parola, se confrontiamo queste azioni con la ragione dal punto di vista *pratico*, troviamo allora una regola ed un ordine del tutto diversi dall'ordine della natura. In effetti, tutto ciò che è *accaduto* secondo il corso della natura, e doveva inevitabilmente accadere secondo le sue ragioni empiriche, forse *doveva* invece — da quest'altro punto di vista — *non essere accaduto*. Talvolta, peraltro, noi troviamo — o crediamo almeno di scoprire — che le idee della ragione hanno realmente dimostrato una causalità a riguardo delle azioni umane in quanto apparenze, e che tali azioni sono accadute, non già perché fossero determinate da cause empiriche, bensí per il fatto che furono determinate da fondamenti della ragione.

Supponendo di poter dire, che la ragione abbia una causalità a riguardo dell'apparenza, potrebbe allora chiamarsi libera l'azione della ragione, mentre è esattamente determinata e necessaria nel carattere empirico (modo di sentire) della ragione? Tale carattere, a sua volta, è determinato nel carattere intelligibile (modo di pensare). Tale modo di pensare, tuttavia, non lo conosciamo, bensí lo designiamo mediante apparenze, le quali in realtà fanno conoscere immediatamente soltanto il modo di sentire (carattere empirico) [1]. L'azione, orbene, in quanto è da attribuirsi al modo di pensare, come alla sua causa, non ne segue tuttavia secondo leggi empiriche: in altre parole, l'azione non è *preceduta* dalle condizioni della ragione pura, ma soltanto dai suoi effetti nell'appa-

[1] La vera e propria moralità delle azioni (merito e colpa), persino 31 373
quella del nostro proprio comportamento, ci rimane perciò del tutto nascosta. Le nostre attribuzioni possono venir riferite soltanto al carattere empirico. In questo, nessuno potrà mai scoprire, né quindi giudicare con perfetta giustizia, quanto grande sia il puro effetto della libertà, e quanto invece si debba attribuire alla semplice natura e ai difetti non imputabili del temperamento, oppure alla costituzione fortunata di questo (*merito fortunæ*).

renza del senso interno. La ragione pura, in quanto facoltà semplicemente intelligibile, non è sottomessa alla forma del tempo, e quindi neppure alle condizioni della successione temporale. La causalità della ragione nel carattere intelligibile *non sorge*, ossia non prende
374 inizio in un certo tempo, per produrre un effetto. Se cosí non fosse, difatti, la ragione stessa sarebbe soggetta alla legge naturale delle apparenze (in quanto questa determina nel tempo le serie causali), e la causalità sarebbe allora natura, non già libertà. Noi potremo dunque dire: se la ragione può avere una causalità a riguardo delle apparenze, essa è allora una facoltà *mediante* cui la condizione sensibile di una serie empirica di effetti trova un inizio primo. La condizione che risiede nella ragione, in effetti, non è sensibile, e non prende perciò inizio essa stessa. In tal caso, di conseguenza, si verifica ciò che non abbiamo trovato in nessuna serie empirica, ossia la possibilità che la *condizione* di una serie successiva di eventi sia essa stessa empiricamente incondizionata. Qui, in effetti, la condizione è *esterna* alla serie delle apparenze (è nell'intelligibile), e quindi non risulta sottomessa a nessuna condizione empirica, e a nessuna determinazione temporale da parte di una causa precedente.

Eppure questa medesima causa, per un altro rispetto, appartiene anche alla serie delle apparenze. L'uomo è egli stesso apparenza. Il suo arbitrio ha un carattere empirico, che è la causa (empirica) di tutte le azioni dell'uomo. Non vi è alcuna condizione, tra quelle che determinano l'uomo conformemente a questo carattere, che non sia contenuta nella serie degli effetti naturali e non obbedisca alla loro legge, in base alla quale non si ritrova, rispetto a ciò che avviene nel tempo, nessuna causalità empiricamente incondizionata. Nessuna azione data, di conseguenza, può cominciare assolutamente da se stessa (essa infatti può venir percepita solo come apparenza).

Riguardo alla ragione, tuttavia, non si può dire, che prima dello stato, in cui essa determina l'arbitrio, vi sia un altro stato, in cui venga determinato lo stato suddetto. In effetti, poiché la ragione stessa non è affatto un'apparenza e non è sottomessa a nessuna condizione della sensibilità, cosí in essa non ha luogo, neppure per quel che riguarda la sua causalità, nessuna successione temporale, e ad essa non si può quindi applicare la legge dinamica della natura, che determina secondo regole la successione temporale.

La ragione è dunque la condizione permanente di tutte le azioni volontarie, attraverso cui l'uomo si presenta come apparenza. Ciascuna di queste è anticipatamente determinata, prima ancora che accada, nel carattere empirico dell'uomo. A riguardo del carattere intelligibile — di cui il carattere empirico è soltanto lo schema sensibile — non è valido né il *prima* né il *dopo*; ed ogni azione, a prescindere dalla relazione temporale in cui essa sta rispetto ad altre apparenze, è l'effetto immediato del carattere intelligibile della ragione pura. Tale ragione agisce quindi liberamente, senza essere determinata dina- 375
micamente, nella catena delle cause naturali, da fondamenti esterni o interni, precedenti nel tempo. E questa sua libertà, la si può non soltanto considerare negativamente come indipendenza da condizioni empiriche (in tal modo infatti la facoltà di ragione cesserebbe di essere una causa delle apparenze), ma altresí designare positivamente come facoltà di dare spontaneamente inizio ad una serie di eventi. Per modo che nella ragione stessa nulla comincia, ma essa piuttosto, come condizione incondizionata di ogni azione volontaria, non ammette sopra di sé alcuna condizione precedente nel tempo; per contro, il suo effetto prende inizio nella serie delle apparenze, ma non può mai costituire in tale serie un inizio assolutamente primo.

Per spiegare il principio regolativo della ragione con un esempio tratto dall'uso empirico di esso, ma non già

per confermarlo (poiché siffatte dimostrazioni non servono a provare asserzioni trascendentali), si prenda un'azione volontaria, per esempio, una menzogna maligna, mediante cui un uomo ha portato un certo scompiglio nella società: riguardo a tale menzogna, si indaghino anzitutto i motivi onde essa è sorta, e in seguito si giudichi in che modo essa, assieme alle sue conseguenze, possa venire imputata a quell'uomo. Rispetto al primo punto, occorre seguire il carattere empirico di tale uomo sino alle sue fonti, che sono da ricercarsi nella scadente educazione, nei cattivi compagni, in parte anche nella malvagità di un temperamento insensibile alla vergogna, e sono inoltre da attribuirsi alla frivolezza e alla sconsideratezza; nel far ciò, non si debbono poi trascurare le cause occasionali determinanti. Il modo di procedere a questo riguardo è lo stesso usato nell'indagine della serie delle cause determinanti di un dato effetto naturale. Ora, sebbene si creda che l'azione sia stata determinata a questo modo, si biasima nondimeno l'autore, ed il biasimo non è certo dovuto al suo infelice temperamento, né alle circostanze che influirono su di lui, anzi neppure alla condotta da lui tenuta in passato. In effetti, si presuppone di poter lasciare completamente da parte il modo in cui egli si è comportato nel passato, di poter considerare la serie trascorsa delle condizioni come non avvenuta, e di poter trattare invece questa azione come totalmente incondizionata rispetto allo stato precedente, quasi che con essa l'autore abbia dato inizio, in modo del tutto spontaneo, ad una serie di conseguenze. Questo biasimo si fonda su una legge della ragione, secondo cui quest'ultima è considerata come una causa, la quale, prescindendo da tutte le suddette condizioni empiriche,
376 avrebbe potuto e dovuto determinare diversamente il comportamento dell'uomo. E precisamente, la causalità della ragione non è considerata semplicemente come causalità concorrente, bensí come causalità in se stessa completa, quand'anche gli impulsi sensibili non la favoriscano, ma

piuttosto la ostacolino. L'azione è imputata al carattere intelligibile dell'uomo: nell'istante in cui mente, egli è completamente colpevole; quindi la ragione, nonostante tutte le condizioni empiriche dell'atto, era pienamente libera, e l'atto dev'essere interamente imputato a una colpa della ragione.

Nell'enunciare questo giudizio di imputazione, noi riteniamo — com'è facile vedere — che la ragione non venga affatto modificata da tutta quella sensibilità; che essa non si muti (sebbene si mutino le sue apparenze, cioè il modo in cui essa si mostra nei suoi effetti); che nessuno stato in essa determini lo stato successivo; che quindi essa non appartenga affatto alla serie delle condizioni sensibili, le quali rendono necessarie le apparenze, secondo le leggi naturali. Essa, la ragione, è presente a tutte le azioni dell'uomo, in tutte le circostanze temporali, ed è sempre la medesima; essa stessa, peraltro, non è nel tempo, e non giunge — per cosí dire — in un nuovo stato, dove prima non era: rispetto a tale stato, essa è *determinante*, non già *determinabile*. Non si può quindi domandare: perché la ragione non *si* è determinata diversamente? Si potrà domandare soltanto: perché la ragione non ha determinato diversamente le *apparenze*, mediante la sua causalità? A tale domanda non è tuttavia possibile dare una risposta. Un differente carattere intelligibile, in effetti, avrebbe dato un differente carattere empirico; e se noi diciamo che il colpevole, nonostante tutta quanta la sua condotta passata, avrebbe potuto evitare la menzogna, ciò significa soltanto, che il dire quella menzogna era immediatamente in potere della ragione, che la ragione, nella sua causalità, non è sottomessa ad alcuna condizione dell'apparenza e del corso temporale, ed infine, che la differenza di tempo può bensí costituire una distinzione capitale per il rapporto reciproco delle apparenze, ma poiché queste non sono cose, e perciò neanche cause in se stesse, non può produrre alcuna differenza di azione a riguardo della ragione.

Con la valutazione di atti liberi a riguardo della loro causalità, noi possiamo dunque giungere soltanto sino alla causa intelligibile, ma non possiamo arrivare *al di là di tale causa*. Noi possiamo sapere, che tale causa può essere libera, cioè determinata indipendentemente dalla sensibilità, e può in tal modo essere la condizione sensibilmente incondizionata delle apparenze. Perché poi il carattere intelligibile fornisca, nelle circostanze presenti, proprio
377 queste apparenze e questo carattere empirico, è una questione la quale oltrepassa ogni potere che la nostra ragione abbia di trovare una risposta, anzi ogni diritto della ragione a porre delle domande, allo stesso modo che se si chiedesse, perché l'oggetto trascendentale della nostra intuizione sensibile esterna fornisca proprio soltanto un'intuizione *nello spazio*, e non una qualsiasi altra intuizione. Il problema che dovevamo risolvere, tuttavia, non ci obbliga a porre siffatte domande. Esso, infatti, consisteva soltanto nel vedere se la libertà contrasti, in una sola e medesima azione, alla necessità naturale: a tale questione noi abbiamo sufficientemente risposto, col mostrare che, in quanto nel caso della libertà è possibile un riferimento ad una specie di condizioni che è del tutto diversa da quella cui ci si riferisce nel caso della natura, cosí la legge della natura non tocca la libertà, e quindi libertà e natura possono aver luogo indipendentemente l'una dall'altra e senza turbarsi a vicenda.

Occorre tenere ben presente, che con quanto è stato detto sopra non si è voluto certo provare la *realtà* della libertà, intesa come una delle facoltà che contengono la causa delle apparenze del nostro mondo sensibile. Tale tentativo, in effetti, oltre a non costituire una trattazione trascendentale (la quale ha a che fare semplicemente con concetti), non avrebbe d'altronde avuto successo, poiché noi non potremo mai concludere dall'esperienza ad un qualcosa che non dev'essere pensato secondo leggi di esperienza. Oltre a ciò, noi non abbiamo neppure voluto dimostrare la possibilità della libertà: neanche questo, infatti, sarebbe riuscito, poiché partendo da semplici concetti *a priori* noi non potremo mai conoscere la possibilità di un qualsiasi fondamento reale o di una qualsiasi causalità. La libertà viene qui trattata soltanto come un'idea trascendentale, attraverso cui la ragione pensa di iniziare assolutamente, mediante ciò che è sensibilmente incondizionato, la serie delle condizioni nell'apparenza. A proposito di quest'idea, peraltro, la ragione cade in un'antinomia con le sue proprie leggi, da essa prescritte all'uso empirico dell'intelletto. Ora, che questa antinomia si fondi su una semplice illusione e che la natura almeno non contrasti alla causalità fondata sulla libertà, era l'unica cosa che noi potevamo provare, e l'unica, del resto, che ci premesse di provare.

IV. 378

Risoluzione dell'idea cosmologica riguardante la totalità della dipendenza delle apparenze, rispetto alla loro esistenza in generale

Nel paragrafo precedente abbiamo considerato i mutamenti del mondo sensibile nella loro serie dinamica, dove ciascuno di essi è subordinato ad un altro, inteso come sua causa. Questa serie degli stati ci serve adesso soltanto di guida, per giungere ad un'esistenza, la quale possa essere la condizione suprema di tutto ciò che è mutevole, ossia per giungere all'ente necessario. Qui si tratta, non già della causalità incondizionata, bensí dell'esistenza incondizionata della sostanza stessa. La serie che abbiamo di fronte a noi, quindi, è propriamente soltanto una serie di concetti, e non una serie di intuizioni (in cui un'intuizione è la condizione dell'altra).

È facile peraltro vedere che, poiché nell'insieme delle

apparenze tutto è mutevole, e quindi condizionato nell'esistenza, non può allora trovarsi da nessuna parte, nella serie dell'esistenza dipendente, un termine incondizionato, la cui esistenza sia assolutamente necessaria. È dunque altrettanto facile vedere che, se le apparenze fossero cose in se stesse, e se appunto per questo la loro condizione e il condizionato appartenessero sempre ad una sola e medesima serie di intuizioni, in tal caso non potrebbe mai avere luogo un ente necessario, come condizione dell'esistenza delle apparenze del mondo sensibile.

Il regresso dinamico, peraltro, ha in sé una peculiarità, che lo distingue dal regresso matematico. Poiché quest'ultimo ha propriamente a che fare soltanto con la composizione delle parti per costituire un tutto, oppure con la divisione di un tutto nelle sue parti, allora le condizioni di questa serie dovranno sempre venir considerate come parti di essa, quindi come omogenee, e di conseguenza come apparenze. Nel regresso dinamico, per contro, dove si ha a che fare, non già con la possibilità di un tutto incondizionato, costituito da parti date, oppure con la possibilità di una parte incondizionata appartenente ad un tutto dato, bensí con la derivazione di uno stato dalla sua causa, o con la derivazione dell'esistenza contingente della sostanza stessa dalla sostanza necessaria, non c'è allora bisogno che la condizione e il condizionato costituiscano necessariamente una serie empirica.

379 A proposito dell'apparente antinomia che ci sta di fronte, ci rimane dunque ancora aperta una via di scampo, in quanto cioè tutte e due le proposizioni tra loro contrastanti possono essere al tempo stesso vere, sotto due differenti punti di vista. In tal modo, tutte le cose del mondo sensibile saranno interamente contingenti, ed avranno perciò soltanto un'esistenza empiricamente condizionata, pur sussistendo inoltre una condizione non empirica di tutta quanta la serie, cioè un ente incondizionatamente necessario. Quest'ultimo, infatti, come condizione intelligibile, non apparterrebbe affatto alla serie come suo termine (neppure come termine supremo), e non renderebbe empiricamente incondizionato nessun termine della serie: al contrario, l'intero mondo sensibile sarebbe lasciato nella sua esistenza empiricamente condizionata lungo tutti i suoi termini. Questo modo di porre a fondamento delle apparenze un'esistenza incondizionata si distinguerebbe dunque dalla causalità empiricamente incondizionata (libertà) di cui si è trattato nel precedente paragrafo, per il fatto che, nel caso della libertà, la cosa stessa, come causa (*substantia phaenomenon*), apparteneva tuttavia alla serie delle condizioni, e la sua causalità soltanto era pensata come intelligibile, mentre qui l'ente necessario deve invece essere pensato come totalmente al di fuori della serie del mondo sensibile (in quanto *ens extramundanum*), e come semplicemente intelligibile. Soltanto cosí, infatti, è possibile impedire che tale ente venga subordinato esso stesso alla legge della contingenza e della dipendenza di tutte le apparenze.

Il principio regolativo della ragione, riguardo a questo nostro problema, consiste dunque nell'affermare che nel mondo sensibile tutto ha un'esistenza empiricamente condizionata; che da nessuna parte, in questo mondo, si trova una necessità incondizionata rispetto ad una qualsiasi proprietà; che nella serie delle condizioni non si ritrova alcun termine, riguardo a cui non occorra sempre attendersi, e, per quanto è possibile, cercare, la sua condizione empirica in un'esperienza possibile; che nulla ci autorizza a derivare una certa esistenza da una condizione situata al di fuori della serie empirica, o anche a considerarla come assolutamente indipendente ed autonoma nella serie stessa, senza che con ciò noi vogliamo affatto negare, che tutta quanta la serie possa essere fondata su un qualche ente intelligibile (il quale è perciò libero da ogni condizione empirica, e contiene piuttosto il fondamento della possibilità di tutte queste apparenze).

Qui peraltro non è affatto nostra intenzione, dimostrare l'esistenza incondizionatamente necessaria di un ente, o anche soltanto provare la possibilità di una condizione semplicemente intelligibile dell'esistenza delle apparenze del mondo sensibile. Piuttosto, allo stesso modo che noi
380 limitiamo la ragione, perché non abbandoni il filo delle condizioni empiriche, e non si perda in spiegazioni trascendenti e incapaci di essere rappresentate *in concreto*, cosí, d'altra parte, noi intendiamo soltanto limitare la legge dell'uso semplicemente empirico dell'intelletto, perché essa non voglia decidere sulla possibilità delle cose in generale, e non voglia dichiarare l'impossibilità dell'intelligibile, per il fatto che questo non ci serve per la spiegazione delle apparenze. Con ciò, dunque, si mostra soltanto che l'universale contingenza delle cose naturali e delle loro condizioni (empiriche) può essere benissimo compatibile con il presupposto arbitrario di una condizione necessaria, sebbene semplicemente intelligibile, e che perciò tra queste due asserzioni non si ritrova affatto una vera contraddizione, cosicché esse possono essere entrambe vere. Può darsi che tale ente assolutamente necessario dell'intelletto sia in sé impossibile: ciò, tuttavia, non può in alcun modo venir dedotto dall'universale contingenza e dipendenza di tutto ciò che appartiene al mondo dei sensi, e neppure dal principio secondo cui non bisogna mai arrestarsi ad un qualsiasi membro (in quanto è contingente) di questo mondo, e appellarsi allora ad una causa fuori del mondo. La ragione percorre una sua strada nell'uso empirico, ed un'altra strada separata nell'uso trascendentale.

Il mondo dei sensi non contiene null'altro se non apparenze: queste tuttavia sono semplici rappresentazioni, che sono sempre daccapo condizionate sensibilmente. E poiché in questo mondo i nostri oggetti non sono mai cose in se stesse, non vi è allora da meravigliarsi, che noi non siamo mai autorizzati a fare un salto, il quale da un termine

qualsiasi delle serie empiriche ci porti al di là del collegamento della sensibilità. Ciò sarebbe possibile, quando si trattasse di cose in se stesse, che esistessero al di fuori del loro fondamento trascendentale, e che potessero essere abbandonate, nel caso in cui si volesse cercare fuori di esse la causa della loro esistenza. Tutto questo, senza dubbio, dovrebbe alla fine accadere, quando si trattasse di *cose* contingenti, ma non potrà mai avvenire riguardo a semplici *rappresentazioni* di cose, la cui contingenza è essa stessa soltanto fenomeno, né può condurre ad alcun altro regresso se non a quello che determina i fenomeni, ossia che è empirico. Il pensare, peraltro, un fondamento intelligibile delle apparenze, cioè del mondo sensibile, e pensarlo liberato dalla contingenza di tale mondo, non contrasta tuttavia all'illimitato regresso empirico nella serie delle apparenze, né alla loro universale contingenza. Questa, d'altronde, è l'unica cosa che noi dovevamo fare per eliminare quell'apparente antinomia, e questo è l'unico modo in cui essa poteva farsi. In effetti, se la rispettiva condizione di ogni condizionato (quanto 331
all'esistenza) è sensibile, e appunto per questo appartiene alla serie, allora essa stessa è a sua volta condizionata (come mostra l'antitesi della quarta antinomia). Occorreva perciò, o che sussistesse un conflitto con la ragione, la quale richiede l'incondizionato, o che tale incondizionato fosse posto al di fuori della serie, cioè nell'intelligibile, la cui necessità non richiede né permette alcuna condizione empirica, ed è quindi, rispettivamente alle apparenze, incondizionata.

L'uso empirico della ragione (a riguardo delle condizioni dell'esistenza nel mondo dei sensi) non viene toccato dall'ammissione di un ente semplicemente intelligibile, ma continua piuttosto a procedere, secondo il principio della contingenza universale, da condizioni empiriche a condizioni piú alte, che sono sempre altrettanto empiriche. Allo stesso modo, quando si ha a che fare con l'uso puro della ragione (rispetto ai fini), questa proposizione fondamentale regolativa non esclude neppure essa l'assunzione di una causa intelligibile, che non è nella serie. In tal caso, difatti, quella causa intelligibile significa soltanto il fondamento — per noi semplicemente trascendentale e ignoto — della possibilità della serie sensibile in generale. L'esistenza di questo fondamento, la quale è indipendente da tutte le condizioni della serie sensibile e risulta rispetto a questa incondizionatamente necessaria, non contrasta affatto all'illimitata contingenza del mondo sensibile, e perciò neppure al regresso senza fine nella serie delle condizioni empiriche.

OSSERVAZIONE CONCLUSIVA SU TUTTA QUANTA L'ANTINOMIA DELLA RAGIONE PURA

Sintanto che l'oggetto dei concetti della nostra ragione è formato solo dalla totalità delle condizioni nel mondo sensibile e da ciò che rispetto ad esso può soddisfare la ragione, le nostre idee sono certo trascendentali, ma tuttavia *cosmologiche*. Ma non appena noi poniamo l'incondizionato (è di esso propriamente che si tratta qui) in ciò che sta completamente al di fuori del mondo sensibile, ed è quindi al di là di ogni esperienza possibile, le idee allora diventano *trascendenti*: esse non servono piú semplicemente al compimento dell'uso empirico della ragione (compimento che rimane sempre un'idea, mai realizzabile, ma pur da seguire), bensí si staccano totalmente da tale uso e creano a se stesse oggetti, la cui materia non è tratta dall'esperienza, e la cui realtà oggettiva non si fonda sul compimento della serie empirica,
382 bensí su concetti puri *a priori*. Siffatte idee trascendenti hanno un oggetto semplicemente intelligibile, che è certo lecito ammettere, come un oggetto trascendentale, di cui per il resto non sappiamo nulla; riguardo ad esso tuttavia

— per pensarlo come una cosa determinabile mediante i suoi predicati discriminanti e interni — noi non possiamo contare né su ragioni della sua possibilità (poiché esso è indipendente da ogni concetto di esperienza), né sulla minima giustificazione della sua ammissibilità. Tale oggetto, perciò, è un semplice ente del pensiero. Tra tutte le idee cosmologiche, tuttavia, è quella che ha prodotto la quarta antinomia, che ci spinge a osare questo passo. In effetti, l'esistenza delle apparenze — certo non fondata in se stessa, ma piuttosto sempre condizionata — ci spinge a cercare qualcosa di diverso da tutte le apparenze, cioè un oggetto intelligibile, in cui cessi questa contingenza. Poiché peraltro, una volta che ci siamo permessi di assumere, al di fuori di tutta quanta la sfera della sensibilità, una realtà per sé sussistente, le apparenze allora sono da considerare soltanto come modi contingenti di rappresentare oggetti intelligibili, da parte di enti che sono essi stessi intelligenze, in tal caso non ci rimane null'altro se non l'analogia, in base alla quale utilizzeremo i concetti di esperienza, per formarci un qualche concetto a riguardo di cose intelligibili, delle quali, in se stesse, noi non abbiamo la minima conoscenza. Poiché non veniamo a conoscere il contingente altrimenti che mediante l'esperienza, e poiché qui si parla invece di cose che non sono destinate ad essere oggetti dell'esperienza, allora noi dovremo derivare la loro conoscenza da ciò che è in sé necessario, cioè da concetti puri di cose in generale. Il primo passo che noi facciamo al di fuori del mondo sensibile, di conseguenza, ci costringe a iniziare le nostre nuove conoscenze con la ricerca dell'ente assolutamente necessario, e a derivare dai concetti di esso i concetti di tutte le cose, in quanto sono semplicemente intelligibili. Questo tentativo, lo faremo nel seguente capitolo.

383 CAPITOLO TERZO

L'IDEALE DELLA RAGIONE PURA

Sezione prima

DELL'IDEALE IN GENERALE

Abbiamo visto sopra che, quando si prescinda da ogni condizione della sensibilità, non si può rappresentare alcun oggetto mediante concetti puri dell'intelletto: in effetti, mancano le condizioni della realtà oggettiva di tali concetti, ed in questi non si ritrova null'altro se non la semplice forma del pensiero. Eppure tali concetti possono venir presentati *in concreto*, quando li si applichi ad apparenze: in queste, difatti, essi trovano propriamente la materia per il concetto di esperienza, che non è null'altro se non un concetto *in concreto* dell'intelletto. Le idee, tuttavia, sono ancora piú lontane dalla realtà oggettiva che non le categorie, poiché non può trovarsi alcuna apparenza, in cui le idee si lascino rappresentare *in concreto*. Esse contengono una certa compiutezza, cui non vi è conoscenza empirica possibile che riesca ad arrivare; riguardo alle idee, la ragione tende soltanto ad un'unità sistematica, alla quale essa cerca di avvicinare l'unità empiricamente possibile, senza mai raggiungerla pienamente.

Ancora piú remoto dalla realtà oggettiva che non l'idea, peraltro, sembra essere ciò che io chiamo ideale: con questo, io intendo l'idea non semplicemente *in concreto*, bensí *in individuo*, cioè come una cosa singola, determinabile, o anche determinata, solo mediante l'idea.

Umanità, nel senso piú perfetto, implica non soltanto l'estensione di tutte le qualità essenziali appartenenti alla natura umana (che costituiscono il nostro concetto di umanità), sino ad una congruenza perfetta con i loro

scopi — il che formerebbe la nostra idea di umanità perfetta — ma altresí tutto ciò che, al di fuori di questo concetto, appartiene alla determinazione completa dell'idea. Fra tutti i predicati contrapposti, difatti, uno soltanto può adattarsi all'idea dell'uomo piú perfetto. Ciò che per noi è un ideale, era per *Platone* un'*idea dell'intelletto divino*, un oggetto singolo nell'intuizione pura di tale intelletto, il piú perfetto di ogni 384
specie di enti possibili e l'archetipo di tutte le copie nell'apparenza.

Anche senza salire cosí in alto, dobbiamo tuttavia ammettere, che la ragione umana contiene non soltanto idee, bensí anche ideali, i quali non possiedono, è vero, come quelli *platonici*, una forza creativa, ma hanno però una forza *pratica* (come principî regolativi), e costituiscono il fondamento della possibilità della perfezione di certi *atti*. I concetti morali non sono interamente concetti puri della ragione, poiché alla loro base sta qualcosa di empirico (piacere o dolore). Nondimeno, riguardo al principio con cui la ragione pone delle barriere alla libertà in sé anarchica, i concetti morali (se dunque si bada semplicemente alla loro forma) possono benissimo servire come esempi di concetti puri della ragione. La virtú, e con essa la saggezza umana in tutta la sua purezza, sono idee. Ma il saggio (degli Stoici) è un ideale, cioè un uomo, che esiste semplicemente nel pensiero, ed è tuttavia pienamente adeguato all'idea della saggezza. Allo stesso modo che l'idea fornisce la *regola*, cosí l'ideale serve in tal caso di *archetipo* per la completa determinazione della coppia. E noi non abbiamo alcun'altra misura delle nostre azioni, se non il comportamento di quest'uomo divino entro di noi, rispetto a cui noi ci confrontiamo e ci giudichiamo, e mediante cui ci miglioriamo, pur non potendo mai uguagliarlo. Questi ideali, sebbene non si possa loro concedere una realtà oggettiva (esistenza), non per questo tuttavia sono da considerare come chimere, ma forniscono piuttosto un indispensabile criterio alla ragione, la quale richiede il concetto di ciò che è perfetto nella propria specie, per valutare e misurare in base ad esso il grado e i difetti di ciò che è imperfetto. Ma voler realizzare l'ideale in un esempio, cioè nell'apparenza — eventualmente, presentando il saggio in un romanzo — è un tentativo impossibile, che ha inoltre in sé qualcosa di assurdo e di poco edificante, poiché i limiti naturali, che ostacolano continuamente la perfezione nell'idea, rendono impossibile ogni illusione in tale tentativo, e in tal modo fanno sembrare sospetto, e simile ad una semplice finzione, persino il bene che si trova nell'idea.

Cosí stanno le cose riguardo all'ideale della ragione, che deve sempre fondarsi su concetti determinati, e servire di regola e di modello, sia per essere seguito, sia per essere giudicato. Ben diverso è il caso, rispetto alle creature della capacità di immaginazione, che non possono essere spiegate da nessuno con un concetto intelligibile: esse sono, per cosí dire, m o n o g r a m m i , singole linee tracciate senza nessuna regola accertabile, che costitui-
385 scono piú un contorno vago di esperienze diverse, che non un'immagine precisa. Qualcosa di simile è ciò che i pittori e i fisionomisti pretendono di avere nella loro testa: qualcosa cioè, che vuol essere un riflesso incomunicabile delle loro creazioni o dei loro giudizi. Queste vaghe immagini possono essere chiamate, sebbene solo impropriamente, ideali della sensibilità: esse infatti vogliono essere il modello irraggiungibile di intuizioni empiriche possibili, e non forniscono tuttavia alcuna regola suscettibile di spiegazione o di esame.

La ragione, per contro, tende nel suo ideale alla determinazione perfetta secondo regole *a priori*; essa pensa quindi un oggetto, che dev'essere completamente determinabile secondo principî, sebbene nell'esperienza manchino le condizioni sufficienti a questo scopo, e sebbene il concetto stesso sia quindi trascendente.

Sezione seconda

DELL'IDEALE TRASCENDENTALE (PROTOTYPON TRANSSCENDENTALE)

Ogni c o n c e t t o è indeterminato rispetto a ciò che non è in esso contenuto, e risulta sottomesso alla proposizione fondamentale della d e t e r m i n a b i l i t à, secondo cui, per o g n i c o p p i a di predicati contrapposti contraddittoriamente fra loro, un solo predicato può toccare al concetto dato. Tale proposizione si fonda sul principio di contraddizione, ed è perciò un principio semplicemente logico, che astrae da ogni contenuto della conoscenza e non tiene presente null'altro se non la forma logica di questa.

Ogni c o s a, quanto alla sua possibilità, è peraltro ancora subordinata alla proposizione fondamentale della d e t e r m i n a z i o n e c o m p l e t a, secondo cui, per t u t t i i predicati p o s s i b i l i delle c o s e, in quanto essi sono confrontati con i loro opposti, ogni volta uno dei due predicati contrapposti deve toccare alla cosa data. Questa proposizione non si fonda soltanto sul principio di contraddizione, poiché, oltre a riguardare la relazione di due predicati tra loro contrastanti, considera ogni cosa altresí in relazione all'i n t e r a p o s s i b i l i t à, cioè all'insieme di tutti i predicati delle cose in generale, e presupponendo tale possibilità come condizione *a priori*, rappresenta ogni cosa come derivante la sua propria possibilità dalla misura in cui partecipa di quell'intera possibilità [1]. 386

[1] Mediante tale proposizione fondamentale, perciò, ogni cosa viene riferita ad un termine correlativo comune, cioè all'intera possibilità: questa (cioè la materia di tutti i predicati possibili), se si ritrovasse nell'idea di una cosa singola, proverebbe un'affinità di tutto ciò che è possibile, mediante l'identità del fondamento delle determinazioni complete di tutte le cose possibili. La d e t e r m i n a b i l i t à di ogni c o n c e t t o è subordinata all'**universalità** (*Universalitas*) del principio dell'esclusione di un medio 386

Il principio della determinazione completa riguarda perciò il contenuto, e non semplicemente la forma logica. Esso è la proposizione fondamentale della sintesi di tutti i predicati, che devono formare il concetto compiuto di una cosa; esso non è semplicemente il principio della rappresentazione analitica, mediante uno dei due predicati contrapposti, e contiene un presupposto trascendentale, quello cioè della materia per ogni possibilità, la quale deve contenere *a priori* i *data* per la possibilità particolare di ogni cosa.

La proposizione: tutto ciò che esiste è completamente determinato, non significa soltanto, che, per ogni coppia di predicati dati, contrapposti tra loro, uno dei due deve sempre toccare alla cosa esistente, ma significa ciò altresí a riguardo di tutti i predicati possibili. Mediante tale proposizione, non soltanto vengono confrontati tra loro logicamente i predicati, ma la cosa stessa e l'insieme di tutti i predicati possibili sono confrontati in modo trascendentale. Tale proposizione vuol dire che per conoscere compiutamente una cosa, occorre conoscere tutto ciò che è possibile, e determinare in tal modo questa cosa, o affermativamente o negativamente. La determinazione completa è di conseguenza un concetto, che noi non possiamo mai rappresentare *in concreto* nella sua totalità, e si fonda quindi su di un'idea, la quale ha la sua sede unicamente nella ragione: una ragione, che prescrive all'intelletto la regola del suo uso completo.

Ora, sebbene quest'idea dell'insieme di ogni possibilità — in quanto tale insieme forma la condizione della determinazione completa di ogni cosa — sia essa stessa ancora indeterminata a riguardo dei predicati che possono costituire questo insieme, e sebbene mediante

tra due predicati opposti, mentre la determinazione di una cosa è subordinata alla **totalità** (*Universitas*), ossia all'insieme di tutti i predicati possibili.

tale idea noi non pensiamo null'altro se non un insieme di tutti i predicati possibili in generale, tuttavia, con un'indagine approfondita, noi troviamo che quest'idea, come concetto originario, elimina una moltitudine di predicati, i quali sono già dati mediante altri predicati, essendo derivati, oppure non sono compatibili tra loro, e scopriamo inoltre che essa si sublima in un concetto determinato completamente *a priori*, diventando cosí il concetto 387
di un oggetto singolo, che è determinato completamente mediante la semplice idea, e dev'essere quindi chiamato un i d e a l e della ragione pura.

Se noi consideriamo tutti i predicati possibili non solo logicamente, ma trascendentalmente, cioè secondo il loro contenuto — che può essere pensato *a priori* in essi — troviamo allora che mediante alcuni di questi predicati viene rappresentato un essere, e mediante altri un semplice non essere. La negazione logica — che è indicata unicamente dalla particella non — non inerisce propriamente mai ad un concetto, bensí soltanto alla relazione, nel giudizio, di questo concetto con un altro, ed è quindi ben lungi dall'essere sufficiente per designare un concetto riguardo al suo contenuto. L'espressione: non mortale, senza dubbio, non indica che in tal modo venga rappresentato nell'oggetto un semplice non essere, bensí prescinde da ogni contenuto. Una negazione trascendentale, per contro, esprime il non essere in se stesso, cui viene contrapposta l'affermazione trascendentale: quest'ultima è un qualcosa, il cui concetto, in se stesso, esprime già un essere. Tale affermazione, perciò, viene chiamata realtà (natura di cosa), poiché è solo mediante essa — e soltanto sino al punto in cui essa si estende — che gli oggetti sono qualcosa (cose), mentre la contrapposta negazione significa invece una semplice mancanza, cosicché, quando è pensata da sola, viene rappresentata la eliminazione di ogni cosa.

Nessuno, orbene, può pensare determinatamente una negazione, senza fondarsi sulla contrapposta affermazione.

Il cieco di nascita non può formarsi la minima rappresentazione delle tenebre, poiché non possiede affatto una rappresentazione della luce; il selvaggio non può formarsi una rappresentazione della povertà, poiché non conosce l'agiatezza[1]. L'ignorante non ha alcun concetto della sua ignoranza, poiché non ne ha neppure uno della scienza, ecc. Tutti i concetti delle negazioni sono dunque derivati, e le realtà contengono i *data*, e per cosí dire la materia — ovvero il contenuto trascendentale — per la possibilità e la completa determinazione di tutte le cose.

Se alla base della completa determinazione, quindi,
388 viene posto nella nostra ragione un sostrato trascendentale, che contenga — per cosí dire — l'intera provvista di materiale onde possono venir desunti tutti i predicati possibili delle cose, in tal caso questo sostrato non è altro se non l'idea di un totale della realtà (*omnitudo realitatis*). Tutte le vere negazioni non sono allora null'altro se non barriere: esse non potrebbero venir chiamate cosí, se non vi fosse a fondamento l'illimitato (il tutto).

Con questo possesso completo della realtà, viene d'altronde rappresentato, come completamente determinato, il concetto di una cosa in se stessa; e il concetto di un *ens realissimum* è il concetto di un ente singolo, poiché nella sua determinazione si ritrova un predicato — fra tutti i predicati contrapposti possibili — cioè quello che appartiene assolutamente all'essere. Si tratta dunque di un ideale trascendentale, il quale sta a fondamento della determinazione completa che viene ritrovata necessariamente in tutto ciò che esiste, e costituisce la condizione materiale suprema e compiuta della possibilità di ciò che

387 32 [1] Le osservazioni ed i calcoli degli astronomi ci hanno insegnato molte cose degne di meraviglia. Il loro risultato piú importante, tuttavia, è certamente la scoperta dell'abisso di ignoranza, che la ragione umana non avrebbe mai potuto immaginare cosí grande, senza queste conoscenze. La riflessione su questo punto dovrà produrre un grande mutamento nella determinazione dei fini dell'uso della nostra ragione.

esiste, condizione cui dev'essere ricondotto ogni pensiero riguardante il contenuto degli oggetti in generale. Questo peraltro è anche l'unico vero ideale, di cui sia capace la ragione umana, poiché soltanto in questo caso un concetto, in sé universale, di una cosa viene determinato completamente da se stesso, ed è conosciuto come la rappresentazione di un individuo.

La determinazione logica di un concetto mediante la ragione si fonda su un sillogismo disgiuntivo, in cui la premessa maggiore contiene una divisione logica (la divisione della sfera di un concetto universale), la premessa minore limita questa sfera ad una certa parte, e la conclusione determina il concetto mediante questa parte. Il concetto universale di una realtà in generale non può essere diviso *a priori*, poiché senza esperienza non si conosce alcuna specie determinata di realtà, che possa essere contenuta entro quel genere. La premessa maggiore trascendentale della determinazione completa di tutte le cose non è dunque altro se non la rappresentazione dell'insieme di ogni realtà, ossia, non già semplicemente un concetto, che comprenda *sotto di sé* tutti i predicati, rispetto al loro contenuto trascendentale, bensí un concetto che comprende tali predicati *in sé*. E la determinazione completa di ogni cosa si fonda sulla limitazione di questo *totale* della realtà, nel senso che una certa parte di essa viene attribuita alla cosa in questione, mentre il resto ne è escluso: il che si accorda con l'alternativa posta dalla premessa maggiore disgiuntiva, e con la determinazione
dell'oggetto, nella premessa minore, mediante uno dei 389
termini di questa divisione. Di conseguenza l'uso della ragione, mediante il quale essa pone l'ideale trascendentale a fondamento della sua determinazione di tutte le cose possibili, è analogo al modo di procedere della ragione nei sillogismi disgiuntivi. Questa era la proposizione, che sopra ho posto alla base della divisione sistematica di tutte le idee trascendentali: secondo tale proposizione,

queste idee vengono prodotte parallelamente e in corrispondenza alle tre specie di sillogismi.

Si comprende senz'altro, che a questo suo fine — cioè per rappresentarsi unicamente la determinazione completa e necessaria delle cose — la ragione presuppone non già l'esistenza di un ente che sia conforme all'ideale, bensí soltanto l'idea di esso, per poter dedurre da una totalità incondizionata della determinazione completa la totalità condizionata, cioè quella di ciò che è limitato. Per la ragione, quindi, l'ideale è il modello (*prototypon*) di tutte le cose, le quali tutte quante, come copie imperfette (*ectypa*), desumono da esso la materia per la loro possibilità, avvicinandosi piú o meno a tale modello, ma rimanendo sempre infinitamente lontane dal raggiungerlo.

Cosí, ogni possibilità delle cose (cioè della sintesi del molteplice rispetto al loro contenuto) viene considerata come derivata, e soltanto la possibilità di ciò che racchiude in sé ogni realtà è considerata come originaria. In effetti, tutte le negazioni (le quali sono peraltro gli unici predicati mediante cui tutto il resto può distinguersi dall'ente realissimo) sono semplici limitazioni di una realtà piú vasta, e in definitiva della realtà suprema: esse, quindi, presuppongono quest'ultima, e quanto al contenuto sono derivate da essa. Tutta la molteplicità delle cose non è altro se non una corrispondente varietà di modi di limitare il concetto della realtà suprema, che è il sostrato comune delle cose; allo stesso modo, tutte le figure sono possibili soltanto come modi diversi di limitare lo spazio infinito. Per conseguenza, l'oggetto dell'ideale della ragione — il quale si trova unicamente nella ragione — si chiama anche l'ente originario (*ens originarium*); in quanto non ha nulla sopra di sé, esso si chiama l'ente supremo (*ens summum*); e in quanto tutto, come condizionato, sta al disotto di tale ente, quest'ultimo si chiama l'ente di tutti gli enti (*ens entium*). Tutto ciò, peraltro, esprime non già la relazione oggettiva di un oggetto reale rispetto ad altre cose, bensí la relazione dell'*idea* rispetto a *concetti*, e ci lascia completamente all'oscuro riguardo all'esistenza di un ente di cosí eccezionale preminenza.

Poiché inoltre non si può dire, che un ente originario consti di molti enti derivati (poiché ciascuno di questi 390
presuppone l'ente originario, e quindi non può costituirlo), allora l'ideale dell'ente originario dovrà altresí essere pensato come semplice.

Perciò, per parlare con precisione, la derivazione di ogni altra possibilità da questo ente originario non potrà d'altronde venir considerata come una *limitazione* della sua realtà suprema, e, per cosí dire, come una *divisione* di tale realtà. In tal caso, difatti, l'ente originario verrebbe considerato come un semplice aggregato di enti derivati: ma ciò, in base a quanto si è detto sopra, risulta impossibile, sebbene da principio, nel nostro primo abbozzo, abbiamo rappresentato cosí la questione. Alla base della possibilità di tutte le cose, piuttosto, la realtà suprema dovrebbe stare in quanto *fondamento*, e non già in quanto *insieme*. Inoltre, la molteplicità delle cose dovrebbe basarsi non già sulla limitazione dell'ente originario stesso, bensí sulla sua compiuta conseguenza: a quest'ultima apparterrebbe allora altresí tutta quanta la nostra sensibilità, assieme ad ogni realtà nell'apparenza (realtà che non può appartenere come ingrediente all'idea dell'ente supremo).

Ora, se noi, nell'ipostatizzare questa nostra idea, continuiamo a seguirla, potremo allora determinare l'ente originario — mediante il semplice concetto della realtà suprema — come unico, semplice, sufficiente rispetto a tutto, eterno ecc., e in una parola, potremo determinarlo nella sua compiutezza incondizionata, mediante tutti i predicati. Il concetto di un tale ente è il concetto di *Dio*, inteso in senso trascendentale; e cosí, come ho già ricordato sopra, l'ideale della ragione pura è l'oggetto di una *teologia* trascendentale.

Tale uso dell'idea trascendentale, tuttavia, oltrepasserebbe già i limiti della destinazione e dell'ammissibilità di essa. La ragione, difatti, ha posto a fondamento della determinazione completa delle cose in generale tale idea, considerandola soltanto come il c o n c e t t o di ogni realtà, senza richiedere che tutta questa realtà sia data oggettivamente e costituisca essa stessa una cosa. Questa ultima è una semplice finzione, mediante cui noi raccogliamo e realizziamo il molteplice della nostra idea in un ideale inteso come ente separato. Non abbiamo alcun diritto di far questo, anzi, non abbiamo neppure il diritto di ammettere la possibilità di una tale ipotesi. Oltre a ciò, tutte le conseguenze che discendono da un siffatto ideale non riguardano affatto la determinazione completa delle cose in generale (mentre l'idea era necessaria solo in vista di tale determinazione), e non esercitano il minimo influsso su di essa.

391 Non basta descrivere il modo di procedere della nostra ragione e la sua dialettica: occorre altresí cercare di scoprire le fonti di tale dialettica, per poter spiegare quest'illusione stessa come un fenomeno dell'intelletto. L'ideale di cui parliamo, infatti, è fondato su di un'idea naturale, non già semplicemente arbitraria. Io domando perciò: come riesce la ragione a considerare ogni possibilità delle cose in quanto derivata da un'unica possibilità che sta alla base, cioè dalla possibilità della realtà suprema, e a presupporre poi quest'ultima possibilità come contenuta in un ente originario separato?

La risposta si offre spontanea, in base alle trattazioni dell'Analitica trascendentale. La possibilità degli oggetti dei sensi è una relazione di essi con il nostro pensiero: in tale relazione, qualcosa (cioè la forma empirica) può essere pensato *a priori*, ma ciò che costituisce la materia — ossia la realtà nell'apparenza (ciò che corrisponde alla sensazione) — dev'essere dato, poiché altrimenti non potrebbe affatto venir pensato, e quindi la sua possibilità non potrebbe essere rappresentata. Un oggetto dei sensi, orbene, può essere determinato completamente, solo se viene confrontato con tutti i predicati dell'apparenza, ed è rappresentato affermativamente o negativamente mediante tali predicati. Peraltro, poiché in tale oggetto deve essere dato ciò che costituisce la cosa stessa (nell'apparenza), cioè il reale, senza di cui l'oggetto non potrebbe neppure venir pensato, e poiché d'altro canto ciò in cui è dato il reale di tutte le apparenze è l'esperienza, unica e comprensiva di tutto, allora la materia per la possibilità di tutti gli oggetti dei sensi dovrà essere presupposta come data in un insieme, sulla cui limitazione soltanto potrà fondarsi ogni possibilità degli oggetti empirici, e inoltre, la differenza di tali oggetti tra loro e la determinazione completa di essi. Ma a noi, in realtà, non possono essere dati altri oggetti se non quelli dei sensi, e tali oggetti non possono esserci dati da nessun'altra parte se non nel contesto di un'esperienza possibile: di conseguenza, nulla per noi è un oggetto, se non presuppone, come condizione della sua possibilità, l'insieme di ogni realtà empirica. In base ad un'illusione naturale, orbene, noi consideriamo il principio, il quale propriamente si applica soltanto alle cose che vengono date quali oggetti dei nostri sensi, come un principio che deve valere rispetto a tutte le cose in generale. Di conseguenza, noi assumiamo il principio empirico dei nostri concetti della possibilità delle cose in quanto apparenze, e lasciando cadere tale limitazione, lo consideriamo come un principio trascendentale della possibilità delle cose in generale.

D'altro canto, la ragione per cui noi ipostatizziamo in **392**
seguito questa idea dell'insieme di ogni realtà, è la seguente. L'unità distributiva dell'uso di esperienza dell'intelletto, noi la trasformiamo dialetticamente nell'unità collettiva di un tutto di esperienza, e questo tutto dell'apparenza noi lo pensiamo come una cosa singola, che contiene in sé ogni realtà empirica. Tale cosa poi

viene scambiata — mediante la già ricordata surrezione trascendentale — con il concetto di una cosa, che sta al vertice della possibilità di tutte le cose, fornendo le condizioni reali per la loro completa determinazione[1].

Sezione terza

SUGLI ARGOMENTI DELLA RAGIONE SPECULATIVA, PER DEDURRE L'ESISTENZA DI UN ENTE SUPREMO

Nonostante questo urgente bisogno della ragione, di presupporre qualcosa, su cui possa totalmente fondarsi l'intelletto per la determinazione completa dei suoi concetti, la ragione, tuttavia, osserva troppo facilmente il carattere ideale e semplicemente fittizio di un tale presupposto, per lasciarsi convincere su questa sola base ad ammettere senz'altro come un ente reale una semplice creatura del suo pensiero, se non fosse che essa si sente spinta da qualcos'altro, a cercare un riposo da qualche parte, nel regresso dal condizionato, che è dato, all'incondizionato (il quale — in sé e nel suo semplice concetto — non è certo dato come reale, ma è la sola cosa che possa compiere la serie delle condizioni ricondotte ai loro fondamenti). Questo è il cammino naturale, orbene, seguito da ogni ragione umana, persino dalla piú comune, sebbene non si possa dire che ogni ragione umana persista in tale

392 [1] In tal modo, questo ideale del piú reale tra tutti gli enti, sebbene sia una semplice rappresentazione, è anzitutto *realizzato*, cioè trasformato in oggetto, in seguito *ipostatizzato*, ed infine — mediante un progresso naturale della ragione verso un'unità compiuta — addirittura *personificato*, come ben presto mostreremo. In effetti, l'unità regolativa dell'esperienza si fonda non già sulle apparenze stesse (sulla sola sensibilità), bensí sulla connessione del loro molteplice mediante l'*intelletto* (in un'appercezione), cosicché l'unità della realtà suprema e la determinabilità completa (possibilità) di tutte le cose sembrano trovarsi in un intelletto supremo, e quindi in un'*intelligenza*.

cammino. La ragione non prende lo spunto da concetti, 393 bensí dall'esperienza comune, e pone quindi alla base qualcosa di esistente. Questo terreno tuttavia sprofonda, quando non si appoggi sulla roccia incrollabile dell'assolutamente necessario. Anche questa roccia però vacilla senza appoggio, se al di fuori di essa e sotto di essa vi è lo spazio vuoto, e se essa stessa non riempie tutto quanto — non lasciando cosí piú alcun posto ad un *perché* — cioè, se non è infinita quanto alla realtà.

Se una cosa — non importa quale — esiste, occorre allora ammettere anche, che un qualcosa esiste *necessariamente*. In effetti, il contingente esiste solo sotto la condizione di un qualcos'altro come sua causa; e a partire da questo qualcos'altro sono valide le inferenze analoghe che conducono ad una causa, la quale non è contingente, ed esiste perciò necessariamente, senza condizione. Tale è l'argomento, su cui la ragione fonda il suo progresso verso l'ente originario.

Ora la ragione cerca il concetto di un ente, che sia degno di un tale privilegio dell'esistenza, qual è la necessità incondizionata, e lo ricerca non tanto per inferire allora *a priori* dal concetto di esso alla sua esistenza (se si avventurasse a questo, infatti, essa potrebbe limitare la sua indagine ai semplici concetti, e non avrebbe bisogno di porre alla base un'esistenza data), bensí soltanto per trovare, fra tutti i concetti di cose possibili, quello che non abbia in sé nulla di contrastante alla necessità assoluta. In effetti, che un qualcosa di assolutamente necessario debba esistere, essa ormai, dopo la prima inferenza, lo ritiene già assodato. Orbene, se la ragione può eliminare tutto ciò che non si accorda con questa necessità, fuorché una cosa, questa sarà allora l'ente assolutamente necessario, non importa poi che si possa comprendere — cioè dedurre soltanto dal suo concetto — la necessità di tale ente, oppure no.

Ciò il cui concetto contiene in sé la risposta ad ogni

perché, ciò che non è difettoso in nessun punto e sotto nessun rispetto, ciò che è valido ovunque come condizione, orbene, proprio per questo sembra essere l'ente adatto alla necessità assoluta: in effetti, possedendo tutte le condizioni di tutto ciò che è possibile, esso stesso non ha bisogno di alcuna condizione, anzi non ammette neppure una qualsiasi condizione, e di conseguenza soddisfa al concetto della necessità incondizionata almeno in un punto, in cui nessun altro concetto gli può stare alla pari. Ogni altro concetto, essendo manchevole e bisognoso di completamento, non mostra infatti in sé un tale carattere di indipendenza da tutte le condizioni ulteriori. È vero, che
394 da ciò non si può ancora dedurre con sicurezza che un qualcosa, che non contenga in sé la condizione suprema e compiuta sotto ogni rispetto, debba per questo essere condizionato anche nella sua esistenza, ma si deve ammettere tuttavia che questo qualcosa non possiede in sé l'unica caratteristica dell'esistenza incondizionata, di cui la ragione disponga per conoscere — mediante un concetto *a priori* — un qualche ente come incondizionato.

Il concetto di un ente dotato della realtà suprema sarebbe perciò — fra tutti i concetti di cose possibili — il piú adeguato al concetto di un ente incondizionatamente necessario. E anche se esso non soddisfa pienamente a quest'ultimo, noi non abbiamo tuttavia altra scelta, ma ci vediamo costretti ad attenerci ad esso. In effetti, noi non possiamo trascurare l'esistenza di un ente necessario, e se d'altro canto l'ammettiamo, non siamo in grado allora di trovare nell'intero campo della possibilità null'altro, che possa vantare una piú fondata pretesa su di un tale privilegio nell'esistenza.

Tale è dunque il cammino naturale della ragione umana. Essa si convince anzitutto dell'esistenza di un qualche ente necessario. In questo ente, la ragione riconosce un'esistenza incondizionata. Essa cerca, in seguito, il concetto di ciò che è indipendente da ogni condizione, e lo trova in ciò che è esso stesso la condizione sufficiente di tutto il resto, ossia in ciò che contiene ogni realtà. Il tutto senza limiti, peraltro, è unità assoluta, e porta con sé il concetto di un ente unico, cioè dell'ente supremo; e la ragione conclude dunque che l'ente supremo, in quanto fondamento originario di tutte le cose, esiste in modo assolutamente necessario.

Non si può contestare a questo concetto una certa fondatezza, quando si tratti di *decisioni*, ossia quando l'esistenza di un qualche ente necessario sia già stata concessa, e si sia d'accordo che bisogna prendere una decisione, per trovargli un posto. In tal caso, difatti, non si può scegliere in modo piú conveniente di questo; o piuttosto, non si ha alcuna scelta, ma si è costretti a dare il proprio voto all'unità assoluta della realtà compiuta, intesa come fonte originaria della possibilità. Ma se nulla ci spinge a prendere una decisione, e noi preferiamo lasciare in sospeso tutta quanta la questione sino a che saremo costretti all'assenso dal peso determinante degli argomenti, ossia, se si tratta semplicemente di dare una *valutazione* su quanto sappiamo riguardo a questo problema, e su quanto ci lusinghiamo soltanto di sapere, in tal caso la suddetta inferenza sarà ben lungi dall'apparirci sotto una luce cosí favorevole, ed occorrerà della benevolenza, per considerare legittime le sue pretese.

In effetti, se prendiamo per buono tutto ciò che ci 395
sta qui dinanzi, ossia, in primo luogo, che da una qualche esistenza data (fosse anche semplicemente dalla mia propria esistenza) si possa inferire correttamente all'esistenza di un ente incondizionatamente necessario, e in secondo luogo, che un ente il quale contenga ogni realtà, e quindi anche ogni condizione, debba venir considerato come assolutamente incondizionato, e che in tal modo risulti dunque provato il concetto della cosa la quale si adatta alla necessità assoluta, in tal caso, tuttavia, non si potrà affatto dedurre da ciò, che il concetto di un ente illimitato,

il quale non possiede la realtà suprema, contraddica per questo alla necessità assoluta. In effetti, sebbene, nel suo concetto, io non ritrovi l'incondizionato, il quale porta già con sé la somma totale delle condizioni, da ciò peraltro non si può affatto dedurre, che proprio per questo la sua esistenza debba essere condizionata. Allo stesso modo, in un sillogismo ipotetico, io non posso dire: quando manca una certa condizione (in questo caso, la condizione della compiutezza secondo concetti), manca allora anche il condizionato. Piuttosto, ci rimane aperta la possibilità, di considerare tutti gli altri enti illimitati come egualmente necessari in modo incondizionato, sebbene noi non possiamo dedurre la loro necessità dal concetto generale che abbiamo di essi. A questo modo, peraltro, il suddetto argomento non ci ha procurato il minimo concetto sulle proprietà di un ente necessario, e non ha fornito proprio nessun risultato.

Questa argomentazione conserva nondimeno una certa importanza ed una autorità, che non può esserle senz'altro contestata a causa di questa insufficienza oggettiva. Supponiamo infatti che vi siano obbligazioni, le quali risultino perfettamente giuste nell'idea della ragione, ma prive di ogni realtà nell'applicazione a noi stessi, cioè prive di motivi, quando non si presupponga un ente supremo, che possa dare efficacia e forza alle leggi pratiche: in tal caso, noi avremo altresí un obbligo di seguire i concetti, i quali, sebbene non possano essere oggettivamente sufficienti, tuttavia, secondo il criterio della nostra ragione, risultano preponderanti, e tali che al loro confronto noi non conosciamo nulla di meglio né di piú convincente. Il dovere di scegliere costituirebbe qui un'aggiunta pratica, la quale, intervenendo contro l'indecisione della speculazione, romperebbe l'equilibrio. La ragione, anzi, non troverebbe di fronte a se stessa — che è il giudice piú indulgente — nessuna giustificazione, se, incalzata da questi motivi urgenti, e nonostante la sua conoscenza difettosa, non avesse seguito questi argomenti del suo giudizio (al di là dei quali non ne esistono di migliori, per quanto almeno sappiamo).

Questa argomentazione, sebbene in realtà sia trascen- 396
dentale (in quanto si fonda sull'insufficienza interna del contingente), è tuttavia cosí semplice e cosí naturale, che sembra adattarsi al piú comune intelletto umano, non appena quest'ultimo venga condotto ad essa. Noi vediamo che le cose si mutano, nascono e periscono: esse dunque — o almeno il loro stato — devono avere una causa. Ma riguardo ad ogni causa, che possa mai venir data nell'esperienza, si presenta di nuovo proprio la stessa questione. Ora, dove potremo situare piú giustamente la causalità *suprema*, se non là dove si trova la causalità *piú alta*, cioè in quell'ente, che contiene originariamente in sé la ragione sufficiente per ogni effetto possibile, e il cui concetto d'altronde si costituisce con grande facilità mediante il solo carattere di una perfezione che comprende ogni cosa? Questa causa piú alta fra tutte, noi la consideriamo allora come assolutamente necessaria, poiché troviamo che è assolutamente necessario risalire sino ad essa, mentre non vi è invece alcuna ragione per procedere al di là di essa. Presso tutti i popoli, perciò, noi vediamo mostrarsi, attraverso il loro piú cieco politeismo, qualche scintilla tuttavia di monoteismo: a questo ultimo essi sono stati condotti, non già dalla riflessione e da una profonda speculazione, bensí soltanto da una tendenza naturale — chiaritasi gradualmente — dell'intelletto comune.

Tre modi soltanto sono possibili per dimostrare l'esistenza di Dio in base alla ragione speculativa

Tutte le strade che si possono prendere a questo fine, o muovono dall'esperienza determinata e dalla particolare costituzione — cosí conosciuta — del nostro mondo sensibile, risalendo poi, secondo le leggi della causalità, sino alla causa piú alta fuori del mondo; o pongono empiricamente a fondamento soltanto un'esperienza indeterminata, cioè una qualche esistenza; oppure infine fanno astrazione da ogni esperienza, e del tutto *a priori* concludono da semplici concetti all'esistenza della causa piú alta. La prima dimostrazione è quella fisico-teologica, la seconda è quella cosmologica, la terza è la dimostrazione ontologica. Un numero maggiore di dimostrazioni non esiste, né può d'altronde esistere.

Io mostrerò, che né per una strada (quella empirica), né per l'altra strada (quella trascendentale), la ragione può raggiungere alcunché, e che invano essa spiega le sue ali, per librarsi sopra il mondo sensibile semplicemente con la potenza della speculazione. Per quanto riguarda poi l'ordine, in cui questi modi di dimostrazione devono venire esaminati, noi seguiremo proprio l'ordine inverso
397 di quello secondo cui procede la ragione nella sua graduale estensione (e altresí l'inverso di quello in cui li abbiamo presentati sopra). Risulterà infatti che, sebbene l'esperienza fornisca il primo spunto in proposito, è tuttavia soltanto il concetto trascendentale, che guida la ragione in questa sua aspirazione, e in tutti questi tentativi fissa lo scopo che essa vuol raggiungere. Comincerò dunque dall'esame della dimostrazione trascendentale, ed in seguito vedrò in quale misura l'aggiunta di elementi empirici possa accrescere la sua forza dimostrativa.

Sezione quarta

SULL'IMPOSSIBILITÀ DI UNA DIMOSTRAZIONE ONTOLOGICA DELL'ESISTENZA DI DIO

Da quanto abbiamo detto sopra, è facile vedere che il concetto di un ente assolutamente necessario è un concetto puro della ragione, cioè una semplice idea, la cui realtà oggettiva è ben lungi dall'essere dimostrata per il fatto che la ragione ne abbia bisogno. Tale idea, d'altronde, non fa altro che accennare ad una certa compiutezza, tuttavia irraggiungibile, e serve propriamente a limitare l'intelletto, piú che non ad estenderlo a nuovi oggetti. Si trova qui peraltro la seguente stranezza e assurdità: l'inferenza da una data esistenza in generale ad una qualche esistenza assolutamente necessaria sembra essere perentoria e corretta, ma d'altra parte tutte le condizioni dell'intelletto, per formarsi un concetto di una siffatta necessità, sono completamente contro di noi.

In ogni tempo si è parlato dell'ente *assolutamente necessario*, e non tanto ci si è preoccupati di comprendere, se e come si possa mai pensare una cosa di questa specie, quanto piuttosto ci si è sforzati di dimostrare la sua esistenza. Senza dubbio, una definizione verbale di questo concetto è facilissima: si tratta cioè di un qualcosa il cui non essere è impossibile. Con ciò, tuttavia, non veniamo a conoscere nulla di piú riguardo alle condizioni, che rendono necessario il considerare come assolutamente impensabile il non essere di una cosa. Eppure proprio queste condizioni costituiscono ciò che vogliamo sapere, ossia chiariscono se mediante questo concetto noi pensiamo qualcosa, oppure no. In effetti, lo sbarazzarsi di tutte le condizioni — di cui l'intelletto ha sempre bisogno, per considerare qualcosa come necessario — mediante la parola: *incondizionato*, è 398
ben lungi dal farmi comprendere se in tal caso, con il concetto di un qualcosa di incondizionatamente necessario, io pensi ancora qualcosa, o forse non pensi piú nulla.

Oltre a ciò, si è creduto di spiegare questo concetto — dapprima azzardato a casaccio ed infine divenuto del tutto familiare — con un gran numero di esempi, cosicché ogni ulteriore indagine sulla sua comprensibilità è sembrata perfettamente inutile. Ogni proposizione della geometria — per esempio, che un triangolo abbia tre angoli — è assolutamente necessaria: e cosí si è parlato di un oggetto, che sta completamente al di fuori della sfera del nostro intelletto, come se si comprendesse benissimo cosa si voglia dire con il concetto di esso.

Tutti gli esempi addotti in proposito, senza eccezione, sono ricavati soltanto da g i u d i z i , non già da c o s e e dall'esistenza di queste. La necessità incondizionata dei giudizi, peraltro, non significa una necessità assoluta delle cose. In effetti, la necessità assoluta del giudizio è soltanto una necessità condizionata della cosa, o del predicato contenuto nel giudizio. La precedente proposizione non ha detto, che tre angoli siano assolutamente necessari, ma ha affermato che tre angoli (in un triangolo) esistono necessariamente, a condizione che esista altresí (sia dato) un triangolo. Eppure questa necessità logica ha dimostrato una cosí grande potenza di illusione che, una volta formato un concetto *a priori* di una cosa — concetto costituito in modo da dare l'illusione di contenere nella sua sfera l'esistenza — si è creduto di poter dedurre da ciò con sicurezza che, in quanto all'oggetto di questo concetto tocca necessariamente l'esistenza — a condizione, cioè, che io ponga questa cosa come data (come esistente) — verrà posta altresí necessariamente (secondo la regola dell'identità) la sua esistenza, e perciò questo ente sarà esso stesso assolutamente necessario, poiché la sua esistenza è pensata come compresa in un concetto assunto arbitrariamente (e a condizione che io ponga l'oggetto di esso).

Se in un giudizio identico io nego il predicato e mantengo il soggetto, sorge allora una contraddizione; io dico perciò: quel predicato tocca necessariamente a questo soggetto. Ma se io nego il soggetto assieme al predicato, non sorge allora nessuna contraddizione, poiché n o n v i è p i ú n u l l a , cui si possa contraddire. Porre un triangolo e tuttavia negare i suoi tre angoli, è contraddittorio; ma negare il triangolo assieme ai suoi tre angoli non costituisce alcuna contraddizione. Riguardo al con-

cetto di un ente assolutamente necessario, la situazione 399
è proprio la stessa. Se negate la sua esistenza, voi negate allora la cosa stessa, assieme a tutti i suoi predicati: in tal caso, onde sorgerà la contraddizione? Esternamente non vi è nulla, cui si possa contraddire, poiché la cosa non è intesa come esternamente necessaria; internamente neppure, poiché con la negazione della cosa stessa voi avete negato simultaneamente tutto ciò che è ad essa interno. Dio è onnipotente: ecco un giudizio necessario. L'onnipotenza non può essere negata, se voi ponete una divinità, cioè un ente infinito, il cui concetto è identico a quell'altro concetto. Ma se voi dite: D i o n o n è, allora non si dà né l'onnipotenza né un altro qualsiasi dei suoi predicati: tutti quanti sono infatti negati assieme al soggetto, ed in questo pensiero non si rivela la minima contraddizione.

Avete dunque visto che, se io nego il predicato di un giudizio assieme al soggetto, non potrà mai sorgere una contraddizione interna, qualsivoglia sia il predicato. Non vi rimane dunque alcun'altra via di scampo, se non il dire: vi sono soggetti, che non possono affatto venir negati, e che debbono quindi rimanere. Ciò peraltro sarebbe equivalente al dire: vi sono soggetti assolutamente necessari; un presupposto, questo, la cui legittimità io ho appunto messo in dubbio, e la cui possibilità voi vorreste provarmi. Io non posso infatti formarmi il minimo concetto di una cosa, la quale si lasci dietro una contraddizione, una volta che sia stata negata assieme a tutti i suoi predicati. E senza contraddizione, io non posso avere, mediante semplici concetti puri *a priori*, nessun criterio dell'impossibilità.

Nonostante tutti questi argomenti generali (contro cui nessun uomo potrà trovare a ridire), voi mi sfidate con un caso, che presentate come prova di fatto. Voi dite infatti, che c'è tuttavia un concetto — e precisamente uno solo — in cui il non essere, ossia la negazione del suo

oggetto, è in se stesso contraddittorio: e questo è il concetto del piú reale fra gli enti. Tale ente — voi dite — ha ogni realtà, e voi siete autorizzati ad ammettere un siffatto ente come possibile (il che per ora io concedo, sebbene il concetto che non contraddice a se stesso sia ben lungi dal dimostrare la possibilità dell'oggetto)[1]. Entro la realtà totale, peraltro, è compresa anche l'esistenza: dunque, l'e-
400 sistenza si trova nel concetto di un qualcosa di possibile. Ora se questa cosa viene negata, viene negata allora la possibilità interna della cosa, il che è contraddittorio.

Io rispondo: voi siete già caduti in contraddizione, quando avete introdotto nel concetto di una cosa — che volete pensare unicamente nella sua possibilità — il concetto della sua esistenza, sia pure celato sotto altro nome. Se vi si concede questo, in apparenza avete allora partita vinta, ma in realtà non avete detto nulla, poiché siete caduti in una semplice tautologia. Vi faccio una domanda. La proposizione: q u e s t a o q u e l l a c o s a (che vi concedo come possibile, qualunque essa sia) e s i s t e, questa proposizione, dico, è una proposizione analitica oppure sintetica? Se è analitica, allora voi, con l'esistenza della cosa, non aggiungete nulla al vostro pensiero della cosa: in tal caso, peraltro, o il pensiero che è in voi dovrebbe essere la cosa stessa, oppure voi avete presupposto un'esistenza come appartenente alla possibilità, ed avete poi preteso di dedurre l'esistenza dalla possibilità interna, il che non è altro se non una misera tautologia. La parola realtà, che nel concetto della cosa suona altrimenti che

399 34 [1] Il concetto è sempre possibile, se non contraddice a se stesso. Questo è il criterio logico della possibilità, e in tal modo l'oggetto del concetto viene distinto dal *nihil negativum*. Ma il concetto può nondimeno essere
400 32 vuoto, quando non si provi distintamente la realtà oggettiva della sintesi onde il concetto è prodotto; tale prova, peraltro, come abbiamo mostrato sopra, si fonda su principî dell'esperienza possibile, e non già sulla proposizione fondamentale dell'analisi (il principio di contraddizione). È una avvertenza, questa, a non inferire senz'altro dalla possibilità dei concetti (logica) alla possibilità delle cose (reale).

la parola esistenza nel concetto del predicato, non risolve nulla. In effetti, se ogni porre (senza determinare che cosa ponete) voi lo chiamate realtà, in tal caso avete già posto (e ammesso come reale) la cosa — con tutti i suoi predicati — nel concetto del soggetto, e nel predicato voi non fate che ripeterla. Se per contro voi ammettete — com'è giusto che ogni uomo ragionevole debba ammettere — che ogni proposizione esistenziale è sintetica, come vorrete allora sostenere, che il predicato dell'esistenza non possa essere negato senza contraddizione, dal momento che questa proprietà è esclusivamente peculiare delle proposizioni analitiche, il cui carattere si fonda appunto su ciò?

Potrei certo sperare di aver tolto di mezzo questa sottile sofisticheria, senza spendere molte parole e semplicemente con una determinazione precisa del concetto di esistenza, se non avessi scoperto che l'illusione sorta dallo scambio di un predicato logico con un predicato reale (cioè con il predicato che determina una cosa) non può essere sradicata, è quasi il caso di dire, da nessun insegna- 401
mento. Tutto quel che si vuole, invero, può servire di *predicato logico*, e persino il soggetto può venir predicato di se stesso: in effetti, la logica astrae da ogni contenuto. La *determinazione*, peraltro, è un predicato che si aggiunge al concetto del soggetto, e che lo accresce. Essa quindi non dev'essere già contenuta in tale concetto.

Essere, evidentemente, non è un predicato reale, ossia non è un concetto di un qualcosa che possa aggiungersi al concetto di una cosa. Essere è semplicemente la posizione di una cosa, o di certe determinazioni in se stesse. Nell'uso logico, è unicamente la copula di un giudizio. La proposizione: *Dio è onnipotente*, contiene due concetti, che hanno i loro oggetti: Dio e onnipotenza; il termine è non costituisce un predicato ulteriore, bensí è soltanto ciò che mette il predicato *in relazione* con il soggetto. Ora, se io riunisco il soggetto (Dio) a tutti i suoi predicati (fra cui rientra anche l'onnipotenza), e dico: *Dio è*, oppure: vi è un Dio, in tal caso non aggiungo nessun predicato nuovo al concetto di Dio, bensí pongo soltanto il soggetto in se stesso (con tutti i suoi predicati), e precisamente, l'*oggetto*, in relazione al mio *concetto*. Oggetto e concetto debbono avere precisamente lo stesso contenuto, e di conseguenza, al concetto — che esprime semplicemente la possibilità — non può aggiungersi nulla di ulteriore per il fatto che io pensi il suo oggetto come assolutamente dato (mediante l'espressione: esso è). E cosí il reale non contiene nulla di piú che il semplicemente possibile. Cento talleri reali non contengono nulla piú di cento talleri possibili. In effetti, poiché questi ultimi significano il concetto, mentre i primi significano l'oggetto e la sua posizione in se stessa, allora — nel caso in cui l'oggetto contenesse qualcosa di piú che il concetto — il mio concetto non esprimerebbe l'intero oggetto e non sarebbe quindi il suo concetto adeguato. Rispetto allo stato del mio patrimonio, per contro, in cento talleri reali c'è qualcosa di piú che nel loro semplice concetto (ossia nella loro possibilità). Riguardo alla realtà, difatti, l'oggetto non è semplicemente contenuto in modo analitico nel mio concetto, ma si aggiunge sinteticamente al mio concetto (che è una determinazione del mio stato), senza tuttavia che i cento talleri pensati vengano essi stessi minimamente accresciuti da questo essere, il quale è al di fuori del mio concetto.

Se io penso dunque una cosa — con qualsiasi predicato, con un qualsiasi numero di predicati e persino nella determinazione completa — in tal caso, quando io aggiunga ancora: questa cosa è, in realtà non aggiungerò proprio
402 nulla alla cosa. Se cosí non fosse, infatti, non esisterebbe la medesima cosa che io avevo pensato nel concetto, ma esisterebbe qualcosa di piú, e io non potrei dire che esiste proprio l'oggetto del mio concetto. D'altronde, anche se in una cosa io penso tutte le realtà fuorché una, la realtà

mancante non si aggiungerà certo per il fatto che io dica: una siffatta cosa manchevole esiste; piuttosto, tale cosa esiste proprio con lo stesso difetto con cui io l'ho pensata, poiché altrimenti esisterebbe qualcosa di diverso da ciò che io pensavo. Ora, quando io penso un ente come la piú alta realtà (senza difetto), rimane ancor sempre la questione, se esso esista oppure no. In effetti, sebbene riguardo al mio concetto non manchi nulla del contenuto reale possibile di una cosa in generale, manca tuttavia ancora qualcosa riguardo alla relazione con l'intero stato del mio pensiero, ossia manca il fatto che la conoscenza di quell'oggetto sia possibile anche *a posteriori*. Ed è qui che si rivela altresí la causa della presente difficoltà. Se si trattasse di un oggetto dei sensi, io non potrei allora scambiare l'esistenza della cosa con il semplice concetto della cosa. Mediante il concetto, infatti, l'oggetto viene pensato soltanto in accordo con le condizioni universali di una conoscenza empirica possibile in generale; mediante l'esistenza, invece, esso viene pensato come contenuto nel contesto di tutta quanta l'esperienza: in tal caso, il concetto dell'oggetto non è minimamente accresciuto dalla connessione con il contenuto di tutta quanta l'esperienza, ma il nostro pensiero riceve mediante tale contenuto una percezione possibile in piú. Per contro, se preferiamo pensare l'esistenza mediante la categoria pura, non c'è allora da meravigliarsi, che non possiamo fornire alcun criterio per distinguere l'esistenza dalla semplice possibilità.

Il nostro concetto di un oggetto può dunque avere un contenuto qualsiasi, ed esteso quanto si voglia, ma noi dobbiamo uscir fuori di tale concetto, per poter attribuire l'esistenza a questo oggetto. Riguardo agli oggetti dei sensi, ciò avviene mediante la connessione con una qualsiasi delle mie percezioni, secondo leggi empiriche. Rispetto agli oggetti del pensiero puro, invece, non vi è assolutamente alcun mezzo per conoscere la loro esistenza, poiché questa dovrebbe venir conosciuta del tutto *a priori*. Peraltro, la nostra coscienza di ogni esistenza (sia immediatamente, attraverso la percezione, sia mediante inferenze, che connettono qualcosa con la percezione) appartiene in tutto e per tutto all'unità dell'esperienza. E un'esistenza, fuori di questo campo, non può certo essere dichiarata assolutamente impossibile, ma costituisce un presupposto che non possiamo giustificare con nessun mezzo.

403 Il concetto di un ente supremo è un'idea per molti rispetti assai utile; essa tuttavia, proprio per il fatto che è semplicemente idea, è completamente incapace ad estendere da sé sola la nostra conoscenza a riguardo di ciò che esiste. Essa non è neppure in grado di istruirci riguardo alla possibilità di una pluralità di cose. Il carattere analitico della possibilità — il quale consiste nel fatto che semplici posizioni (realtà) non producono alcuna contraddizione — non può certo venir contestato a tale pluralità. Poiché tuttavia la connessione di tutte le qualità reali in una cosa è una sintesi, sulla cui possibilità noi non possiamo giudicare *a priori*, dal momento che le realtà non ci sono date specificamente (e quand'anche ciò avvenisse, non avrebbe assolutamente luogo alcun giudizio al riguardo, poiché il carattere della possibilità di conoscenze sintetiche deve sempre essere cercato soltanto nell'esperienza, cui non può peraltro appartenere l'oggetto di un'idea), in tal caso il celebre Leibniz è ben lungi dall'aver raggiunto il risultato che si illudeva di conseguire, ossia la comprensione *a priori* della possibilità di un ente ideale cosí sublime.

Tutti gli sforzi impiegati intorno alla tanto famosa dimostrazione ontologica (cartesiana) dell'esistenza di un ente supremo, dimostrazione tratta da concetti, sono dunque sprecati. E un uomo, partendo da semplici idee, potrebbe tanto poco arricchirsi di conoscenze, quanto un mercante potrebbe arricchire il suo patrimonio, nel caso che, per migliorare il suo stato, volesse aggiungere alcuni zeri al suo fondo di cassa.

Sezione quinta

SULL'IMPOSSIBILITÀ DI UNA DIMOSTRAZIONE COSMOLOGICA DELL'ESISTENZA DI DIO

Il voler ricavare da un'idea tracciata in modo del tutto arbitrario l'esistenza dell'oggetto ad essa corrispondente fu qualcosa del tutto innaturale, ed una semplice invenzione della sottigliezza scolastica. In realtà, però, non ci si sarebbe mai avventurati su questa strada se già non vi fosse stato un bisogno della nostra ragione, di ammettere, rispetto all'esistenza in generale, un qualcosa di necessario (cui ci si possa arrestare al termine dell'ascesa), e se la 404
ragione (dal momento che questa necessità dev'essere incondizionata, e certa *a priori*) non fosse stata costretta a cercare un concetto, che soddisfacesse, se possibile, ad una tale esigenza, e facesse conoscere pienamente *a priori* un'esistenza. Tale concetto, orbene, si credette di trovarlo nell'idea del piú reale fra tutti gli enti, e cosí quest'idea fu usata soltanto per determinare meglio la conoscenza di ciò, rispetto a cui già altrimenti si era convinti o persuasi che debba esistere, ossia dell'ente necessario. Questo cammino naturale della ragione fu tuttavia celato e anziché raggiungere infine questo concetto, si tentò di prendere le mosse da esso, per derivarne la necessità dell'esistenza, necessità che esso era destinato invece soltanto ad integrare. Da ciò sorse allora l'infelice prova ontologica, che non porta con sé nulla di soddisfacente, né di fronte all'intelletto sano e naturale, né di fronte all'esame scolastico.

La dimostrazione c o s m o l o g i c a, che ora indagheremo, conserva la connessione della necessità assoluta con la realtà suprema, ma anziché concludere — come la precedente dimostrazione — dalla realtà suprema alla necessità nell'esistenza, essa piuttosto conclude dalla necessità incondizionata — data in precedenza — di un qualche ente alla sua realtà illimitata. In tal modo questa dimostrazione, per lo meno, porta tutto quanto sul binario di una certa inferenza — non so se razionale o raziocinante, ma almeno naturale — che riesce a convincere massimamente non soltanto l'intelletto comune, ma altresí quello speculativo. Tale inferenza, d'altronde, traccia in modo evidente le prime linee fondamentali di tutte le dimostrazioni della teologia naturale, linee che sono sempre state seguite e che saranno seguite anche in futuro, comunque possano essere abbellite e dissimulate, con arabeschi e ricami. Questa dimostrazione, che Leibniz ha anche chiamato la prova *a contingentia mundi*, ora l'esporremo e l'esamineremo.

Essa suona cosí: se qualcosa esiste, deve esistere altresí un ente assolutamente necessario. Ma io stesso, almeno, esisto: dunque esiste un ente assolutamente necessario. La premessa minore contiene un'esperienza; la premessa maggiore contiene l'illazione da un'esperienza in generale all'esistenza del necessario[1]. Quindi la dimostrazione
405 comincia propriamente dall'esperienza, ossia non è condotta del tutto *a priori*, ontologicamente. E poiché l'oggetto di ogni esperienza possibile si chiama mondo, la dimostrazione suddetta viene per questo chiamata la prova cosmologica. D'altra parte, poiché essa astrae da ogni proprietà particolare degli oggetti dell'esperienza (cioè da ogni proprietà mediante cui questo mondo si può distinguere da ogni altro mondo possibile), essa allora viene distinta, già nel suo nome, altresí dalla prova fisicoteologica, la quale usa come suoi argomenti osservazioni sulla natura particolare di questo nostro mondo sensibile.

404 [1] Questa illazione è sin troppo conosciuta, perché sia necessario esporla qui diffusamente. Essa si fonda sulla presunta legge naturale trascendentale
405 di causalità, secondo cui ogni contingente ha la sua causa, la quale, se è a sua volta contingente, deve avere allo stesso modo una causa, sino a che la serie delle cause subordinate l'una all'altra termini in una causa assolutamente necessaria, senza la quale la serie non avrebbe alcuna compiutezza.

La dimostrazione procede poi cosí: l'ente necessario può venir determinato in un unico modo, cioè mediante uno solo fra tutti i predicati contrapposti possibili, e quindi dev'essere determinato compiutamente dal proprio concetto. Riguardo ad una cosa, peraltro, è possibile un unico concetto, che la determini *a priori* compiutamente, cioè il concetto di *ens realissimum.* Il concetto del piú reale fra tutti gli enti è dunque l'unico, mediante cui possa essere pensato un ente necessario, e quindi si dovrà concludere, che esiste necessariamente un ente supremo.

In questa argomentazione cosmologica confluiscono cosí tante proposizioni fondamentali raziocinanti, che la ragione speculativa sembra aver qui spiegato tutta quanta la sua arte dialettica, per produrre l'illusione trascendentale piú grande possibile. Lasciando momentaneamente da parte l'esame di tali proposizioni, vogliamo soltanto rivelare un'astuzia della ragione speculativa, con cui essa presenta in forma mascherata una vecchia argomentazione, spacciandola per nuova, e si richiama all'accordo fra due testimoni, cioè fra una testimonianza della ragione pura ed un'altra che è attestata empiricamente, mentre in realtà vi è un solo testimonio, cioè il primo, il quale muta semplicemente abito e voce, al fine di poter essere scambiato per il secondo. Questa dimostrazione, per porre un fondamento del tutto sicuro, si appoggia sull'esperienza, e riesce cosí a sembrare differente dalla dimostrazione ontologica, la quale ripone tutta la sua fiducia su semplici concetti puri *a priori.* La prova cosmologica, peraltro, si serve di tale esperienza solo per compiere un unico passo, il passo cioè che la conduca all'esistenza di un ente necessario in generale. Quali proprietà abbia tale ente, non può essere insegnato dall'argomento empirico: da quest'ultimo, piuttosto, la ragione 406
si stacca completamente, per indagare, sulle tracce di semplici concetti, quali proprietà in generale debba avere un ente assolutamente necessario, ossia quale cosa, tra

tutte quelle possibili, contenga in sé le condizioni richieste (*requisita*) per una necessità assoluta. La ragione, poi, crede di trovare tali requisiti unicamente nel concetto di un ente realissimo, e conclude senz'altro: tale ente è l'ente assolutamente necessario. Qui tuttavia si presuppone, come risulta chiaro, che il concetto di un ente dotato della realtà suprema soddisfi pienamente al concetto della necessità assoluta nell'esistenza, ossia, che si possa concludere da quella realtà a questa necessità: una proposizione, questa, che è stata asserita dall'argomentazione ontologica, cosicché quest'ultima viene ad essere assunta nella prova cosmologica, e posta alla sua base, il che si era invece voluto evitare. La necessità assoluta, in effetti, è un'esistenza ricavata da semplici concetti. Se io dico dunque: il concetto di *ens realissimum* è l'unico che si adatti all'esistenza necessaria e che sia ad essa adeguato, in tal caso dovrò anche concedere, che da tale concetto possa venir dedotta l'esistenza necessaria. Di conseguenza, nella cosiddetta prova cosmologica ogni forza dimostrativa si fonda cosí, propriamente, soltanto sulla dimostrazione ontologica derivata da meri concetti; e la presunta esperienza, sebbene possa condurci forse al concetto della necessità assoluta, è tuttavia completamente inutile per mostrare tale necessità in una qualche cosa determinata. Difatti, non appena noi abbiamo questa intenzione, dobbiamo abbandonare senz'altro ogni esperienza, e andar cercando, tra i concetti puri, quale di essi contenga le condizioni della possibilità di un ente assolutamente necessario. Se poi in tal modo si riesce a comprendere la possibilità di un tale ente, risulterà provata anche la sua esistenza, poiché in questo caso si vorrà dire: fra tutto ciò che è possibile vi è una cosa che implica una necessità assoluta, ossia: questo ente esiste in modo assolutamente necessario.

Tutte queste inferenze sofistiche si scoprono nel modo piú facile, quando le si presenti in modo scolastico. Ed è appunto cosí che le esporremo ora.

Se è valida la proposizione: ogni ente assolutamente necessario è al tempo stesso il piú reale fra tutti gli enti (e ciò costituisce il *nervus probandi* della prova cosmologica), allora, come nel caso di tutti i giudizi affermativi, sarà almeno possibile la conversione *per accidens*, cioè: fra gli enti che sono i piú reali di tutti, alcuni sono al tempo stesso enti assolutamente necessari. Ma un *ens realissimum* non si distingue da un altro per nessun rispetto, e ciò che 407
vale per *alcuni* enti indicati da questo concetto varrà quindi anche per *tutti*. Io potrò dunque convertire la proposizione (in questo caso) altresí *assolutamente*, ossia potrò dire: ogni ente che sia il piú reale tra tutti gli enti è un ente necessario. Ora, poiché questa proposizione è determinata semplicemente in base ai suoi concetti *a priori*, allora il mero concetto del piú reale fra tutti gli enti deve implicare altresí la necessità assoluta di tale ente: il che è appunto quello che la prova ontologica sosteneva, e che la prova cosmologica non voleva riconoscere, pur ponendolo nascostamente alla base delle sue inferenze.

In tal modo la seconda strada, che la ragione speculativa prende per dimostrare l'esistenza dell'ente supremo, non soltanto è illusoria tanto quanto la prima, ma dev'essere in piú biasimata per il fatto che commette una *ignoratio elenchi*, promettendoci di percorrere un nuovo sentiero, e riportandoci invece, dopo un piccolo giro, di nuovo al vecchio sentiero, che per causa sua avevamo abbandonato.

Poco sopra ho detto, che in questa argomentazione cosmologica sta nascosto un nido pieno di assunzioni dialettiche, che può essere facilmente scoperto e distrutto dalla critica trascendentale. Farò ora soltanto un accenno a tali assunzioni, lasciando al lettore già esercitato il compito di indagare ulteriormente e demolire tali proposizioni fondamentali illusorie.

Ecco quanto si può trovare. In primo luogo, per esempio, vi è la proposizione fondamentale trascendentale,

che conclude dal contingente ad una causa: tale proposizione ha un'applicazione soltanto nel mondo dei sensi, e al di fuori di questo è addirittura priva di significato. In effetti, il semplice concetto intellettuale del contingente non può affatto produrre una proposizione sintetica, qual è quella della causalità: la proposizione fondamentale della causalità, d'altra parte, non trova un significato o un criterio del suo uso, se non nel mondo dei sensi, e qui invece essa doveva proprio servire a uscir fuori dal mondo dei sensi. In secondo luogo, vi è la proposizione fondamentale, che deduce una prima causa dall'impossibilità di una serie infinita di cause date come sovraordinate l'una all'altra nel mondo dei sensi. I principî dell'uso della ragione non ci autorizzano neppure nell'esperienza a dedurre ciò, e tanto meno possono estendere tale proposizione fondamentale al di là dell'esperienza (dove questa catena non può affatto venir prolungata). In terzo luogo, vi è la falsa soddisfazione di sé della ragione a riguardo del compimento di questa serie. La ragione giunge a questo appagamento, per il fatto che alla fine vengono eliminate tutte le condizioni (senza le quali peraltro non può avere luogo alcun concetto di una necessità), e che in tal caso, quando null'altro può essere compreso, tale situazione viene assunta come un compimento del nostro concetto.
408 In quarto luogo, vi è la confusione della possibilità logica di un concetto della riunione di ogni realtà (senza contraddizioni interne) con la possibilità trascendentale: quest'ultima richiede un principio per la realizzabilità di una tale sintesi, principio, peraltro, che a sua volta può riferirsi soltanto al campo delle esperienze possibili, e cosí via.

L'artificio della dimostrazione cosmologica consiste semplicemente nel tentar di sfuggire alla dimostrazione *a priori*, mediante semplici concetti, dell'esistenza di un ente necessario: tale dimostrazione dovrebbe essere condotta in modo ontologico, ma noi ci sentiamo del tutto incapaci a condurla cosí. A questo fine, da un'esistenza reale (di un'esperienza in generale) posta alla base, noi concludiamo, per quanto ci è consentito, ad una qualche condizione assolutamente necessaria di tale esistenza. In tal caso, non abbiamo bisogno di spiegare la possibilità di tale condizione. In effetti, quando sia dimostrato che essa esiste, la questione sulla sua possibilità è allora del tutto superflua. Ma se vogliamo poi determinare piú da vicino, quanto alla sua natura, questo ente necessario, non cerchiamo allora ciò che è sufficiente per farci comprendere in base al suo concetto la necessità dell'esistenza (se potessimo infatti far questo, non avremmo certo bisogno di alcun presupposto empirico): no, noi cerchiamo allora soltanto la condizione negativa (*conditio sine qua non*), senza la quale un ente non si potrebbe dire assolutamente necessario. Ciò sarebbe valido, orbene, in ogni altra specie di inferenza, che da una conseguenza data deduca la sua ragione. Qui invece accade disgraziatamente che la condizione, la quale è richiesta per la necessità assoluta, possa venir ritrovata soltanto in un unico ente, che dovrebbe perciò contenere nel suo concetto tutto quanto è richiesto per la necessità assoluta, e che rende quindi possibile un'inferenza *a priori* di tale necessità. Ossia, occorrerebbe che io potessi anche inferire inversamente: la cosa a cui tocca questo concetto (della realtà suprema) è assolutamente necessaria. E se io non posso compiere tale inferenza (come d'altronde devo ammettere, se voglio evitare la dimostrazione ontologica), in tal caso anche la mia nuova strada non porta ad alcun risultato, ed io mi ritrovo di nuovo al punto onde ero partito. Senza dubbio, il concetto dell'ente supremo soddisfa a tutte le questioni *a priori*, che si possono proporre a riguardo delle determinazioni interne di una cosa, ed è altresí un ideale senza pari, poiché il concetto universale distingue al tempo stesso tale ente (fra tutte le cose possibili) come un individuo. Tuttavia, il concetto dell'ente supremo non soddisfa affatto alla questione sull'esistenza di tale ente: eppure, è soltanto

di questa questione che qui propriamente si tratta. E se qualcuno, ammettendo l'esistenza di un ente necessario,
409 volesse sapere quale fra tutte le cose debba venir considerata come siffatta, noi non potremmo rispondere alla sua domanda: ecco, questo è l'ente necessario.

Può certo essere lecito *ammettere* l'esistenza di un ente supremamente sufficiente come causa di tutti gli effetti possibili, quando si abbia lo scopo di facilitare la ragione nella sua ricerca di un'unità dei principî esplicativi. Ma il giungere sino al punto di dire: *un tale ente esiste necessariamente*, non costituisce piú la modesta espressione di un'ipotesi lecita, bensí la presunzione sfacciata di una certezza apodittica. La conoscenza di ciò che si pretende sapere in modo assolutamente necessario, difatti, deve implicare altresí una necessità assoluta.

L'intera questione dell'ideale trascendentale consiste o nel trovare un concetto adeguato alla necessità assoluta, oppure nello scoprire, rispetto al concetto di una qualche cosa, la necessità assoluta di essa. Se si può giungere ad uno di questi due risultati, si dovrà poter giungere altresí all'altro. Soltanto ciò che è necessario in base al proprio concetto, difatti, può essere riconosciuto dalla ragione come assolutamente necessario. L'uno e l'altro risultato, però, sono del tutto inattingibili, nonostante le piú ardite aspirazioni di soddisfare il nostro intelletto su questo punto, ma d'altro canto sono pure vani gli sforzi per acquietarlo a riguardo di questa sua impotenza.

La necessità incondizionata, che noi richiediamo cosí urgentemente come sostegno ultimo di tutte le cose, è il vero abisso della ragione umana. Persino l'eternità — per quanto terribilmente sublime possa risultare, nella descrizione di *Haller* — è ben lungi dal recare all'animo una simile impressione di vertigine. L'eternità, infatti, *misura* soltanto la durata delle cose, ma non le *sostiene*. Non ci si può trattenere dal pensare (ma tale pensiero è altresí intollerabile) che un ente, da noi rappresentato d'altronde come il supremo fra tutti gli enti possibili, debba dire a se stesso: io esisto dall'eternità e per l'eternità, al di fuori di me non esiste nulla, se non ciò che è qualcosa solo mediante la mia volontà, *ma donde sono io sorto allora?* A questo punto tutto sprofonda sotto di noi, e tanto la massima perfezione quanto la minima ondeggiano senza appoggio, semplicemente di fronte alla ragione speculativa, alla quale non costa nulla far scomparire senza il minimo ostacolo tanto l'una quanto l'altra.

Molte forze della natura, che esprimono la loro esistenza attraverso certi effetti, rimangono per noi imperscrutabili, poiché non possiamo seguire abbastanza lontano le loro tracce, mediante l'osservazione. L'oggetto trascendentale che sta alla base delle apparenze, e al tempo stesso il fondamento per cui la nostra sensibilità ha certe condizioni supreme piuttosto che altre, sono e rimarranno per noi insondabili. Senza dubbio, la cosa stessa è data, 420
ma risulta incomprensibile. Un ideale della ragione pura, peraltro, non può dirsi *insondabile*, poiché non può far valere alcun altro titolo della sua realtà, se non il bisogno della ragione di portare a compimento, mediante tale ideale, ogni unità sintetica. Di conseguenza, poiché esso non è neppure dato come oggetto pensabile, non può d'altronde dirsi insondabile come oggetto pensabile; tale ideale, piuttosto, in quanto semplice idea, deve trovare la sua sede e la sua risoluzione nella natura della ragione, e deve quindi poter essere indagato. In realtà, la ragione consiste proprio nel fatto, che noi possiamo render conto di tutti i nostri concetti, opinioni ed asserzioni, sia in base a fondamenti oggettivi, sia anche — quando si tratti di semplici illusioni — in base a fondamenti soggettivi.

Scoperta e spiegazione dell'illusione dialettica in tutte le dimostrazioni trascendentali dell'esistenza di un ente necessario

Entrambe le prove sin qui condotte erano tentate in modo trascendentale, cioè indipendentemente da principî empirici. In effetti, sebbene la prova cosmologica si fondi su di un'esperienza in generale, essa tuttavia è condotta non già in base ad una particolare proprietà di tale esperienza, bensí in base a principî puri della ragione, con riferimento ad un'esistenza data mediante una coscienza empirica in generale: tale prova abbandona anzi questa guida, per appoggiarsi su semplici concetti puri. Orbene, in queste dimostrazioni trascendentali qual è dunque la causa dell'illusione dialettica, ma naturale, che connette i concetti della necessità e della realtà suprema, ed inoltre realizza ed ipostatizza ciò che può essere soltanto un'idea? Qual è la causa che rende inevitabile l'ammissione di un qualcosa come in sé necessario, tra le cose esistenti, e che ci costringe al tempo stesso ad indietreggiare di fronte all'esistenza di un tale ente, come di fronte ad un abisso? E come potrà riuscire la ragione a intendersi su questo punto, e a raggiungere una tranquilla comprensione, abbandonando lo stato ondeggiante di un timido assenso, che viene poi sempre di nuovo ritirato?

È oltremodo degno di nota il fatto che, quando si presuppone che un qualcosa esiste, non si può sfuggire alla conclusione che un qualcos'altro esista altresí necessariamente. Su questa inferenza del tutto naturale (sebbene non per questo sicura) si fondava l'argomentazione
411 cosmologica. D'altro canto, invece, io posso assumere un qualsivoglia concetto di una cosa, e trovare in tal caso che la sua esistenza non potrà mai essere rappresentata da me come assolutamente necessaria, e che nulla mi impedisce di pensare il non essere di tale cosa, di qualsivoglia esistenza possa trattarsi. Io trovo quindi, che

rispetto all'esistente in generale deve certo ammettersi un qualcosa di necessario, ma che non vi è neppure una sola cosa che essa stessa possa venir pensata come in sé necessaria. Ciò significa: io non potrò mai compiere il regresso verso le condizioni dell'esistere, senza ammettere un ente necessario, ma d'altro canto io non potrò mai prendere le mosse da tale ente.

Se per le cose esistenti in generale io devo pensare un qualcosa di necessario, e se d'altra parte io non sono autorizzato a pensare una cosa in se stessa come necessaria, segue allora da ciò inevitabilmente, che necessità e contingenza non debbono riguardare né toccare le cose stesse, poiché altrimenti si presenterebbe una contraddizione; e quindi risulta, che nessuna di queste due proposizioni fondamentali è oggettiva. Esse possono, tutt'al piú, essere soltanto principî soggettivi della ragione, da un lato cioè per cercare, rispetto a tutto ciò che è dato come esistente, un qualcosa che sia necessario (ossia per non arrestarsi mai, se non ad una spiegazione *a priori* compiuta), e d'altro canto, invece, per non sperare mai tale compimento, ossia per non ammettere nulla di empirico come incondizionato, sbarazzandosi cosí da un'ulteriore derivazione. In tale significato, le due proposizioni fondamentali possono benissimo essere compatibili tra loro, in quanto proposizioni semplicemente euristiche e regolative, che non si curano di null'altro se non dell'interesse formale della ragione. In effetti, l'una dice: voi dovete filosofare intorno alla natura, come se per tutto ciò che appartiene all'esistenza sussistesse un fondamento primo necessario, e dovete comportarvi cosí unicamente per dare un'unità sistematica alla vostra conoscenza, seguendo una idea, cioè un tale fondamento supremo immaginario; l'altra proposizione, invece, vi ammonisce a non considerare nessuna determinazione — che riguardi l'esistenza delle cose — come un tale fondamento supremo, cioè come assolutamente necessaria, ma piuttosto, a tenervi ancor sempre aperta la via di un'ulteriore derivazione, ed a trattare perciò ogni determinazione siffatta ancor sempre come condizionata. Peraltro, se tutto ciò che viene percepito nelle cose dev'essere da noi trattato come condizionatamente necessario, in tal caso nessuna cosa (suscettibile di essere data empiricamente) potrà venir considerata come assolutamente necessaria.

Ma da ciò segue, che l'assolutamente necessario voi dovete assumerlo *al di fuori del mondo*. Esso, in effetti, deve servire soltanto di principio per la piú grande unità possibile delle apparenze, in quanto fonda-
412 mento supremo di esse, e *nel mondo* voi non potrete mai giungere a ciò, poiché la seconda regola vi ordina di trattare sempre tutte le cause empiriche dell'unità come derivate.

I filosofi dell'antichità consideravano ogni forma della natura come contingente, e la materia invece — secondo il giudizio della ragione comune — come originaria e necessaria. Tuttavia, se essi avessero considerato la materia non già relativamente, come sostrato delle apparenze, bensí *in se stessa*, nella sua esistenza, in tal caso l'idea della necessità assoluta sarebbe senz'altro svanita. Non c'è nulla, in effetti, che leghi assolutamente la ragione a questa esistenza. La ragione, al contrario, può eliminare sempre col pensiero — senza alcuna contraddizione — tale esistenza. Ed è soltanto nel pensiero, d'altronde, che si trovava la necessità assoluta. Alla base di questa persuasione, doveva quindi esserci un certo principio regolativo. In realtà, estensione e impenetrabilità (che assieme costituiscono il concetto della materia) forniscono il supremo principio empirico dell'unità delle apparenze, e portano con sé, in quanto quest'ultimo è empiricamente incondizionato, il carattere del principio regolativo. Tuttavia, poiché ogni determinazione costituente il reale della materia — e quindi anche l'impenetrabilità — è un effetto (azione), che deve avere la sua causa ed è quindi ancor sempre derivato, la materia allora non si adatta all'idea di un ente necessario, inteso come principio di ogni unità derivata. In effetti, ciascuna delle proprietà reali della materia, in quanto è una proprietà derivata, risulta necessaria solo condizionatamente e in sé può quindi venire eliminata: cosicché potrebbe d'altro canto venir eliminata l'intera esistenza della materia. Se ciò non fosse possibile, noi avremmo raggiunto, empiricamente, il fondamento supremo dell'unità, il che è proibito dal secondo principio regolativo. Ne segue dunque, che la materia — e in generale ciò che appartiene al mondo — non si adatta all'idea di un originario ente necessario, inteso come semplice principio della piú grande unità empirica possibile, e risulta quindi che tale ente dovrà essere posto al di fuori del mondo. In tal caso, noi potremo dunque sempre derivare tranquillamente le apparenze del mondo e la loro esistenza da altre apparenze — come se non vi fosse alcun ente necessario — e potremo tuttavia tendere incessantemente alla compiutezza della derivazione, come se un tale ente fosse presupposto in quanto fondamento supremo.

L'ideale dell'ente supremo, secondo queste considerazioni, non è null'altro se non un *principio regolativo* della ragione, in base a cui si considera ogni congiunzione nel mondo *come se* provenisse da una causa necessaria, sufficiente per ogni cosa, allo scopo di 413
fondare su tale causa la regola di un'unità sistematica, e necessaria secondo leggi universali, nella spiegazione del mondo. Questo ideale non è l'asserzione di un'esistenza in sé necessaria. Al tempo stesso, peraltro, si giunge inevitabilmente — mediante una surrezione trascendentale — a rappresentare questo principio formale come costitutivo, e a pensare questa unità ipostaticamente. Si consideri infatti il caso dello spazio: esso, sebbene sia soltanto un principio della sensibilità, rende però originariamente possibili tutte le figure, che sono unicamente diverse limitazioni dello spazio, e appunto per questo viene trattato come un

qualcosa di assolutamente necessario, sussistente per sé, e come un oggetto dato in se stesso *a priori*. Allo stesso modo, accade altresí del tutto naturalmente che, in quanto l'unità sistematica della natura non può in alcun modo venir presentata come principio dell'uso empirico della nostra ragione, se non nel caso in cui noi poniamo alla base l'idea di un ente realissimo, inteso come causa suprema, in tal modo quest'idea viene rappresentata come un oggetto reale, il quale a sua volta, essendo la condizione suprema, viene rappresentato come necessario, e quindi un principio r e g o l a t i v o viene trasformato in un principio c o s t i t u t i v o . Questa sostituzione si manifesta per il fatto che, se io considero questo ente supremo — il quale era assolutamente (incondizionatamente) necessario in relazione al mondo — come cosa per sé, questa necessità non può rientrare in alcun concetto, e dev'essere stata ritrovata perciò nella mia ragione, soltanto come condizione formale del pensiero, e non già come condizione materiale e ipostatica dell'esistenza.

Sezione sesta

SULL'IMPOSSIBILITÀ DELLA DIMOSTRAZIONE FISICO-TEOLOGICA

Se il risultato richiesto non può dunque essere fornito né dal concetto di cose in generale, né dall'esperienza di una qualche e s i s t e n z a i n g e n e r a l e , rimane allora ancora un mezzo, cioè cercar di vedere, se una e s p e r i e n z a d e t e r m i n a t a — ossia l'esperienza delle cose del mondo presente, la loro costituzione e il loro ordinamento — non fornisca una ragione dimostrativa, che possa darci con sicurezza la convinzione dell'esistenza di un ente supremo. Una tale dimostrazione, potremmo chiamarla la prova f i s i c o - t e o l o g i c a .

Se anche questa prova dovesse risultare impossibile, non 414
si potrà davvero piú trovare alcuna dimostrazione soddisfacente, tratta dalla ragione semplicemente speculativa, che provi l'esistenza di un ente corrispondente alla nostra idea trascendentale.

Dopo quanto è stato osservato sopra, si comprenderà senz'altro, che rispetto a questa questione ci si può attendere una soluzione assai facile e rigorosa. In effetti, come potrà mai essere data un'esperienza, la quale sia destinata a risultare adeguata a un'idea? La peculiarità dell'idea consiste appunto nel fatto, che ad essa non potrà mai adeguarsi una qualsiasi esperienza. L'idea trascendentale di un originario ente necessario, sufficiente per tutte le cose, è cosí smisuratamente grande, cosí sublimemente al di sopra di tutto ciò che è empirico (sempre condizionato), che da un lato non si potrà mai trovare abbastanza materia nell'esperienza, per riempire un tale concetto, e d'altro lato si procederà sempre a tastoni fra ciò che è condizionato, e si cercherà sempre invano l'incondizionato, di cui nessuna legge di una qualsiasi sintesi empirica potrà mai fornirci né un esempio né la minima indicazione.

Se l'ente supremo fosse in questa catena delle condizioni, esso stesso risulterebbe allora un termine della serie delle condizioni, e richiederebbe (allo stesso modo che la richiedono i termini inferiori cui esso è preposto) un'ulteriore indagine riguardo al suo fondamento superiore. Se per contro lo si vuole separare da questa catena, e, in quanto esso è un ente semplicemente intelligibile, non lo si vuole comprendere nella serie delle cause naturali, quale ponte potrà allora gettare la ragione per raggiungerlo, dal momento che tutte le leggi riguardanti il passaggio dagli effetti alle cause, anzi ogni sintesi e ogni estensione della nostra conoscenza in generale, non si fondano su altro se non sull'esperienza possibile, cioè soltanto su oggetti del mondo sensibile, e possono avere significato solo a riguardo di tali oggetti?

Il mondo presente ci dischiude una scena cosí smisurata di varietà, di ordine, di finalità e di bellezza — sia che si tenga dietro a tutto ciò nell'infinità dello spazio, sia anche che lo si segua nell'illimitata divisione di questo — che nonostante le conoscenze, che il nostro debole intelletto ha potuto acquistare al riguardo, ogni linguaggio, di fronte a tante meraviglie inconcepibilmente grandi, perde il suo vigore, ogni numero la sua capacità di misurare, e persino i nostri pensieri perdono ogni limitazione, cosicché il nostro giudizio su questo tutto si spegne in uno stupore muto, ma tanto piú eloquente. Noi vediamo ovunque una catena di effetti e di cause, di fini e di mezzi, di regolarità nel nascere e nel perire. E in quanto nulla è
415 entrato da sé nello stato in cui si trova, allora ogni cosa accenna sempre ulteriormente ad un'altra cosa come sua causa: questa, a sua volta, rende necessaria proprio la medesima ricerca. In tal modo, l'universo si sprofonderebbe nell'abisso del nulla, se noi non ammettessimo un qualcosa, che, sussistendo per se stesso, originariamente e indipendentemente, al di fuori di questa infinita contingenza, sostenga l'universo e, come causa della sua origine, ne assicuri al tempo stesso la durata. A questa causa suprema (riguardo a tutte le cose del mondo), quale grandezza dovremo dunque attribuire? Noi non conosciamo il mondo in tutto il suo contenuto, e ancora meno sappiamo valutare la sua grandezza mediante un confronto con tutto ciò che è possibile. Ma poiché riguardo alla causalità noi abbiamo bisogno di un ente ultimo e supremo, che cosa ci impedisce allora, di porre al tempo stesso tale ente, riguardo al grado di perfezione, *al di sopra di ogni altra cosa possibile*? Noi possiamo facilmente realizzare ciò — sebbene certo solo mediante il contorno evanescente di un concetto astratto — quando ci rappresentiamo riunita in esso, come in una sostanza unica, ogni perfezione possibile. Tale concetto è adeguato alle esigenze della nostra ragione, che è parsimoniosa di principî; non

è sottomesso in se stesso ad alcuna contraddizione; è favorevole altresí all'estensione dell'uso della ragione nel campo dell'esperienza, servendosi della guida — fornita da una tale idea — verso l'ordine e la finalità; ed infine, non è mai decisamente contrario ad alcuna esperienza.

Questa dimostrazione merita sempre di essere nominata con rispetto. Essa è la piú antica, la piú chiara, quella massimamente conforme alla comune ragione umana. Essa rianima lo studio della natura, e d'altra parte riceve essa stessa la propria esistenza da tale studio, acquistando cosí forze sempre nuove. Essa riesce a mostrare fini e intenzioni, là dove la nostra osservazione non li avrebbe scoperti da sé, ed estende le nostre conoscenze della natura, guidandoci con un'unità peculiare, il cui principio è al di fuori della natura. Queste conoscenze, peraltro, reagiscono sulla loro causa, cioè sull'idea che le ha prodotte, ed accrescono la fede in un supremo creatore, sino a trasformarla in una convinzione irresistibile.

Sarebbe quindi non soltanto desolante, ma altresí del
tutto inutile, il voler sottrarre qualcosa all'autorità di
questa dimostrazione. La ragione, che si rafforza incessan-
temente mediante argomenti dimostrativi cosí potenti (i
quali, sebbene soltanto empirici, in essa si potenziano
ancor sempre), non può venir scoraggiata, dai dubbi di
una speculazione sottile ed astratta, sino al punto di non
sapersi strappare da ogni indecisione cavillosa, come da 416
un sogno: alla ragione basta gettare uno sguardo alle
meraviglie della natura, e basta ammirare la maestà del-
l'universo, per sollevarsi da grandezza a grandezza sino
alla piú alta di tutte, e dal condizionato alla condizione
sino al creatore supremo e incondizionato.

Ora, sebbene noi non abbiamo nulla da obiettare contro la razionalità e l'utilità di questo modo di procedere — anzi, dobbiamo piuttosto raccomandarlo e incoraggiarlo — non per questo tuttavia possiamo approvare le pretese ad una certezza apodittica e ad un assenso non bisognoso né di favori né di appoggio estraneo, che sono avanzate da questo modo di dimostrazione. Non può quindi in alcun modo sorgere un danno per la buona causa, se rintuzziamo il linguaggio dogmatico di uno sprezzante cavillatore, abbassandolo al tono moderato e modesto di una fede che è sufficiente a tranquillizzare, ma non impone tuttavia una sottomissione incondizionata. Io sostengo quindi, che la dimostrazione fisico-teologica non potrà mai da sola provare l'esistenza di un ente supremo, e che piuttosto essa dovrà sempre lasciare l'incarico di integrare questa deficienza alla prova ontologica (cui essa serve soltanto di introduzione). Di conseguenza, io asserisco che la prova ontologica contiene pur sempre l'*unico argomento possibile* (quando si ammetta che una dimostrazione speculativa possa avere luogo), che nessuna ragione umana potrà trascurare.

I momenti essenziali della suddetta dimostrazione fisico-teologica sono i seguenti. 1) Ovunque nel mondo si trovano chiari segni di un ordinamento determinatamente intenzionale, attuato con grande sapienza, e raccolto in un tutto indescrivibilmente vario nel contenuto, e al tempo stesso illimitatamente grande nell'estensione. 2) Questo ordinamento finalistico è del tutto estraneo alle cose del mondo, ed inerisce ad esse solo in modo contingente; ossia, la natura delle cose differenti non avrebbe potuto spontaneamente, con la riunione di mezzi cosí vari, accordarsi in vista di fini determinati, se tali mezzi non fossero stati scelti e disposti in modo del tutto opportuno, secondo certe idee fondamentali, da un principio razionale ordinatore. 3) Esiste dunque una causa sublime e saggia (o parecchie cause), la quale dev'essere la causa del mondo, non semplicemente come natura onnipotente e operante alla cieca, che è causa mediante la *fecondità*, bensí come intelligenza, che è causa mediante la *libertà*. 4) L'unità di tale causa si può dedurre con certezza, rispetto a ciò cui giunge la nostra osservazione, dall'unità della re-

lazione reciproca delle parti del mondo, intese come elementi di un edificio costruito con arte, e al di là di questo campo, si può dedurre con verosimiglianza, in base a 417
tutti i principî dell'analogia.

Non voglio qui cavillare con la ragione naturale su questa sua inferenza, che si presenta quando essa, basandosi sull'analogia di alcuni prodotti naturali con quello, che l'arte umana produce facendo violenza alla natura e costringendola a non procedere secondo i suoi fini, ma a plasmarsi ai nostri (cioè basandosi sulla somiglianza di certi prodotti naturali con le case, le navi, gli orologi), deduce che proprio una siffatta causalità — cioè intelletto e volontà — deve stare alla base della natura, dal momento che la ragione naturale deriva la possibilità interna della natura liberamente operante (la quale rende primieramente possibile ogni arte e forse persino la ragione stessa) da un'altra arte ancora, che è tuttavia sovrumana. Ora, sebbene questo modo di inferire non possa forse reggere alla critica trascendentale piú severa, occorre tuttavia confessare che, quando si voglia dare un nome ad una causa, noi non possiamo al riguardo procedere in modo piú sicuro che seguendo l'analogia con siffatti prodotti conformi ad uno scopo, i quali sono i soli, di cui noi conosciamo pienamente le cause e gli effetti. La ragione non potrebbe giustificarsi di fronte a se stessa, se dalla causalità che essa conosce volesse passare ad oscure e indimostrabili ragioni esplicative, che essa non conosce.

In base a questa inferenza, la finalità e l'armonia di cosí tante opere naturali dimostrerebbero semplicemente la contingenza della forma, ma non già della materia, cioè della sostanza del mondo. Per provare ciò, infatti, occorrerebbe ancora poter dimostrare, che le cose del mondo sarebbero in se stesse incapaci di un siffatto ordine e di una siffatta armonia, in conformità di leggi universali, nel caso in cui non fossero, persino *nella loro sostanza*, il prodotto di una sapienza suprema. A questo scopo, peraltro, sarebbero necessari argomenti ben diversi da quelli fondati sull'analogia con l'arte umana. La dimostrazione di cui si è parlato, quindi, potrà tutt'al piú provare un *architetto del mondo*, sempre assai ostacolato riguardo alla plasmabilità della materia da lui elaborata, ma non proverà un *creatore del mondo*, all'idea del quale tutto sia sottomesso. Ciò è ben lungi dal bastare per il grande fine cui si tende, cioè per dimostrare un ente originario, sufficiente per tutte le cose. Se noi volessimo provare la contingenza della materia stessa, dovremmo allora ricorrere ad un argomento trascendentale, il che peraltro si è appunto voluto evitare qui.

L'inferenza, dunque, procede dall'ordine e dalla finalità universalmente osservabili nel mondo, e intesi come una struttura totalmente contingente, all'esistenza di una
418 causa *proporzionata a tutto ciò*. Il concetto di questa causa, peraltro, deve farci conoscere riguardo ad essa qualcosa di completamente *determinato*; tale concetto non può quindi essere altro se non il concetto di un ente, che possiede — in quanto ente sufficiente a tutto — ogni potenza, ogni sapienza, ecc., e in una parola, ogni perfezione. In effetti, i predicati di potenza e d'eccellenza *grandissime*, stupefacenti, smisurate, non forniscono alcun concetto determinato, e non dicono propriamente ciò che sia la cosa in se stessa; piuttosto, non sono altro se non rappresentazioni relative della grandezza dell'oggetto (oggetto che l'osservatore del mondo confronta con se stesso e con il proprio potere di comprensione), le quali risultano ammirative nella stessa misura, sia che si ingrandisca l'oggetto, sia che in relazione ad esso si impiccolisca il soggetto che osserva. Quando si tratta della grandezza (di perfezione) di una cosa in generale, non c'è allora nessun concetto determinato se non quello che comprende tutta quanta la perfezione possibile: soltanto la somma totale (*omnitudo*) della realtà è determinata completamente nel concetto.

Voglio certo sperare, che nessuno presumerà di comprendere il rapporto tra la grandezza del mondo da lui osservata (tanto nell'estensione quanto nel contenuto) e l'onnipotenza, tra l'ordine del mondo e la sapienza suprema, tra l'unità del mondo e l'unità assoluta del creatore, ecc. La fisico-teologia non può dunque fornire alcun concetto determinato della suprema causa del mondo, e non è perciò sufficiente per risultare un principio della teologia, il quale debba a sua volta costituire il fondamento della religione.

Il passo che conduce alla totalità assoluta è del tutto impossibile per via empirica. Eppure tale passo è compiuto nella prova fisico-teologica. Di quale mezzo ci si serve dunque, per valicare un abisso cosí vasto?

Dopo che si è giunti ad ammirare la grandezza, la sapienza, la potenza, ecc., del creatore del mondo, allora, non potendo procedere oltre, si abbandona ad un tratto questa argomentazione condotta mediante ragioni dimostrative empiriche, e si ritorna alla contingenza del mondo, dedotta inizialmente dall'ordine e dalla finalità del mondo. È soltanto da questa contingenza, che si passa poi, unicamente mediante concetti trascendentali, all'esistenza di un qualcosa di assolutamente necessario; e in seguito, dal concetto della necessità assoluta della causa prima si passa al concetto, universalmente determinato o determinante, del creatore del mondo, cioè al concetto di una realtà comprensiva di tutto. La prova fisico-teologica, di conseguenza, trovandosi arenata nella sua impresa, si trae d'imbarazzo passando bruscamente alla prova cosmologica; e poiché quest'ultima non è altro se non una dissimulata dimostrazione ontologica, cosí la prova fisico- 419
teologica, in realtà, riesce a raggiungere il suo scopo solo mediante la ragione pura, sebbene abbia inizialmente negato ogni parentela con questa, ed abbia dichiarato di fondarsi per intero su chiare prove tratte dall'esperienza.

I fisico-teologi non hanno perciò motivo, di comportarsi cosí sdegnosamente di fronte al modo trascendentale di dimostrare, guardandolo dall'alto in basso con l'arroganza di chiaroveggenti conoscitori della natura, come se si trattasse di una ragnatela intessuta da oscuri cavillatori. In effetti, solo che essi volessero esaminare se stessi, troverebbero allora che, dopo di essere proceduti per un buon tratto sul terreno della natura e dell'esperienza, e dopo di essere rimasti nondimeno sempre egualmente lontani dall'oggetto, che era sembrato di fronte alla loro ragione, essi abbandonano improvvisamente questo terreno e passano nel regno delle semplici possibilità, dove sperano di giungere, sulle ali delle idee, vicino a ciò che si era sottratto a ogni loro indagine empirica. Una volta che con un salto cosí potente essi credono infine di aver messo piede su di un terreno solido, allargano il concetto ormai determinato (in possesso del quale, senza sapere come, essi sono giunti) all'intero campo della creazione, e spiegano l'ideale — che era unicamente un prodotto della ragione pura — mediante l'esperienza (sebbene tale chiarimento sia abbastanza povero e assai inferiore alla dignità del suo oggetto), senza tuttavia voler confessare, che a questa conoscenza, o a questa supposizione, essi sono giunti attraverso un sentiero diverso da quello dell'esperienza.

Di conseguenza, la prova fisico-teologica si fonda sulla prova cosmologica, e questa a sua volta si fonda sulla prova ontologica dell'esistenza di un unico ente originario, inteso come ente supremo. E poiché nessun'altra via — al di fuori di queste tre — rimane aperta alla ragione speculativa, cosí la prova ontologica fondata su meri concetti puri della ragione è l'unica possibile, se può dirsi possibile una qualche dimostrazione di una proposizione sovrastante in tale misura ogni uso empirico dell'intelletto.

Sezione settima 420

CRITICA DI OGNI TEOLOGIA FONDATA SU PRINCIPÎ SPECULATIVI DELLA RAGIONE

Se per teologia io intendo la conoscenza dell'ente originario, essa è allora fondata o semplicemente sulla ragione (*theologia rationalis*), o sulla rivelazione (*revelata*). La prima, orbene, pensa il suo oggetto o semplicemente attraverso la ragione pura, mediante meri concetti trascendentali (*ens originarium, realissimum, ens entium*), e si chiama teologia **trascendentale**, oppure attraverso un concetto, che essa ricava dalla natura (della nostra anima), intendendo tale oggetto come intelligenza suprema, e dovrebbe chiamarsi teologia **naturale.** Chi ammette soltanto una teologia trascendentale, è chiamato *deista*; chi ammette altresí una teologia naturale, è chiamato *teista*. Il primo ammette che noi possiamo forse conoscere l'esistenza di un ente originario mediante la semplice ragione, ma che il nostro concetto di tale ente è semplicemente trascendentale, cioè riguarda soltanto un ente che ha ogni realtà, realtà tuttavia che non si può determinare ulteriormente. Il secondo asserisce, che la ragione è in grado di determinare piú da vicino l'oggetto — secondo l'analogia con la natura — cioè come un ente che contiene in sé, mediante l'intelletto e la libertà, il fondamento originario di tutte le altre cose. Per ente originario, dunque, il primo intende semplicemente una *causa del mondo* (senza decidere, se mediante la necessità della sua natura, oppure mediante la libertà), il secondo, invece, un *creatore del mondo*.

La teologia trascendentale, o è quella che pensa di derivare l'esistenza dell'ente originario da un'esperienza in generale (senza determinare alcunché di preciso riguardo al mondo cui tale esperienza appartiene), e si chiama cosmo-teologia, oppure crede di conoscere l'esistenza dell'ente originario mediante semplici concetti, senza l'aiuto di una qualsiasi esperienza, e viene chiamata onto-teologia.

La teologia naturale deduce le qualità e l'esistenza di un creatore del mondo dalla struttura, dall'ordine e dall'unità, che si ritrovano in questo mondo, dove devono essere ammesse due specie di causalità (e le loro regole), cioè natura e libertà. Da questo mondo,
421 perciò, la teologia naturale ascende all'intelligenza suprema, intesa o come principio di ogni ordine e di ogni perfezione naturale, o come principio di ogni ordine e di ogni perfezione morale. Nel primo caso, essa si chiama teologia fisica, nel secondo teologia morale[1].

Poiché con il concetto di Dio si intende di solito non già semplicemente una natura eterna e operante alla cieca, come radice delle cose, bensí un ente supremo, destinato ad essere il creatore delle cose mediante l'intelletto e la libertà (e d'altronde è soltanto questo concetto che per noi riveste un interesse), si potrebbe allora, a rigore, contestare ogni fede in Dio al deista, e concedergli unicamente l'asserzione di un ente originario, ossia di una causa suprema. Tuttavia, poiché nessuno può essere incolpato di voler negare qualcosa, semplicemente per il fatto che egli non osa asserirla, ci si comporta allora in modo piú moderato e piú giusto, se si dice: il deista crede in un Dio, il teista invece crede in un Dio vivente (*summa intelligentia*). Indagheremo ora le possibili fonti di tutti questi tentativi della ragione.

Mi accontento qui di definire la conoscenza teoretica come una conoscenza per cui io conosco ciò che

421 [1] Non già: morale teologica. Quest'ultima infatti contiene leggi morali, che presuppongono l'esistenza di un supremo reggitore del mondo. La teologia morale, per contro, è la convinzione dell'esistenza di un ente supremo, convinzione fondata su leggi morali.

esiste, e quella pratica, invece, come una conoscenza per cui mi rappresento *ciò che deve esistere*. In base a ciò, l'uso teoretico della ragione è quello mediante cui io conosco *a priori* (come necessario), che qualcosa è; l'uso pratico della ragione, invece, è quello mediante cui viene conosciuto *a priori*, che cosa debba accadere. Orbene, se è indubitatamente certo — però è soltanto qualcosa di condizionato — che alcunché sia o debba accadere, allora una certa condizione, determinata al riguardo, può essere o assolutamente necessaria, o soltanto presupposta come arbitraria e contingente. Nel primo caso, la condizione è postulata (*per thesin*), nel secondo caso, è supposta (*per hypothesin*). Poiché vi sono leggi pratiche, le quali risultano assolutamente necessarie (le leggi morali), occorre allora, se esse presuppongono necessariamente una qualche esistenza come condizione della possibilità della loro forza *vincolante*, che tale esistenza venga *postulata*, appunto perché il condizionato — onde si inferisce a questa condizione determinata — è esso stesso conosciuto *a priori* come assolutamente necessario. A riguardo delle 422
leggi morali, noi mostreremo in avvenire, che esse non soltanto presuppongono l'esistenza di un ente supremo, ma che, in quanto da un altro punto di vista sono assolutamente necessarie, postulano altresí — a buon diritto, ma certo soltanto praticamente — tale esistenza. Per il momento, lasciamo ancora da parte tale modo di inferenza.

Quando si tratta soltanto di ciò che esiste (non già di ciò che dev'essere), il condizionato che ci viene dato nell'esperienza viene sempre pensato come contingente: di conseguenza, la condizione che appartiene a tale condizionato non può venir conosciuta come assolutamente necessaria, ma serve soltanto come una supposizione — relativamente necessaria, o piuttosto *occorrente*, ma in se stessa e *a priori* arbitraria — per la conoscenza razionale del condizionato. Nella conoscenza teoretica, dunque, se la necessità assoluta di una cosa vuol essere conosciuta, ciò potrà avvenire soltanto in base a concetti *a priori*, e mai invece considerando la necessità di una causa in relazione ad un'esistenza, che è data mediante l'esperienza.

Una conoscenza teoretica è speculativa, quando essa si riferisce ad un oggetto o a concetti di un oggetto, cui non si può giungere in alcuna esperienza. Tale conoscenza è contrapposta alla conoscenza della natura, la quale non si riferisce ad altri oggetti o ad altri predicati di oggetti, se non a quelli che possono venire dati in un'esperienza possibile.

La proposizione fondamentale, secondo cui da ciò che accade (da ciò che è empiricamente contingente), inteso come effetto, si inferisce ad una causa, è un principio della conoscenza della natura, non già della conoscenza speculativa. In effetti, quando si fa astrazione da esso, inteso come proposizione fondamentale che contiene la condizione dell'esperienza possibile in generale, e, eliminando tutto ciò che è empirico, si vuole applicare tale principio al contingente in generale, non rimane allora piú la minima giustificazione per considerare una tale proposizione sintetica come capace di far vedere, in che modo io possa passare da qualcosa che esiste a qualcosa di completamente diverso (chiamato causa). In un siffatto uso semplicemente speculativo, anzi, tanto il concetto di causa quanto il concetto di contingente perdono ogni significato, la cui realtà oggettiva possa farsi comprendere *in concreto*.

Ora, se dall'esistenza delle cose nel mondo si conclude alla loro causa, ciò appartiene non già all'uso naturale della ragione, bensí a quello speculativo. Il primo uso, in effetti, riferisce ad una qualche causa non già le cose stesse (sostanze), bensí soltanto ciò che accade, cioè gli stati delle cose, in quanto empiricamente contingenti. Per contro, che la sostanza stessa (la materia) sia contingente quanto all'esistenza, costituirebbe una conoscenza razionale semplicemente spe-

culativa. Peraltro, quand'anche si parlasse soltanto della 423
forma del mondo, del modo del suo collegamento, e delle sue variazioni, ma da ciò io volessi concludere ad una causa, che è del tutto diversa dal mondo, in tal caso ciò risulterebbe di nuovo un giudizio della ragione semplicemente speculativa, poiché l'oggetto in questione non sarebbe certo un oggetto di un'esperienza possibile. Allora però la proposizione fondamentale della causalità, che è valida soltanto entro il campo delle esperienze, e al di fuori di esso non trova alcun uso, anzi è addirittura priva di significato, risulterebbe del tutto distolta dalla sua destinazione.

Io sostengo orbene, che tutti i tentativi di un uso semplicemente speculativo della ragione a riguardo della teologia sono del tutto infecondi, e per loro intima natura vuoti e nulli, e che d'altro canto i principî dell'uso naturale della ragione non conducono assolutamente ad una teologia: di conseguenza, se non si pongono alla base o non si assumono come guida leggi morali, non potrà esservi in alcun modo una teologia della ragione. Tutte le proposizioni fondamentali sintetiche dell'intelletto sono infatti di uso immanente; ma per la conoscenza di un ente supremo si richiede invece un uso trascendente di tali proposizioni, uso cui il nostro intelletto non è affatto preparato. Se la legge — empiricamente valida — di causalità vuol condurci all'ente primordiale, tale ente dovrebbe allora appartenere alla catena degli oggetti dell'esperienza: in tal caso però esso stesso, come tutte le apparenze, sarebbe a sua volta condizionato. E quand'anche si permettesse di passare bruscamente il confine dell'esperienza, mediante la legge dinamica che riferisce gli effetti alle loro cause, ebbene, quale concetto potrà mai esserci fornito da questo modo di procedere? Non si tratterà certo del concetto di un ente supremo, dal momento che l'esperienza non ci presenta mai il piú grande di tutti gli effetti possibili (cioè l'effetto che deve rendere testimonianza della sua causa). Se vogliamo che ci sia concesso — semplicemente per non lasciare alcuna lacuna nella nostra ragione — di integrare questa mancanza di determinazione completa con la semplice idea della perfezione suprema e della necessità originaria, ciò potrà certo essere concesso per benevolenza, ma non potrà essere richiesto in base al diritto di una irresistibile dimostrazione. La prova fisico-teologica, dunque, potrebbe forse dare vigore ad altre dimostrazioni (se pur ne esistono), in quanto essa connette la speculazione con l'intuizione: per se stessa, tuttavia, tale prova prepara l'intelletto alla conoscenza teologica, e lo indirizza rettamente e naturalmente a questo scopo, ma *da sola* non può adempiere totalmente a tale compito.

424 Da ciò si vede dunque, che le questioni trascendentali ammettono soltanto risposte trascendentali, cioè ricavate da meri concetti *a priori*, senza la minima mescolanza empirica. Qui tuttavia la questione è evidentemente sintetica, ed esige un'estensione della nostra conoscenza al di là dei limiti dell'esperienza, sino a che si giunga cioè all'esistenza di un ente corrispondente alla nostra semplice idea, alla quale nessuna esperienza potrà mai essere adeguata. In base alle nostre precedenti dimostrazioni, peraltro, ogni conoscenza sintetica *a priori* è possibile soltanto per il fatto che esprima le condizioni formali di un'esperienza possibile: tutte le proposizioni fondamentali hanno dunque solo una validità immanente, cioè si riferiscono unicamente ad oggetti della conoscenza empirica, ossia ad apparenze. Neppure il procedimento trascendentale, che si riferisca alla teologia di una ragione semplicemente speculativa, avrà quindi nessun risultato.

Se peraltro, piuttosto di lasciarsi demolire la convinzione che argomenti dimostrativi usati cosí a lungo hanno un loro peso, si preferisce invece mettere in dubbio tutte le precedenti dimostrazioni dell'Analitica, non si potrà tuttavia negar soddisfazione alla mia richiesta, quando io

desideri che venga almeno giustificato in quale maniera, e mediante quale illuminazione, si presuma di oltrepassare ogni esperienza possibile in forza di semplici idee. Pregherei soltanto, che mi si risparmiassero nuove dimostrazioni, o rielaborazioni e miglioramenti di quelle antiche. A dire il vero, non vi è certo molta scelta in proposito, poiché in definitiva tutte le dimostrazioni semplicemente speculative si riducono a una sola, cioè a quella ontologica, ed io quindi non ho da temere di essere troppo infastidito dalla fecondità dei difensori dogmatici di quella ragione liberata dai sensi. È altresí vero che io, senza per questo credermi particolarmente combattivo, non respingerò tuttavia la sfida a scoprire la falsa inferenza in ogni tentativo di questa specie, rendendo cosí vane le sue pretese. Ciò nonostante, la speranza di avere migliore fortuna non sarà mai abbandonata completamente da coloro, che si sono ormai abituati a nutrire convinzioni dogmatiche. Io mi limiterò di conseguenza ad un'unica e giusta richiesta: voglio cioè che costoro mi spieghino — in generale e partendo dalla natura dell'intelletto umano, oltreché da tutte le altre fonti di conoscenza — come si possa riuscire ad estendere del tutto *a priori* la nostra conoscenza, spingendola sino ad un punto, dove non vi è alcuna esperienza possibile — e quindi nessun mezzo — che sia sufficiente ad assicurare ad un qualche concetto da noi escogitato la sua realtà **425**
oggettiva. Comunque l'intelletto possa essere giunto a questo concetto, l'esistenza tuttavia dell'oggetto del concetto non può venir ritrovata analiticamente in questo ultimo, poiché la conoscenza dell'*esistenza* dell'oggetto consiste appunto nel fatto che esso viene posto in se stesso *al di fuori del pensiero*. Peraltro, è del tutto impossibile uscire spontaneamente fuori di un concetto, e, senza seguire la connessione empirica (onde vengono sempre date soltanto apparenze), giungere alla scoperta di nuovi oggetti e di enti sovrannaturali.

Sebbene la ragione, peraltro, nel suo uso semplicemente speculativo, sia ben lungi dall'essere sufficiente per raggiungere questo cosí grande scopo, per raggiungere cioè l'esistenza di un ente supremo, essa tuttavia, in tale uso, ha il grandissimo vantaggio di *rettificare* la conoscenza di tale ente (nel caso in cui questa possa venir attinta da un'altra parte), di metterla in accordo con se stessa e con ogni prospettiva intelligibile, e di purificarla da tutto ciò che può essere contrario al concetto di un ente originario, e da ogni mescolanza di limitazioni empiriche.

La teologia trascendentale conserva quindi, nonostante tutta la sua insufficienza, un importante uso negativo, ed è una costante censura della nostra ragione, quando questa ha a che fare semplicemente con idee pure, che appunto perché tali non permettono alcun altro criterio se non quello trascendentale. In effetti, se accadesse da un altro punto di vista, forse quello pratico, che il *presupposto* di un ente piú alto di tutti e sufficiente a tutto, come intelligenza suprema, conservasse la sua validità senza obiezioni, in tal caso sarebbe della massima importanza determinare con precisione questo concetto, nel suo lato trascendentale, come concetto di un ente necessario e realissimo, ed eliminare ciò che è contrario alla realtà suprema e ciò che appartiene alla semplice apparenza (all'antropomorfismo in senso lato), sbarazzandosi cosí al tempo stesso di tutte le asserzioni contrapposte, siano esse *ateistiche*, o *deistiche*, o *antropomorfistiche*. In una siffatta trattazione critica, tutto ciò è assai facile, poiché le stesse ragioni, mediante cui viene chiarita l'impotenza della ragione umana rispetto alla *asserzione* dell'esistenza di un tale ente, sono necessariamente sufficienti altresí per dimostrare l'invalidità di ogni *asserzione contraria*. Mediante la speculazione pura della ragione, infatti, onde si potrà mai desumere la convinzione che non esiste alcun ente supremo come fondamento originario di tutte le cose, oppure che

ad esso non tocca nessuna delle proprietà da noi rappre- 426
sentate, in base alle loro conseguenze, come analoghe alle realtà dinamiche di un ente pensante, oppure che, se si ammettono tali proprietà, esse dovrebbero essere sottomesse altresí a tutte le limitazioni che la sensibilità impone inevitabilmente alle intelligenze da noi conosciute mediante l'esperienza?

Per l'uso semplicemente speculativo della ragione, dunque, l'ente supremo rimane un semplice *ideale*, ma un ideale *senza difetti*: un concetto, questo, che conclude e corona tutta quanta la conoscenza umana, e la cui realtà oggettiva non può certo venir dimostrata per questa via, ma neppure può essere confutata. E se dovrà esservi una teologia morale, che possa integrare questa mancanza, in tal caso la teologia trascendentale, prima soltanto problematica, si dimostrerà indispensabile mediante la determinazione del suo concetto, e mediante la continua censura rivolta ad una ragione, che cosí spesso è ingannata dalla sensibilità e che non sempre si trova d'accordo con le sue proprie idee. La necessità, l'infinità, l'unità, l'esistenza fuori del mondo (non già come anima del mondo), l'eternità senza condizioni di tempo, l'onnipresenza senza condizioni di spazio, l'onnipotenza, ecc., sono predicati semplicemente trascendentali, e perciò il concetto purificato di essi — concetto di cui ogni teologia ha cosí tanto bisogno — può essere tratto soltanto dalla teologia trascendentale.

APPENDICE ALLA DIALETTICA TRASCENDENTALE

Sull'uso regolativo delle idee della ragione pura

Il risultato di tutti i tentativi dialettici della ragione pura non soltanto conferma ciò che è stato già dimostrato

nell'Analitica trascendentale —, ossia, che tutte le nostre inferenze, le quali vogliano oltrepassare il campo dell'esperienza possibile, sono illusorie e senza fondamento — ma al tempo stesso ci insegna qualcosa in particolare, cioè che la ragione umana ha una tendenza naturale ad oltrepassare questi limiti, e che le idee trascendentali sono per essa altrettanto naturali, quanto per l'intelletto sono naturali le categorie: vi è tuttavia la differenza che, mentre queste ultime portano alla verità, cioè all'accordo dei nostri concetti con l'oggetto, le idee invece producono una
427 semplice illusione — tuttavia irresistibile — al cui effetto ingannevole ci si può a stento sottrarre mediante la piú severa delle critiche.

Tutto ciò che è fondato nella natura delle nostre capacità deve essere conforme ad un fine e in accordo con il corretto uso di esse, purché noi possiamo evitare un certo fraintendimento e scoprire la direzione propria di esse. Secondo quanto si può presumere, dunque, le idee trascendentali avranno il loro uso appropriato, e di conseguenza *immanente*: tuttavia, se il loro significato è frainteso e sono prese come concetti di cose reali, esse potranno essere trascendenti nell'applicazione, ed appunto per questo illusorie. In effetti, non è l'idea in se stessa, ma è semplicemente il suo uso, che può essere, rispetto a tutta quanta l'esperienza possibile, o *esterno* (trascendente), oppure *interno* (immanente), secondo che si rivolga l'idea o direttamente ad un oggetto che, a quanto si presume, le corrisponde, oppure soltanto all'uso in generale dell'intelletto a riguardo degli oggetti con cui l'intelletto ha a che fare. E tutti gli errori per surrezione sono sempre da attribuirsi ad un difetto della capacità di giudizio, e mai invece all'intelletto o alla ragione.

La ragione non si riferisce mai direttamente ad un oggetto, ma si rivolge unicamente all'intelletto: mediante questo, essa trova il suo proprio uso empirico. La ragione dunque non *crea* concetti (di oggetti), ma li *ordina* soltanto, e fornisce loro quell'unità, che essi possono avere nella loro massima estensione possibile, in riferimento cioè alla totalità delle serie. L'intelletto non considera questa totalità, bensí soltanto la connessione, *mediante cui si costituiscono* ovunque — secondo concetti — *serie* di condizioni. La ragione quindi ha propriamente come oggetto soltanto l'intelletto e l'impiego di questo in conformità di un fine. E allo stesso modo che l'intelletto riunisce il molteplice nell'oggetto mediante concetti, cosí la ragione riunisce dal canto suo il molteplice dei concetti mediante idee, ponendo una certa unità collettiva come scopo dell'attività dell'intelletto, la quale altrimenti riguarda soltanto l'unità distributiva.

Io sostengo perciò, che le idee trascendentali non devono mai avere un uso costitutivo (in modo che risultino dati cosí concetti di certi oggetti), e nel caso in cui le si intenda in questo senso, esse sono semplicemente concetti raziocinanti (dialettici). Tali idee, per contro, hanno un 428
uso regolativo assai pregevole e indispensabilmente necessario, che consiste cioè nel rivolgere l'intelletto ad un certo scopo, in vista del quale le direzioni di tutte le regole dell'intelletto convergono in un punto, il quale, pur essendo soltanto un'idea (*focus imaginarius*), cioè un punto completamente al di fuori dei limiti dell'esperienza possibile, dal quale quindi i concetti dell'intelletto non possono in realtà provenire, serve tuttavia a procurare la piú grande unità e la piú grande estensione a tali concetti. Da ciò, è vero, sorge in noi l'illusione, che queste linee di direzione siano tracciate a partire da un oggetto, il quale si trovi esso stesso al di fuori del campo della conoscenza empiricamente possibile (allo stesso modo che gli oggetti sono veduti dietro la superficie dello specchio). Questa illusione (cui si può tuttavia impedire di trarre in inganno) risulta però indispensabilmente necessaria, se oltre agli oggetti che stanno di fronte ai nostri occhi noi vogliamo al tempo stesso vedere altresí quelli che sono ben lontani alle nostre

spalle, cioè, nel nostro caso, se vogliamo indirizzare l'intelletto al di là di ogni esperienza data (che è una parte dell'intera esperienza possibile), e quindi vogliamo portarlo alla massima estensione possibile, piú grande di ogni altra.

Se passiamo in rassegna le conoscenze del nostro intelletto, in tutta la loro estensione, troviamo allora che ciò, di cui la ragione dispone in modo esclusivo, e che essa si sforza di costituire, è l'aspetto sistematico della conoscenza, cioè il collegamento di questa in base ad un principio. Questa unità della ragione presuppone sempre un'idea, cioè quella riguardante la forma di un tutto della conoscenza, tutto che precede la conoscenza determinata delle parti, e contiene le condizioni, per determinare *a priori*, rispetto ad ogni parte, la sua posizione ed il suo rapporto con le altre parti. Questa idea, di conseguenza, postula un'unità completa della conoscenza dell'intelletto, unità mediante cui questa conoscenza diventa non già semplicemente un aggregato contingente, bensí un sistema, collegato secondo leggi necessarie. Propriamente non si può dire, che questa idea sia un concetto di un oggetto: essa è il concetto, piuttosto, dell'unità universale dei concetti di oggetti, in quanto tale unità serve come regola per l'intelletto. Siffatti concetti della ragione non sono attinti dalla natura: piuttosto, noi indaghiamo la natura in base a queste idee, e riteniamo difettosa la nostra conoscenza, sintanto che essa non risulti adeguata a tali idee. Si ammette comunemente, che è difficile trovare terra pura, acqua pura, aria pura, ecc. Si ha tuttavia bisogno dei concetti al riguardo (concetti che, per quanto concerne la completa purezza, hanno quindi la loro origine soltanto nella ra-
429 gione), per determinare convenientemente la parte che ciascuna di queste cause naturali ha nell'apparenza. E cosí si riporta ogni specie di materia alla terra (intesa come semplice peso), ai sali e ai corpi combustibili (come

forze), e infine all'acqua e all'aria, intese come veicoli (per cosí dire, macchine, mediante cui i precedenti elementi operano), per spiegare i reciproci effetti chimici delle materie in base all'idea di un meccanismo. In effetti, sebbene di solito non ci si esprima realmente cosí, tuttavia è assai facile scoprire un tale influsso della ragione sulle classificazioni di coloro che indagano la natura.

Se la ragione è la facoltà di dedurre il particolare dall'universale, senza dubbio l'universale può essere già *in sé certo* e dato, ed allora si richiede soltanto la *capacità di giudizio* per la sussunzione, cosicché il particolare risulta necessariamente determinato. Chiamerò ciò uso apodittico della ragione. Ma può darsi il caso che l'universale venga assunto solo *problematicamente*, e sia una semplice idea: il particolare è certo, ma l'universalità della regola riguardante questa conseguenza rimane ancora un problema. Cosí parecchi casi particolari, che sono tutti quanti certi, vengono provati rispetto alla regola, per vedere se derivino da essa, ed allora, quando tutti i casi particolari che si possono addurre risultano conseguire da essa, si conclude all'universalità della regola, che viene poi estesa a tutti i casi, anche se non sono dati in sé. Quest'altro uso, lo chiamerò l'uso ipotetico della ragione.

L'uso ipotetico della ragione, fondato su idee intese come concetti problematici, non è propriamente *costitutivo*, cioè non ha una natura tale che da esso — a giudicare con rigore — segua la verità della regola universale, la quale è stata assunta come ipotesi. In effetti, come si potranno conoscere tutte le conseguenze possibili, che, derivando da un medesimo principio assunto, ne dimostrino l'universalità? Tale uso, piuttosto, è soltanto regolativo, ed ha cosí lo scopo di portare all'unità, per quanto è possibile, le conoscenze particolari, e di *approssimare* in tal modo la regola all'universalità.

L'uso ipotetico della ragione tende perciò all'unità siste-

matica delle conoscenze dell'intelletto: tale unità, del resto, è la *pietra di paragone della verità* delle regole. D'altro canto, l'unità sistematica, intesa come semplice idea, è unicamente l'unità *proiettata*, che in sé dev'essere considerata non già come data, bensí soltanto come problema. Tale unità serve tuttavia a trovare un principio per l'uso molteplice e particolare dell'intel-
430 letto, guidando cosí quest'uso altresí verso i casi che non sono dati, e rendendolo coerente.

Da ciò peraltro risulta soltanto, che l'unità sistematica, o razionale, della conoscenza molteplice dell'intelletto è un principio *logico*, che vuole aiutare mediante idee l'intelletto, quando questo da solo non è in grado di stabilire regole, e al tempo stesso vuole armonizzare sotto un principio (sistematico) la diversità delle regole dell'intelletto, introducendo cosí un collegamento, per quanto tutto ciò è realizzabile. L'affermazione poi che la costituzione degli oggetti, o la natura dell'intelletto che li riconosce come oggetti, sia in sé destinata all'unità sistematica, e che si possa in certa misura postulare *a priori* tale unità, anche prescindendo da un siffatto interesse della ragione, l'affermare cioè che tutte le conoscenze possibili dell'intelletto (tra cui quelle empiriche) possiedono un'unità razionale e sono subordinate a principî comuni, onde possono venir dedotte, nonostante la loro diversità, risulterebbe una proposizione fondamentale *trascendentale* della ragione, proposizione che renderebbe l'unità sistematica non soltanto soggettivamente e logicamente necessaria, dal punto di vista del metodo, ma altresí oggettivamente necessaria.

Spiegheremo ciò attraverso un caso particolare dell'uso della ragione. Fra le varie specie di unità, secondo i concetti dell'intelletto, rientra anche l'unità della causalità di una sostanza, unità chiamata forza. Le diverse apparenze di una medesima sostanza rivelano a prima vista una tale eterogeneità, che da principio occorre quasi

ammettere altrettante forze di essa, quanti son gli effetti che si manifestano. Cosí si può parlare, rispetto all'animo umano, di sensazione, coscienza, immaginazione, memoria, spirito, discernimento, piacere, desiderio, ecc. Anzitutto, una massima logica impone di ridurre per quanto è possibile questa apparente diversità, con lo scoprire mediante raffronti l'identità nascosta, e con l'indagare, per esempio, se l'immaginazione, congiunta con la coscienza, non sia memoria, spirito, discernimento, e forse anche intelletto e ragione. L'idea di una *forza fondamentale* (la logica però non riesce affatto a dirci, se qualcosa di simile esista) è per lo meno il problema di una rappresentazione sistematica della molteplicità delle forze. Il principio logico della ragione ci richiede di costituire per quanto è possibile tale unità; e quanto piú le apparenze di due forze sono da noi trovate identiche tra loro, tanto piú è verosimile, che esse non siano altro se non manifestazioni differenti di una sola e medesima forza, la quale può chiamarsi 431
(relativamente) la loro *forza fondamentale*. Lo stesso si dica per le altre forze.

Le forze fondamentali in senso relativo devono daccapo venir confrontate tra loro, in modo che, con lo scoprire il loro accordo, le si possa riportare verso una forza fondamentale unica e radicale, cioè assoluta. Questa unità razionale, peraltro, è semplicemente ipotetica. Noi non sosteniamo, che una tale unità debba esistere realmente, ma affermiamo che la si deve cercare in grazia della ragione, ossia allo scopo di stabilire certi principî per le varie regole che l'esperienza può fornire, e che occorre introdurre in tal modo, per quanto è possibile, un'unità sistematica nella conoscenza.

Peraltro, quando si considera l'uso trascendentale dell'intelletto, risulta che questa idea di una forza fondamentale in generale non è semplicemente determinata come problema per l'uso ipotetico, ma pretende di avere una realtà oggettiva, onde viene postulata l'unità sistematica delle svariate forze di una sostanza, e viene costituito un principio apodittico della ragione. In effetti, senza avere neppure verificato l'accordo delle varie forze, anzi, persino se tutti i nostri tentativi per scoprirlo sono falliti, noi tuttavia presupponiamo che tale accordo dovrà ritrovarsi. E ciò avviene non soltanto, come nel caso citato sopra, a causa dell'unità della sostanza: piuttosto, anche quando — come rispetto alla materia in generale — si presentano molte sostanze (sebbene in certo grado omogenee), la ragione presuppone tuttavia l'unità sistematica delle molteplici forze (in quanto le leggi particolari della natura sono subordinate a leggi piú generali), e il risparmio dei principî diventa non soltanto una proposizione fondamentale economica della ragione, bensí una legge interna della natura.

In realtà non si riesce a comprendere, come un principio logico dell'unità razionale delle regole possa aver luogo, se non viene presupposto un principio trascendentale, mediante cui sia assunta *a priori* come necessaria, e come inerente agli oggetti stessi, una tale unità sistematica. In effetti, con quale diritto potrebbe pretendere la ragione, nel suo uso logico, di trattare la molteplicità delle forze (che la natura ci fa conoscere) come un'unità semplicemente dissimulata, e come potrebbe, per quanto sta in essa, dedurre tale molteplicità da una qualche forza fondamentale, se fosse libera di ammettere come altrettanto possibile, che tutte le forze siano eterogenee, e che l'unità sistematica della loro derivazione non sia conforme alla natura? In tal caso, difatti, la ragione si rivolgerebbe direttamente contro la propria destinazione, proponendosi
432 come scopo un'idea, che contraddice totalmente alla costituzione della natura. E neppure si può dire, che la ragione, in base ai propri principî, abbia dedotto in anticipo questa unità dalla struttura contingente della natura. In effetti la legge della ragione, in base a cui essa cerca tale unità, è necessaria, poiché senza questa legge non vi sarebbe

piú la ragione, senza ragione non vi sarebbe piú alcun uso coerente dell'intelletto, e in mancanza di tale uso non vi sarebbe piú un criterio sufficiente della verità empirica: è a riguardo di quest'ultimo, perciò, che noi dobbiamo presupporre l'unità sistematica della natura proprio come oggettivamente valida e necessaria.

Questo presupposto trascendentale, noi possiamo anche trovarlo — mirabilmente celato — nei principî dei filosofi, sebbene non sempre costoro l'abbiano riconosciuto, o l'abbiano confessato a se stessi. Che ogni molteplicità delle cose singole non escluda l'identità della specie; che le varie specie non debbano venir considerate se non come differenti determinazioni di pochi generi, e questi a loro volta debbano venir trattati come determinazioni di stirpi ancora piú alte; che debba essere cercata quindi una certa unità sistematica di tutti i concetti empirici possibili, in quanto essi possono venir derivati da concetti piú alti e piú generali: ecco una regola scolastica, o principio logico, senza di cui non può aver luogo nessun uso della ragione. In effetti, noi possiamo inferire dall'universale al particolare, solo in quanto vengano poste alla base le proprietà universali delle cose, cui sono subordinate quelle particolari.

Che nella natura debba ritrovarsi un tale accordo, i filosofi lo presuppongono d'altronde nella nota regola scolastica, secondo cui non si debbono moltiplicare senza necessità gli elementi (principî): *entia praeter necessitatem non esse multiplicanda*. Con ciò si vuol dire, che la natura stessa delle cose offre il materiale per l'unità di ragione, e che l'apparente varietà infinita non deve trattenerci dal supporre dietro di essa un'unità delle proprietà fondamentali, dalle quali la molteplicità può essere derivata soltanto con una determinazione sempre piú precisa. Quest'unità, sebbene sia una semplice idea, è stata in ogni tempo perseguita con tanto impegno, che si è trovato motivo di moderare il desiderio di essa, piuttosto che di

stimolarlo. Era già molto, che i chimici potessero ricondurre tutti i sali a due generi principali, cioè ai sali acidi e a quelli alcalini: eppure essi cercano di considerare anche questa distinzione semplicemente come una varietà, ossia una manifestazione diversa di una sola e medesima materia fondamentale. Le differenti specie di terra (la materia
433 delle pietre e anche dei metalli), si è cercato di ridurle gradualmente a tre ed infine a due; ma non contenti di questo, i chimici non possono liberarsi dal pensiero, che dietro a queste varietà vada tuttavia supposto un unico genere, anzi, che per queste specie e per i sali si debba ammettere un principio comune. Si potrebbe forse credere, che questo sia un semplice artificio economico della ragione, al fine di risparmiarsi fatica, per quanto è possibile, e costituisca un tentativo ipotetico, il quale, se coronato da successo, fornirà verosimiglianza, appunto mediante quest'unità, al principio di spiegazione presupposto. Una siffatta intenzione egoistica, tuttavia, può essere assai facilmente distinta dall'idea, in base alla quale ciascuno presuppone che questa unità razionale sia conforme alla natura stessa, e che a questo proposito la ragione non vada mendicando, ma piuttosto comandi, pur senza poter determinare i limiti di questa unità.

Se tra le apparenze che ci si offrono sussistesse una diversità cosí grande — non voglio dire quanto alla forma (poiché in questo senso esse possono anche essere simili), bensí quanto al contenuto, cioè alla molteplicità degli enti esistenti — che anche il piú acuto intelletto umano non potesse scoprire la minima somiglianza attraverso il confronto dell'una con l'altra apparenza (un caso, questo, che si può benissimo pensare), allora la legge logica dei generi non avrebbe certo luogo; e non vi sarebbe neppure un concetto di genere, o un qualche concetto universale, anzi non vi sarebbe neppure un intelletto, dal momento che questo si occupa soltanto di tali concetti. Il principio logico dei generi presuppone dunque un principio trascendentale, se vuole applicarsi alla natura (per natura, intendo qui soltanto gli oggetti che ci vengono dati). In base a tale principio, nel molteplice di un'esperienza possibile viene presupposta necessariamente una omogeneità (sebbene noi non possiamo determinare *a priori* il grado di essa), poiché senza tale omogeneità non risulterebbe possibile nessun concetto empirico, e quindi nessuna esperienza.

Al principio logico dei generi, il quale postula l'identità, si contrappone un altro principio, cioè quello delle *specie*, il quale richiede la molteplicità e le differenze delle cose, nonostante il loro accordo entro un medesimo genere, e prescrive all'intelletto di badare alle specie non meno che ai generi. Questa proposizione fondamentale (dell'acume, ossia della facoltà di distinguere) limita assai la leggerezza del primo principio (che è dello spirito): la ragione rivela qui due interessi, contrastanti tra loro, ossia, da un lato l'interesse dell'*estensione* (dell'u- 434
niversalità), a riguardo dei generi, e d'altro lato l'interesse del *contenuto* (della determinatezza), rispetto alla molteplicità delle specie. L'intelletto, difatti, nel primo caso pensa molte cose *sotto* i suoi concetti, ma nel secondo caso pensa tante piú cose *entro i medesimi*. Questa duplicità si manifesta altresí nel modo di pensare assai differente di coloro che indagano la natura: alcuni di questi (che sono eminentemente speculativi), quasi per avversione all'eterogeneità, tendono sempre all'unità del genere; gli altri (cervelli soprattutto empirici) cercano incessantemente di dividere la natura sino ad un tale grado di molteplicità, che si deve quasi abbandonare la speranza di giudicare le apparenze della natura secondo principî universali.

Anche alla base di questo secondo modo di pensare sta evidentemente un principio logico, che mira alla completezza sistematica di tutte le conoscenze. In questo caso, prendendo le mosse dal genere, io discendo al molteplice che può essere contenuto in esso, e in tal modo cerco di dare al sistema una diffusione, cosí come nel primo caso, in cui risalgo verso il genere, io cerco di fornire al sistema una semplicità. In effetti, partendo dalla sfera del concetto che designa un genere, non è possibile sapere sino a che punto la divisione di tale genere potrà procedere (allo stesso modo che non si può sapere sino a che punto procederà la divisione, quando si parta dallo spazio occupato dalla materia). Ogni genere richiede perciò diverse specie, e la specie, a sua volta, esige diverse sottospecie. E poiché non vi è alcuna di queste ultime, che a sua volta non abbia sempre una sfera (estensione, in quanto *conceptus communis*), cosí la ragione, nella sua piena espansione, esige che nessuna specie venga considerata in sè stessa come l'infima. In effetti, in quanto ogni specie è pur sempre un concetto, che contiene in sé soltanto ciò che è comune a diverse cose, allora tale concetto non potrà essere completamente determinato, e quindi non potrà neppure essere riferito direttamente ad un individuo, cosicché dovrà sempre contenere sotto di sé altri concetti, cioè sottospecie. Questa legge della specificazione potrebbe essere espressa cosí: *entium varietates non temere esse minuendas.*

È facile peraltro vedere, che anche questa legge logica risulterebbe senza significato e senza applicazione, se alla sua base non vi fosse una legge trascendentale della specificazione. Tale legge, è vero, non richiede una reale infinità riguardo alla diversità delle cose, che possono diventare nostri oggetti (nessuno spunto al riguardo viene infatti fornito dal principio logico, che asserisce unicamente l'indeterminatezza della sfera logica a riguardo della divisione possibile), ma im-
435 pone tuttavia all'intelletto di cercare, per ogni specie che ci si presenta, delle sottospecie, e per ogni differenza, differenze piú piccole. In effetti, se non vi fossero concetti inferiori, non ve ne sarebbero neppure di superiori. Ma l'intelletto conosce tutto quanto solo mediante concetti:

di conseguenza, la sua conoscenza si estende sin dove viene estesa la divisione, e non si tratta mai di una conoscenza mediante semplice intuizione, bensí esso conoscerà sempre daccapo mediante concetti inferiori. La conoscenza delle apparenze nella loro completa determinazione (che è possibile soltanto mediante l'intelletto) richiede una specificazione incessantemente progressiva dei concetti dell'intelletto, ed un passaggio alle differenze che ancor sempre rimangono (onde si era fatta astrazione nel concetto della specie, e ancora di piú in quello del genere).

Questa legge della specificazione non può d'altronde esser derivata dall'esperienza: quest'ultima, infatti, non può fornire prospettive cosí vaste. La specificazione empirica si arresta ben presto nella distinzione del molteplice, nel caso in cui non sia stata guidata da una precedente legge trascendentale di specificazione — intesa come principio della ragione — e non sia stata spinta a cercare tali differenze ed a supporle ancor sempre, quand'anche non si manifestino ai sensi. Per scoprire che le terre assorbenti sono ancora di diverse specie (terre calcaree e terre muriatiche), occorreva una precedente regola della ragione, che imponesse all'intelletto il compito di cercare la diversità, e presupponesse la natura tanto ricca da rendere credibile tale diversità. Noi possediamo intelletto, in effetti, tanto a condizione che vi siano differenze nella natura, quanto anche a condizione che gli oggetti della natura siano in sé omogenei, poiché è proprio la molteplicità di ciò che può venir compreso entro un concetto, che costituisce l'uso di questo concetto e l'occupazione dell'intelletto.

La ragione prepara dunque il campo all'intelletto: 1) con un principio della omogeneità del molteplice entro generi superiori; 2) con un principio della varietà dell'omogeneo entro specie inferiori. E per completare l'unità sistematica, la ragione aggiunge ancora, in terzo luogo, una legge dell'affinità di tutti i con-

cetti, legge che impone un passaggio continuo da ogni specie a ogni altra specie, mediante un graduale accrescimento della diversità. Possiamo chiamarli principî dell'*omogeneità*, della *specificazione* e della *continuità* delle forme. L'ultimo sorge dalla riunione dei primi due, una volta che è stato compiuto il collegamento sistematico nell'idea, tanto con l'ascesa ai generi piú alti, quanto con la discesa alle specie piú basse:
436 in tal caso, difatti, tutte le molteplicità sono affini tra loro, poiché derivano tutte quante da un unico genere supremo, attraverso tutti i gradi di una determinazione sempre piú estesa.

Possiamo rappresentare sensibilmente l'unità sistematica dominata da questi tre principî logici, nel modo seguente. Ogni concetto può venir considerato come un punto, il quale, come il punto di vista di un osservatore, ha il suo orizzonte, costituito da una moltitudine di cose, che in base a tale punto possono venir rappresentate, e per cosí dire, abbracciate con lo sguardo. Entro questo orizzonte, si deve poter indicare un numero infinito di punti, ciascuno dei quali abbia a sua volta un piú ristretto campo visuale. In altre parole, ogni specie contiene delle sottospecie, secondo il principio della specificazione, e l'orizzonte logico consta soltanto di orizzonti piú piccoli (sottospecie), non già di punti, che non hanno alcuna estensione (individui). Ma per i diversi orizzonti, cioè per i generi, determinati da altrettanti concetti, si può immaginare un orizzonte comune (dal cui punto di vista, che costituisce per cosí dire il centro, tutti quanti gli orizzonti sono abbracciati con lo sguardo), che è il genere piú alto, sino a che si giunga infine al genere supremo, che è l'orizzonte universale e vero, determinato dal punto di vista del concetto supremo, e comprendente sotto di sé ogni molteplicità, cioè i generi, le specie e le sottospecie.

A questo punto di vista supremo io sono condotto dalla legge dell'omogeneità; a tutti quelli inferiori ed alla loro

massima varietà, io sono condotto dalla legge della specificazione. Inoltre, poiché in tal modo nell'intera estensione di tutti i concetti possibili non vi è nulla di vuoto, e poiché al di fuori di tale estensione non può ritrovarsi niente, in tal caso dal presupposto di quell'universale campo visuale e della sua completa divisione sorge la proposizione fondamentale: *non datur vacuum formarum*. Ossia, non esistono differenti generi originari e primi, che siano, per cosí dire, isolati e separati l'uno dall'altro (mediante uno spazio vuoto intermedio), ma tutti i vari generi non sono piuttosto altro se non parti di un unico genere, supremo e universale. E da questa proposizione fondamentale discende la sua conseguenza immediata: *datur continuum formarum*, ossia, tutte le differenze delle specie sono tra loro confinanti, e non permettono che si passi dall'una all'altra con un salto. Tale passaggio, piuttosto, è possibile soltanto attraverso tutti i piú piccoli gradi di differenza, mediante cui da una specie si possa giungere all'altra. In una parola, non vi sono specie né sottospecie, che risultino (nel concetto della ragione) le piú prossime fra loro, ma è ancor sempre possibile una specie intermedia, la cui differenza dalla prima e dalla seconda specie 437
sia piú piccola della differenza di queste specie tra loro.

La prima legge impedisce dunque la dispersione nella molteplicità di diversi generi originari, e raccomanda l'omogeneità; la seconda, per contro, limita questa tendenza all'unificazione, ed impone una distinzione delle sottospecie, che preceda l'applicazione del concetto universale agli individui. La terza legge riunisce le altre due, prescrivendo l'omogeneità — malgrado la piú spinta molteplicità — mediante il graduale passaggio da una specie all'altra, il che accenna ad una specie di parentela tra i diversi rami, in quanto tutti sono germogliati da uno stesso tronco.

Questa legge logica del *continuum specierum* (*formarum logicarum*) presuppone peraltro una legge trascendentale (*lex continui in natura*), senza la quale l'uso dell'intelletto non potrebbe che essere tratto in inganno da quella norma, prendendo forse una strada addirittura contraria alla natura. Tale legge logica deve quindi basarsi su puri fondamenti trascendentali, e non già su fondamenti empirici. In quest'ultimo caso, difatti, la legge verrebbe dopo i sistemi, mentre è soltanto essa, propriamente, che ha prodotto il carattere sistematico della conoscenza della natura. Dietro a queste leggi, d'altronde, non si trova eventualmente nascosta l'intenzione di condurre una prova con il loro aiuto (come se esse fossero semplicemente dei tentativi): senza dubbio, questo collegamento, quando sia verificato, fornisce una ragione rilevante, per considerare fondata quell'unità pensata ipoteticamente (e tali leggi hanno quindi un'utilità anche sotto questo punto di vista), ma si vede tuttavia chiaramente, che queste leggi giudicano la parsimonia delle cause fondamentali, la molteplicità degli effetti, e l'affinità — derivante da ciò — delle parti della natura, come in se stesse razionali e conformi alla natura, e che queste proposizioni fondamentali si raccomandano quindi direttamente, e non già soltanto come un aiuto riguardante il metodo.

È facile peraltro vedere, che questa continuità delle forme è una semplice idea, cui nell'esperienza non si può assegnare un oggetto adeguato: e ciò non soltanto per il fatto che le specie sono nella natura realmente divise (ciascuna di esse deve quindi costituire in sé un *quantum discretum*, mentre se il processo graduale della loro parentela fosse continuo, la natura dovrebbe altresí contenere una vera infinità di termini intermedi, compresi fra
438 due specie date, il che è impossibile), ma anche perché noi non possiamo fare alcun uso empirico determinato di questa legge, in quanto da essa non viene indicato un benché minimo criterio di affinità, in base al quale si possa stabilire in che modo e sino a che punto noi dobbiamo ricercare la successione graduale delle diversità delle specie, e in quanto piuttosto tale legge non è altro se non un'indi-

cazione generale, che noi dobbiamo cercare questi gradi.

Se vogliamo cambiare l'ordine dei principî ora citati, per disporli *conformemente all'uso di esperienza*, i principî dell'*unità* sistematica potrebbero presentarsi nella successione: *molteplicità*, *affinità* e *unità* (ciascuno di essi, peraltro, va inteso come idea nel grado supremo della sua compiutezza). La ragione presuppone le conoscenze dell'intelletto, che vengono applicate direttamente all'esperienza, e in base ad idee cerca la loro unità, la quale va assai piú in là di quanto possa giungere l'esperienza. L'affinità del molteplice (malgrado la sua diversità) in base ad un principio di unità riguarda non soltanto le cose, ma assai di piú ancora le semplici proprietà e forze delle cose. Per conseguenza, se per esempio il corso dei pianeti, mediante un'esperienza (non ancora pienamente rettificata), ci viene dato come circolare, e se noi troviamo delle divergenze, supponiamo allora che la causa di queste vada ricercata in ciò che, secondo una legge costante, può mutare attraverso infiniti gradi intermedi il moto circolare in un moto divergente da esso: in tal caso, cioè, i moti dei pianeti, che non sono circolari, si approssimano piú o meno alle proprietà del moto circolare, e ricadono cosí nel moto ellittico. Le comete rivelano nei loro percorsi una divergenza anche maggiore, poiché la loro orbita non si richiude neppure (per quanto noi possiamo osservare): noi congetturiamo tuttavia un corso parabolico, che è affine a quello ellittico, e in tutte le nostre osservazioni non può venir distinto da quest'ultimo, nel caso in cui l'asse maggiore dell'ellissi sia molto esteso. Cosí, seguendo l'indicazione di quei principî, noi giungiamo all'unità dei generi di questi percorsi, quanto alla loro figura, e in tal modo peraltro riusciamo ad arrivare sino all'unità della causa di tutte le leggi del loro movimento (la gravitazione). Di qui, estendiamo poi ulteriormente le nostre conquiste, e cerchiamo di spiegare in base al medesimo

principio tutte le variazioni e tutte le apparenti deviazioni da quelle regole, sino ad aggiungere infine qualcosa di piú di quanto possa mai venir confermato dall'esperienza, ossia a pensare corsi iperbolici di comete (in base alle regole stesse dell'affinità), in cui questi corpi abbandonano totalmente il nostro sistema solare, e passando da sole a
439 sole, riuniscono nel loro percorso le parti piú lontane di un sistema cosmico per noi illimitato, ma congiunto da una sola e medesima forza motrice.

L'aspetto degno di nota, in questi principî, e l'unico, d'altronde, che a noi interessi, è il fatto che essi sembrano essere trascendentali, e che, sebbene contengano semplici idee per guidare l'uso empirico della ragione (idee che l'uso empirico della ragione può seguire soltanto, per cosí dire, asintoticamente, cioè solo approssimativamente, senza mai raggiungerle), hanno nondimeno, in quanto proposizioni sintetiche *a priori*, una validità oggettiva, ma indeterminata, e servono come regola per un'esperienza possibile, essendo inoltre realmente adoperati con buona fortuna — come proposizioni fondamentali euristiche — per l'elaborazione dell'esperienza, senza che tuttavia possa aver luogo una loro deduzione trascendentale (ciò, com'è stato mostrato sopra, è sempre impossibile a riguardo delle idee).

Nell'Analitica trascendentale, noi abbiamo distinto le proposizioni fondamentali dell'intelletto in dinamiche — intese come principî semplicemente regolativi dell'intuizione — e in matematiche, le quali sono costitutive a riguardo dell'intuizione. Ciò nonostante, le suddette leggi dinamiche sono senza dubbio costitutive a riguardo dell'esperienza, poiché rendono possibili *a priori* i concetti, senza i quali non ha luogo alcuna esperienza. I principî della ragione pura, d'altra parte, non possono essere costitutivi neppure a riguardo dei concetti empirici, poiché a tali principî non può venir dato alcuno schema corrispondente della sensibilità, ed essi quindi non possono avere alcun oggetto *in concreto.* Ora, se io rinuncio ad usarli empiricamente come principî costitutivi, come potrò ciò nondimeno attribuire ad essi un uso regolativo, assicurando loro cosí una certa validità oggettiva, e quale significato potrà avere tale uso?

L'intelletto costituisce un oggetto per la ragione, allo stesso modo che la sensibilità costituisce un oggetto per l'intelletto. Rendere sistematica l'unità di tutti i possibili atti empirici dell'intelletto, è un compito della ragione, allo stesso modo che è compito dell'intelletto il connettere mediante concetti e sottoporre a leggi empiriche il molteplice delle apparenze. Gli atti dell'intelletto senza schemi della sensibilità sono tuttavia *indeterminati*; analogamente, l'*unità della ragione* — rispetto alle condizioni in base a cui l'intelletto deve congiungere sistematicamente i suoi concetti, e rispetto al grado in cui l'intelletto può fare ciò — è in se stessa *indeterminata*. Peraltro, sebbene nell'*intuizione* non si possa scoprire alcuno schema per la completa unità siste- 440
matica di tutti i concetti dell'intelletto, tuttavia può e deve essere dato un qualcosa di *analogo* a tale schema: questo qualcosa è l'idea del *maximum* sia nella divisione di una conoscenza dell'intelletto sia nella riunione della conoscenza dell'intelletto in un principio. Qui, invero, è possibile pensare in modo determinato ciò che è piú esteso ed è assolutamente completo, dal momento che sono state eliminate tutte le condizioni restrittive, che forniscono una molteplicità indeterminata. L'idea della ragione è dunque un qualcosa di analogo ad uno schema della sensibilità, con la differenza però, che l'applicazione dei concetti dell'intelletto allo schema della ragione non costituisce allo stesso modo una conoscenza dell'oggetto stesso (come nell'applicazione delle categorie ai loro schemi sensibili), ma è soltanto una regola, o principio, dell'unità sistematica di ogni uso dell'intelletto. Ora, poiché ogni proposizione fondamentale, la quale stabilisca *a priori* per

l'intelletto un'unità completa del suo uso, è valida altresí, sebbene solo indirettamente, rispetto all'oggetto dell'esperienza, cosí pure le proposizioni fondamentali della ragione pura avranno una validità oggettiva rispetto a tale oggetto, non già, tuttavia, per *determinare* qualcosa a questo riguardo, ma soltanto per indicare il procedimento, in base al quale l'uso empirico e determinato dell'intelletto possa risultare in completo accordo con se stesso (per il fatto che esso è posto in collegamento, *per quanto è possibile*, con il principio dell'unità universale, ed è dedotto da questo).

Tutte le proposizioni fondamentali soggettive, che non sono desunte dalla costituzione dell'oggetto, bensí dall'interesse della ragione riguardo ad una certa perfezione possibile della conoscenza di questo oggetto, io le chiamo *massime* della ragione. Vi sono cosí massime della ragione speculativa, le quali si fondano unicamente sull'interesse speculativo della ragione, sebbene possano sembrare principî oggettivi.

Quando proposizioni fondamentali semplicemente regolative vengono considerate come costitutive, esse possono allora risultare contrastanti, se intese come principî oggettivi. Se tuttavia le si considera semplicemente come *massime*, in tal caso non vi è affatto un contrasto vero, ma si manifesta soltanto una diversità di interessi della ragione, diversità che produce una separazione nel modo di pensare. In realtà, però, la ragione ha soltanto un unico interesse, e il conflitto delle sue massime è soltanto una divergenza e una reciproca limitazione dei metodi per soddisfare a questo interesse.

A questo modo, in *un certo* pensatore prevale
441 l'interesse della *molteplicità* (in base al principio
della specificazione), e in *un altro* prevale invece l'interesse dell'*unità* (in base al principio dell'aggregazione). Ciascuno dei due crede di trarre il suo giudizio dalla comprensione dell'oggetto, e lo fonda invece unica-

mente sul maggiore o minore attaccamento ad uno dei due principî: questi non si basano su ragioni oggettive, ma soltanto sull'interesse della ragione, e dovrebbero perciò essere chiamati massime, piuttosto che non principî. Quando io vedo uomini intelligenti disputare tra loro riguardo alle distinzioni caratteristiche degli uomini, degli animali o delle piante, anzi, persino dei corpi del regno minerale, e quando io vedo gli uni, per esempio, ammettere particolari caratteri nazionali, fondati sulla discendenza, o anche distinzioni precise ed ereditarie fra le famiglie, le razze, ecc., mentre gli altri rivolgono invece la loro attenzione al fatto che a questo riguardo la natura ha dovunque disposto le cose identicamente, e che ogni distinzione si fonda soltanto su contingenze esterne, in tal caso io non ho che da considerare la costituzione dell'oggetto, per comprendere che tale oggetto è nascosto troppo profondamente alla vista di entrambe le parti, perché queste possano parlare basandosi su di una vera comprensione della natura dell'oggetto. Non si tratta di null'altro che del duplice interesse della ragione: una delle due parti prende a cuore, o finge di prendere a cuore, uno di questi interessi, e l'altra l'altro. Di conseguenza non si tratta d'altro che della divergenza fra la massima della molteplicità della natura e la massima dell'unità della natura: tali massime possono certo accordarsi, ma sintanto che vengono considerate come conoscenze oggettive, esse non soltanto producono conflitti, ma creano altresí ostacoli, i quali trattengono il progresso della verità, sino a che non venga trovato un mezzo per conciliare gli interessi in conflitto e per acquietare a questo riguardo la ragione.

Lo stesso si dica riguardo all'affermazione o al diniego della famosa legge — introdotta da Leibniz e sostenuta in modo eccellente da Bonnet — della scala continua delle creature. Questa legge non è altro se non un'applicazione del principio dell'affinità (principio fondato sull'interesse della ragione): in effetti, né

l'osservazione né la conoscenza della costituzione della natura potrebbero certo fornire tale legge come asserzione oggettiva. I gradini di una siffatta scala (per quanto possono essere dati dall'esperienza) sono troppo distanti tra loro — e le divergenze che noi crediamo piccole sono comunemente, nella natura stessa, crepacci così larghi — che non si può affatto contare su tali osservazioni come mezzi per rivelarci le intenzioni della natura (soprattutto quando si tratti di una grande molteplicità di cose, dove sarà sempre facile scoprire certe somiglianze e certi acco-
442 stamenti). D'altra parte, il metodo di cercare un ordine nella natura in base a tale principio, e la massima di considerare un siffatto ordine come fondato in una natura in generale (pur senza determinare dove ciò avvenga e sin dove avvenga), costituiscono certamente un legittimo ed eccellente principio regolativo della ragione, che come tale, tuttavia, va troppo in là, perché l'esperienza o l'osservazione possa stargli alla pari. Tale principio, peraltro, senza determinare alcunché, addita semplicemente alla ragione la strada verso l'unità sistematica.

10 *Sul fine ultimo della dialettica naturale della ragione umana*

Le idee della ragione pura non possono mai essere in se stesse dialettiche: dev'essere semplicemente a causa del loro cattivo uso, piuttosto, che da esse sorge un'illusione ingannevole. Tali idee, in effetti, ci sono proposte dalla natura della nostra ragione, ed è impossibile che questo supremo tribunale di tutti i diritti e di tutte le pretese della nostra speculazione contenga esso stesso illusioni originarie e fantasmi ingannevoli. Presumibilmente, dunque, esse hanno una loro destinazione, buona e conforme ad un fine, nella disposizione naturale della nostra ragione. La massa turbolenta dei sofisti, tuttavia, alza la voce come al solito contro le assurdità e le contraddizioni, e sparla del governo, nei cui piani segreti essa non può penetrare, e ai cui benefici influssi, nondimeno, essa stessa è debitrice della propria conservazione, e persino della cultura, che la mette in grado di biasimare e di condannare il governo.

L'uso di un concetto *a priori* non può essere affatto sicuro, se non si è stabilita la sua deduzione trascendentale. Le idee della ragione pura non permettono certo una deduzione come quella che è permessa dalle categorie; ma se esse vogliono avere una minima validità oggettiva, sia pure soltanto indeterminata, e se non vogliono rappresentare semplicemente enti vuoti del pensiero (*entia rationis ratiocinantis*), in tal caso occorre assolutamente che risulti possibile una loro deduzione, quand'anche questa diverga assai da quella che si può intraprendere riguardo alle categorie. Qui sta l'adempimento del compito critico della ragione pura, ed è questa l'impresa che ora affronteremo.

Vi è una grande differenza fra il dire che un qualcosa viene dato alla mia ragione come un *oggetto assolutamente*, e il dire che esso viene dato soltanto come un *oggetto nell'idea*. Nel primo caso, i miei concetti sono destinati a determinare l'oggetto; nel secondo caso, vi è in realtà soltanto uno schema, cui non 443
viene attribuito direttamente alcun oggetto — neppure ipoteticamente — ma che serve soltanto a rappresentare altri oggetti a noi, mediante il riferimento a questa idea e in base alla loro unità sistematica, a rappresentarli cioè indirettamente. Cosí io dico, che il concetto di un'intelligenza suprema è una semplice idea, ossia, che la realtà oggettiva di tale concetto non deve consistere nel suo diretto riferimento ad un oggetto (in tale senso, infatti, noi non potremmo giustificare la validità oggettiva del concetto): tale concetto, piuttosto, è soltanto uno schema del concetto di una cosa in generale, schema ordinato secondo le condizioni della massima unità razionale, il quale serve soltanto per ottenere la massima unità sistematica nell'uso

empirico della nostra ragione, in quanto l'oggetto dell'esperienza viene dedotto, per cosí dire, dall'oggetto immaginato di questa idea, come dal suo fondamento o causa. In tal caso si dice, per esempio: le cose del mondo debbono venir considerate, *come se* ricevessero la loro esistenza da un'intelligenza suprema. In tal modo, l'idea è propriamente soltanto un concetto euristico, non già ostensivo, e non mostra come un oggetto sia costituito, bensí in che modo noi, sotto la guida di tale concetto, dobbiamo *cercare* la costituzione e la connessione degli oggetti dell'esperienza in generale. Ora, se si può mostrare che, sebbene le tre idee trascendentali (*psicologica*, *cosmologica* e *teologica*) non vengano riferite direttamente a nessun oggetto ad esse corrispondente, né alla *determinazione* di esso, nondimeno tutte le regole dell'uso empirico della ragione, quando si presupponga un tale *oggetto nell'idea*, conducono all'unità sistematica ed estendono sempre la conoscenza di esperienza, senza mai poter essere contrarie a questa, in tal caso il procedere secondo siffatte idee costituisce una *massima* necessaria della ragione. Proprio questa è la deduzione trascendentale di tutte le idee della ragione speculativa, intese non già come principî *costitutivi* dell'estensione della nostra conoscenza ad un numero di oggetti maggiore di quello che può essere fornito dall'esperienza, bensí come principî *regolativi* dell'unità sistematica del molteplice della conoscenza empirica in generale, la quale in tal modo viene consolidata ed assestata entro i suoi propri limiti, piú di quanto potrebbe avvenire senza tali idee, mediante il semplice uso delle proposizioni fondamentali dell'intelletto.

444 Spiegherò la cosa piú chiaramente. Seguendo le menzionate idee, intese come principî, noi connetteremo *in primo luogo* (nella psicologia), lungo il filo conduttore dell'esperienza interna, tutte le apparenze, gli atti e la recettività del nostro animo, *come se* quest'ultimo

fosse una sostanza semplice, che esistesse permanentemente (almeno nella vita) con identità personale, mentre i suoi stati — a cui quelli del corpo appartengono soltanto come condizioni esterne — variano continuamente. *In secondo luogo* (nella cosmologia), noi dobbiamo tenere dietro, con un'indagine che non potrà mai aver fine, alle condizioni tanto delle apparenze interne della natura, quanto delle apparenze esterne della natura, *come se* tale serie fosse in sé infinita e priva di un termine primo e supremo (tuttavia, non per questo noi neghiamo, al di fuori di tutte le apparenze, i fondamenti primi — semplicemente intelligibili — di esse, pur non essendo mai concesso a noi di far rientrare tali fondamenti entro il collegamento delle spiegazioni naturali, dal momento che non li conosciamo affatto). *In terzo luogo*, infine (a riguardo della teologia), noi dobbiamo considerare tutto ciò che può rientrare soltanto nel collegamento dell'esperienza possibile, *come se* tale esperienza costituisse un'unità assoluta, però completamente dipendente e sempre ancora condizionata entro il mondo dei sensi, ma al tempo stesso dobbiamo considerare tutto ciò, *come se* l'insieme di tutte le apparenze (il mondo sensibile stesso) avesse al di fuori della sua estensione un unico fondamento, supremo e sufficiente a tutto, cioè una ragione, per cosí dire, autonoma, originaria e creativa, in riferimento alla quale noi indirizziamo ogni uso empirico (nella sua massima estensione) della *nostra* ragione, *come se* gli oggetti stessi fossero scaturiti da quell'archetipo di ogni ragione. Ciò significa, che non si devono dedurre le apparenze interne dell'anima da una sostanza semplice e pensante, ma che piuttosto occorre derivare tali apparenze interne l'una dall'altra, in base all'idea di un ente semplice; e che non bisogna dedurre l'ordine del mondo e la sua unità sistematica da un'intelligenza suprema, ma che piuttosto dall'idea di una causa supremamente sapiente si deve desumere la regola, in base alla quale la ragione venga adoperata nel modo migliore — per sua propria soddisfazione — nella connessione delle cause e degli effetti del mondo.

Non vi è il minimo ostacolo, orbene, che ci impedisca di *ammettere* queste idee altresí come oggettive e ipostatiche, ad eccezione dell'idea cosmologica, riguardo alla quale la ragione si imbatte in un'antinomia, nel caso in cui voglia assumere tale idea oggettivamente. L'idea psicologica e quella teologica non contengono in alcun modo siffatte antinomie. In queste idee non vi è nulla di contraddittorio: perciò, come si potrà mai contestare la loro realtà oggettiva, dal momento che chi la vuole conte-
445 stare è altrettanto poco in grado di negare la sua possibilità, quanto noi siamo in grado di affermarla? Tuttavia, per ammettere qualcosa, non basta sapere che non vi è alcun ostacolo positivo in contrario, né può esserci lecito introdurre come enti reali e determinati — sul semplice credito di una ragione speculativa desiderosa di adempiere al suo compito — enti del pensiero, che oltrepassano tutti i nostri concetti, pur senza contraddire ad alcuno di essi. Di conseguenza, tali enti non debbono venir ammessi in se stessi: la loro realtà, piuttosto, deve valere soltanto come realtà di uno schema del principio regolativo per l'unità sistematica di ogni conoscenza della natura; essi debbono perciò essere posti alla base soltanto come enti analoghi a cose reali, non già come cose reali in se stesse. Dall'oggetto dell'idea, noi eliminiamo le condizioni, che limitano il concetto del nostro intelletto: tali condizioni, peraltro, sono le sole a far sí che noi possiamo avere un concetto determinato di una cosa qualsiasi. In tal caso noi pensiamo un qualcosa, riguardo a cui non abbiamo alcun concetto, onde risulti che cosa esso sia in se stesso, ma riguardo a cui noi pensiamo tuttavia una relazione con l'insieme delle apparenze, analoga a quella che le apparenze hanno tra loro.

Di conseguenza, quando ammettiamo tali enti ideali,

noi propriamente non estendiamo la nostra conoscenza al di là degli oggetti dell'esperienza possibile, ma allarghiamo soltanto l'unità empirica di questa esperienza mediante l'unità sistematica, della quale l'idea ci fornisce lo schema, e la quale vale quindi non già come principio costitutivo, bensí soltanto come principio regolativo. Invero, il fatto che noi poniamo una cosa — un qualcosa, o ente reale — corrispondente all'idea, non significa ancora che noi vogliamo estendere la nostra conoscenza delle cose, servendoci di concetti trascendenti: questo ente, in effetti, viene posto alla base soltanto nell'idea, non già in se stesso, e quindi soltanto per esprimere l'unità sistematica, che deve servirci di criterio per l'uso empirico della ragione, senza che con ciò si voglia stabilire nulla riguardo al fondamento di questa unità, o riguardo alla natura interna di un tale ente (su cui — come sulla sua causa — si fonda quell'unità).

Riguardo a Dio, cosí, il concetto trascendentale — e l'unico concetto determinato — che ci è dato dalla ragione semplicemente speculativa, è, nel senso piú preciso, d e i s t i c o : la ragione, cioè, non fornisce neppure la validità oggettiva di un tale concetto, ma soltanto l'idea di un qualcosa, su cui tutta la realtà empirica fonda la sua unità suprema e necessaria. Questo qualcosa, noi non possiamo pensarlo altrimenti che secondo l'analogia di una sostanza reale (la quale, secondo leggi della ragione, sia
la causa di tutte le cose), nel caso, cioè, in cui ci sforziamo 246
di pensarlo proprio come un oggetto particolare, e non preferiamo invece, accontentandoci della semplice idea del principio regolativo della ragione, di mettere da parte — come qualcosa che oltrepassa le forze dell'intelletto umano — il compimento di tutte le condizioni del pensiero (il che peraltro non è compatibile con il fine di quella perfetta unità sistematica della nostra conoscenza, cui la ragione non pone certo alcun limite).

Accade perciò che, se io ammetto un ente divino,

senza dubbio non ho il minimo concetto né della possibilità interna della sua suprema perfezione, né della necessità della sua esistenza, ma in tal caso posso tuttavia risolvere tutte le altre questioni che riguardano il contingente, e recare la piú completa soddisfazione alla ragione, per quel che riguarda la massima unità da ricercare nel suo uso empirico, non già invece per quel che riguarda questo stesso presupposto. Onde viene dimostrato questo: è l'interesse speculativo della ragione — e non la sua conoscenza reale — che l'autorizza a partire da un punto che è cosí al di sopra della sua sfera, al fine di considerare di qui i suoi oggetti in un tutto completo.

A riguardo di un medesimo presupposto, si rivela qui una distinzione del modo di pensare, la quale è piuttosto sottile, ma ha nondimeno una grande importanza nella filosofia trascendentale. Io posso avere un motivo sufficiente per ammettere qualcosa relativamente (*suppositio relativa*), senza tuttavia essere autorizzato ad ammettere ciò assolutamente (*suppositio absoluta*). Questa distinzione si verifica, quando si ha a che fare semplicemente con un principio regolativo: in tal caso, noi conosciamo bensí in se stessa la necessità di questo principio, ma non già la fonte di tale necessità, ed ammettiamo un fondamento supremo di esso semplicemente allo scopo di pensare in modo tanto piú determinato l'universalità del principio. Ciò avviene, per esempio, quando io penso come esistente un ente, che corrisponde ad una semplice idea, e precisamente, ad un'idea trascendentale. In tal caso, difatti, io non posso mai ammettere in se stessa l'esistenza di questa cosa, poiché nessuno dei concetti, mediante cui io posso pensare determinatamente un qualche oggetto, risulta allora sufficiente a questo scopo, e poiché le condizioni della validità oggettiva dei miei concetti sono escluse dall'idea stessa. I concetti della realtà, della sostanza, della causalità, e persino i concetti della necessità nell'esistenza non hanno — al di fuori dell'uso per cui rendono possibile

la conoscenza empirica di un oggetto — alcun significato, che possa determinare un qualsiasi oggetto. Essi quindi possono certo venir usati per spiegare la possibilità delle cose nel mondo sensibile, ma non per spiegare la possi- 447
bilità dell'*universo stesso*, poiché il fondamento di questa spiegazione dovrebbe essere fuori del mondo, e non risulterebbe quindi un oggetto di un'esperienza possibile. Io posso tuttavia ammettere un tale ente incomprensibile — oggetto di una semplice idea — relativamente al mondo dei sensi, sebbene non in se stesso. In effetti, se a fondamento del massimo uso empirico possibile della mia ragione sta un'idea (l'idea dell'unità sistematicamente completa, unità di cui ben presto parlerò piú precisamente), la quale in se stessa non può mai venir rappresentata adeguatamente nell'esperienza, sebbene sia inevitabilmente necessaria per avvicinare l'unità empirica al suo massimo grado possibile, in tal caso io sarò non soltanto autorizzato, ma altresí costretto, a realizzare questa idea, cioè ad assegnarle un oggetto reale, inteso però soltanto come un qualcosa in generale, che io non conosco affatto in se stesso, ed al quale, soltanto come a un fondamento di quell'unità sistematica, io attribuisco, in riferimento a tale unità, delle proprietà che siano analoghe ai concetti dell'intelletto nel suo uso empirico. Seguendo l'analogia delle realtà nel mondo, delle sostanze, della causalità e della necessità, io penserò dunque un ente che possieda tutto ciò nella piú alta perfezione, e in quanto questa idea si fonda semplicemente sulla mia ragione, io potrò pensare questo ente — che mediante le idee della piú grande armonia ed unità è causa dell'universo — come *ragione per sé sussistente*. In tal modo, io elimino tutte le condizioni che limitano l'idea, unicamente per rendere possibile — con l'aiuto di un tale fondamento originario — l'unità sistematica del molteplice nell'universo, e, mediante tale unità, il massimo uso empirico possibile della ragione, considerando tutte le connessioni, *come se*

fossero ordinamenti di una ragione suprema, di cui la nostra è una debole copia. In tal caso, io penso questo ente supremo solo con concetti, che propriamente non si applicano se non al mondo dei sensi: nondimeno, in quanto quel presupposto trascendentale non è da me usato se non relativamente, ossia al fine di fornire il sostrato per la massima unità possibile dell'esperienza, allora io posso benissimo pensare tale ente — che distinguo dal mondo — mediante proprietà che appartengono unicamente al mondo dei sensi. In realtà, io non pretendo affatto — né sono autorizzato a pretenderlo — di conoscere questo oggetto della mia idea secondo ciò che esso può essere in se stesso: io non possiedo invero alcun concetto per fare ciò, e anche i concetti di realtà, di sostanza, di causalità, anzi persino di necessità nell'esistenza, perdono
448 ogni significato, e diventano vuoti titoli di concetti senza contenuto, quando mi avventuri con essi al di fuori del campo dei sensi. Io mi limito a pensare la relazione di un ente, a me del tutto ignoto, con la massima unità sistematica dell'universo, unicamente per fare di questo ente lo schema del principio regolativo del piú grande uso empirico possibile della mia ragione.

Se gettiamo ora uno sguardo all'oggetto trascendentale della nostra idea, constatiamo di non poter presupporre *in se stessa* la sua realtà in base ai concetti di realtà, sostanza, causalità, ecc., poiché questi concetti non si applicano minimamente ad un qualcosa che sia del tutto distinto dal mondo sensibile. La supposizione (fatta dalla ragione) del piú alto fra tutti gli enti come causa suprema, dunque, è semplicemente relativa, pensata in vista dell'unità sistematica del mondo sensibile, e costituisce un semplice qualcosa nell'idea, riguardo a cui noi non abbiamo alcun concetto di che cosa esso sia *in sé*. In tal modo si spiega anche perché noi abbiamo bisogno, rispetto a ciò che è dato ai sensi come esistente, dell'idea di un ente originario in sé *necessario*, pur senza mai poter avere il minimo concetto di tale ente e della sua *necessità* assoluta.

Possiamo ormai presentare chiaramente il risultato di tutta quanta la Dialettica trascendentale, e determinare con precisione il fine ultimo delle idee della ragione pura, le quali diventano dialettiche solo per un fraintendimento e per una scarsa attenzione. La ragione pura, in realtà, non si occupa d'altro che di se stessa, e non può d'altronde dedicarsi a nessun altro compito, poiché ad essa non vengono dati gli oggetti per costituire l'unità del concetto di esperienza, bensí le conoscenze intellettuali per costituire l'unità del concetto di ragione, cioè del collegamento in un principio. L'unità di ragione è l'unità del sistema, e questa unità sistematica serve alla ragione, non già oggettivamente come un principio (non si tratta cioè di estendere tale unità agli oggetti), ma soggettivamente come una massima (si tratta cioè di estendere tale unità ad ogni possibile conoscenza empirica degli oggetti). Peraltro il collegamento sistematico, che la ragione può dare all'uso empirico dell'intelletto, non soltanto favorisce l'estensione di tale uso, ma consolida al tempo stesso la correttezza di esso. E il principio di tale unità sistematica è altresí oggettivo, però in modo indeterminato (*principium vagum*): non si tratta cioè di un principio costitutivo, per fornire una qualche determinazione a riguardo del suo oggetto diretto, bensí di un principio semplicemente regolativo — di una massima — per promuovere e consolidare all'infinito
(indeterminatamente) l'uso empirico della ragione, aprendo **449**
nuove strade, ignote all'intelletto, senza che per questo venga mai recata la minima offesa alle leggi dell'uso empirico.

La ragione, peraltro, non può pensare questa unità sistematica, senza dare al tempo stesso alla sua idea un oggetto, che non può essere fornito in alcun modo dall'esperienza: l'esperienza, in effetti, non dà mai un esempio di unità sistematica compiuta. Questo ente della ragione (*ens rationis ratiocinatae*), senza dubbio, è una semplice idea, e non è quindi assunto — assolutamente e in se stesso — come qualcosa di reale, bensí è posto alla base solo problematicamente (poiché noi non possiamo raggiungerlo mediante alcun concetto dell'intelletto), in modo che ogni connessione delle cose del mondo sensibile venga considerata, come se tali cose avessero il loro fondamento in questo ente della ragione. Ciò tuttavia avviene unicamente allo scopo, di stabilire una base per l'unità sistematica, la quale è indispensabile alla ragione, e d'altro canto può promuovere in ogni modo la conoscenza empirica dell'intelletto, senza mai recarle impedimento.

Si travisa senz'altro il significato di quest'idea, quando la si consideri come l'asserzione, o anche soltanto il presupposto, di una cosa reale, alla quale si pensi di attribuire il fondamento della costituzione sistematica del mondo. Occorre piuttosto lasciare del tutto in sospeso, quale sia mai la natura di un siffatto fondamento che si sottrae ai nostri concetti, e bisogna assumere un'idea soltanto come l'unico punto di vista, partendo dal quale si possa diffondere quell'unità, cosí essenziale per la ragione e cosí salutare per l'intelletto. In una parola: questa cosa trascendentale è semplicemente lo schema di quel principio regolativo, mediante cui la ragione, per quanto le è possibile, estende l'unità sistematica a tutta l'esperienza.

Io stesso — considerato semplicemente come natura pensante (anima) — sono il primo oggetto di una tale idea. Se voglio cercare le proprietà, che appartengono all'esistenza in sé di un ente pensante, devo rivolgermi allora all'esperienza. Senonché, a quest'oggetto io non posso applicare neppure una sola fra tutte le categorie, se non in quanto lo schema della categoria sia dato nell'intuizione sensibile. Ma in tal modo io non giungerò mai ad un'unità sistematica di tutte le apparenze del senso interno. La ragione dunque, anziché prendere il concetto di esperienza (riguardo a ciò che l'anima è

realmente), concetto che non può condurci lontano, assume il concetto dell'unità empirica di ogni pensiero, e col concepire incondizionatamente e originariamente questa unità, trae da tale concetto un concetto della ragione 450
(idea), cioè il concetto di una sostanza semplice, la quale, immutabile in se stessa (personalmente identica), sta in comunanza con altre cose reali fuori di essa. In una parola, la ragione ricava il concetto di un'intelligenza semplice sussistente per sé. Nel far ciò, tuttavia, la ragione non mira ad altro che a principî dell'unità sistematica per la spiegazione delle apparenze dell'anima: essa cioè vuol considerare tutte le determinazioni come esistenti in un unico soggetto, tutte le capacità — per quanto è possibile — come derivate da un'unica capacità fondamentale, tutte le variazioni, come appartenenti agli stati di un solo e medesimo ente permanente, e vuole rappresentare tutte le apparenze nello spazio come completamente diverse dagli atti del pensiero. Quella semplicità della sostanza ecc. voleva soltanto essere lo schema di questo principio regolativo, e non si presuppone affatto, che essa sia il fondamento reale delle proprietà dell'anima. Queste, in effetti, possono basarsi altresí su fondamenti del tutto diversi, che noi non conosciamo affatto. D'altronde, con l'assunzione di questi predicati — e quand'anche li considerassimo come assolutamente validi riguardo all'anima — noi non potremmo propriamente conoscere l'anima in se stessa, poiché tali predicati costituiscono una semplice idea, che non può certo essere rappresentata *in concreto*. Da una tale idea psicologica, orbene, non può derivare altro che vantaggio, purché ci si guardi dal farla valere come qualcosa di piú che una semplice idea, ossia purché la si consideri solo relativamente all'uso sistematico della ragione, per quel che riguarda le apparenze della nostra anima. In tal caso, difatti, nelle spiegazioni di ciò che appartiene semplicemente al senso interno non si intrometterà alcuna legge empirica delle apparenze

corporee, le quali sono di natura del tutto differente; in tal caso, non saranno ammesse in alcun modo le evanescenti ipotesi sulla generazione, la distruzione e la palingenesi delle anime, ecc. A questo modo, la considerazione di tale oggetto del senso interno risulta impostata in modo del tutto puro, senza mescolanze di proprietà eterogenee; inoltre, l'indagine razionale viene rivolta a ricondurre i principî che spiegano questo soggetto, per quanto è possibile, ad un principio unico: tutto ciò viene realizzato nel modo migliore — anzi, nell'unico modo possibile — da un tale schema, che considera questo soggetto, *come se* fosse un ente reale. L'idea psicologica non può d'altronde significare null'altro se non lo schema di un concetto regolativo. In effetti, se io mi limitassi anche soltanto a domandare, se l'anima sia in sé di natura spirituale, questa domanda stessa non avrebbe alcun senso. Mediante un tale concetto, invero, io sopprimo non soltanto la
451 natura corporea, ma in generale tutta quanta la natura, cioè tutti i predicati di una qualsiasi esperienza possibile, ed elimino quindi tutte le condizioni, in base a cui si possa pensare un oggetto per tale concetto (mentre è unicamente cosí, che un concetto si dice avere un significato).

La seconda idea regolativa della ragione semplicemente speculativa è il concetto del mondo, in generale. La natura, in effetti, è propriamente l'unico oggetto dato, riguardo al quale la ragione abbia bisogno di principî regolativi. Questa natura è duplice: o natura pensante, o natura corporea. Rispetto a quest'ultima — per pensarla nella sua interna possibilità, cioè per determinare l'applicazione delle categorie ad essa — noi non abbiamo tuttavia bisogno di un'idea, ossia di una rappresentazione che oltrepassi l'esperienza Un'idea, d'altronde, non è possibile riguardo ad una tale natura corporea, poiché in quest'ultima noi siamo guidati soltanto dall'intuizione sensibile, diversamente da quanto avviene nel caso del concetto psicologico fondamentale (io), che contiene una certa forma del pensiero, cioè la sua unità *a priori*. Alla ragione pura non rimane dunque null'altro, se non la natura in generale, e la compiutezza delle condizioni di questa secondo un qualche principio. La totalità assoluta delle serie di queste condizioni, nella derivazione dei loro termini è un'idea, che certo non può mai pienamente realizzarsi nell'uso empirico della ragione, ma che serve tuttavia come regola, indicandoci, a riguardo di tale derivazione, ossia per la spiegazione di apparenze date (nel regresso o nel progresso), che dobbiamo comportarci, come se la serie fosse in sé infinita, ossia che dobbiamo procedere *in indefinitum*. Dove peraltro la ragione stessa viene considerata come causa determinante (nella libertà), cioè a riguardo dei principî pratici, noi dobbiamo comportarci, come se avessimo di fronte non già un oggetto dei sensi, bensí un oggetto dell'intelletto puro: qui le condizioni non sono piú poste entro la serie delle apparenze, ma possono venir poste al di fuori di questa, e la serie degli stati può venir considerata, come se prendesse inizio assolutamente (mediante una causa intelligibile). Tutto ciò dimostra, che le idee cosmologiche non sono altro se non principî regolativi, e risultano ben lungi dallo stabilire — per cosí dire, costitutivamente — una reale totalità di queste serie. Per il resto, si può consultare, in luogo opportuno, la trattazione dell'antinomia della ragione pura.

La terza idea della ragione pura — che contiene una supposizione semplicemente relativa di un ente, inteso come causa unica e completamente sufficiente di tutte le serie cosmologiche — è il concetto razionale di Dio.
Noi non abbiamo il minimo fondamento per ammettere 452
assolutamente l'oggetto di questa idea (per supporlo in sé). In effetti, quando si parta dal semplice concetto di un ente, dotato della perfezione suprema e assolutamente necessario per sua natura, che cosa potrà mai metterci in

grado (o anche soltanto autorizzarci) di credere in tale ente in se stesso, oppure di asserirlo, se non il mondo, rispetto a cui soltanto può essere necessaria questa supposizione? In tal caso risulta chiaro, che l'idea di questo ente — cosí come tutte le idee speculative — non significa altro se non che la ragione impone di considerare ogni connessione del mondo secondo i princípî di un'unità sistematica, cioè di considerare tali connessioni, *come se* fossero sorte tutte quante da un unico ente universalmente comprensivo, inteso come causa suprema e completamente sufficiente. Da ciò segue in modo evidente, che la ragione non può qui avere null'altro come scopo se non la propria regola formale per l'estensione del suo uso empirico, e che essa non tenderà mai invece ad un'estensione *oltre tutti i limiti dell'uso empirico*. Sotto quest'idea, di conseguenza, non sta celato alcun principio costitutivo di un suo uso rivolto all'esperienza possibile.

La suprema unità formale, che si fonda soltanto su concetti della ragione è l'unità delle cose, *conforme a un fine*; e l'interesse *speculativo* della ragione rende necessario il considerare ogni ordinamento del mondo, *come se* fosse scaturito dal disegno di una suprema ragione. Un tale principio apre infatti prospettive del tutto nuove alla nostra ragione, in quanto questa viene applicata al campo delle esperienze: seguendo tali prospettive, la ragione può collegare le cose del mondo secondo leggi teologiche, e giungere cosí alla massima unità sistematica di tali cose. Il presupposto di un'intelligenza suprema — intesa come unica causa dell'universo, certo però soltanto nell'idea — può dunque sempre giovare alla ragione, senza recarle in cambio alcun danno. In effetti, se riguardo alla figura della terra (rotonda, ma un po' appiattita)[1], delle montagne, dei mari, ecc., noi

452 [1] Il vantaggio recato dalla figura sferica della terra è abbastanza conosciuto; pochi tuttavia sanno, che è soltanto lo schiacciamento della terra in forma di sferoide a impedire che le protuberanze dei continenti,

ammettiamo sin dal principio nient'altro che intenzioni sagge di un creatore, potremo allora per questa via fare una grande quantità di scoperte. E se ci arrestiamo a 453
questo presupposto, considerandolo come un principio semplicemente *regolativo*, neppure l'errore potrà recarci danno. Da ciò, difatti, potrà tutt'al piú seguire, che si ritrovi una connessione semplicemente meccanica o fisica (*nexus effectivus*), là dove noi ci attendevamo una connessione teleologica (*nexus finalis*): in tal caso ci viene soltanto a mancare una nuova unità, ma noi non distruggiamo affatto l'unità razionale nel suo uso empirico. Questo calcolo errato, d'altronde, non può certo toccare la legge stessa, nel suo disegno universale e teleologico. In effetti, sebbene ad un anatomista si possa con ragione contestare un errore, nel caso in cui egli riferisca ad uno scopo un qualsiasi membro di un corpo animale, mentre si può mostrare chiaramente che la struttura di tale membro non deriva dal riferimento a quello scopo, tuttavia è del tutto impossibile *dimostrare* rispetto ad un dato caso, che una struttura naturale — qualunque essa sia — non abbia assolutamente uno scopo. Di conseguenza, altresí la fisiologia (dei medici) estende la sua conoscenza empirica — assai limitata — riguardo agli scopi delle membra di un corpo organico, mediante un principio suggerito semplicemente dalla ragione pura, al punto che in tale scienza si ammette francamente, e al tempo stesso con l'approvazione di tutti i competenti, che nell'animale ogni cosa ha la sua utilità e un suo fine opportuno. Tale supposizione, se volesse essere costitutiva, andrebbe piú lontano di quanto

o anche di montagne piú piccole — sollevate forse per opera di terremoti — spostino continuamente, e, entro un tempo non troppo lungo, considerevolmente, l'asse della terra. La protuberanza della terra all'equatore, tuttavia, forma un monte cosí possente, che la spinta di ogni altra montagna non potrà mai spostarlo considerevolmente dalla sua posizione rispetto all'asse. Eppure questo saggio ordinamento viene comunemente spiegato, senza alcuna esitazione, in base all'equilibrio della massa terrestre, originariamente fluida.

possa essere giustificato dalle osservazioni fatte sinora. Da ciò si può dunque comprendere, che questo presupposto non è altro se non un principio regolativo della ragione, che indica la strada per giungere alla suprema unità sistematica, mediante l'idea della causalità — conforme ad un fine — della suprema causa del mondo, e per procedere come se quest'ultima, in quanto intelligenza suprema, fosse la causa di ogni cosa, secondo il piú saggio dei disegni.

Ma se noi prescindiamo da questa restrizione dell'idea ad un uso semplicemente regolativo, la ragione cade allora in errori di molte specie. In tal caso, difatti, essa abbandona il terreno dell'esperienza — che segna invece gli stadi del suo progresso — e sollevandosi al di sopra di esso, si avventura nella sfera dell'incomprensibile e dell'insondabile, ad un'altezza cioè in cui essa è colta necessariamente dalle vertigini, poiché da quel punto di vista cosí elevato si trova completamente tagliata fuori da ogni applicazione in accordo con l'esperienza.

Il primo difetto sorgente dal fatto che l'idea di un
454 ente supremo non venga usata solo regolativamente, bensí costitutivamente (il che è contrario alla natura di un'idea), è l'indolenza della ragione (*ignava ratio*)[1]. Si può chiamare cosí ogni principio, che ci faccia considerare la nostra indagine sulla natura — qualunque essa sia — come assolutamente compiuta, in modo tale che la ragione si acquieti, quasi avesse adempiuto perfettamente al suo compito. Quindi persino l'idea psicologica, quando viene usata come un principio costitutivo per la spiegazione delle apparenze della nostra anima, ed in seguito anche per l'estensione

454 [1] I dialettici dell'antichità chiamarono cosí un'argomentazione sofistica, dal seguente tenore: se il tuo destino vuole che tu debba guarire da questa malattia, ciò avverrà, sia che tu ti serva di un medico, sia che non te ne serva. Cicerone dice, che questo modo di inferire è chiamato *ignava ratio* per il fatto che, se lo si accetta, la ragione non sarà piú usata nella nostra vita. Tale è la causa, per cui io ho attribuito lo stesso nome all'argomentazione sofistica della ragione pura.

della nostra conoscenza di questo soggetto al di là di ogni esperienza (il suo stato dopo la morte), risulta certo assai comoda alla ragione, ma in tal caso l'uso naturale di questa, secondo la guida delle esperienze, viene del tutto compromesso e distrutto. Cosí, lo spiritualista dogmatico spiega l'unità personale — che sussiste immutata attraverso ogni variazione degli stati — in base all'unità della sostanza pensante, che egli crede di percepire immediatamente nell'io; oppure, fondandosi sulla coscienza della natura immateriale del nostro soggetto pensante, egli ritiene di spiegare l'interesse da noi rivolto a cose, che dovranno presentarsi soltanto dopo la nostra morte, ecc. Egli si sottrae ad ogni indagine naturale sulla derivazione di queste nostre apparenze interne da ragioni esplicative fisiche, trascurando — in virtú, per cosí dire, del decreto di una ragione trascendente — le fonti conoscitive immanenti dell'esperienza: ciò va a vantaggio della sua comodità, ma a scapito di ogni vera comprensione. Queste conseguenze dannose si mostrano ancora piú chiaramente nel dogmatismo prodotto dalla nostra idea di un'intelligenza suprema, e nel sistema teologico della natura (fisico-teologia), il quale si fonda erroneamente su tale idea. In tal caso, difatti, tutti gli scopi che si mostrano nella natura — spesso soltanto escogitati da noi stessi — servono a facilitarci molto l'indagine delle cause: in realtà, anziché cercarle nelle leggi universali del meccanismo della materia, noi ricorriamo allora direttamente alla decisione imperscrutabile della sapienza suprema, e consideriamo allora terminati gli sforzi della ragione, mentre prescindiamo invece dal suo uso (che per contro non trova una guida, se non
quella fornita a noi dall'ordine della natura e dalla serie dei 455
mutamenti, secondo le loro leggi interne ed universali). Questo difetto della ragione può essere evitato, se noi non consideriamo alcune parti soltanto della natura — per esempio, la distribuzione della terra ferma, la struttura di questa, la natura e la posizione delle montagne, o anche

l'organizzazione nel regno vegetale e nel regno animale — dal punto di vista degli scopi, ma rendiamo *del tutto universale* questa unità sistematica della natura, in riferimento all'idea di un'intelligenza suprema. In tal caso, difatti, noi poniamo alla base della natura una finalità secondo leggi universali, dalle quali nessuna struttura particolare della natura viene esclusa, e dalle quali piuttosto viene contrassegnata, in modo piú o meno riconoscibile per noi; abbiamo cosí un principio regolativo dell'unità sistematica di una connessione teleologica: non abbiamo tuttavia il diritto di determinare anticipatamente tale connessione, ma possiamo soltanto, in attesa di essa, seguire, la connessione fisico-meccanica, basata su leggi universali. È soltanto cosí, difatti, che il principio dell'unità conforme ad un fine può estendere sempre l'uso della ragione in riferimento all'esperienza, senza recargli pregiudizio in nessun caso.

Il secondo difetto, che sorge dall'interpretazione errata del suddetto principio dell'unità sistematica, è quello dell'inversione della ragione (*perversa ratio*, υστερον προτερον *rationis*). L'idea dell'unità sistematica dovrebbe soltanto servire, come principio regolativo, per cercare tale unità nella connessione delle cose secondo leggi universali della natura: di conseguenza, quante piú connessioni si potranno ritrovare per via empirica, tanto piú ci crederemo prossimi alla compiutezza dell'uso di tale idea, sebbene questa compiutezza non sia certo mai raggiungibile. Il suddetto modo di procedere viene invece rovesciato: sin dall'inizio si pone alla base la realtà ipostatizzata di un principio dell'unità conforme ad un fine, si determina antropomorficamente il concetto di una tale intelligenza suprema (poiché in sé esso è del tutto insondabile), ed in seguito si impongono scopi alla natura, in modo violento e dittatorio, anziché cercarli — come sarebbe giusto — sulla via dell'indagine fisica. In tal modo, non soltanto avviene che la teleologia — la quale dovrebbe semplicemente ser-

vire a integrare l'unità della natura, sul fondamento di
leggi universali — contribuisca piuttosto a distruggere tale
unità, ma è inoltre la ragione stessa, che viene meno al
suo scopo, a quello cioè di dimostrare in base alla natura
— e secondo tali leggi — l'esistenza di una siffatta causa
suprema intelligente. In effetti, se la suprema finalità non
può essere presupposta *a priori* nella natura, come apparte-
nente cioè all'essenza di questa, come si potrà allora
essere indirizzati a cercarla, e ad avvicinarsi, seguen- **456**
dola gradualmente, alla suprema perfezione di un creatore,
intesa come perfezione assolutamente necessaria, e quindi
conoscibile *a priori*? Il principio regolativo esige che si am-
metta sin dall'inizio l'unità sistematica in quanto *unità
della natura* (unità non semplicemente conosciuta
in modo empirico, ma presupposta *a priori*, sebbene in
modo ancora indeterminato), e che si ammetta ciò asso-
lutamente, ossia come qualcosa che segue dall'essenza
delle cose. Se invece io pongo alla base, anzitutto, un su-
premo ente ordinatore, l'unità della natura risulta allora
in realtà distrutta: essa, in effetti, diventa del tutto estra-
nea alla natura delle cose e contingente, né può essere
conosciuta in base alle leggi universali della natura. Da
ciò sorge un circolo vizioso nella dimostrazione, poiché si
presuppone ciò che propriamente dovrebbe essere stato
dimostrato.

Assumere il principio regolativo dell'unità sistematica della natura come un principio costitutivo, e presupporre ipostaticamente come causa ciò che viene posto — soltanto nell'idea — a fondamento dell'uso coerente della ragione, non significa altro che confondere la ragione. L'indagine della natura segue il suo corso unicamente lungo la catena delle cause naturali, secondo le leggi universali della natura. Tale indagine si fonda, è vero, sull'idea di un creatore, non già tuttavia per dedurre da esso la finalità che si sforza di scoprire ovunque, bensí per conoscere l'esistenza del creatore in base a questa finalità (la quale viene ricercata nell'essenza delle cose naturali, e quando sia possibile anche nell'essenza di tutte le cose in generale), ossia per conoscere tale esistenza come assolutamente necessaria. Tale conoscenza potrà venir raggiunta o meno, ma l'idea rimane sempre giusta, ed altrettanto giusto rimane anche il suo uso, se è stato ristretto alle condizioni di un principio semplicemente regolativo.

L'unità compiuta e conforme ad un fine costituisce la perfezione (considerata assolutamente). Se noi non troviamo tale perfezione nell'essenza delle cose, che costituiscono l'intero oggetto dell'esperienza, cioè di ogni nostra conoscenza oggettivamente valida, e quindi, se non la troviamo nelle leggi universali necessarie della natura, come potremo, su questa base, dedurre direttamente l'idea della perfezione suprema e assolutamente necessaria di un ente primitivo, che sia l'origine di ogni causalità? La massima unità sistematica — e di conseguenza anche l'unità conforme ad un fine — costituisce la scuola e altresí il fondamento, che rendono possibile il massimo uso della ragione umana. L'idea di tale unità è quindi inscindibilmente connessa con l'essenza della nostra ragione. Questa medesima idea, dunque, è per noi legislatrice, ed è quindi assai naturale ammettere una ragione legislatrice (*intellectus archetypus*) ad essa corrispondente, dalla quale (come
457 oggetto della nostra ragione) dev'essere derivata ogni unità sistematica della natura.

In occasione dell'antinomia della ragione pura, abbiamo detto che tutti i problemi proposti dalla ragione pura devono essere assolutamente risolubili, e che l'addurre a giustificazione i limiti della nostra conoscenza — scusa tanto inevitabile quanto giusta a riguardo di molte questioni naturali — è un comportamento che qui non si può ammettere, poiché in questo caso i problemi non ci vengono presentati dalla natura delle cose, bensí unicamente dalla natura della ragione, e si rivolgono quindi alla costituzione interna di quest'ultima. Questa asserzione, a prima vista ardita, può adesso venir confermata da noi a riguardo di due questioni, che interessano massimamente la ragione pura: in tal modo, noi potremo portare del tutto a compimento la nostra trattazione sulla dialettica della ragione pura.

Cosí, *in primo luogo*, quando si domanda (in riferimento ad una teologia trascendentale)[1], se vi sia un qualcosa di diverso dal mondo, che contenga il fondamento dell'ordine del mondo e della sua connessione secondo leggi universali, la risposta è allora: *senza dubbio*. Il mondo è infatti una somma di apparenze: deve dunque esserci un qualche fondamento trascendentale di esso, cioè un fondamento pensabile soltanto dall'intelletto puro. *In secondo luogo*, alla domanda, se questo ente sia sostanza, abbia la massima realtà, sia necessario, ecc., io rispondo, *che questa domanda non ha alcun significato*. In effetti, tutte le categorie, mediante cui io cerco di formarmi un concetto di un tale oggetto, non sono se non di uso empirico, e non hanno alcun significato, se non vengono applicate a oggetti di un'esperienza possibile, cioè al mondo dei sensi. Al di fuori di questo campo, esse sono semplicemente titoli di concetti, che possono venire ammessi, ma mediante i quali non si può comprendere nulla. Quando si domanda infine, *in terzo luogo*, se non si possa almeno pensare questo ente distinto dal mondo in base ad un'*analogia* con gli oggetti dell'esperienza, la risposta è allora: *certamente*, però soltanto come oggetto nell'idea, e non già nella realtà, cioè solo in quanto tale oggetto è un sostrato — a noi ignoto — dell'unità sistematica, dell'ordine 458

[1] Quanto ho già detto in precedenza, a proposito dell'idea psicologica 457
e della sua peculiare destinazione, come principio per l'uso semplicemente regolativo della ragione, mi dispensa dal diffondermi ancora a spiegare particolarmente l'illusione trascendentale, in base alla quale quell'unità sistematica di ogni molteplicità del senso interno viene rappresentata ipostaticamente. Il modo di procedere al riguardo è assai simile a quello osservato dalla critica in riferimento all'ideale teologico.

e della finalità della costituzione del mondo, unità ordine e finalità che la ragione deve assumere come principio regolativo della sua indagine sulla natura. Inoltre, in questa idea noi possiamo permettere — senza timore di essere biasimati — certi antropomorfismi, che giovano al suddetto principio regolativo. In ogni caso, difatti, si tratta soltanto di un'idea, la quale viene riferita non già direttamente ad un ente diverso dal mondo, bensí al principio regolativo dell'unità sistematica del mondo, e solo mediante uno schema di tale unità, quello cioè di un'intelligenza suprema, che crea il mondo secondo saggi disegni. Con ciò non si è voluto pensare, che cosa sia in se stesso questo fondamento originario dell'unità del mondo, ma si è voluto indicare in che modo noi dobbiamo servirci di tale fondamento, o piuttosto della sua idea, relativamente all'uso sistematico della ragione per quel che concerne le cose del mondo.

A questo modo, peraltro (si continuerà a domandare), *possiamo* ammettere un unico, saggio e onnipotente creatore del mondo? *Senza alcun dubbio*. Non soltanto possiamo ammettere ciò, ma *dobbiamo* anzi presupporre un tale creatore. In tal caso, estendiamo dunque la nostra conoscenza al di là del campo dell'esperienza possibile? *In nessun modo*. In effetti, abbiamo semplicemente presupposto un qualcosa, riguardo a cui noi non abbiamo alcun concetto di quello che possa essere in se stesso (abbiamo presupposto cioè un oggetto semplicemente trascendentale). Riferendoci all'ordine sistematico e finalistico dell'universo — ordine che dobbiamo presupporre, se vogliamo studiare la natura — abbiamo semplicemente pensato quell'ente a noi sconosciuto *secondo l'analogia* con un'intelligenza (che è un concetto empirico); ossia, in riferimento ai fini e alla perfezione, che si fondano su tale ente, noi l'abbiamo dotato appunto di quelle proprietà, che possono contenere, secondo le condizioni della nostra ragione, il fondamento di una tale unità sistematica. Quest'idea, dunque, è totalmente fondata rispetto all'uso della nostra ragione per il mondo. Se noi volessimo invece attribuire a tale idea una validità assolutamente oggettiva, dimenticheremmo allora che noi pensiamo unicamente un ente nell'idea, e in tal caso, prendendo le mosse da un fondamento che non può essere determinato mediante la considerazione del mondo, non saremmo piú in grado, dunque, di applicare questo principio conformemente all'uso empirico della ragione.

Ma in tal modo (si domanderà ancora), posso allora fare uso del concetto e del presupposto di un ente supremo nella considerazione razionale del mondo? Sí, e quest'idea è stata posta alla base dalla ragione appunto a 459
questo scopo. Tuttavia, ho io il diritto di considerare come intenzionali certi ordinamenti che sembrano conformi ad un fine, derivandoli dalla volontà divina, sia pure per il tramite di particolari strutture, disposte a questo scopo nel mondo? Sí, potete anche comportarvi cosí, purché sia per voi indifferente, che qualcuno dica: la sapienza divina ha ordinato tutto quanto cosí per i suoi scopi supremi, oppure: l'idea della sapienza suprema è un qualcosa di regolativo nell'indagine della natura, e un principio dell'unità sistematica e finalistica di essa secondo le leggi universali della natura, quand'anche noi non ci accorgiamo di tale unità. In altre parole, quando voi percepite tale unità, deve risultarvi del tutto indifferente il dire: Dio ha voluto ciò sapientemente a questo modo, oppure dire: la natura ha ordinato ciò sapientemente a questo modo. In effetti, la massima unità sistematica e finalistica, che la vostra ragione voleva porre alla base di ogni indagine naturale come principio regolativo, era appunto ciò che vi autorizzava a porre alla base l'idea di un'intelligenza suprema come schema del principio regolativo. E quanto piú grande è la finalità che voi ritrovate nel mondo, in base a tale principio, tanto piú grande sarà la conferma

della legittimità della vostra idea. D'altra parte, poiché il suddetto principio non mirava ad altro che a cercare l'unità necessaria della natura, la piú grande possibile, cosí noi saremo certo debitori di questa unità — per quanto possiamo raggiungerla — all'idea di un ente supremo. Non possiamo tuttavia trascurare le leggi universali della natura (l'idea è stata posta alla base soltanto in vista di esse), senza cadere in contraddizione con noi stessi, né possiamo considerare la finalità della natura come contingente e iperfisica nella sua origine: in effetti, noi non siamo stati autorizzati ad ammettere al di sopra della natura un ente dotato delle menzionate proprietà, ma siamo stati autorizzati soltanto a porre alla base l'idea di tale ente, per poter considerare le apparenze come sistematicamente connesse tra loro, in base all'analogia con una determinazione causale.

Proprio per questo noi siamo anche autorizzati, non soltanto a pensare nell'idea la causa del mondo, in base ad un sottile antropomorfismo (prescindendo dal quale non si potrebbe pensare nulla riguardo a tale ente), cioè come un ente che abbia intelletto, che senta piacere e dispiacere, e che in conformità abbia inoltre desiderio e volontà, ecc., ma altresí ad attribuire a questo ente una perfezione infinita, che superi dunque di gran lunga quella che noi possiamo supporre mediante la conoscenza empirica dell'ordine del mondo. In effetti, la legge regolativa dell'unità sistematica ci impone di studiare la natura, *come se* dovunque, pur nella massima molteplicità
460 possibile, si ritrovasse all'infinito un'unità sistematica e finalistica. È vero infatti che noi scopriremo o coglieremo soltanto una piccola parte di questa perfezione del mondo, ma rientra tuttavia nel potere legislativo della nostra ragione, il cercarla e supporla ovunque. E l'impostare la considerazione della natura in base a questo principio dovrà sempre risultare vantaggioso per noi, senza che da ciò possa mai sorgere un danno. Peraltro, in questa rappresentazione

dell'idea fondamentale di un creatore supremo risulta anche chiaro, che io pongo alla base, non già l'esistenza e la conoscenza di un tale ente, bensí soltanto l'idea di esso. Di conseguenza, io non derivo propriamente nulla da questo ente, ma derivo qualcosa semplicemente dall'idea di esso, cioè dalla natura delle cose del mondo, in accordo con una tale idea. Sembra d'altronde che una certa coscienza — sebbene non sviluppata — del vero uso di questo concetto della nostra ragione abbia ispirato il linguaggio modesto e ragionevole dei filosofi di tutti i tempi, quando essi parlano di sapienza e previdenza della natura e di sapienza divina come di espressioni equivalenti, anzi, sinché hanno a che fare con la ragione semplicemente speculativa, preferiscono la prima espressione, poiché questa si astiene dalla presunzione di asserire piú di ciò cui siamo autorizzati, e riconduce al tempo stesso la ragione al suo campo peculiare, la natura.

La ragione pura, che da principio sembrava prometterci nientemeno che un'estensione delle conoscenze al di là di tutti i limiti dell'esperienza, contiene cosí, se la intendiamo rettamente, null'altro se non principî regolativi, che impongono bensí un'unità piú grande di quella che può raggiungere l'uso empirico dell'intelletto, ma che, appunto per il fatto di spostare cosí lontano il fine cui converge tale uso, portano al massimo grado, mediante l'unità sistematica, l'accordo di questo uso con se stesso. Per contro, se questi principî sono fraintesi e vengono considerati come principî costitutivi di conoscenze trascendenti, essi allora, mediante un'illusione certo brillante, ma ingannevole, producono convinzioni e un sapere immaginario, ma al tempo stesso eterne contraddizioni e dispute.

Ogni conoscenza umana comincia dunque con intuizioni, di qui passa a concetti, e termina con idee. Sebbene rispetto a tutti e tre questi elementi vi siano fonti conoscitive *a priori*, che a prima vista sembrano sdegnare i limiti di ogni esperienza, tuttavia una critica compiuta 461 ci persuade che la ragione, nell'uso speculativo, non potrà mai uscire dal campo dell'esperienza possibile con il sostegno di questi elementi, e che la vera destinazione di questa suprema facoltà conoscitiva consiste nel servirsi di tutti i metodi e delle proposizioni fondamentali della ragione, all'unico scopo di seguire le tracce della natura sin nella sua piú intima profondità, in base a tutti i principî possibili dell'unità — tra cui l'unità dei fini è la piú importante — senza però mai oltrepassare i limiti della natura, al di fuori dei quali non vi è *per noi* null'altro che lo spazio vuoto. Senza dubbio, l'indagine critica — condotta nell'Analitica trascendentale — di tutte le proposizioni, che possono estendere la nostra conoscenza al di là dell'esperienza reale, ci ha sufficientemente convinti, che tali proposizioni non potranno mai portarci a qualcosa di piú che ad un'esperienza possibile. E se non si nutrisse diffidenza persino verso le piú chiare dottrine astratte ed universali, se prospettive allettanti ed illusorie non ci tentassero a respingere la costrizione di tali dottrine, noi avremmo potuto certo dispensarci dalla faticosa escussione di tutti i testimoni dialettici, che una ragione trascendente fa comparire a sostegno delle sue pretese. In effetti, sin da principio noi sapevamo già con piena certezza, che tutte le pretese della ragione hanno forse un'onesta intenzione, ma devono risultare assolutamente inconsistenti, poiché riguardano una conoscenza, che nessun uomo potrà mai raggiungere. Tuttavia, non si cesserà mai di discutere, sino a che non si penetrerà entro la vera causa dell'illusione, da cui anche l'uomo piú razionale può essere ingannato: in tal caso, poiché la risoluzione di ogni nostra conoscenza trascendente nei suoi elementi (come studio della nostra natura interna) è in se stessa cosa di non poco valore, anzi costituisce persino un dovere per il filosofo, cosí non soltanto mi è sembrato necessario indagare dettagliatamente, sino alle sue fonti prime, tutta questa costruzione — sebbene vana — della ragione speculativa, ma inoltre, dal momento che a questo riguardo l'illusione dialettica non solo è ingannevole rispetto al giudizio, ma è altresí seducente e sempre naturale, per l'interesse che noi portiamo qui al giudizio (e tale rimarrà anche in futuro), mi è sembrato allora consigliabile, per cosí dire, redigere dettagliatamente gli atti di questo processo, e depositarli nell'archivio della ragione umana, per prevenire futuri errori di una simile specie.

II.

DOTTRINA TRASCENDENTALE DEL METODO

Se osservo l'insieme di ogni conoscenza della ragione pura e speculativa, e lo considero come un edificio, di cui possediamo in noi almeno l'idea, io potrò allora dire: nella dottrina trascendentale degli elementi, abbiamo fatto una stima del materiale ed abbiamo determinato per quale edificio esso è sufficiente, e quali saranno l'altezza e la solidità di tale edificio. Certo, sebbene avessimo in mente una torre, che avrebbe dovuto levarsi sino al cielo, risultò tuttavia che la provvista dei materiali bastava soltanto per una casa di abitazione, abbastanza spaziosa per le nostre occupazioni sul piano dell'esperienza ed abbastanza alta per poterle dominare con lo sguardo, e che quell'audace impresa doveva invece fallire per mancanza di materiale, senza contare poi la confusione delle lingue, destinata inevitabilmente a suscitare un dissidio fra i lavoratori, rispetto al disegno dell'opera, e a disperderli per tutto il mondo, in qualche luogo ove ciascuno potesse edificare separatamente, seguendo un suo disegno. Qui, peraltro, noi ci occupiamo non tanto dei materiali, quanto piuttosto del disegno: noi siamo avvertiti di non avventurarci alla cieca, secondo un piano arbitrario, che potrebbe forse oltrepassare ogni nostra capacità, e di conseguenza, dal momento che non possiamo tuttavia rinunziare alla costruzione di una solida casa di abitazione, dovremo allora progettare un edificio in proporzione ai materiali, che ci sono dati, e che al tempo stesso sono sufficienti ai nostri bisogni. 465

Per dottrina trascendentale del metodo, io intendo la determinazione delle condizioni formali di un sistema completo della ragione pura. A questo fine, dovremo occuparci di una *disciplina*, di un *canone*, di un'*architettonica*, infine di una *storia* della ragione pura, e dovremo compiere, dal punto di vista trascendentale, ciò che nelle scuole si cerca di fare — però con cattivi risultati — rispetto all'uso dell'intelletto in generale, sotto il nome di *logica pratica*.
466 Questi scarsi risultati si spiegano per il fatto che, non essendo la logica generale ristretta a una specie particolare di conoscenza dell'intelletto (non essendo ristretta, per esempio, a quella pura), e neanche a certi oggetti, essa allora, senza prendere a prestito conoscenze da altre scienze, non può esporre se non titoli di *metodi possibili* ed espressioni tecniche, che vengono adoperati in riferimento al lato sistematico delle varie scienze, e che presentano anticipatamente al discepolo nomi, il cui significato ed il cui uso egli imparerà a conoscere soltanto piú tardi.

CAPITOLO PRIMO

LA DISCIPLINA DELLA RAGIONE PURA

I giudizi negativi, che sono tali non soltanto rispetto alla forma logica, ma altresí rispetto al contenuto, non godono di particolare considerazione, a causa del desiderio umano di sapere. Li si considera anzi come nemici gelosi del nostro impulso conoscitivo, che aspira incessantemente ad un'estensione del sapere, e si richiede quasi un'apologia, per garantire a tali giudizi una tolleranza, e qualcosa di piú ancora, per procurare loro favore e rispetto.

Senza dubbio qualsiasi proposizione, *dal punto*

di vista logico, può essere espressa negativamente. Tuttavia, riguardo al contenuto in generale della nostra conoscenza — per vedere cioè se essa venga estesa oppure limitata mediante un giudizio — i giudizi negativi hanno unicamente il compito peculiare *di prevenire l'errore*. Di conseguenza, le proposizioni negative che vogliono prevenire una conoscenza falsa là dove non sarà mai possibile cadere in errore, sono certamente vere, ma nondimeno vuote, cioè non conformi al loro scopo, ed appunto per questo risultano spesso ridicole: cosí si dica per la proposizione di quel retore, secondo cui Alessandro non avrebbe potuto conquistare alcuna terra se non avesse avuto un esercito.

Ma quando i limiti della nostra conoscenza possibile sono assai ristretti, lo stimolo a giudicare è grande, l'illusione che si presenta è assai ingannevole, e il danno derivante dall'errore è considerevole, in tal caso il lato *negativo*, che insegni soltanto a preservarci dagli errori, ha un'importanza anche maggiore di parecchi ammaestramenti positivi, che potrebbero accrescere la nostra conoscenza. La *costrizione*, che limita e infine distrugge la costante tendenza a deviare da certe regole, viene chiamata *disciplina*. Questa si distingue dalla 467
cultura, la quale deve procurare semplicemente una *abilità*, senza d'altronde annullarne un'altra, già esistente. Per la formazione di un talento, che già per se stesso ha un impulso a manifestarsi, la disciplina darà quindi un contributo negativo[1], mentre la cultura e la dottrina forniranno un contributo positivo.

[1] So bene che nel linguaggio scolastico si adopera comunemente il termine *disciplina* come equivalente al termine istruzione. Vi sono però molti altri casi in cui la prima espressione, intesa nel senso di *rigore educativo*, viene distinta accuratamente dalla seconda, intesa nel senso di *insegnamento*, e la natura stessa delle cose richiede d'altronde di conservare per questa distinzione le sole espressioni adeguate, cosicché io mi auguro che non si permetta mai di usare il termine disciplina se non in significato negativo. 467

Che il temperamento, e del pari i talenti che indulgono volentieri ad un movimento libero e privo di vincoli (come la capacità di immaginazione e lo spirito), abbiano bisogno sotto molti rispetti di una disciplina, è cosa che tutti concederanno facilmente. Ma che la ragione, la quale propriamente ha il dovere di prescrivere una disciplina a tutte le altre attività, richieda nondimeno essa stessa una tale disciplina, è certamente cosa che può sembrare strana. E in realtà la ragione è sfuggita sinora ad una tale umiliazione appunto per il fatto che, di fronte alla solennità ed al contegno sicuro con cui essa si presenta, nessuno ha potuto facilmente sospettare che per un gioco frivolo essa sostituisca immaginazioni a concetti, e parole a cose.

Nell'uso empirico non si richiede affatto una critica della ragione, dal momento che le proposizioni fondamentali della ragione sono sottomesse ad un esame continuo, rispetto alla pietra di paragone dell'esperienza. Tale critica non è neppure necessaria nella matematica, dove i concetti della ragione debbono venire senz'altro presentati *in concreto*, nell'intuizione pura, e dove tutto ciò che è infondato e arbitrario si manifesta quindi subito. Ma dove né l'intuizione empirica né quella pura mantengono la ragione su di un binario visibile — cioè nell'uso trascendentale della ragione, secondo semplici concetti — essa ha bisogno a tal punto di una disciplina, la quale freni la sua tendenza ad estendersi al di là dei ristretti limiti dell'esperienza possibile, e la trattenga dalla stravaganza e dall'errore, che tutta quanta la filosofia della ragione pura, in fondo, deve occuparsi semplicemente di questa utilità negativa. Singoli errori possono venire eliminati mediante la censura,
468 e le cause di tali errori, mediante la critica. Quando però, come nella ragione pura, si ritrova un intero sistema di illusioni e di ragionamenti ingannevoli, ben connessi tra loro e riuniti sotto principî comuni, in tal caso sembra essere necessaria una legislazione del tutto speciale — e precisamente, negativa — la quale, sotto il

nome di disciplina, costruisca, in base alla natura della ragione e degli oggetti del suo uso puro, per cosí dire un sistema di previdenza e di esame di sé, di fronte al quale ogni falsa illusione raziocinante non possa sussistere, ma debba piuttosto senz'altro tradirsi, nonostante tutte le scuse usate per mascherarsi.

Bisogna tuttavia tenere ben presente, che in questa seconda parte della critica trascendentale io rivolgo la disciplina della ragione pura non già al contenuto, bensí semplicemente al metodo della conoscenza tratta dalla ragione pura. La prima cosa è già stata compiuta nella Dottrina degli elementi. L'uso della ragione tuttavia, a qualsiasi oggetto possa applicarsi, risulta simile a tal punto — e d'altra parte, in quanto vuol essere trascendentale, è al tempo stesso cosí essenzialmente distinto da ogni altro — che senza una dottrina negativa ammonitrice, senza cioè una disciplina specialmente destinata a questo scopo, non si potranno evitare gli errori, sorgenti necessariamente da un'impropria applicazione di metodi, che altrove sono convenienti per la ragione, ma non qui.

Sezione prima

LA DISCIPLINA DELLA RAGIONE PURA NELL'USO DOGMATICO

La matematica fornisce l'esempio piú luminoso del modo in cui la ragione pura può estendersi felicemente da sé, senza l'aiuto dell'esperienza. Gli esempi sono contagiosi, soprattutto quando si tratti di una medesima facoltà, la quale si illude naturalmente di avere in altri casi la stessa fortuna che già le è toccata in un caso. La ragione pura spera quindi di estendersi in modo altrettanto felice e sicuro nell'uso trascendentale, come le è
riuscito nell'uso matematico, specialmente se applicherà 469
nel primo caso lo stesso metodo che le è stato cosí eviden-

temente utile nel secondo caso. A noi sta perciò molto a cuore, di sapere se il metodo per giungere alla certezza apodittica, che in questa seconda scienza viene chiamata matematica, sia lo stesso metodo con cui si cerca nella filosofia quella medesima certezza, che si dovrebbe in tal caso chiamare dogmatica.

La conoscenza filosofica è la conoscenza razionale fondata su concetti. La conoscenza matematica è la conoscenza razionale fondata sulla costruzione di concetti. Costruire un concetto, peraltro, significa presentare *a priori* l'intuizione ad esso corrispondente. Per la costruzione di un concetto si richiede quindi un'intuizione non empirica, la quale di conseguenza, intesa come intuizione, è un oggetto singolo, ma d'altra parte, intesa come costruzione di un concetto (di una rappresentazione universale), deve esprimere nella rappresentazione una validità universale per tutte le intuizioni possibili, che rientrano nel medesimo concetto. Io costruisco un triangolo, cosí, rappresentando l'oggetto che corrisponde a questo concetto, o nell'intuizione pura, mediante una semplice immaginazione, oppure (in base all'intuizione pura) sulla carta, nell'intuizione empirica: in entrambi i casi, io rappresento però tale oggetto del tutto *a priori*, senza averne tratto il modello da nessuna esperienza. La singola figura disegnata è empirica, ma serve nondimeno per esprimere il concetto (nonostante l'universalità di questo), poiché in tale intuizione empirica si considera sempre il solo atto della costruzione del concetto — al quale risultano indifferenti parecchie determinazioni, quelle per esempio della grandezza dei lati e degli angoli — e si fa perciò astrazione da queste differenze, che non mutano il concetto del triangolo.

La conoscenza filosofica considera quindi il particolare solo entro l'universale, mentre la conoscenza matematica considera l'universale nel particolare, anzi nel singolo, ma pur sempre *a priori* e mediante la ragione, per modo che, come questo singolo è determinato in base a certe condizioni universali della costruzione, cosí l'oggetto del concetto, cui questo singolo corrisponde solo in quanto suo schema, debba venire pensato in quanto universalmente determinato.

La differenza essenziale fra queste due specie di conoscenza razionale consiste dunque in tale forma, e non si fonda sulla differenza della loro materia, ossia dei loro oggetti. Coloro che hanno creduto di distinguere la filosofia dalla matematica, col dire che la prima ha come oggetto semplicemente la qualità, e la seconda invece 470
soltanto la quantità, hanno scambiato l'effetto per la causa. Nella conoscenza matematica, la causa per cui essa può riferirsi unicamente a *quanta* va ricercata nella forma di tale conoscenza. In effetti, è soltanto il concetto delle quantità, che si può costruire, cioè presentare *a priori* nell'intuizione; le qualità, per contro, non possono venire rappresentate in nessun'altra intuizione, se non in quella empirica. Una conoscenza razionale delle qualità può quindi essere possibile soltanto mediante concetti. Nessuno potrà cosí trarre un'intuizione corrispondente al concetto della realtà se non dall'esperienza, né potrà mai divenirne partecipe *a priori* (ricavandola da se stesso), anteriormente alla coscienza empirica di essa. La figura conica potrà essere resa intuitiva senza alcun aiuto empirico, semplicemente in base al concetto, ma il colore di un certo cono dovrà essere dato in precedenza attraverso una qualche esperienza determinata. Il concetto di una causa in generale, io non lo posso rappresentare nell'intuizione in alcun altro modo, se non attraverso un esempio fornitomi dall'esperienza, ecc. D'altro canto, la filosofia tratta, al pari della matematica, delle quantità; per esempio della totalità, dell'infinità, ecc. La matematica si occupa altresí della differenza fra linee e superficie, intese come spazi di diversa qualità, e inoltre, della continuità dell'estensione, come sua qualità. Tuttavia, sebbene in tali casi filosofia

e matematica abbiano un oggetto comune, il modo di considerarlo mediante la ragione è però nella filosofia del tutto diverso che nella matematica. La prima si attiene a concetti universali; la seconda, invece, con il semplice concetto non può giungere ad alcun risultato, ma si affretta subito verso l'intuizione, in cui considera il concetto *in concreto*, però non empiricamente: si tratta in questo caso, piuttosto, di un'intuizione, che la matematica rappresenta *a priori*, cioè ha costruito, e nella quale ciò che segue dalle condizioni universali della costruzione deve valere altresí universalmente rispetto all'oggetto del concetto costruito.

Si dia ad un filosofo il concetto di un triangolo, e gli si faccia scoprire, in base al suo modo di pensare, quale rapporto la somma degli angoli di tale triangolo debba avere rispetto all'angolo retto. In tal caso, il filosofo non dispone di null'altro se non del concetto di una figura racchiusa fra tre linee rette, ed inoltre del concetto di altrettanti angoli contenuti in questa figura. Egli potrà riflettere quanto vorrà su questo concetto, ma non potrà ricavarne nulla di nuovo. Egli può analizzare e chiarire il concetto di linea retta, o di angolo, o del numero tre, ma non potrà giungere ad altre proprietà, che non si
471 trovino affatto in questi concetti. Si supponga invece che debba occuparsi di questa questione il geometra. Egli comincerà senz'altro a costruire un triangolo. In quanto egli sa che due angoli retti, presi assieme, equivalgono alla somma di tutti gli angoli contigui, che possono venire costituiti, partendo da un punto, sul semipiano limitato da una retta che contiene quel punto, egli prolunga allora un lato del suo triangolo, ed ottiene due angoli contigui, la cui somma è uguale a due angoli retti. Di questi due angoli, egli divide poi quello esterno, conducendo una linea parallela al lato opposto del triangolo, e vede sorgere cosí un angolo contiguo esterno, che è uguale ad un angolo interno, ecc. In tal modo, mediante una catena di infe-

renze egli giunge, sempre guidato dall'intuizione, ad una risoluzione del problema pienamente evidente, ed al tempo stesso universale.

La matematica, peraltro, costruisce non soltanto — come nella geometria — delle quantità (*quanta*), ma altresí la semplice quantità (*quantitas*), come nell'algebra, dove si fa completa astrazione dalla natura dell'oggetto, che deve essere pensato in base ad un tale concetto quantitativo. In tal caso, la matematica sceglie una certa notazione, per designare ogni costruzione delle quantità in generale (numeri), come addizione, sottrazione, ecc., estrazione di radice; e dopo di aver inoltre designato il concetto generale delle quantità in base ai loro differenti rapporti, la matematica rappresenta nell'intuizione — secondo certe regole universali — ogni operazione, che venga prodotta e modificata dalla quantità. Quando una quantità deve essere divisa mediante un'altra, la matematica raccoglie i segni di entrambe secondo la forma che designa la divisione, ecc., giungendo cosí, attraverso una costruzione simbolica, ad un punto (allo stesso modo che la geometria vi giunge in base a una costruzione ostensiva, o geometrica, degli oggetti stessi), cui non potrebbe mai giungere la conoscenza discorsiva attraverso semplici concetti.

Quale potrà mai essere la causa di una situazione cosí diversa in coloro che esercitano queste due arti razionali, per cui gli uni prendono la loro strada seguendo concetti, e gli altri invece seguendo intuizioni, che essi rappresentano *a priori* conformemente a concetti? In base alle fondamentali dottrine trascendentali, che sono state esposte sopra, questa causa è chiara. Qui non si tratta di proposizioni analitiche, che possono venir prodotte mediante una semplice scomposizione dei concetti (su questo punto il filosofo sarebbe senza dubbio in vantaggio sul suo competitore), bensí si tratta di proposizioni sintetiche, e precisamente, di proposizioni sintetiche che debbono venire conosciute *a priori*. In effetti, non bisogna considerare ciò che

472 io penso realmente nel mio concetto del triangolo (ciò non costituisce altro se non la semplice definizione); piuttosto, io debbo oltrepassare tale concetto, rivolgendomi a proprietà che non si trovano in questo concetto, ma tuttavia sono ad esso connesse. Ciò, orbene, non è possibile se non in quanto io determini il mio oggetto secondo le condizioni o dell'intuizione empirica, o dell'intuizione pura. Nel primo caso, si avrebbe soltanto una proposizione empirica (mediante la misurazione degli angoli del triangolo), che non conterrebbe universalità, e tanto meno necessità: ma non si tratta affatto di questo. Il secondo modo di procedere costituisce invece la costruzione matematica, e precisamente, quella geometrica, mediante cui in un'intuizione pura, cosí come in quella empirica, io aggiungo il molteplice che appartiene allo schema di un triangolo in generale, cioè al suo concetto; in tal modo, dovranno certamente risultare costruite delle proposizioni sintetiche universali.

Riguardo al triangolo, dunque, io filosoferei senza costrutto, cioè rifletterei discorsivamente, senza tuttavia compiere il minimo progresso al di là della semplice definizione (onde sarebbe giusto comunque che io cominciassi). Esiste, è vero, una sintesi trascendentale fondata su semplici concetti, la quale riesce a sua volta soltanto al filosofo, ma la quale non riguarda mai nulla di piú che una cosa in generale, e le condizioni in base a cui la percezione di una cosa in generale può appartenere all'esperienza possibile. Ma nei problemi matematici si tratta non già di questo, o in generale dell'esistenza, bensí delle proprietà degli oggetti in se stessi, solo in quanto queste sono connesse al concetto di essi.

Nell'esempio citato abbiamo semplicemente cercato di chiarire, quanto sia grande la differenza che sussiste tra l'uso discorsivo — secondo concetti — della ragione ed il suo uso intuitivo mediante la costruzione dei concetti. È naturale ora domandare, quale sia la causa che rende necessario un tale duplice uso della ragione, ed attraverso quali condizioni si possa riconoscere se abbia luogo il primo, o anche il secondo.

Ogni nostra conoscenza si riferisce in definitiva ad intuizioni possibili, poiché è solo mediante queste che viene dato un oggetto. Un concetto *a priori* (un concetto non empirico), orbene, o contiene già in sé un'intuizione pura — e in tal caso esso può venir costruito — oppure non contiene altro se non la sintesi di intuizioni possibili 473
che non sono date *a priori*, e in tal caso mediante tale concetto si può certo giudicare sinteticamente e *a priori*, ma soltanto discorsivamente, secondo concetti, e mai intuitivamente, mediante la costruzione del concetto.

Fra tutte le intuizioni, orbene, non è data *a priori* se non la semplice forma delle apparenze, ossia spazio e tempo; e un concetto di questi, intesi come *quanta*, si può rappresentare *a priori* nell'intuizione, cioè si può costruire, o assieme alla loro qualità (la loro figura), oppure semplicemente come quantità (la semplice sintesi del molteplice omogeneo), mediante il numero. Per contro, la materia delle apparenze, dalla quale ci sono date nello spazio e nel tempo le cose, può essere rappresentata soltanto nella percezione, e quindi *a posteriori*. L'unico concetto, che rappresenti *a priori* questo contenuto empirico delle apparenze, è il concetto di cosa in generale, e la conoscenza sintetica *a priori* di essa non può fornirci null'altro se non la semplice regola della sintesi di ciò che la percezione può dare *a posteriori*, e mai invece potrà fornire *a priori* l'intuizione dell'oggetto reale, poiché tale intuizione dev'essere necessariamente empirica.

Le proposizioni sintetiche riguardanti cose in generale, la cui intuizione non può essere data *a priori*, sono trascendentali. Le proposizioni trascendentali, di conseguenza, possono essere date *a priori*, non già mediante costruzione dei concetti, bensí soltanto secondo concetti. Esse contengono semplicemente la regola, in base alla quale dev'essere cercata empiricamente una certa unità sintetica di ciò che non può essere rappresentato intuitivamente *a priori* (delle percezioni). In nessun caso, peraltro, esse possono rappresentare *a priori* un qualsiasi loro concetto, ma possono fare ciò soltanto *a posteriori*, mediante l'esperienza, la quale è possibile soltanto in base a quelle proposizioni fondamentali sintetiche.

Se si vuole formulare un giudizio sintetico riguardo ad un concetto, occorre allora uscire da questo concetto, e passare all'intuizione, in cui esso è dato. In effetti, se ci si arrestasse a ciò che è contenuto nel concetto, il giudizio sarebbe semplicemente analitico, e risulterebbe una spiegazione del pensiero in base a ciò che è realmente contenuto in esso. Dal concetto, tuttavia, io posso procedere all'intuizione pura o empirica che corrisponde ad esso, al fine di considerarlo *in concreto* entro tale intuizione,
474 e di conoscere, rispettivamente *a priori* oppure *a posteriori*, ciò che appartiene all'oggetto del concetto. Nel primo caso, si ha la conoscenza razionale e matematica mediante la costruzione del concetto, nel secondo caso, la semplice conoscenza empirica (meccanica), la quale non potrà mai fornire proposizioni necessarie e apodittiche. Cosí, se io analizzo il mio concetto empirico dell'oro, non raggiungerò in tal modo altro risultato, che di poter enumerare tutto ciò che io penso realmente in questa parola: mediante questa analisi, la mia conoscenza risulterà certo migliorata dal punto di vista logico, ma non sarà tuttavia accresciuta, né acquisterà alcunché di nuovo. Se d'altro lato prendo la materia, che si presenta sotto questo nome, io costituisco con essa percezioni, che mi forniranno diverse proposizioni sintetiche, ma empiriche. Il concetto matematico di un triangolo, per contro, io potrei costruirlo, cioè darlo *a priori* nell'intuizione, acquistando in tal modo una conoscenza sintetica, ma razionale. Peraltro, se mi è dato il concetto trascendentale di una realtà, di una sostanza, di una forza, ecc., esso non designa né un'intuizione empirica,

né un'intuizione pura, ma unicamente la sintesi delle intuizioni empiriche (che non possono quindi essere date *a priori*). Da tale concetto non può dunque sorgere una proposizione sintetica determinante, poiché la sintesi non può passare *a priori* all'intuizione corrispondente al concetto, ma può sorgere soltanto una proposizione fondamentale della sintesi[1] di intuizioni empiriche possibili. Una proposizione trascendentale è dunque una conoscenza razionale sintetica, conforme a semplici concetti, e quindi discorsiva: in effetti, solo mediante essa è possibile ogni unità sintetica della conoscenza empirica, ma mediante essa, per contro, non viene data *a priori* nessuna intuizione.

Vi sono quindi due usi della ragione, i quali, nonostante abbiano in comune l'universalità della conoscenza e la produzione *a priori* di questa, sono nondimeno assai diversi nel loro modo di procedere, per il fatto che nell'apparenza — mediante la quale ci sono dati tutti gli
oggetti — si trovano due elementi: la forma dell'intui- **475**
zione (spazio e tempo), che può venir conosciuta e determinata del tutto *a priori*, e la materia (l'elemento fisico), ossia il contenuto, il quale indica un qualcosa che si ritrova nello spazio e nel tempo, contiene quindi un'esistenza, e corrisponde alla sensazione. Riguardo al contenuto, che non può mai essere dato in modo determinato se non empiricamente, noi non possiamo formarci *a priori* null'altro che concetti indeterminati della sintesi di sensazioni possibili, in quanto essi appartengano all'unità dell'appercezione (in un'esperienza possibile). Riguardo alla forma,

1 Mediante il concetto di causa, io esco realmente dal concetto empirico **474**
di un evento (di qualcosa che accade), giungendo però, non all'intuizione che rappresenta *in concreto* il concetto di causa, bensí in generale alle condizioni di tempo, che potrebbero essere trovate nell'esperienza, conformemente al concetto di causa. Io procedo quindi semplicemente secondo concetti, e non posso procedere attraverso la costruzione dei concetti, poiché il concetto è una regola della sintesi delle percezioni, le quali non sono affatto intuizioni pure, e non possono perciò essere d a t e *a priori*.

noi possiamo determinare *a priori* i nostri concetti nell'intuizione, in quanto ci creiamo nello spazio e nel tempo gli oggetti stessi, mediante una sintesi uniforme, considerandoli semplicemente come *quanta*. Nel primo caso, l'uso della ragione si dice secondo concetti: in esso, noi non possiamo fare altro, che portare apparenze — quanto al loro contenuto reale — sotto concetti, che in seguito non potranno venir determinati se non empiricamente, cioè *a posteriori* (ma conformemente a quei concetti che erano regole di una sintesi empirica). Nel secondo caso, si ha l'uso razionale mediante la costruzione dei concetti: in esso tali concetti, in quanto già si riferiscono *a priori* ad un'intuizione, appunto per questo possono essere dati determinatamente — *a priori* e senza *data* empirici — nell'intuizione pura. Considerare, rispetto a tutto ciò che esiste (una cosa nello spazio o nel tempo), se e fino a che punto si tratti o no di un *quantum*; se in ciò debba venire rappresentata un'esistenza oppure una mancanza; sino a che punto questo qualcosa (che riempie lo spazio o il tempo) sia un sostrato primo, o una semplice determinazione; se l'esistenza di questo qualcosa sia in relazione con qualcos'altro, inteso come causa o effetto, e infine, se riguardo all'esistenza esso sia isolato, oppure in rapporto di dipendenza reciproca con altre cose; considerare la possibilità, la realtà e la necessità — oppure le determinazioni opposte — di questa esistenza: tutto ciò, insomma, appartiene alla conoscenza razionale fondata su concetti, che viene chiamata filosofica. D'altro canto, determinare *a priori* un'intuizione nello spazio (figura), dividere il tempo (durata), o semplicemente conoscere l'elemento universale nella sintesi di una sola e medesima cosa nel tempo e nello spazio, ed inoltre la quantità — che sorge da ciò — di un'intuizione in generale (numero): ecco un'opera razionale, che è ottenuta mediante la costruzione dei concetti, e si chiama matematica.

Il grande successo ottenuto dalla ragione attraverso la

matematica, induce in modo del tutto naturale a supporre che, se non la matematica stessa, almeno il suo metodo 476 incontrerebbe successo anche al di fuori del campo delle quantità. In effetti, la matematica riporta tutti i suoi concetti ad intuizioni, che essa può fornire *a priori*, e mediante le quali essa può acquistare, per cosí dire, il dominio sulla natura; la filosofia pura, per contro, si immischia, con i suoi concetti discorsivi *a priori*, negli affari della natura, senza poter rendere intuitiva *a priori* la realtà di tali concetti, e senza poterla perciò convalidare. D'altronde, ai maestri nell'arte matematica non sembra certo far difetto la fiducia in se stessi, e il pubblico è pieno di speranza, facendo grande affidamento sulla loro capacità a raggiungere il successo, una volta che si saranno decisi ad occuparsi della questione. Poiché questi maestri non hanno mai filosofato sulla loro matematica (impresa, questa, assai ardua), ad essi invero non viene affatto in mente la differenza specifica tra l'uno e l'altro uso della ragione. Regole correnti e usate empiricamente, che essi prendono a prestito dalla ragione comune, sono in tal caso da loro considerate come assiomi. Onde mai possano giungere ad essi i concetti di spazio e di tempo, di cui si occupano, intendendoli come i soli *quanta* originari, è cosa che non interessa loro affatto; e altrettanto inutile sembra ad essi l'indagare l'origine dei concetti puri dell'intelletto, e con essa altresí l'estensione della loro validità: ad essi preme soltanto di servirsi di tali concetti. In tutto ciò essi si comportano benissimo, purché non oltrepassino i limiti loro assegnati, ossia i limiti della n a t u r a. Ma cosí come stanno le cose, essi abbandonano senza accorgersene il campo della sensibilità, cadendo sul terreno malsicuro dei concetti puri, e persino trascendentali, dove manca una base di appoggio, su cui si possa stare ritti, oppure nuotare (*instabilis tellus, innabilis unda*), e dove non si può compiere che qualche passo precipitato, di cui il tempo non lascerà la minima traccia, mentre il loro cammino nella matematica costruisce invece una strada maestra, che anche la piú lontana posterità potrà percorrere con fiducia.

Noi ci siamo fatto un dovere di determinare con precisione e con certezza i limiti della ragione pura nell'uso trascendentale. Questa tendenza all'uso trascendentale ha tuttavia la particolarità di non tener conto dei piú vigorosi e chiari avvertimenti, e di lasciarsi ancor sempre cullare dalla speranza, prima di abbandonare del tutto il tentativo di giungere, al di là dei confini delle esperienze, sino alle affascinanti regioni del mondo intellettuale. Ciò posto, è allora necessario — per cosí dire — levare l'ultima àncora di una speranza fantastica, e mostrare che l'impiego del metodo matematico in questa specie di conoscenza non può recare il minimo vantaggio,
477 se non forse quello di rivelare tanto piú chiaramente l'inadeguatezza di tale metodo. Sarà insomma necessario mostrare, che geometria e filosofia sono due cose del tutto diverse (sebbene nella scienza della natura esse procedano dandosi la mano), e che quindi il metodo dell'una non può essere imitato dall'altra.

Il rigore della matematica si fonda su definizioni, assiomi, dimostrazioni. Mi accontenterò di mostrare che la filosofia non può fornire o imitare nessuno di questi elementi, nel senso inteso dai matematici; che il geometra, applicando il suo metodo alla filosofia, non costruisce altro che castelli di carte, e del pari il filosofo, applicando il suo metodo al campo dei matematici, non produce altro che chiacchiere. Eppure la filosofia consiste appunto nel conoscere i nostri limiti, ed anche il matematico — se il suo talento non è già ristretto dalla natura, e circoscritto al suo ramo — non può respingere gli avvertimenti della filosofia, o mettersi contro di essi.

1. Delle **definizioni**. *Definire*, come dice il termine stesso, non significa altro, propriamente, che presentare in modo originario il concetto dettagliatamente

completo di una cosa entro i suoi limiti[1]. Data questa esigenza, un concetto empirico non può certo essere definito, ma soltanto spiegato. In effetti, poiché in un concetto empirico noi abbiamo soltanto alcuni predicati di una certa specie di oggetti dei sensi, non siamo allora mai sicuri, se con la parola, che designa un medesimo oggetto, una volta non si pensi un certo numero di predicati, ed un'altra volta un numero minore di predicati di tale oggetto. Nel concetto dell'oro, per esempio, una persona può pensare, oltre il peso, il colore, la malleabilità, altresí la proprietà di non arrugginire, mentre un'altra persona può forse non saper nulla di quest'ultimo predicato. Ci si serve di certi predicati sinché essi sono capaci di distinguere l'oggetto in questione: nuove osservazioni, peraltro, eliminano alcuni predicati e ne aggiungono altri, cosicché il concetto non risulta mai racchiuso tra limiti sicuri. D'altronde, a che potrebbe mai servire la definizione di un concetto siffatto, per esempio, quello dell'acqua, dal momento che, se si parla dell'acqua e delle sue proprietà, noi non ci soffermiamo su ciò che si pensa con la 478
parola acqua, ma procediamo a fare esperimenti, e dal momento che la parola, con i pochi predicati ad essa connessi, deve costituire soltanto una designazione, non già un concetto della cosa, cosicché la presunta definizione non risulterebbe altro se non una determinazione della parola? In secondo luogo, se vogliamo essere rigorosi, neppure un concetto dato *a priori* — per esempio: sostanza, causa, diritto, equità, ecc. — potrà mai essere definito. In effetti, io non sarò mai sicuro, che la rappresentazione chiara di un concetto dato (ancora confusa-

[1] Completezza dettagliata significa chiarezza e sufficienza dei predicati; limiti, significa la precisione, ossia che, oltre ai predicati appartenenti al concetto dettagliatamente completo, non ve ne sono altri; in modo originario, poi, significa che questa determinazione dei limiti non deriva da null'altro, e non richiede quindi un'ulteriore dimostrazione, che renderebbe la presunta definizione incapace di stare al vertice di tutti i giudizi riguardanti un oggetto. 477

mente) sia stata sviluppata dettagliatamente, fuorché io non sappia che tale rappresentazione è adeguata all'oggetto. Ma poiché il suo concetto, cosí come è dato, può contenere molte rappresentazioni oscure, che nell'analisi noi tralasciamo, pur adoperandole sempre nell'applicazione del concetto, allora la completezza dettagliata dell'analisi del mio concetto rimane sempre dubbia, e mediante svariati esempi calzanti può essere resa soltanto probabile, senza però mai diventare apoditticamente certa. In luogo del termine definizione, io preferirei usare la parola esposizione, che esprime ancor sempre una certa cautela: quando si usi questa parola, anche il critico che fa delle riserve riguardo alla completezza dettagliata della definizione potrà sino ad un certo grado ammettere quest'ultima. Di conseguenza, poiché non possono venir definiti né i concetti dati empiricamente, né quelli dati *a priori*, non rimangono allora altri concetti, su cui tentare questo esperimento, se non quelli pensati arbitrariamente. In tal caso, io posso sempre definire il mio concetto: difatti, io devo pur sapere che cosa ho voluto pensare, dal momento che sono stato io stesso a costituire intenzionalmente il concetto, e questo non mi è stato dato né dalla natura dell'intelletto, né dall'esperienza. Io non posso dire, tuttavia, di aver definito in tal modo un vero oggetto. In effetti, se il concetto si fonda su condizioni empiriche — se si tratta, per esempio, di un cronometro navale — allora mediante questo concetto arbitrario non risultano ancora dati l'oggetto e la sua possibilità. Su questa base, io non saprò neppure se il concetto abbia eventualmente un oggetto, e la mia spiegazione potrà dirsi una dichiarazione (del mio progetto), piuttosto che non una definizione di un oggetto. Non rimangono dunque altri concetti capaci di definire, se non quelli che contengono una sintesi arbitraria, la quale possa venir costruita *a priori*: di conseguenza, soltanto la matematica possiede definizioni. La matematica,

in effetti, quello stesso oggetto che essa pensa, lo rappresenta altresí *a priori* nell'intuizione, e senza dubbio tale oggetto non può contenere né piú né meno di quanto contiene il concetto, poiché il concetto dell'oggetto è stato dato dalla definizione in modo originario, ossia senza che la definizione fosse derivata da qualcos'altro. Per esprimere: *esposizione*, *esplicazione*, *dichiarazione* e *definizione*, la lingua tedesca non ha 479
che la sola parola *Erklärung* (chiarimento). Già per tale motivo dobbiamo attenuare alquanto il rigore delle nostre esigenze — per cui negavano ai chiarimenti filosofici il nome onorifico di definizione — e con questa osservazione ci limiteremo a dire, che le definizioni filosofiche si formano soltanto come esposizioni di concetti dati, e quelle matematiche, invece, come costruzioni di concetti foggiati originariamente; che le prime vengono costituite solo analiticamente mediante scomposizione (la cui compiutezza non è apoditticamente certa), e le seconde sinteticamente. Le definizioni matematiche, dunque, *fanno* il concetto stesso, mentre quelle filosofiche lo *chiariscono* soltanto. Da ciò segue:

a) Che in filosofia non bisogna imitare la matematica, col prendere le mosse dalle definizioni, se non per semplice esperimento. In effetti, in quanto le definizioni filosofiche sono analisi di concetti dati, certamente tali concetti — sebbene ancora confusi — precedono, e l'esposizione incompleta è anteriore a quella completa, cosicché noi, fondandoci su alcuni caratteri, che abbiamo tratto da un'analisi ancora incompleta, possiamo compiere parecchie inferenze, prima di giungere all'esposizione completa, cioè alla definizione. In una parola, risulta che nella filosofia la definizione — per la sua ponderata chiarezza — deve concludere l'opera, piuttosto che darle inizio [1]. Nella

[1] La filosofia brulica di definizioni errate, e soprattutto di quelle, che 479
contengono realmente alcuni elementi per costituire la definizione, ma non

matematica, per contro, non troviamo alcun concetto prima della definizione, poiché è solo mediante questa che viene dato il concetto: la matematica, dunque, deve e può sempre prendere le mosse dalla definizione.

b) Che le definizioni matematiche non possono mai sbagliare. In effetti, dal momento che il concetto viene
480 dato solo mediante la definizione, il concetto contiene precisamente solo ciò che la definizione vuole che si pensi attraverso esso. Peraltro, sebbene quanto al contenuto non possa presentarsi nulla di scorretto in una definizione matematica, tuttavia si può talvolta — sia pure di rado — cadere in errore quanto alla forma (nella veste esteriore), riguardo cioè alla precisione. Cosí, la comune definizione della circonferenza — secondo cui essa è una linea *curva*, i cui punti sono tutti equidistanti da un solo e medesimo punto (il centro) — ha il difetto di introdurre senza necessità la determinazione: *curva*. Dovrà infatti sussistere un teorema particolare — dedotto dalla definizione e facilmente dimostrabile — secondo cui ogni linea, i cui punti sono tutti equidistanti da un medesimo punto, è curva (non è rettilinea in nessuna parte). Le definizioni analitiche possono invece essere in molti modi erronee, o perché introducono caratteri che in realtà non esistono nel concetto, o perché non sono dettagliatamente complete (il che costituisce l'aspetto essenziale di una definizione), in quanto non possiamo mai essere del tutto certi della compiutezza della nostra analisi. Appunto per tali

tutti gli elementi. In tal caso, se davvero non si potesse adoperare un concetto prima di averlo definito, le cose andrebbero assai male per la filosofia. Tuttavia, poiché si possono sempre usare correttamente e con sicurezza gli elementi (dell'analisi), sin dove questi ci portano, allora anche le definizioni manchevoli — ossia le proposizioni, che propriamente non sono ancora definizioni, ma risultano d'altronde vere, e sono quindi approssimazioni di esse — potranno venir usate assai utilmente. Nella matematica, la definizione appartiene *ad esse*, nella filosofia, *ad melius esse*. È bello, ma spesso molto difficile, giungere alla definizione. Ancora oggi, i giuristi stanno cercando una definizione per il loro concetto del diritto.

ragioni, il metodo di definire che viene usato dalla matematica non potrà essere imitato nella filosofia.

2. Degli **assiomi**. Questi sono proposizioni fondamentali sintetiche *a priori*, in quanto siano immediatamente certe. Ora, un concetto non può congiungersi sinteticamente, e tuttavia immediatamente, con un altro: in effetti, per poter uscire fuori di un concetto, occorre una terza conoscenza mediatrice. D'altro canto, la filosofia è semplicemente la conoscenza razionale secondo concetti, cosicché in essa non si potrà ritrovare alcuna proposizione fondamentale che meriti il nome di assioma. La matematica, per contro, è capace di assiomi, poiché può connettere *a priori* ed immediatamente i predicati dell'oggetto, attraverso la costruzione dei concetti nell'intuizione dell'oggetto: ciò avviene, per esempio, quando essa dice che tre punti giacciono sempre in un piano. Una proposizione fondamentale sintetica, tratta semplicemente da concetti, non potrà invece mai essere immediatamente certa. Tale è il caso, per esempio, della proposizione: tutto ciò che accade ha una sua causa; qui infatti io devo cercare un terzo elemento, ossia la condizione della determinazione temporale in un'esperienza, poiché una siffatta proposizione fondamentale non può essere conosciuta direttamente e immediatamente, in base ai soli concetti. Le proposizioni fondamentali discorsive sono perciò qualcosa di completamente diverso dalle proposizioni fondamentali intuitive, cioè dagli assiomi. Le prime richiedono ancor sempre una deduzione, mentre le seconde possono perfettamente farne a meno. È proprio per tale ragione, che gli assiomi sono evidenti, mentre le proposizioni fondamentali filosofiche 481
non potranno mai pretendere di esserlo, nonostante la loro certezza. Di conseguenza, siamo infinitamente lontani dal poter dire, che una qualsiasi proposizione sintetica della ragione pura e trascendentale sia tanto evidente (come di solito ci si esprime con baldanza), quanto la proposizione: *due per due è eguale a quattro*. Nell'Ana-

litica, è vero, io ho menzionato altresí — nella tavola delle proposizioni fondamentali dell'intelletto puro — certi assiomi dell'intuizione: la proposizione fondamentale citata in quell'occasione, tuttavia, non era essa stessa un assioma, bensí serviva solo a fornire il principio della possibilità degli assiomi in generale, ossia era soltanto una proposizione fondamentale tratta da concetti. Nella filosofia trascendentale, difatti, bisogna mostrare persino la possibilità della matematica. La filosofia non possiede dunque alcun assioma, e non può mai imporre in modo cosí assoluto le sue proposizioni fondamentali *a priori*, ma deve adattarsi a giustificare con una rigorosa deduzione i suoi diritti riguardo a tali proposizioni.

3. Delle **dimostrazioni**. Solo una prova apodittica, in quanto sia intuitiva, può chiamarsi dimostrazione. L'esperienza ci insegna, è vero, che cosa esista, ma non ci insegna però, che quanto esiste non possa essere altrimenti. Ragioni dimostrative empiriche non possono perciò dar luogo ad alcuna prova apodittica. Da concetti *a priori* (nella conoscenza discorsiva), d'altro canto, non può mai sorgere la certezza intuitiva, cioè l'evidenza, per quanto il giudizio possa essere apoditticamente certo. Soltanto la matematica, dunque, contiene dimostrazioni: in effetti, essa deriva la sua conoscenza non già da concetti, bensí dalla loro costruzione, cioè dall'intuizione, che può essere data *a priori*, in corrispondenza ai concetti. Persino il procedimento dell'algebra — con le sue equazioni, onde essa, mediante riduzione, produce la verità e al tempo stesso la prova — è, se non certo una costruzione geometrica, tuttavia una costruzione per caratteri, in cui mediante i segni si rappresentano i concetti, soprattutto quelli della relazione delle quantità, nell'intuizione, e si salvaguardano da errori le inferenze (senza neppur badare all'aspetto euristico), col mettere concretamente in evidenza ciascuna di esse. La conoscenza filosofica, per contro, deve fare a meno di questo vantaggio: è infatti giocoforza che essa

tratti sempre l'universale *in abstracto* (mediante concetti), mentre la matematica può considerare l'universale *in concreto* (nell'intuizione singola), e tuttavia mediante una rappresentazione pura *a priori*, dove ogni errore risulta manifesto. Nel primo caso, perciò, preferirei parlare di prove acroamatiche (discorsive), in quanto si possono condurre unicamente per mezzo di parole (l'oggetto nel pensiero), piuttosto che di dimostrazioni, le quali, come già accenna il termine, procedono nell'intui- 482
zione dell'oggetto.

Da tutto ciò segue ordunque, che non è confacente alla natura della filosofia — soprattutto nel campo della ragione pura — l'assumere un vanitoso atteggiamento dogmatico, e il fregiarsi dei titoli e delle onorificenze della matematica, nel cui ordine la filosofia non rientra, sebbene essa abbia ogni motivo per sperare in un'intima collaborazione con tale scienza. Si tratta di vane pretese, che non potranno mai avere successo, e sono destinate piuttosto a far fallire il vero scopo della filosofia, il quale consiste nello scoprire le illusioni di una ragione che ignora i suoi limiti, e nel ricondurre (con una sufficiente chiarificazione dei nostri concetti) l'arroganza della speculazione alla modesta, ma rigorosa, conoscenza di sé. Nei suoi tentativi trascendentali, dunque, la ragione non potrà guardare dinanzi a sé con tanta fiducia, come se la strada da essa percorsa portasse diritto alla meta, e non potrà contare sulle sue premesse fondamentali con tanta sicurezza, da non sentire il bisogno di voltarsi ripetutamente all'indietro, e di badare se nel progresso delle inferenze non si scoprano eventualmente errori, che siano sfuggiti nei principî, e che rendano necessario o determinare ulteriormente tali principî, o cambiarli completamente.

Divido tutte le proposizioni apodittiche (siano dimostrabili, o anche immediatamente certe) in *dogmata* e *mathemata*. Una proposizione direttamente sintetica, fondata su concetti, è un *dogma*, mentre una proposizione della stessa specie, ottenuta mediante costruzione di concetti, è un mathema. I giudizi analitici non ci insegnano propriamente, riguardo all'oggetto, nulla più di quanto contenga già in sé il concetto che abbiamo di tale oggetto: in effetti, essi non estendono la conoscenza al di là del concetto del soggetto, ma si limitano a chiarirlo. Tali giudizi non possono quindi chiamarsi propriamente *dogmata* (parola che si potrebbe forse tradurre con sentenze). Questo nome, piuttosto, fra le due specie menzionate di proposizioni sintetiche *a priori*, possono portarlo soltanto, secondo il comune uso linguistico, quelle che appartengono alla conoscenza filosofica: le proposizioni dell'aritmetica o della geometria difficilmente saranno chiamate *dogmata*. Questo uso conferma dunque la spiegazione da noi data, secondo cui possono chiamarsi dogmatici soltanto i giudizi fondati su concetti, e non già quelli derivati dalla costruzione di concetti.

L'intera ragione pura, orbene, non contiene, nel suo
483 uso semplicemente speculativo, neppure un solo giudizio direttamente sintetico, fondato su concetti. Come abbiamo mostrato, difatti, la ragione non è capace di giungere, mediante idee, a nessun giudizio sintetico che abbia una validità oggettiva; mediante concetti dell'intelletto, d'altro canto, essa costituisce bensí proposizioni fondamentali sicure, ma non le trae direttamente da concetti, e giunge ad esse, piuttosto, solo indirettamente, attraverso il riferimento di tali concetti a qualcosa di completamente contingente, cioè all'esperienza possibile. In tal caso, se questa esperienza (qualcosa come oggetto di esperienze possibili) è presupposta, senza dubbio le suddette proposizioni sono apoditticamente certe: in se stesse (direttamente), peraltro, esse non possono neppure venir conosciute *a priori*. Nessuno, per esempio, potrà comprendere in modo esauriente la proposizione: tutto ciò che accade ha una sua causa, in base soltanto a questi concetti dati. Tale proposizione, perciò, non è un dogma, sebbene essa

— da un altro punto di vista, ossia rispetto all'unico campo del suo uso possibile, rispetto cioè all'esperienza — possa venir provata benissimo, e apoditticamente. Pur dovendo essere dimostrata, essa si dice però proposizione fondamentale, e non già proposizione didattica, per il fatto che ha la peculiarità di rendere primieramente possibile la sua propria ragione dimostrativa, cioè l'esperienza, e di dover essere sempre presupposta in quest'ultima.

Orbene, se nell'uso speculativo della ragione pura, riguardo altresí al contenuto, non vi sono affatto *dogmata*, allora ogni metodo dogmatico — sia che lo si prenda a prestito dalla matematica, sia che voglia avere un carattere peculiare — è per sé inadatto. Esso, in effetti, non fa che nascondere i difetti e gli errori, ed inganna la filosofia, il cui vero scopo consiste nel rivelare con la massima evidenza tutti i passi della ragione. Il metodo, tuttavia, può sempre essere sistematico. La nostra ragione (soggettivamente) è infatti essa stessa un sistema; ma nel suo uso puro, mediante semplici concetti, essa è soltanto un sistema di indagine, secondo proposizioni fondamentali di quell'unità, cui soltanto l'esperienza può fornire la materia. Riguardo al metodo peculiare di una filosofia trascendentale, peraltro, qui non si può dire nulla, poiché ora ci occupiamo soltanto di una critica, la quale esamina la situazione delle nostre facoltà, per vedere se possiamo in qualche modo costruire, e sino a quale altezza possiamo elevare il nostro edificio con il materiale da noi posseduto (i concetti puri *a priori*).

484

Sezione seconda

LA DISCIPLINA DELLA RAGIONE PURA, A RIGUARDO DEL SUO USO POLEMICO

In tutte le sue imprese, la ragione deve sottomettersi alla critica, e non può usare alcun divieto per limitare la libertà di tale critica, senza danneggiare se stessa e attirare su di sé un sospetto pericoloso. Non vi è nulla di cosí importante (rispetto all'utilità), non vi è nulla di cosí sacro, che possa sottrarsi a questa indagine, la quale esamina e ispeziona, senza alcun riguardo per le persone. Su questa libertà si fonda l'esistenza stessa della ragione: la ragione non ha affatto un'autorità dittatoriale, e i suoi decreti, piuttosto, non sono mai dettati da altro se non dall'accordo di liberi cittadini, ciascuno dei quali deve potere esprimere senza impedimenti i suoi dubbi, anzi persino il suo *veto*.

Peraltro, sebbene la ragione non possa mai *sottrarsi* alla critica, non per questo avrà sempre motivo di *temerla*. La ragione pura, tuttavia, nel suo uso dogmatico (non matematico) non è cosí cosciente di avere osservato con la massima precisione le sue leggi supreme, da non sentirsi costretta a presentarsi con timidezza — mettendo completamente da parte ogni presunta autorità dogmatica — di fronte all'occhio critico di una piú alta ragione giudicante.

Le cose stanno del tutto diversamente, quando la ragione ha a che fare non già con la censura del giudice, bensí con le pretese dei suoi concittadini, e quando essa deve semplicemente difendersi da tali pretese. In effetti, questi avversari intendono essere altrettanto dogmatici nel negare, quanto è dogmatica la ragione nell'affermare: ha luogo cosí una giustificazione κατ' ανθρωπον, che assicura la ragione contro ogni danno, e le procura un possesso garantito da titoli, il quale non ha da temere pretese estranee, sebbene non possa esso stesso venir dimostrato sufficientemente κατ' αληθειαν.

Per uso polemico della ragione pura, orbene, io intendo la difesa delle sue proposizioni contro le negazioni dogmatiche di esse. Qui non si tratta di vedere, se le sue asserzioni possano forse essere anche false, ma si tratta soltanto di mostrare che nessuno potrà mai sostenere il contrario con certezza apodittica (anzi, neppure con una maggiore plausibilità). Il nostro possesso non si può dire difatti precario, nel caso in cui la ragione ci presenti un titolo, sia pure 485
non sufficiente, al riguardo, e sia del tutto certo, che nessuno potrà mai dimostrare l'illegittimità di questo possesso.

È cosa triste e scoraggiante, che debba in generale sussistere un'antitetica della ragione pura, e che la ragione, la quale pure rappresenta il tribunale supremo, giudicante su tutte le contese, debba cadere in conflitto con se stessa. Senza dubbio, sopra ci si è presentata una siffatta apparente antitetica, ma abbiamo visto che essa si fondava su un fraintendimento. In tal caso, difatti, conformemente al giudizio comune, si prendono apparenze per cose in se stesse, e si richiede poi, in un modo o nell'altro, una compiutezza assoluta della sintesi di tali apparenze (compiutezza egualmente impossibile nell'uno e nell'altro modo), il che, rispetto alle apparenze, costituisce una pretesa assurda. Di conseguenza, non vi era allora nessuna contraddizione reale della ragione con se stessa, nelle proposizioni: la serie delle apparenze date in sé ha un inizio assolutamente primo, e: questa serie è assolutamente, e in se stessa, priva di qualsiasi inizio. In effetti, le due proposizioni possono benissimo coesistere, poiché le apparenze, riguardo alla loro esistenza (come apparenze), non sono in se stesse nulla, cioè sono qualcosa di contraddittorio, e il presupporle deve quindi naturalmente implicare conseguenze contraddittorie.

Non ci si può tuttavia appellare ad un tale fraintendimento, né si può in tal modo comporre il dissidio della ragione, quando si asserisca, per esempio, teisticamente: *esiste un ente supremo*, e d'altro canto, ateisticamente: *non esiste un ente supremo*; oppure, nella psicologia: tutto ciò che pensa ha un'assoluta unità permanente ed è quindi distinto da ogni unità materiale corruttibile, contrapponendo a ciò l'altra proposizione: l'anima non è un'unità immateriale e non può essere esclusa dalla corruttibilità. L'oggetto della questione, difatti, non è qui impedito da nulla di estraneo che contraddica alla sua natura, e l'intelletto ha a che fare soltanto con *cose in se stesse*, non già con apparenze. In tal caso si troverebbe dunque un vero contrasto, soltanto che la ragione pura avesse da dire qualcosa — per la parte negativa — che fondasse in certo modo una asserzione. In effetti, per quanto riguarda la critica delle ragioni dimostrative di chi afferma dogmaticamente, si può benissimo concederla all'avversario, senza per questo abbandonare tali proposizioni, che sono almeno appog-
486 giate dall'interesse della ragione, interesse cui l'avversario non può appellarsi.

Non condivido affatto l'opinione — espressa cosí sovente da uomini eminenti e riflessivi (per esempio *Sulzer*), che sentivano la debolezza delle precedenti prove — secondo cui si può sperare di scoprire un giorno dimostrazioni evidenti delle due proposizioni cardinali della nostra ragione pura: esiste un Dio, e: esiste una vita futura. Io sono certo, piuttosto, che ciò non avverrà mai. In effetti, onde la ragione vorrà mai desumere il fondamento per siffatte asserzioni sintetiche, che non si riferiscono ad oggetti dell'esperienza e alla loro possibilità interna? D'altro canto, è altresí apoditticamente certo, che non si presenterà mai un uomo, il quale possa sostenere il *contrario* con la minima plausibilità, tanto meno poi dogmaticamente. In realtà, dal momento che potrebbe comunque provare ciò solo mediante la ragione pura, egli dovrebbe allora assumersi di dimostrare, che un ente supremo è *impossibile*, oppure che il soggetto pensante dentro di noi, come intelligenza pura, è *impossibile*. Ma donde vorrà desumere le conoscenze, che lo autorizzino a formulare un siffatto giudizio sintetico riguardo a cose che oltrepassano ogni esperienza possibile? Non dobbiamo quindi affatto preoccuparci, che qualcuno dimostri un giorno il contrario. Di conseguenza, non abbiamo davvero bisogno di escogitare dimostrazioni scolastiche, ma possiamo sempre accettare, piuttosto, quelle proposizioni che sono perfettamente compatibili con l'interesse speculativo della nostra ragione nell'uso empirico, e che costituiscono inoltre l'unico mezzo per conciliare tale interesse con l'interesse pratico. Per l'avversario (che qui non deve essere considerato semplicemente come critico), abbiamo in serbo il nostro *non liquet*, che dovrà inevitabilmente confonderlo. Per contro, non abbiamo bisogno di sottrarci alla sua ritorsione contro di noi, poiché possiamo sempre contare sulla massima soggettiva della ragione, che manca necessariamente all'avversario, e che ci offre uno scudo, dietro il quale noi possiamo guardare con calma e con indifferenza a tutti i suoi vani attacchi.

In tal modo, propriamente, si può dire che non esista una antitetica della ragione pura. L'unico terreno di lotta per essa sarebbe infatti da cercarsi nel campo della teologia pura e della psicologia pura: questo terreno, tuttavia, non è in grado di reggere un combattente con tutta la sua armatura, e con armi tali che risultino temibili. Su tale terreno, si può combattere soltanto mediante la derisione e la millanteria, ma ciò può essere da noi trascurato come un gioco fanciullesco. È questa una osservazione consolante, che infonde nuovamente coraggio alla ragione: in effetti, a che mai potrebbe affidarsi la ragione, se essa — che sola è chiamata ad eliminare tutti gli errori — fosse in 487 se stessa divisa, senza speranza né di pace né di possesso tranquillo?

Tutto ciò che è ordinato dalla natura stessa, è utile a qualche scopo. Persino i veleni servono a neutralizzare altri veleni, che si producono nei nostri propri umori, cosicché in una raccolta completa di medicine (in una farmacia) essi non potranno mancare. Le obiezioni contro i convincimenti e le presunzioni della nostra ragione semplicemente speculativa sono anch'esse suggerite dalla natura di questa ragione, e debbono perciò avere una loro destinazione opportuna ed un loro scopo, cose che non sono da trascurare. Perché la provvidenza ha posto parecchi oggetti — pur connessi con il nostro supremo interesse — talmente in alto, che a mala pena ci è concesso di coglierli con una percezione confusa e da noi stessi messa in dubbio, onde i nostri sguardi indagatori vengono eccitati piuttosto che non soddisfatti? Se sia utile avventurarci in audaci determinazioni, a riguardo di tali prospettive, è questione per lo meno dubbia. Proporsi un siffatto compito, anzi, può forse essere dannoso. In ogni caso, tuttavia, è senza dubbio utile mettere in piena libertà sia la ragione che indaga, sia la ragione che esamina, affinché esse possano curare senza impedimenti i loro propri interessi. Questa attività viene favorita allo stesso modo, tanto se la ragione pone dei limiti alle proprie conoscenze, quanto se essa tenta di estenderle; la medesima attività risulta invece danneggiata, ogni volta che vi si immischino mani estranee, per indirizzare la ragione verso scopi imposti, in contrasto con il suo cammino naturale.

Dovete quindi permettere al vostro avversario di adoperare soltanto la ragione, e dovete combatterlo soltanto con le armi della ragione. Per il resto, non preoccupatevi della buona causa (dell'interesse pratico), poiché in un conflitto semplicemente speculativo essa non entra mai in giuoco. In questo caso, il conflitto rivela soltanto una certa antinomia della ragione, che, fondandosi sulla natura della ragione, deve necessariamente venire ascoltata ed esaminata. Tale conflitto educa la ragione, facendole considerare il suo oggetto da due punti di vista, e corregge il suo giudizio col limitarlo. Ciò su cui si discute a questo proposito, non è la *cosa*, bensí il *tono*. In effetti, quand'anche voi dobbiate abbandonare il linguaggio del *sapere*, sarete tuttavia ancora in grado di parlare il linguaggio — giustificato di fronte alla piú rigorosa ragione — di una salda *fede*.

Se a *David Hume* — uomo imperturbabile, 488
fatto veramente per conservare l'equilibrio nel giudizio — si domandasse che cosa l'abbia spinto a demolire, con argomenti faticosamente elaborati, la convinzione, cosí consolante ed utile per l'uomo, che la conoscenza razionale basti per asserire un ente supremo e per formare un concetto determinato di esso, egli allora risponderebbe: null'altro se non un desiderio di far progredire la ragione nella conoscenza di sé, ed al tempo stesso una certa avversione contro la violenza che si vuol fare alla ragione, quando la si esalta e nel contempo le si impedisce di confessare francamente le debolezze, che alla ragione, nell'esame di se stessa, risultano manifeste. Se per contro si domanda a *Priestley* — dedito unicamente ai principî dell'uso *empirico* della ragione, e avverso ad ogni speculazione trascendente — quali moventi egli abbia avuto, per abbattere la libertà e l'immortalità della nostra anima (la speranza della vita futura è per lui soltanto l'attesa del miracolo di una resurrezione), due siffatti pilastri basilari di ogni religione, egli allora, che è d'altronde un pio e zelante propugnatore della religione, non potrebbe rispondere null'altro se non: l'interesse della ragione, che è ostacolata, quando si voglia sottrarre certi oggetti alle leggi della natura materiale, le sole che noi possiamo conoscere e determinare con precisione. Parrebbe ingiusto voler denigrare Priestley, che sa conciliare le sue asserzioni paradossali con il fine della religione, cioè voler

far del male ad un uomo ben pensante, per il fatto che egli si trovi disorientato, non appena uscito dal campo della scienza naturale. Di questo medesimo favore, peraltro, dovrà beneficiare altresí Hume, non meno bene intenzionato, e incensurabile quanto al suo carattere morale: egli non può abbandonare le sue speculazioni astratte, poiché ritiene, e con ragione, che il loro oggetto si trovi completamente al di fuori dei limiti della scienza naturale, ossia nel campo delle idee pure.

Che cosa si dovrà allora fare in proposito, soprattutto rispetto al pericolo, che a causa di ciò sembra minacciare il bene comune? La decisione che dovete prendere al riguardo è la piú naturale e la piú giusta che si possa pensare. Lasciate tranquilli costoro: se essi mostrano talento, se essi conducono nuove e profonde indagini, in una parola, se essi mettono in mostra soltanto la ragione, senza dubbio la ragione ci guadagnerà sempre. Nel caso in cui voi ricorriate ad altri mezzi, che non siano quelli di una ragione libera da costrizione, nel caso in cui voi gridiate all'alto tradimento, chiamando a raccolta il pubblico — che non si intende affatto di speculazioni cosí
489 sottili — come per spegnere un incendio, vi renderete allora ridicoli. Qui non si tratta infatti di ciò che sia vantaggioso o dannoso al bene comune, ma si tratta soltanto di vedere sino a che punto possa giungere la ragione, nelle sue speculazioni che astraggono da ogni interesse, e di determinare se in generale si possa fare qualche assegnamento su tali speculazioni, o se piuttosto si debbano del tutto abbandonare per considerazioni pratiche. Dunque, anziché menare colpi di spada, guardate piuttosto tranquillamente, dalla comoda e sicura posizione della critica, questa lotta, che deve riuscire faticosa per i combattenti, ma che per voi è divertente, anzi è giovevole alle vostre cognizioni, dal momento che l'esito della lotta sarà certamente incruento. In effetti, è perfettamente assurdo attendersi una chiarificazione dalla ragione, e

tuttavia prescriverle in anticipo, da quale parte debba necessariamente schierarsi. Oltre a ciò, la ragione è già cosí bene soggiogata e tenuta in freno dalla ragione stessa, che voi non avrete affatto bisogno di impiegare pattuglie, per opporre una resistenza civile a quel partito, la cui supremazia vi sembri probabile e pericolosa. In questa dialettica, non si può raggiungere alcuna vittoria, di cui dobbiate avere motivo di preoccuparvi.

La ragione, d'altronde, ha veramente bisogno di una siffatta lotta, e sarebbe stato meglio che questa fosse già stata condotta in precedenza, con una autorizzazione pubblica ed illimitata. Tanto prima, infatti, sarebbe giunta a maturità una critica: all'apparizione di questa, tutte le suddette dispute devono cadere da sé, in quanto i contendenti imparano a rendersi conto delle illusioni e dei pregiudizi, che hanno suscitato la loro discordia.

Nella natura umana esiste una certa slealtà, che in definitiva, come tutto ciò che proviene dalla natura, deve contenere uno spunto per fini buoni: si tratta cioè di una tendenza a nascondere le vere intenzioni, ed a mettere in mostra certi sentimenti simulati, che sono considerati buoni e rispettabili. Mediante questa inclinazione, sia a dissimularsi, sia anche ad assumere un'apparenza favorevole, senza dubbio gli uomini non soltanto si sono *inciviliti*, ma in certa misura si sono gradualmente *moralizzati*: in effetti, nessuno poteva penetrare attraverso la vernice di rispettabilità, onestà e morigeratezza, e ciascuno trovava quindi attorno a sé, negli esempi — creduti autentici — di buona condotta, una scuola per migliorarsi. Tuttavia, questa tendenza a mostrarci migliori di quanto siamo, e a esprimere sentimenti che non abbiamo, serve, per cosí dire, solo *provvisoriamente*, allo scopo di trarre l'uomo fuori dalla sua rozzezza, e di fargli anzitutto assumere, per lo meno, l'*atteggiamento* del bene da lui conosciuto. In seguito, difatti, una volta 490
che i principî autentici si sono sviluppati e sono entrati

a far parte del modo di pensare, quella falsità deve allora a poco a poco venir combattuta vigorosamente, poiché altrimenti corromperà il cuore, e soffocherà i buoni sentimenti sotto l'erba maligna delle belle apparenze.

È per me penoso osservare questa medesima slealtà, dissimulazione e ipocrisia, altresí nelle manifestazioni del pensiero speculativo, dove pure gli uomini trovano ostacoli assai meno numerosi nel confessare apertamente e francamente, come è giusto, i loro pensieri, e dove essi non traggono alcun vantaggio da un diverso comportamento. In effetti, che cosa potrà mai essere piú dannoso per la conoscenza, del comunicarci a vicenda in forma falsificata persino semplici pensieri, del dissimulare dubbi che sentiamo sorgere contro le nostre proprie asserzioni, o del fornire un colorito di evidenza a ragioni dimostrative, che non soddisfano nemmeno noi stessi? Sinché peraltro questi segreti artifici sono orditi soltanto dalla vanità privata (tale è comunemente il caso nei giudizi speculativi, che non riguardano interessi particolari e non sono facilmente suscettibili di una certezza apodittica), essi sono ostacolati, con la pubblica approvazione, dalla vanità di altre persone, e in conclusione le cose giungono al punto dove sarebbero giunte, sia pure assai prima, sotto la spinta delle piú pure intenzioni e dell'onestà. Ma quando il pubblico ritiene, che sottili cavillatori mirino niente meno che a scuotere le fondamenta del benessere comune, in tal caso sembra non soltanto prudente, ma altresí lecito, anzi onorevole, venire in aiuto alla buona causa con argomenti illusori, piuttosto che riconoscere ai presunti avversari della buona causa anche soltanto il merito di avere ricondotto il nostro tono sul piano moderato di una convinzione semplicemente pratica, e di averci costretti a confessare la mancanza di una certezza speculativa e apodittica. Ciò che io penso, tuttavia, è che l'intenzione di sostenere una buona causa con nulla al mondo è tanto incompatibile quanto con la perfidia, la dissimulazione e

l'inganno. Che nel pesare gli argomenti razionali di una semplice speculazione ci si debba comportare con perfetta onestà, è certo il meno che si possa chiedere. Ma se si potesse fare sicuro affidamento almeno su questo punto, il conflitto della ragione speculativa riguardo alle importanti questioni di Dio, dell'immortalità (dell'anima) e della libertà, sarebbe già stato deciso da un pezzo, o sarebbe destinato a finire ben presto. Cosí accade spesso 491
che la purezza delle intenzioni sia inversamente proporzionale alla bontà della causa: gli avversari della buona causa sono forse piú leali ed onesti dei suoi difensori.

Io presuppongo dunque dei lettori, che non vogliano vedere una giusta causa difesa in modo ingiusto. Riguardo a costoro risulta dunque assodato che, secondo i nostri principî della critica — se non si guarda a quel che accade, bensí a quel che sarebbe giusto accadesse — non deve propriamente esistere una polemica della ragione pura. In effetti, come potranno due persone contendere riguardo ad una cosa, quando nessuna delle due sappia rappresentare in un'esperienza reale, oppure soltanto possibile, la realtà di questa cosa, e quando si stia covando solo l'idea di essa, per cavarne qualcosa di p i ú che non un'idea, ossia la realtà dell'oggetto stesso? Attraverso quali mezzi costoro vorranno metter fine alla contesa, dal momento che nessuno dei due può rendere direttamente comprensibile e certa la sua asserzione, e che ciascuno dei due, piuttosto, può soltanto attaccare e confutare l'asserzione dell'avversario? In realtà, il destino di tutte le asserzioni della ragione pura consiste nell'oltrepassare le condizioni di ogni esperienza possibile, al di fuori delle quali non si ritrova da nessuna parte un documento della verità, e nel dover tuttavia servirsi delle leggi dell'intelletto (le quali sono destinate semplicemente all'uso empirico, ma senza le quali non si può fare alcun passo nel pensiero sintetico), cosicché tali asserzioni riveleranno sempre all'avversario le loro debolezze, e inversamente potranno utilizzare il punto debole dell'avversario.

La critica della ragione pura può essere considerata come il vero tribunale per tutte le dispute della ragione pura. Tale critica, in effetti, non si interessa delle controversie, che si riferiscano immediatamente ad oggetti, ma è destinata piuttosto a determinare ed a giudicare i diritti della ragione in generale, in base ai principî della sua originaria istituzione.

Senza tale critica la ragione, per cosí dire, è nello stato di natura, e non può far valere né consolidare le sue asserzioni e le sue pretese altrimenti che con la *guerra*. Per contro la critica, la quale desume tutte le sue decisioni dalle regole fondamentali della sua propria istituzione — la cui autorità non può essere messa in dubbio da nessuno — ci procura la pace di uno stato legale, nel quale noi non possiamo risolvere le nostre dispute se non mediante un *processo*. Nel primo stato, ciò che mette fine alle dispute è una *vittoria*, di cui entrambe le parti si vantano: a tale vittoria segue per lo piú una pace malsicura, fondata sull'intervento di una autorità esterna; nel secondo stato, invece, le ostilità hanno
492 fine per opera di una *sentenza*, la quale, poiché giunge sino alla radice delle contese, può garantire una pace eterna. Le controversie interminabili di una ragione semplicemente dogmatica ci costringono d'altronde a cercare infine la pace in una qualche critica di questa ragione stessa, e in una legislazione fondata su tale critica. Anche *Hobbes* sostiene, che lo stato di natura è uno stato di ingiustizia e di violenza, e che noi dobbiamo necessariamente abbandonarlo, per sottometterci alla costrizione delle leggi, che sola può limitare la nostra libertà, in modo da renderla compatibile con la libertà di tutti gli altri, ed appunto per questo con il bene comune.

A questa libertà appartiene anche la facoltà di esporre pubblicamente ad un giudizio i nostri pensieri e i dubbi

che non possiamo spontaneamente risolvere, senza che con questo si debba venir denigrati come cittadini turbolenti e pericolosi. Questa facoltà è già contenuta nel diritto originario della ragione umana, la quale non riconosce alcun altro giudice se non daccapo l'universale ragione umana, in cui ciascuno può far valere il suo voto. E poiché ogni miglioramento di cui è suscettibile il nostro stato deve provenire da tale ragione, cosí un siffatto diritto è sacro e non deve essere menomato. Assai stolto, d'altronde, è il condannare come pericolose certe asserzioni arrischiate, o certi attacchi temerari contro le asserzioni già approvate dalla parte maggiore e migliore del pubblico: ciò infatti significa dar loro un'importanza che non dovrebbero affatto avere. Quando io sento dire, che un cervello non comune pretende di aver confutato la libertà del volere umano, la speranza in una vita futura e l'esistenza di Dio, io sono allora desideroso di leggere il suo libro, poiché mi attendo che il suo talento faccia progredire le mie conoscenze. Sin da principio sono perfettamente certo, che costui non ha raggiunto nessuno di questi risultati, e la mia sicurezza non sorge dal fatto che io creda di essere già in possesso di dimostrazioni inoppugnabili di queste importanti proposizioni, bensí dal fatto che la critica trascendentale — la quale mi ha rivelato tutto il materiale a disposizione della nostra ragione pura — mi ha perfettamente convinto che, come la ragione è del tutto insufficiente a formulare in questo campo asserzioni affermative, altrettanto poco (ed anzi ancor meno) essa sarà in grado di sostenere qualcosa negativamente a riguardo di tali questioni. In effetti onde mai il presunto libero pensatore vorrà desumere la sua conoscenza, per esempio, che non esiste un ente supremo? Questa proposizione è al di fuori del campo dell'esperienza possibile, e risulta quindi altresí al di fuori dei limiti di ogni conoscenza umana. I libri
scritti da chi difende dogmaticamente la buona causa 493
contro questo nemico, io non li leggerò nemmeno, poiché

so già anticipatamente, che costui attaccherà gli argomenti illusori dell'avversario solo per fare strada ai propri. Oltre a ciò, un'argomentazione speciosa, che sia del tutto familiare, non offre tanti spunti a nuove osservazioni, quanti ne offre un'analoga argomentazione, che sia insolita ed escogitata ingegnosamente. L'avversario della religione — a modo suo, anche egli dogmatico — fornirà invece alla mia critica l'occupazione che essa desidera, e le darà l'occasione di rettificare variamente le sue proposizioni fondamentali, senza che quelle dottrine debbano far sorgere il minimo timore.

Ma si può domandare: la gioventú, che è affidata all'insegnamento accademico, dovrà almeno essere messa in guardia di fronte a siffatti scritti, e dovrà essere tenuta lontana da una prematura conoscenza di proposizioni tanto pericolose, sinché la sua capacità di giudizio non sarà matura, o piuttosto, sinché la dottrina che si vuole inculcare nei giovani non sarà saldamente radicata in essi, in modo che possano resistere con vigore ad ogni tentativo (da qualsiasi parte provenga) di persuaderli del contrario?

Se nella sfera della ragione pura ci limitassimo ad un metodo dogmatico, e se affrontassimo gli avversari in modo veramente polemico, ingaggiando cioè il combattimento, armati di argomenti per dimostrare le asserzioni contrapposte, certo nulla sarebbe piú consigliabile *per il momento* — ma al tempo stesso nulla sarebbe piú vano e piú sterile *a lungo andare* — che mettere la ragione dei giovani sotto temporanea tutela, e preservarla, almeno per un certo tempo, da traviamenti. Ma se in seguito la curiosità, o la moda dell'epoca, facesse accostare i giovani a scritti cosiffatti, in tal caso reggerebbe ancora, quella convinzione giovanile? Chi è munito unicamente di armi dogmatiche per opporsi agli attacchi del suo avversario, e non è in grado di sviluppare quella nascosta dialettica, i cui germi si trovano tanto nel suo petto quanto in quello dell'avversario, vede allora argomenti illusori, che hanno il vantaggio della novità, opporsi ad argomenti illusori, che non hanno piú tale vantaggio, e che suscitano piuttosto il sospetto di volere abusare della credulità della gioventú. Costui ritiene che il modo migliore di mostrare che è cresciuto tanto, da non dover piú sottostare alla disciplina dei ragazzi, sia quello di mettere da parte quegli avvertimenti amichevoli; e abituato com'è al dogmatismo, egli beve a lunghi sorsi il veleno, che corrompe dogmaticamente i suoi principî.

L'istruzione accademica dovrà essere condotta proprio nel modo opposto a quello consigliato sopra: senza dubbio, però, è indispensabile presupporre un insegnamento rigoroso riguardo alla critica della ragione pura. In effetti, al fine di mettere in pratica quanto prima è possibile i 494
principî di tale critica, e di mostrare la loro efficienza di fronte alla massima illusione dialettica, è assolutamente necessario indirizzare gli attacchi — cosí temibili per il dogmatico — contro la ragione del discepolo, ancora debole ma illuminata dalla critica, e fargli fare il tentativo di esaminare punto per punto, in base ai principî della critica, le asserzioni infondate dell'avversario. Non potrà essere difficile, per il discepolo, mandare in fumo tali asserzioni, e cosí egli si accorgerà per tempo della propria capacità di garantirsi pienamente contro siffatte illusioni dannose, che alla fine non eserciteranno piú alcuna attrattiva su di lui. Senza dubbio, questi medesimi colpi, che abbattono l'edificio del nemico, dovranno risultare altrettanto rovinosi per la sua propria costruzione speculativa, nel caso in cui il giovane abbia pensato di innalzarne una: tuttavia, egli non deve affatto preoccuparsi al riguardo, poiché non ha certo bisogno di tale costruzione per abitarvi, e di fronte a lui, piuttosto, si apre ancora una prospettiva nel campo pratico, dove egli ha buone ragioni per sperare un terreno piú solido, su cui edificare un suo sistema utile e razionale.

Nel campo della ragione pura, di conseguenza, non

esiste in senso proprio una polemica. Entrambe le parti contendenti menano colpi in aria e combattono con le loro ombre: in effetti, essi oltrepassano la natura, giungendo là, dove non c'è nulla che possa essere afferrato o trattenuto dal dogmatismo. Essi hanno un bel combattere: le ombre, spaccate dalle loro spade, si riuniscono daccapo in un attimo, come gli eroi del Walhalla, per potersi di nuovo divertire in lotte incruente.

D'altronde, non si può neppure ammettere un uso scettico della ragione pura (uso che potrebbe chiamarsi il principio di *neutralità* riguardo a tutti i conflitti della ragione pura). Aizzare la ragione contro se stessa, porgere le armi a entrambe le parti contendenti, ed assistere poi tranquillamente e beffardamente al loro accanito combattimento, è cosa sconveniente dal punto di vista dogmatico, e rivela quasi una disposizione d'animo maligna e perfida. Tuttavia, se si considera l'incoercibile ostinazione e la millanteria dei sofisti, i quali non permettono che una critica qualsiasi li richiami alla moderazione, non si può allora davvero consigliare altro, se non di contrapporre alle spacconate di una parte quelle altrettanto ingiustificate dell'altra, affinché la ragione sia almeno colta da una certa perplessità per la resistenza di un nemico, ed in tal modo, dubitando sino ad un certo punto delle proprie pretese, presti ascolto alla critica. Ma il volersi arrestare
495 a questi dubbi, senza procedere oltre, il voler raccomandare la convinzione e la confessione della propria ignoranza non soltanto come un rimedio contro la presunzione dogmatica, ma al tempo stesso come il modo migliore di mettere fine al conflitto della ragione con se stessa, è un disegno del tutto vano, che non può servire in alcun modo a procurare un riposo alla ragione. Si tratta tutt'al piú di un mezzo per risvegliare la ragione dal suo dolce sogno dogmatico, in modo che essa possa esaminare piú accuratamente il proprio stato. Tuttavia, dal momento che questa maniera scettica di trarsi fuori da una spiacevole situazione

della ragione sembra essere, per cosí dire, la scorciatoia per giungere ad una durevole pace filosofica, o quanto meno sembra essere la strada maestra, scelta da coloro che pensano di assumere un atteggiamento filosofico, col disprezzare e deridere tutte le indagini di questa specie, in tal caso io ritengo necessario presentare questo modo di pensare nella sua vera luce.

Sull'impossibilità di un appagamento scettico per una ragione pura in dissidio con se stessa

La coscienza della mia ignoranza (quando questa non sia al tempo stesso riconosciuta come necessaria), anziché metter fine alle mie indagini, è piuttosto la vera e propria causa che le risveglia. Ogni ignoranza, orbene, o è ignoranza delle cose, o è ignoranza della destinazione e dei limiti della mia conoscenza. Se l'ignoranza è accidentale, essa mi spingerà allora, nel primo caso, a indagare le cose (gli oggetti) dogmaticamente, e nel secondo caso, a indagare criticamente i limiti della mia conoscenza possibile. D'altro canto, che la mia ignoranza sia assolutamente necessaria, e mi dispensi quindi da ogni ulteriore indagine, è qualcosa che si può assodare, non già empiricamente, in base alla osservazione, ma soltanto criticamente, mediante l'indagine radicale delle fonti prime della nostra conoscenza. La determinazione dei limiti della nostra ragione può dunque avvenire soltanto sulla base di fondamenti *a priori*; ma la limitatezza della ragione — limitatezza che è una conoscenza, sebbene solo indeterminata, di un'ignoranza che non si potrà mai completamente eliminare — può altresí essere riconosciuta *a posteriori*, con la constatazione di ciò che rimane ancor sempre da conoscere, nonostante tutto quello che è già conosciuto. Quella prima conoscenza della nostra ignoranza — conoscenza che è possibile solo

mediante la critica stessa della ragione — è quindi scienza, mentre questa seconda conoscenza non è altro se non percezione, riguardo alla quale non si può dire sino a che punto giungeranno le inferenze che ne derivano. Se io mi rappresento la superficie della
496 terra (conformemente alla apparenza sensibile) come un piatto, io non posso allora sapere sino a che punto essa si estenda. L'esperienza, tuttavia, mi insegna che, ovunque io giunga, vedrò sempre attorno a me uno spazio, dove potrò procedere oltre. Di conseguenza, la mia conoscenza reale della terra è ogni volta racchiusa da barriere, ma io non conosco peraltro i limiti di ogni possibile descrizione della terra. Se invece io sono arrivato al punto di sapere che la terra è una sfera, e che la sua superficie è sferica, io posso allora, partendo anche da una piccola parte di tale superficie, per esempio dall'estensione di un grado, conoscere determinatamente, e secondo principî *a priori*, il diametro, e mediante questo, la delimitazione completa della terra, cioè la sua superficie. E sebbene io sia ignorante riguardo agli oggetti che possono essere contenuti in tale superficie, io non lo sono tuttavia riguardo all'estensione di tale superficie, alla sua grandezza ed ai suoi limiti.

L'insieme di tutti gli oggetti possibili della nostra conoscenza ci si presenta come una superficie piana (la quale ha il suo orizzonte apparente, cioè quello che abbraccia l'estensione completa della superficie), ed è stato da noi chiamato il concetto razionale della totalità incondizionata. Raggiungere empiricamente tale concetto è impossibile, e tutti i tentativi di determinarlo *a priori* secondo un certo principio sono risultati vani. Tutte le questioni della nostra ragione pura, nondimeno, si riferiscono a ciò che sta al di fuori di questo orizzonte, o tutt'al piú sulla sua linea di confine.

Il celebre David Hume fu uno di questi geografi della ragione umana, il quale credette di essersi sbarazzato a sufficienza di tutti quei problemi, col relegarli al di fuori dell'orizzonte della ragione, orizzonte che egli non poté tuttavia determinare. Egli si soffermò specialmente sul principio di causalità, e riguardo ad esso osservò in modo perfettamente giusto, che la sua verità (anzi, la validità oggettiva del concetto di una causa efficiente in generale) non si fonda su una comprensione, cioè su di una conoscenza *a priori*, e che quindi tutta l'autorità di questa legge non è minimamente costituita dalla sua necessità, bensí semplicemente dalla sua utilità generale nel corso dell'esperienza, e da una conseguente necessità soggettiva, che egli chiama abitudine. Dall'incapacità della nostra ragione a fare di questo principio un uso che oltrepassi ogni esperienza, egli dedusse quindi la nullità di tutte le pretese — vantate dalla ragione in generale — di oltrepassare ciò che è empirico.

Un procedimento di questa specie, il quale sottomette 497
i *facta* della ragione ad un esame, e se è necessario ad un biasimo, può essere chiamato la *censura* della ragione. Non c'è alcun dubbio, che questa censura porti inevitabilmente a *dubitare* di ogni uso trascendente dei principî. Questo, tuttavia, è soltanto il secondo passo, che è ben lungi dal portare a compimento l'opera. Il primo passo, nel campo della ragione pura — passo che caratterizza la fanciullezza della ragione pura — è *dogmatico*. Il secondo passo, sopra menzionato, è *scettico*, e testimonia la circospezione di una capacità di giudizio resa scaltra dall'esperienza. Si richiede però ancora un terzo passo, che si addice ad una capacità di giudizio matura e virile, la quale si fondi su salde massime, di documentata universalità: bisogna cioè sottoporre ad una valutazione, non già i *facta* della ragione, bensí la ragione stessa, in tutta la sua capacità e nella sua attitudine a conoscenze pure *a priori*. Ciò costituisce non già la censura, bensí la *critica* della ragione: mediante questa non si congetturano soltanto, ma si dimostrano, in base a

principî, non già semplicemente le *barriere*, bensí i precisi *confini* della ragione, e non già semplicemente l'ignoranza su questo o su quel punto, bensí l'ignoranza riguardo a tutte le questioni possibili di una certa specie. Lo scetticismo è cosí un luogo di riposo per la ragione umana, dove essa può riflettere sul suo vagabondaggio dogmatico, e può fare uno schizzo della regione in cui si trova, per essere in grado di scegliere in seguito con maggiore sicurezza la sua strada. Lo scetticismo, tuttavia, non è un luogo di abitazione, destinato ad un soggiorno stabile. Tale luogo, in effetti, può essere ritrovato soltanto in una perfetta certezza, non importa se della conoscenza degli oggetti stessi, oppure della conoscenza dei limiti, entro i quali è racchiusa ogni nostra conoscenza degli oggetti.

La nostra ragione non è, per cosí dire, un piano di estensione indeterminabile, i cui limiti siano conosciuti solo in generale, ma deve essere piuttosto paragonata ad una sfera, il cui raggio può essere determinato dalla curvatura di un arco della sua superficie (dalla natura delle proposizioni sintetiche *a priori*), in modo tale che sia possibile stabilire con sicurezza altresí il volume e la delimitazione di questa sfera. Al di fuori di questa sfera (campo dell'esperienza), la ragione non trova null'altro come oggetto: anzi, persino le questioni riguardanti i presunti oggetti di questa natura si riferiscono soltanto a principî
498 soggettivi di una determinazione completa dei rapporti che possono presentarsi, entro questa sfera, fra i concetti dell'intelletto.

Noi siamo realmente in possesso di conoscenze sintetiche *a priori*, com'è dimostrato dalle proposizioni fondamentali dell'intelletto, che anticipano l'esperienza. Ora, se qualcuno non riesce a rendersi comprensibile la possibilità di tali proposizioni, certo egli può, da principio, mettere in dubbio la loro reale presenza *a priori* in noi. Tuttavia, egli non può presentare ciò come una impossibilità di giungere a tali proposizioni mediante le semplici forze dell'intelletto, né può dichiarare vani tutti i passi che la ragione fa sotto la loro guida. Egli potrà dire soltanto: se noi comprendessimo l'origine di tali proposizioni e riconoscessimo la loro autenticità, potremmo allora determinare l'estensione ed i limiti della nostra ragione; prima che ciò sia avvenuto, tutte le asserzioni della nostra ragione sono balordamente azzardate. In tal modo, un dubbio totale riguardo ad ogni filosofia dogmatica, che segua il suo cammino senza la critica della ragione, risulterebbe perfettamente fondato. Non per questo, tuttavia, sarebbe lecito negare completamente alla ragione la possibilità di progredire, una volta che essa fosse preparata e garantita da un migliore fondamento. Tutti i concetti, anzi tutti i problemi, che ci sono presentati dalla ragione pura, non sono difatti contenuti nell'esperienza, ma si ritrovano essi stessi di nuovo nella ragione soltanto, e devono perciò poter essere risolti e compresi nella loro validità o invalidità. Noi non siamo d'altronde autorizzati a respingere, con il pretesto della nostra impotenza, questi problemi — quasi che la loro risoluzione si trovasse realmente entro la natura delle cose — e a rifiutarci di indagarli ulteriormente: in effetti, è soltanto la ragione, che ha prodotto dal suo seno queste idee, ed essa è quindi tenuta a render conto della loro validità oppure della loro illusorietà dialettica.

Ogni polemica scettica, in senso proprio, si rivolge solo contro il dogmatico — il quale, senza alcuna diffidenza verso i suoi originari principî oggettivi, cioè senza critica, prosegue solennemente il suo cammino — semplicemente per sconcertarlo e ricondurlo alla conoscenza di sé. La polemica non porta in sé alcun risultato, né riguardo a ciò che possiamo sapere, né riguardo a ciò che non possiamo sapere. Tutti i falliti tentativi dogmatici della ragione sono *facta*, che è sempre utile sottoporre a censura. Tutto ciò, peraltro, non può decidere nulla riguardo alle aspettative della ragione, riguardo cioè alle speranze ed alle

pretese di incontrare un miglior successo nei suoi futuri
499 sforzi. La semplice censura non potrà quindi mai metter fine alle controversie sui diritti della ragione umana.

Poiché Hume è forse il piú ingegnoso fra tutti gli scettici, e indiscutibilmente il piú importante riguardo all'influsso che il metodo scettico può esercitare, suscitando un'indagine radicale della ragione, vale certo la pena di esporre chiaramente — per quanto può convenire al nostro proposito — il corso delle sue inferenze, e gli errori di un uomo cosí intelligente ed apprezzabile, errori cui egli è giunto lungo un cammino, che seguiva inizialmente le tracce della verità.

Hume aveva forse in mente — sebbene egli non abbia mai completamente sviluppato questo pensiero — che nei giudizi di una certa specie noi oltrepassiamo il concetto dell'oggetto. Questa specie di giudizi io l'ho chiamata classe dei giudizi sintetici. Non vi è alcuna difficoltà nel mostrare come io possa, mediante l'esperienza, uscir fuori dal concetto che ho avuto sinora. L'esperienza è essa stessa una siffatta sintesi di percezioni, la quale accresce il concetto, che io ho mediante una percezione, con l'aggiunta di altre percezioni. Noi tuttavia crediamo di potere uscire dal nostro concetto altresí *a priori*, e di poter cosí estendere la nostra conoscenza. Tale tentativo viene condotto o mediante l'intelletto puro, riguardo a ciò che può essere almeno un oggetto dell'esperienza, o anche mediante la ragione pura, rispetto a proprietà delle cose, o addirittura all'esistenza di oggetti, proprietà ed oggetti che non potranno mai presentarsi nell'esperienza. Il nostro scettico non distinse queste due specie di giudizi, come avrebbe invece dovuto fare, e ritenne anzi impossibile questo accrescersi dei concetti da se stessi, e, per cosí dire, questa generazione spontanea del nostro intelletto (e della ragione), non fecondato dall'esperienza. Egli considerò quindi tutti i presunti principî *a priori* dell'intelletto e della ragione

come immaginari, e ritenne che essi non siano altro se non un'abitudine derivante dall'esperienza e dalle leggi di questa, pensando cosí che essi siano regole semplicemente empiriche, ossia in sé contingenti, cui noi pretendiamo attribuire necessità ed universalità. Per poter stabilire questa strana proposizione, egli si richiamava al principio universalmente riconosciuto della relazione tra causa ed effetto. In realtà, dal momento che nessuna facoltà dell'intelletto può condurci dal concetto di una cosa all'esistenza di qualcos'altro, che risulti in tal modo universalmente e necessariamente dato, egli credette di poter da ciò dedurre, che senza esperienza noi non abbiamo nulla, che possa accrescere il nostro concetto, e possa autorizzarci ad un giudizio, il quale estenda se stesso 500
a priori. Che la luce solare illumini ed al tempo stesso fonda la cera, mentre indurisce d'altro canto l'argilla, è qualcosa che nessun intelletto può indovinare in base a concetti già posseduti a riguardo di queste cose, ed è qualcosa che tanto meno un intelletto può dedurre in conformità ad una legge: soltanto l'esperienza può insegnarci una tale legge. Noi abbiamo visto per contro, nella Logica trascendentale, che, sebbene non si possa mai oltrepassare immediatamente il contenuto del concetto che ci è dato, si può tuttavia conoscere perfettamente *a priori* — certo, in relazione ad un terzo elemento, cioè alla esperienza possibile, ma pur sempre *a priori* — la legge della connessione con altre cose. Di conseguenza, se la cera, prima solida, si scioglie, io posso allora sapere *a priori* che in precedenza deve esserci stato qualcosa (per esempio il calore del sole), onde è seguito questo stato secondo una legge costante, sebbene senza esperienza io non possa conoscere *a priori*, in modo determinato, né la causa in base all'effetto, né l'effetto in base alla causa. Hume, dunque, dalla contingenza della nostra determinazione secondo la legge concluse falsamente alla contingenza della legge stessa,

e confuse il passaggio dal concetto di una cosa all'esperienza possibile (passaggio che avviene *a priori* e costituisce la realtà oggettiva del concetto) con la sintesi degli oggetti di un'esperienza reale, la quale certo è sempre empirica. In tal modo, peraltro, da un principio dell'affinità, il quale ha la sua sede nell'intelletto e dichiara una connessione necessaria, egli trasse una regola dell'associazione, che si ritrova semplicemente nella capacità riproduttiva dell'immaginazione, e che può rappresentare soltanto congiunzioni contingenti, non già oggettive.

Gli errori scettici di quest'uomo, per il resto estremamente acuto, sorgevano tuttavia principalmente da un difetto, che egli aveva in comune con tutti i dogmatici, cioè dal non avere egli esaminato sistematicamente tutte le specie di sintesi *a priori* dell'intelletto. Se non avesse commesso tale mancanza, infatti, egli avrebbe riconosciuto, per esempio, il *principio della permanenza* (non voglio menzionare qui gli altri) come un principio, il quale, allo stesso modo del principio di causalità, anticipa l'esperienza. In questo modo, egli avrebbe anche potuto tracciare limiti precisi per l'intelletto che si estende *a priori* e per la ragione pura. Hume, invece, *restringe* il nostro intelletto, senza *limitarlo*, e suscita certo una generale sfiducia, ma non fornisce affatto una conoscenza determinata dell'ignoranza che è per noi inevitabile. Egli sottopone a censura alcuni principî dell'intelletto,
501 senza mettere questo intelletto, riguardo a tutta quanta la sua capacità, sulla bilancia della critica, e dopo di aver rifiutato all'intelletto tutto ciò che esso non può realmente compiere, va oltre e contesta ad esso ogni capacità di estendersi *a priori*, nonostante che questa facoltà non sia stata esaminata nel suo complesso. Di conseguenza, a Hume capita ciò che ha sempre causato la sconfitta dello scetticismo: il dubbio, cioè, si rivolge contro lui stesso, poiché le sue obiezioni si fondano soltanto su *facta*, che sono contingenti, non già su principî, che facciano neces-

sariamente rinunciare al diritto di asserire qualcosa dogmaticamente.

Poiché inoltre non è stata da lui stabilita alcuna distinzione fra le fondate pretese dell'intelletto e le presunzioni dialettiche della ragione (pur essendo gli attacchi di Hume rivolti principalmente contro di queste), la ragione allora — il cui slancio peculiare non è stato minimamente distrutto da tutto ciò, ma soltanto ostacolato — sente che le prospettive di espansione non le sono precluse, ed in tal modo non potrà mai essere distolta completamente dai suoi tentativi, nonostante le saltuarie molestie. Di fronte agli attacchi, è infatti naturale prepararsi al contrattacco, e tanto piú decisamente ci si impegna per far trionfare le proprie richieste. Ma se noi passiamo completamente in rassegna tutte le nostre facoltà, e se ci convinciamo, in seguito a ciò, di poter contare con certezza su di un piccolo possesso, considerando come vane le pretese piú ambiziose, ogni dissidio viene allora eliminato, e noi siamo indotti ad accontentarci pacificamente di una proprietà circoscritta, ma incontestabile.

Questi attacchi scettici sono non soltanto pericolosi, ma addirittura rovinosi per il dogmatico privo di critica, il quale non abbia misurato la sfera del proprio intelletto e non abbia determinato quindi secondo principî i limiti della sua conoscenza possibile, il quale cioè non sappia già anticipatamente sino a che punto egli può giungere, ma pensi di scoprire ciò semplicemente per via di tentativi. In effetti, se si può individuare una sola asserzione, che costui non sappia giustificare, e la cui verosimiglianza non sappia dedurre da principî, in tal caso il sospetto colpirà tutte le sue asserzioni, per quanto convincenti esse possano d'altronde risultare.

Lo scettico è dunque il maestro, che educa il ragionatore dogmatico, avviandolo verso una sana critica dell'intelletto e della stessa ragione. Una volta giunti a questo punto, non abbiamo piú da temere alcun attacco: in tal caso,

difatti, noi distinguiamo il nostro possesso da ciò che ne sta tutto al di fuori: su ciò noi non faremo valere alcuna pretesa, e non potremo essere trascinati neppure in controversie al riguardo. Il metodo scettico, dunque, in se
502 stesso non è certo soddisfacente riguardo ai problemi della ragione, ma costituisce tuttavia un esercizio preliminare, per risvegliare la circospezione della ragione, e indicarle i mezzi rigorosi, che possono garantire i suoi possessi legittimi.

Sezione terza

LA DISCIPLINA DELLA RAGIONE PURA A RIGUARDO DELLE IPOTESI

E allora, poiché mediante la critica della nostra ragione noi finiamo con il sapere soltanto, che nel suo uso puro e speculativo non ci è in realtà possibile di sapere nulla, non potrà forse aprirsi un campo tanto piú vasto per le ipotesi, dal momento che ci è permesso almeno di congetturare e di opinare, sebbene non di asserire?

Se la capacità di immaginazione non vuole sognare, bensí congetturare, sotto la rigida sorveglianza della ragione, in tal caso dovrà sempre preesistere qualcosa, che sia pienamente certo, e non già inventato come semplice opinione: questo qualcosa è la possibilità dell'oggetto stesso. Sarà allora certamente permesso di ricorrere, per quanto riguarda la realtà di tale oggetto, all'opinione, la quale peraltro, per non essere infondata, deve essere messa in relazione, come fondamento esplicativo, con ciò che è realmente dato, e di conseguenza è certo. In tal caso, l'opinione si chiama ipotesi.

Ora, poiché noi non possiamo formarci *a priori* il minimo concetto riguardo alla possibilità della connessione dinamica, e poiché la categoria dell'intelletto puro non

serve ad escogitare una siffatta connessione, ma serve soltanto a comprenderla, quando essa si ritrova nell'esperienza, noi non possiamo dunque inventare originariamente, in conformità di queste categorie, neppure un solo oggetto dotato di una nuova qualità, non accertabile empiricamente, né possiamo porre tale qualità alla base di un'ipotesi ammissibile: ciò infatti significherebbe fornire alla ragione vuote chimere, anziché concetti di cose. Non è quindi lecito escogitare in qualche modo nuove forze originarie, per esempio un intelletto, che sia in grado di intuire il suo oggetto prescindendo dai sensi, oppure una forza di attrazione che prescinda da ogni contatto, od anche una nuova specie di sostanze, che si presenti per esempio nello spazio prescindendo dall'impenetrabilità. Di conseguenza, non è neppure lecito inventare una comunanza di sostanze, la quale sia diversa da tutte quelle che 503
ci fornisce l'esperienza, né una presenza, che non sia nello spazio, o una durata, che non sia nel tempo. In una parola, la nostra ragione può soltanto usare le condizioni di una esperienza possibile come condizioni della possibilità delle cose, ma in nessun modo essa potrà crearsi concetti di cose indipendentemente da tali condizioni, poiché siffatti concetti, sebbene non contraddittori, risulterebbero tuttavia privi di oggetto.

I concetti della ragione, come si è detto, sono semplici idee, e non trovano certamente alcun oggetto in una qualsiasi esperienza: non per questo, tuttavia, si può dire che essi designino oggetti immaginari, assunti al tempo stesso come possibili. I concetti della ragione sono pensati solo problematicamente, in modo che sia possibile fondare, in relazione ad essi (intesi come finzioni euristiche), i princìpi regolativi dell'uso sistematico dell'intelletto nel campo dell'esperienza. A prescindere da ciò, si tratta di semplici enti del pensiero, la cui possibilità non è dimostrabile, e che non possono quindi essere posti alla base come ipotesi per spiegare le apparenze reali. È perfettamente lecito pensare l'anima come semplice, allo scopo di stabilire, in base a questa idea, un'unità completa e necessaria di tutte le capacità dell'animo (sebbene tale unità non possa essere colta *in concreto*), come principio della nostra valutazione delle apparenze interne dell'anima. Supporre peraltro l'anima come sostanza semplice (un concetto trascendente) costituirebbe una proposizione non soltanto indimostrabile (come sono del resto parecchie ipotesi fisiche), ma altresí perfettamente arbitraria e balordamente azzardata: in effetti il semplice non può assolutamente presentarsi in nessuna esperienza, e se per sostanza si intende qui l'oggetto permanente dell'intuizione sensibile, non si può affatto comprendere la possibilità di un'apparenza semplice. La ragione non ha alcun diritto riconosciuto di assumere, come opinione, enti semplicemente intelligibili o proprietà semplicemente intelligibili delle cose del mondo sensibile, sebbene tali enti e tali proprietà non possano neppure venir negati dogmaticamente mediante una presunta conoscenza migliore (poiché non si possiede alcun concetto della loro possibilità o della loro impossibilità).

Per chiarire le apparenze date, non si possono addurre altre cose o altre spiegazioni, se non quelle che siano state poste in connessione con le apparenze date, secondo le leggi già note delle apparenze. Un'ipotesi trascendentale, in cui si adoperasse una semplice idea della ragione per spiegare le cose della natura, non sarebbe
504 quindi affatto una spiegazione: in tal caso, difatti, ciò che non è sufficientemente compreso in base a principî empirici noti verrebbe spiegato mediante un qualcosa che non comprendiamo affatto. D'altronde, il principio di una tale ipotesi serve propriamente solo per soddisfare la ragione, e non per favorire l'uso dell'intelletto a riguardo degli oggetti. L'ordine e la finalità della natura devono a loro volta venire spiegati in base a fondamenti naturali e secondo leggi naturali: a questo proposito, persino le piú

rozze ipotesi, soltanto che siano fisiche, risultano piú tollerabili di un'ipotesi iperfisica, cioè dell'appello ad un creatore divino, presupposto a questo fine. Sarebbe difatti un principio dell'indolenza della ragione (*ignava ratio*), il voler mettere da parte tutte le cause — la cui realtà oggettiva, almeno quanto alla possibilità, può essere conosciuta attraverso un'esperienza continuata — per adagiarsi in una semplice idea, assai comoda per la ragione. Per quanto concerne poi la totalità assoluta della spiegazione nella serie delle cause, non può sorgere alcuna difficoltà riguardo agli oggetti del mondo: in effetti, poiché tali oggetti non sono altro se non apparenze, non si potrà mai sperare di trovare una spiegazione compiuta riguardo ad essi, nella sintesi delle serie di condizioni.

Non si possono permettere ipotesi trascendentali dell'uso speculativo della ragione, né una libertà di servirsi eventualmente di spiegazioni iperfisiche, per sostituire la mancanza di spiegazioni fisiche: e ciò, sia perché la ragione, comportandosi cosí, non fa alcun passo in avanti, ma tronca piuttosto completamente il progresso del proprio uso, sia perché questa licenza finirebbe per privare la ragione di tutti i frutti sorti dalla coltivazione del suo proprio terreno, che è l'esperienza. In effetti, se si concedessero tali ipotesi trascendentali, allora noi, ogni volta che la spiegazione della natura diventa difficile, avremmo sempre sotto mano una spiegazione trascendente, che ci dispenserebbe da quella indagine, ed in tal caso la nostra ricerca terminerebbe, non già nella comprensione, bensí nella completa incomprensibilità di un principio, che già in anticipo era escogitato in modo da contenere il concetto di ciò che è assolutamente primo.

Il secondo elemento, che si richiede per rendere ammissibile un'ipotesi, è la sufficienza di essa per determinare *a priori*, su questa base, le conseguenze che sono date. Se a questo scopo si è costretti a ricorrere ad ipotesi sussidiarie, esse suscitano allora il sospetto di una semplice

505 invenzione: ciascuna di esse, in effetti, richiede in se stessa la medesima giustificazione di cui aveva bisogno il pensiero posto a fondamento, e di conseguenza non può fornire alcuna testimonianza valida. Quando si suppone una causa illimitatamente perfetta, non si può certo dire che manchino le spiegazioni per la finalità, l'ordine e la grandezza che si trovano nel mondo, ma tuttavia, di fronte alle deviazioni ed ai mali che si rivelano, almeno secondo i nostri concetti, si richiedono ancora nuove ipotesi, per salvare la prima ipotesi dalle obiezioni provocate da tali deviazioni. Se la semplicità e l'indipendenza dell'anima umana, che sono state poste alla base delle apparenze di tale anima, trovano un ostacolo nelle difficoltà sorgenti dai fenomeni simili ai mutamenti della materia (potenziamento e decadenza), bisogna allora invocare l'aiuto di nuove ipotesi, che hanno una certa plausibilità, ma non possiedono alcuna autorità, all'infuori di quella che è ad esse attribuita dall'opinione assunta come fondamento principale, opinione che esse dovrebbero invece difendere.

Se poi si vuole considerare le asserzioni razionali addotte qui ad esempio (unità incorporea dell'anima ed esistenza di un ente supremo), non già come ipotesi, bensí come dogmi dimostrati *a priori*, allora il discorso non ha piú il medesimo oggetto. In tal caso, tuttavia, si provveda affinché la prova abbia la certezza apodittica di una vera dimostrazione. Sarebbe infatti assurdo voler rendere la realtà di tali idee semplicemente *verosimile*, allo stesso modo che lo sarebbe il credere di dimostrare una proposizione della geometria semplicemente come verosimile. La ragione staccata da ogni esperienza può soltanto, riguardo ad una cosa qualsiasi, o conoscerla *a priori*, come necessaria, o non conoscerla affatto. Il giudizio di una tale ragione non costituisce quindi mai un'opinione, ma esprime o una astensione da ogni giudizio, oppure una certezza apodittica. Le opinioni ed i giudizi verosimili riguardo a ciò che spetta alle cose possono presentarsi soltanto come spiegazioni di quello che è realmente dato, oppure come conseguenze, secondo leggi empiriche, di ciò che sta alla base in quanto reale, e quindi possono presentarsi soltanto nella serie degli oggetti dell'esperienza. Al di fuori di questo campo, *opinare* equivale a giocare con i pensieri, fuorché non ci si limiti a credere che seguendo una via incerta nel giudizio si possa forse trovare la verità.

Peraltro, sebbene riguardo alle questioni semplicemente speculative della ragione pura non sia lecito fondare nessuna proposizione su di un'ipotesi, le ipotesi sono invece perfettamente ammissibili, nel caso che si voglia soltanto difendere tali proposizioni. In altre parole, le ipotesi non sono lecite nell'uso dogmatico, ma lo sono nell'uso pole- 506
mico. Per difesa, tuttavia, io non intendo l'accrescimento degli argomenti che dimostrano la nostra asserzione, bensí la semplice confutazione degli argomenti illusori dell'avversario, che si propongono di abbattere la proposizione da noi asserita. Orbene, tutte le proposizioni sintetiche tratte dalla ragione pura sono caratterizzate dal fatto che, sebbene chi asserisce la realtà di certe idee non sia mai in grado di rendere certa questa sua proposizione, d'altro lato l'avversario è altrettanto poco in grado di asserire il contrario. La ragione umana, per questa parità della sorte, non favorisce certo, nella conoscenza speculativa, nessuna delle due parti: questo è dunque il vero campo di battaglia, dove si svolgono ostilità che non si comporranno mai. Nel seguito peraltro si mostrerà, che riguardo all'*uso pratico* la ragione ha tuttavia il diritto di ammettere qualcosa, che nel campo della semplice speculazione essa non sarebbe in alcun modo autorizzata a presupporre, senza sufficienti argomenti dimostrativi: in effetti, tutti questi presupposti menomano la perfezione della speculazione, ma l'interesse pratico non si preoccupa affatto di tale perfezione. Nel campo pratico, dunque, la ragione detiene un possesso senza aver bisogno di dimostrare la sua legittimità. La prova di tale legittimità, d'altronde,

essa non potrebbe in realtà neppure condurla. L'onere della prova spetta dunque all'avversario. Peraltro, dal momento che costui, che vuol provare il non essere dell'oggetto in questione, sa altrettanto poco riguardo a tale oggetto, quanto quell'altro, che asserisce la sua realtà, in tal caso il vantaggio sta dalla parte di chi asserisce qualcosa come una supposizione praticamente necessaria (*melior est conditio possidentis*). Egli è infatti libero, in base — per cosí dire — a una legittima difesa, di servirsi per la sua buona causa dei medesimi mezzi, di cui si serve contro di essa l'avversario, cioè delle ipotesi: queste dovranno servire, non già per rafforzare la prova della buona causa, bensí soltanto per mostrare, che l'avversario ha una conoscenza troppo scarsa riguardo all'oggetto della contesa, per potersi illudere di essere in vantaggio su di noi, quanto alla comprensione speculativa.

Nel campo della ragione pura, dunque, le ipotesi sono permesse soltanto come armi difensive, non già per fondarvi un diritto, ma soltanto per difenderlo. A questo riguardo, peraltro, noi dobbiamo sempre cercare l'avversario in noi stessi. Nel suo uso trascendentale, infatti, la ragione speculativa è in sé dialettica. Le obiezioni che abbiamo da temere si trovano in noi stessi. Noi dobbiamo suscitarle — come pretese antiche, mai cadute però in prescrizione — per costruire una pace perpetua sopra il
507 loro annientamento. La calma esteriore non è che apparente. Il germe di queste obiezioni, che si trova nella natura della ragione umana, deve essere estirpato. Ma come potremo mai estirparlo, se non gli concediamo libertà, anzi, se non gli diamo nutrimento perché germogli e cosí si riveli, in modo che in seguito risulti possibile estirparlo insieme alla radice? Cercate dunque di scoprire persino le obiezioni che non sono ancora mai venute in mente ad alcun avversario, e porgetegli anzi le armi, o sgombrategli il posto piú favorevole che egli possa desiderare! Tutto ciò non dà alcun motivo di timore, ma c'è piuttosto

da sperare, che in tal modo possiate procurarvi un possesso mai piú contestabile in avvenire.

In un equipaggiamento completo rientrano anche le ipotesi della ragione pura, le quali, sebbene siano soltanto armi di piombo (poiché in esse non è contenuto l'acciaio delle leggi di esperienza), hanno pur sempre la stessa potenza di quelle che un qualsiasi avversario possa rivolgere contro di voi. E cosí, se contro l'ipotesi, che suppone (da un punto di vista che non sia speculativo) la natura immateriale, non sottomessa ad alcuna trasformazione corporea, dell'anima, si fa valere come difficoltà il fatto che l'esperienza sembra tuttavia indicare tanto l'elevazione quanto la decadenza delle nostre forze spirituali semplicemente come differenti modificazioni dei nostri organi, in tal caso voi potete indebolire la forza di questa dimostrazione, col supporre che il nostro corpo non sia altro se non l'apparenza fondamentale, intesa come la condizione cui nello stato attuale (nella vita) si riferisce l'intera facoltà della sensibilità, e quindi ogni pensiero. La separazione dal corpo segna la fine di questo uso sensibile della nostra capacità conoscitiva, e segna l'inizio dell'uso intellettuale. Il corpo sarebbe dunque, non già la causa del pensiero, bensí una semplice condizione restrittiva di esso, e dovrebbe quindi venir considerato — è vero — come qualcosa che favorisce la vita sensibile ed animale, ma dovrebbe tanto piú venir trattato altresí come un impedimento della vita pura e spirituale, cosicché la dipendenza della vita sensibile ed animale dalla struttura corporea non dimostrerebbe nulla a favore della dipendenza dell'intera vita dallo stato dei nostri organi. Voi potete procedere ancora oltre, e potete scoprire dubbi nuovi, o non ancora sollevati, o non abbastanza approfonditi.

La contingenza della generazione — che tanto nell'uomo, quanto nelle creature irrazionali, dipende dall'occasione, e spesso anche dal sostentamento, dagli umori e dai capricci dei governi, e molte volte persino dal vizio —

costituisce una grave difficoltà contro l'opinione, che attri-
508 buisce una durata eterna ad una creatura, la cui vita ha preso inizio in circostanze cosí irrilevanti, e cosí completamente affidate alla nostra libertà. Per quanto riguarda la durata dell'intera specie (qui sulla terra), questa difficoltà è meno grave, poiché l'elemento casuale nell'individuo è comunque sottomesso ad una regola che vale nel complesso. Rispetto a ciascun individuo, tuttavia, sembra assai strano l'attendersi un effetto cosí rilevante da cause tanto irrilevanti. Contro tale difficoltà, peraltro, voi potrete proporre un'ipotesi trascendentale, secondo cui ogni vita, propriamente, è soltanto intelligibile, non è sottomessa ai mutamenti temporali, e non ha preso inizio con la nascita, né terminerà con la morte; secondo cui questa vita non è altro se non una semplice apparenza, cioè una rappresentazione sensibile della vita pura e spirituale, ed inoltre l'intero mondo sensibile è una semplice immagine, la quale si presenta di fronte al nostro attuale modo di conoscenza, e, al pari di un sogno, non ha in sé alcuna realtà oggettiva; secondo cui, se noi vogliamo intuire le cose *come sono*, e noi stessi *come siamo*, ci troviamo allora in un mondo di nature spirituali, e in tal caso il nostro solo rapporto vero di comunione con questo mondo non ha preso inizio con la nascita, né cesserà con la morte del corpo (poiché nascita e morte sono semplici apparenze), ecc.

Ora, sebbene riguardo a tutto ciò che noi facciamo valere qui ipoteticamente contro un attacco, noi non sappiamo nulla, né affermiamo seriamente nulla, e sebbene tutto quanto non sia neppure un'idea della ragione, ma piuttosto un semplice concetto *escogitato* per la nostra difesa, tuttavia noi ci comportiamo a questo riguardo in modo del tutto conforme alla ragione, in quanto ci accontentiamo di mostrare all'avversario (il quale crede di avere esaurito ogni possibilità, col far passare falsamente la mancanza delle condizioni empiriche come una

dimostrazione della totale impossibilità di ciò che è da noi creduto), che egli, mediante semplici leggi di esperienza, non può abbracciare l'intero campo delle cose possibili in se stesse, allo stesso modo che noi, al di fuori dell'esperienza, non possiamo acquistare fondatamente nulla per la nostra ragione. Chi mette avanti tali mezzi ipotetici, in reazione alle pretese di un avversario che nega accanitamente, non deve essere considerato tale, da volersi appropriare di tali mezzi, quasi fossero le sue vere opinioni. Egli li abbandonerà, non appena abbia debellato la presunzione dogmatica dell'avversario. In effetti, sebbene sia da considerarsi cosa modesta e moderata, il prendere un atteggiamento semplicemente negativo rispetto alle asserzioni altrui, nondimeno, non appena qualcuno vuol far valere queste sue obiezioni come dimostrazioni del contrario, tale pretesa non è meno orgogliosa o meno campata in aria di quella che egli avrebbe vantato, se avesse deciso **509**
di sostenere il partito affermativo.

Di qui si vede dunque, che nell'uso speculativo della ragione le ipotesi non hanno alcuna validità come opinioni in se stesse, ma valgono soltanto relativamente a pretese trascendenti contrapposte. In effetti, l'estensione dei principî dell'esperienza possibile alla possibilità delle cose in generale è altrettanto trascendente, quanto l'asserzione della realtà oggettiva di quei concetti, che non possono trovare i loro oggetti da nessuna parte, se non al di fuori dei limiti di ogni esperienza possibile. Ciò che la ragione pura giudica in modo assertorio, deve essere necessario (come tutto ciò che è conosciuto dalla ragione), o altrimenti non è assolutamente nulla. Di conseguenza, la ragione pura non contiene in realtà nessuna opinione. Le suddette ipotesi, peraltro, sono soltanto giudizi problematici, che sebbene non possano certo venir dimostrati da nulla, non possono nemmeno venir confutati. Esse sono quindi pure opinioni private, ma di esse non si può convenientemente fare a meno (anche per tranquillità interiore), di fronte al sorgere di scrupoli. Bisogna d'altronde conservarle in questa loro qualità, ed impedire accuratamente che esse si presentino come dotate in se stesse di autorità e di una certa validità assoluta, poiché in tal caso esse farebbero affogare la ragione sotto le finzioni e le illusioni.

Sezione quarta

LA DISCIPLINA DELLA RAGIONE PURA A RIGUARDO DELLE SUE DIMOSTRAZIONI

Le dimostrazioni delle proposizioni trascendentali e sintetiche si distinguono dalle altre dimostrazioni di una conoscenza sintetica *a priori*, per il fatto che in esse la ragione non può rivolgersi direttamente all'oggetto, mediante i suoi concetti, ma deve anzitutto provare *a priori* la validità oggettiva dei concetti e la possibilità della loro sintesi. Ciò non costituisce semplicemente una opportuna regola di prudenza, ma concerne l'essenza e la possibilità stessa delle dimostrazioni. Se io voglio uscire *a priori* dal concetto di un oggetto, ciò è impossibile senza una parti-
510 colare guida, che si trovi al di fuori di questo concetto. Nella matematica, è l'intuizione *a priori* che guida la mia sintesi, ed in tal caso tutte le inferenze possono essere condotte in immediato riferimento all'intuizione pura. Nella conoscenza trascendentale — sintanto che si ha a che fare semplicemente con concetti dell'intelletto — questo modello è l'esperienza possibile. La prova non mostra infatti, che il concetto dato (per esempio, il concetto di ciò che accade) conduca direttamente ad un altro concetto (quello di una causa): in realtà, siffatto passaggio costituirebbe un salto, che non si potrebbe giustificare; la prova mostra piuttosto, che senza una tale connessione sarebbe impossibile l'esperienza stessa, e quindi l'oggetto dell'esperienza. Di conseguenza, la dimostrazione deve

indicare al tempo stesso la possibilità di giungere sinteticamente ed *a priori* ad una certa conoscenza delle cose, la quale non era contenuta nel loro concetto. Se non si presta attenzione a ciò, le dimostrazioni, come acque che rompano i loro argini, corrono selvaggiamente attraverso i campi, là dove le spinge in modo accidentale la tendenza nascosta all'associazione. L'apparente convinzione, che si fonda sulle cause soggettive dell'associazione, e che viene considerata come la conoscenza di un'affinità naturale, non può compensare i dubbi, che si presentano giustamente di fronte a passi talmente arrischiati. Anche tutti i tentativi di dimostrare il principio della ragione sufficiente sono stati quindi vani, secondo la generale ammissione dei giudici competenti; e prima che si presentasse la critica trascendentale, si preferiva — dal momento che questo principio non poteva essere abbandonato — richiamarsi arditamente al buon senso (una scappatoia, la quale in ogni caso dimostra che la situazione della ragione è disperata), piuttosto che tentare nuove dimostrazioni dogmatiche.

Ma se la proposizione che deve essere dimostrata è un'asserzione della ragione pura, e se io voglio proprio oltrepassare i miei concetti di esperienza mediante semplici idee, in tal caso è tanto piú necessario che la dimostrazione contenga, come condizione necessaria del suo vigore dimostrativo, la giustificazione di un siffatto passo della sintesi (supposto che questo passo sia possibile). Per quanto plausibile possa quindi sembrare la presunta dimostrazione della natura semplice della nostra sostanza pensante, in base all'unità dell'appercezione, sorge tuttavia inevitabilmente, contro questa dimostrazione, la difficoltà seguente: poiché la semplicità assoluta non è affatto un concetto che possa venir riferito immediatamente ad una percezione, e poiché essa deve piuttosto venir soltanto dedotta come idea, sarà del tutto incomprensibile, come la mera coscienza — che è contenuta, o almeno può esserlo, in ogni pensiero — sia in grado di condurre, pur

511 essendo in tal caso indubbiamente una rappresentazione semplice, alla coscienza ed alla conoscenza di una cosa, *entro la quale* può essere contenuto soltanto il pensiero. In effetti, se io mi rappresento la forza del mio corpo in movimento, esso è allora per me un'unità assoluta, e la mia rappresentazione di esso è semplice. Io posso altresí esprimere tale rappresentazione con il movimento di un punto: il volume del corpo, difatti, non ha qui alcuna importanza, e, senza che la forza venga diminuita, può venir pensato piccolo quanto si vuole, e quindi anche come esistente in un punto. Da ciò io non sarò tuttavia in grado di dedurre che, se a me non è dato null'altro che la forza motrice di un corpo, questo corpo possa essere pensato come sostanza semplice, per il fatto che la sua rappresentazione astrae dalla quantità del suo volume, ed è quindi semplice. Io scopro cosí un paralogismo, poiché il semplice nell'astrazione è del tutto diverso dal semplice nell'oggetto, e poiché l'io, che nel primo senso non comprende *in sé* alcuna molteplicità, può essere nel secondo senso — quando significa l'anima stessa — un concetto assai complesso, ossia può contenere e designare *sotto di sé* molte cose. Senonché, per presentire tale paralogismo (se infatti non lo si supponesse già prima, non si potrebbe nutrire alcun sospetto contro la dimostrazione), è assolutamente necessario avere a disposizione un criterio sempre valido della possibilità di quelle proposizioni sintetiche, che vogliono dimostrare piú di quanto possa dare l'esperienza. Tale criterio consiste nell'esigere che la dimostrazione non venga rivolta direttamente verso il predicato richiesto, ma venga condotta solo mediante un principio della possibilità di estendere *a priori* il nostro concetto dato sino alle idee, e di realizzare queste. Se si usa sempre questa precauzione, e se si prende saggiamente consiglio da noi stessi, prima ancora di tentare la dimostrazione, considerando come e su quale base si possa sperare in una tale estensione mediante la ragione

pura, e donde mai si possano desumere in tal caso queste conoscenze che non possono essere sviluppate da concetti, e neppure essere anticipate in riferimento all'esperienza possibile, allora si possono risparmiare molte fatiche, gravi ed infruttuose, in quanto non si pretende dalla ragione nulla che oltrepassi evidentemente il suo potere, o piuttosto, si sottomette la ragione — i cui avidi impulsi ad un'estensione speculativa non sono facilmente dominabili — alla disciplina della moderazione.

La *prima* regola è dunque quella di non tentare alcuna dimostrazione trascendentale, senza avere prima considerato (e corrispondentemente giustificato), onde si intenda assumere le proposizioni fondamentali su cui si 512
pensa di costruire tale dimostrazione, e con quale diritto ci si possa attendere da siffatte proposizioni un buon successo delle inferenze. Se si tratta di proposizioni fondamentali dell'intelletto (per esempio, del principio di causalità), è inutile cercare di giungere mediante esse alle idee della ragione pura: tali proposizioni, in effetti, valgono soltanto per gli oggetti di un'esperienza possibile. Se si tratta di proposizioni fondamentali derivate dalla ragione pura, ogni sforzo è ancora una volta vano. La ragione possiede certo tali proposizioni, ma esse, in quanto proposizioni fondamentali oggettive, sono tutte dialettiche, e possono essere valide tutt'al piú come principî regolativi di un uso sistematicamente coerente di esperienza. Se d'altro canto siffatte presunte dimostrazioni esistono già, bisogna contrapporre a tale convinzione illusoria il *non liquet* della vostra matura capacità di giudizio. E quand'anche voi non siate ancora in grado di scoprire i sofismi di tali dimostrazioni, avete tuttavia pienamente diritto di esigere la deduzione dei principî ivi adoperati: tale deduzione, se davvero questi principî sono sorti dalla semplice ragione, non potrà mai esservi fornita. In tal modo voi non avrete neppure bisogno di affrontare separatamente ciascuna di queste infondate dimostrazioni illu-

sorie, ma potrete fare un mucchio di tutta la dialettica — i cui artifici sono inesauribili — rinviandola al tribunale di una ragione critica, che richiede leggi.

La *seconda* peculiarità delle dimostrazioni trascendentali consiste nel fatto che per ogni proposizione trascendentale non si può trovare se non un'*unica* dimostrazione. Se io voglio inferire, non già da concetti, bensí dall'intuizione corrispondente ad un concetto — si tratti poi di un'intuizione pura, come nella matematica, oppure di un'intuizione empirica, come nella scienza naturale — in tal caso l'intuizione posta alla base mi fornisce un molteplice materiale per proposizioni sintetiche, cosicché io potrò connettere in parecchi modi questo materiale, e partendo da parecchi punti potrò giungere attraverso vie differenti alla medesima proposizione.

Ogni proposizione trascendentale, per contro, prende le mosse semplicemente da un solo concetto, ed enuncia la condizione sintetica della possibilità dell'oggetto in base a tale concetto. La ragione dimostrativa può quindi essere una sola: in effetti, al di fuori di questo concetto non vi è null'altro onde l'oggetto possa venir determinato, e di conseguenza, la dimostrazione non può contenere null'altro se non la determinazione di un oggetto in generale in base a questo concetto, anch'esso unico. Nell'Analitica trascendentale, per esempio, noi abbiamo tratto la proposizione fondamentale: tutto ciò che accade ha una causa, dalla
513 sola condizione della possibilità oggettiva del concetto di ciò che in generale accade, ossia dal fatto che la determinazione di un evento nel tempo — e quindi questo evento come appartenente all'esperienza — sarebbe impossibile, se non fosse sottomessa ad una siffatta regola dinamica. D'altronde, questa è anche l'unica possibile ragione dimostrativa: in realtà, l'evento rappresentato ha una validità oggettiva, ossia è vero, solo per il fatto che mediante la legge di causalità viene determinato un oggetto per il concetto. Si sono tentate, è vero, anche altre dimostrazioni

di questo principio, per esempio in base alla contingenza: tuttavia, se si esamina in un modo approfondito una tale dimostrazione, non si potrà scoprire alcun segno caratteristico della contingenza, se non l'accadere — cioè l'esistenza, preceduta da un non essere dell'oggetto — e si ritornerà quindi sempre alla suddetta ragione dimostrativa. Se si vuole dimostrare la proposizione: tutto ciò che pensa è semplice, non ci si attiene allora a ciò che è molteplice nel pensiero, ma ci si arresta semplicemente al concetto dell'io, concetto semplice, cui viene riferito ogni pensiero. Analogo è il caso della dimostrazione trascendentale riguardante l'esistenza di Dio: tale dimostrazione si fonda unicamente sulla convertibilità tra il concetto del piú reale degli enti ed il concetto dell'ente necessario, né potrà essere cercata altrove.

Questa avvertenza semplifica molto la critica delle asserzioni della ragione. Quando la ragione opera mediante semplici concetti, in tal caso, se mai è possibile una qualche dimostrazione, sarà possibile una sola dimostrazione. Perciò, se vediamo il dogmatico presentarsi con dieci dimostrazioni, possiamo già essere certi che egli non possiede alcuna dimostrazione. Se infatti ne avesse una, che fornisse una prova apodittica (come deve avvenire nel campo della ragione pura), perché mai avrebbe egli bisogno delle altre? Il dogmatico ha lo stesso fine dell'avvocato parlamentare: un argomento è rivolto a questa persona, e un altro a quella. In tal modo si utilizza la debolezza dei propri giudici, i quali, senza approfondire la questione, ed al fine di togliersi d'impaccio il piú presto possibile, fermano la loro attenzione sulla prima cosa che sembri loro convincente, e decidono in conformità.

La terza regola peculiare della ragione pura — se si vuole sottometterla ad una disciplina riguardo alle dimostrazioni trascendentali — consiste nel fatto che le sue dimostrazioni non devono mai essere apagogiche, bensí sempre ostensive. In ogni specie di conoscenza,

la dimostrazione diretta, o ostensiva, è quella che fornisce la convinzione della verità ed al tempo stesso la conoscenza delle fonti di tale verità. La dimostrazione apago-
514 gica, per contro, può bensí produrre la certezza, ma non può farci comprendere la verità in connessione ai fondamenti della sua possibilità. Le dimostrazioni apagogiche costituiscono quindi un espediente, piuttosto che non un procedimento, il quale soddisfi pienamente ai fini della ragione. Tali dimostrazioni, peraltro, sono in vantaggio sulle dimostrazioni dirette, per quanto riguarda l'evidenza, nel senso che la contraddizione implica sempre, nella rappresentazione, una chiarezza maggiore di quella fornita dalla migliore connessione, e per tale motivo si avvicina maggiormente al carattere intuitivo di una dimostrazione.

La vera causa dell'uso di dimostrazioni apagogiche in diverse scienze è la seguente. Se le ragioni, onde deve essere dedotta una certa conoscenza, sono molteplici o troppo profondamente nascoste, si tenta allora di raggiungere tale conoscenza mediante le conseguenze. A dire il vero, il *modus ponens* di inferire la verità di una conoscenza dalla verità delle sue conseguenze dovrebbe essere ammesso soltanto nel caso in cui tutte le conseguenze possibili risultino vere: allora, infatti, per tali conseguenze si presenta come possibile un'unica ragione, che perciò è altresí la vera. Questo procedimento è tuttavia irrealizzabile, poiché il cogliere tutte le conseguenze possibili di una certa proposizione assunta è qualcosa che supera le nostre forze. Ci si serve nondimeno — sia pure con una certa circospezione — di questo modo di inferire, quando si tratti di dimostrare qualcosa semplicemente come ipotesi, poiché in tal caso l'inferenza viene concessa in base all'analogia: se tutte le conseguenze che sono state esaminate si accordano con la ragione assunta, tutte le altre possibili conseguenze si accorderanno pure con tale ragione. È questo il motivo per cui, attraverso questa via, non si potrà mai trasformare un'ipotesi in verità dimostrata. Il *modus tollens* dei sillogismi, che concludono dalle conseguenze alle ragioni, fornisce la dimostrazione, non soltanto con perfetto rigore, ma altresí in modo facilissimo. In effetti, se da una proposizione si può trarre anche una sola conseguenza falsa, tale proposizione risulterà falsa. Ora, anziché percorrere con una dimostrazione ostensiva l'intera serie delle ragioni, la quale può condurci alla verità di una conoscenza mediante una comprensione completa della sua possibilità, non si ha che da trovare falsa una sola fra tutte le conseguenze che derivano dall'opposto della conoscenza in questione, ed in tal caso sarà falso altresí questo opposto, cosicché risulterà vera la conoscenza che si doveva dimostrare.

Il modo apagogico di dimostrare, peraltro, può essere ammesso soltanto nelle scienze, dove è impossibile *inserire* l'elemento soggettivo delle nostre rappresentazioni in luogo dell'elemento oggettivo, cioè della conoscenza di ciò che si trova nell'oggetto. Ma quando tale inserimento 515
può facilmente verificarsi, dovrà accadere di frequente, o che l'opposto di una certa proposizione contraddica semplicemente alle condizioni soggettive del pensiero, ma non già all'oggetto, oppure che le due proposizioni si contraddicano in base ad una condizione soggettiva, falsamente considerata come oggettiva, cosicché se tale condizione è falsa, entrambe le proposizioni potranno essere false, senza che dalla falsità dell'una sia possibile inferire la verità dell'altra.

Nella matematica questa surrezione è impossibile: è qui, di conseguenza, che tali dimostrazioni trovano il loro vero posto. Nella scienza naturale, in quanto tutto si fonda su intuizioni empiriche, quell'inserimento può certo essere il piú delle volte evitato, mediante un ripetuto confronto delle osservazioni: questo modo di dimostrare, tuttavia, è in questo campo per lo piú irrilevante. I tentativi trascendentali della ragione pura, per contro, sono costruiti tutti quanti proprio entro la sfera dell'illusione

dialettica, cioè di quell'elemento soggettivo, che si presenta alla ragione (nelle premesse di questa) come oggettivo, anzi si impone ad essa come tale. In questo campo, orbene, per quanto riguarda le proposizioni sintetiche, non si può affatto permettere di giustificare le nostre asserzioni con la confutazione delle asserzioni contrapposte. In effetti, o questa confutazione non è altro se non la semplice rappresentazione del contrasto fra l'opinione contrapposta e le condizioni soggettive della sua comprensibilità per opera della nostra ragione, ed in tal caso ciò non autorizza affatto a rigettare l'opinione contrapposta (cosí, per esempio, la necessità incondizionata nell'esistenza di un ente non può assolutamente essere compresa da noi, il che viene quindi considerato con ragione come contrastante soggettivamente ad ogni dimostrazione speculativa di un supremo ente necessario, ma viene considerato a torto come contrastante alla possibilità di un tale ente originario in se stesso), oppure entrambe le parti, sia quella affermativa sia quella negativa, ingannate dall'illusione trascendentale, pongono alla base un concetto impossibile dell'oggetto, ed in tal caso vale la regola: *non entis nulla sunt praedicata*, ossia, è falso tanto ciò che si è asserito affermativamente dell'oggetto, quanto ciò che si è asserito negativamente di esso, né si potrà giungere alla conoscenza della verità apagogicamente, mediante la confutazione dell'opposto. Cosí, per esempio, se si presuppone che il mondo dei sensi sia dato in se stesso, nella sua totalità, risulta falso asserire che esso deve essere, o infinito quanto allo spazio oppure finito e limitato: non si può asserire la necessità di tale alternativa, per il fatto che entrambe le proposizioni sono false. In effetti, delle apparenze (intese come semplici rappresentazioni), che siano tuttavia date in se stesse (come oggetti),
516 sono qualcosa di impossibile, e l'infinità di questo tutto immaginario sarebbe certo incondizionata, ma contraddirebbe alla determinazione quantitativa incondizionata

che è presupposta nel concetto (poiché nelle apparenze tutto è condizionato).

Il modo apagogico di dimostrare è davvero il fantasma, che ha sempre illuso gli ammiratori della profondità dei nostri ragionatori dogmatici. Esso, per cosí dire, è il campione, che vuol provare l'onore e il diritto incontestabile del partito che egli segue, con l'offrirsi di combattere contro tutti coloro che vogliono mettere in dubbio questo onore e questo diritto. Mediante tali millanterie, tuttavia, non si raggiunge alcun risultato rispetto alla questione, ma si mette semplicemente in mostra la forza rispettiva degli avversari, o piuttosto, soltanto quella di chi prende l'offensiva. Gli spettatori, nel vedere che gli avversari vincono e soccombono a turno, spesso traggono da ciò motivo per mettere scetticamente in dubbio l'oggetto stesso della disputa. Essi non sono tuttavia giustificati nel pensare cosí, e basterà dire loro: *non defensoribus istis tempus eget.* Ciascuno deve sostenere la propria causa con una prova legittima, condotta mediante una deduzione trascendentale delle ragioni dimostrative, ossia con una prova diretta, affinché si veda ciò che le sue pretese razionali possono far valere a loro favore. In effetti, se l'avversario si fonda su ragioni soggettive, certo egli sarà facilmente confutabile, ma ciò non andrà a vantaggio del dogmatico, il cui giudizio dipende di solito da ragioni altrettanto soggettive, e che potrà quindi allo stesso modo venir messo alle strette dal suo oppositore. Se le due parti seguono invece il solo metodo diretto, o esse si accorgeranno spontaneamente della difficoltà, anzi dell'impossibilità di scoprire un titolo che convalidi le loro asserzioni, e potranno alla fine richiamarsi soltanto alla prescrizione, oppure la critica rivelerà facilmente l'illusione dogmatica, e costringerà la ragione pura ad abbandonare le esagerate pretese del suo uso speculativo ed a ritirarsi entro i confini del proprio territorio, cioè entro i limiti dei principî pratici.

517 CAPITOLO SECONDO

IL CANONE DELLA RAGIONE PURA

Per la ragione umana è umiliante, che nel suo uso puro essa non raggiunga alcun risultato, ed abbia anzi bisogno di una disciplina, per frenare le sue divagazioni ed impedire le illusioni che ne derivano. D'altro lato, però, la ragione si risolleva e riacquista fiducia in sé, per il fatto che può e deve esercitare essa stessa questa disciplina, senza ammettere sopra di sé un'altra censura, ed inoltre per il fatto che i limiti — che essa è costretta a imporre al suo uso speculativo — moderano al tempo stesso la presunzione raziocinante di ogni avversario, cosicché essa potrà mettere al sicuro contro ogni attacco tutto ciò che le rimane ancora delle sue pretese, un tempo esagerate. La piú grande — e forse l'unica — utilità dell'intera filosofia della ragione pura è quindi senza dubbio soltanto negativa: tale filosofia, in effetti, non serve da *organon*, per estendere la ragione pura, bensí da disciplina, per determinarne i limiti, ed anziché scoprire la verità ha soltanto il modesto merito di impedire gli errori.

Da qualche parte, tuttavia, deve esistere una fonte di conoscenze positive, che appartengano al dominio della ragione pura: tali conoscenze forse, per un equivoco, possono fornire lo spunto ad errori, ma in realtà costituiscono lo scopo cui tendono gli sforzi della ragione. Se cosí non fosse, a quale causa si potrebbe attribuire il desiderio inestinguibile di trovare in qualche modo un punto di appoggio al di là dei limiti dell'esperienza? La ragione ha il presentimento di oggetti che rivestono per essa un grande interesse. La ragione prende la strada della semplice speculazione per avvicinarsi a tali oggetti, ma essi fuggono dinanzi a lei. Presumibilmente essa potrà sperare in una miglior fortuna sulla sola via che le rimanga, cioè sulla via dell'uso *pratico*.

Per canone, io intendo l'insieme delle proposizioni fondamentali *a priori* dell'uso corretto di certe facoltà conoscitive in generale. Cosí la logica generale, nella sua parte analitica, è un canone per l'intelletto e la ragione in generale: ciò riguarda soltanto la forma, poiché la logica generale astrae da ogni contenuto. Analogamente, l'analitica trascendentale, come abbiamo visto, è il canone dell'intelletto puro: questo soltanto, infatti, è capace di conoscenze sintetiche *a priori* vere. Ma quando un uso corretto di una capacità conoscitiva non è possibile, non esisterà alcun canone. Ora, ogni conoscenza sintetica della 518
ragione pura — nel suo uso speculativo — è del tutto impossibile, secondo le dimostrazioni sinora condotte. Non esiste dunque alcun canone dell'uso speculativo della ragione (tale uso è infatti sempre dialettico), e tutta la logica trascendentale, piuttosto, a questo riguardo non è altro se non una disciplina. Di conseguenza, se mai esiste un uso corretto della ragione pura, in tal caso deve esistere altresí un canone della ragione pura, ed allora questo canone riguarderà non l'uso speculativo della ragione, bensí l'uso pratico della ragione. È dunque quest'uso, che ora indagheremo.

Sezione prima

SUL FINE ULTIMO DELL'USO PURO DELLA NOSTRA RAGIONE

La ragione è spinta da una tendenza della sua natura ad oltrepassare l'uso di esperienza, ad avventurarsi — in un uso puro e mediante semplici idee — sino agli estremi limiti di ogni conoscenza, ed a trovare pace soltanto nel compimento del suo ciclo, ossia in un tutto sistematico, sussistente per sé. Si domanda, ora, se questa aspirazione sia mossa dall'interesse speculativo della ragione, o piuttosto, unicamente dal suo interesse pratico.

Lascio adesso da parte la sorte incontrata dalla ragione pura nelle sue mire speculative, e indago soltanto i problemi, la cui risoluzione costituisce il fine ultimo della ragione pura, possa poi essa raggiungerlo o meno: riguardo ad un siffatto fine, tutti gli altri hanno semplicemente il valore di mezzi. Questi fini supremi dovranno a loro volta trovare un'unità in base alla natura della ragione, per far progredire con la loro unione quell'interesse dell'umanità, che non è subordinato a nessun altro interesse.

Il fine ultimo, cui tende la speculazione della ragione nel suo uso trascendentale, concerne tre oggetti: la libertà della volontà, l'immortalità dell'anima e l'esistenza di Dio. L'interesse semplicemente speculativo della ragione riguardo a questi tre oggetti è assai scarso, ed è difficile pensare che per un tale interesse si voglia intraprendere un lavoro
519 faticoso — ed incessantemente ostacolato — di ricerca trascendentale: in effetti, di tutte le scoperte eventuali al riguardo, non si potrà fare alcun uso, che sia in grado di dimostrare la sua utilità *in concreto*, cioè nell'indagine della natura. La volontà può anche essere libera, ma ciò riguarderà soltanto la causa intelligibile del nostro volere. In effetti, per quanto concerne i fenomeni in cui si manifesta la volontà, cioè le azioni, noi — in base ad una fondamentale massima inviolabile, senza la quale non possiamo affatto esercitare la ragione nell'uso empirico — dovremo sempre spiegarli nello stesso modo in cui spieghiamo tutte le altre apparenze della natura, cioè secondo le leggi immutabili di questa. In secondo luogo, può anche darsi che noi riusciamo a comprendere la natura spirituale dell'anima (e quindi la sua immortalità), ma non si potrà fare assegnamento su ciò, né per spiegare le apparenze di questa vita, né per chiarire la natura particolare di uno stato futuro: in effetti, il nostro concetto di una natura incorporea è semplicemente negativo, e non estende minimamente la nostra conoscenza, né offre alcuna materia onde si possano trarre altre conseguenze, se non quelle

che hanno un semplice valore immaginario, ma non sono ammesse dalla filosofia. In terzo luogo, quand'anche risultasse dimostrata l'esistenza di una intelligenza suprema, noi riusciremmo bensí a comprendere in base a ciò la finalità della costituzione del mondo e l'ordine complessivo, ma non saremmo in alcun modo autorizzati a derivare da tale esistenza una struttura o un ordine particolari, né a dedurre arditamente tale struttura e tale ordine nel caso in cui essi non fossero percepibili. Una regola necessaria dell'uso speculativo della ragione prescrive infatti di non trascurare le cause naturali, e di non rinunziare a ciò che possiamo imparare dall'esperienza, anziché voler dedurre qualcosa che conosciamo da ciò che oltrepassa completamente ogni nostra conoscenza. In una parola, queste tre proposizioni rimangono sempre trascendenti per la ragione speculativa, e non hanno affatto un uso immanente — cioè ammissibile per gli oggetti dell'esperienza, e perciò utile in qualche modo per noi — non esprimendo piuttosto altro, considerate in se stesse, se non tentativi del tutto oziosi, e nondimeno estremamente ardui, della nostra ragione.

Di conseguenza, se queste tre proposizioni cardinali non ci sono affatto necessarie per il *sapere*, e se d'altro canto esse ci sono raccomandate urgentemente dalla nostra ragione, in tal caso la loro importanza dovrà riferirsi propriamente solo all'elemento *pratico*.

Pratico è tutto ciò che è possibile mediante libertà. **520**
Peraltro, se le condizioni per esercitare il nostro libero arbitrio sono empiriche, la ragione non potrà avere al riguardo alcun altro uso se non quello regolativo, e potrà servire soltanto ad operare l'unità delle leggi empiriche. Nella dottrina della prudenza, per esempio, l'intero compito della ragione consiste nel riunire tutti i fini che ci sono proposti dalle nostre inclinazioni in un unico fine, la *felicità*, e nel coordinare i mezzi per raggiungere tale fine. Per tale motivo, la ragione non può fornire

null'altro se non leggi prammatiche del libero comportamento per raggiungere i fini raccomandatici dai sensi, e quindi non potrà mai darci leggi pure, determinate pienamente *a priori*. Per contro, le leggi pratiche pure — il cui fine sia dato pienamente *a priori* dalla ragione, e che comandino non già in modo empiricamente condizionato, bensí assolutamente — risulterebbero prodotti della ragione pura. Tali sono peraltro le leggi morali: queste sole, dunque, appartengono all'uso pratico della ragione pura, ed ammettono un canone.

Perciò tutti i preparativi della ragione, nell'elaborazione che può chiamarsi filosofia pura, sono in realtà indirizzati soltanto ai tre suddetti problemi. Anche questi però si rivolgono a loro volta ad un fine piú lontano, ossia tendono a determinare che cosa si debba fare, se la volontà è libera, e se esistono un Dio ed un mondo futuro. Ora, dal momento che ciò riguarda il nostro comportamento rispetto al fine supremo, senza dubbio l'intenzione ultima della natura — che si prende cura saggiamente di noi — era propriamente rivolta, nel costituire la nostra ragione, soltanto all'interesse morale.

È tuttavia necessario procedere cautamente — in quanto consideriamo qui un oggetto estraneo alla filosofia trascendentale[1] — per non divagare in episodi, e per non turbare l'unità del sistema, e d'altro canto, dovremo badare di non dire troppo poco riguardo a questa nuova materia, affinché non si presentino lacune nella chiarezza o nella persuasione. Spero di poter fare l'una e l'altra cosa, con l'attenermi quanto piú è possibile ad una considera-

520 [1] Tutti i concetti pratici si riferiscono ad oggetti del piacere o dispiacere, cioè della gioia o del dolore, e quindi, almeno indirettamente, ad oggetti del nostro sentimento. Ma poiché quest'ultimo non è affatto una capacità di rappresentare le cose, ma sta al di fuori di tutta quanta la capacità conoscitiva, cosí gli elementi dei nostri giudizi, in quanto si riferiscano al piacere o al dispiacere — ossia gli elementi dei giudizi pratici — non appartengono all'insieme della filosofia trascendentale, la quale ha unicamente a che fare con conoscenze pure *a priori*.

zione trascendentale, e col lasciare completamente da parte ciò che può avere un carattere psicologico, ossia empirico. 521

In tal caso, occorre osservare anzitutto, che per il momento mi servirò del concetto di libertà solo in senso pratico, e trascurerò invece il concetto di libertà in senso trascendentale (concetto che non può essere presupposto empiricamente come ragione esplicativa delle apparenze, ma che è esso stesso un problema per la ragione), poiché di esso ho già trattato prima. Un arbitrio è semplicemente animale (*arbitrium brutum*), quando non può essere determinato altrimenti che mediante stimoli sensibili, cioè patologicamente. L'arbitrio, invece, che può essere determinato indipendentemente da stimoli sensibili, e quindi mediante motivi, che sono rappresentati soltanto dalla ragione, si chiama libero arbitrio (*arbitrium liberum*): tutto ciò che si connette a questo arbitrio, sia come ragione, sia come conseguenza, viene detto pratico. La libertà pratica può venir dimostrata mediante l'esperienza. In effetti, non è soltanto ciò che stimola — cioè modifica immediatamente i sensi — a determinare l'arbitrio umano: piuttosto, noi possediamo il potere di vincere le impressioni esercitate sulla nostra facoltà sensibile di desiderare, servendoci delle rappresentazioni di ciò che, anche in modo remoto, è utile o dannoso. Ma queste riflessioni su ciò che è desiderabile rispetto al nostro intero stato, ossia su ciò che è buono e utile, si fondano sulla ragione. Questa, perciò, fornisce anche leggi, le quali sono imperativi, cioè leggi oggettive della libertà, e ci dicono che cosa dovrebbe accadere, sebbene forse non accada mai, distinguendosi in ciò dalle leggi della natura, le quali trattano soltanto di ciò che accade. Per tale motivo, le leggi suddette sono chiamate altresí leggi pratiche.

Il determinare peraltro se la ragione stessa, in questi

atti con cui essa prescrive leggi, non sia a sua volta determinata da altri influssi, ed inoltre, se ciò che si chiama libertà rispetto agli stimoli sensibili non possa risultare a sua volta natura, rispetto a cause efficienti piú alte e piú remote, è qualcosa che non ci interessa affatto nella sfera pratica — dove dalla ragione noi esigiamo soltanto ed anzitutto la norma del comportamento — ma costituisce piuttosto una questione semplicemente speculativa, che noi possiamo mettere da parte, sintanto che ci interessiamo di ciò che si deve fare o non fare. Noi conosciamo dunque la libertà pratica — mediante l'esperienza — come una delle cause naturali, cioè come una causalità della ragione nella determinazione della volontà, mentre
522 la libertà trascendentale richiede un'indipendenza di questa ragione stessa (a riguardo della sua causalità nel dare inizio ad una serie di apparenze) da tutte le cause determinanti del mondo sensibile, ed in questo senso sembra contrastare alla legge della natura — e quindi ad ogni esperienza possibile — cosicché rimane un problema. Questo problema, tuttavia, non appartiene affatto alla ragione nel suo uso pratico; in un canone della ragione pura, quindi, abbiamo a che fare soltanto con due questioni, le quali concernono l'interesse pratico della ragione pura, e riguardo alle quali deve essere possibile un canone dell'uso della ragione pura, ossia con le domande: c'è un Dio? c'è una vita futura? La questione sulla libertà trascendentale riguarda semplicemente il sapere speculativo, e quando si tratta dell'interesse pratico, noi possiamo trascurare come del tutto indifferente tale questione, su cui si è già discusso sufficientemente nell'Antinomia della ragione pura.

Sezione seconda

SULL'IDEALE DEL SOMMO BENE, COME FONDAMENTO DETERMINANTE DEL FINE ULTIMO DELLA RAGIONE PURA

Nel suo uso speculativo, la ragione ci ha guidati attraverso il campo delle esperienze, e poiché qui essa non può mai trovare una completa soddisfazione, ci ha in seguito condotti sino alle idee speculative: queste peraltro ci hanno alla fine riportati di nuovo all'esperienza, compiendo cosí il disegno della ragione, in modo bensí utile, ma non conforme alle nostre aspettative. Adesso ci rimane ancora da compiere un tentativo, per vedere cioè se anche nell'uso pratico si possa trovare una ragione pura, se in tale uso essa conduca alle idee, che raggiungono quei fini supremi della ragione pura da noi additati, e se quindi la ragione, dal punto di vista del suo interesse pratico, possa concederci quello che essa ci rifiuta assolutamente a riguardo dell'interesse speculativo.

Ogni interesse della mia ragione (tanto quello speculativo quanto quello pratico) si concentra nelle tre domande seguenti:

1. *Che cosa posso sapere?*
2. *Che cosa devo fare?*
3. *Che cosa ho diritto di sperare?*

La prima questione è semplicemente speculativa. Ci 523
lusinghiamo di avere esaurito tutte le risposte possibili, ed abbiamo infine trovato quella, di cui la ragione senza dubbio deve contentarsi, e rispetto a cui, quando essa non mira al pratico, ha altresí cagione di essere soddisfatta. Tuttavia, siamo rimasti assai lontani dai due grandi fini, cui propriamente erano rivolti tutti gli sforzi della ragione pura, come se per comodità avessimo sin da principio rinunciato a questo lavoro. Per quanto concerne il sapere, dunque, è almeno sicuro ed assodato il fatto che rispetto

a quei due problemi esso non potrà mai toccarci in sorte.

La seconda questione è semplicemente pratica. Come tale, essa può certo appartenere alla ragione pura, ma in questo caso non è trascendentale, bensí morale, ed in se stessa non può quindi venir trattata dalla nostra critica.

La terza questione — cioè: se io faccio quel che devo fare, che cosa ho allora diritto di sperare? — è pratica ed al tempo stesso teoretica: in tal modo, il pratico serve soltanto da guida per rispondere alla domanda teoretica e — quando questa si eleva — alla domanda speculativa. Ogni speranza si riferisce infatti alla felicità, e sta rispetto al pratico ed alla legge morale proprio nello stesso rapporto in cui il sapere e la legge naturale stanno rispetto alla conoscenza teoretica delle cose. La speranza giunge infine all'inferenza, che qualcosa è (ciò che determina l'ultimo fine possibile), poiché qualcosa dovrebbe accadere; il sapere giunge invece all'inferenza, che qualcosa è (ciò che opera come causa suprema), poiché qualcosa accade.

Felicità è l'appagamento di tutte le nostre inclinazioni (sia *extensive*, riguardo alla loro molteplicità, sia *intensive*, rispetto al grado, sia anche *protensive*, rispetto alla durata). La legge pratica, fondata sul movente della felicità, io la chiamo prammatica (regola di prudenza); la legge invece — se mai esiste — che non ha altro movente se non il meritare di essere felice, io la chiamo morale (legge etica). La prima legge consiglia che cosa dobbiamo fare, se vogliamo possedere la felicità; la seconda legge ci ordina come dobbiamo comportarci, per divenire degni della felicità. La prima legge si fonda su principî empirici: in effetti, io non posso sapere se non mediante l'esperienza, quali siano le inclinazioni che vo-
524 gliono essere soddisfatte, né quali siano le cause naturali, che possono portare alla soddisfazione di tali inclinazioni. La seconda legge astrae dalle inclinazioni e dai mezzi naturali per soddisfarle; essa considera soltanto la libertà

di un essere razionale in generale, e le sole condizioni necessarie, in base a cui la libertà possa armonizzarsi con la distribuzione della felicità, secondo principî. Questa legge, dunque, *può* almeno fondarsi su mere idee della ragione pura, ed essere conosciuta *a priori*.

Io assumo che vi siano realmente leggi morali pure, le quali determinano del tutto *a priori* (prescindendo da moventi empirici, cioè dalla felicità) il fare ed il non fare, cioè l'uso della libertà di un essere razionale in generale; e che queste leggi comandino *assolutamente* (non solo ipoteticamente, col presupposto di altri fini empirici), e siano quindi necessarie sotto ogni rispetto. Io ho il diritto di presupporre questa proposizione, in quanto mi richiamo non solo alle dimostrazioni dei piú illuminati moralisti, ma altresí al giudizio morale di ogni uomo, che voglia pensare chiaramente una siffatta legge.

Perciò la ragione pura — senza dubbio non nel suo uso speculativo, ma tuttavia in un certo uso pratico, cioè in quello morale — contiene principî della *possibilità dell'esperienza*, ossia di azioni che *potrebbero* ritrovarsi, in conformità dei precetti morali, nella *storia* degli uomini. Difatti, poiché secondo il comando della ragione queste azioni dovrebbero accadere, è necessario altresí che esse possano accadere, e deve quindi essere possibile una particolare specie di unità sistematica, cioè quella morale; per contro, come abbiamo visto, l'unità sistematica della natura *secondo principî speculativi* della ragione non può essere dimostrata, poiché la ragione possiede certo una causalità rispetto alla libertà in generale, ma non già rispetto a tutta quanta la natura, e poiché i principî morali della ragione possono bensí produrre azioni libere, ma non leggi della natura. I principî della ragione pura, nel loro uso pratico — segnatamente nell'uso morale — hanno dunque una realtà oggettiva.

Un mondo conforme a tutte le leggi morali (un mondo

cioè quale può essere in base alla libertà degli esseri razionali, e quale deve essere in base alle leggi necessarie della moralità), io lo chiamo **mondo morale.** Tale mondo viene allora pensato semplicemente come mondo intelligibile, poiché in esso si astrae da tutte le condizioni (fini), ed anche da tutti gli ostacoli della
525 moralità (debolezza o impurità della natura umana). Come tale, esso è dunque una semplice idea, tuttavia pratica, che può e deve avere realmente un suo influsso nel mondo dei sensi, in modo che questo sia reso conforme, per quanto è possibile, a tale idea. L'idea di un mondo morale ha quindi una realtà oggettiva, non nel senso che si rivolga ad un oggetto di un'intuizione intelligibile (un siffatto oggetto noi non possiamo affatto pensarlo), ma perché si riferisce al mondo dei sensi, inteso però come oggetto della ragione pura nel suo uso pratico, e come *corpus mysticum* degli esseri razionali in esso contenuti (in quanto il libero arbitrio — sotto leggi morali — di un essere razionale sta in completa unità sistematica, sia con se stesso, sia con la libertà di ogni altro).

La risposta alla prima delle due questioni della ragione pura, che riguardano l'interesse pratico, è dunque la seguente: fa ciò che ti renderà degno di essere felice. La seconda questione, d'altro canto, pone la domanda: se io mi comporto in modo da non essere indegno della felicità, come avrò il diritto di sperare che potrò cosí raggiungere la felicità? Per rispondere a questa domanda occorre stabilire, se i principî della ragione pura, che prescrivono *a priori* la legge, connettano altresí necessariamente questa speranza con tale legge.

Di conseguenza, io dico: come i principî morali sono necessari in base alla ragione — rispetto al suo uso pratico — cosí è altrettanto necessario ammettere in base alla ragione — rispetto al suo uso teoretico — che ciascuno abbia diritto di sperare la felicità, nella stessa misura in cui si è reso degno di essa con il suo comportamento, e che quindi il sistema della moralità sia inscindibilmente congiunto — soltanto però nell'idea della ragione pura — con quello della felicità.

Ora, in un mondo intelligibile, cioè nel mondo morale — nel cui concetto noi facciamo astrazione da tutti gli impedimenti della moralità (le inclinazioni) — un tale sistema di felicità proporzionatamente congiunta con la moralità può anche essere pensato come necessario: la libertà, in effetti, in parte mossa e in parte ristretta dalle leggi morali, risulterebbe essa stessa la causa della felicità universale, e gli stessi esseri razionali, sotto la guida di tali principî, sarebbero quindi gli autori del loro proprio benessere duraturo, ed al tempo stesso di quello altrui. Questo sistema di una morale che ricompensa se stessa, tuttavia, è soltanto un'idea, la cui realizzazione si fonda sulla condizione, che *ciascuno* faccia ciò che deve fare, ossia **526**
che tutte le azioni degli esseri razionali abbiano luogo, come se sorgessero da una volontà suprema, comprendente in sé o sotto di sé ogni arbitrio privato. Peraltro, dal momento che l'obbligatorietà della legge morale rimane valida per ogni particolare uso della libertà, quand'anche altri non si comportino conformemente a questa legge, in tal caso né la natura delle cose del mondo, né la causalità delle azioni stesse o il loro rapporto con la moralità, possono determinare in quale relazione con la felicità saranno le conseguenze di tali azioni. E la menzionata connessione necessaria tra la speranza di essere felice e l'incessante aspirazione a rendersi degno della felicità non potrà essere conosciuta mediante la ragione, nel caso in cui si ponga alla base semplicemente la natura. Piuttosto, non si potrà far altro che sperare in una tale connessione, purché al tempo stesso si ponga alla base, come causa della natura, una *ragione suprema*, che comandi secondo leggi morali.

L'idea di una tale intelligenza — in cui la piú perfetta volontà morale, congiunta con la suprema beatitudine, è la causa di ogni felicità nel mondo, in quanto quest'ultima sta in stretto rapporto con la moralità, cioè con il meritare di essere felice — io la chiamo *ideale del sommo bene*. È soltanto nell'ideale del sommo bene *originario*, dunque, che la ragione pura potrà trovare il fondamento della connessione praticamente necessaria dei due elementi del sommo bene derivato, ossia di un mondo intelligibile (cioè *morale*). Ora, poiché mediante la ragione dobbiamo necessariamente rappresentare noi stessi come appartenenti ad un siffatto mondo, sebbene i sensi non ci offrano null'altro se non un mondo di apparenze, noi dovremo allora considerare quel primo mondo come una conseguenza del nostro comportamento nel mondo sensibile, e, in quanto quest'ultimo non ci presenta la connessione tra moralità e felicità, dovremo ammettere quell'altro come un mondo per noi futuro. Di conseguenza, Dio e una vita futura son due presupposti — secondo i principî della ragione pura — inseparabili dall'obbligazione a noi imposta dalla medesima ragione pura.

La moralità costituisce in se stessa un sistema, mentre la felicità non lo costituisce, se non in quanto sia distribuita in esatta proporzione con la moralità. Quest'ultima cosa, tuttavia, è possibile soltanto in un mondo intelligibile, sotto la guida di un sapiente creatore e reggitore. La ragione è costretta ad ammettere un tale creatore e reggitore, accettando altresí la vita in un mondo che dobbiamo considerare come futuro: in caso contrario, la ragione dovrebbe vedere nelle leggi morali vuote chimere, poiché
527 senza quel presupposto le conseguenze necessarie che la ragione connette con tali leggi saranno destinate a cadere. È d'altronde per questo che ciascuno considera le leggi morali come *comandi*: esse non potrebbero invece risultare tali, se non connettessero *a priori* con la loro regola conseguenze adeguate, e non implicassero quindi *promesse e minacce*. Esse non potrebbero fare ciò, del resto, se non si trovassero in un ente necessario

— inteso come sommo bene — che solo può rendere possibile una tale unità finalistica.

Leibniz chiamava il mondo — in quanto si considerano in esso soltanto gli esseri razionali e le loro relazioni secondo leggi morali, sotto il governo del sommo bene — regno della grazia, distinguendolo dal regno della natura, dove tali esseri sono bensí sottomessi a leggi morali, ma non si attendono altre conseguenze dal loro comportamento, se non quelle che hanno luogo secondo il corso della natura del nostro mondo sensibile. Il considerarci nel regno della grazia — dove ci attende ogni felicità, fuorché non siamo noi stessi a restringere la nostra partecipazione a tale felicità, col renderci indegni di essere felici — è dunque un'idea praticamente necessaria della ragione.

Le leggi pratiche, in quanto diventano al tempo stesso ragioni soggettive delle azioni, cioè proposizioni fondamentali soggettive, si chiamano massime. La valutazione della moralità, riguardo alla sua purezza ed alle sue conseguenze, avviene secondo idee; l'osservanza delle leggi della moralità ha luogo secondo massime.

È necessario che l'intero corso della nostra vita sia subordinato a massime morali; è tuttavia al tempo stesso impossibile che ciò accada, se la ragione non connette con la legge morale — che è una semplice idea — una causa efficiente, la quale assegni al comportamento basato su tale legge un esito esattamente corrispondente ai nostri fini supremi, sia in questa vita, sia in un'altra. Senza un Dio e senza un mondo per noi adesso invisibile, ma sperato, le idee gloriose della moralità sono quindi certamente oggetti di applauso e di ammirazione, ma non già molle di propositi e di azioni, poiché non adempiono interamente al fine che è naturale per ogni essere razionale, e che è determinato *a priori* dalla stessa ragione pura, risultando necessario.

La sola felicità è ben lungi dal costituire il bene perfetto per la nostra ragione. La ragione non approva la felicità (per quanto possano desiderarla le inclinazioni), se non quando essa sia congiunta col meritare di essere felice, cioè con la buona condotta morale. D'altro canto, la sola moralità — e quindi, il semplice *meritare* di essere felice — è anch'essa ben lungi dal costituire il
528 bene perfetto. Per renderlo perfetto, colui che si è comportato in modo non indegno della felicità deve poter sperare di raggiungere questa felicità. Neppure la ragione che si è liberata da ogni mira privata potrà giudicare diversamente, una volta che essa, senza considerare al riguardo l'interesse proprio, si sia messa al posto di un essere, che dovrebbe distribuire agli altri ogni felicità: nell'idea pratica, in effetti, i due elementi sono essenzialmente congiunti, in modo tale tuttavia, che l'intenzione morale, come condizione, renda primieramente possibile la partecipazione alla felicità, e non già, inversamente, la mira alla felicità renda possibile l'intenzione morale. In quest'ultimo caso, difatti, l'intenzione non sarebbe morale, né sarebbe quindi degna di una completa felicità (felicità, che di fronte alla ragione non riconosce altra limitazione se non quella derivante dal nostro proprio comportamento immorale).

La felicità, dunque — in esatta proporzione con la moralità degli esseri razionali, che li rende degni della felicità — costituisce da sola il sommo bene di un mondo, in cui dobbiamo prendere posto secondo i precetti della ragione pura, ma pratica. Questo mondo è certo soltanto un mondo intelligibile, in quanto il mondo sensibile non ci promette una siffatta unità sistematica dei fini, che sorga dalla natura delle cose. La realtà di questo mondo intelligibile non può d'altronde basarsi su null'altro, se non sul presupposto di un sommo bene originario, dove una ragione indipendente, fornita di tutti i requisiti di una causa suprema, fonda, conserva e compie, secondo la piú perfetta finalità, l'universale ordine delle cose, che nel mondo dei sensi ci rimane invece in gran parte nascosto.

Questa teologia morale, orbene, ha un vantaggio peculiare sulla teologia speculativa, per il fatto che conduce inevitabilmente al concetto di un ente originario *unico*, *massimamente perfetto e razionale*; la teologia speculativa, invece, non può neppure *indicarci*, in base a ragioni oggettive, un tale ente, e tanto meno può convincerci della sua esistenza. In effetti, noi non troviamo né nella teologia trascendentale, né in quella naturale (per quanto la ragione possa estendersi in questo campo), nessun argomento importante per ammettere un *unico*, ente, che si sia autorizzati a preporre a tutte le cause naturali, e da cui si possa al tempo stesso far dipendere in tutto e per tutto tali cause. Per contro, se dal punto di vista dell'unità morale, intesa come legge necessaria del mondo, noi consideriamo quale sia la sola causa che possa fornire a tale legge il suo effetto adeguato, e possa quindi darle altresí una forza vincolante per noi, scopriamo allora che dovrà trattarsi di un'unica volontà suprema, comprendente in sé tutte queste leggi. In effetti, come potremmo trovare una perfetta unità dei fini in volontà 529
diverse? Questa volontà deve essere onnipotente, affinché ad essa risulti subordinata l'intera natura (e insieme, il suo rapporto con la moralità del mondo); onnisciente, affinché conosca l'intimo delle intenzioni ed il loro valore morale; onnipresente, affinché soddisfi immediatamente a tutto ciò che è richiesto dal bene supremo del mondo; eterna, affinché in nessun tempo venga a mancare questo accordo tra la natura e la libertà, ecc.

Peraltro, questa unità sistematica dei fini in questo mondo di intelligenze — il quale, sebbene come semplice natura possa chiamarsi soltanto mondo dei sensi, può tuttavia, in quanto sistema della libertà, essere detto mondo intelligibile, cioè morale (*regnum gratiae*) — porta inoltre inevitabilmente all'unità finalistica di tutte le cose, che formano questo grande tutto, secondo leggi universali della natura (allo stesso modo che essa stessa è conforme a leggi universali e necessarie della moralità), e riunisce la ragione pratica con quella speculativa. Il mondo deve essere rappresentato come sorto da una idea, se davvero vuole accordarsi con quell'uso della ragione, senza il quale considereremmo noi stessi indegni della ragione, cioè con l'uso morale, che si fonda interamente sull'idea del sommo bene. In tal modo, l'indagine della natura tende ad assumere la forma di un sistema dei fini, e nella sua massima espansione diventa fisico-teologia. Questa peraltro, in quanto prende le mosse dall'ordine morale — inteso come unità radicata nell'essenza della libertà e non già fondata accidentalmente da comandi esterni — riporta la finalità della natura a fondamenti, che devono essere inscindibilmente connessi *a priori* con la possibilità interna delle cose, e conduce cosí ad una teologia trascendentale, la quale assume l'ideale della suprema perfezione ontologica come un principio dell'unità sistematica, congiungente tutte le cose secondo leggi universali e necessarie della natura, in quanto tutte le cose trovano la loro origine nella necessità assoluta di un unico ente originario.

In che modo potremo usare il nostro intelletto, anche limitatamente al campo dell'esperienza, se non poniamo di fronte a noi dei fini? I fini supremi, peraltro, sono quelli della moralità, e soltanto la ragione pura potrà farci conoscere tali fini. Ora, sebbene provveduti di tali fini, e pur seguendo la loro guida, noi non potremo usare finalisticamente (rispetto alla conoscenza) neppure la conoscenza della natura, nel caso in cui non sia stata la natura stessa a stabilire un'unità finalistica. Senza tale
530 unità, in effetti, non avremmo neppure la ragione, poiché ci mancherebbe una scuola per essa, e non vi sarebbe

una cultura derivata da oggetti, che fornissero il materiale per tali concetti. Ma quella prima unità finalistica è necessaria, e fondata nell'essenza stessa dell'arbitrio: occorre perciò che sia necessaria anche questa seconda, la quale contiene la condizione dell'applicazione *in concreto* della prima unità. Cosí, il potenziamento trascendentale della conoscenza della nostra ragione sarà, non la causa, ma soltanto l'effetto della finalità pratica, impostaci dalla ragione pura.

Anche nella storia della ragione umana, dunque, prima che i concetti morali fossero sufficientemente purificati e determinati, e prima che l'unità sistematica dei fini fosse chiaramente compresa secondo tali concetti ed in base a principî necessari, noi troviamo che la conoscenza della natura — e in grado notevole, persino la cultura della ragione, in parecchie altre scienze — fu soltanto in grado di produrre rozzi e vaghi concetti della divinità, o altrimenti provocò una stupefacente indifferenza riguardo a tale questione. Una maggiore elaborazione delle idee morali, che fu resa necessaria dalla legge morale estremamente pura della nostra religione, costrinse la ragione a prendere interesse per tale oggetto, ed a questo modo la mise in grado di avvicinarsi ad esso. Senza utilizzare il contributo di piú estese conoscenze della natura, o di corrette ed attendibili cognizioni trascendentali (queste ultime sono mancate in ogni epoca), tali idee morali hanno costituito un concetto dell'ente divino, che adesso noi consideriamo come corretto, non perché la ragione speculativa ci convinca della sua correttezza, ma perché questo concetto si accorda perfettamente con i principî morali della ragione. Alla fine, dunque, è ancor sempre unicamente la ragione pura, però soltanto nel suo uso pratico, che ha il merito di connettere al nostro supremo interesse una conoscenza, che la semplice speculazione può solo congetturare, non già far valere: in tal modo, la ragione pura fa di questa conoscenza, non un dogma dimostrato, ma tuttavia un presupposto assolutamente necessario per i propri scopi essenziali.

La ragione pratica, tuttavia, quando ha raggiunto questo punto elevato — il concetto cioè di un unico ente originario, inteso come sommo bene — non deve presumere di essersi inalzata al di sopra di tutte le condizioni empiriche dell'applicazione di tale concetto, né di essersi elevata alla conoscenza immediata di nuovi oggetti, tanto
531 da poter partire da tale concetto, deducendo da esso persino le leggi morali. Sono state infatti proprio queste leggi, che con la loro interna necessità pratica ci hanno condotti al presupposto di una causa indipendente, o di un saggio reggitore del mondo, che desse loro effetto. Noi non possiamo dunque considerarle in seguito come contingenti, e derivate dalla semplice volontà del reggitore del mondo, specialmente trattandosi di una volontà, di cui non avremmo alcun concetto, se non ce lo fossimo costruito conformemente a quelle leggi. Sintanto che la ragione pratica avrà il diritto di guidarci, noi non considereremo le azioni come obbligatorie, perché sono comandate da Dio, ma piuttosto le riterremo comandate da Dio, perché noi siamo internamente tenuti a compierle. Noi studieremo la libertà in base all'unità finalistica secondo principî della ragione, crederemo di conformarci alla volontà divina solo in quanto considereremo come sacra la legge morale (insegnataci dalla ragione in base alla natura stessa delle azioni), e crederemo di servire alla volontà divina solo in quanto promuoveremo in noi ed in altri il bene del mondo. La teologia morale, perciò, è soltanto di uso immanente, ossia ci guida a compiere la nostra missione qui nel mondo (in quanto ci adattiamo al sistema di tutti i fini), e ci insegna a non rifiutare l'autorità esercitata sulla nostra condotta di vita da una ragione legislatrice nella sfera morale, col proposito fanatico, o addirittura sacrilego, di ricondurre immediatamente tale autorità all'idea dell'ente supremo: ciò fornirebbe un uso

trascendente della teologia morale, il quale tuttavia, allo stesso modo dell'uso trascendente della semplice speculazione, pervertirebbe e renderebbe vani i fini ultimi della ragione.

Sezione terza

DELL'OPINARE, DEL SAPERE, E DEL CREDERE

Il tener per vero è un evento, che ha luogo nel nostro intelletto e può basarsi su fondamenti oggettivi, ma richiede altresí cause soggettive nell'animo di chi giudica. Se tale giudizio è valido per chiunque possieda ragione, allora il suo fondamento è oggettivamente sufficiente, ed in tal caso il tener per vero si chiama *convinzione*. Se il tener per vero trova il suo fondamento soltanto nella 532
natura particolare del soggetto, si chiama allora *persuasione*.

La persuasione è una semplice illusione, in quanto il fondamento del giudizio — che si trova unicamente nel soggetto — viene considerato come oggettivo. Un tale giudizio, perciò, ha una validità soltanto privata, e questo tener per vero non si può comunicare. La verità, peraltro, si fonda sull'accordo con l'oggetto: in tal caso, quindi, i giudizi di tutti gli intelletti devono essere d'accordo tra loro rispetto all'oggetto (*consentientia uni tertio consentiunt inter se*). Quando si tiene per vero qualcosa, il criterio esterno per determinare se si tratta di convinzione, oppure di semplice persuasione, consiste dunque nella possibilità della comunicazione, e nel trovare che la ragione di ogni uomo terrà per vero quel qualcosa. In tal caso, difatti, vi è almeno una presunzione, che l'accordo fra tutti i giudizi — nonostante la diversità dei soggetti — si baserà su un fondamento comune, cioè sull'oggetto, col quale perciò tutti i giudizi si accorderanno, dimostrando cosí la verità del giudizio.

Di conseguenza, se il tener per vero è considerato dal soggetto semplicemente come un'apparenza del suo animo, allora la persuasione non può essere distinta soggettivamente dalla convinzione. Il tentativo, tuttavia, che noi facciamo con i fondamenti di tale giudizio, che sono validi per noi, sforzandoci di vedere se sulla ragione altrui essi abbiano lo stesso effetto che sulla nostra, è senza dubbio un mezzo — sia pure soltanto soggettivo — non già di produrre una convinzione, ma pur sempre di scoprire la validità semplicemente privata del giudizio, cioè di trovare in questo ciò che è mera persuasione.

Oltre a ciò, si possono sviluppare le *cause* soggettive del giudizio, che noi consideriamo come *fondamenti* oggettivi di esso, e si può quindi spiegare questo ingannevole tener per vero come un evento svolgentesi nel nostro animo, senza aver bisogno di ricorrere alla natura dell'oggetto: se sappiamo far ciò, metteremo a nudo l'illusione e non saremo piú ingannati da essa, pur continuando in certo grado ad essere tentati da essa, se la causa soggettiva dell'errore è inerente alla nostra natura.

Io non posso *asserire* — cioè dichiarare come un giudizio necessariamente valido per chiunque — se non ciò che produce una convinzione. Una persuasione, io posso tenerla per me, se mi ci trovo bene, ma non posso né debbo cercare di farla valere al di fuori di me.

Il tener per vero — ossia la validità soggettiva del giudizio in riferimento alla convinzione (che vale al tempo stesso oggettivamente) — ha i tre gradi seguenti: *opi-*
533 *nare*, *credere* e *sapere*. L'*opinare* è un tener per vero, insufficiente *tanto* soggettivamente *quanto* oggettivamente, e accompagnato da coscienza. Se il tener per vero è sufficiente solo soggettivamente, ed al tempo stesso viene considerato oggettivamente insufficiente, si tratta di un *credere*. Infine, il tener per vero, che sia sufficiente tanto soggettivamente quanto oggettivamente, si chiama *sapere*. La sufficienza sog-

gettiva si chiama c o n v i n z i o n e (per me stesso), quella oggettiva si chiama c e r t e z z a (per chiunque). Non mi soffermerò a spiegare concetti cosí facili.

Non potrò mai presumere di o p i n a r e, senza almeno s a p e r e qualcosa, mediante cui il giudizio, in sé semplicemente problematico, ottenga una connessione con la verità (connessione che, sebbene non completa, è tuttavia qualcosa di piú che una finzione arbitraria). La legge di una tale connessione deve inoltre essere certa. Se infatti, anche rispetto a tale legge, io non possiedo altro se non un'opinione, allora tutto risulta un semplice gioco dell'immaginazione, privo di ogni riferimento alla verità. Nei giudizi fondati sulla ragione pura non è assolutamente permesso o p i n a r e. In effetti, dal momento che essi non sono sostenuti da fondamenti di esperienza, e che in essi, piuttosto, tutto deve essere conosciuto *a priori*, e quindi tutto è necessario, in tal caso il principio della connessione richiede universalità e necessità, e di conseguenza una completa certezza, poiché in caso contrario non vi sarebbe alcuna guida per giungere alla verità. Nella matematica pura, perciò, è assurdo opinare: bisogna sapere, oppure astenersi da ogni giudizio. La situazione è analoga rispetto alle proposizioni fondamentali della moralità: in tal caso, non abbiamo il diritto di intraprendere un'azione, fondandoci sulla semplice opinione che qualcosa sia p e r m e s s o, ma ciò lo si deve sapere.

Nell'uso trascendentale della ragione, per contro, l'opinare è senza dubbio troppo poco, ma il sapere è troppo. In senso semplicemente speculativo, perciò, in questo campo non possiamo affatto dare giudizi: in effetti, i fondamenti soggettivi in base a cui si tiene qualcosa per vero — quelli, per esempio, che possono produrre la fede — non meritano alcuna approvazione nelle questioni speculative, poiché non si mantengono estranei a qualsiasi aiuto empirico, né possono essere comunicati in uguale misura ad altre persone.

Peraltro, è semplicemente dal *punto di vista pratico*, che il tener per vero, teoreticamente insufficiente, può essere chiamato fede. Questo punto di vista pratico, orbene, o è quello dell'*abilità*, o è quello della *moralità*: nel primo caso si tende a fini arbitrari ed accidentali, nel secondo caso invece a fini assolutamente necessari.

Una volta proposto un fine, le condizioni per raggiungerlo risultano ipoteticamente necessarie. Questa necessità
534 è soggettiva, e risulta solo relativamente sufficiente, se io non conosco altre condizioni che possano far raggiungere il fine; essa è invece sufficiente assolutamente e per chiunque, se io so per certo, che nessuno può conoscere altre condizioni, le quali conducano allo scopo proposto. Nel primo caso, il mio presupposto e il tener per vere certe condizioni costituiscono una fede semplicemente contingente; nel secondo caso, invece, una fede necessaria. Di fronte ad un malato che è in pericolo, il medico deve fare qualcosa, ma quando non conosce la malattia, egli osserva i sintomi, e giudica per esempio, non sapendo appigliarsi ad un partito migliore, che si tratti di tisi. Anche a suo proprio giudizio, la sua fede è semplicemente contingente, ed un altro medico potrebbe forse formulare un giudizio migliore. Tale fede contingente, su cui peraltro si fonda l'uso reale dei mezzi per certe azioni, io la chiamo *fede prammatica*.

L'abituale pietra di paragone per vedere se ciò che è asserito da qualcuno sia una semplice persuasione, o invece almeno una convinzione soggettiva, cioè una salda fede, è la *scommessa*. Spesso i giudizi sono enunciati con una sicurezza così decisa e ferma, che chi li formula sembra aver deposto completamente ogni timore di sbagliare. Una scommessa lo lascia perplesso. Talvolta risulta che costui possiede senza dubbio una persuasione tale da poter essere valutata per un ducato, ma non già per dieci. In effetti, egli arrischia senz'altro il primo ducato, ma di fronte a dieci ducati comincia ad accorgersi di ciò che prima non aveva osservato, ossia della possibilità di essersi sbagliato. Se si pensa di dover scommettere la felicità di tutta la vita, ecco che il nostro giudizio trionfale si attenua di molto: noi diventiamo oltremodo esitanti, e soltanto allora scopriamo che la nostra fede non giunge sino a tanto. La fede prammatica, dunque, ammette dei gradi, che possono crescere od anche diminuire, secondo la differenza degli interessi che sono in giuoco.

Peraltro, quand'anche in riferimento ad un oggetto noi non possiamo intraprendere nulla, e sebbene quindi il tener qualcosa per vero sia semplicemente teoretico, in molti casi tuttavia noi concepiamo ed immaginiamo una impresa, per cui riterremo di avere sufficienti motivi, se vi fosse un mezzo per assodare la certezza della cosa. Di conseguenza, nei giudizi semplicemente teoretici esiste un *analogon* dei giudizi *pratici*: al tener per veri siffatti giudizi teoretici conviene la parola *fede*, che possiamo chiamare *fede dottrinale*. Se fosse possibile assodare la questione mediante una qualche esperienza, io sarei pronto a scommettere tutti i miei averi,
che almeno in uno dei pianeti che noi vediamo vi siano 535
degli abitanti. Secondo me, perciò, il fatto che anche in altri mondi vi siano abitanti non è semplicemente oggetto di opinione, bensí di una salda fede (sull'esattezza di tale credenza io arrischierei infatti molti vantaggi della vita).

Noi dobbiamo confessare, orbene, che la dottrina dell'esistenza di Dio appartiene alla fede dottrinale. In effetti, sebbene rispetto alla conoscenza teoretica del mondo io non possa *disporre* di nulla, che presupponga necessariamente questo pensiero come condizione delle mie spiegazioni delle apparenze del mondo, e sebbene piuttosto io sia vincolato a servirmi della mia ragione come se tutto fosse semplicemente natura, tuttavia l'unità finalistica è una condizione cosí grande della applicazione della ragione alla natura, che io non potrò affatto trascurare tale unità, tanto piú che l'esperienza mi offre copiosamente esempi di essa. Per questa unità, d'altronde, io non so trovare nessun'altra condizione — che ne facesse la guida per la mia indagine della natura — se non il presupposto, che un'intelligenza suprema abbia ordinato tutto a questo modo secondo i piú saggi fini. Il presupporre un saggio creatore del mondo, di conseguenza, è la condizione per un fine senza dubbio contingente, ma tuttavia non irrilevante, cioè per trovare una guida nell'indagine della natura. Il risultato dei miei tentativi conferma d'altronde cosí spesso l'utilità di questo presupposto — senza che possa essere addotto in contrario nulla di decisivo — che io direi troppo poco, se volessi chiamare semplicemente opinione questo mio tener per vero. Anche da questo punto di vista teoretico, piuttosto, si può dire che io creda fermamente in un Dio. In senso rigoroso, però, questa fede non è in tal caso pratica, ma deve piuttosto essere chiamata una fede dottrinale, quale la teologia della natura (fisico-teologia) dovrà sempre e necessariamente produrre. In considerazione di questa medesima sapienza, e tenuto conto delle doti eccellenti della natura umana, e della brevità della vita, cosí inadeguata a tali doti, si può ritrovare allo stesso modo una ragione sufficiente per una fede dottrinale nella vita futura dell'anima umana.

Il termine fede, in tali casi, è un'espressione di modestia dal punto di vista oggettivo, ma al tempo stesso di salda fiducia, dal punto di vista soggettivo. Se io qui volessi chiamare questo tener per vero semplicemente teoretico anche solo con il nome di ipotesi — ipotesi che io sia autorizzato ad ammettere — in tal modo mi impegnerei già a possedere, riguardo alla natura di una causa del mondo, ed alla natura di un altro mondo, un concetto piú completo di quello che potrei in realtà
536 indicare. In effetti, rispetto a ciò che io assumo, anche soltanto come ipotesi, devo almeno sapere, delle sue pro-

prietà, quel tanto che mi autorizzi ad inventare, *non già il suo concetto*, bensí *soltanto la sua esistenza*. La parola fede, invece, si riferisce soltanto alla direzione datami da un'idea, ed all'influsso soggettivo sul progredire degli atti della mia ragione, progresso che mi conferma in tale idea, sebbene dal punto di vista speculativo io non sia in grado di rendere conto di essa.

La fede semplicemente dottrinale, peraltro, ha in sé qualcosa di instabile: a causa di difficoltà che si presentano nella speculazione, spesso noi l'abbandoniamo, sebbene poi ritorniamo sempre ed inevitabilmente ad essa.

La situazione è del tutto diversa riguardo alla *fede morale*. In tal caso è difatti assolutamente necessario che qualcosa accada, cioè che io obbedisca in tutto e per tutto alla legge morale. Il fine è qui incrollabilmente stabilito, e secondo ogni mia conoscenza vi è una sola condizione, in base alla quale questo fine possa connettersi con tutti gli altri fini e possa in tal modo acquistare una validità pratica, la condizione cioè che vi sia un Dio ed un mondo futuro. D'altronde, io so per certo, che nessuno conosce altre condizioni, le quali conducano alla medesima unità dei fini in base alla legge morale. Di conseguenza, poiché il precetto morale è al tempo stesso la mia massima (la ragione comanda infatti che esso lo sia), cosí io crederò inevitabilmente nell'esistenza di Dio e in una vita futura, e sarò sicuro che nulla può far vacillare questa fede, poiché altrimenti risulterebbero rovesciati i miei stessi principî morali, ai quali io non posso rinunciare, senza diventare spregevole ai miei propri occhi.

In tal modo, dopo che sono state rese vane tutte le mire ambiziose di una ragione che ama vagabondare al di là dei limiti di ogni esperienza, ci rimane ancora abbastanza per aver motivo di essere contenti dal punto di vista pratico. Certo, nessuno potrà vantarsi di *sapere* che esiste un Dio e che c'è una vita futura: se cosí fosse, difatti, costui sarebbe proprio l'uomo, che da gran tempo

vado cercando. Ogni sapere (se riguarda un oggetto della semplice ragione) può essere comunicato, ed attraverso l'insegnamento di costui io potrei dunque sperare di vedere estesa in misura mirabile la mia conoscenza. No, quella convinzione è una certezza non logica, bensí *morale*, e poiché si fonda su ragioni soggettive (sul senti-
537 mento morale), io non dovrò neppure dire: è moralmente certo, che vi sia un Dio, ecc., bensí: *io sono* moralmente certo, ecc. Ciò significa: la fede in un Dio e in un altro mondo è talmente intessuta col mio sentimento morale, che io non ho da preoccuparmi che la prima possa mai essermi strappata, nella stessa misura in cui non corro pericolo di perdere il secondo.

L'unico dubbio che si presenta al riguardo consiste nel fatto che questa fede razionale risulta fondata sul presupposto di sentimenti morali. Se noi prescindiamo da ciò, e prendiamo un uomo che sia del tutto indifferente a riguardo delle leggi morali, la questione proposta dalla ragione diventa allora semplicemente un problema per la speculazione, ed in tal caso può certo trovare un appoggio in forti argomenti tratti dall'analogia, ma non può certo fondarsi su argomenti, di fronte a cui debba arrendersi il piú ostinato scetticismo[1]. Riguardo a tali questioni, tuttavia, nessun uomo può dirsi libero da ogni interesse. In effetti, per quanto la mancanza di buoni sentimenti possa tenerlo lontano dall'interesse morale, anche in questo caso, tuttavia, resta quanto basta per far sí che egli *tema* un'esistenza divina ed una vita futura. Perché ciò avvenga, difatti, non si richiede null'altro, se non che egli

537 [1] L'animo umano prende un interesse naturale per la moralità (io credo che ciò avvenga necessariamente ad ogni essere razionale), sebbene tale interesse non sia indiviso, e non risulti praticamente preponderante. Se voi rafforzate ed accrescete questo interesse, troverete la ragione assai docile, ed altresí piú illuminata, tanto da essere capace di riunire con l'interesse pratico anche quello speculativo. Ma se non vi prendete cura di rendere anzitutto almeno moderatamente buoni gli uomini, voi non riuscirete mai a fare, di essi, uomini sinceramente credenti.

non sia in grado di far valere con *certezza* la *non esistenza* di un tale ente e di una vita futura. Poiché ciò dovrebbe essere dimostrato mediante la semplice ragione, e quindi apoditticamente, costui avrebbe allora da provare l'impossibilità di entrambe le cose, impresa, questa, cui nessun uomo ragionevole potrà certo accingersi. Si tratterà dunque di una fede *negativa*, la quale senza dubbio non potrà produrre moralità e buoni sentimenti, ma potrà tuttavia fornire qualcosa di analogo, ossia potrà energicamente impedire il dilagare dei cattivi sentimenti.

Ma è tutto qui — si dirà — il risultato della ragione, quando essa apre nuove prospettive al di là dei limiti dell'esperienza? Niente di piú che due articoli di fede? Un tale risultato avrebbe potuto essere raggiunto altresí dall'intelletto comune, senza bisogno di prendere consiglio 538
dai filosofi!

Io non voglio qui vantare il merito che la filosofia si acquista — attraverso lo sforzo laborioso della sua critica — di fronte alla ragione umana, anche ammettendo che in definitiva tale merito deve essere considerato semplicemente come negativo. Al riguardo, difatti, si dirà ancora qualcosa nella sezione seguente. Ma desiderate voi proprio, che una conoscenza, la quale riguarda tutti gli uomini, debba oltrepassare l'intelletto comune ed esservi svelata soltanto dai filosofi? Appunto quello che voi biasimate è la migliore conferma che le nostre precedenti asserzioni sono corrette: è proprio questo infatti, che rivela ciò che da principio non si poteva prevedere, ossia che non si può accusare la natura di aver distribuito con parzialità i suoi doni, per quanto riguarda ciò che sta a cuore, senza distinzione, a tutti gli uomini, e che, rispetto ai fini essenziali della natura umana, la piú alta filosofia non può raggiungere un risultato migliore di quello cui porta la guida che la natura ha concesso persino all'intelletto piú comune.

CAPITOLO TERZO

L'ARCHITETTONICA DELLA RAGIONE PURA

Per a r c h i t e t t o n i c a, intendo l'arte di costruire sistemi. Poiché l'unità sistematica è l'unico elemento che possa trasformare la conoscenza comune in scienza — traendo cioè un sistema da un semplice aggregato di conoscenze — l'architettonica è cosí la dottrina di ciò che è scientifico nella nostra conoscenza in generale: essa appartiene quindi necessariamente alla dottrina del metodo.

Sotto il governo della ragione, le nostre conoscenze non possono affatto costituire una rapsodia, ma devono piuttosto costituire un sistema: è soltanto in questo, difatti, che le nostre conoscenze possono sostenere e favorire i fini essenziali della ragione. Per sistema, d'altronde, io intendo l'unità di molteplici conoscenze sotto un'idea. Questa idea è il concetto razionale della forma di un tutto, in quanto sia l'estensione del molteplice, sia la posizione reciproca delle parti, vengono determinate *a priori* da tale concetto.
539 Il concetto scientifico della ragione contiene perciò il fine, e la forma di un tutto congruente con tale fine. L'unità del fine, cui si riferiscono tutte le parti (le quali, nell'idea di tale fine, si riferiscono altresí le une alle altre), fa sí che ci possiamo accorgere della mancanza di una qualsiasi parte dalla conoscenza delle altre, e che non abbia luogo alcuna addizione accidentale, o alcuna indeterminata quantità di perfezione, che non trovi i suoi limiti determinati *a priori*. Il tutto è quindi articolato (*articulatio*), e non ammucchiato (*coacervatio*); esso può bensí crescere internamente (*per intussusceptionem*), ma non esternamente (*per appositionem*): esso cioè è come un corpo animale, il cui crescere non aggiunge alcun membro, ma rende piú forte e piú efficiente per i suoi scopi ogni membro, senza alterare le proporzioni.

In vista dell'esecuzione, l'idea ha bisogno di uno s c h e m a , cioè di una molteplicità essenziale — determinata *a priori* in base al principio del fine — e di un ordine delle parti. Lo schema, che non è tracciato secondo un'idea, cioè in base allo scopo principale della ragione, ma viene abbozzato empiricamente, secondo scopi che si presentano accidentalmente (il cui numero non può essere conosciuto anticipatamente), fornisce un'unità t e c n i c a; lo schema, invece, che sorge soltanto da un'idea (dove la ragione impone *a priori* i fini e non li attende empiricamente), fonda un'unità a r c h i t e t t o n i c a . Ciò che noi chiamiamo scienza — il cui schema deve contenere, conformemente all'idea, cioè *a priori*, il contorno (*monogramma*) e la divisione del tutto nelle parti, e deve distinguere, con sicurezza e secondo principî, questo tutto da ogni altro tutto — non può sorgere tecnicamente, in base alla somiglianza ritrovata nel molteplice, o in base all'uso contingente della conoscenza *in concreto* per ogni sorta di fini esterni arbitrari, ma deve sorgere architettonicamente, in base all'affinità tra le parti ed alla derivazione da un unico fine supremo ed interno, il solo che renda possibile il tutto.

Nessuno tenterà mai di costruire una scienza, senza fondarsi su un'idea. Nell'elaborazione di tale scienza, tuttavia, assai di rado lo schema — anzi, la stessa definizione, che costui dà inizialmente della sua scienza — corrisponde alla sua idea. Quest'ultima, difatti, si trova nella ragione come un germe, in cui si celano — ancora embrionali ed a stento riconoscibili dall'osservazione microscopica — tutte le parti. Occorre perciò spiegare e determinare le scienze, non già in base alla descrizione fornita a loro riguardo dall'autore, bensí in conformità dell'idea, che troviamo fondata nella natura stessa della ragione (partendo dall'unità naturale delle parti raccolte dall'autore), e bisogna procedere cosí per il fatto che tutte **540**
le scienze sono concepite dal punto di vista di un certo interesse universale. In tal caso, difatti, risulterà che il

creatore di una scienza, e spesso anche i suoi piú tardi seguaci, vagano attorno ad un'idea, che essi non sono riusciti a scorgere chiaramente: costoro, di conseguenza, non sono stati capaci di determinare il contenuto peculiare, l'articolazione (l'unità sistematica) e i limiti della scienza.

Purtroppo, è solo dopo di aver seguito per lungo tempo l'indicazione di un'idea nascosta in noi, raccogliendo rapsodicamente, come materiale di costruzione, molte conoscenze relative a tale idea, anzi, è solo dopo di aver per lungo tempo messe assieme tecnicamente queste conoscenze, che noi riusciamo finalmente a scorgere in piena luce l'idea, ed a tracciare architettonicamente un tutto, secondo i fini della ragione. Sembra che i sistemi, come i vermi, si formino per *generatio aequivoca* — dapprima imperfettamente, e col tempo compiutamente — dalla semplice confluenza di concetti raccolti assieme. Eppure tutti questi sistemi hanno il loro schema — il germe originario — nella ragione, che semplicemente si sviluppa: perciò, non soltanto ogni sistema è articolato per sé secondo un'idea, ma inoltre tutti si riuniscono opportunamente tra loro, come membri di un tutto, in un sistema della conoscenza umana, ed ammettono un'architettonica di ogni sapere umano, la quale nell'epoca attuale — in cui cosí tanto materiale è già stato raccolto, o può essere preso dalle rovine di antichi edifici crollati — risulterebbe, oltre che possibile, neppure troppo difficile. Qui noi ci accontentiamo di completare la nostra opera, cioè di tracciare unicamente l'a r c h i t e t t o n i c a di ogni conoscenza sorgente dalla r a g i o n e p u r a, e ci limitiamo a partire dal punto, in cui la radice universale della nostra capacità conoscitiva si biforca in due tronchi, uno dei quali è la r a g i o n e. Per ragione, d'altronde, intendo qui l'intera facoltà superiore di conoscenza, contrapponendo quindi il razionale all'empirico.

Se io faccio astrazione da ogni contenuto della conoscenza, considerata oggettivamente, in tal caso ogni cono-

scenza, dal punto di vista soggettivo, o è storica, o è razionale. La conoscenza storica è *cognitio ex datis*; la conoscenza razionale, invece, è *cognitio ex principiis*. Una conoscenza potrà essere data originariamente in un modo qualsiasi, ma in chi la possiede essa sarà storica, quando costui la possieda soltanto nella misura in cui gli è stata data dall'esterno (e non ha alcuna importanza, che gli sia stata data per esperienza immediata, o mediante una narrazione, oppure per mezzo dell'istruzione, cioè di conoscenze generali). Perciò una persona che abbia veramente imparato un sistema di filosofia, per esempio quello 541
wolffiano, quand'anche abbia in mente tutti i principî, le definizioni e le dimostrazioni, nonché la partizione dell'intero sistema, e quand'anche possieda tutto ciò sulla punta delle dita, non avrà tuttavia null'altro che una completa conoscenza storica della filosofia wolffiana: egli saprà e giudicherà soltanto quello che gli è stato dato. Se vorrete contestargli una definizione, egli non saprà onde desumerne un'altra. Egli si è formato sul modello di una ragione estranea, ma la facoltà imitativa non si identifica con la facoltà produttiva: la conoscenza, cioè, non è sorta in lui dalla ragione, e sebbene dal punto di vista oggettivo si tratti certo di una conoscenza della ragione, dal punto di vista soggettivo, tuttavia, la conoscenza è semplicemente storica. Egli è stato capace di apprendere e di ritenere, cioè ha imparato, ed è un'impronta di gesso di un uomo vivente. Le conoscenze razionali, che sono oggettivamente tali (cioè possono inizialmente sorgere soltanto dalla ragione propria dell'uomo), possono poi portare anche soggettivamente questo nome, solo nel caso in cui vengano attinte dalle fonti universali della ragione — onde può sorgere altresí la critica, anzi, persino la condanna di ciò che si è imparato — ossia da principî.

Ogni conoscenza razionale, orbene, o deriva da concetti, o deriva dalla costruzione dei concetti: la prima

conoscenza si dice filosofica, la seconda matematica. Sulla distinzione intrinseca di queste due conoscenze, ho già trattato nel primo capitolo. Una conoscenza, quindi, dal punto di vista oggettivo può essere filosofica, e tuttavia, dal punto di vista soggettivo, storica, come avviene per la maggior parte dei discepoli, e per tutti coloro che non spingono mai lo sguardo al di là della scuola, rimanendo discepoli per tutta la vita. È strano, peraltro, che la conoscenza matematica, non appena appresa, possa altresí valere soggettivamente come conoscenza razionale, e che in tal caso non abbia luogo la distinzione che si presenta a proposito della conoscenza filosofica. La causa di ciò sta nel fatto che le fonti conoscitive, onde può attingere il maestro, non si trovano da nessun'altra parte se non nei principî essenziali e autentici della ragione: il discepolo non può quindi individuarle in nessun altro luogo, né può eventualmente contestarle, e ciò, precisamente, perché l'uso della ragione si svolge qui solo *in concreto*, sebbene *a priori*, cioè ha luogo nell'intuizione pura ed appunto perciò infallibile, escludendo ogni illusione ed ogni inganno. Fra tutte le scienze razionali (*a priori*), dunque, si può imparare soltanto la matematica, e mai invece la filosofia (eccetto
542 che storicamente): tutt'al piú, riguardo alla ragione, si può imparare soltanto a filosofare.

Il sistema di ogni conoscenza filosofica, orbene, si dice filosofia. È necessario considerarla oggettivamente, se per filosofia si vuole intendere quel modello per valutare tutti i tentativi di filosofare, che debba servire per giudicare ogni filosofia soggettiva, la cui costruzione è spesso cosí varia e cosí mutevole. A questo modo, la filosofia è una semplice idea di una scienza possibile, mai data *in concreto*, alla quale tuttavia cerchiamo di avvicinarci per molte strade, sintanto che non venga scoperto l'unico sentiero, quasi cancellato dalla sensibilità, e sintanto che non ci riesca, per quanto è concesso agli uomini, di rendere la copia — sinora difettosa — uguale al modello. Sino a quel momento, non potremo imparare alcuna filosofia: in effetti, dov'è essa, chi mai la possiede, e da che cosa si può riconoscere? Si può soltanto imparare a filosofare, ossia si può soltanto esercitare il talento della ragione, applicando i suoi principî universali a certi esperimenti dati, ma sempre con la riserva del diritto della ragione di indagare quei principî seguendoli sino alle loro fonti, e di confermarli o rifiutarli.

Sin qui, tuttavia, il concetto di filosofia è solo un concetto scolastico — ossia il concetto di un sistema della conoscenza, la quale viene cercata soltanto come scienza — senza che si abbia come scopo null'altro se non l'unità sistematica di questo sapere, e quindi la perfezione logica della conoscenza. Vi è tuttavia ancora un concetto cosmico (*conceptus cosmicus*), che è sempre stato posto alla base di questa denominazione, soprattutto quando, per cosí dire, lo si è personificato e rappresentato come un modello nell'ideale del filosofo. Sotto questo punto di vista, la filosofia è la scienza della relazione di ogni conoscenza con i fini essenziali della ragione umana (*teleologia rationis humanae*), ed il filosofo non è un artista della ragione, bensí il legislatore della ragione umana. In tale significato, sarebbe vanaglorioso prendere il nome di filosofo, e presumere di avere uguagliato un modello che esiste soltanto nell'idea.

Il matematico, lo studioso della natura e il logico — per notevole che sia il progresso compiuto dai primi due nella conoscenza della ragione, e dagli ultimi due particolarmente nella conoscenza filosofica — sono tuttavia soltanto artisti della ragione. Idealmente, esiste ancora un maestro, che controlla tutti costoro e li utilizza come strumenti, per promuovere i fini essenziali della ragione
umana. È soltanto costui, che dovremmo chiamare filosofo; 543
ma poiché egli non si ritrova da nessuna parte, mentre l'idea della sua legislazione si mostra ovunque nella ragione umana, noi ci atterremo unicamente a quest'ultima, e

determineremo piú precisamente, quale unità sistematica, dal punto di vista dei fini, sia prescritta dalla filosofia, secondo questo concetto cosmico[1].

Gli scopi essenziali non sono ancora gli scopi supremi: non può esservi infatti se non un unico scopo supremo (quando si raggiunga una perfetta unità sistematica della ragione). Gli scopi essenziali, perciò, o sono lo scopo finale, oppure scopi subalterni, che appartengono necessariamente come mezzi allo scopo finale. Lo scopo finale non è altro se non l'intera destinazione dell'uomo, e la filosofia che riguarda tale destinazione si chiama morale. A causa di questa eccellenza posseduta dalla filosofia morale nei confronti di ogni altra attività razionale, già presso gli antichi il nome di filosofo ha sempre designato al tempo stesso, e principalmente, il moralista; e anche soltanto l'apparenza esterna di un dominio di sé, ottenuto mediante la ragione, fa sí ancora oggi che per una certa analogia noi chiamiamo filosofo chi sembra possedere tale dominio, per quanto possa essere limitato il suo sapere.

La legislazione della ragione umana (filosofia), orbene, ha due oggetti, natura e libertà, e contiene dunque tanto la legge naturale quanto anche la legge morale, da principio in due sistemi filosofici separati, ed in fine in un unico sistema filosofico. La filosofia della natura si riferisce a tutto ciò che è; la filosofia dei costumi si riferisce soltanto a ciò che *deve essere*.

Ogni filosofia, peraltro, o è conoscenza derivata dalla ragione pura, o è conoscenza razionale derivata da principî empirici. La prima si chiama filosofia pura, la seconda si chiama filosofia empirica.

La filosofia della ragione pura, orbene, o è *propedeutica* (esercitazione preliminare) — la quale

543 [1] *Concetto cosmico* significa qui un concetto riguardante ciò che interessa necessariamente chiunque. Di conseguenza, io determino il fine di una scienza secondo *concetti scolastici*, nel caso in cui la consideri soltanto come un'abilità destinata a certi scopi arbitrari.

indaga la facoltà della ragione rispetto ad ogni conoscenza pura *a priori*, e si chiama critica — oppure, in secondo luogo, è il sistema della ragione pura (scienza) — la connessione sistematica dell'intera conoscenza filosofica (tanto vera quanto apparente) derivante dalla 544
ragione pura — e si chiama metafisica. Quest'ultimo nome, tuttavia, può altresí essere dato all'intera filosofia pura, compresa la critica, in modo da raccogliere assieme tanto l'indagine di tutto ciò che può essere conosciuto *a priori*, quanto anche l'esposizione di ciò che costituisce un sistema delle conoscenze filosofiche pure di questa specie, distinguendosi invece da ogni uso empirico, e del pari da ogni uso matematico, della ragione.

La metafisica si divide in metafisica dell'uso speculativo e in metafisica dell'uso pratico della ragione pura, ed è dunque, o metafisica della natura, o metafisica dei costumi. La prima contiene tutti i principî puri della ragione, derivanti da semplici concetti (con esclusione quindi della matematica) e riguardanti la conoscenza teoretica di tutte le cose; la seconda contiene i principî che determinano *a priori*, e rendono necessario, il fare e non fare. La moralità, orbene, è l'unica legalità delle azioni, che possa venir dedotta pienamente *a priori* da principî. La metafisica dei costumi, quindi, è propriamente la morale pura, alla base della quale non si pone affatto un'antropologia (ossia non c'è alcuna condizione empirica). La metafisica della ragione speculativa, d'altronde, è ciò che si suole chiamare in senso stretto metafisica. Tuttavia, in quanto la morale pura appartiene al tronco separato della conoscenza umana — e precisamente, della conoscenza filosofica — derivante dalla ragione pura, noi le conserveremo allora (pur lasciandola qui da parte, poiché ora la sua trattazione non rientra nel nostro scopo) quel nome di metafisica.

È di estrema importanza isolare le conoscenze,

che per il loro genere e per la loro origine devono essere distinte da altre, ed impedire accuratamente che esse si mescolino ad altre conoscenze, con cui nell'uso vengono solitamente congiunte. Ciò che fanno i chimici, nell'analisi dei corpi, oppure i matematici, nella loro teoria pura delle grandezze, spetta ancor piú al filosofo, che deve riuscire in tal modo a determinare con sicurezza la parte che uno speciale modo di conoscenza ha nell'uso complesso dell'intelletto, ed inoltre, il valore proprio di tale conoscenza e il suo influsso. Perciò la ragione umana, dal momento in cui ha cominciato a pensare, o piuttosto a riflettere, non ha mai potuto fare a meno di una metafisica, sebbene non sia stata in grado di esporla sufficientemente depurata da ogni elemento estraneo. L'idea di una tale scienza è tanto antica quanto la ragione speculativa dell'uomo: e quale ragione non specula, almeno in modo
545 scolastico o popolare? Si deve tuttavia ammettere, che la distinzione tra i due elementi della nostra conoscenza — uno dei quali è del tutto *a priori* in nostro possesso, mentre l'altro può essere desunto soltanto *a posteriori* dall'esperienza — è rimasta assai oscura persino ai pensatori di professione: di conseguenza, non si riuscí mai a determinare i limiti di una specie separata di conoscenza, né quindi a costituire la vera idea di una scienza, che cosí a lungo ed in cosí grande misura ha impegnato la ragione umana. Quando si diceva: la metafisica è la scienza riguardante i principî primi della conoscenza umana, con ciò si metteva in rilievo, non già una specie del tutto particolare di conoscenza, bensí soltanto un certo livello di universalità, mediante il quale la conoscenza in questione non poteva quindi venir distinta chiaramente da ciò che è empirico. In effetti, anche tra i principî empirici ve ne sono alcuni piú generali, e quindi piú alti, di certi altri. E nella serie di tali principî subordinati (dove non si distingue ciò che è pienamente *a priori* da quello che viene conosciuto soltanto *a posteriori*), dove mai si dovrà

fare il taglio, che distingua la *prima* parte, e i termini superiori, dall'*ultima* parte, e dai termini subordinati? Che cosa si direbbe, se la cronologia si limitasse a designare le epoche del mondo, col dividerle in primi secoli e in secoli successivi? Si domanderebbe allora: anche il quinto secolo, il decimo, ecc., appartiene forse ai primi secoli? Allo stesso modo io domando: il concetto di ciò che è esteso appartiene alla metafisica? Voi rispondete di sí. Ma io domando ancora: vi apparterrà anche il concetto di corpo? Certamente! E quello di corpo fluido? A questo punto voi rimanete perplessi: in effetti, se si procede cosí, tutto quanto dovrà allora appartenere alla metafisica. Di qui si vede, che il semplice grado di subordinazione (del particolare all'universale) non può affatto determinare i limiti di una scienza: nel nostro caso, piuttosto, tale determinazione deve essere data dalla totale eterogeneità e dalla diversità di origine. Ciò che da un altro lato ancora oscurava l'idea fondamentale della metafisica, peraltro, era il fatto che essa, in quanto conoscenza *a priori*, mostra una certa omogeneità rispetto alla matematica, cosicché entrambe risultano senza dubbio affini tra loro per quanto riguarda l'origine *a priori*. Tuttavia, per quanto si riferisce alla conoscenza basata su concetti nella metafisica in confronto al modo di giudicare della matematica, semplicemente per costruzione *a priori* dei concetti, e quindi, per quanto si riferisce alla differenza tra conoscenza filosofica e conoscenza matematica, si rivela invece un'eterogeneità assai decisa, che in ogni tempo, per cosí dire, è stata sentita, ma che non si è mai riuscito di ridurre a criteri evidenti. È cosí accaduto che, in quanto gli stessi filosofi non sono stati capaci di sviluppare l'idea della 546
loro scienza, l'elaborazione di tale scienza non ha potuto allora trovare nessuno scopo determinato e nessuna norma sicura: di conseguenza i filosofi, di fronte ad un disegno tracciato cosí arbitrariamente, nell'incertezza quanto alla strada da prendere, e sempre in dissidio tra loro riguardo

alle scoperte che ciascuno pretendeva di aver fatto lungo il suo cammino, hanno cominciato con lo screditare la loro scienza agli occhi degli altri, ed hanno finito addirittura per disprezzarla essi stessi.

Ogni conoscenza pura *a priori*, in virtú della speciale facoltà conoscitiva, nella quale sola può trovare la sua sede, costituisce dunque una particolare unità: e la metafisica è quella filosofia, che è destinata a rappresentare tale conoscenza in questa unità sistematica. La parte speculativa della metafisica — parte che si è appropriato di preferenza tale nome, cioè quella che chiamiamo metafisica della natura, e che considera in base a concetti *a priori* tutto ciò che è (e non invece ciò che deve essere) — deve essere divisa nel modo seguente.

La metafisica — cosí chiamata in senso stretto — consta della filosofia trascendentale e della fisiologia della ragione pura. La prima considera soltanto l'intelletto stesso e la ragione stessa in un sistema di tutti i concetti e di tutte le proposizioni fondamentali, che si riferiscono ad oggetti in generale, senza assumere oggetti che siano dati (*ontologia*); la seconda considera la natura, cioè l'insieme degli oggetti dati (siano questi dati ai sensi, oppure, se si vuole, ad un'altra specie di intuizione), ed è quindi fisiologia (sebbene soltanto *rationalis*). L'uso della ragione in questa considerazione razionale della natura, peraltro, o è fisico, o è iperfisico; per meglio dire, o è immanente, o è trascendente. Dunque, il primo uso si rivolge alla natura, in quanto la conoscenza di questa può venire applicata nell'esperienza (*in concreto*); il secondo, a quella connessione degli oggetti dell'esperienza, che oltrepassa ogni esperienza. Tale fisiologia trascendente ha per oggetto, quindi, o una connessione interna o una connessione esterna, le quali peraltro oltrepassano entrambe l'esperienza possibile: la prima è la fisiologia dell'intera natura, ossia è la conoscenza trascendentale del mondo; la seconda è la fisiologia del collegamento dell'intera natura con un ente superiore alla natura, ossia è la conoscenza trascendentale di Dio.

La fisiologia immanente, d'altro canto, considera la natura come l'insieme di tutti gli oggetti dei sensi, e quindi la considera cosí come è data a noi, ma solo secondo le condizioni *a priori*, sotto cui la natura può in generale 547
esserci data. Peraltro, vi sono soltanto due specie di oggetti della fisiologia immanente: 1. Gli oggetti dei sensi esterni, e quindi l'insieme di tali oggetti, cioè la natura corporea. 2. L'oggetto del senso interno, l'anima, e in generale, secondo i concetti fondamentali di essa, la natura pensante. La metafisica della natura corporea si chiama fisica, o piú precisamente, in quanto deve contenere soltanto i principî della conoscenza *a priori* della natura, si dice fisica razionale. La metafisica della natura pensante è chiamata psicologia, e per la ragione citata sopra, si deve intendere qui soltanto la conoscenza razionale della natura pensante.

L'intero sistema della metafisica consta dunque di quattro parti principali: 1. Ontologia. 2. Fisiologia razionale. 3. Cosmologia razionale. 4. Teologia razionale. La seconda parte, cioè la fisiologia della ragione pura, si suddivide in *physica rationalis* [1] e in *psychologia rationalis*.

[1] Non si deve pensare che con tale espressione io voglia riferirmi a 547
ciò che è detto comunemente *physica generalis*, ed appartiene piú alla matematica che alla filosofia della natura. In effetti, la metafisica della natura è del tutto separata dalla matematica, ed anche se è ben lungi dall'ampliare le nostre conoscenze nella stessa misura della matematica, è tuttavia assai importante a riguardo della critica della conoscenza intellettuale pura in generale, che dovrà applicarsi alla natura. In mancanza di una metafisica della natura, i matematici stessi, influenzati da certi concetti comuni — che sono in realtà metafisici — hanno gravato la scienza naturale di ipotesi, che si dissolvono di fronte ad una critica di questi principî, senza che tale critica danneggi minimamente l'uso della matematica in questo campo (uso assolutamente indispensabile).

L'idea originaria di una filosofia della ragione pura prescrive essa stessa questa divisione. Tale partizione è dunque architettonica, conforme ai fini essenziali della ragione, e non soltanto tecnica, cioè tracciata secondo affinità accidentalmente percepite, e per cosí dire a casaccio: appunto per questo, d'altronde, essa è immutabile e legislativa. A questo proposito, tuttavia, vi sono alcuni punti, che potrebbero suscitare dubbi, e indebolire la convinzione della legittimità di tale divisione.

Anzitutto, come potrò attendermi una conoscenza *a priori*, e quindi una metafisica, di oggetti, che siano dati ai nostri sensi, cioè siano dati *a posteriori*? E come sarà possibile conoscere la natura delle cose in base a principî *a priori*, e giungere ad una fisiologia razionale? La risposta è: dall'esperienza noi non prendiamo null'altro
548 se non ciò che è necessario per darci un oggetto tanto del senso esterno quanto del senso interno. La prima cosa avviene mediante il semplice concetto di materia (estensione impenetrabile e priva di vita); la seconda cosa, mediante il concetto di un ente pensante (nella rappresentazione empirica interna: io penso). Per il resto, in tutta quanta la metafisica di questi oggetti noi dovremo astenerci completamente da ogni principio empirico, che possa aggiungere, oltre al concetto, una qualche esperienza, ossia non dovremo fondarci su principî empirici per formulare un giudizio su tali oggetti.

In secondo luogo, come si dovrà considerare allora la psicologia empirica, che ha sempre preteso un suo posto nella metafisica, e da cui ai nostri tempi si sono sperate cosí grandi cose per chiarificare la metafisica, una volta abbandonata la speranza di stabilire qualcosa di valido *a priori*? Io rispondo: essa trova il suo posto là dove deve essere collocata la scienza naturale vera e propria (empirica), cioè dal lato della filosofia applicata, cui la filosofia pura fornisce i principî *a priori*, e che deve essere quindi congiunta con la filosofia pura, ma non confusa con essa. La psicologia empirica, di conseguenza, deve essere del tutto bandita dalla metafisica, e già l'idea della metafisica basta ad escluderla completamente. Secondo l'uso scolastico, tuttavia, alla psicologia empirica si dovrà pur sempre concedere un piccolo posto (sebbene solo episodicamente) nella metafisica, e ciò per motivi economici, in quanto la psicologia empirica non è abbastanza ricca da meritare uno studio per sé sola, e d'altro canto è troppo importante, perché la si possa bandire completamente, oppure collocare da qualche altra parte (dove essa troverebbe un'affinità ancora minore che nella metafisica). La psicologia empirica si può dunque paragonare ad uno straniero ospitato da lungo tempo, cui si conceda ancora un breve soggiorno, sintanto che potrà trovare il proprio domicilio in un'antropologia dettagliatamente completa (parallela alla scienza empirica della natura).

Tale è dunque l'idea generale della metafisica. Quest'ultima, in quanto inizialmente ci si attese da essa piú di quanto fosse giusto pretendere, e per un certo tempo ci si illuse con piacevoli speranze, è caduta alla fine nel generale discredito, poiché ciascuno si trovò ingannato nelle proprie aspettative. L'intero corso della nostra critica avrà fornito una sufficiente convinzione che, sebbene la metafisica non possa costituire il cardine della religione, essa tuttavia deve sempre rimanere il suo baluardo, e che
la ragione umana, la quale è indirizzata dialetticamente 549
dalla sua stessa natura, non potrà mai fare a meno di una tale scienza, che la tenga a freno, e rendendola capace di una conoscenza di sé scientifica e perfettamente evidente, impedisca le devastazioni che altrimenti verrebbero inevitabilmente arrecate, tanto nella morale, quanto nella religione, da una ragione speculativa anarchica. Possiamo quindi essere sicuri — e coloro che pretendono di giudicare una scienza non già secondo la sua natura, ma soltanto in base ai suoi effetti contingenti, potranno fare

gli schizzinosi e gli sprezzanti quanto vorranno — che si ritornerà sempre alla metafisica, come ad una amata, con la quale si sia rotto: la ragione, in effetti, trattandosi qui di fini essenziali, deve lavorare incessantemente per giungere a conoscenze rigorose, o per distruggere altre conoscenze già stabilite.

Tanto la metafisica della natura quanto la metafisica dei costumi — e soprattutto la critica preparatoria (propedeutica) di una ragione che si avventura sulle proprie ali — costituiscono da sole, propriamente, tutto ciò che possiamo chiamare filosofia in senso autentico. La filosofia riferisce tutto alla saggezza, ma attraverso la via della scienza: è questa l'unica strada, che, una volta aperta, non verrà mai piú cancellata, e non permetterà smarrimenti. La matematica, la scienza naturale, e persino la conoscenza empirica dell'uomo, possiedono un alto valore come mezzi, in massima parte per fini contingenti, ma in conclusione altresí per fini necessari ed essenziali dell'umanità: in tal caso, però, questi piú alti fini potranno essere raggiunti solo attraverso una conoscenza razionale, fondata su semplici concetti, la quale, comunque sia chiamata, non è propriamente altro se non metafisica.

Proprio per questo, la metafisica costituisce altresí il compimento di ogni cultura della ragione umana, compimento che è indispensabile, quand'anche si metta da parte l'influsso della metafisica, come scienza, rispetto a certi fini determinati. In effetti, la metafisica considera la ragione nei suoi elementi e nelle sue massime supreme; su tutto ciò deve fondarsi la possibilità stessa di alcune scienze, e l'uso di tutte quante. Il fatto che la metafisica, in quanto semplice speculazione, serva piú a tener lontani gli errori, che ad estendere la conoscenza, non pregiudica affatto il suo valore, ma le conferisce piuttosto dignità ed autorità, attribuendo ad essa il censorato, che assicura l'ordine e la concordia generali, anzi il benessere della comunità degli scienziati, e impedisce che i lavori coraggiosi e fecondi di questa comunità si allontanino dallo scopo principale, cioè dalla felicità universale.

CAPITOLO QUARTO 550

LA STORIA DELLA RAGIONE PURA

Questo titolo compare qui soltanto per indicare un posto, che rimane vuoto nel sistema, e che dovrà in avvenire essere riempito. Mi accontento — da un punto di vista semplicemente trascendentale, cioè dal punto di vista della natura della ragione pura — di gettare uno sguardo fuggevole sull'insieme dei precedenti lavori in tale campo: questo insieme presenta certo ai miei occhi degli edifici, ma tutti in rovina.

È assai notevole — ma è naturale che non potesse accadere diversamente — il fatto che gli uomini, nell'infanzia della filosofia, abbiano cominciato dal punto in cui noi vorremmo oggi finire, cioè abbiano anzitutto studiato la conoscenza di Dio, e la speranza, o anche la natura, di un altro mondo. Per quanto rozzi potessero essere i concetti religiosi, che furono introdotti dagli antichi usi, residui dello stato barbarico dei popoli, ciò tuttavia non impedí agli individui piú illuminati, di dedicarsi a libere indagini su questo oggetto, e si comprese facilmente, che non poteva esserci un modo piú fondato e piú sicuro della buona condotta, per rendersi accetti alla potenza invisibile che governa il mondo, al fine di poter essere felici almeno in un altro mondo. La teologia e la morale divennero perciò le due molle, o meglio i due punti di riferimento, di tutte le indagini astratte della ragione, che in seguito attrassero sempre l'attenzione. Tuttavia, fu propriamente la teologia, che impegnò gradualmente sempre piú la ragione semplicemente speculativa nell'occupazione, la quale è divenuta poi tanto famosa sotto il nome di metafisica.

Non cercherò ora di distinguere le epoche in cui intervenne questo o quel mutamento della metafisica, ma mi limiterò a esporre, in un rapido schizzo, le differenti idee che causarono le rivoluzioni piú importanti. In tal caso, io trovo che su questo terreno di lotta i principali mutamenti si sono prodotti secondo un triplice punto di vista.

1. *A riguardo dell'oggetto* di tutte le conoscenze della nostra ragione, alcuni *filosofi* sono stati semplicemente *sensualisti*, ed altri soltanto
551 *intellettualisti*. *Epicuro* può dirsi il piú notevole filosofo della sensibilità, e *Platone*, il piú qualificato intellettualista. La distinzione di queste due scuole, per sottile che sia, aveva già preso inizio sin dai tempi piú antichi, e si è mantenuta poi ininterrottamente per molto tempo. I seguaci della prima scuola asserivano che la realtà è contenuta soltanto negli oggetti dei sensi, e che tutto il resto è immaginazione; i seguaci della seconda scuola dicevano invece, che nei sensi non vi è null'altro se non illusione, e che soltanto l'intelletto conosce la verità. I primi, tuttavia, non per questo contestavano ogni realtà ai concetti dell'intelletto: tale realtà, peraltro, era secondo loro soltanto *logica*, mentre per gli altri era *mistica*. I primi concedevano *concetti intellettuali*, ma assumevano soltanto *oggetti sensibili*. I secondi pretendevano che gli oggetti veri fossero semplicemente *intelligibili*, ed asserivano un'*intuizione* ottenuta mediante un intelletto puro, non accompagnato affatto dai sensi (i quali, secondo la loro opinione, non possono fare altro che confonderlo).

2. *Riguardo all'origine* delle conoscenze pure della ragione — per determinare cioè, se esse risultino derivate dall'esperienza, oppure trovino la loro fonte, indipendentemente dall'esperienza, nella ragione — *Aristotele* può essere considerato come il capo degli

empiristi, e *Platone*, invece, il capo dei *noologisti*. *Locke*, che in tempi recenti ha seguito il primo, e *Leibniz*, che ha seguito il secondo (pur tenendosi a notevole distanza dal suo sistema mistico), non sono tuttavia riusciti a risolvere tale contrasto. Epicuro, per lo meno, si era comportato dal canto suo, nel proprio sistema sensualistico (le sue deduzioni non oltrepassano infatti mai i confini dell'esperienza), assai piú conseguentemente di Aristotele e Locke. L'inconseguenza è grave soprattutto in quest'ultimo, il quale, dopo di aver dedotto tutti i concetti e tutti i principî dall'esperienza, procede poi tanto oltre nel loro uso, da sostenere che l'esistenza di Dio e l'immortalità dell'anima (pur trovandosi questi due oggetti completamente al di fuori dei limiti dell'esperienza possibile) possono essere dimostrate con la medesima evidenza di un qualsiasi teorema matematico.

3. Il terzo *punto di vista* è quello *del metodo*. Se qualcosa vuol chiamarsi metodo, dovrà trattarsi di un procedimento in base a *proposizioni fondamentali*. Il metodo che è oggi dominante in questo ramo dell'indagine, orbene, si può dividere in *naturalistico* e *scientifico*. Il *naturalista* della ragione pura assume come proprio principio, che mediante la ragione comune (che egli chiama ragione sana), e prescindendo dalla scienza, si possono raggiungere, rispetto alle piú sublimi questioni costituenti il compito della metafisica, risultati maggiori di quelli ottenuti attraverso la speculazione. Egli asserisce dunque, che la grandezza e la distanza della luna possono venir determinate 552
con maggior sicurezza ad occhio nudo, che attraverso i complicati mezzi indiretti della matematica. Si tratta di semplice misologia, ridotta a principî. E, ciò che è piú assurdo, in tal caso si trascurano tutti i mezzi studiati ad arte, vantando ciò come un *metodo peculiare* per estendere la nostra conoscenza. Quanto ai naturalisti, che sono tali per *mancanza* di conoscenze migliori,

a loro carico non si può invero imputare ragionevolmente nulla. Essi seguono la ragione comune, senza vantarsi della loro ignoranza, come di un metodo, che contenga il segreto per cavar fuori la verità dal profondo pozzo di Democrito. *Quod sapio, satis est mihi, non ego curo esse quod Arcesilas aerumnosique Solones* (PERS.), è il loro motto, seguendo il quale essi possono vivere contenti, ed essere degni di approvazione, senza preoccuparsi della scienza e senza turbare l'opera di questa.

Per quanto riguarda ora i seguaci di un metodo scientifico, essi hanno qui la scelta di procedere o dogmaticamente, o scetticamente, ma in ogni caso hanno l'obbligo di procedere sistematicamente. Una volta che io abbia nominato, rispetto al primo caso, il celebre Wolff, e riguardo al secondo David Hume, potrò passare sotto silenzio tutti gli altri, per il mio scopo presente. Rimane ormai aperta soltanto la strada critica. Ammesso che il lettore sia stato tanto gentile e paziente da percorrerla tutta in mia compagnia, egli potrà ora giudicare — nel caso in cui voglia dare il suo contributo per trasformare questo sentiero in una strada maestra — se non sia possibile raggiungere, prima ancora che termini questo secolo, il risultato che molti secoli non hanno potuto cogliere, cioè recare piena soddisfazione alla ragione umana, rispetto a ciò che ha sempre dato incentivo, ma sinora vanamente, al suo desiderio di sapere.

NOTE

Verhältniss] manca in **A**[1]: aggiunto da ERDMANN, cfr. lettera di Kant a Biester (8 giugno 1781). III 5, 5

Grundsätzen] Qui come altrove, traduciamo « proposizioni fondamentali », contro l'opinione comune (seguita dai traduttori), che identifica *Grundsatz* con *Prinzip*. A dire il vero, il significato di questi termini è spesso identico, ed anche noi tradurremo talvolta *Grundsatz* con « principio ». Ma una certa distinzione di contenuto è a nostro avviso rintracciabile in questa opera kantiana; pur senza approfondire la questione, rimandiamo ai passi citati in RATKE: 97-9; 182-3, e soprattutto a: III 238, 8 - 239, 8; 133, 22-6; 140, 17 - 141, 6. IV 7, 8

sie] Seguiamo GÖRLAND, che riferisce *sie* al *Vernunft* contenuto in *Vernunftvermögen*. ADICKES propone *es*. 9, 13

Seguiamo la punteggiatura di ERDMANN, che diverge da **A**[1]. 11, 35

Secondo l'edizione dell'Accademia, la citazione è di: III 104, 3 sgg. 12, 12

helfen] ROSENKRANZ | *fehlen* **A**[1]. 13, 5

Come a me... prestabilito] La traduzione migliore ci sembra quella di KEMP SMITH: « The reader, I should judge, will feel it to be no small inducement to yield his willing co-operation, when the author is thus endeavouring, according to the plan here proposed, to carry through a large and important work in a complete and lasting manner ». Poco chiaro GENTILE: « Ciò potrà, credo, servire di non piccolo allettamento al lettore ed unire il suo 13, 12-5 sforzo a quello dell'autore, se ha in animo di eseguire, con la guida dell'abbozzo messogli innanzi, compiutamente e durevolmente un'opera grande ed importante ».

13, 29 *sie... sie*] intendiamo *Begriffe* (H. FISCHER).

14, 16 Secondo l'edizione dell'Accademia, la citazione è di: IV 238, 11.

14, 17-8 Nell'edizione dell'Accademia: III 294 - 321.

III 7, 1 La prefazione ad **A**[1] manca in **A**[2-5].

9, 2 *welchem*] congettura ERDMANN | *welcher* **A**[2-5].

9, 28 *gleichschenklichten* (isoscele)] Kant (lettera a Schütz del 25 giugno 1787) | *gleichseitigen* (equilatero) **A**[2-5].

9, 32-4 ma doveva... presentato *a priori*] « mais qu'il avait à engendrer, à construire [cette figure], au moyen de ce qu'il pensait à ce sujet et se représentait *a priori* par concepts » BARNI. | « but that he had to produce his knowledge by means of what he had himself, according to concepts *a priori*, placed into that figure, and represented (by construction) » MAX MÜLLER. | « mais qu'il lui fallait réaliser (ou construire) cette figure, au moyen de ce qu'il y pensait et s'y représentait lui-même *a priori* par concepts (c'est-à-dire par construction) » TREMESAYGUES. | « ma, per mezzo di ciò che per i suoi stessi concetti pensava e rappresentava a se stesso (per costruzione), produrla » GENTILE. | « but to bring out what was necessarily implied in the concepts that he had himself formed *a priori*, and had put into the figure in the construction by which he presented it to himself » KEMP SMITH. || Il passo è stato assai discusso dagli interpreti. In 9, 32-3 accettiamo l'emendazione di ADICKES, che legge: *sondern das*, anziché *sondern durch das* (lezione di **A**[2-5], difesa da ERDMANN, che commenta: « Der Sinn der Construction, die dem Leser überlässt, das nach Kants Sprachgebrauch erforderliche unmittelbare Object zu *durch Construction hervorbringen* selbst zu ergänzen, ist: *sondern* den dem Begriff entsprechenden Gegenstand, also die Figur eines gleichschenkligen Dreiecks, *durch das, was er nach Begriffen selbst a priori* in die Anschauung *hineindachte...* » III 584-5). HARTENSTEIN propone: *sondern sie durch das.*

ihren] **A**$^{2\text{-}5}$ | *ihnen* GÖRLAND. 13, 11

Orbene, se quando... a scopo di tentativo] « Or, en admettant que notre connaissance expérimentale se règle sur les objets, comme sur des choses en soi, on trouve que l'absolu ne peut se concevoir sans contradiction; au contraire, si l'on admet que notre représentation des choses telles qu'elles nous sont données ne se règle pas sur ces objets, [considérés] comme choses en soi, mais que ce sont eux plutôt qui, comme phénomènes, se règlent sur notre mode de représentation, alors la contradiction disparaît. Si en conséquence [on se convainc que] l'inconditionné ne saurait se trouver dans les choses en tant que nous les connaissons (qu'elles nous sont données), mais en tant que nous ne les connaissons pas, c'est-à-dire dans les choses en soi, tout cela est la preuve que ce que nous n'avions d'abord admis qu'à titre d'essai est véritablement fondé » BARNI. | « If then we find that, under the supposition of our experience conforming to the objects as things by themselves, it is impossible to conceive the unconditioned without contradiction, while, under the supposition of our representation of things, as they are given to us, not conforming to them as things by themselves, but, on the contrary, of the objects conforming to our mode of representation, that contradiction vanishes, and that therefore the unconditioned must not be looked for in things, so far as we know them (so far as they are given to us), but only so far as we do not know them (as things by themselves), we clearly perceive that, what we at first assumed tentatively only, is fully confirmed » MAX MÜLLER. | « Ora, ammettendo che la nostra conoscenza sperimentale si regoli sugli oggetti come cose in sé, si trova che l'incondizionato non può essere pensato senza contraddizione; al contrario, se si ammette che la nostra rappresentazione delle cose, quali ci son date, non si regola su di esse, come cose in se stesse, ma piuttosto che questi oggetti, come fenomeni, si regolano sul nostro modo di rappresentarceli, la contraddizione scompare; e, se perciò l'incondizionato non deve trovarsi nelle cose in quanto noi le conosciamo (esse ci son date), ma nelle cose in quanto noi non le conosciamo, come cose in sé, si vede che è ben fondato ciò che noi abbiamo ammesso prima, soltanto in via di tentativo » GENTILE. | La traduzione di TREMESAYGUES segue quella di BARNI, per la prima parte del passo, proseguendo poi: « ... mais que c'est plutôt ces objets, comme phénomènes qui se règlent sur notre mode de représentation, la contradiction disparaît, et si, par conséquent, l'Inconditionné ne doit pas se 14, 4-14 trouver dans les choses... mais bien dans les choses en tant que nous ne les connaissons pas, en tant que choses en soi, c'est une preuve que ce que nous avons admis tout d'abord à titre d'essai est fondé ». | « If, then, on the supposition that our empirical knowledge conforms to objects as things in themselves, we find that the unconditioned cannot be thought without contradiction, and that when, on the other hand, we suppose that our representation of things, as they are given to us, does not conform to these things as they are in themselves, but that these objects, as appearances, conform to our mode of representation, the contradiction vanishes; and if, therefore, we thus find that the unconditioned is not to be met with in things, so far as we know them, that is, so far as they are given to us, but only so far as we do not know them, that is, so far as they are things in themselves, we are justified in concluding that what we at first assumed for the purposes of experiment is now definitely confirmed » KEMP SMITH.

15, 2 La lezione *und dadurch* di $\mathbf{A}^{2\text{-}5}$ è dura. Pur mantenendola nel testo dell'Accademia, ERDMANN propone congetturalmente di sostituirla con *dadurch* (commentando: « Mir bleibt am meisten wahrscheinlich, dass eine Zeile ausgefallen ist, etwa die Worte: ihr den sicheren Gang einer Wissenschaft zu geben... » III 568-9). ADICKES emenda: *und zwar dadurch.* Il senso comunque è chiaro, e scorretta risulta la traduzione GENTILE: « In quel tentativo di cambiare il procedimento fin qui seguito in metafisica, e di operare cosí in essa una completa rivoluzione seguendo l'esempio dei geometri e dei fisici, consiste il compito di questa critica della ragion pura speculativa ».

15, 7 *des... Gliederbaus*] congettura ERDMANN | *den... Gliederbau* $\mathbf{A}^{2\text{-}5}$.

16, 35 *er*] congettura ERDMANN | *es* $\mathbf{A}^{2\text{-}5}$.

17, 11 Riferiamo *derselben* a *Causalität* (17, 10), e ci allontaniamo dall'interpretazione di MAX MÜLLER, GENTILE e KEMP SMITH.

20, 26-8 Male GENTILE: « ... e a limitarsi quindi unicamente per la cultura a trattare quelle prove che sono alla portata di tutti e sufficienti dal punto di vista morale ».

23, 29 Secondo l'edizione dell'Accademia, la citazione è di: III 191, 24-5.

29, 1 Traduciamo seguendo l'esegesi di ERDMANN, III 585.

derselben ... derselben] Riferiamo il primo *derselben* a *Kennzeichen*, ed il secondo a *Urtheile*. Erdmann riferisce il primo a *Erkenntniss a priori*; Görland li riferisce entrambi a *Urtheile*. — Sulle difficoltà del passo, cfr. Vaihinger, I 209-10; Erdmann, III 585. 29, 17-8

In **A**^{1}, questa sezione corrisponde ai tre ultimi capoversi della sezione I. 30, 20

als alles vorige (di tutto quanto precede)] aggiunta di **A**^{2}. 30, 24

Diese unvermeidlichen... übernimmt (Questi problemi... esecuzione)] aggiunta di **A**^{2}. 31, 6-12

vielmehr (piuttosto)] aggiunta di **A**^{2}. 31, 18

dem Worte n a t ü r l i c h] **A**$^{2\text{-}5}$ | *diesem Worte* **A**^{1}. 31, 21-2

als] aggiunta di **A**^{2}. 31, 26

widerlegt (confutati)] **A**$^{2\text{-}5}$ | *widersprochen* (contraddetti) **A**^{1}. 31, 30

nur] aggiunta di **A**^{2}. 32, 1

eingenommen (infatuato)] **A**$^{2\text{-}5}$ | *aufgemuntert* (incoraggiato) **A**^{1}. 32, 9

so enge Schranken legt (barriere tanto ristrette)] **A**$^{2\text{-}5}$ | *so vielfältige Hindernisse legt* (impedimenti cosí svariati) **A**^{1}. 32, 14

lieber gar] aggiunta di **A**^{2}. 32, 24

Begriffen ganz fremde, und zwar a priori] **A**$^{2\text{-}5}$ | *Begriffen a priori ganz fremde* **A**^{1}. 33, 6

La sezione IV riporta i primi quattro capoversi della sezione non numerata, ed avente lo stesso titolo, di **A**^{1}. 33, 11

nachher (in seguito)] aggiunta di **A**^{2}. 33, 15

selbigem] Hartenstein | *selbigen* **A**. 33, 27

mit dem Wort Körper (con la parola corpo)] **A**^{1}, Erdmann (che richiama: III 481, 37) | *mit dem Körper* (con il corpo) **A**$^{2\text{-}5}$. 34, 3

34, 21-2 *Dagegen* (Per contro)] **A**$^{2-5}$ | *Denn* (Infatti) **A**^{1}.

34, 22-3 Male Gentile: « se nel concetto di corpo... io non includo... allora quel concetto rappresenta pure un oggetto... ».

34, 23-4 *einen Gegenstand der Erfahrung* (un oggetto dell'esperienza)] **A**$^{2-5}$ | *die vollständige Erfahrung* (l'esperienza completa) **A**^{1}.

34, 25 - 35, 1 Traduciamo secondo la lezione *gehörten* di **A**$^{2-5}$, sebbene la lezione *gehörig* di **A**^{1} (che darebbe luogo alla traduzione: « ... aggiungere ancora altre parti... come appartenenti al primo concetto ») sia difesa in nota da Erdmann (III 585-6), e tacitamente adottata da parecchi traduttori. Convincente ci sembra il commento di Adickes: « Nach **A**^{2} *gehört* die Schwere nicht zu dem Begriff des Körpers, nach **A**^{1} gehört sie dazu, ohne in ihm enthalten zu sein. Letzterer Ausdruck könnte missverstanden werden und ist deshalb hier von **A**^{2} vermieden » (47, 1).

35, 22 *liegt ganz ausser jenem Begriffe, und* (sta completamente al di fuori di quel concetto, ed)] aggiunta di **A**^{2}.

35, 24-7 Impreciso Gentile: « Come mai dunque vengo io a riferire, e per di piú necessariamente, all'effetto alcunché di affatto diverso, il concetto della causa, sebbene in quello non contenuto? ».

35, 27 *und sogar nothwendig* (e addirittura necessariamente)] aggiunta di **A**^{2}.

36, 1 *welches er gleichwohl damit verknüpft zu sein erachtet?*] **A**$^{2-5}$ | *das gleichwohl damit verknüpft sei?* **A**^{1}.

36, 3 *als die Erfahrung verschaffen kann* (di quella che può fornire l'esperienza)] **A**^{1}; Adickes, Erdmann | om. **A**$^{2-5}$.

36, 5 *Vorstellung*] Grillo | *Vorstellungen* **A**.

36, 10 *Erwerb*] **A**$^{2-5}$ | *Anbau* **A**^{1}.

37, 14-6 La traduzione di Gentile (« e finché io analizzerò il mio concetto di una tale possibile somma, dodici ») è oscura, probabilmente per errore tipografico.

37, 25 *5 zu 7*] Erdmann | *7 zu 5* **A**$^{2-5}$.

Il passo reca difficoltà, poiché non sembra adattarsi a quanto precede immediatamente. Gli interpreti hanno quindi cercato variamente di riferirlo ai capoversi precedenti. Erdmann dice semplicemente: « Der Zusammenhang fordert, das *hier* und das *solcher* auf die nicht unmittelbar vorher besprochenen synthetischen Sätze der Mathematik zu beziehen » (III 586). Vaihinger suggerisce invece, in modo piú preciso: « Somit ist hier eine offenbare Verwirrung im Texte. Das Folgende kann sich nur auf die synthetischen Sätze der Geometrie beziehen, die im vorigen Absatz behandelt sind... Man wird sich hiezu um so eher entschliessen, wenn man daran denkt, dass in den Prolegomenen, woraus auch dieser ganze Absatz stammt, an der betreffenden Stelle ohnediess eine höchst merkwürdige Blattversetzung stattgefunden hat » (I 303). A sua volta, Adickes propone: « Die Ausdrucke *hier* und *solcher* in diesem Satz beziehen sich auf die synthetischen Urteile der Mathematik. Die Beziehungslosigkeit, in welcher die Worte jetzt anscheinend stehen, macht es wahrscheinlich, dass sie ursprünglich direkt auf den vorigen Absatz folgen, die zwei vorgehenden Sätze aber erst später eingeschoben wurden » (51, 1). A nostro avviso, questi tentativi non sono convincenti, e la difficoltà rimane, poiché una connessione di questo passo con ciò che precede immediatamente ci sembra indicata dalle parole: *nur darum... werden* (38, 14-5). 38, 15-24

zu dem Begriffe (al concetto)] aggiunta di $\mathbf{A}^2$. 38, 24

Gentile traduce *mit begriffen*: « con concetti »! 40, 20

41, 33 -

Il soggetto inteso non è quello grammaticale (« scienza »), ma « ragione ». 42, 5

La sezione VII riunisce l'ultimo capoverso della sezione « Della distinzione tra... sintetici » di $\mathbf{A}^1$ e la sezione II (dal titolo « Partizione della filosofia trascendentale », prima di III 44, 24) di $\mathbf{A}^1$. — Sull'oscurità nell'uso dei termini tecnici in questa sezione VII, cfr. Adickes, 56-7. 42, 26

42, 30 -

Denn Vernunft ist] Mellin, Grillo | *Denn ist Vernunft* $\mathbf{A}^{2\text{-}5}$ | *Nun ist Vernunft* $\mathbf{A}^1$. 43, 1

in Ansehung der Speculation (riguardo alla speculazione)] aggiunta di $\mathbf{A}^2$. 43, 13-4

43, 18-9 *sondern mit unserer Erkenntnissart von Gegenständen, so fern diese a priori möglich sein soll* (quanto invece del nostro modo di conoscere gli oggetti, nel senso che tale modo di conoscenza deve essere possibile *a priori*)] $\mathbf{A}^{2-5}$ | *sondern mit unsern Begriffen a priori von Gegenständen* (quanto invece dei nostri concetti *a priori* di oggetti) $\mathbf{A}^{1}$ || ERDMANN rileva che la definizione di $\mathbf{A}^{1}$ è assai piú ristretta di quella di $\mathbf{A}^{2}$, e per quanto riguarda la critica del testo, osserva che l'*überhaupt* di $\mathbf{A}^{2}$ è talmente superfluo, che si può supporre che Kant l'abbia lasciato per una svista nel contesto della seconda edizione (III 586).

44, 17-23 *Noch weniger... sind* (Ancor meno... fondamento)] aggiunta di $\mathbf{A}^{2}$.

44, 24 *ist die Idee einer Wissenschaft* (è l'idea di una scienza)] $\mathbf{A}^{2-5}$ | *ist hier nur eine Idee* (è qui soltanto un'idea) $\mathbf{A}^{1}$.

44, 28 *Sie ist... Vernunft* (La filosofia... pura)] aggiunta di $\mathbf{A}^{2}$.

45, 1-3 Impreciso GENTILE: « Ma non contiene l'analisi particolareggiata di questi concetti, né la rassegna completa di tutti quelli che ne derivano ».

45, 12 *und in*] $\mathbf{A}^{2-5}$ | *und ihnen in* (e non manchi loro nulla...) $\mathbf{A}^{1}$.

45, 23-9 *weil sie die Begriffe... müssen* (poiché è vero... dovere)] $\mathbf{A}^{2-5}$ | *weil die Begriffe... Neigungen, der Willkür usw., die insgesammt empirischen Ursprungs sind, dabei vorausgesetzt werden müssten* (poiché i concetti del piacere e del dolore, dei desideri e delle tendenze, dell'arbitrio ecc., che sono tutti quanti di origine empirica, dovrebbero venir presupposti al riguardo) $\mathbf{A}^{1}$.

45, 31 *Triebfedern*] $\mathbf{A}^{2-5}$ | *Bewegungsgründe* $\mathbf{A}^{1}$.

46, 12 *Bedingung*] $\mathbf{A}^{2-5}$ | *Bedingungen* $\mathbf{A}^{1}$.

49, 5 La divisione in paragrafi è una aggiunta di $\mathbf{A}^{2}$.

49, 6-9 In qualsiasi modo... è l' i n t u i z i o n e] « De quelque manière et par quelque moyen qu'une connaissance puisse se rapporter à des objets, le mode par lequel elle se rapporte immédiatement à eux et que toute pensée prend comme moyen [pour les atteindre] est l'intuition » BARNI. | « In whatsoever mode, or by whatsoever means, our knowledge may relate to objects, it is at least quite clear, that the only manner in which it immediately relates to them, is by means of an intuition » MEIKLEJOHN. | « Whatever the process and the means may be by which knowledge reaches its objects, there is one that reaches them directly, and forms the ultimate material of all thought, viz. intuition » MAX MÜLLER. | « De quelque manière et par quelque moyen qu'une connaissance puisse se rapporter à des objets, le mode par lequel elle se rapporte immédiatement aux objets et que toute pensée prend comme intermédiaire pour les atteindre est l'intuition » TREMESAYGUES. | « Se in qualunque modo e con qualunque mezzo una conoscenza si può sempre riferire ad oggetti, quella tuttavia, per cui tale riferimento avviene immediatamente, e che ogni pensiero ha di mira come mezzo, è l'intuizione » GENTILE. | « In whatever manner and by whatever means a mode of knowledge may relate to objects, intuition is that through which it is in immediate relation to them, and from which all thought gains its material » KEMP SMITH. || La nostra traduzione si fonda sul commentario di VAIHINGER (II 1-3). Anche BAUCH (155) è del parere che *diejenige* di 49, 7 voglia significare *Art*.

uns Menschen wenigstens (almeno per noi uomini)] aggiunta di **A**^{2}. 49, 10-1

Traduciamo *Gemüth* con « animo », e manterremo sempre questa traduzione (cfr. VAIHINGER, II 9-12, e i passi da lui citati). Ecco altre traduzioni: MEIKLEJOHN, MAX MÜLLER, KEMP SMITH: « mind »; GENTILE: « spirito ». 49, 11

afficire] *Nachträge* XI: « Wenn die Vorstellung nicht selbst an sich die Ursache des Objects ist ». 49, 11-2

wie wir... werden (attraverso il modo... oggetti)] Cfr. VAIHINGER, II 12-6; COHEN, 104-5. 49, 12-3

vermittelst gewisser Merkmale (mediante certi contrassegni)] aggiunta di **A**^{2} || Questa frase è riferita da VAIHINGER (II 24) alla via indiretta soltanto. Noi seguiamo invece la punteggiatura di ADICKES e di ERDMANN. 49, 17-8

Nachträge XII: « Anschauung bezieht sich aufs Object, Empfindung blos aufs Subject ». Cfr. CASSIRER, 739. 50, 2-3

Qui come in seguito, traduciamo *Erscheinung* con « apparenza », che è il termine linguisticamente piú aderente all'originale, e 50, 5 riflettente nel modo piú fedele un contenuto fondamentalmente ambiguo (su tale ambiguità, cfr. Riehl, *Kr.* II 18-9). I traduttori usano invece il termine « fenomeno » (ad eccezione di Kemp Smith, che traduce « appearance »), che è bensí sinonimo di « apparenza » (cfr. però Kemp Smith, *Comm.* 83), ma traduce nel modo piú naturale il termine kantiano *Phänomen.* Non c'è d'altronde da temere una confusione terminologica fra *Erscheinung* e *Schein.* Quest'ultimo termine, quando è usato tecnicamente, significa in modo indiscutibile « illusione » (ciò che non è stato compreso da Gentile, il quale traduce spesso *Schein* con « apparenza »).

50, 8-9 *in gewissen Verhältnissen geordnet werden kann* (possa venir ordinato in certi rapporti)] **A**$^{2-5}$ | *in gewissen Verhältnissen geordnet, angeschauet wird* (ordinato in certi rapporti, venga intuito) **A**^{1}.

50, 18 *worin*] va riferito a *Form* (Vaihinger, II 101-2, Meiklejohn, Max Müller, Kemp Smith), e non a *Gemüth* (Gentile).

50, 32 Traduciamo *Analyst* con « pensatore analitico » (Max Müller: « analytical philosopher »; Kemp Smith: « analytical thinker »): cfr. in proposito Vaihinger, II 113.

50, 35 *vornehmsten* (principali)] aggiunta di **A**^{2}.

51, 19 Questo titolo è un'aggiunta di **A**^{2}.

51, 22 *bestimmten* (determinate)] aggiunta di **A**^{2}.

51, 28-30 *oder sich... zu nehmen* (oppure spartire... psicologico)] aggiunta di **A**^{2}.

52, 15-6 *den Begriff des Raumes erörtern* (esporre il concetto dello spazio)] **A**$^{2-5}$ | *den Raum betrachten* (considerare lo spazio) **A**^{1}.

52, 16-9 *Ich verstehe... darstellt* (Con esposizione... *a priori*)] aggiunta di **A**^{2}.

52, 22 *mir*] Mellin | *mich* **A**.

52, 24 *und neben* (e l'una accanto all'altra)] aggiunta di **A**^{2}.

54, 1 Questo paragrafo (54, 1-32) è un'aggiunta di **A**^{2}.

54, 31 *diesen*] **A**$^{2-5}$ | *diesem* Hartenstein.

sofern] Adickes | *so wie* **A**, Erdmann. 55, 22

gilt unter] **A**$^{2-5}$ | *gilt nur unter* **A**^{1}. 56, 5

obzwar die (nondimeno la)] **A**$^{2-5}$ | *obzwar zugleich die* (nondimeno, al tempo stesso, la) **A**^{1}. 56, 16

Gentile traduce *am wenigsten*: « almeno » ! 56, 28

Questo titolo è un'aggiunta di **A**^{2}. 57, 20

denn die enthalten nur Theilvorstellungen (poiché questi contengono solo rappresentazioni parziali)] **A**$^{2-5}$ | *denn da gehen die Theilvorstellungen vorher* (poiché in tal caso le rappresentazioni parziali precedono) **A**^{1}. 58, 29

ihnen] **A**$^{2-5}$ | *ihre* **A**^{1} || Seguiamo l'esegesi di Erdmann: « *ihnen...* d. i. den Theilen und jeder gegebenen Grösse des Gegenstandes muss die unmittelbare Anschauung der ganzen Vorstellung zum Grunde liegen » (III 586). 58, 30

Questo paragrafo (59, 1-16) è un'aggiunta di **A**^{2}. 59, 1

Impreciso Gentile: « ... dove io, per esser breve, ho detto che cosa sia propriamente trascendentale, dopo l'articolo della esposizione metafisica ». 59, 3-5

Erkenntniss] **A**$^{2-5}$ | *Erkenntnisse*: congettura Erdmann. 59, 15

Dieses] Grillo | *Diese* **A**. 59, 26

alle] **A** | *allein*: congettura Erdmann. 59, 28

Subreptionen] cfr. Vaihinger, II 399. 61, 27

man den] Vaihinger (II 399) | *den* **A**, Erdmann. 61, 30

also wirklich, nicht] Erdmann | *also wirklich nicht* **A** | *also als wirklich nicht*: congettura Adickes. 62, 12

Male Gentile: « Ma queste fonti a priori della conoscenza, si determinano da sé i loro confini (che sono semplicemente condizioni della sensibilità)... ». 63, 14-6

63, 20 *Realität*] **A** | *Idealität*: Laas, Adickes, Vaihinger (II 411-2), Kemp Smith || « formal reality » Meiklejohn | « peculiar reality » Max Müller || - Manteniamo la lezione di **A**, seguendo l'esegesi di Erdmann: « Realität... d. i. diese bloss empirische, nicht absolute Realität » (III 586).

65, 5 L'indicazione « I. » è un'aggiunta di $\mathbf{A}^2$.

65, 23-5 *Jene... diese*] Intendiamo: *Form... Materie*, diversamente dai precedenti traduttori (Meiklejohn, Barni, Max Müller, Tremesaygues, Gentile, Kemp Smith), i quali o non precisano il riferimento, o intendono: *Raum und Zeit* (o *Formen*)... *Empfindung*. Questo riferimento è necessario piú oltre, in: 65, 26-8, ma nel caso in esame viene escluso dal singolare *sie heisst*, di 65, 24.

65, 26 *es*] Erdmann | *sie* **A**.

66, 15 *diesem*] $\mathbf{A}^{4\text{-}5}$ | *diesen* $\mathbf{A}^{1\text{-}3}$.

67, 6-7 *auf... auf*] **A** | *für... für*: congettura Erdmann.

68, 1 *dessen*] **A** | *deren* Adickes || - Manteniamo la lezione *dessen*, che riferiamo a *Organon* (67, 36). Kemp Smith traduce: « we shall select a case by which the validity of the position adopted will be rendered obvious ».

68, 1-2 *und zu... dienen* (esso potrà... paragrafo 3)] aggiunta di $\mathbf{A}^2$ || Male Gentile: « e per la cui maggior chiarezza può servire ciò che fu detto al paragrafo 3 ».

68, 5-6 *Zahl, vornehmlich vom Raum,*] Erdmann | *Zahl vornehmlich vom Raum* **A**.

69, 23 Le sezioni II - IV e la « Conclusione dell'estetica trascendentale » (III 69, 23 - 73, 15) sono aggiunte di $\mathbf{A}^2$.

70, 16 *seiner*] Kehrbach | *ihrer* $\mathbf{A}^{2\text{-}5}$.

70, 31 - 71, 2 Se la facoltà... non come essa è.] « If the faculty of self-consciousness is to apprehend what lies in the mind, it must affect that, and can in this way alone produce an intuition of self. But the form of this intuition, which lies in the original constitution of the mind, determines, in the representation of time, the manner in which the manifold representations are to combine themselves in the mind; since the subject intuites itself, not as it would represent itself immediately and spontaneously, but according to the manner in which the mind is internally affected, consequently, as it appears, and not as it is » MEIKLEJOHN. | « If the faculty of selfconsciousness is to seek for, that is, to apprehend, what lies in the mind, it must affect it, and can thus only produce an intuition of self. The form of this, which lay antecedently in the mind, determines the manner in which the manifold exists together in the mind, namely, in the representation of time. The intuition of self, therefore, is not, as if it could represent itself immediately and as spontaneously and indipendently active, but according to the manner in which it is internally affected, consequently as it appears to itself, not as it is » MAX MÜLLER. | « Se poi la facoltà della coscienza deve cercare (apprendere) ciò che è nello spirito, questo deve modificarla; e soltanto in questo modo essa può produrre un'intuizione di se stessa, la cui forma, posta già a fondamento nello spirito, determina nella rappresentazione di tempo la maniera, onde il molteplice è riunito nello spirito; poiché lo spirito intuisce se stesso, non come si rappresenterebbe immediatamente e spontaneamente, ma come internamente vien modificato; perciò come appare a sé, non come è » GENTILE. | « If the faculty of coming to consciousness of oneself is to seek out (to apprehend) that which lies in the mind, it must affect the mind, and only in this way can it give rise to an intuition of itself. But the form of this intuition, which exists antecedently in the mind, determines, in the representation of time, the mode in which the manifold is together in the mind, since it then intuits itself not as it would represent itself if immediately self-active, but as it is affected by itself, and therefore as it appears to itself, not as it is » KEMP SMITH. | Anche BARNI e TREMESAYGUES — come GENTILE — riferiscono l'*es* di 70, 37 a *Gemüth.* || La nostra traduzione si allontana dalle precedenti, sebbene si tratti soltanto di una divergenza formale e terminologica. A noi sembra che in tutto il passo *Gemüth* venga considerato come l'oggetto cui si rivolge il *Vermögen sich bewusst zu werden.* Perciò l'*es* di 70, 37 indica a nostro avviso tale *Vermögen.* Una conferma alla nostra esegesi può trovarsi poco oltre nel passo: *... stellt die Anschauung... als auch die Selbstanschauung des Gemüths beides vor...* (71, 3-5), dove *Gemüth* è ancor sempre considerato come oggetto.

letzteren] ERDMANN | *ersteren* A[2-5]. 71, 33

72, 37 - 73, 1 Impreciso GENTILE: « (la sua esistenza è determinata in rapporto ad oggetti dati) ».

73, 13 *aus diesem Grunde* (Per questa ragione)] VAIHINGER (II 516-7) non ritrova « questa ragione » in ciò che precede, e ritiene che sia caduta una frase tra *welche* e *Urtheile aber* (73, 13).

76, 9 Nella traduzione di GENTILE si trova qui l'errore tipografico: « dal giuoco, dall'immaginazione ».

77, 9 *Hinderniss*] **A** | *Hindernissen* congettura ERDMANN.

77, 30 *würde alle*] **A** | *würde bloss alle* ADICKES.

78, 11 *derselben a priori*] **A** | *derselben a priori betreffend* ADICKES.

78, 15 *können*] ERDMANN | *könne* **A**.

78, 18-21 ADICKES (91, 2) rileva una contraddizione tra questo passo e III 67, 24-5. Un certo contrasto, a nostro avviso, sussiste anche rispetto ad un passo piú vicino, cioè 77, 27 sgg.

78, 27 *Verstandes-*] congettura ERDMANN | *Verstandes* **A**, ed. ERDMANN, ADICKES, KIRCHMANN-VALENTINER.

78, 31-3 *so fern sie... die allgemeine* (in quanto tali leggi... la logica generale)] Traduciamo seguendo l'esegesi di ERDMANN: « d. i. sofern die Gesetze des Verstandes und der Vernunft *auf Gegestände a priori bezogen* werden, *und nicht, wie* von der allgemeinen Logik... » (III 586-7).

81, 7 Sulla traduzione del termine *Schein* con « illusione », cfr. la nostra precedente nota a: 50, 5. Anche MEIKLEJOHN e KEMP SMITH traducono « illusion ». GENTILE traduce invece « apparenza ». Il significato che Kant attribuisce al termine *Schein* è decisamente negativo: non occorre dimostrare ciò dettagliatamente, poiché l'uso del termine in tutta la Dialettica trascendentale è evidente di per sé. Il termine « illusione » restituisce dunque l'intenzione kantiana piú fedelmente che non il termine « apparenza ».

81, 9 *geben, dass*] **A** || ERDMANN spiega: *geben, dadurch dass.*

diese Benennung der Dialektik] **A** | *diese Dialektik* congettura ERDMANN | *diesen Titel einer Dialektik* GÖRLAND. 81, 23

könne] ERDMANN | *können* **A** | *kann* ADICKES. 82, 1

ihrer... ihre] A nostro avviso, da riferirsi a « logica trascendentale » (cfr. 82, 23). Si può trovare un passo parallelo in: 80, 36 - 81, 2. 82, 29

Impreciso GENTILE: « e per opera dell'intelletto stesso liberati dalle relative condizioni empiriche, si manifestano in tutta la loro genuina natura ». 84, 11-2

Quando si mette in azione... piú o meno grande] « When we call into play a faculty of cognition, different conceptions manifest themselves according to the different circumstances, and make known this faculty, and assemble themselves into a more or less extensive collection, according to the time or penetration that has been applied to the consideration of them » MEIKLEJOHN. | « When we watch any faculty of knowledge, different concepts, characteristic of that faculty, manifest themselves according to different circumstances, which, as the observation has been carried on for a longer or shorter time, or with more or less accuracy, may be gathered up into a more or less complete collection » MAX MÜLLER. | « When we call a faculty of knowledge into play, then, as the occasioning circumstances differ, various concepts stand forth and make the faculty known, and allow of their being collected with more or less completeness, in proportion as observation has been made of them over a longer time or with greater acuteness » KEMP SMITH. || Insoddisfacente la traduzione di GENTILE: « Quando si adopera una facoltà conoscitiva, ci si forma secondo le varie circostanze, diversi concetti; i quali rendono possibile la conoscenza di questa facoltà, e si possono raccogliere in un trattato piú o meno ampio, secondo che l'osservazione di essi sia stata proseguita per piú o meno di tempo o con maggiore o minore penetrazione ». 84, 18-22

ERDMANN non ritrova una tale definizione negativa in ciò che precede, ed è indotto a supporre che questa sezione sia stata composta anteriormente al 1776, ossia in un'epoca in cui la concezione kantiana dell'intelletto era semplicemente negativa (cfr. III 587; IV 576-7). 85, 10

A nostro avviso, il *viele* di 85, 28 non può che riferirsi ad un *Vorstellungen*. Bene quindi KEMP SMITH: « In every judgment 85, 28-30 there is a concept which holds of many representations, and among them of a given representation that is immediately related to an object »; e male gli altri: « In every judgment there is a conception which applies to, and is valid for many other conceptions, and which among these comprehends also a given representation, this last being immediately connected with an object » (MEIKLEJOHN); « In every judgment we find a concept applying to many, and comprehending among the many one single representation, which is referred immediately to the object » (MAX MÜLLER); « In ogni giudizio c'è un concetto, che si conviene a molti, e che tra questi molti comprende anche una rappresentazione data, la quale ultima vien riferita immediatamente all'oggetto » (GENTILE). - La congettura di ERDMANN: *diesen vielen* (85, 29), anziché *diesem Vielen* (**A**), non ci sembra accettabile.

85, 31 *theilbar* (divisibili)] **A**[4-5] | *veränderlich* (mutevoli) **A**[1-3] | La correzione di **A**[4] si ritrova già nell'esemplare di **A**[1] posseduto da Kant.

87, 25-30 Il predicato... secondo caso] « The predicate is valid for the whole conception just as if it were a general conception, and had extent, to the whole of which the predicate applied. On the other hand, let us compare a singular with a general judgment, merely as a cognition, in regard to quantity. The singular judgment relates to the general one, as unity to infinity, and is therefore in itself essentially different » MEIKLEJOHN. | « The predicate is valid therefore of that concept, without any exception, as if it were a general concept, having an extent to the whole of which the predicate applies. But if we compare a singular with a general judgment, looking only at the quantity of knowledge conveyed by it, that knowledge stands to the other (conveyed in a universal judgment) as unity to infinity, and is therefore essentially different from it » MAX MÜLLER. | « Esso dunque vale di quel concetto senza eccezione, come se fosse un concetto universale, avente una estensione per la quale tutto il significato del predicato avesse valore. Se confrontiamo al contrario un giudizio singolare con un giudizio universale solo per la conoscenza della quantità, esso sta con questo nel rapporto dell'unità con l'infinità, e ne è perciò in se stesso essenzialmente distinto » GENTILE. | « The predicate is valid of that concept, without any such exception, just as if it were a general concept and had an extension to the whole of which the predicate applied. If, on the other hand, we compare a singular with a general judgment, merely as knowledge, in respect of quantity, the singular stands to the universal as unity to infinity, and is therefore in itself essentially different from the universal » Kemp Smith. || H. Fischer parafrasa il difficile 87, 29: « so verhält *es* sich zu diesem... ».

Nichtsterbliche] $\mathbf{A}^1$, Erdmann | *Nichtsterbende* $\mathbf{A}^{2\text{-}5}$, Adickes. 88, 17

in dem übrigen Raum ihres Umfangs (nello spazio rimanente dell'estensione di tale sfera)] $\mathbf{A}^1$, Erdmann | *in dem übrigen Umfang ihres Raums* (nell'estensione rimanente dello spazio di tale sfera) $\mathbf{A}^{2\text{-}5}$, Adickes. 88, 22

der eingetheilten... Glieder (della conoscenza divisa... riuniti)] **A** | *in einem eingetheilten Erkenntniss der gesammelten Glieder*: correzione di Kant nel suo esemplare di $\mathbf{A}^1$. 88, 34-5

Traduciamo *Consequenz*: « rapporto consequenziale ». Meiklejohn: « a certain consequence »; Max Müller: « the consequence »; Gentile: « il loro nesso »; Kemp Smith: « the logical sequence ». 89, 5

disjunctive] Rosenkranz, Erdmann | *Disjunctive* **A**, Adickes. 90, 2

Cfr. la nota a 89, 5. La nostra traduzione di *Consequenz* è resa necessaria dal passo precedente: 89, 34 - 90, 3. 90, 6

Non c'è contrasto fra questo passo e il precedente in 89, 34 - 90, 6. | A nostro avviso, Kant allude qui al sillogismo teofrasteo: 90, 16-20

maggiore: Se *A B*, allora *C D*;
minore: ma *A B*;
conclusione: allora *C D*.

sei. Der] Rosenkranz, Erdmann | *sei, der* **A**, Adickes | *sei; der* Kehrbach. 90, 20

würden] v. Leclair (104), Adickes, Max Müller, Kirchmann-Valentiner | *würde* **A**, Erdmann. 91, 6

Function der Seele] **A** | Kant corregge, sul suo esemplare di $\mathbf{A}^1$: *Function des Verstandes*. 91, 30

Gegenwart (presenza)] **A**, Erdmann, Adickes | *Gegenwirkung* (azione reciproca) Vaihinger. 94, 25

95, 11 I paragrafi 11 e 12 sono un'aggiunta di **A²**.

95, 17 *systematisch*] VAIHINGER, ERDMANN | *mathematisch* **A²⁻⁵**, ADICKES.

96, 27 Si attenderebbe *ihr* (riferito a *Kategorie*), anziché *ihm*: ma Kant ha in mente *Begriff* (cfr. 96, 14 sgg.).

98, 8-12 Impreciso GENTILE: « In ogni conoscenza cioè di un oggetto l'unità del concetto che si può chiamare unità qualitativa, — in quanto in esso è pensata solo l'unità dell'insieme del molteplice della conoscenza, — è qualche cosa di simile all'unità del tema in un dramma, in un'orazione, in una favola ».

98, 27 *desselben*] HARTENSTEIN, ADICKES | *derselben* **A²⁻⁵**, ERDMANN.

99, 22 Il termine *eingebildete* risulta ostico ad alcuni interpreti. VAIHINGER suppone che Kant abbia invece scritto *eine giltige*; GÖRLAND ritiene che *eingebildete* equivalga a *unlegitimierte*.

101, 4 *diesen*] **A** | *dieser* congettura ERDMANN.

101, 5 *allein es*] **A** | *es allein* congettura ERDMANN.

101, 29 *reden*] HARTENSTEIN | *redet* **A**.

102, 10 *werde*] HARTENSTEIN | *werden* **A**.

102, 35 *nach einer Regel gesetzt wird* (secondo una regola, si fonda)] **A** | *nach einer Regel a priori, d.i. nothwendig gesetzt wird*: correzione di Kant nel suo esemplare di **A¹**. — A proposito di questa correzione, ERDMANN osserva: « mit Recht, da auf der Apriorität der Regel nach seinen wiederholten Erklärungen der Nachdruck ruht » (III 572).

103, 8 *Einheit*] v. LECLAIR (105), ADICKES, ERDMANN | *Einsicht* **A**.

104, 13 *deren*] ROSENKRANZ | *dessen* **A**.

104, 15-7 nondimeno la rappresentazione... c o m e o g g e t t o] Male GENTILE: « essa rappresentazione, rispetto al suo oggetto, se questo è possibile solamente per mezzo di essa, determina a priori alcunché come o g g e t t o d a c o n o s c e r e ».

104, 24 *liege*] HARTENSTEIN | *liegen* **A**.

Erfahrung] ERDMANN | *Erfahrungen* **A**. 105, 9-10

könne] $\mathbf{A}^{4-5}$ | *können* $\mathbf{A}^{2-3}$. 106, 15

welchem] GRILLO | *welcher* $\mathbf{A}^{2-5}$. 106, 22

der sinnlichen oder nichtsinnlichen Anschauung] $\mathbf{A}^{2-5}$ | *der empirischen oder nichtempirischen Anschauung* MELLIN || ERDMANN è in dubbio se accogliere tale emendazione o intendere *sinnlich* = *empirisch* (III 587). 107, 18-9

Auflösung, Analysis] ROSENKRANZ | *Auflösung Analysis* $\mathbf{A}^{2-5}$ | *Auflösung* (*Analysis*) congettura ERDMANN. 107, 27

SCHOPENHAUER critica aspramente l'inizio di questo paragrafo: «... die synthetische Einheit der Apperception: ein sehr wunderliches Ding, sehr wunderlich dargestellt. "Das I c h d e n k e muss alle meine Vorstellungen begleiten können". Muss — können: dies ist eine problematisch-apodiktische Enuntiation; zu Deutsch, ein Satz, der mit der einen Hand nimmt, was er mit der andern giebt» (I 576, ed. GRISEBACH-BERGMANN). L'espressione kantiana è difesa da COHEN (294) e da DE VLEESCHAUWER («Nullement. Elle est apodictique en ce qu'elle requiert la présence de la référence à la conscience; elle est problématique en ce que cette référence peut s'y exprimer d'une manière explicite ou non» III 101). 108, 19

Diese Vorstellung (La rappresentazione: io penso)] Questa determinazione di *Vorstellung* ci sembra inevitabile, e per la chiarezza della traduzione deve essere altresí espressa (cfr. 108, 22-3). Bene quindi MEIKLEJOHN: «But this representation, *I think*» e male MAX MÜLLER: «That representation, however (intuition)». Si veda anche: MELLIN, 147. — Il seguito del passo (108, 28-109, 2) lascia tuttavia perplessi, poiché le parole *weil sie* (che è sempre la rappresentazione: io penso) ...*hervorbringt* sembrano un vuoto giuoco di parole. In quest'ultimo caso, non vediamo altra possibilità, che supporre una trascuratezza formale di Kant. DE VLEESCHAUWER, nella sua analisi del passo (III 98-103), non sembra aver visto questa difficoltà. 108, 26

Scorretto GENTILE: «E cioè: questa identità come nell'appercezione del molteplice...». 109, 13

Errore, probabilmente tipografico, di GENTILE: «mi rappresento una quantità...». 109, 28

110, 10 *a priori gegeben* (data *a priori*)] **A** | *a priori hervorgebracht* (prodotta *a priori*) VAIHINGER.

110, 22 Errore tipografico in GENTILE: «... quella entità universale... ».

112, 26 *des Mannigfaltigen*] $\mathbf{A}^{4\text{-}5}$ | *der Mannigfaltigen* $\mathbf{A}^{2\text{-}3}$.

115, 16 § 10] VAIHINGER | § 13 $\mathbf{A}^{2\text{-}5}$ | § 14 VALENTINER.

116, 3 *hineinkommt*] congettura ERDMANN | *hinzukommt* $\mathbf{A}^{2\text{-}5}$; ADICKES, ed. ERDMANN.

118, 3-5 Spazio e tempo ... e non oltre] In 118, 3 leggiamo *gelten, als* ($\mathbf{A}^{2\text{-}5}$; ADICKES, SCHMIDT), anziché *gelten als* (ERDMANN). — Ecco le varie traduzioni del passo: « Space and time, as conditions of the possibility of the presentation of objects to us, are valid no further than for objects of sense, consequently, only for experience » (MEIKLEJOHN); « L'espace et le temps, comme conditions de la possibilité en vertu de laquelle des objets nous sont donnés, n'ont de valeur que par rapport aux objets des sens, et par conséquent à l'expérience » (BARNI); « Space and time are conditions of the possibility of how objects can be given to us, so far only as objects of the senses, therefore of experience, are concerned » (MAX MÜLLER); « L'espace et le temps, comme conditions de la possibilité en vertu de laquelle des objets peuvent nous être donnés, n'ont de valeur que par rapport à des objets des sens et par suite de l'expérience » (TREMESAYGUES); « Spazio e tempo valgono come condizioni della possibilità che ci sien dati degli oggetti non altrimenti che quali oggetti dei sensi, e perciò solo dell'esperienza » (GENTILE); « Space and time, as conditions under which alone objects can possibly be given to us, are valid no further than for objects of the senses, and therefore only for experience » (KEMP SMITH).

118, 24 Male MEIKLEJOHN e GENTILE, che traducono *Folge*, in questo contesto, con « effect » e « conseguenza ».

119, 30 *vorgehen*] $\mathbf{A}^{2\text{-}5}$; ed. ERDMANN, ADICKES | *stattfinden* congettura ERDMANN | *sich betätigen* GÖRLAND.

120, 6-8 il quale è determinante... appercezione] Male GENTILE: « (determinante e non, come il senso, semplicemente determinabile, che può perciò determinare a priori il senso della sua forma, in conformità della unità dell'appercezione) ».

Accettiamo la punteggiatura di Erdmann e seguiamo l'interpretazione di Meiklejohn (già seguita da Max Müller e Kemp Smith): « As figurative, it is distinguished from the merely intellectual synthesis, which is produced by the understanding alone, without the aid of immagination ». Piú di recente, la stessa interpretazione è stata esposta da Görland: « Sie ist als figürlich von der intellektuellen Synthesis, (die ohne alle Einbildungskraft, bloss durch den Verstand geschieht), unterschieden ». 120, 14-15

Impreciso Gentile: « Esso dunque, sotto il nome di sintesi trascendentale dell'immaginazione, esercita sul soggetto passivo quella azione di cui esso è la facoltà e da cui a buon diritto dicevamo che il senso interno è modificato ». 121, 8-12

L'appercezione ... intuizione sensibile] Il passo presenta una certa oscurità, e parecchie traduzioni risultano insoddisfacenti, come ad esempio: « Apperception and its synthetical unity are by no means one and the same with the internal sense. The former, as the source of all our synthetical conjunction, applies, under the name of the categories, to the manifold of intuition in general, prior to all sensuous intuition of objects » (Meiklejohn); « The apperception with its synthetical unity is so far from being identical with the internal sense, that, as the source of all synthesis, it rather applies, under the name of the categories, to the manifold of intuitions in general, that is, to objects before all sensuous intuition » (Max Müller); « L'appercezione e la sua unità sintetica son tanto poco una sola cosa col senso interno, che quella piuttosto, come fonte di ogni unificazione, si rivolge al molteplice delle intuizioni in generale, sotto il nome di categorie, anteriormente ad ogni intuizione sensibile degli oggetti in generale » (Gentile). — Noi seguiamo la punteggiatura di Erdmann (che pone una virgola dopo *Anschauungen überhaupt*, 121, 14, anziché dopo *Kategorien*, in 121, 15), senza che a nostro avviso occorra chiarire ulteriormente il testo, come fa Görland (che legge *und unter*, in 121, 15, anziché *unter*). Kemp Smith, che segue il testo di Görland, fornisce una traduzione soddisfacente: « Apperception and its synthetic unity is, indeed, very far from being identical with inner sense. The former, as the source of all combination, applies to the manifold of intuitions in general, and in the guise of the categories, prior to all sensible intuition, to objects in general ». 121, 12-6

Su questo passo, si veda: Cohen, *Komm.* 60; De Vleeschauwer, III 122, 5-15

216-9. In 122, 6, leggiamo *das denkt* (VAIHINGER, KEMP SMITH), anziché *der ich denke* (A^{2-5}; ADICKES, ERDMANN). In 122, 12, *vor dem Verstande* è un'espressione kantiana arcaica (VAIHINGER, II 354).

124, 2-7 Ed io esisto come intelligenza... concetti dell'intelletto] Intendiamo *unterworfen* (124, 5) come equivalente a *unterworfen ist* (ERDMANN, anzi, aveva dapprima proposto *unterworfen ist* come emendazione), ed inoltre leggiamo in 124, 6-7: *anschaulich zu machen* (ERDMANN), anziché *anschaulich machen* (A^{2-5}; ADICKES, GÖRLAND). - Insostenibile la traduzione di GENTILE: « ed io esisto come intelligenza che è consapevole soltanto della sua potenza unificatrice, ma che, per rispetto al molteplice che deve unificare, essendo sottoposta a una condizione limitativa che chiama senso interno, non può render intuibile quella unificazione se non secondo rapporti di tempo, i quali restano al tutto fuori dei concetti propri dell'intelletto ».

126, 27 *um*] MELLIN | *nun* A^{2-5}.

127, 27 *die letztere* (tali leggi)] Da riferirsi a *besondere Gesetze* (127, 24-5): seguiamo GÖRLAND.

128, 8 *so sind sie*] MELLIN | *so sind* A^{2-5} | *so sind diese* congettura ERDMANN.

129, 26-7 Intendiamo *dieser aber... endlich dieser* secondo l'esegesi di ERDMANN, III 587.

129, 26-7 *in Raum und Zeit*] A^{2} | *im Raum der Zeit* A^{3} | *im Raum und in der Zeit* A^{4-5}.

IV 76, 31 *dahin durch die*] v. LECLAIR (105) | *dahin die* A^{1}.

77, 17 *der Anschauung*] A^{1} | *der inneren Anschauung* VAIHINGER.

78, 19 *Reproduction*] A^{1} | *Regelmässigkeit* congettura ERDMANN | *Reproduzibilität* VAIHINGER.

78, 34 *ziehe*] A^{1} | *ziehen* congettura ERDMANN.

79, 7-8 *Die Synthesis der Apprehension... der Synthesis der Reproduction*] A^{1} | *Die Synthesis der Reproduction... der Synthesis der Apprehension* VAIHINGER.

82, 4 *sei*] ERDMANN | *seyn* A^{1} | *ist* ROSENKRANZ.

es] WILLE | *sie* A¹; ERDMANN, GÖRLAND. — Il *sie* è riferito da ERDMANN ad « unità dell'apprensione »; da GÖRLAND ad « unità dell'appercezione ». 82, 12

was allen] ERDMANN | *was in allen* A¹. 82, 37

oben] ERDMANN | *eben* A¹. 84, 10

er] ERDMANN | *es* A¹. 85, 9

unmöglich (impossibile)] A¹ | *möglich* (possibile) VAIHINGER. 90, 7

Errore tipografico in GENTILE: « in un'intuizione intera pura ». 91, 19

werden Begriffe... können (potrà far sí... la capacità di immaginazione)] VAIHINGER: « werden Begriffe ins Spiel gebracht (erzeugt), welche »; ERDMANN: « werden Begriffe zustande kommen können, welche ». 91, 26-8

einerseits mit] ERDMANN | *einerseits, und mit* A¹ | *mit der Zeit einerseits und mit* RIEHL (che si riferisce a: IV 91, 17-20). 91, 31-2

Riferiamo *Diese* a *Natur*, seguendo ERDMANN. — VAIHINGER pone tra parentesi il passo *denn... Sinnlichkeit* (93, 7-9), e legge *Jene* anziché *Diese*. 93, 9

aber] A¹ | *also* congettura ERDMANN. 93, 11

derselben] MELLIN | *desselben* A. — GÖRLAND mantiene la lezione *desselben*, riferendola all'*Urtheil* contenuto in *Urtheilskraft*. III 132, 20

Errata la traduzione di GENTILE: « perché ciò non lascerebbe intatta cotesta loro dignità » | Degna di nota la variante *unberücksichtigt* (anziché *unberührt*, A), proposta da VAIHINGER, e accolta da KEMP SMITH. 133, 13-4

mit der letztern] cioè *Vorstellung* (ERDMANN). 133, 33

ersteren... letzteren] A | *letzteren... ersteren* VAIHINGER. 134, 5-6

erste] accusativo plurale (ERDMANN) || GÖRLAND intende invece « die Kategorie ». 134, 10

135, 10-1 *dass Begriffe ganz unmöglich sind* (che i concetti sono del tutto impossibili)] ERDMANN commenta: « Diese Wendung hebt die entscheidende Voraussetzung der Deduction der Kategorien auf, dass die reinen, d. i. nicht auf die Sinnlichkeit bezogenen Kategorien als Begriffe von Gegenständen überhaupt nicht nur gedacht werden können, sondern gedacht werden müssen. Kant hat in seinem Handexemplar von **A**[1] zutreffend verbessert: *für uns ohne Sinn sind...* » (III 587-8).

136, 14 *eines vierfüssigen*] **A** | *eines solchen vierfüssigen* congettura ERDMANN | *eines gewissen vierfüssigen* MELLIN.

136, 23 *productiven*] **A**; KIRCHMANN-VALENTINER, ADICKES, ERDMANN | *reproductiven* VAIHINGER || ERDMANN precisa: « d.i. der productiven Einbildungskraft in ihrem empirischen Gebrauche. Man vergleiche z. B. IV 86, 74, 87 Anm. » (III 588).

136, 31 *die die Kategorie ausdrückt* (espressi dalla categoria)] Seguiamo MEIKLEJOHN: « expressed by the category » (che riferisce però « expressed » a « synthesis »); MAX MÜLLER: « as expressed by the category »; BARNI: « exprimée par la catégorie » (« exprimée » è riferito a « synthèse »); KEMP SMITH: « to which the category gives expression ». | Diversamente intendono TREMESAYGUES: « règle qui exprime la catégorie », e GENTILE: « la quale esprime la categoria ».

136, 33 *seiner*] Kant | *ihrer* **A**.

136, 35 *sollten*] **A** | *sollen* congettura ERDMANN.

138, 11 *da*] **A** | *dass* PAULSEN.

138, 17-26 *Man sieht... vorstellig mache* (Da tutto ciò... appartenga al tempo)] Costruzione imperfetta, che richiede un'integrazione. ADICKES suppone (178, 1) che sia caduta la frase *nur eine Zeitbestimmung*, in 138, 18, e noi lo seguiamo. Si veda anche il commento di ERDMANN: « Es fehlt ein die Schemata der vier Kategoriengruppen zusammenfassendes Object zu *enthalte und vorstellig mache.* Aber die Construction wird Kantisch sein » (III 574).

139, 28-9 che possa... oggetto.] Male GENTILE: « quale a un concetto potrebbe venire dall'oggetto ».

einen Begriff vom Object] **A** | *eine Erkenntniss vom Object*: correzione di Kant nel suo esemplare di **A**[1]. 139, 28

Denn... sondern vielmehr aller Erkenntniss... liegt] **A**[4-5]; MEYER-GRILLO, KIRCHMANN-VALENTINER, ERDMANN | *Denn... sondern alle... liegt* **A**[1-3] | *Denn... sondern ein Grundsatz vielmehr aller... liegt* MELLIN | *Denn... sondern vielmehr alle... legt* GRILLO | *Denn... indem ein dergleichen Satz nicht auf objectiven Erwägungen beruht, sondern... liegt* WILLE | *Denn... sondern vielmehr aller Erkenntniss eines... liegt* ADICKES || — La costruzione è involuta ed oscura. Seguiamo, per il testo e per l'interpretazione, ERDMANN, il quale commenta: « Ich interpretire jetzt in möglichstem Anschluss an den uns vorliegenden Text: Denn obgleich dieser Beweis nicht *weiter* objectiv geführt werden könnte, sondern jeder solche Grundsatz a priori vielmehr a l l e r Erkenntniss s e i n e s Objects zu Grunde liegt, also jede Zurückführung auf höhere und allgemeinere Erkenntnisse in Bezug auf diese Gesammterkenntniss seines Objects ausschliesst. Kant construirt die Adversation *sondern... liegt*, als ob er vorher geschrieben hätte: *obgleich* ein solcher Grundsatz *nicht weiter objectiv* bewiesen *werden könnte* » (III 588). — Ecco le altre traduzioni: « For although there could be found no higher cognition, and therefore no objective proof, and although such a principle rather serves as the foundation of all cognition of the object... » (MEIKLEJOHN); « En effet, quoique cette preuve ne puisse pas être poussée plus loin objectivement, mais que plutôt elle serve elle-même de fondement à toute connaissance de son objet... » (BARNI); « for although this could not be given objectively, as all knowledge of its object really rests on it... » (MAX MÜLLER); « Bien que cette démonstration ne puisse pas être poussée plus loin objectivement et que plutôt toute la connaissance de son objet lui serve au contraire de fondement... » (TREMESAYGUES); « Giacché, sebbene questa non possa piú essere dedotta oggettivamente, ma stia piuttosto a base di ogni conoscenza del suo oggetto... » (GENTILE); « This proof cannot, indeed, be carried out in any objective fashion, since such principles [do not rest on objective considerations but] lie at the foundation of all knowledge of objects... » (KEMP SMITH, che si fonda sull'integrazione di WILLE). 140, 20-2

mit dem der] MELLIN | *mit der* **A**[1-3] | *mit den* **A**[4-5]. 141, 8

D e s S y s t e m s] MELLIN | *D a s S y s t e m* **A**. 141, 12-3

er] **A**[1] | *es* **A**[2-5]. 141, 33

142, 3-7 Kant non spiega qui con chiarezza il suo pensiero. Un'espressione piú precisa di ciò che egli intende dire sarà data poco oltre in 142, 34 - 143, 12.

144, 10 *alle drei* (tutti e tre gli elementi)] Non si deve far confusione con i tre termini di cui in 144, 1-5 (come pare faccia Gentile: «... tutti i tre termini... »). Il terzo termine (144, 2-4) deve appunto cercarsi nelle tre fonti delle rappresentazioni *a priori*: 1) senso interno; 2) capacità di immaginazione; 3) io penso. — Si veda in proposito: Mellin, 223.

145, 8 *keinen*] Grillo | *reinen* **A**.

145, 18-9 Inesatto Gentile: « a una esperienza possibile, o piuttosto a questa stessa possibilità sua ».

146, 6-20 È opportuno osservare la distinzione — terminologica e di contenuto — fra *Grundsatz* e *Regel*. La seconda non soltanto è subordinata alla « proposizione fondamentale », ma si applica immediatamente all'esperienza, anzi, in certo modo si può dire tratta da questa. Al riguardo, si veda soprattutto l'importante passo: IV 92, 29 - 93, 3. Bisogna però notare che *Regel* è talvolta un genere, che comprende in sé « legge » e « proposizione fondamentale ». Cfr. IV 92, 33-5: « Regeln, so fern sie objectiv sind... heissen Gesetze ». — Su queste distinzioni terminologiche, si vedano i passi citati in Ratke: 91; 97-99; 206-207.

146, 9 *welchem*] **A** | *welchen* congettura Erdmann.

146, 23 *letztere*] Si riferisce a « proposizioni fondamentali dell'intelletto puro » (Erdmann). — Görland intende invece: « concetti ».

147, 1 *Principien*] Mellin, Kirchmann-Valentiner, Adickes | *Principium* **A**, Erdmann.

148, 16 *werden*] **A** | *worden* congettura Erdmann.

148, 21 Il titolo « Dimostrazione » e il primo capoverso (148, 22 - 149, 14) sono aggiunte di $\mathbf{A}^2$.

148, 25 Questa nota è un'aggiunta di $\mathbf{A}^2$. La distinzione terminologica tra *Verbindung* e *Verknüpfung* è strana, perché contrasta con il significato abituale dei due termini tedeschi (dove *Verbindung* equivale a *enge Verknüpfung*). Per questo motivo, e per il fatto che altrove Kant usa *Verbindung* anche nel significato di « connessione » (dato che *Verbindung* equivale per lo piú a « sintesi » e spesso deve significare l'unione stretta di piú elementi), noi tradurremo talvolta *Verbindung* con « connessione ». In altre parole, questa distinzione deve considerarsi come indicativa di un uso prevalente, e non occorre pensare che Kant l'applichi sempre rigidamente.

das Bewusstsein des mannigfaltigen Gleichartigen (la coscienza dell'omogeneità molteplice)] **A** | *das Bewusstsein der synthetischen Einheit des mannigfaltigen Gleichartigen* (la coscienza dell'unità sintetica dell'omogeneità molteplice) Vaihinger. 149, 5

kann] Hartenstein | *können* $\mathbf{A}^{2\text{-}5}$. 149, 37

die von uns] Hartenstein | *die uns* **A**. 150, 2

Gentile traduce *im eigentlichen Verstande*: « nell'intelletto propriamente detto »! 150, 15

Il titolo « Dimostrazione » e il primo capoverso sono aggiunte di $\mathbf{A}^{2}$. 152, 1

Come risulta dalla nostra traduzione, non condividiamo l'interpretazione di Erdmann: « Das Reale der Empfindung ist derjenige Bestandtheil der Anschauung, wodurch etwas Existirendes im Raume oder in der Zeit vorgestellt wird, also die selbstverständlich subjective Vorstellung, die entsteht, indem die Empfindung unter den Begriff eines Objects überhaupt subsumirt wird. Man vergleiche z.B. 157, 30 ff. » (III 588). | In 152, 8 leggiamo *als* (Erdmann, Kemp Smith), anziché *also* (Kirchmann-Valentiner, Adickes, Schmidt). — In 152, 8, Vaihinger legge *subjectiver*, anziché *subjective* ($\mathbf{A}^{2\text{-}5}$). — Gentile non vede che *in sich* (152, 10) si congiunge con *enthalten* (152, 6). 152, 5-10

ihrem] $\mathbf{A}^{2\text{-}5}$: cioè « della sensazione » (Erdmann). — Cfr. 157, 35 sgg.; 180, 2 sgg. 152, 20

Als etwas... Grösse (la sensazione... quantità estensiva)] Cfr. Mellin, 245. || « As that in the phenomenon, the apprehension of which is not a successive synthesis advancing from parts to an entire representation, sensation has therefore no extensive quantity... » Meiklejohn | « Sensation, therefore, being that in the pheno- 153, 13-5 menon the apprehension of which does not form a successive synthesis progressing from parts to a complete representation, is without any extensive quantity... » Max Müller | « As sensation is that element in the [field of] appearance the apprehension of which does not involve a successive synthesis proceeding from parts to the whole representation, it has no extensive magnitude » Kemp Smith || Male Gentile: « In quanto dunque qualche cosa è nel fenomeno, la cui apprensione non è una sintesi successiva, la quale proceda dalle parti alla rappresentazione totale, l'apprensione non ha quantità estensiva... ».

155, 34 *gleichwohl*] **A** | *gleichermassen* Vaihinger | *obgleich wohl* Wille | *ebensowohl* congettura Erdmann.

157, 1 *ihnen*] congettura Erdmann | *beiden* **A** | *jenen* ed. Erdmann.

157, 2-3 Ecco alcune traduzioni: « tout réel de même qualité a néanmoins son degré » (Barni); « nevertheless, every reality has its degree » (Meiklejohn); « yet the real in either may have its own degree » (Max Müller); « tout réel d'une même qualité a pourtant le degré... de cette qualité » (Tremesaygues); « tuttavia ogni reale della stessa qualità ha un grado... di essa » (Gentile); « nevertheless every reality has, according to its quality, some specific degree » (Kemp Smith).

157, 3 *ihren*] **A**: cioè « della qualità » (Erdmann). — Cfr. 158, 8 sgg.

157, 5 *sie*] **A**: cioè « die Qualität » (Görland) | Paulsen legge invece *es*.

157, 19 *für*] Rosenkranz, Kirchmann-Valentiner, Adickes, Erdmann, Görland | *etwas für* **A**.

157, 20 *der transscendentalen Überlegung*] Erdmann (cfr. III 588) | *der transscendentalen* **A** | *der transscendentalen Betrachtung* Hartenstein | *des Transscendentalen* Görland.

157, 25-6 *abstrahirt, anticipiren könne; und*] Mellin, Erdmann, Valentiner | *abstrahirt und* **A** | *abstrahirt, anticipire; und* congettura Erdmann, Adickes | *abstrahirt, anticipirt und* Hartenstein.

157, 36 - 158, 2 *so dass eine extensive Grösse... Fläche) dieselbe eben so grosse... zusammen* (cosicché una quantità estensiva... meno illuminate)] Adickes | *so dass eben dieselbe extensive Grösse... Fläche) so grosse... zusammen* **A**;

ERDMANN, KIRCHMANN-VALENTINER || Buona la traduzione di KEMP SMITH: « so that a certain extensive magnitude of intuition, as for instance of illuminated surface, may excite as great a sensation as the combined aggregate of many such surfaces less illuminated ». — Insoddisfacenti le altre traduzioni: « so that the very same extensive quantity of intuition, an illuminated surface, for example, excites as great a sensation as an aggregate of many other surfaces less illuminated » (MEIKLEJOHN); « de telle sorte que la même grandeur extensive de l'intuition (par exemple, une surface éclairée) peut exciter une sensation aussi grande que la réunion de plusieures autres (surfaces moins éclairées) » (BARNI); « so that the same extensive quantity of intuition (for instance, an illuminated plain) excites the same amount of sensation, as an aggregate of many other less illuminated plains » (MAX MÜLLER); « per modo che la stessa quantità estensiva dell'intuizione (per es. una superficie illuminata) provoca una sensazione cosí grande come potrebbe provocarla un aggregato di molte altre insieme (meno illuminate) » (GENTILE); « de sorte que la même grandeur extensive de l'intuition (par exemple, une surface éclairée) excite une aussi grande sensation qu'un agrégat de plusieures autres (surfaces moins éclairées) » (TREMESAYGUES) || In 158, 1-2, leggiamo *vielem... Erleuchteten* (HARTENSTEIN, ed. ERDMANN), anziché *vielem... erleuchteten* (**A**). Troviamo inoltre le congetture: *vielen... erleuchteten* (ERDMANN, ADICKES, VALENTINER), e: *vielem Andern... erleuchteten* (ROSENKRANZ).

a posteriori] MELLIN, KIRCHMANN-VALENTINER, ADICKES, ERDMANN | *a priori* **A**. 158, 6

Il titolo « Dimostrazione » e il primo capoverso sono aggiunte di **A**². 158, 18

drei... vierte] MELLIN | *zwei... Dritte* **A**. 160, 32-3

den Erscheinungen] ERDMANN | *der Erscheinungen* **A**. 161, 5-6

derselben] Da riferirsi a « proposizioni fondamentali matematiche » (cosí KEMP SMITH). Cfr. 148, 4-7. — GENTILE e MAX MÜLLER intendono invece « i postulati del pensiero empirico in generale ». 161, 14

diese aber... enthält (Tale sintesi... sintesi in generale)] Seguiamo le indicazioni esegetiche di ADICKES. | Diversamente traducono MEIKLEJOHN: « But this synthesis is cogitated only in the schema of the pure conception of the understanding, of whose unity, as 161, 28-31 that of a synthesis in general, the category contains the function unrestricted by any sensuous condition »; MAX MÜLLER: « which unity is represented only in the schema of the pure concepts of the understanding, while the category contains the function, restricted by no sensuous condition, of that unity as a synthesis »; GENTILE: « ma questa poi è pensata soltanto nello schema del concetto puro dell'intelletto, della cui unità, come sintesi in generale, la categoria contiene la funzione non limitata da alcuna condizione sensibile »; KEMP SMITH: « But such unity can be thought only in the schema of the pure concept of understanding. The category expresses a function which is restricted by no sensible condition, and contains the unity of this schema, [in so far only] as [it is the schema] of a synthesis in general ». — Ricordiamo la lezione *dessen*, proposta da KEHRBACH (e accettata da KEMP SMITH) in luogo di *deren* (161, 29).

161, 36-7 *dessen... des ersteren*] **A**; KIRCHMANN-VALENTINER, ADICKES, ERDMANN, NOIRÉ | *deren... der ersteren* MAX MÜLLER | *deren... des ersteren* PAULSEN, GÖRLAND || NOIRÉ intende: *dessen* (riferito a *Gebrauch*)... *des ersteren* (riferito a *Grundsatz*) | ADICKES: *dessen* (*ihres Gebrauchs*)... *des ersteren* (*ihres Gebrauchs*) | KIRCHMANN-VALENTINER: *dessen* (*des Grundsatzes*)... *des ersteren* (*des Grundsatzes*) | GÖRLAND riferisce *deren* a *Synthesis der Erscheinungen* || Noi seguiamo il testo e l'interpretazione di ERDMANN: « *In dem Grundsatze selbst werden wir uns zwar der Kategorie bedienen, in der Anwendung der Kategorie auf Erscheinungen aber das Schema* der Kategorie, weil es *den Schlüssel* zum Gebrauch der Kategorien giebt, an die Stelle des Grundsatzes setzen, oder vielmehr der Kategorie ihr Schema *als restringirende Bedingung* zur Seite setzen, und zwar *unter dem* von Kant nicht verwertheten, nur gelegentlich, z. B. 205, 10, noch erwähnten *Namen einer Formel* des Grundsatzes » (III 588). — Ecco alcune traduzioni del passo 161, 34-7: « but in the application of them to experience, we shall use only their schemata, as the key to their proper application, instead of the categories, or rather the latter as restricting conditions, under the title of formulae of the former » (MEIKLEJOHN); « yet in practice (in the application to phenomena) we put the schema of the category, as a pratical key, in its place, or rather put it by the side of the category as a restrictive condition, or, as what may be called, a formula of the category » (MAX MÜLLER); « ma nell'esecuzione (nell'applicazione di questo ai fenomeni) dovremo mettere al posto di essa il suo schema, come chiave dell'uso della medesima, o piuttosto porglielo accanto come condizione restrittiva, quasi formula del principio » (GENTILE);

« but in applying it to appearances we substitute for it its schema as the key to its employment, or rather set it alongside the category, as its restricting condition, and as being what may be called its formula » (KEMP SMITH).

Beweis (Dimostrazione)] **A**$^{2\text{-}5}$ | *Beweis dieser ersten Analogie* (Dimostrazione di questa prima analogia) **A**^{1}. 162, 7

ihm] congettura ERDMANN | *ihr* **A**; KIRCHMANN-VALENTINER, ADICKES, ed. ERDMANN. 163, 4

beilegt] HARTENSTEIN | *beigelegt* **A.** 165, 15

das] HARTENSTEIN | *die* **A.** 165, 17

vom] **A**$^{4\text{-}5}$ | *von* **A**$^{1\text{-}3}$. 166, 5

I primi due capoversi della « Dimostrazione » sono aggiunte di **A**^{2}. 167, 2

Scorretto GENTILE: « ... e in rapporto ad esso può essere determinato nell'oggetto, per cosí dire, empiricamente ciò che precede e ciò che segue ». 167, 22-4

di cui la prima... percepito)] « the former of which determines the latter in time, as its necessary consequence, and not as something which might possibly antecede (or which might in some cases not be perceived to follow) » MEIKLEJOHN | « the former determining the latter in time as the consequence, not as something that by imagination might as well be antecedent, or not to be perceived at all » MAX MÜLLER | « di cui la prima determina nel tempo l'ultimo come conseguente, e non come qualcosa che potrebbe precedere semplicemente nell'immaginazione (o, in generale non essere punto percepita) » GENTILE | « the former of which determines the latter in time, as its consequence — not as in a sequence that may occur solely in the imagination (or that may not be perceived at all) » KEMP SMITH || Cfr. 167, 20-1. 168, 1-3

dem] **A**$^{2\text{-}5}$ | *der* **A**^{1}. 168, 11

Costruzione confusa. Traduciamo seguendo l'esegesi di ADICKES: « Verschrobene Konstruktion! Die Partikel " so " begründet die Möglichkeit, die Verbindung des Mannigfaltigen im Objekt zu 168, 25-7 erkennen, d a m i t, dass wir nur mit Erscheinungen zu thun haben. Es sollte daher im Anfang besser " da " statt " obgleich " heissen, welches nur wegen des " gleichwohl " gewählt ist; letzteres sollte vielleicht ursprünglich in einem Nachsatze stehen: " so sind sie gleichwohl " etc. » (214, 1).

168, 33-4 Male GENTILE: « appena io elevo i miei concetti da un oggetto fino al valore trascendentale... ».

168, 35 *deren*] **A**[2-5] | *dessen* **A**[1].

169, 10-4 e che l'apparenza... del molteplice] « and that the phenomenon, in opposition to the representations of apprehension, can only be distinguished therefrom as the object of them, if it is subject to a rule, which distinguishes it from every other apprehension, and which renders necessary a mode of connection of the manifold » MEIKLEJOHN | « and that the phenomenon, in contradistinction to the representations of our apprehension, can only be represented as the object different from it, if it is subject to a rule distinguishing it from every other apprehension, and necessitating a certain kind of conjunction of the manifold » MAX MÜLLER | « e il fenomeno quindi, a differenza delle rappresentazioni dell'apprensione, solo cosí può essere rappresentato come l'oggetto dell'apprensione, distinto da essa, se l'apprensione sottostà ad una regola, che la distingua da ogni altra e renda necessario un modo di unificazione del molteplice » GENTILE | « and that appearance, in contradistinction to the representations of apprehension, can be represented as an object distinct from them only if it stands under a rule which distinguishes it from every other apprehension and necessitates some one particular mode of connection of the manifold » KEMP SMITH || Cfr. 168, 14-6; 169, 6.

169, 18-9 *nicht empirisch wahrgenommen*] **A** | *nicht wahrgenommen* MELLIN | *nicht empirisch vorgestellt* congettura ERDMANN.

169, 19-20 Scorretto GENTILE: « se non preceda un fenomeno che contenga in sé questo stato... ».

172, 24-5 Seguiamo l'interpretazione di ERDMANN: « Objective Bedeutung kann nicht in der Beziehung dessen, was man von einem Gegenstande aussagen wollte... » (III 575).

173, 14 *es*] **A** | *sie* WILLE || Manteniamo, con ERDMANN, la lezione di **A**, riferendola a *das Geschehene*.

accenna ad uno stato... nella serie temporale] « gives a sure 173, 20-3
indication of some previously existing state, as a correlate, though still undetermined, of the existing event which is given — a correlate which itself relates to the event as its consequence, conditions it, and connects it necessarily with itself in the series of time » MEIKLEJOHN | « points to an antecedent state, as a correlative of the event that is given; a correlative which, though as yet indefinite, refers as determining to the event, as its result, and connects that event with itself by necessity, in a succession of time » MAX MÜLLER | « refers us to some preceding state as a correlate of the event which is given; and though this correlate is, indeed, indeterminate, it none the less stands in a determining relation to the event as its consequence, connecting the event in necessary relation with itself in the time-series » KEMP SMITH || ERDMANN spiega: « auf einen vorhergehenden Zustand als auf ein... Correlatum dieser Eräugniss, welches Correlatum sich aber auf diese Eräugniss so bezieht, dass es diese als seine Folge bestimmt » (III 575). || Male GENTILE: « richiama uno stato precedente come correlato, benché ancora indeterminato, di questo evento, che tuttavia si riferisce ad esso come sua conseguenza determinante, e ad esso si connette necessariamente nella serie cronologica ».

müssen] congettura ERDMANN, ADICKES, VALENTINER | *müssten* **A**, 174, 16
ed. ERDMANN.

einander] WILLE | *einen der* **A**. 174, 32

Apprehension] **A**; KIRCHMANN-VALENTINER, ADICKES, ERDMANN | 174, 34
Apperzeption WILLE || ERDMANN spiega: « Die Ordnung im Object vollzieht sich durch die Synthesis der Apprehension, welche die Succession der Synthesis bestimmt. Der Verstand wird hier nicht, wie z. B. 121, 4, *für sich allein betrachtet*, sondern, wie z. B. 125, 7-8, so, dass die Verbindung schon *mit diesen Anschauungen zugleich gegeben ist*. Darauf weist der Zusatz in der Klammer: *des Mannigfaltigen einer gegebenen Erscheinung* » (III 589). || Non si può distinguere l'« apprensione » dall'« immaginazione » (secondo la nostra traduzione « capacità di immaginazione ») nel senso inteso da GENTILE: « Nel caso nostro si tratta della considerazione dei momenti dello spirito: la sintesi dell'immaginazione, alla quale deve necessariamente seguire quella dell'apprensione, affinché possa costituirsi l'esperienza, secondo la legge di causalità » (I 215,1). Basta

confrontare, per esempio: 168, 16-7. | Di conseguenza, il *darin* di 174, 36, che noi riferiamo ad « apprensione », potrebbe anche riferirsi alla « capacità di immaginazione » (cfr. MELLIN, 290).

175, 18 *vor allen Gegenständen* (anteriormente a tutti gli oggetti)] Seguiamo l'interpretazione di ERDMANN: « Man vgl. 55, 14 u. Ähnliches. Nicht die Allgemeinheit des empirischen Gebrauchs der Kategorie, sondern ihre Function als Grund der Möglichkeit der Erfahrung kommt in Betracht » (III 575). — Anziché *vor*, HARTENSTEIN, KIRCHMANN-VALENTINER, ADICKES, leggono *von*. — Ecco altre traduzioni: « is therefore valid for all objects of experience » (MEIKLEJOHN); « is valid therefore for all objects of experience » (MAX MÜLLER); « vale quindi anche di tutti gli oggetti dell'esperienza » (GENTILE); « is therefore also valid of all objects of experience » (KEMP SMITH, che legge *von*).

177, 15 *desselben*] **A**; ADICKES, ERDMANN | *derselben* VAIHINGER, VALENTINER || Manteniamo la lezione di **A**, che può riferirsi a *Subject*, contenuto implicitamente in *Substantialität*, secondo un uso linguistico kantiano (cfr. ERDMANN, III 575).

178, 4 *sei*] **A**$^{2-5}$ | *ist* **A**^{1}.

180, 5 Male GENTILE: « e poiché tale determinazione sempre e in tutte le sue parti è una quantità... » — *jene* deve essere evidentemente riferito a *Zeit* (cfr. MELLIN, 301; MEIKLEJOHN, MAX MÜLLER, KEMP SMITH).

180, 29 Il primo capoverso è un'aggiunta di **A**^{2}.

183, 27 *einander und*] **A** | *einander sind und* congettura ERDMANN.

184, 33 *sie*] HARTENSTEIN | *es* **A**.

185, 5 *In diesem Dritten*] cfr. COHEN, *Komm.* 97-8.

188, 30-3 *von denen... können* (Riguardo a queste cose... esperienza in generale)] ERDMANN propone: « ... Kant hat anscheinend sagen wollen, entweder: *von der* (welcher Möglichkeit der Dinge) *ich fortfahre zu behaupten, dass sie niemals aus solchen Begriffen für sich allein* erkannt werden könne (245, 2 ff.), *sondern* dass jene Begriffe a priori *jederzeit* — oder: *von denen ich* — *allein, sondern jederzeit nur* aus ihnen *als* formalen und objectiven *Bedigungen* — *überhaupt e r k a n n t* werden können » (III 589). Accettiamo la seconda interpretazione, limitandola alquanto. || In 188, 31, ricordiamo il tentativo di emendazione di Hartenstein (seguito da Max Müller), che legge *als solche Begriffe*, anziché *aus solchen Begriffen* (**A**; Kirchmann-Valentiner, Adickes, Erdmann). || Ecco le traduzioni: « I maintain, then, that the possibility of things is not derived from such conceptions per se, but only when considered as formal and objective conditions of an experience in general » (Meiklejohn); « Or, je persiste à soutenir que ces choses ne résultent jamais de ces concepts en eux-mêmes, mais seulement de ces concepts comme conditions formelles et objectives d'une expérience en général » (Barni); « Of these (concepts) I persist in maintaining that they can never exist as such concepts by themselves alone, but only as formal and objective conditions of experience in general » (Max Müller); « et je persiste à soutenir que les choses dont il s'agit ne sont jamais possibles en vertu de concepts de cette espèce en eux-mêmes et qu'elles ne le sont toujours qu'en vertu de pareils concepts pris comme conditions formelles et objectives d'une expérience en général » (Tremesaygues); « delle quali continua ad affermare, che non possono aver luogo mai per deduzione da tali concetti in sé considerati, ma sempre e solo da essi in quanto condizioni formali e oggettive di una esperienza in generale » (Gentile); « and I maintain the thesis that their possibility can never be established from such concepts taken in and by themselves, but only when the concepts are viewed as formal and objective conditions of experience in general » (Kemp Smith).

Anhang] **A** | *Fortgang* Wille. 190, 16

Il passo 190, 21 - 193, 24 (*Einen mächtigen... werden*) è un'aggiunta di **A**^{2}. | Cfr. III 23, 19 sgg. 190, 21

mittelbar] **A**$^{2-5}$ | *unmittelbar* Frederichs (in Schmidt) || Cfr. Erdmann, III 589. 190, 22

Erdmann spiega: « Das Bewusstsein in der Zeit ist als zeitlich bestimmtes nothwendig mit dem Bewusstsein der Möglichkeit dieser Zeitbestimmung verbunden » (III 575). 191, 30-1

wahrnehmen] Grillo | *vornehmen* **A**$^{2-5}$. 192, 27

man gleichwohl] Mellin | *gleichwohl* **A**. 193, 29

194, 2 *werden. Da*] GRILLO | *werden können. Da* **A**.

194, 10 *seine*] **A**[4-5] | *ihre* **A**[1-3].

194, 30 *welchem*] **A** | *welcher* congettura ERDMANN.

195, 5 *als* manca nell'edizione dell'Accademia.

195, 17 *beweisen*] **A** | *anweisen* GRILLO | *bestimmen* congettura ERDMANN.

195, 37 - 196, 1 *die discursive*: nominativo plurale (ERDMANN).

196, 8 *Sonst*] **A** | *Somit* GÖRLAND.

196, 17 *jenem... dieses*] VAIHINGER, GOLDSCHMIDT | *jener... diese* **A**; KIRCHMANN-VALENTINER, ADICKES, ERDMANN.

196, 19-22 Al mio intelletto... qualche percezione] Ci allontaniamo dalle precedenti traduzioni: « In addition to accordance with the formal conditions of experience, the understanding requires a connection with some perception » (MEIKLEJOHN); « La seule chose qui pour mon entendement puisse s'ajouter à l'accord avec les conditions formelles de l'expérience, c'est sa liaison avec quelque perception » (BARNI); « All that can be added to the understanding has reference to the agreement with the formal conditions of experience, i.e. the connection with some perception » (MAX MÜLLER); « Il n'y a qu'une chose qui, pour mon entendement, puisse s'ajouter à l'accord avec les conditions de l'expérience, je veux dire la liaison avec quelque perception » (TREMESAYGUES); « Pel mio intelletto non c'è se non una cosa, che può essere aggiunta all'accordo colle condizioni formali dell'esperienza, ed è il legame con una data percezione » (GENTILE); « What can be added is only a relation to my understanding, namely, that in addition to agreement with the formal conditions of experience there should be connection with some perception » (KEMP SMITH).

198, 10 *ihren*] **A** | *unsern* congettura ERDMANN.

198, 13 Questa « Osservazione generale sul sistema delle proposizioni fondamentali » è un'aggiunta di **A**[2].

200, 14 *bestimmt ist*] ERDMANN | *bestimmt* **A**[2-5].

dass] **A** | *das* congettura ERDMANN. 203, 4

dieser] **A** | *diesen* congettura ERDMANN. 203, 32

Dinge überhaupt und an sich selbst] **A** | Kant spiega, nel suo esemplare di **A**¹: « Gegenstände, die uns in keiner Anschauung gegeben werden, mithin nicht sinnliche Gegenstände ». 204, 12

Impreciso GENTILE: « Il concetto della quantità cerca, nella stessa scienza, il suo punto di appoggio ed il suo significato nel numero, e questo alla sua volta è messo innanzi agli occhi con le dita, con i coralli del pallottoliere, o con trattolini e punti ». 205, 6-9

real] aggiunta di **A**². 205, 16

d.i. die Möglichkeit... können] aggiunta di **A**². 205, 16-7

unter dergleichen Begriffe] ERDMANN spiega: « unter einem dergleichen Begriffe » (III 576). 205, 22

ihres] VAIHINGER | *seines* **A**. 206, 30

transscendentalen] **A** | *realen*: correzione di Kant sul suo esemplare di **A**¹. 207, 2

Dinge überhaupt... bezogen werden können] **A** | *Dinge überhaupt synthetisch... bezogen werden können, wenn sie Erkenntniss verschaffen sollen*: integrazione chiarificatrice di Kant, nel suo esemplare di **A**¹. 207, 9-11

Questa nota è un'aggiunta di **A**². 207, 29-33

worauf] Traduciamo seguendo l'esegesi di ERDMANN (III 576). 208, 4

gar kein Gebrauch und] **A** | *gar kein Gebrauch, um etwas zu erkennen, und*: precisazione di Kant nel suo esemplare di **A**¹. | Cfr. ERDMANN, III 589. 208, 9-10

dieselbe] **A**²⁻⁵: accusativo plurale (ERDMANN). 209, 13

weil, da diese] ERDMANN | *weil diese* **A**²⁻⁵. 210, 9

sinnlichen (also] VAIHINGER | *sinnlichen (als* **A**¹. IV 162, 36

163, 35 *welches*] HARTENSTEIN | *welcher* **A**[1].

164, 29 *positiv ist und*] HARTENSTEIN | *positiv, und* **A**[1].

165, 5 *jeder*] HARTENSTEIN | *jener* **A**[1].

165, 6-7 *sei, und ob bei dieser Abtrennung überall ein Object*] **A**[1] | *sei, oder ob bei dieser Abtrennung überall noch eine mögliche Anschauung*: correzione di Kant nel suo esemplare di **A**[1].

165, 17 *sie*] **A**[1] | *er* congettura ERDMANN.

III 211, 9 *der Sinnlichkeit*] **A** | *die Sinnlichkeit* congettura ERDMANN (cfr. III 576).

211, 33-4 Inesatto GENTILE: « e l'intelletto possa essere usato a loro riguardo in modo assertorio ».

212, 4-5 *in positiver Bedeutung* (In senso positivo)] aggiunta di **A**[2].

212, 16-21 In tal caso però... la minima rappresentazione] « But, in this case, a noumenon is not a particular intelligible object for our understanding; on the contrary, the kind of understanding to which it could belong is itself a problem, for we cannot form the most distant conception of the possibility of an understanding which should cognize an object, not discursively by means of categories, but intuitively in a non-sensuous intuition » MEIKLEJOHN. | « In this case, however, it is not a purely intelligible object for our understanding, but an understanding to which it could belong is itself a problem, if we ask how it could know an object, not discursively by means of categories, but intuitively, and yet in a non-sensuous intuition, — a process of which we could not understand even the bare possibility » MAX MÜLLER. | « Ma, allora, non solo esso non è un particolare oggetto intelligibile per il nostro intelletto; ma un intelletto, al quale esso appartenesse, sarebbe già di per sé un problema, in quanto intelletto capace di conoscere il proprio oggetto non discorsivamente, mediante le categorie, ma in modo intuitivo, con una intuizione non sensibile; né della possibilità di tale oggetto noi possiamo farci la piú piccola idea » GENTILE. | « But in that case a noumenon is not for our understanding a special [kind of] object, namely, an intelligible object: the [sort of] understanding to which it might belong is itself a problem. For we cannot in the least represent to ourselves the possibility of an understanding which should know its object, not discursively through categories, but intuitively in a non-sensible intuition » KEMP SMITH.

Questa nota è un'aggiunta di **A**². 212, 30-4

ausserordentliche] **A** | *aussersinnliche* VAIHINGER. 213, 30

da er] ERDMANN spiega: « der Verstand in seinem analytischen Gebrauch » (III 576). 214, 3

Correggiamo *seiner*, in luogo di *ihrer* (**A**, editori). 214, 24

Vorstellungen] congettura ERDMANN | *Vorstellung* **A**, ed. ERDMANN. 215, 6

Das Verhältniss... ist das] ERDMANN | *Das Verhältniss... sind die* **A**. 215, 23-4

werden können u.s.w., zu kommen. Aus] MELLIN | *werden können, u.s.w. Aus* **A**¹⁻³ | *werden, zu kommen, u.s.w. Aus* **A**⁴⁻⁵. 216, 1-2

GÖRLAND spiega: « so wird die transzendentale Reflexion, d.i. es wird das Verhältnis gegebener Vorstellungen zu einer oder der andren Erkenntnisart (zugleich) ihr Verhältnis untereinander allein bestimmen können ». 216, 9-12

letzteren] **A** (ERDMANN spiega: « d.i. der objectiven, blos logischen Comparation [225, 28 ff.] ») | *ersteren* VAIHINGER. 216, 23

La nostra traduzione trova un appoggio in III 229, 4-5. 217, 31

Annotazione di Kant nel suo esemplare di **A**¹: « im Raum sind lauter äussere, im inneren Sinn lauter innere Verhältnisse; das Absolute fehlt ». 217, 31-4

in demselben wirksam] ADICKES osserva: « also keine innern Kräfte sind » (276). 217, 35

Ancora una volta, GENTILE traduce *in transscendentalem Verstande*: « nell'intelletto trascendentale ». 218, 15-6

sollte] **A**²⁻⁵ | *sollten* **A**¹. 219, 15

219, 32 *eine*] $\mathbf{A}^{4\text{-}5}$ | *seine* $\mathbf{A}^{1\text{-}3}$.

221, 27-30 Senza dubbio... si identifichi con essa] Ci allontaniamo dalle precedenti traduzioni: « In truth, if I cognize in all its inner determinations a drop of water as a thing in itself, I cannot look upon one drop as different from another, if the conception of the one is completely identical with that of the other » (MEIKLEJOHN); « ... si tout le concept de la seconde est identique à celui de la première » (BARNI); « No doubt, if I know a drop of water as a thing by itself in all its internal determinations, I cannot allow that one is different from the other, when their whole concepts are identical » (MAX MÜLLER); « Certo, se io conosco una goccia d'acqua in tutte le sue determinazioni intrinseche, come cosa in sé, non posso ammettere che essa sia differente da un'altra, se tutto il concetto di questa sia identico a quello della prima » (GENTILE); « ... je ne puis pas laisser admettre qu'une goutte d'eau est différente d'une autre, lorsque tout son concept est identique à celui de l'autre » (TREMESAYGUES); « Certainly, if I know a drop of water in all its internal determinations as a thing in itself, and if the whole concept of any one drop is identical with that of every other, I cannot allow that any drop is different from any other » (KEMP SMITH).

222, 3 *der*] $\mathbf{A}^{4\text{-}5}$ | *oder* $\mathbf{A}^{1\text{-}3}$.

222, 9 *keinen*] $\mathbf{A}^{2\text{-}5}$ | *gar keinen* $\mathbf{A}^{1}$.

224, 1 *für sich*] MELLIN | *vor sich* $\mathbf{A}^{1\text{-}2}$ | *von sich* $\mathbf{A}^{3\text{-}5}$.

224, 23 Scorretto GENTILE: « ... in tutte le parti dello spazio che esso occupa... ».

225, 10 *da*] $\mathbf{A}^{2\text{-}5}$ | *und* $\mathbf{A}^{1}$.

225, 12 *der*] $\mathbf{A}^{2\text{-}5}$ | *die* $\mathbf{A}^{1}$.

225, 33 - 226, 2 Traduciamo seguendo l'interpretazione di ERDMANN (III 589-90).

226, 8-9 *besondere*] $\mathbf{A}^{2\text{-}5}$ *sondern* $\mathbf{A}^{1}$.

226, 26-7 Scorretto GENTILE: « ... in occasione dei falsi principî ».

227, 13 *einer*] **A** | *seiner* congettura ERDMANN.

in Einstimmung] HARTENSTEIN | *Einstimmung* **A**. 227, 30-1

Scorretto GENTILE: « e deve nondimeno restare un concetto del rimanente, che... ». 228, 5

gedacht] **A** | *von uns erkannt* correzione di Kant sul suo esemplare di **A**¹. 229, 32

ERDMANN, nell'edizione dell'Accademia, dimentica *zugleich*, dopo *Sinnlichkeit*. 231, 12

nun] **A** | *nur* congettura ERDMANN. 231, 34

Scorretto GENTILE: « ... verrà dopo la classificazione e l'indicazione delle categorie ». 232, 13-4

VAIHINGER pone una virgola dopo *Formen*, e riguardo alle parole *als Formen anzuschauen*, commenta: « dürfen natürlich nicht so konstruiert werden, dass Raum und Zeit selbst als Formen angeschaut werden können — in diesem Falle wären die Worte " als Formen " abhängig von " anzuschauen " — sondern Kant will sagen, sie sind " Formen der Anschauung ", d.h. " anzuschauen " ist abhängig von " Formen "». Cfr. anche SCHULTZ, 82. 232, 3

Scorretto GENTILE: « poiché il concetto niente è impossibile... ». 232, 34

dieses] KIRCHMANN | *diese* **A**. 236, 22

Male GENTILE: « essi non sono altro che conoscenze ricavate da concetti ». 238, 34

*der*²] **A**¹⁻³ | *des* **A**⁴⁻⁵. 240, 25

derselben] Da riferirsi a *Erkenntniss* (cfr. ADICKES, 302). 241, 16

jene] **A** | *jenes* congettura ERDMANN. 241, 31

sich, d.i... a priori, synthetische] ERDMANN | *sich, d.i... a priori synthetische* **A**¹, ADICKES | *sich d.i... a priori synthetische* **A**²⁻⁵, KIRCHMANN-VALENTINER. 242, 6

auf diese] **A**²⁻⁵ | *darauf* **A**¹. 242, 15

242, 30 Scorretto Gentile: « poiché questa regola, a sua volta, è stabilita mercè appunto cotesta ricerca della ragione ».

242, 35 Il *desselben* è riferito da Gentile e da Kemp Smith a « intelletto »: noi seguiamo Max Müller, e lo riferiamo a « conoscenza ».

245, 24 *seiner*] Erdmann | *ihrer* **A**.

247, 29 *setzen*] A^{2-5} | *stellen* A^{1}.

248, 16 *welche*] **A**; Kirchmann-Valentiner, Adickes | *welches* ed. Erdmann.

249, 1 Errore tipografico in Gentile: « Se si toglie quello che v'è di esagerato nell'apprensione ».

249, 2 *copeilichen*] **A**; Adickes, Erdmann | *copielichen* Valentiner || Görland: cioè « bloss referierenden ».

249, 28-9 Ecco alcune traduzioni: « et le cas est moins fréquent qu'on le dit » (Barni); « and their number is but small » (Meiklejohn); « which means more than is commonly supposed » (Max Müller); « et plus nombreux sont ceux qui le prétendent qu'on n'en rencontre d'ordinaire » (Tremesaygues); « ciò che si dice piú che comunemente non avvenga » (Gentile); « which is more than is the case with most people » (Kemp Smith) | H. Fischer parafrasa: « was mehr sagt, als man... » (252).

251, 6 *unter*] **A** | *ihn unter* congettura Erdmann.

256, 6 *dem*] A^{2-5} | *der* A^{1}.

256, 11 *welches*] **A** | *welche* congettura Erdmann.

256, 34 *die*] **A** | *der* congettura Erdmann.

257, 4 *Grenzen sei; so*] Hartenstein | *Grenzen, so* **A**.

257, 4 *Bedingung*] **A** | *Bedingungen* congettura Erdmann.

257, 27 *allen*] Erdmann | *allem* **A**.

257, 33 *entweder als*] A^{2-5} | *entweder erstlich als* A^{1}.

Leggiamo con **A**^{1} *in hypothetischen die Idee vom* (Schmidt) | *in hypothetischen Ideen die vom* **A**$^{2-5}$ | *in hypothetischen die Ideen vom* ed. Erdmann | *im hypothetischen die Idee vom* Kirchmann | *in hypothetischen Vernunftschlüssen die Idee vom* congettura Erdmann, Adickes | *in hypothetischen Ideen die Idee vom* Hartenstein. 259, 2

Ableitung] Mellin | *Anleitung* **A**. 259, 12

Questa nota è un'aggiunta di **A**^{2}. 260, 20-34

transscendenten] **A**$^{1-3}$ | *transscendentalen* **A**$^{4-5}$. 262, 15

welche] **A** | *welches* congettura Erdmann. 264, 1

ist S u b s t a n z] **A** | *existiert als Substanz* correzione di Kant sul suo esemplare di **A**^{1}. 264, 20-1

Per l'esegesi, cfr. Mellin, 453; Adickes, 330. In 265, 8, seguiamo Mellin; in 265, 10-1, seguiamo Adickes e Max Müller. 265, 8-11

an] **A** | *von* congettura Erdmann (cfr. IV 220, 2). 266, 2

der] Grillo, Kirchmann-Valentiner, Adickes | *die* **A**$^{2-5}$, ed. Erdmann. 267, 9

Inesatto Gentile: « ma se son cosciente dell'intuizione di me stesso rispetto alla funzione del pensiero ». Piú oltre, in 267, 13, Gentile omette « dem Denken ». 267, 9-10

b e s t i m m e n d e n] Erdmann | *B e s t i m m e n d e n* **A**$^{2-5}$. 267, 14-5

das] Hartenstein | *des* **A**$^{2-5}$. 267, 15

nun] **A**$^{2-5}$ | *nur* congettura Erdmann | *mir* Görland. 267, 19

wie] **A**$^{2-5}$ | *wie ein* congettura Erdmann (accolta da Adickes) || *anhängend*] Erdmann, Adickes | *anhänge* **A**$^{2-5}$ || *wie Prädikat, das dem Denken anhänge* Kirchmann-Valentiner. 267, 22

das denkende] Erdmann spiega: « Subject oder Wesen » (III 578). 267, 26-7

Che l'io dell'appercezione... s i n g o l a r e] Accettiamo la punteggiatura di Erdmann, che modifica la precedente interpreta- 267, 29-30 zione: « That the I or Ego of apperception, and consequently in all thought, is singular or simple » (Meiklejohn); « That the Ego of apperception, and therefore the Ego in every act of thought, is a singular » (Max Müller); « Che l'Io dell'appercezione, quindi, in ogni pensiero, sia un che di singolare » (Gentile); « That the " I " of apperception, and therefore the " I " in every act of thought, is one » (Kemp Smith).

268, 1 *mir*] Rosenkranz | *ich* **A**$^{2-5}$.

268, 10 *seinen*] **A**$^{2-5}$ | *meinen* congettura Erdmann.

269, 5 *der*] **A**$^{2-5}$ | *die* congettura Erdmann.

269, 11 *macht und*] **A**$^{2-5}$ | *machen, und* congettura Erdmann.

269, 20 Per evitare l'equivoco, bisogna tradurre *als ein solches* in « come soggetto » (cfr. Mellin, 465; Kemp Smith: « as subject »).

269, 21-2 Erdmann spiega: « als Object überhaupt (Z. 26), mithin in jeder Absicht, folglich auch so... Also im Sinne von 252, 22 f. » (III 578).

269, 26 *es*] Vorländer | *sie* **A**$^{2-5}$.

270, 9 *er*] Erdmann | *es* **A**$^{2-5}$.

271, 23 *bloss*] **A**$^{2-5}$ | *blossen* Grillo.

271, 24-6 Inesatto Gentile: « benché la sua permanenza nella vita in cui l'essere pensante (come uomo) è insieme un oggetto dei sensi esterni, per me è chiara ».

271, 32-3 Traduciamo liberamente, seguendo Max Müller e Kemp Smith. Per l'interpretazione letterale, cfr. Erdmann, III 578.

272, 25 *ihr*] **A**$^{2-5}$ | *ihnen* congettura Erdmann.

272, 27 *worden*] Hartenstein | *werden* **A**$^{2-5}$.

272, 33 Anziché *durch*, nell'edizione dell'Accademia compare, per errore tipografico, *und*.

273, 5 *die sie*] Erdmann | *diese* **A**$^{2-5}$.

des] $\mathbf{A}^{2\text{-}5}$ | *der* congettura ERDMANN. 273, 34

welcher, wenn er] ERDMANN | *welches, wenn es* $\mathbf{A}^{2\text{-}5}$. 275, 9

sein eigen] HARTENSTEIN | *ihr eigen* $\mathbf{A}^{2\text{-}5}$ | *ihr eigenes* ROSENKRANZ. 275, 25

um denselben] ERDMANN spiega: « um sich selbst » (III 578). 277, 1-2

er sich] MELLIN | *sich* $\mathbf{A}^{2\text{-}5}$. 277, 25

Scorretto GENTILE: « col concetto di tutte le sue parti indeterminate... ». 278, 3-4

einer] ERDMANN | *eines* $\mathbf{A}^{2\text{-}5}$. 278, 28

Impreciso GENTILE: « ... nel fatto dovesse passare in nulla ». 279, 9

würde] ERDMANN | *würden* $\mathbf{A}^{2\text{-}5}$. 279, 22

Inesatto GENTILE: « Ma, posto che in seguito si trovasse, non nell'esperienza, sí in certe... leggi valide a priori circa la nostra esistenza, un'occasione dell'uso puro della ragione per presupporci... ». 280, 10-3

Riportiamo alcune traduzioni precedenti. « We should also become aware, that in the consciousness of our existence there was an a priori content, which would serve to determine our own existence — an existence only sensuously determinable — relatively, however, to a certain internal faculty in relation to an intelligible world » (MEIKLEJOHN) | « and we should then perceive that in the consciousness of our existing a priori there is contained something which may serve to determine our existence, which otherwise can be determined sensuously only, with respect to some inner faculty, related to an intelligible, though of course, only an ideal world » (MAX MÜLLER) | « e qui noi scorgeremmo, che nella coscienza della nostra esistenza c'è a priori qualcosa, che può servire a determinare la nostra esistenza, generalmente determinabile solo in modo sensibile; a determinarla, dico, tuttavia rispetto a una certa facoltà interna in relazione a un mondo intelligibile (certo soltanto pensato) (GENTILE) | « And we should also become aware that in the consciousness of our existence there is contained a something a priori, which can serve to determine our existence — the complete determination of which is possible 280, 17-21 only in sensible terms — as being related, in respect of a certain inner faculty, to a non-sensible intelligible world » (KEMP SMITH).

IV 221, 7 *die alles*] WILLE | *den alles* A[1].

222, 26-7 Errata la traduzione GENTILE: « che molte rappresentazioni non possono essere comprese nell'unità assoluta del soggetto pensante per formare un pensiero ».

223, 4-6 Inesatto GENTILE: « Secondo la regola dell'identità può dunque non scorgersi la necessità dell'ipotesi... ».

224, 2 *die erstere*] ERDMANN | *der erstere* A[1].

225, 3 *Materie unterscheiden*] VALENTINER | *Materie zu unterscheiden* A[1].

225, 32-4 Errata la traduzione GENTILE: « non siano né pensieri, né sentimento, né inclinazione, né risoluzione, o li contengano bensí ma in modo che non sono oggetto di intuizione esterna ».

227, 5-9 Il passo è frainteso sia da MAX MÜLLER (If, on the contrary, we compare the thinking I, not with matter, but with that object of intellect that forms the foundation of the external phenomena which we call matter, then it follows, as we know nothing whatever of the matter, that we have no right to say that the soul by itself is different from it in any respect), sia da GENTILE (Se noi paragoniamo l'Io pensante, non con la materia, ma con l'intelligibile che è a fondamento del fenomeno esterno che diciamo materia: né anche possiamo dire, poiché dell'ultimo non sappiamo nulla del tutto, che l'anima si distingua da esso internamente in checchesia).

227, 13 *taugt, in*] ERDMANN | *taugt, ihn in* A[1] | *taugt, ihm in* HARTENSTEIN | *taugt, um ihn in* SCHOPENHAUER | *taugt, um in* ROSENKRANZ.

230, 2 Seguiamo KEMP SMITH nel riferire *daraus* a « die numerische Identität unserer selbst ».

230, 10 *d.i. Einheit des Subjects, das* (cioè esprime l'unità del soggetto, che)] A[1] | Senza emendare il testo, si può sottintendere un *besagt* (GÖRLAND), o un *bedeutet* (KIRCHMANN-VALENTINER), o un *anzeigt* (VORLÄNDER), o un *betrifft* (ADICKES). ERDMANN congettura invece: *d.i. der Einheit*, aggiungendo: « Kants Sprachgebrauch lässt jedoch zu, *Einheit des Subjects*, und zwar ohne Artikel, als coordinirtes Subject zu *Persönlichkeit* zu fassen » (IV 591).

und der] **A**¹ | *oder der* congettura ERDMANN. 235, 1

Empfindungen, Lust... der äusseren Sinne, als] ERDMANN | *Empfindungen, Lust... der äusseren, als* **A**¹ | *Empfindungen... des äusseren, als* GÖRLAND. 235, 8-9

sie... sie] **A**¹ | *es... es* congettura ERDMANN. 236, 34

Begriffe von der... dessen] ERDMANN | *Begriffe, die sich von der... dessen* **A**¹ | *Begriffe, die sie sich... dessen* HARTENSTEIN | *Begriffe, die sie sich... dessen macht* ADICKES. 237, 2

spezifisch] Kant | *sceptisch* **A**¹. 238, 1

des inneren Sinnes] ROSENKRANZ | *der inneren Sinnes* **A**¹ | *der inneren Sinne* KEHRBACH. 238, 35

die blosse Form des Bewusstseins] **A**¹ | *das uns unbekannte Objekt des Bewusstseins* correzione di Kant nel suo esemplare di **A**¹. 239, 24

beruhen] ROSENKRANZ | *beruhe* **A**¹. 241, 1

Errore tipografico in GENTILE: « note ad estranee ». 241, 27

er] HARTENSTEIN | *sie* **A**¹. 243, 21

Vorstellung ist, die] HARTENSTEIN | *Vorstellung, die* **A**¹. 244, 10-1

Errata la traduzione GENTILE: « Egli deve invece, secondo le prove addotte, ammettere necessariamente questo idealismo trascendentale, se vuol fare un'ipostasi delle rappresentazioni e trasferirle come vere cose fuori di noi ». 245, 11-4

das so] HARTENSTEIN | *der so* **A**¹. 247, 2

Lacuna nella traduzione GENTILE. 247, 16-7

könnten] WILLE | *könnte* **A**¹. 249, 8

über die] ROSENKRANZ | *über der* **A**¹. 249, 9

250, 31 *muss, denkt, sagen*] MELLIN, ERDMANN | *muss, sagen* **A**[1] | *muss, vorstellt, sagen* HARTENSTEIN.

251, 5 *apperceptionis*] HARTENSTEIN | *apperceptiones* **A**[1].

251, 22 *in einer*] **A**[1] | *einer* congettura ERDMANN.

251, 25 *nur auf*] **A**[1] | *nur für* congettura ERDMANN | *nur in Bezug auf* congettura ERDMANN.

III 282, 12 *dem*] GRILLO | *den* **A**.

282, 19-20 Inesatto GENTILE: « L'una cosa e l'altra sono la morte della sana filosofia, quantunque in ogni caso essa possa anche dirsi l'eutanasia della ragion pura ».

283, 9 *Erstlich*] Manca un corrispondente *zweitens*; quello che compare in 283, 27-8 appartiene ad un altro contesto (cfr. ERDMANN, III 578).

283, 16-7 in base a cui... unità sintetica] Diversamente traducono: MEIKLEJOHN («to which the understanding submits all phenomena»); MAX MÜLLER (« under which the understanding subjects all phenomena of a synthetical unity »); GENTILE (« a cui l'intelletto sottopone tutti i fenomeni della unità sintetica »); KEMP SMITH (« to which as the conditions of synthetic unity the understanding subjects all appearances »).

283, 24 Lacuna nella traduzione GENTILE.

284, 14 *in Ansehung m*] ERDMANN spiega: « in Ansehung *von* oder *des* m » (III 579).

287, 18 *Es*] **A**[1-3-5] | *Er* **A**[2].

288, 17-8 Lacuna nella traduzione GENTILE.

288, 31 *Der*] ROSENKRANZ | *Das* **A**.

288, 33 *ihr*] **A** | *ihm* WILLE.

290, 16-8 Traduciamo seguendo la punteggiatura di ADICKES e l'interpretazione di MAX MÜLLER.

Traduciamo seguendo l'interpretazione di MEIKLEJOHN (riferendo *deren* a *Lehre*). 291, 1-4

werden] ERDMANN | *wird* **A**. 291, 14

der bloss vertheidigungsweise zu verfahren] $\mathbf{A}^{2\text{-}5}$ | *der sich bloss vertheidigungsweise zu führen* $\mathbf{A}^{1}$. 291, 19-20

Errata la traduzione GENTILE: « Per contro, le affermazioni trascendentali, che si arrogano da sé vedute che s'estendono al di là del campo d'ogni possibile esperienza, neppure nel caso che la loro sintesi astratta possa esser data in qualche intuizione a priori, son tali che il malinteso possa esser scoperto mercè una qualche esperienza ». 292, 34 - 293, 2

Der] ROSENKRANZ | *Die* **A**. 294, 1

Svista di GENTILE: « Noi possiamo intuire un *quantum* determinato come un tutto... ». 294, 23

Lacuna nella traduzione GENTILE. 295, 19-21

Quando si parla... che qui si tratta] « In this there is no representation of its quantity, it is not said how large it is; consequently its conception is not the conception of a maximum. We cogitate in it merely its relation to an arbitrarily assumed unit, in relation to which it is greater than any number. Now, just as the unit which is taken is greater or smaller, the infinite will be greater or smaller; but the infinity, which consists merely in the relation to this given unit, must remain always the same, although the absolute quantity of the whole is not thereby cognized » MEIKLEJOHN. | « We do not represent by it how large it is, and the concept of it is not therefore the concept of a maximum, but we conceive by it its relation only to any possible unit, in regard to which it is greater than any number. According as this unit is either greater or smaller, the infinite would be greater or smaller, while infinity, consisting in the relation only to this given unit, would always remain the same, although the absolute quantity of the whole would not be known by it. This, however, does not concern us at present » MAX MÜLLER. | « Cosí non è rappresentato quanto grande esso sia; quindi il suo concetto non è quello di un *maximum*, ma vien pensato allora soltanto il suo rapporto a una unità presa a piacere, rispetto alla quale esso è maggiore di ogni numero. 298, 3-11

Ora, secondo che si assume l'unità maggiore o minore, l'infinito sarebbe maggiore o minore; ma l'infinità, consistendo semplicemente nel rapporto a questa unità data, rimarrebbe sempre la stessa, quantunque certamente la quantità assoluta del tutto cosí non sarebbe stata guari conosciuta: ma qui non si tratta di questa » GENTILE. | « It does not represent how great it is, and consequently is not the concept of a maximum. Through it we think only its relation to any assignable unit in respect to which it is greater than all number. According as the unit chosen is greater or smaller, the infinite would be greater or smaller. Infinitude, however, as it consists solely in the relation to the given unit, would always remain the same. The absolute magnitude of the whole would not, therefore, be known in this way; indeed, the above concept does not really deal with it » KEMP SMITH.

299, 2-3 Lacuna nella traduzione di GENTILE.

299, 32-4 Impreciso GENTILE: « Si vede facilmente che con ciò si vuol dire: lo spazio vuoto, in quanto è limitato dai fenomeni; quindi quello dentro il mondo, che almeno non contraddice ai principii trascendentali, e potrebbe perciò... ».

300, 16-20 Scorretto GENTILE: « Infatti, se si ammettesse che le sostanze composte non constano di parti semplici, sopprimendo nel pensiero ogni composizione, non resterebbe nessuna parte componente, quindi assolutamente niente, e per conseguenza nessuna sostanza sarebbe stata data ».

302, 1-4 Scorretto GENTILE: « Ma, nel primo caso, il composto consterebbe di sostanze (perché in sé la composizione non sarebbe se non una relazione accidentale delle sostanze, senza la quale esse devono sussistere come enti per sé stanti) ».

302, 4-5 Cfr. ADICKES, 372.

303, 14 *solchen*] aggiunta di **A**[2].

303, 15-6 *Unmöglichkeit desselben in irgend einer Anschauung eines Objects*] **A**[2-5] | *Unmöglichkeit ein solches in irgend einer Anschauung desselben Objects* **A**[1].

304, 5 *die*] **A**[2-5] | *diejenige* **A**[1].

305, 5-7 Inesatto GENTILE: « che si rendonq già sospette pel semplice fatto che non voglion riconoscer valide le piú chiare dimostrazioni matematiche per conoscere la natura dello spazio ».

La traduzione GENTILE omette « dei sensi », dopo « oggetti ». 305, 29

der] **A**2-5 | *dem* **A**1. 306, 1

Correggiamo: *dessen*, in luogo di *deren* (**A**, editori). 306, 12

These] MELLIN | *Antithese* **A**. 306, 14

Correggiamo: *sie*, in luogo di *er* (**A**, editori). 306, 18

wenn es] **A** | *wenn er* congettura ERDMANN. 308, 19

sie nicht Freiheit, sondern selbst nichts anders als Natur wäre] **A**2-5 | *so wäre sie nicht Freiheit... Natur* **A**1. 309, 29-30

Scorretto GENTILE: « ... dalla parte dei fenomeni... ». 310, 7

Scorretto GENTILE: « Come una tale facoltà sia possibile, è tanto piú necessario poterlo dire... ». 310, 21-2

Scorretto GENTILE: « questa necessità di un primo cominciamento in una serie di fenomeni della libertà ». 310, 27-8

Die Möglichkeit] **A** | *Das Wunder* WILLE (a causa del *seiner Möglichkeit nach* di 311, 28). 311, 25

Accettiamo l'espunzione di: *seiner Möglichkeit nach*, proposta da ERDMANN. 311, 28

Scorretto GENTILE: « sebbene il tempo seguente a questo fatto non sia se non una continuazione... ». 312, 13-4

Lacuna nella traduzione GENTILE. 313, 7

gehörte] **A**, SCHMIDT | *gehört* ed. ERDMANN. 314, 19

diesen] ERDMANN | *dieser* **A**. 314, 29

Scorretto GENTILE: « se ogni singola parte di essa non possegga in sé un'esistenza necessaria ». 315, 14-5

316, 23 *transscendente*] **A** | *transscendentale* GÖRLAND.

323, 27-8 Scorretto GENTILE: « non le rimane se non di riflettere seco stessa sull'origine di questa discussione ».

324, 4 *davon*] HARTENSTEIN, KIRCHMANN-VALENTINER | *daran* **A**, ERDMANN, ADICKES.

324, 28 *erhoben*] **A** | *erhaben* congettura ERDMANN.

325, 12 *ihrer*] HARTENSTEIN | *seiner* **A**.

326, 18 *oder*] **A**$^{2-5}$ | *noch* **A**^{1}.

328, 28 *oder gar*] **A**$^{2-5}$ | *noch weniger* **A**^{1}.

329, 2-4 *So ist der Empirismus der transscendental-idealisirenden Vernunft aller Populäritat gänzlich beraubt* (L'empirismo di una ragione... completo)] **A** | *So ist der Empirismus aller Populäritat der transscendental-idealisirenden Vernunft gänzlich beraubt* congettura ERDMANN (accolta da KEMP SMITH) | *So ist die empiristische von der transscendental-idealisirenden Vernunft aller Populäritat gänzlich beraubt* WILLE.

329, 5-6 *er... er*] MELLIN | *sie... sie* **A**.

332, 8 Svista di GENTILE: « la soluzione della questione cosmologica trascendentale... ».

332, 10 *Erfahrung wird*] **A**$^{2-5}$ | *Erfahrung, so wird* **A**^{1}.

332, 14 *Verantwortung*] **A** | *Beantwortung* GRILLO.

333, 19 *unbedingtes*] congettura ERDMANN (accolta da KIRCHMANN-VALENTINER) | *unbedingt* **A**; ed. ERDMANN, ADICKES.

334, 2 *Regeln*] congettura ERDMANN | *Regel* **A**; ed. ERDMANN, ADICKES, KIRCHMANN-VALENTINER.

334, 9-11 La vostra questione... che si presenti] « It follows that your question — your idea is by no means necessary for the explanation of any phenomenon; and the idea cannot have been in any sense given by the object itself» MEIKLEJOHN. | «par conséquent votre question ne peut nullement être nécessaire à l'explication d'un phénomène qui se présente à vous, ni par suite être donnée en quelque sorte par l'objet lui-même » BARNI. | « Hence your question can never be provoked for the sake of explaining any given phenomenon, and as it were suggested by the object itself » MAX MÜLLER. | « par conséquent votre question ne peut nullement être nécessaire pour l'explication d'un phénomène qui se présente à vous ni, par suite, proposée par l'objet lui-même » TREMESAYGUES. | « sicché la vostra questione non può in nessun modo essere necessaria alla spiegazione di un qualsiasi fenomeno che si presenti, né quindi può esser posta dall'oggetto stesso » GENTILE. | « Accordingly our question does not require to be raised in the explanation of any given appearance, and is therefore not a question which can be regarded as imposed on us by the object itself » KEMP SMITH.

Errata la traduzione GENTILE: « ma tutto ciò che non può essere dato in esse, compreso in un tutto assoluto, non è una percezione ». 334, 28-30

keine] MELLIN | *eine* **A**. 334, 30

gegebenen] HARTENSTEIN | *Gegebenen* **A**. 335, 1

sie auf die] $\mathbf{A}^{2\text{-}5}$ | *sie auf der* $\mathbf{A}^{1}$. 335, 20

welcher] ERDMANN | *welche* **A**. 336, 4

Errore tipografico in GENTILE (« ... del mondo, in cui... »). 338, 12

Lacuna nella traduzione GENTILE. 338, 22-3

Questa nota è un'aggiunta di $\mathbf{A}^{2}$. 338, 28-32

demselben] $\mathbf{A}^{4\text{-}5}$ | *denselben* $\mathbf{A}^{1\text{-}3}$. 339, 7

Wahrnehmung... zusammenhängt] **A** | *Wahrnehmungen... zusammenhängen* congettura ERDMANN. 341, 9-10

Erfahrung überhaupt] ERDMANN, KIRCHMANN-VALENTINER | *Erfahrung, überhaupt* **A**, ADICKES. 342, 6

einer transscendentalen $\mathbf{A}^{4\text{-}5}$ | *eine transscendentale* $\mathbf{A}^{1\text{-}3}$. 343, 5

Es] congettura ERDMANN | *Er* **A**; ed. ERDMANN, ADICKES, KIRCHMANN-VALENTINER. 343, 6

344, 3 *nehme*] **A**$^{4-5}$ | *nehmen* **A**$^{1-3}$.

344, 9 *andres*] **A**$^{2-5}$ | *anders* **A**^{1}.

346, 4 Errato GENTILE: « ... che è odoroso o non odoroso ». Analogamente, poco oltre, in 346, 7: « ossia che alcuni corpi sono non odorosi ».

346, 6 *das*] KIRCHMANN | *der* **A**; ERDMANN, ADICKES, VALENTINER.

347, 2 *und weil die Welt*] **A**$^{2-5}$ | *und die Welt, weil sie* **A**^{1}.

347, 25 *Dingen an*] ERDMANN, KIRCHMANN-VALENTINER | *Dingen, an* **A**; ADICKES, KEMP SMITH.

348, 17-9 Inesatto GENTILE: « La dialettica trascendentale, adunque, non dà in alcun modo sostegno allo scetticismo, sibbene al metodo scettico, che può additare in sé un esempio della sua grande utilità ».

349, 19 Errore tipografico in GENTILE: « sibbene un principio della maggiore possibile combinazione ed estensione della esperienza ».

350, 3 *geschaffen*] **A** | *geschlossen* congettura ERDMANN | *beschlossen* VORLÄNDER.

351, 1 *weil sie solche*] **A** | *weil solche* KIRCHMANN-VALENTINER || *wie* = *quasi* (GÖRLAND).

351, 2 *voraussetzt*] congettura ERDMANN | *vorausgesetzt* **A**, ed. ERDMANN.

351, 21-3 Traduciamo seguendo la punteggiatura di ADICKES.

351, 37 Errata la traduzione GENTILE: « non stanno nell'intuizione empirica del tutto già prima del regresso: cosí questa non va all'infinito... ».

352, 23-4 Il significato della frase *weil keine Erfahrung absolut begrenzt* è controverso. Ecco alcune traduzioni: « puisqu'aucune expérience ne fournit une limite absolue » (BARNI); « inasmuch as experience presents no absolute limitation of the regress » (MEIKLEJOHN); « because no experience is absolutely limiting » (MAX MÜLLER); « parce qu'aucune expérience ne limite absolument rien » (TRE-

MESAYGUES); « poiché nessuna esperienza è limitata in modo assoluto » (Gentile); « since no experience is absolutely limited » (Kemp Smith).

Erscheinungen an sich selbst] **A** | *Erscheinungen als Dingen an sich selbst* congettura Erdmann | *Dinge an sich selbst* Adickes. 353, 21

reiner = « blosser ». 353, 32

z u e i n e m] Mellin | *von einem* **A** | *in einem* Hartenstein. 354, 7

Cfr. 356, 18-9. 355, 29-30

desselben] Da riferire a *Körper* (cfr. Erdmann, III 580). 358, 29

musste] Vorländer, congettura Erdmann, Kirchmann-Valentiner | *müsste* **A**; ed. Erdmann, Adickes. 360, 32

wurde] Grillo | *würde* **A**. 360, 32

indem wir, so] Erdmann | *indem, so* **A**. 361, 11

Reihe ist, sondern] **A**[2-5] | *Reihe, sondern* **A**[1]. 362, 2

mathematischen Antinomie] Hartenstein | *Antinomie* **A**. 362, 9-10

Manca il *kann*, che si può ricavare, secondo l'uso linguistico kantiano, dal *können* di 362, 19 (cfr. Erdmann, III 580). 362, 15-7

deren] **A** | *dessen* congettura Erdmann, Kirchmann-Valentiner. 363, 9

dieser] **A** | *diesem* Wille. 363, 27

Riferiamo *ihrer... derselben* a *Ursache* (366, 12). 366, 14-15

ein Gesetz ihrer Causalität] Letteralmente « a law of its causality » (Meiklejohn, Kemp Smith), che Max Müller sviluppa: « a rule according to which it manifests its causality ». 366, 28-9

Erscheinung allen... nach der] Erdmann | *Erscheinung, allen..., nach der* Schopenhauer | *Erscheinung, allen... nach, der* **A**, Adickes || Il collegamento *Bestimmung. nach der* è accettato da Kirchmann-Valentiner e da Kemp Smith. 367, 21-2

367, 26 *wie*] **A** | *und* Görland.

368, 23 In questa occasione traduciamo *Handlung* con « attività », seguendo Max Müller.

369, 9 Riferiamo *dieselbe* a *Begebenheit* (369, 8: cfr. Max Müller).

369, 31 *doch eine Wirkung*] $\mathbf{A}^{2-5}$ | *doch einer Wirkung* $\mathbf{A}^{1}$ | *doch Wirkung* Schopenhauer.

370, 11 *von dieser*] $\mathbf{A}^{1}$ | *dieser* Schopenhauer.

370, 15 *phaenomenon*] **A**; Erdmann, Kirchmann-Valentiner | *noumenon* Hartenstein, Adickes, Kemp Smith || Erdmann difende la lezione originale nel modo seguente: « Schon der Zusatz in der Klammer *mit aller Causalität desselben in der Erscheinung*, sowie die nachfolgende Restriction *wenn man von dem empirischen Gegenstande zu dem transscendentalen aufsteigen will*, zeigen, dass interpretirt werden muss: das *phänomenon* dieses Subjects würde nur. Die von Hartenstein eingesetzte Lesart *noumenon* statt *phänomenon* ist also sinnwidrig » (III 590).

372, 19 *seinen*] Da riferire a *Mensch* (cfr. 372, 23; 372, 31; si veda anche Adickes, 447). Inaccettabili sono le traduzioni di Meiklejohn (the empirical character of reason) e di Kemp Smith (the empirical character of the cause).

373, 19 Traduciamo *Sinnesart* in « modo di sentire », per mantenere il parallelismo terminologico con *Denkungsart* (373, 21). In ciò seguiamo Kemp Smith, che traduce « mode of sense » e « mode of thought ». Differente è l'uso di *Sinnesart* in III 56, 26.

374, 34-5 Oscura la traduzione Gentile: « Rispetto al carattere intelligibile, di cui è soltanto lo schema sensibile... ».

376, 12 *sich verändern*] Hartenstein | *verändern* **A**.

378, 19-21 Lacunosa la traduzione Gentile: « ma appunto per questo la loro condizione appartenesse sempre ad una identica serie, non potrebbe... ».

379, 2 *offen, da*] $\mathbf{A}^{2-5}$ | *offen: da* $\mathbf{A}^{1}$ | *offen, dass* congettura Erdmann.

379, 5 *haben, gleichwohl von*] **A** | *haben, und gleichwohl von* congettura Erdmann | *haben, gleichwohl aber von* Vorländer.

die] ERDMANN | *der* **A**. 381, 31

dringt] **A** | *drängt* KIRCHMANN-VALENTINER || GÖRLAND spiega: « macht es uns dringlich ». 382, 8

Poco chiara la traduzione GENTILE: « i fenomeni non son da considerare se non come specie di rappresentazioni contingenti di oggetti intelligibili, di esseri tali, che sono essi stessi intelligenze ». 382, 16-8

anzusehen sind: so] HARTENSTEIN | *anzusehen: so* **A**. 382, 17-8

ERDMANN (III 581) rimanda a 389, 29 sgg. 382, 27

Dieses... es... es... es] **A** | *Dieser... er... er... er* congettura ERDMANN (accolta da KEMP SMITH) | *Dieses Princip... es... es... es* altra congettura ERDMANN. 385, 28-33

Scorretto GENTILE: « e si fonda perciò sopra una idea, ha sua sede unicamente nella ragione... ». 386, 18-9

Scorretto GENTILE: « e che esso si depura... ». 386, 28

Inesatto GENTILE: « L'oggetto quindi del loro ideale, che non è se non nella ragione... ». 389, 30

nicht] MELLIN | *nichts* **A**. 390, 11

Lacuna nella traduzione di GENTILE. 390, 22-3

dieselben] HARTENSTEIN, ADICKES, KIRCHMANN-VALENTINER, KEMP SMITH | *dieselbe* **A**, ERDMANN. 391, 13

regulative] **A** | *relative* WILLE. 392, 29

jeder] ERDMANN | *der* **A**. 396, 9

unmöglich] = « nothwendig » (NOIRÉ). Cfr. ERDMANN, III 581. 397, 30

Scorretto GENTILE: « Se non che esso tanto meno può essere un concetto vuoto... ». 399, 36

Argutation] **A** | *Argumentation* HARTENSTEIN || = « Spitzfindigkeit » VALENTINER. 400, 28

401, 8-9 Lacuna nella traduzione di GENTILE.

403, 5 *in Ansehung der Möglichkeit eines Mehreren*] Seguiamo TREMESAYGUES (Il ne peut même pas nous instruire relativement à la possibilité d'une pluralité) e GENTILE (rispetto alla possibilità di una pluralità). Cfr. *Reflexionen*, 1648-1652. Diversamente intendono MEIKLEJOHN (as to the possibility of a being which we do not know to exist), BARNI (Il ne peut même pas nous instruire davantage relativement à la possibilité), MAX MÜLLER (It cannot even inform us further as to its possibility), KEMP SMITH (It is not even competent to enlighten us as to the possibility of any existence beyond that which is known in and through experience; cfr. anche: *Comm.* 531), e alcuni editori ed interpreti (ADICKES, H. FISCHER), che leggono *eines mehreren.*

403, 10 *specifisch*] **A** | *in concreto* GÖRLAND (che rimanda a III 188, 23).

403, 30-2 Cfr. *Reflexionen*, 1681.

404, 4 *nun*] **A** | *nur* congettura ERDMANN.

404, 5 *nur*] **A** *nun* congettura ERDMANN.

406, 2 *hinter*] **A** | *unter* congettura ERDMANN (che rimanda a 406, 23).

407, 5 *seinen*] **A** | *reinen* congettura ERDMANN (accolta da KIRCHMANN-VALENTINER).

407, 28 *Grundsatz*] ERDMANN | *Schluss* **A**.

407, 36-7 Lacuna nella traduzione di GENTILE.

408, 5-6 *ab, dem*] SCHOPENHAUER, KIRCHMANN-VALENTINER | *ab, um dem* $\mathbf{A}^{1\text{-}2}$; ERDMANN, ADICKES | *ab, zum dem* $\mathbf{A}^{3}$ | *ab, zu dem* $\mathbf{A}^{4\text{-}5}$.

408, 11-2 Scorretto GENTILE: « Allora noi abbiamo necessità di spiegarne la possibilità ».

410, 7 *es*] HARTENSTEIN | *er* **A**.

411, 31 *von*] $\mathbf{A}^{2\text{-}5}$ | *vor* $\mathbf{A}^{1}$.

414, 35 *von*] $\mathbf{A}^{2\text{-}5}$ | *der* $\mathbf{A}^{1}$.

es] ERDMANN | *er* A. 415, 1

Riportiamo alcune traduzioni precedenti. « Nous ne chicanerons pas ici la raison naturelle sur ce raisonnement où, se fondant sur l'analogie de quelques productions de la nature avec ce que produit l'art humain, quand il fait violence à la nature, et la force à se plier à nos fins au lieu d'agir suivant les siennes, (sur l'analogie de ces productions avec nos maisons, nos vaisseaux, nos montres), elle conclut que la nature doit avoir pour principe une causalité du même genre, c'est-à-dire qui soit intelligence et volonté, et où elle dérive la possibilité interne de la nature agissant spontanément (laquelle rend d'abord possible tout art et peut-être même la raison) d'un autre art encore, mais d'un art surhumain » (BARNI) | « In the above argument, it is inferred from the analogy of certain products of nature with those of human art, when it compels Nature to bend herself to its purposes, as in the case of a house, a ship, or a watch, that the same kind of causality — namely, understanding and will — resides in nature. It is also declared that the internal possibility of this freely acting nature (which is the source of all art, and perhaps also of human reason) is derivable from another and superhuman art » (MEIKLEJOHN) | « Without wishing to argue, for the sake of argument only, with natural reason, as to its conclusion in inferring from the analogy of certain products of nature with the works of human art, in which man does violence to nature, and forces it not to follow its own aims, but to adapt itself to ours (that is, from the similarity of certain products of nature with houses, ships, and watches), in inferring from this, I say, that a similar causality, namely, understanding and will, must be at the bottom of nature, and in deriving the internal possibility of a freely acting nature (which, it may be, renders all human art and even human reason possible) from another though superhuman art, a kind of reasoning, which probably could not stand the severest test of transcendental criticism; we are willing to admit, nevertheless... » (MAX MÜLLER) | « Sans chicaner, ici, la raison naturelle sur le raisonnement par lequel, de l'analogie qui existe entre quelques productions naturelles et ce que l'art humain produit quand il fait violence à la nature et qu'il la force à se plier à nos fins au lieu d'agir suivant les siennes (de l'analogie de ces productions avec nos maisons, nos vaisseaux, nos horloges), elle conclut que la nature doit précisément avoir pour principe une causalité du même genre, à savoir une intelligence et une volonté, en faisant dériver encore d'un autre art, mais d'un art 417, 3-12 surhumain, la possibilité de la nature (laquelle est cependant ce qui rend d'abord tous les arts, et peut-être aussi la raison, possibles) » (TREMESAYGUES) | « Senza cavillare qui con la ragione naturale nel suo ragionamento, quando dall'analogia di alcuni prodotti naturali con quello che produce l'arte umana esercitando il suo potere sulla natura e costringendola a non comportarsi secondo i suoi fini, ma a piegarsi ai nostri (ossia dalla somiglianza di essi con le case, le navi, gli orologi), conchiude, che a fondamento di essa ci deve essere precisamente una causalità di questo genere, ossia intelletto e volere, se essa deriva la interna possibilità della natura liberamente operante (che comincia a rendere possibile ogni arte e fors'anco la stessa ragione) da un'altra arte, benché sovrumana (ragionamento che non potrebbe reggere forse alla piú rigorosa critica trascendentale): si deve tuttavia confessare che... » (GENTILE) | « We need not here criticise natural reason too strictly in regard to its conclusion from the analogy between certain natural products and what our human art produces when we do violence to nature, and constrain it to proceed not according to its own ends but in conformity with ours — appealing to the similarity of these particular natural products with houses, ships, watches. Nor need we here question its conclusion that there lies at the basis of nature a causality similar to that responsible for artificial products, namely, an understanding and a will; and that the inner possibility of a self-acting nature (which is what makes all art, and even, it may be, reason itself, possible) is therefore derived from another, though superhuman, art » (KEMP SMITH). Cfr. anche K. FISCHER, IV 1, 553.

417, 3-4 *chicaniren*] **A** | *sympathisiren* WILLE.

418, 14 *den*] **A**[2-5] | *der* **A**[1].

418, 21 *welches*] ERDMANN | *welche* **A**.

418, 35 Riferiamo *desselben* a *Welturheber* (418, 28).

420, 15-6 *können, wovon aber unser Begriff*] **A**[2-5] | *können, aber unser Begriff von ihm* **A**[1].

421, 34-5 *welche sich auf sittliche Gesetze gründet*] **A**[2-5] | *welche auf sittliche Gesetze gegründet ist* **A**[1].

422, 17 *wozu*] **A**[2-5] | *zu welchem* **A**[1].

das] **A**[2-5] | *was* **A**[1]. 424, 6

ausgeschossen] HARTENSTEIN | *ausgeschlossen* **A** | *ausgeflossen* MELLIN. 428, 1[illegible]

den Theil] HARTENSTEIN | *dem Theile* **A**. 428, 17

Diesen] **A** | *Dieses* VORLÄNDER. 429, 22

problematischen Begriffen] ERDMANN | *problematischer Begriffe* **A**. 429, 24

dennoch] **A** | *denn noch* congettura ERDMANN. 433, 3

Einfalt è qui contrapposto a *Mannigfalt* (SCHMIDT, 614). 434, 17

Impreciso GENTILE: « Ora l'intelletto conosce tutto solo mediante concetti; dunque, per quanto egli si spinga nella divisione, non perviene mai ad una semplice intuizione, ma sempre da capo a concetti inferiori ». 435, 4-6

ein] **A**[2-5] | *einem* **A**[1]. 435, 15

noch] MELLIN | *nach* **A**. 435, 17

es] HARTENSTEIN | *sie* **A**. 437, 8

er] ERDMANN | *sie* **A**. 437, 15

welchen] **A**[2-5] | *welcher* **A**[1]. 438, 35

ihm] WILLE (già seguito da KEMP SMITH) | *ihnen* **A**, ed. ERDMANN. 440, 17

Nella traduzione evitiamo la ridondanza di *der empirische... Erfahrungsgebrauch*. 440, 19

keiner] ROSENKRANZ, ADICKES, KIRCHMANN-VALENTINER | *keine* **A**, ERDMANN. 441, 5

welches] congettura ERDMANN | *welche* **A**, ed. ERDMANN. 441, 29

ihm] congettura ERDMANN (che spiega: « dem Princip »), KIRCHMANN-VALENTINER | *ihr* **A**. 442, 6

ihr] Da riferire a *Vernunft* (ERDMANN). 442, 7

442, 18-22 Confusa la traduzione GENTILE: « Ma la turba dei sofisti grida, come suole, all'assurdità e contraddizione, e ingiuria al governo, nel cui piú intimo disegno essa non può entrare, ai cui influssi benefici egli stesso deve la sua conservazione e fino a quella cultura, che lo mette in grado di biasimarla e di condannarla ».

443, 17 Errore tipografico in GENTILE: « e non estensivo ».

444, 6 *welchen*] KIRCHMANN | *welcher* **A**.

445, 8 *eines*] **A** | *die eines* congettura ERDMANN | *ein* altra congettura ERDMANN.

446, 15-6 *Einsicht*] **A** | *Einheit* KIRCHMANN.

446, 32 *zulangen*] MELLIN, GRILLO, ADICKES, KIRCHMANN-VALENTINER | *gelangen* **A**, ERDMANN.

448, 24-5 Lacuna nella traduzione GENTILE.

448, 28-9 Riferiamo *sie* a *Einheit*. Cfr. 449, 22-7, ecc.

450, 24 *vor*] $\mathbf{A}^1$ | *für* $\mathbf{A}^{2-5}$.

450, 29 *in diesem Subjecte*] Riteniamo che si tratti dello stesso *Subject* già presentato in 450, 7 (cosí anche GENTILE). Diversamente MEIKLEJOHN (reducing all the grounds of explanation employed in this sphere of knowledge) e KEMP SMITH (reducing the grounds of explanation in this field).

452, 10 *sie insgesammt*] = « alle diese Verknüpfungen » (ERDMANN, III 582).

453, 2 *nun*] ADICKES, KIRCHMANN-VALENTINER, congettura ERDMANN | *nur* **A**, ed. ERDMANN.

453, 32 *aus*] **A**, ed. ERDMANN | *auf* ERDMANN (in un primo tempo), KIRCHMANN-VALENTINER || *desselben* **A** | *desselben betrachtend* GÖRLAND.

455, 2 *allgemeinen*] HARTENSTEIN | *allgemeinern* **A**.

455, 35 *nach diesen*] WILLE, KEMP SMITH | *nach diesem* **A**; ERDMANN, ADICKES, KIRCHMANN-VALENTINER.

dem Wesen... dem Wesen] HARTENSTEIN, KIRCHMANN-VALENTINER, ADICKES | *den Wesen... den Wesen* **A**, ERDMANN. 456, 20-1

Urgrund] MELLIN | *Ungrund* **A**. 458, 10

ihren] ERDMANN | *seinen* **A**. 459, 6

die] HARTENSTEIN | *der* **A**. 459, 27

ihm] **A** | *ihr* WILLE, KIRCHMANN-VALENTINER. 459, 31

klärsten abstracten und allgemeinen] $\mathbf{A}^{2\text{-}5}$ | *klärste oder abstracte und allgemeine* $\mathbf{A}^1$. 461, 12-3

so sehr] $\mathbf{A}^{2\text{-}5}$ | *so gar sehr* $\mathbf{A}^1$. 467, 24

(*Zahlen*) *als ... Subtraction u.s.w.*] ERDMANN | (*Zahlen... als Subtraction u.s.w.*) **A**. 471, 18-9

die durch die] **A** | *durch die die* WILLE, KIRCHMANN-VALENTINER (lezione tacitamente accolta da KEMP SMITH). 471, 21

einer ostensiven oder geometrischen (*der*] **A** | *einer ostensiven* (*der geometrischen, der* WILLE (seguito da KEMP SMITH). 471, 26

Sätze construirt werden] $\mathbf{A}^{2\text{-}5}$ | *Sätze werden* $\mathbf{A}^1$. 472, 3

wohl durch ihn ... nach Begriffen, und niemals] $\mathbf{A}^{2\text{-}5}$ | *wohl zwar durch ihn... nach Begriffen, niemals aber* $\mathbf{A}^1$. 473, 2-3

Costruzione difettosa. Risolviamo come MEIKLEJOHN (or as pure quantity) e MAX MÜLLER (or as quantity only). KEMP SMITH traduce: « or through number in their quantity only ». 473, 7-9

Errata la traduzione GENTILE: « e però da esso poiché la sintesi non può passare a priori alla intuizione che le corrisponde... ». 474, 18-9

in dem] ERDMANN | *indem* **A**. 475, 13

darauf] **A** | *dadurch* congettura ERDMANN (accolta da KEMP SMITH). 475, 15

475, 18 Male GENTILE: « poiché essi non possono andare a priori a un'intuizione ».

476, 33 *Erfahrungen*] **A** | *Erfahrung* congettura ERDMANN, ADICKES.

477, 10 *Antheil*] **A** | *Abtheil* GÖRLAND.

477, 22 *das*] HARTENSTEIN | *der* **A**.

478, 32-3 Scorretto GENTILE: « i quali possono essere costruiti a priori ».

478, 36 Male GENTILE: « dalla spiegazione del concetto dell'oggetto... »

479, 19 *zur*] $\mathbf{A}^{2\text{-}5}$ | *der* $\mathbf{A}^1$.

480, 18-9 Le traduzioni di MEIKLEJOHN, MAX MÜLLER e KEMP SMITH, concordanti quasi letteralmente (si veda ad es. KEMP SMITH: « these, in so far as they are immediately certain, are synthetic a priori principles »), non ci sembrano persuasive. Bene invece CAIRD: « Axioms are synthetic a priori principles which are immediately certain » (I 521). Cfr. anche SCHULTZ, 161.

480, 22 *nach Begriffen*] **A** | *aus Begriffen* congettura ERDMANN (che rimanda a 482, 22; 541, 18).

481, 9 *ist selbst*] ERDMANN | *selbst* **A** | *war selbst* GRILLO.

481, 27 *charakteristiche Construction*] Seguiamo MAX MÜLLER, che traduce « a construction by characters » (cosí già MEIKLEJOHN: « a kind of construction... by symbols »). KEMP SMITH, pur ammettendo la possibilità di questa interpretazione, traduce « constructive in a way characteristic of the science ».

481, 29 *ohne einmal auf das Heuristische zu sehen*] Traduciamo seguendo MAX MÜLLER (without any regard to the heuristic method) e GENTILE (senza guardare punto all'elemento euristico). Diversamente KEMP SMITH: « and this method, in addition to its heuristic advantages... ».

483, 7 *Erfahrungen*] **A** | *Erfahrung* congettura ERDMANN.

483, 8 *seyn*] = *sind* (ERDMANN, III 583).

483, 16-7 Male GENTILE: « e di essere in questo presupposto sempre ».

das] **A**$^{2-5}$ | *dass* **A**^{1} | *dass es* congettura ERDMANN. 484, 9

ist] **A** | *sucht* WILLE. 484, 13

Ci allontaniamo dall'interpretazione di ERDMANN: « Ich interpretire *die* (diese Beweisgründe) *kann man ihm* (dem Kritiker des Dogmatismus) *sehr wohl* als unzulänglich *einräumen* » (III 583). 485, 34-5

ganz] **A** | *so ganz* congettura ERDMANN (accolta da KEMP SMITH). 486, 18

zeigen] ERDMANN | *sagen* **A**. 487, 24

Religionsabsicht] **A** | *Religionsansicht* WILLE. 488, 21-2

GÖRLAND intende *abgezogene* nel senso di « mühsam ergrübelte », e KEMP SMITH lo intende nel senso di « subtly thought-out ». Meglio WILLE: « Unter der a b g e z o g e n e n Spekulation ist... die metaphysiche, transscendente zu verstehen ». 488, 26

Per l'interpretazione, cfr. ERDMANN, III 583. In 488, 27, anziché *verlassen* (**A**), WILLE proponeva *zulassen.* 488, 26-9

angebliche] = « vermeintliche oder sogenannte » (ERDMANN, III 583) || Anziché *der angebliche Freigeist seine Kenntniss* (492, 34-5), WILLE (seguito da KIRCHMANN-VALENTINER e da KEMP SMITH) propone: *der Freigeist seine angebliche Kenntniss.* 492, 34

welchen] **A** | *welches* congettura ERDMANN. 494, 25

es] KIRCHMANN | *sie* **A**. 495, 18

nun] **A** | *nur* congettura ERDMANN (accolta da KEMP SMITH). 495, 21

dahin] **A** | *darin* congettura ERDMANN (accolta da KEMP SMITH). 496, 8

den] HARTENSTEIN | *der* **A**, ADICKES. — Cfr. 496, 16. 496, 12

ist von] ERDMANN | *von* **A**. 496, 16

dem] ERDMANN | *den* **A**. 496, 25

zeugt] **A**$^{2-5}$ | *zeigt* **A**^{1}. 497, 8

497, 30 Errore di GENTILE: « in base alla curvatura del suolo alla sua superficie ».

497, 33 *für sie*] A^{4-5} | *von ihr* A^{1} | *für ihr* A^{2-3}.

498, 20 Nell'edizione dell'Accademia si trova l'errore tipografico *Richtigkeit*, in luogo di *Nichtigkeit*.

499, 7 *so einsehenden*] A^{2-5} | *einsehenden* A^{1}.

500, 18-9 *welches*] A^{2-5} | *welche* A^{1}.

501, 32-3 *Und so ist der Sceptiker der Zuchtmeister des dogmatischen Vernünftlers auf eine*] A | *Und so führt der Sceptiker, der Zuchtmeister des dogmatischen Vernünftlers, auf eine* SCHOPENHAUER, ROSENKRANZ | Già l'antica mano (presa in considerazione da KIRCHMANN), che corregge l'edizione originale del 1787 conservata nella Biblioteca Universitaria di Lipsia, inserisce a questo punto « und führt ihn » || Conservando, come noi, la lezione originale, MAX MÜLLER traduce: « and thus the sceptic is the true schoolmaster to lead the dogmatic speculator towards... », e KEMP SMITH: « The sceptic is thus the taskmaster who constrains the dogmatic reasoner to develop... ».

502, 31 *Ausdehnungskraft*] ERDMANN | *Anziehungskraft* A | *Zurückstossungskraft* MELLIN.

504, 13 *um in*] A^{2-5} | *um sich in* A^{1}.

505, 29 *oder Folgen*] A | *oder als Folgen* SCHOPENHAUER.

508, 5 Scorretto GENTILE: « perché quello che è causale nell'individuo... ».

509, 6 Errore tipografico in GENTILE: « Infatti l'astensione dei principii... ».

509, 14 *reine*] HARTENSTEIN | *keine* A.

509, 17 *nicht als*] A^{2-5} | *nicht, gleich als* A^{1}.

509, 26 *ihrer*] A^{2-5} | *seiner* A^{1}.

510, 3 *an*] A^{1} | *von* A^{2-5}.

musste] **A** | *müsste* congettura ERDMANN. 510, 10

hinleitet] MELLIN | *herleitet* **A**. 510, 15

meines] **A**; ERDMANN, KIRCHMANN-VALENTINER | *eines* HARTENSTEIN, ADICKES, KEMP SMITH. 511, 3

512, 36 - 513, 2
Inesatto GENTILE: « Noi per es., nell'Analitica trascendentale il principio " Tutto ciò che accade, ha una causa " lo abbiamo dimostrato come l'unica condizione della possibilità oggettiva di un concetto di ciò che in generale accade, notando che la determinazione di un fatto nel tempo, quindi questo (fatto) come appartenente alla esperienza... ».

diesen] ERDMANN | *diesem* **A**. 514, 15

sie] = « die apagogischen Beweise » (ERDMANN, III 584). 515, 8

ihr] GRILLO | *sie* **A**. 517, 26

Inesatto GENTILE: « e non hanno in verun modo uso immanente, cioè utile per gli oggetti dell'esperienza ammissibile e quindi per noi ». 519, 30-1

entferntere] **A**[2-5] | *entfernete* **A**[1]. 521, 17

welche] **A** | *welches* KIRCHMANN. 522, 11

Gebrauch] aggiunta di **A**[2]. 525, 22

den Neigungen] KIRCHMANN-VALENTINER | *der Neigungen* **A**, ed. ERDMANN. 525, 28

Sinnenwelt und, da] VORLÄNDER | *Sinnenwelt, da* **A**. 526, 26

Inesatto GENTILE: « sono due presupposti non separabili della obbligazione impostaci da essa ragion pura ». 526, 28-30

Jene zweckmässige Einheit (530, 3-4) richiama l'« unità » presentata in 528, 34 - 529, 2; 529, 9-11; 529, 14-5; 529, 22-4. Il *diese* di 530, 5 si riferisce invece all'« unità » di 529, 37. Il passo è già inteso cosí, a quanto pare, da BARNI, TREMESAYGUES e KEMP SMITH. Diversamente interpretava MELLIN: « Nun ist die zweck- 530, 3-6 mässige Einheit bei dem Verstandesgebrauche notwendig, also auch die zweckmässige Einheit in der Natur » (978). Improbabili le traduzioni di Meiklejohn (But teleological unity is a necessary unity, and founded on the essence of the individual will itself. Hence this will, which is the condition of the application of this unity *in concreto*, must be so likewise), e di Max Müller (This unity of design is necessary and founded on the essence of free-will, which must, therefore, as containing the condition of its application in concreto, be so likewise).

530, 23 *brachten sie*] Da riferirsi, secondo il suggerimento di Erdmann (accolto già da Kemp Smith) a « die sittlichen Ideen ». Sussidiariamente, Erdmann propone inoltre la congettura *brachte sie*.

530, 33 Errore tipografico in Gentile: « ha raggiunto quest'altro punto ».

530, 37 *um*] **A**, Erdmann | *nun* Hartenstein, Adickes, Kirchmann-Valentiner, Kemp Smith.

531, 11 *verbindlich*] **A** | *verbunden* congettura Erdmann, Adickes.

531, 15 *und ihm*] Erdmann | *ihm* **A**.

534, 33-6 Cfr. Mellin, 992; K. Fischer, IV 1, 582. Imprecise le traduzioni di Barni (Il y a dans les jugements purement théoriques quelque chose d'analogue aux jugements pratiques, à la croyance desquels convient le mot foi, et que nous pouvons appeler...), di Meiklejohn (Thus we find in purely theoretical judgments an *analogon* of practical judgments, to which the word *belief* may properly be applied, and which we may term *doctrinal belief*), di Max Müller (Thus, even in purely theoretical judgments, there is an *analogon* of *pratical* judgments to which the word *belief* may be applied, and which we shall therefore call *doctrinal belief*), di Tremesaygues (il y a dans les jugements simplement théoriques quelque chose d'analogue avec les jugements pratiques, à la croyance desquels convient le mot foi, et que nous pouvons appeler...), di Gentile (allora nei giudizi meramente teoretici c'è un analogo del pratico, alla cui credenza convien la parola fede, e che possiamo dire fede dottrinale), di Kemp Smith (Thus even in purely theoretical judgments there is an analogon of practical judgments, to the mental entertaining of which the term « belief » is appropriate, and which we may entitle doctrinal belief).

führen] GRILLO | *führe* **A**.	536, 20
letztere... erste] MELLIN | *erste... zweite* **A**.	537, 4-5
nichts] **A**$^{2\text{-}5}$ | *nicht* **A**^{1}.	537, 17
die] **A**$^{2\text{-}5}$ | *den* **A**^{1}.	538, 1
das] **A** | *die* WILLE.	539, 2
Theile und in der Idee desselben auch unter] **A** | *Theile des Ganzen in der Idee desselben auch durch ihr Verhalten unter* WILLE.	539, 3
GÖRLAND spiega *vermisst werden kann*: « kann als fehlend entdeckt werden », e KEMP SMITH traduce: « makes it possible for us to determine from our knowledge of the other parts whether any part be missing ». In luogo di *ein jeder Theil* (539, 4), HARTENSTEIN (seguito da ADICKES) proponeva *kein Theil*.	539, 4-5
ihm] ROSENKRANZ | *ihr* **A**.	541, 25
welches] ROSENKRANZ | *welche* **A**, ed. ERDMANN.	542, 5
Errore tipografico in GENTILE: « e di conformarli ».	542, 17
Errore di GENTILE: « Ma non c'è ancora un concetto cosmico... ».	542, 23
Questo passo è omesso nella traduzione di GENTILE.	543, 7-17
verwandt macht] HARTENSTEIN | *verwandt* **A**.	545, 21
Alles] KIRCHMANN | *Alle* **A**.	546, 8
so] **A**$^{2\text{-}5}$ | *so gar* **A**^{1}.	548, 11
gründliche] **A** | *gründlichere* ROSENKRANZ.	550, 18
Lacuna nella traduzione di GENTILE.	552, 1-3

SIGLE E ABBREVIAZIONI

I. *Edizioni della «Critica» e scritti postumi.*

$\mathbf{A}^1$	*Kritik der reinen Vernunft* von Immanuel Kant Professor in Königsberg. Riga, verlegts Johann Friedrich Hartknoch, 1781.
$\mathbf{A}^2$	*Kritik der reinen Vernunft* von Immanuel Kant, Professor in Königsberg, der Königl. Academie der Wissenschaften in Berlin Mitglied. Zweyte hin und wieder verbesserte Auflage. Riga, bey Johann Friedrich Hartknoch, 1787.
$\mathbf{A}^3$	*K. d. r. V.*... Dritte verbesserte Auflage... 1790.
$\mathbf{A}^4$	*K. d. r. V.*... Vierte Auflage... 1794.
$\mathbf{A}^5$	*K. d. r. V.*... Fünfte Auflage... Leipzig... 1799.
A	Testo delle prime cinque edizioni.
ROSENKRANZ	I. K.'s *K. d. r. V.* hrsg. v. K. Rosenkranz. Leipzig 1838.
HARTENSTEIN	I. K.'s *K. d. r. V.* hrsg. v. G. Hartenstein. Zweite. A. Leipzig 1853.
KEHRBACH	*K. d. r. V.* v. I. K. hrsg. v. K. Kehrbach Zweite A. Leipzig 1879.
Nachträge	(note di K. su una copia di $\mathbf{A}^1$) *Nachträge zu Kants K. d. r. V.* Aus Kants Nachlass hrsg. v. B. Erdmann. Kiel 1881.
Reflexionen	*Reflexionen Kants zur K. d. r. V.* Aus Kants handschriftlichen Aufzeichnungen hrsg. v. B. Erdmann. Leipzig 1884.
Lose Blätter	*Lose Blätter aus Kants Nachlass* mitgetheilt v. R. Reicke (1. H. in «Altpreussische Monatschrift», 1887-88; 2. H. Königsberg 1895-98).
ADICKES	I. Kants *K. d. r. V.* hrsg. v. E. Adickes. Berlin 1889.
VORLÄNDER	I. Kants *K. d. r. V.* hrsg. v. K. Vorländer. Halle 1899.

KIRCHMANN-VALENTINER I. K.'s *K. d. r. V.* hrsg. v. J. H. von Kirchmann. Achte A. Bearbeitet v. Th. Valentiner. Leipzig 1901.

ERDMANN K.'s gesammelte Schriften hrsg. v. der Königlich Preussischen Akademie der Wissenschaften. Band III. *K. d. r. V.* Zweite A. 1787. Berlin 1904 | Band IV. *K. d. r. V.* 1. A... Berlin 1903. (Indichiamo talvolta con « ed. ERDMANN » il testo di questa edizione, per distinguerlo da altre lezioni di Erdmann — o semplicemente congetturali o contenute nelle sue precedenti edizioni — che indichiamo con « congettura ERDMANN »).

GÖRLAND I. K.'s WW. hrsg. v. E. Cassirer. Band III. *K. d. r. V.* hrsg. v. A. Görland. Berlin 1913.

Opus Postumum Kants *Opus postumum* dargestellt und beurteilt v. E. Adickes (in « Kant-Studien », Ergänzungshefte: nr. 50). Berlin 1920.

SCHMIDT I. K. *K. d. r. V.* hrsg. v. R. Schmidt. Leipzig 1926.

II. *Critica del testo.*

MELLIN G. S. A. Mellin, *Druckfehler in Kants K. d. r. V.* Züllichau 1794-95.

GRILLO *Druckfehleranzeige* in den Schriften des Herrn I. Kant von Dr. Grillo, in « Philosophischer Anzeiger der Annalen der Philosophie und des philosophischen Geistes », 37-40. St. Halle 1795.

MEYER *Berichtigung* (alle correzioni di Grillo) v. Meyer, in « Philosophischer Anzeiger... », 54. St. Halle 1795.

SCHOPENHAUER *Collation der 1. und 5. Aufl. der K. d. r. V.* v. Schopenhauer (cfr. S. II-XIV, in K.'s *K. d. r. V.* hrsg. v. K. Rosenkranz, Leipzig 1838; cfr. « Altpreussische Monatsschrift » 1889, Bd. XXVI, 310-11).

VAIHINGER H. Vaihinger, *Notiz, den Kant-Text betreffend,* in « Philosophische Monatshefte » Bd. XVII, S. 298-99. Leipzig 1881.

WILLE *Verbesserung einiger Stellen in Kant's K. d. r. V.*, v. E. Wille, in « Philosophische Monatshefte » Bd. XXVI, S. 399-403. Leipzig 1890.

VAIHINGER H. Vaihinger, *Siebzig textkritische Randglossen zur Analytik*, in « Kant-Studien », Bd. IV, S. 452-63. Berlin 1900.

WILLE E. Wille, *Konjekturen zu Kants K. d. r. V.*, in « Kant-Studien », Bd. IV, S. 311-15. Berlin 1900.

E. Wille, *Neue Konjekturen zu Kants K. d. r. V.*, in « Kant-Studien », Bd. IV, S. 448-51. Berlin 1900.

E. Wille, *Über einige Textfehler in Kants Widerlegung des Idealismus*, in « Kant-Studien », Bd. V, S. 123-24. Berlin 1901.

E. Wille, *Konjekturen zu mehreren Schriften Kants*, in « Kant-Studien », Bd. VIII, S. 339. Berlin 1903.

GOLDSCHMIDT *Ergänzung* vom Herausgeber (in *Marginalien...* von Mellin). Gotha 1900.

RIEHL A. Riehl, *Korrekturen zu Kant*, in « Kant-Studien », Bd. V, S. 268-69. Berlin 1901.

III. *Commenti.*

SCHULTZ *Erläuterungen über des Herrn Professor Kant K. d. r. V.* von M. J. Schultz. Königsberg 1784.

MELLIN *Marginalien und Register zu Kants Kritik der Erkenntnisvermögen* (I. Teil: *K. d. r. V.*) von G. S. A. Mellin. Neuherausgegeben v. L. Goldschmidt. Gotha 1900. (Quando è citato il paragrafo).

COHEN *Komm.* *Kommentar zu I. Kant's K. d. r. V.* v. H. Cohen. Dritte A. Leipzig 1920.

H. FISCHER *K. d. r. V.* von I. K. In stilistischer Überarbeitung hrsg. v. H. E. Fischer. München 1920.

VAIHINGER *Kommentar zu Kants K. d. r. V.* v. H. Vaihinger, hrsg. v. R. Schmidt. 2 Bde. Zweite A. Stuttgart 1922. (Quando è citata la pagina).

KEMP SMITH *Comm.* *A commentary to Kant's « Critique of pure reason »* by N. Kemp Smith. Second edition. London 1923.

MESSER A. Messer, *Kommentar zu Kants K. d. r. V.* Stuttgart 1922 (nella trad. it. Torino 1926).

CORNELIUS H. Cornelius. *Kommentar zu Kants K. d. r. V.* Erlangen 1926.

IV. *Traduzioni.*

MEIKLEJOHN *Critique of pure reason* by I. K. Tr. by J. M. D. Meiklejohn. Revised edition. New York 1943 (la I ed. è del 1854).

BARNI E. K. *Critique de la raison pure.* Traduction J. Barni. Revue et corrigée par P. Archambault. 2 voll. Paris 1912 (la I ed. è del 1869).

Max Müller — I. K.'s *Critique of pure reason.* Tr. by F. Max Müller. 2 voll. London 1881.

Tremesaygues — *Critique de la raison pure* par E. K. Nouvelle traduction française avec notes par A. Tremesaygues et B. Pacaud. Paris 1905.

Gentile — E. K. *Critica della ragion pura,* tradotta da G. Gentile e G. Lombardo-Radice. 2 voll. VI ed. Bari 1949 (la I ed. è del 1909).

Kemp Smith — I. K.'s *Critique of pure reason.* Tr. by N. Kemp Smith. London 1929.

V. *Opere di consultazione e monografie.*

Laas — *Kants Analogien der Erfahrung* v. E. Laas. Berlin 1876.

v. Leclair — *Kritische Beiträge zur Kategorienlehre Kants,* v. A. von Leclair. Prag 1877.

Noiré — *An historical introduction* by L. Noiré (precede la traduzione di Max Müller). London 1881.

Caird — *The critical philosophy of I. K.,* by I. Caird. 2 voll. Glasgow 1889.

K. Fischer — *Geschichte der neuern Philosophie* v. K. Fischer. Bd. IV 1-2: *I. K. und seine Lehre.* Heidelberg 1898.

Cantoni — C. Cantoni. *E. K. La filosofia teoretica.* Torino 1907.

Paulsen — F. Paulsen. *I. K. Sein Leben und seine Lehre.* 6. A. 1920.

Bauch — B. Bauch. *I. K.* 2. A. Berlin 1921.

Cohen — *Kants Theorie der Erfahrung,* v. H. Cohen. 4. A. Berlin 1925.

Riehl *Kr.* — A. Riehl. *Der philosophische Kritizismus.* 3 Bde. 2 A. Leipzig 1908-26.

Ratke — *Systematisches Handlexikon zu Kants K. d. r. V.,* v. H. Ratke. Leipzig 1929.

De Vleeschauwer — H. J. De Vleeschauwer. *La déduction transcendantale dans l'œuvre de Kant.* 3 voll. Antwerpen 1934-37.

Martinetti — P. Martinetti. *K.* Milano 1943.

Cassirer — E. Cassirer. *Das Erkenntnisproblem in der Philosophie und Wissenschaft der neueren Zeit* (nella trad. it., vol. II, Torino 1953).

INDICI

INDICE DEI PASSI IN CUI CI ALLONTANIAMO DAL TESTO DELL'EDIZIONE DELL'ACCADEMIA

III 9, 2; 9, 32-3; 15, 7; 16, 35; 55, 22; 61, 30; 78, 27; 91, 6; 98, 27; 116, 3; 122, 6; IV 82, 12; III 138, 18; 147, 1; 157, 1; 157, 36-7; 163, 4; 174, 16; 195, 5; 196, 17; 214, 24 (nostra correzione); 215, 6; 231, 12; 248, 16; 259, 2 (lezione non accolta dagli editori); 267, 9; 272, 33; 306, 13 (nostra correzione); 306, 18 (nostra correzione); 311, 28; 314, 19; 324, 4; 333, 19; 334, 2; 343, 6; 346, 6; 351, 2; 360, 32; 391, 18; 408, 5-6; 440, 17; 441, 5; 441, 29; 442, 6; 446, 32; 453, 2; 455, 35; 456, 20-1; 498, 20; 525, 28; 542, 5.

INDICE DEI TERMINI E DELLE MATERIE

(in nero i riferimenti alle note)

INDICE DEI NOMI CITATI NEL TESTO

INDICE

gli Adelphi

VOLUMI PUBBLICATI

1. Milan Kundera, *L'insostenibile leggerezza dell'essere* (11ª ediz.)
2. Konrad Lorenz, *L'anello di Re Salomone* (10ª ediz.)
3. J.R.R. Tolkien, *Lo hobbit* (9ª ediz.)
4. Fritjof Capra, *Il Tao della fisica* (8ª ediz.)
5. Karen Blixen, *Sette storie gotiche* (3ª ediz.)
6. Joseph Roth, *La Cripta dei Cappuccini* (6ª ediz.)
7. Gerald Durrell, *La mia famiglia e altri animali* (7ª ediz.)
8. Robert M. Pirsig, *Lo Zen e l'arte della manutenzione della motocicletta* (8ª ediz.)
9. Jan Potocki, *Manoscritto trovato a Saragozza* (3ª ediz.)
10. Nell Kimball, *Memorie di una maîtresse americana* (3ª ediz.)
11. John G. Neihardt, *Alce Nero parla* (5ª ediz.)
12. Douglas R. Hofstadter, *Gödel, Escher, Bach* (3ª ediz.)
13. Salvatore Satta, *Il giorno del giudizio* (3ª ediz.)
14. Giorgio Colli, *La sapienza greca, I* (3ª ediz.)
15. James Joyce, *Dedalus* (3ª ediz.)
16. René Guénon, *Simboli della Scienza sacra* (3ª ediz.)
17. Georg Groddeck, *Il libro dell'Es* (4ª ediz.)
18. Arthur Schnitzler, *Il ritorno di Casanova* (3ª ediz.)
19. Antonin Artaud, *Eliogabalo*
20. *Vita di Milarepa*, a cura di J. Bacot (3ª ediz.)
21. Milan Kundera, *Lo scherzo* (7ª ediz.)
22. M.P. Shiel, *La nube purpurea* (2ª ediz.)
23. René Daumal, *Il Monte Analogo* (3ª ediz.)
24. Konrad Lorenz, *L'altra faccia dello specchio* (3ª ediz.)
25. Elias Canetti, *La lingua salvata* (4ª ediz.)
26. Roberto Calasso, *Le nozze di Cadmo e Armonia* (6ª ediz.)
27. Georges Simenon, *L'uomo che guardava passare i treni* (7ª ediz.)
28. Joseph Roth, *La milleduesima notte* (4ª ediz.)
29. *Bhagavadgītā*, a cura di A.-M. Esnoul (3ª ediz.)
30. Henry Corbin, *Storia della filosofia islamica*
31. Michel de Montaigne, *Saggi* (due voll.)
32. Robert Walser, *Jakob von Gunten*
33. Giorgio Colli, *La sapienza greca, II* (2ª ediz.)
34. Milan Kundera, *La vita è altrove* (4ª ediz.)

35. Douglas R. Hofstadter-Daniel C. Dennett, *L'io della mente* (2^a ediz.)
36. Karl Kraus, *Detti e contraddetti* (2^a ediz.)
37. Georges Simenon, *Betty* (4^a ediz.)
38. Joseph Roth, *Giobbe* (3^a ediz.)
39. Guido Morselli, *Roma senza papa*
40. Adolf Loos, *Parole nel vuoto* (2^a ediz.)
41. *Zhuang-zi* [*Chuang-tzu*] (2^a ediz.)
42. *Il Cantico dei Cantici*, a cura di Guido Ceronetti (2^a ediz.)
43. Benedetto Croce, *Storia d'Europa nel secolo decimonono*
44. Karen Blixen, *Racconti d'inverno* (3^a ediz.)
45. Jurgis Baltrušaitis, *Il Medioevo fantastico* (2^a ediz.)
46. Glenn Gould, *L'ala del turbine intelligente* (2^a ediz.)
47. Milan Kundera, *L'immortalità*
48. Giorgio Colli, *La sapienza greca, III*
49. *Il diario di Nijinsky*
50. Edwin A. Abbott, *Flatlandia* (3^a ediz.)
51. Georges I. Gurdjieff, *Incontri con uomini straordinari* (2^a ediz.)
52. *I Vangeli gnostici*, a cura di Luigi Moraldi (2^a ediz.)
53. Georges Simenon, *Pietr il Lettone*
54. Fleur Jaeggy, *I beati anni del castigo* (2^a ediz.)
55. Georges Simenon, *L'impiccato di Saint-Pholien* (2^a ediz.)
56. Friedrich Hölderlin, *Le liriche*
57. Aśvaghoṣa, *Le gesta del Buddha*
58. Joseph Roth, *Confessione di un assassino* (2^a ediz.)
59. Marco Polo, *Milione*
60. Gitta Sereny, *In quelle tenebre*
61. Henri-Pierre Roché, *Jules e Jim* (2^a ediz.)
62. Elias Canetti, *Il frutto del fuoco* (2^a ediz.)
63. Georges Simenon, *La ballerina del Gai-Moulin*
64. Roberto Calasso, *La rovina di Kasch*
65. Brantôme, *Le dame galanti*
66. Ingeborg Bachmann, *Tre sentieri per il lago*
67. Milan Kundera, *Amori ridicoli* (3^a ediz.)
68. Georges Simenon, *Il defunto signor Gallet*
69. Djuna Barnes, *La foresta della notte*
70. Herman Melville, *Moby Dick o la Balena*
71. *Tao tê ching*, a cura di J.J.L. Duyvendak
72. Georges Simenon, *Il porto delle nebbie*
73. Emanuele Severino, *Essenza del nichilismo*
74. Robert M. Pirsig, *Lila*
75. Georges Simenon, *Il cane giallo*

76. Karen Blixen, *Ultimi racconti*
77. Elias Canetti, *Il gioco degli occhi*
78. Bruce Chatwin, *Le Vie dei Canti* (2ª ediz.)
79. Oliver Sacks, *Risvegli*
80. *I Ching. Il Libro dei Mutamenti*
81. Georges Simenon, *Il pazzo di Bergerac*
82. Joseph Roth, *Fuga senza fine*
83. Thomas Bernhard, *Perturbamento*
84. Georges Simenon, *Una testa in gioco*

FINITO DI STAMPARE NELL'OTTOBRE 1995
DALLA TECHNO MEDIA REFERENCE S.R.L. - MILANO

Printed in Italy

gli Adelphi
Periodico mensile: N. 85/1995
Registr. Trib. di Milano N. 284 del 17.4.1989
Direttore responsabile: Roberto Calasso